長野県

〈収録内容〉

便利なDLコンテンツは右のQRコードから

解答用紙　過去年度　リスニング ⇒

※データのダウンロードは2025年3月末日まで。
※データへのアクセスには、右記のパスワードの入力が必要となります。 ⇒ 371275

〈各教科の受検者平均点〉

	数学	英語	理科	社会	国語
2023年度	51.1	45.0	54.3	56.9	55.7
2022年度	46.5	51.3	39.0	52.5	47.8
2021年度	51.9	59.9	56.8	63.5	57.6
2020年度	55.9	53.6	53.2	68.1	72.7
2019年度	53.6	53.9	46.1	58.2	70.3

※各100点満点。
※最新年度は、本書発行の時点で公表されていないため未掲載。

本書の特長

POINT 1　解答は全問を掲載、解説は全問に対応！

POINT 2　英語の長文は全訳を掲載！

POINT 3　リスニング音声の台本、英文の和訳を完全掲載！

POINT 4　出題傾向が一目でわかる「年度別出題分類表」は、約 10 年分を掲載！

実戦力がつく入試過去問題集

▶ 問題 ……………　実際の入試問題を見やすく再編集。

▶ 解答用紙 ……　実戦対応仕様で収録。

▶ 解答解説 ……　重要事項が太字で示された、詳しくわかりやすい解説。
※採点に便利な配点も掲載。

合格への対策、実力錬成のための内容が充実

▶ 各科目の出題傾向の分析、最新年度の出題状況の確認で、入試対策を強化！

▶ その他、志願状況、公立高校難易度一覧など、学習意欲を高める要素が満載！

解答用紙ダウンロード　解答用紙はプリントアウトしてご利用いただけます。弊社ＨＰの商品詳細ページよりダウンロードしてください。トビラのＱＲコードからアクセス可。

リスニング音声ダウンロード　英語のリスニング問題については、弊社オリジナル作成により音声を再現。弊社ＨＰの商品詳細ページで全収録年度分を配信対応しております。トビラのＱＲコードからアクセス可。

famima PRINT　原本とほぼ同じサイズの解答用紙は、全国のファミリーマートに設置しているマルチコピー機のファミマプリントで購入いただけます。※一部の店舗で取り扱いがない場合がございます。詳細はファミマプリント（http://fp.famima.com/）をご確認ください。

UD FONT　見やすく読みまちがえにくいユニバーサルデザインフォントを採用しています。

～2025年度長野県公立高校入試の日程（予定）～

☆前期

志願受付期間	2／3～2／5
↓	
選抜実施日	2／10
↓	
合格者の発表	2／19

☆後期

志願受付期間	2／26～2／28
↓	
志望変更受付期間	3／3～3／5
↓	
選抜実施日	3／11
↓	
入学予定者の発表	3／21

※募集および選抜に関する最新の情報は長野県教育委員会のホームページなどで必ずご確認ください。

2024年度/長野県公立高校後期選抜志願状況（全日制）

学区	学校名	学科	募集人員	志願者数	倍率
第1通学区（北信地区）	飯山	普通	60	55	0.92
		自然科学探究 人文科学探究	38	9	0.24
		スポーツ科学	12	1	0.08
	下高井農林	地域創造農学	40	16	0.40
	中野立志館	総合	100	91	0.91
	中野西	普通	140	97	0.69
	須坂東	普通	87	34	0.39
	須坂	普通	240	240	1.00
	須坂創成	園芸農学 食品科学 環境造園	60	59	0.98
		創造工学	20	17	0.85
		商業	60	62	1.03
	北部	普通	49	21	0.43
	長野吉田	普通	240	263	1.10
	長野	普通	280	326	1.16
	長野西	普通	200	237	1.19
		国際教養	4	9	2.25
	長野商業	商業 会計	100	108	1.08
	長野東	普通	140	156	1.11
	長野工業	機械工学	20	20	1.00
		電気電子工学	20	19	0.95
		物質化学	20	20	1.00
		情報工学	20	22	1.10
		土木工学	20	23	1.15
		建築学	20	24	1.20
	長野西中条校	普通	20	16	0.80
	篠ノ井犀峡校	普通	39	3	0.08
	市立長野	総合	58	59	1.02
	長野南	普通	140	130	0.93
	篠ノ井	普通	240	253	1.05
	更級農業	生産流通 生物科学 グリーンライフ 施設園芸	80	49	0.61
	松代	普通	52	30	0.58
		商業	20	11	0.55
	屋代	普通	160	149	0.93
		理数	12	15	1.25
	屋代南	普通	56	41	0.73
		ライフデザイン	20	14	0.70
	坂城	普通	48	26	0.54

学区	学校名	学科	募集人員	志願者数	倍率
第2通学区（東信地区）	上田千曲	メカニカル工学	20	20	1.00
		電気	20	21	1.05
		建築	20	22	1.10
		商業	20	22	1.10
		生活福祉	20	18	0.90
		食物栄養	20	23	1.15
	上田	普通	320	328	1.03
	上田染谷丘	普通	240	243	1.01
		国際教養	8	8	1.00
	上田東	普通	280	289	1.03
	丸子修学館	総合	100	91	0.91
	蓼科	普通	43	14	0.33
	小諸商業	商業 会計システム	60	56	0.93
	小諸	普通	84	80	0.95
		音楽	9	2	0.22
	軽井沢	普通	50	22	0.44
	佐久平総合技術	食料マネジメント 生物サービス 食農クリエイト	60	62	1.03
		機械システム	20	9	0.45
		電気情報	20	15	0.75
		創造実践	53	20	0.38
	岩村田	普通	200	212	1.06
	野沢北	普通	160	159	0.99
		理数	5	5	1.00
	野沢南	普通	160	166	1.04
	小海	普通	52	27	0.52

学区	学校名	学科	募集人員	志願者数	倍率
第3通学区（南信地区）	富士見	普通	20	16	0.80
		園芸	20	14	0.70
	茅野	普通	60	40	0.67
	諏訪実業	商業	78	21	0.27
		会計情報			
		服飾	20	11	0.55
	諏訪清陵	普通	160	173	1.08
	諏訪二葉	普通	240	246	1.03
	下諏訪向陽	普通	140	114	0.81
	岡谷東	普通	84	95	1.13
	岡谷南	普通	200	194	0.97
	岡谷工業	機械	80	13	0.84
		電気		13	
		環境化学		9	
		電子機械		13	
		情報技術		19	
	辰野	普通	48	47	0.98
		商業	20	12	0.60
	上伊那農業	生物生産	80	87	1.09
		生命探究			
		アグリデザイン			
		コミュニティデザイン			
	高遠	普通	44	43	0.98
	伊那北	普通	200	188	0.94
		理数	4	9	2.25
	伊那弥生ヶ丘	普通	200	194	0.97
	赤穂	普通	120	120	1.00
		商業	40	38	0.95
	駒ヶ根工業	機械	60	46	0.77
		電気			
		情報技術			
	松川	普通	48	52	1.08
	飯田	普通	200	187	0.94
		理数	12	31	2.58
	飯田風越	普通	160	157	0.98
		国際教養	8	4	0.50
	飯田OIDE長姫	機械工学	20	21	1.05
		電子機械工学	20	21	1.05
		電気電子工学	20	25	1.25
		社会基盤工学	20	19	0.95
		建築学	20	23	1.15
		商業	40	28	0.70
	下伊那農業	農業機械	20	18	0.90
		園芸クリエイト	20	21	1.05
		食品化学	20	19	0.95
		アグリサービス	20	18	0.90
	阿智	普通	48	48	1.00
	阿南	普通	54	22	0.41

学区	学校名	学科	募集人員	志願者数	倍率
第4通学区（中信地区）	蘇南	総合	64	8	0.13
	木曽青峰	普通	40	20	0.50
		森林環境	22	6	0.27
		インテリア	23	8	0.35
		理数	29	4	0.14
	塩尻志学館	総合	100	125	1.25
	田川	普通	140	123	0.88
	梓川	普通	60	51	0.85
	松本工業	機械	40	33	0.83
		電気	20	13	0.65
		電子工業	40	30	0.75
	松本県ケ丘	普通	240	243	1.01
		自然探究	16	44	2.75
		国際探究			
	松本美須々ケ丘	普通	280	316	1.13
	松本深志	普通	320	346	1.08
	松本蟻ケ崎	普通	280	331	1.18
	明科	普通	72	35	0.49
	豊科	普通	200	202	1.01
	南安曇農業	グリーンサイエンス	20	22	1.10
		環境クリエイト	20	20	1.00
		生物工学	20	22	1.10
	穂高商業	商業	60	26	0.43
		情報マネジメント			
	池田工業	機械・電気学	41	12	0.29
		建築学			
	大町岳陽	普通	84	86	1.02
		学究	24	20	0.83
	白馬	普通	33	4	0.12
		国際観光	10	14	1.40

※ 志願者数，募集人員，倍率はいずれも前期選抜で合格した入学予定者を除く。

数学 出題傾向の分析と合格への対策

出題傾向とその内容

〈最新年度の出題状況〉

今年度の出題数は，大問が4題，小問数にして33問と，昨年とほぼ同じである。全体としての分量もほぼ変化はない。問題レベルは基本から応用までバランスよく配置され，問題文が長いものも多く50分にしてはかなりボリュームは多い。出題形式は，ほぼ一定しており，基礎力を見るものから，数学的処理能力，論理的思考力を見る発展問題まで，バランスよく組み合わされている。

今年度の出題内容は，大問1が数・式，基本的計算問題，方程式，関数，平面図形，確率から基本的小問群12問，大問2は資料の活用，数学的思考を要する方程式の応用問題，回転体の表面積，体積からなる小問群で大問1よりも応用力を必要とする問題，大問3はグラフを利用した関数の応用問題，大問4は平面図形の基礎事項から証明を含む図形の応用まで含む問題が出題された。

全体として，基本的な内容と数学の知識を活用して実生活と絡めた事象を数理的に考察し，数学的に表現・処理する力を総合的にみようとしている部分が見受けられる。

〈出題傾向〉

問題の出題数は，ここ数年，大問数で4題，小問数で30～36問程度が定着している。

出題傾向は，大問1で3～5問の数・式，平方根の基本的計算問題を含め，中学数学の全領域からまんべんなく，基本的な数学能力を問う小問群が10～12問前後出題されている。これらの問題は，日頃の授業や教科書の内容をしっかり身につけ，確実に得点できるようにしよう。大問2では，資料の活用，方程式の応用，式による証明，規則性，場合の数と確率，平面図形，空間図形から，少し応用力を必要とする問題が2～3題出題されている。大問3，大問4では，関数とグラフの融合問題，平面図形や空間図形と動点の融合問題，記述式証明問題を含む，角度・長さ・面積を計量させる平面図形の問題などから2題が出題されている。ここ数年は大問がⅠ，Ⅱと分割されることが多い。

解答時間の割に問題量が多い。試験の際には，素早く正確に解いていく力が問われ，理想は全問解答を目指したいが，ペース配分に十分注意し，解ける問題から確実に正解していく判断力も必要である。

実力の差が出やすい出題形式になっていることを十分理解し，落ちついて処理していこう。

来年度の予想と対策

来年度も今年度と同様に，基礎の理解とその応用力を見る設問になると思われる。

出題範囲は中学数学全領域で，まんべんなく出題されるので，幅広い学習が必要である。まずは，大問1，大問2の対策として，教科書で各単元の基本事項をしっかりとおさえよう。苦手な単元は早めに克服し，あいまいに理解している点はわかるまで学習することが大切である。基礎が固まったら大問3，大問4の対策として，問題集などで練習を重ね，応用力を養っておこう。特に平面図形の問題では，合同掃除や三平方の定理，円の性質などを適合的に用いて解決するものなど，応用力の必要なものが必ず出題される。証明は穴埋め式が中心であるが，完全記述式も出題されているので，必要なことを論理的に整理してまとめる練習を重ねよう。関数では，例年，図形との融合問題等，応用問題が出題されているので，練習が必要といえる。

また，ダイヤグラムを利用した問題や動点の問題もよく出題されているので，類題を数多くこなしておきたい。さらには，普段の生活の中での数学の利用をテーマにしたものも多いので，基礎をしっかり理解し，使いこなす力も要求されている。全体としては，とにかくボリュームが多く，読解力も必要であり，自分の力を存分に発揮するため，過去問を解いて時間の感覚も養っておくことが重要である。

⇨学習のポイント

- 過去問や問題集を使って図形と関数・グラフの融合問題や図形の計量問題への対策を立てよう。
- 制限時間が50分で，出題が教科書や問題集のよく出る標準問題からなることを考えると，速さと正確さが求められる。各分野の問題を確実に素早く解く力をつけよう。

年度別出題内容の分析表　数学

※　　　は出題範囲縮小の影響がみられた内容

出題内容			27年	28年	29年	30年	2019年	2020年	2021年	2022年	2023年	2024年
数と式		数の性質	○	○	○	○	○	○	○	○	○	○
		数・式の計算	○	○	○	○	○	○	○	○	○	○
		因数分解		○		○					○	○
		平方根	○		○	○	○	○	○	○		○
方程式・不等式		一次方程式	○	○				○		○	○	○
		二次方程式	○	○	○	○	○	○	○	○	○	○
		不等式		○						○	○	
		方程式の応用	○	○	○	○	○	○	○	○	○	○
関数		一次関数	○	○	○	○	○	○	○	○	○	○
		関数 $y=ax^2$	○	○	○	○	○	○	○	○	○	○
		比例関数				○	○	○	○		○	○
		関数とグラフ	○	○	○	○	○	○	○	○	○	○
		グラフの作成		○	○	○	○		○			
図形	平面図形	角度	○	○		○	○	○	○	○	○	○
		合同・相似	○	○	○	○	○	○	○	○	○	○
		三平方の定理	○	○	○	○	○	○		○	○	○
		円の性質	○	○	○	○	○	○	○	○	○	○
	空間図形	合同・相似										
		三平方の定理	○			○						
		切断		○				○		○		
	計量	長さ	○	○	○	○	○	○	○	○	○	○
		面積	○	○	○	○	○	○	○	○	○	○
		体積	○	○	○		○	○	○	○	○	○
		証明	○	○	○	○	○	○	○	○	○	○
		作図	○	○	○	○	○	○	○	○	○	○
		動点				○		○			○	
データの活用		場合の数			○							
		確率	○	○	○	○	○	○	○	○	○	○
		資料の散らばり・代表値(箱ひげ図を含む)	○	○	○	○	○	○	○	○	○	○
		標本調査	○				○			○		
融合問題		図形と関数・グラフ		○	○					○	○	○
		図形と確率										
		関数・グラフと確率										
		その他		○		○						
その他				○				○	○	○	○	

英語 ●●●• 出題傾向の分析と合格への対策 •●●●

出題傾向とその内容

〈最新年度の出題状況〉

本年度の出題は，リスニングテスト，会話文・短文問題，短文問題，長文読解の構成であった。

【問1】のリスニングテストでは，英文を聞いて絵を選択する問題，英文に関する質問の答えを選択する問題，空欄に英単語を補充する問題が出題された。配点は100満点中の20点で，他の都道府県と比較すると低い。【問2】は語句を選択する問題，語を適切な形に変えたり語を補う問題，手紙形式の文に英語を入れる問題，グラフやポスターを使った問題では問題文の内容にあった答えを選ぶ問題が出題され，正しい表現を使うことが問われた。【問3】短文形式問題と【問4】の長文読解問題では，主に必要な情報の読み取りや内容の概要や要点を捉えられるかの観点から出題された。

〈出題傾向〉

小問単位では年度により，わずかながら傾向の変化が見られるが，おおまかな大問構成などは一貫している。リスニングテスト・文法問題・読解問題をバランスよく配した，総合的な英語力を問う出題が続くであろう。

【問1】のリスニングテストは，英文の分量，難易度，出題形式のいずれも標準的なものである。【問2】の会話文・短文問題は，年度により出題形式が異なるが，強いて言うなら会話表現と条件英作文がよく問われる。【問3】,【問4】の読解問題でもさまざまな形式の問題が出題されるが，英文の流れや全体の内容に関わる出題が増える傾向にある。その一方で語形変化，英作文問題などもよく出題されるので，文法知識もおろそかにしてはならない。

来年度の予想と対策

来年度も，本年度の出題形式と大きな変化がないことが予想される。

リスニングテストの対策としては音声を用いて，英文を聞き慣れることが最も大切である。

読解問題は長文・短文・会話文が出題されるので，文章読解の練習に最も力を入れるべきである。単語のレベルは教科書程度なので，教科書を繰り返し読めば単語の習得と読解の練習を同時に行える。その後に，まとまった内容の英文を読み，解答を作成する練習に移行していくのがよいと思われる。

対話文はよく用いられる表現を身につけること。英作文は実際に自分で英文を書き，誰かに点検してもらうことが有効な対策と言える。

⇨学習のポイント

- 読解問題が中心となるので，まとまった内容の英文を読むことに慣れておこう。
- 年度によりさまざまな形式の小問が出題される。いろいろな問題に幅広く触れて練習すること。
- 英作文対策としては，まず自分で書くこと。書かなければ英作文は上達しない。

年度別出題内容の分析表　英語

※▒▒は出題範囲縮小の影響がみられた内容

		出題内容	27年	28年	29年	30年	2019年	2020年	2021年	2022年	2023年	2024年
設問形式	リスニング	絵・図・表・グラフなどを用いた問題	○	○	○	○	○	○	○	○	○	○
		適文の挿入										
		英語の質問に答える問題	○	○	○	○	○	○	○	○	○	○
		英語によるメモ・要約文の完成										
		日本語で答える問題										
		書き取り										
	語い	単語の発音										
		文の区切り・強勢										
		語句の問題				○						
	読解	語句補充・選択（読解）	○	○	○	○	○	○	○	○	○	○
		文の挿入・文の並べ換え	○	○	○	○	○	○	○	○	○	○
		語句の解釈・指示語		○	○	○	○	○	○	○	○	○
		英問英答（選択・記述）	○	○	○	○	○	○	○	○	○	○
		日本語で答える問題										
		内容真偽	○	○	○	○	○	○	○	○	○	○
		絵・図・表・グラフなどを用いた問題	○			○	○	○	○	○	○	○
		広告・メール・メモ・手紙・要約文などを用いた問題	○	○	○	○	○	○	○	○	○	○
	文法	語句補充・選択（文法）							○	○	○	○
		語形変化	○	○	○	○	○	○	○	○	○	○
		語句の並べ換え	○	○	○	○	○					
		言い換え・書き換え										
		英文和訳										
		和文英訳										
		自由・条件英作文	○		○	○	○	○	○	○	○	○
文法事項		現在・過去・未来と進行形		○	○	○	○	○	○	○	○	○
		助動詞	○		○	○	○	○	○	○	○	○
		名詞・冠詞・代名詞				○					○	○
		形容詞・副詞				○	○				○	○
		不定詞	○	○	○	○	○	○	○	○	○	○
		動名詞	○		○	○	○	○	○	○	○	○
		文の構造（目的語と補語）		○	○					○	○	○
		比較	○	○	○	○	○	○	○	○	○	○
		受け身	○	○		○	○	○	○	○	○	○
		現在完了	○	○	○	○	○	○	○	○	○	○
		付加疑問文										
		間接疑問文		○	○	○	○	○	○	○	○	○
		前置詞			○	○	○			○	○	○
		接続詞			○	○		○	○	○	○	○
		分詞の形容詞的用法	○	○	○		○		○	○	○	○
		関係代名詞	○		○	○	○	○	○	○	○	○
		感嘆文										
		仮定法										

理科 出題傾向の分析と合格への対策

出題傾向とその内容

〈最新年度の出題状況〉

大問数は4題で，生物・地学・化学・物理の各分野から1題ずつという出題である。各分野ともに範囲が広く，基礎事項を確認する問題と，思考力・応用力を問う問題が，バランス良く出題されている。

〈出題傾向〉

教科書に載っていない実験・観察をもとに考察する出題も多く見られるので，教科書の内容を確実に理解していることとともに，読解力，思考力，応用力が求められる。また，実験・観察・結果を通して，そこから読み取ることも要求され，総合的に思考・分析する力も必要である。問題文は注意して読みこまないと，条件を見落としやすいので注意が必要である。

物理的領域　実験結果の分析力を問われる。分析をするときには学習した原理をあてはめながら，規則性を見い出すことを心がけよう。

化学的領域　総合問題では，様々な知識を総動員して解答を進める。比較的解きやすい問題もあるが，実験データや資料の意味を確実に理解するために幅広い知識を要する。現象の起こるしくみを考察させる傾向が強く，分析力，応用力を要する出題である。

生物的領域　教科書での学習内容を発展させた内容であり，実験や図からの分析力や理解力を問われた。実験結果をもとに考察させる出題形式なので，学習内容をしっかりと理解した上で臨み，データからわかることをあてはめて考えていくことを心がけよう。

地学的領域　資料をもとにした，分析力を問う問題群であるが，複数の実験結果を使い，1つの考察結果を導くので思考力が試される。原理原則にのっとって解答していけばよい。

来年度の予想と対策

教科書の内容については，かたよりなく，確実に理解しておく必要がある。出題範囲は幅広いので，どの項目もおろそかにできない。年度によっては，教科書とは視点を変えた出題が比較的多いことも本県の特徴の1つである。問題集で，さまざまな問題に触れ，慣れておくとよいだろう。実験・観察については，目的や方法，および，その結果や理由を自分なりにまとめ，図や簡潔な文章にできるようにしておくとよい。文章だけでなく，実験のデータ量や小問数がやや多いので，時間配分に注意して解き進めることも大切である。

⇨学習のポイント

- 教科書の図や表など，詳細な部分までふくめ，単元全体にわたる知識を身につけよう。
- 時間を決めて問題を解くなど，本番に近い設定を設けて演習を進めよう。

年度別出題内容の分析表 理科

※★印は大問の中心となった単元／　　は出題範囲縮小の影響がみられた内容

分野	学年	出題内容	27年	28年	29年	30年	2019年	2020年	2021年	2022年	2023年	2024年
第一分野	第1学年	身のまわりの物質とその性質	○		★				○			○
		気体の発生とその性質						○		○		○
		水溶液		○		○				○	○	
		状態変化								○		
		力のはたらき(2力のつり合いを含む)		○				○		○		○
		光と音			○		○		○		○	○
	第2学年	物質の成り立ち			○				○	○		○
		化学変化，酸化と還元，発熱・吸熱反応	○	○			○		○		○	○
		化学変化と物質の質量	○	○	○		○		○	○		
		電流(電力，熱量，静電気，放電，放射線を含む)	○	○	★	○	○	○	○	○	○	
		電流と磁界	○				○			○		
	第3学年	水溶液とイオン，原子の成り立ちとイオン	○	○	○	○	○	○	○			
		酸・アルカリとイオン，中和と塩		○		○	○		○			
		化学変化と電池，金属イオン						○			○	
		力のつり合いと合成・分解(水圧，浮力を含む)		○		○				○		○
		力と物体の運動(慣性の法則を含む)	○			○						
		力学的エネルギー，仕事とエネルギー				○	○	○				
		エネルギーとその変換，エネルギー資源				○	○					
第二分野	第1学年	生物の観察と分類のしかた		○			○					
		植物の特徴と分類									○	○
		動物の特徴と分類				○		○				
		身近な地形や地層，岩石の観察	○	○	○				○			○
		火山活動と火成岩	○		○				○			○
		地震と地球内部のはたらき					○			○		
		地層の重なりと過去の様子	○	○	★				○			○
	第2学年	生物と細胞(顕微鏡観察のしかたを含む)			○			○		○		
		植物の体のつくりとはたらき	○	○				○		○	○	○
		動物の体のつくりとはたらき	○		○		○	○	○		○	
		気象要素の観測，大気圧と圧力	○	○	○			○	○		○	
		天気の変化	○			○			○			○
		日本の気象	○								○	
	第3学年	生物の成長と生殖			★	○	○		○			○
		遺伝の規則性と遺伝子							○			
		生物の種類の多様性と進化						○				
		天体の動きと地球の自転・公転		★		○	○	○		○	○	
		太陽系と恒星，月や金星の運動と見え方					○				○	
		自然界のつり合い		★		○	○			○		○
自然の環境調査と環境保全，自然災害						○		○	○			
科学技術の発展，様々な物質とその利用						○		○	○			
探究の過程を重視した出題			○	○	○	○	○	○	○	○	○	○

―長野県公立高校―

社会 ●●●•• 出題傾向の分析と合格への対策 •••●●

出題傾向とその内容

〈最新年度の出題状況〉

本年度の出題数は例年同様，大問3題，小問35題である。解答形式は語句記入と記号選択がバランスよく出題されている。短文の記述問題が7題，長文の記述問題が2題出題されている。大問数は，日本・世界地理1題，歴史1題，公民1題となっており，小問数は各分野のバランスがとれていると言える。

内容的には基礎的事項に関する選択式の設問が半分程度を占めているが，選択式の問題の中でも正確な知識を要求するものがあるので注意が必要である。

地理的分野では，長野県・沖縄県・オーストラリアを切り口として各地の地形，産業，気候などに関する統計資料の読み取り問題などが出題された。歴史的分野では，木材を切り口にして，歴史の流れ，各時代の様子についてさまざまな角度から出題された。公民的分野では，人口減少とごみ問題に関する資料の読み取りなどが出題された。

〈出題傾向〉

地理的分野では，地図やグラフ，表などの資料が用いられ，それらの読み取りや諸地域の特色を問うことを中心とした出題となっている。

歴史的分野では，年表やグラフなどの資料を読み取る力を問う出題が中心である。時代の流れとそれぞれの時代の特色をさまざまな角度から問う出題となっている。

公民的分野では，基礎的な知識を問うものが中心である。与えられた資料を読み取る記述問題も出題され，正確な知識が求められる内容である。

来年度の予想と対策

来年度も，例年通りの出題形式，出題数が予想される。出題内容も基礎的なものが中心となるが，基礎的事項は細部まで正確に確認しておきたい。

地理的分野では，教科書の内容を確実におさえておくことが必要である。そして，地図帳や代表的な統計資料を活用することも大切である。

歴史的分野では，年表を活用して歴史の流れをおさえておくだけでなく，資料集などを利用し，さまざまな角度からの出題に対応できるようにしておく必要がある。

公民的分野では，政治や経済の基本的な用語に関する知識を確実におさえておくことが大切である。また，ふだんから新聞やテレビのニュースに関心を持っておくことも大切である。

⇨学習のポイント

・地理では統計資料・地形図の読み取りと地形図の理解を深めよう！
・歴史ではテーマごとの通史として理解を深めよう！
・公民では経済に注目して知識とニュースを結び付けよう！

年度別出題内容の分析表　社会

※■は出題範囲縮小の影響がみられた内容

出題内容			27年	28年	29年	30年	2019年	2020年	2021年	2022年	2023年	2024年
地理的分野	日本	地形図の見方		○	○			○		○		
		日本の国土・地形・気候	○	○	○	○	○	○		○	○	○
		人口・都市	○	○		○		○			○	○
		農林水産業	○			○	○	○	○	○	○	○
		工業	○		○		○		○		○	○
		交通・通信		○			○		○	○	○	○
		資源・エネルギー			○		○				○	
		貿易						○	○			
	世界	人々のくらし・宗教								○		
		地形・気候	○		○	○	○	○	○	○	○	○
		人口・都市		○	○		○		○	○	○	○
		産業	○	○	○	○	○	○		○	○	○
		交通・貿易	○	○		○	○	○			○	○
		資源・エネルギー					○		○			
	地理総合											
歴史的分野	日本史―時代別	旧石器時代から弥生時代		○		○	○			○	○	
		古墳時代から平安時代	○	○	○	○	○	○	○	○	○	○
		鎌倉・室町時代	○	○	○	○	○	○	○	○	○	○
		安土桃山・江戸時代	○	○	○	○	○	○	○	○	○	○
		明治時代から現代	○	○	○	○	○	○	○	○	○	○
	日本史―テーマ別	政治・法律	○	○	○	○	○	○	○	○	○	○
		経済・社会・技術	○	○	○	○	○	○	○	○	○	○
		文化・宗教・教育	○	○	○	○	○	○	○	○	○	○
		外交	○	○	○	○	○	○	○	○	○	○
	世界史	政治・社会・経済史			○		○	○	○			
		文化史			○							
		世界史総合										
	歴史総合											
公民的分野	憲法・基本的人権		○		○	○	○	○	○		○	
	国の政治の仕組み・裁判			○	○	○			○	○	○	
	民主主義											
	地方自治				○	○	○	○	○			
	国民生活・社会保障		○		○	○	○	○		○	○	○
	経済一般										○	○
	財政・消費生活		○	○	○	○	○	○	○	○	○	○
	公害・環境問題		○		○	○				○	○	○
	国際社会との関わり						○	○	■	○		
時事問題												
その他												

―長野県公立高校―

国語 ●●●• 出題傾向の分析と合格への対策 •●●●

出題傾向とその内容

〈最新年度の出題状況〉

本年度は，現代文の読解が2題，古文が1題，漢字の書き取りが1題，話し合いの様子が1題の，計5題による大問構成であった。

問一は，論説文の読解。内容理解に関する問いのほか，内容に対する考えを書く作文の出題があった。漢字の読みや文法問題も含まれた。

問二は，話し合いの問題。発表や報告の条件に合った内容や構成を考えさせる問いや空欄補充が出題された。

問三は，漢字の書き取りが3問であった。

問四は，古文の読解。歴史的仮名遣いや文脈の把握，内容理解が求められた。

問五は，小説文の読解。心情や情景の読み取りや，内容吟味や表現技法を考える問いなどの出題があった。

〈出題傾向〉

説明的文章の読解は，内容についてさまざまな角度から出題されるほか，近年は80～100字の作文が含まれている。

文学的文章の読解は，小説が扱われると考えてよいだろう。場面の情景や登場人物の心情などがいろいろなパターンで出題されている。

古典は，古文と漢文の両方が出題されている年もあるが本年度は従来通り古文のみの出題であった。解説文などは伴わず，内容理解に重点が置かれた。読み取りで話し合いの原稿などを含む場合もある。また，歴史的仮名遣いや返り点などの基礎知識も求められる。

会話やスピーチなど，話すことに関する出題もある。内容理解に関する問いだけでなく，話し方や構成の工夫に関する出題もあるのが特徴だ。

知識問題は，漢字の読みと書き取りは必須。語句や文法は，読解問題の中で出題される。

来年度の予想と対策

現代文のうち，説明的文章については，指示語や接続語に注意して文脈を把握した上で，筆者の主張を読み取ることが肝要である。内容について自分の考えをまとめる練習もしておく。

文学的文章では，情景描写や心情を表す言葉などに注意して，登場人物の心情を客観的に読み解く力を養うことが必要である。

現代文では記述式問題も出題されるので，設問の条件に従って解答をまとめる練習もしておこう。

古文と漢文は，古語や文法，仮名遣いや返り点などの基本的な知識を身につけ，教科書や問題集などを活用して読み慣れておく。主語や会話の範囲に注意して読むとよい。

漢字や文法などの知識事項の習得には，日ごろの努力が大切である。教科書を中心にしっかり学習しておきたい。

また，話すことを焦点にした大問の出題も予想される。会話やスピーチの問題にも慣れておこう。

⇨学習のポイント

- さまざまな形式の読解問題に取り組もう。
- 教科書を使って，漢字や文法の知識を身につけよう。
- 100字程度で考えをまとめて書く練習をしよう。

年度別出題内容の分析表　国語

※ は出題範囲縮小の影響がみられた内容

		出題内容	27年	28年	29年	30年	2019年	2020年	2021年	2022年	2023年	2024年
内容の分類	読解	主題・表題		○	○				○			
		大意・要旨				○	○	○	○	○	○	○
		情景・心情	○	○	○		○	○	○	○		○
		内容吟味	○	○	○	○	○	○	○	○	○	○
		文脈把握	○	○	○	○	○	○	○	○	○	○
		段落・文章構成	○		○		○	○	○	○	○	○
		指示語の問題	○	○		○	○					
		接続語の問題										○
		脱文・脱語補充	○	○		○	○	○	○	○	○	○
	漢字・語句	漢字の読み書き	○	○	○	○	○	○	○	○	○	○
		筆順・画数・部首			○	○						
		語句の意味		○	○					○	○	
		同義語・対義語										
		熟語		○					○	○	○	○
		ことわざ・慣用句・四字熟語	○				○					○
	表現	仮名遣い	○	○	○	○	○	○	○	○	○	○
		短文作成										
		作文(自由・課題)		○	○	○	○	○	○	○		○
		その他										
	文法	文と文節	○		○	○	○	○	○			
		品詞・用法	○	○	○	○			○	○	○	
		敬語・その他			○					○		
	古文の口語訳											
	表現技法・形式		○		○	○			○	○	○	
	文学史											
	書写				○	○						
問題文の種類	散文	論説文・説明文	○	○	○	○	○	○	○	○	○	○
		記録文・実用文										
		小説・物語・伝記	○	○	○	○	○	○	○	○	○	○
		随筆・紀行・日記										
	韻文	詩										
		和歌(短歌)										
		俳句・川柳										
	古文		○	○	○	○	○	○	○	○	○	○
	漢文・漢詩				○				○			
	会話・議論・発表		○	○	○	○	○	○	○	○	○	○
	聞き取り											

長野県公立高校難易度一覧

目安となる偏差値	公立高校名
75 ~ 73	
72 ~ 70	
69 ~ 67	長野 松本深志，屋代(理数)
66 ~ 64	伊那北(理数) 屋代
63 ~ 61	飯田(理数)，上田，諏訪清陵，野沢北(理数)，松本県ケ丘 松本県ケ丘(自然探究・国際探究) 伊那北，長野西(国際教養)
60 ~ 58	須坂，野沢北，松本蟻ケ崎 飯田，飯山(自然科学探究・人文科学探究)，長野吉田 上田染谷丘
57 ~ 55	岩村田，上田染谷丘(国際教養)，大町岳陽(学究)，諏訪二葉，松本美須々ケ丘 大町岳陽，長野西
54 ~ 51	飯田風越(国際教養)，伊那弥生ヶ丘 上田東，岡谷南，木曽青峰(理数)，篠ノ井，豊科 市長野市立長野(総合)
50 ~ 47	赤穂，飯田風越，松本工業(電気／電子工業) 飯山，木曽青峰，塩尻志学館(総合)，長野工業(機械工学／電気電子工学／情報工学／建築)，長野商業(商業・会計)，中野西，長野東 松本工業(機械) 飯田OIDE長姫(商業)，上田千曲(生活福祉／食物栄養)，長野工業(物質化学／土木工学)，野沢南
46 ~ 43	赤穂(商業)，飯田OIDE長姫(電子機械工学)，上田千曲(メカニカル工学／電気／建築／商業)，下諏訪向陽，田川，長野南 飯田OIDE長姫(電気電子工学／社会基盤工学／建築)，小諸(普／音楽)，佐久平総合技術(機械システム／電気情報)，穂高商業(商業・情報マネジメント) 飯田OIDE長姫(機械工学)，岡谷工業(機械)，小諸商業(商業・会計システム) 飯山(スポーツ科学)，岡谷工業(情報技術)，下伊那農業(農業機械／園芸クリエイト／食品化学／アグリサービス)，須坂東，丸子修学館(総合)
42 ~ 38	岡谷工業(電気／環境化学／電子機械)，岡谷東，小海，須坂創成(創造工学)，諏訪実業(商業・会計情報)，松代，南安曇農業(グリーンサイエンス／環境クリエイト／生物工学) 上伊那農業(生物生産・生命探究・アグリデザイン・コミュニティデザイン)，佐久平総合技術(創造実践)，須坂創成(商業)，松代(商業) 辰野(普／商業)，中野立志館(総合)，屋代南 駒ケ根工業(機械・電気・情報技術)，佐久平総合技術(食料マネジメント・生物サービス・食農クリエイト)，下高井農林(地域創造農学)，須坂創成(園芸農学・食品科学・環境造園) 明科，梓川，阿智，軽井沢，更級農業(生産流通・生物科学・グリーンライフ・施設園芸)，蓼科，北部，屋代南(ライフデザイン)
37 ~	木曽青峰(森林環境／インテリア)，高遠，白馬(普／国際観光)，富士見，松川 阿南，池田工業(機械・電気・建築)，坂城，諏訪実業(服飾)，蘇南(総合)，茅野，富士見(園芸) 篠ノ井[犀峡校]，長野西[中条校]

*( )内は学科・コースを示します。特に示していないものは普通科(普通・一般コース)，または全学科(全コース)を表します。市は市立を意味します。

*データが不足している高校，または学科・コースなどにつきましては掲載していない場合があります。

*公立高校の入学者は，「学力検査の得点」のほかに，「調査書点」や「面接点」などが大きく加味されて選抜されます。上記の内容は想定した目安ですので，ご注意ください。

*公立高校入学者の選抜方法や制度は変更される場合があります。また，統廃合による閉校や学校名の変更，学科の変更などが行われる場合もあります。教育委員会などの関係機関が発表する最新の情報を確認してください。

2024年度

★★★★★★★★★★★★★★★★★★★★★★★★

入 試 問 題

●くわしい解説……49ページ

＜数学＞

時間　50分　　満点　100点

【注意】　分数で答えるときは，指示のない限り，それ以上約分できない分数で答えなさい。また，解答に$\sqrt{}$を含む場合は，$\sqrt{}$の中を最も小さい自然数にして答えなさい。

【問１】　各問いに答えなさい。

(1)　$3-(-5)$ を計算しなさい。

(2)　$\frac{1}{6}xy^2 \div \frac{1}{12}xy$ を計算しなさい。

(3)　n を自然数とするとき，式の値がいつでも８の倍数になる式として正しいものを，次のア～エから１つ選び，記号を書きなさい。

ア　$4n$　　イ　$8n+4$　　ウ　$n+8$　　エ　$8n+16$

(4)　$x=\sqrt{5}+\sqrt{3}$，$y=\sqrt{5}-\sqrt{3}$ のとき，x^2-y^2 の値を求めなさい。

(5)　二次方程式が $x^2-3x-10=0$ を解きなさい。

(6)　容器に薄力粉（はくりきこ）を132ｇと砂糖を12ｇ入れて混ぜた。ここに，薄力粉と砂糖を x ｇずつ加えて，薄力粉と砂糖の重さの比が７：２となるようにして，クッキーを作る。このとき，x の値を求めなさい。

(7)　図１において，$\ell \parallel m$ のとき，$\angle x$ の大きさを求めなさい。

図１

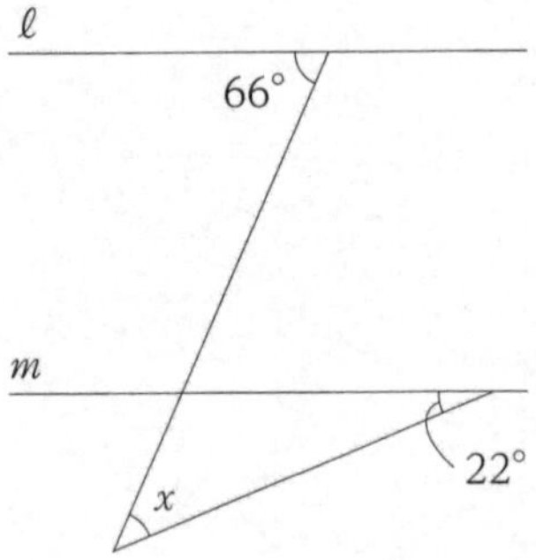

(8)　図２は，１つの円周上に３点Ａ，Ｂ，Ｃがある円の一部である。この円の中心Ｏを，定規とコンパスを使って作図しなさい。ただし，中心Ｏを表す文字Ｏも書き，作図に用いた線は消さないこと。

図２

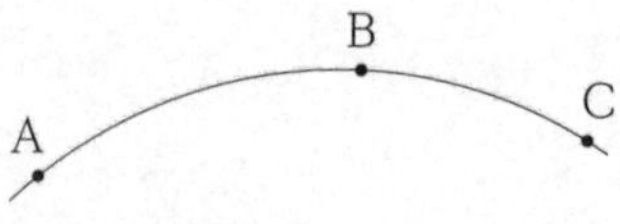

(9)　図3は，3つの関数$y=ax^2$，$y=bx^2$，$y=cx^2$のグラフを，同じ座標軸を使ってかいたものである。

また，2点A，Bは，関数$y=ax^2$のグラフ上に線分ABとx軸が平行になるようにとったものである。

①　比例定数a，b，cを大きい順に左から並べて書きなさい。

②　$a=3$，AB$=4$のとき，点Bの座標を求めなさい。

図3

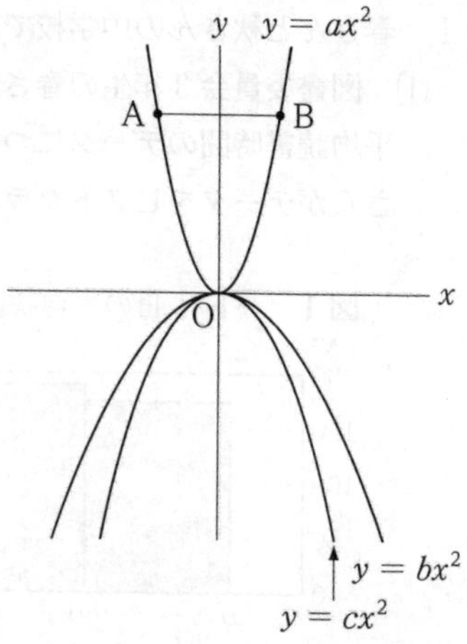

(10)　1，2，3の数が1つずつ書かれた3枚のカードがある。この3枚のカードを箱に入れて，箱から1枚ずつ取り出し，取り出した順番に左から右に並べて3けたの整数をつくる。この整数が奇数となる確率を求めなさい。ただし，どのカードが取り出されることも同様に確からしいものとする。

(11)　データは，生徒15人の握力を調べ，その結果を値の小さい順に並べたものである。

〔データ〕
24，26，26，26，28，30，32，34，36，38，40，42，44，48，50

（単位：kg）

このデータを表した箱ひげ図として正しいものを，次のア～エから1つ選び，記号を書きなさい。

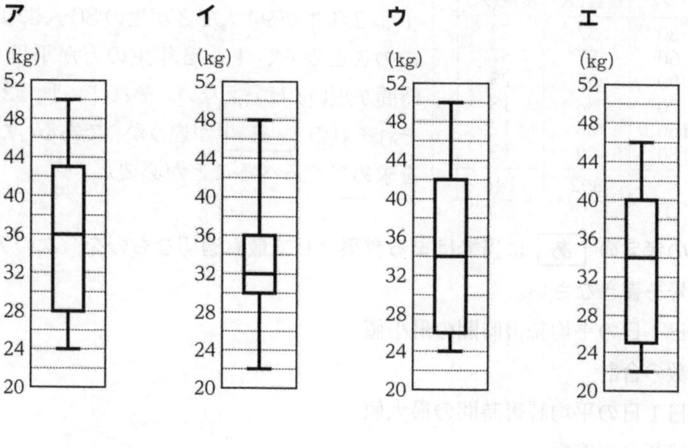

【問２】 各問いに答えなさい。

Ⅰ 春さんと秋さんの中学校では，図書委員会が全校生徒に対してアンケート調査を行った。

(1) 図書委員会３年生の春さんと秋さんは，アンケート調査の結果から，全校生徒の平日１日の平均読書時間のデータについて，表計算ソフトを使って整理した。**図１**は春さんが，**図２**は秋さんがデータをヒストグラムに表したものである。

図１ 平日１日の平均読書時間と生徒数

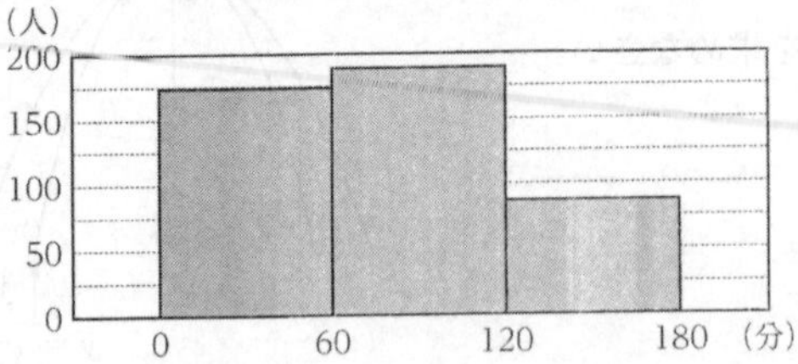

図２ 平日１日の平均読書時間と生徒数

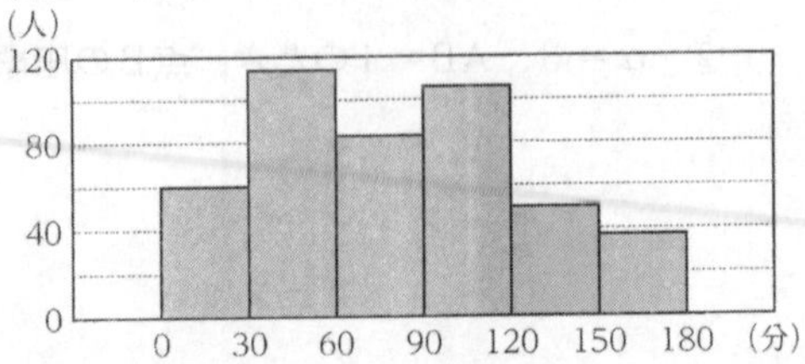

① **図１**と**図２**から読み取れることとして最も適切なものを，次の**ア**～**エ**から１つ選び，記号を書きなさい。

ア **図２**では，**図１**にくらべて，平日１日の平均読書時間が150分以上の生徒が少ない。

イ **図２**では，**図１**にくらべて，範囲が大きい。

ウ **図１**の最頻値は90分であるが，**図２**の最頻値は45分である。

エ **図１**の中央値は，60以上120分未満の階級にふくまれているが，**図２**の中央値は30分以上60分未満の階級にふくまれている。

② 春さんと秋さんは，**図１**とくらべると**図２**には，山が２つあることに気づき，「1，２年生と３年生では，平日１日の平均読書時間に違いがあるのではないか」と予想した。そこで，全校生徒のデータを，1，２年生と３年生に分けて**度数分布表**に整理し，考えた。

度数分布表

平日１日の平均読書時間(分)	1、２年生 度数(人)	３年生 度数(人)
0 以上 ～ 30 未満	37	23
30 ～ 60	57	57
60 ～ 90	58	25
90 ～ 120	88	18
120 ～ 150	38	12
150 ～ 180	24	13
計	302	148

〔**２人の考え**〕

度数分布表では、平均読書時間が６０分未満の生徒数は、１、２年生が９４人で３年生の８０人より多い。しかし、このことから、１、２年生の方が平日１日の平均読書時間が短いとは言えない。それは、１、２年生と３年生のそれぞれの［**あ**］が違うからである。だから、相対度数を求めてくらべることが必要だ。

ⅰ **２人の考え**の［**あ**］に当てはまる言葉として最も適切なものを，次の**ア**～**エ**から１つ選び，記号を書きなさい。

ア 平日１日の平均読書時間の最小値

イ 度数の合計

ウ 平日１日の平均読書時間の最大値

エ 階級ごとの度数

ⅱ　2人は，予想したことを，**2人の考え**をもとに，次のように調べようとした。

> **度数分布表**をもとに1，2年生と3年生の各階級の相対度数を求め，その [い] をかき，[い] の形をくらべる。また，1，2年生と3年生それぞれのデータの [う] と [い] を組み合わせて，1，2年生と3年生のデータの傾向を調べよう。

[い]，[う] に当てはまる言葉の組み合わせとして最も適切なものを，次の**ア**～**ウ**から1つ選び，記号を書きなさい。

ア　[い] 度数分布多角形　[う] 代表値
イ　[い] ヒストグラム　[う] 最大値
ウ　[い] 度数分布多角形　[う] 最小値

(2)　**図3**は，図書委員会が「読書は好きですか？」の調査結果をまとめたポスターである。夏さんと冬さんはポスターを見て，「好き」と答えた生徒が何人いるのか，連立方程式をつくって，求めることにした。

図3

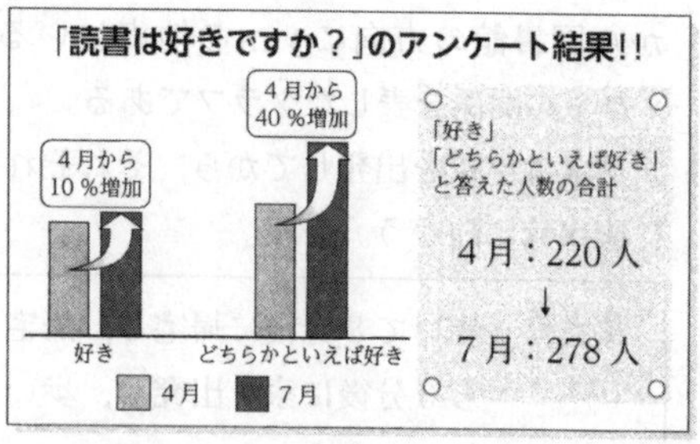

図3をもとに，2人はある数量をx人，y人として，次のような連立方程式をつくった。

〔夏さんの連立方程式〕

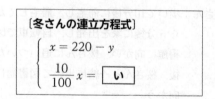

$$\begin{cases} x + y = 220 \\ \dfrac{110}{100}x + \dfrac{140}{100}y = 278 \end{cases}$$

〔冬さんの連立方程式〕

$$\begin{cases} x = 220 - y \\ \dfrac{10}{100}x = \boxed{\text{い}} \end{cases}$$

①　**夏さんの連立方程式**の$x + y$はどのような数量を表しているか，言葉で書きなさい。

②　**冬さんの連立方程式**の [い] に当てはまる適切な式を書きなさい。なお，分数を用いて式を書く場合には約分しなくてもよい。

③　4月と7月に「好き」と答えた生徒数を，それぞれ求めなさい。

Ⅱ　守さんは，半円と直角三角形を回転させた立体について調べた。**図4**は，点Oを中心とし線分PQを直径とする半円であり，OP＝3㎝である。**図5**の△ABCは，AB＝6㎝，∠C＝90°の直角三角形である。

(1)　**図4**の半円を，線分PQを回転の軸として1回転させてできる立体の体積を求めなさい。ただし，円周率をπとする。

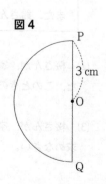

図4

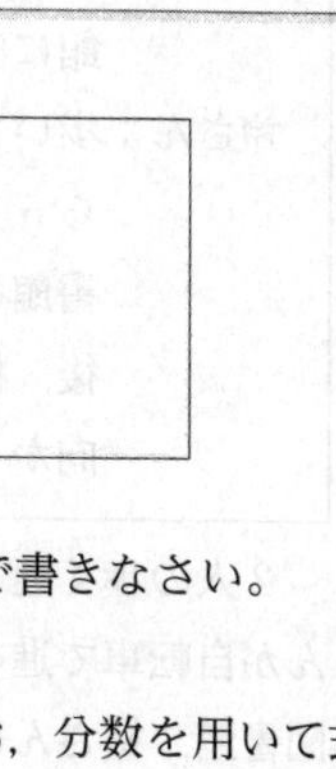

(2)　守さんが，図５の△ABCを，辺ACを回転の軸として１回転させてできる立体の展開図をかいたところ，側面の展開図が半円になった。

このとき，図４の半円を，線分PQを回転の軸として１回転させてできる立体の表面積は，図５の△ABCを，辺ACを回転の軸として１回転させてできる立体の表面積の何倍か，求めなさい。

図５

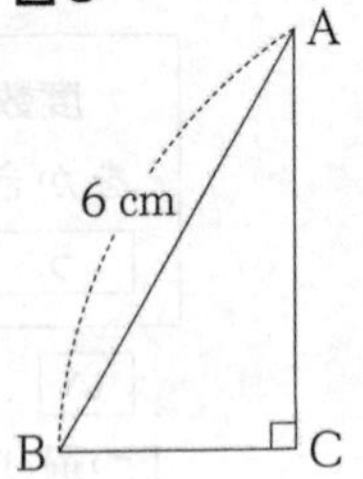

【問３】 各問いに答えなさい。

Ⅰ　桜さんと鈴さんは，放課後，学校から帰宅した後に図書館へ行き，一緒に勉強をしている。

図１は，２人が学校を出発してx分後に，学校から図書館の方向にy mの地点にいるとして，xとyの関係を表したグラフである。

２人は学校を出発してから，それぞれ次のように図書館に向かう。

図１

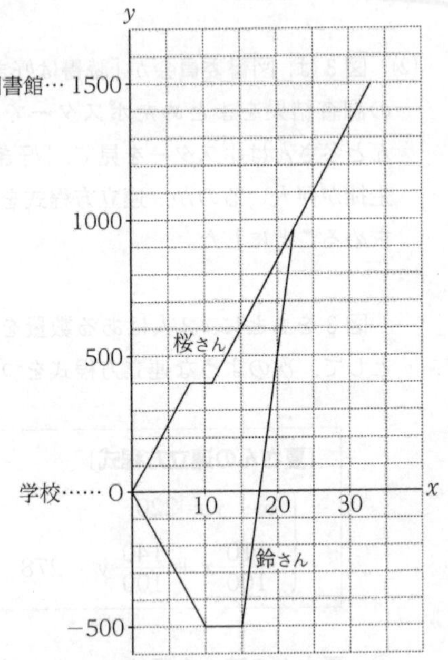

> 桜さん：歩いて８分後に帰宅し，帰宅してから３分後に家を出発し，歩いて図書館に向かう。
>
> 鈴さん：歩いて10分後に帰宅し，帰宅してから５分後に家を出発し，自転車で図書館に向かい，桜さんに追いついた後，桜さんと一緒に歩いて図書館に向かう。

２人の歩く速さは分速50mである。また，鈴さんが自転車で進む速さは分速200mである。なお，図書館，桜さんの家，学校，鈴さんの家は一直線上にあるものとする。

(1)　鈴さんの家の地点は，次のように説明できる。［あ］，［い］に当てはまる適切な数を，それぞれ書きなさい。

> 鈴さんの家は，学校から，図書館とは反対の方向に［あ］mの地点にある。
> また，鈴さんの家は，桜さんの家から［い］m離れた地点にある。

(2)　桜さんが，家を出発してから図書館に到着するまでの，xとyの関係を式に表しなさい。また，このときのxの変域も求めなさい。

(3)　桜さんが，家を出発してから５分後の，桜さんがいる地点と鈴さんがいる地点の間の距離を求めなさい。

(4) ある日，鈴さんはいつもより長く家で過ごし，その後自転車で図書館に向かった。すると，桜さんが図書館に着くときに，鈴さんも同時に図書館に着いた。このとき，鈴さんが帰宅してから何分後に家を出発したか，求めなさい。

Ⅱ 反比例の特徴やグラフについて考える。ただし，原点Oから点（1，0）までの距離，および原点Oから点（0，1）までの距離はそれぞれ1㎝とする。

(1) 図2は，関数$y=\frac{12}{x}$のグラフ上にx座標が正の数である点Aをとり，点Aを通るx軸の垂線とx軸との交点を点Bとし，点Oと点Aを結んだものである。

① 関数$y=\frac{12}{x}$のグラフ上の点で，x座標，y座標がともに自然数である点はいくつあるか求めなさい。

② △OABが直角二等辺三角形になるとき，OAの長さを求めなさい。

図2

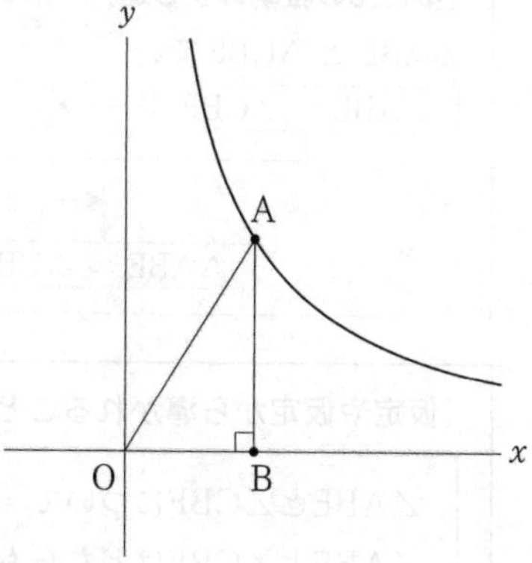

(2) 図3は，関数$y=\frac{8}{x}$のグラフ上に，点Cのx座標と点Dのy座標が等しくなるように点C，Dをとったもので，点Dのx座標は2である。点Eは，直線ODと双曲線の交点のうち，点Dと異なる点である。

① △CDEの面積を求めなさい。

② 点Cを通り，△CDEの面積を2等分する直線の式を求めなさい。

図3

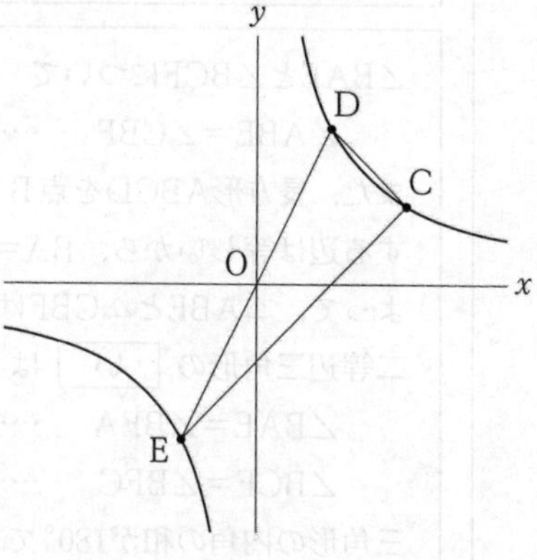

【問4】 図形をかいたり，移動させたりすることができる数学の作図ソフトがある。歩さんと進さんは，次の手順で作図ソフトを操作し，図形を観察した。各問いに答えなさい。

〔手順〕
❶ AB＝6㎝，AD＝3㎝の長方形ABCDをかく。
❷ 長方形ABCDを，図1のように点Bを中心に回転移動させる。
❸ 回転移動後の長方形を，長方形EBFGとし，点Aと点E，点Cと点Fをそれぞれ結ぶ。

図1

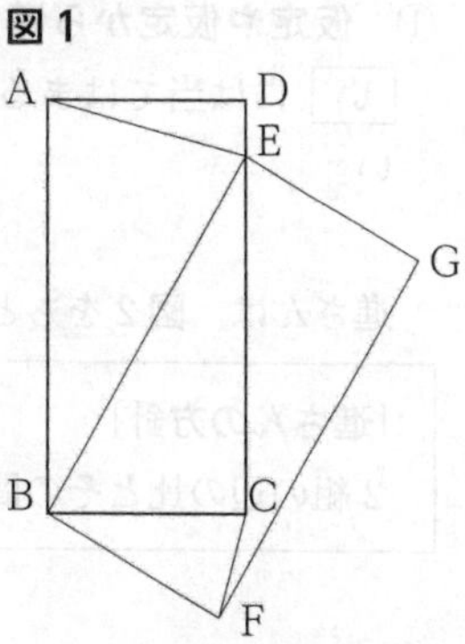

(1) ❷で，時計回りに30°回転移動させたとき，∠AEBの大きさを求めなさい。

(2) 歩さんは，長方形ABCDを回転移動させているうちに，△ABE∽△CBFが成り立つと考え，図2をもとに次のように証明のすじ道をまとめ，仮定や仮定から導かれることがらを整理した。

図2

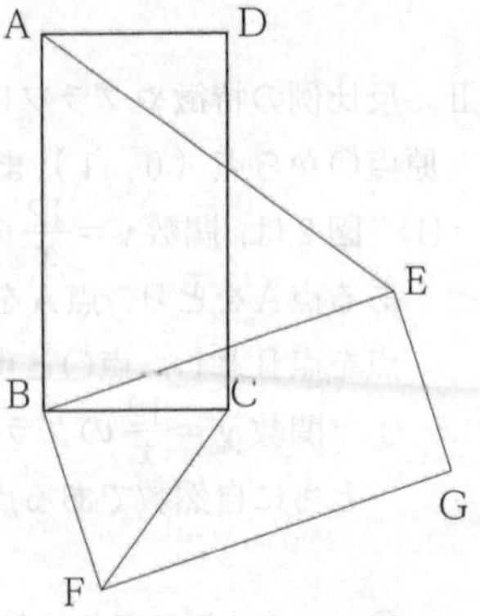

［歩さんの証明のすじ道］

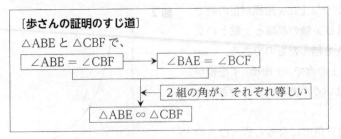

△ABE と △CBF で、

∠ABE = ∠CBF → ∠BAE = ∠BCF

2組の角が、それぞれ等しい

△ABE ∽ △CBF

［仮定や仮定から導かれることがらの整理］

∠ABEと∠CBFについて
∠ABEと∠CBFはどちらも90°－∠［あ］
よって，∠ABE＝∠CBF

∠BAEと∠BCFについて
∠ABE＝∠CBF ……①
また，長方形ABCDを点Bを中心に回転移動させた図形が長方形EBFGなので，対応する辺は等しいから，BA＝BE，BC＝BF
よって，△ABEと△CBFは2つの辺が等しいので，それぞれ二等辺三角形である。
二等辺三角形の［い］は等しいので，
∠BAE＝∠BEA ……②
∠BCF＝∠BFC ……③
三角形の内角の和が180°であることと，①，②，③から，
$\frac{1}{2}$(［う］°－∠ABE)＝∠BAE，$\frac{1}{2}$（［う］°－∠CBF）＝∠BCF……④
①，④より，∠BAE＝∠BCF

① **仮定や仮定から導かれることがらの整理**の，［あ］には最も適切な角を記号を用いて，［い］には当てはまる適切な語句を，［う］には当てはまる適切な数を，それぞれ書きなさい。

進さんは，図2をもとに次のように，歩さんとは異なる証明の方針を立てた。

［進さんの方針］
2組の辺の比とその間の角の大きさに着目する。

② **進さんの方針**にもとづき，△ABE∽△CBFを証明しなさい。ただし，0°<∠ABE<90°とする。

歩さんと進さんは，手順に次の❹を加え，さらに図形を観察した。

❹　点Bと点D，点Bと点G，点Dと点Gをそれぞれ結ぶ。

(3)　**図3**は，時計回りに90°回転移動させたものである。このとき，CF：AE＝1：[え]，CF：DG＝1：[お]である。[え]，[お]に当てはまる適切な数を書きなさい。

図3

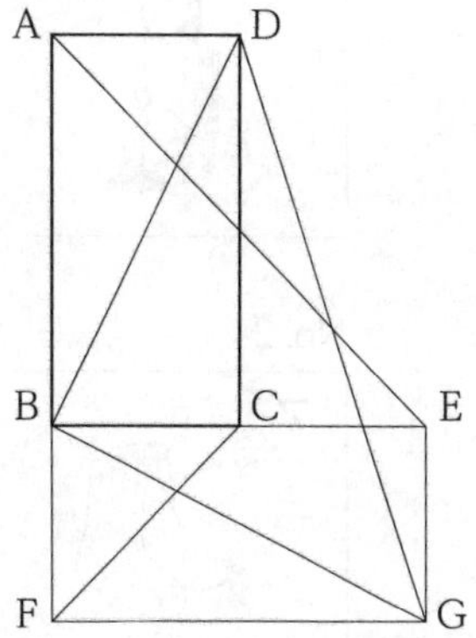

(4)　**図4**は，**図3**をさらに回転移動し，線分CFとBEの交点をHとしたものである。EH＝5㎝のとき，△BDGの面積を求めなさい。

図4

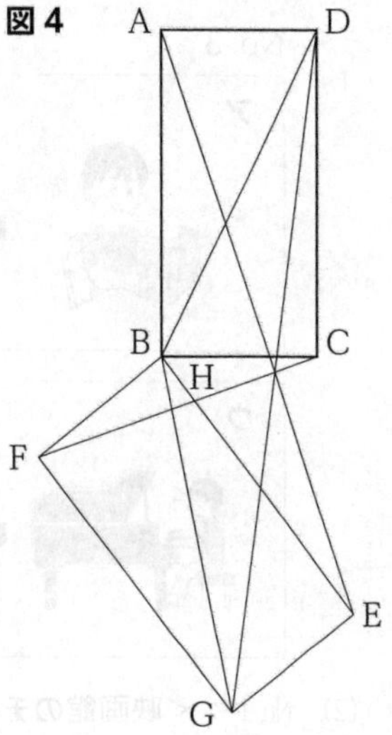

＜英語＞

時間 50分 満点 100点

【問１】 リスニングテスト（英語は，(1)では１度，(2)，(3)，(4)では２度読みます。）

(1) No. 1

No. 2

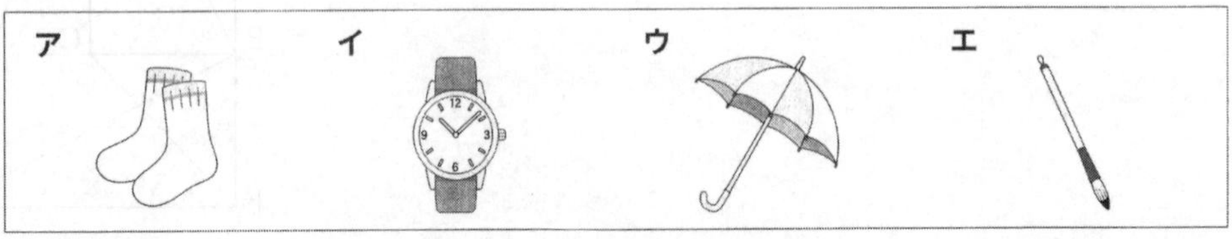

No. 3

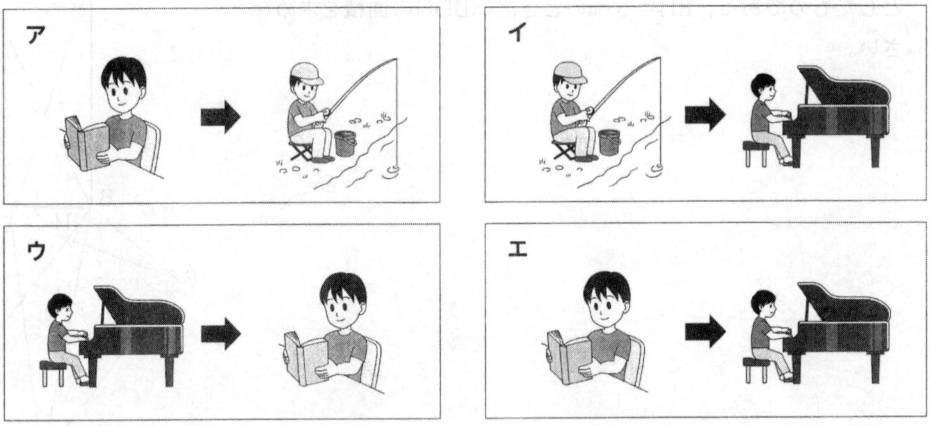

(2) No. 1 ＜映画館のチケットカウンターでの会話＞

ア 午後５時からのチケットを３枚　　イ 午後７時からのチケットを３枚

ウ 午後５時からのチケットを２枚　　エ 午後７時からのチケットを２枚

No. 2 ＜友人との会話＞

ア コンサートの出演者を知りたかったから　　イ コンサート会場を確認したかったから

ウ コンサートの感想を聞きたかったから　　エ コンサートに誘いたかったから

No. 3 ＜電車の車内アナウンス＞

ア 中央公園の施設案内について　　イ この電車の運行状況について

ウ 明日の天気について　　エ 改札口の位置について

(3) 中学生のサキ（Saki）は，先月学校に着任したALTのジャック（Jack）先生に，メモを取りながら，インタビューをしました。

No.1 **Question**：Which one did Saki write when she was talking with Jack?

ア

Our ALT, Jack
Reason：Learn about Japanese culture
Free time：Play sports
Wants to：See cherry blossoms

イ

Our ALT, Jack
Reason：Learn about Japanese culture
Free time：Watch sports
Wants to：See cherry blossoms

ウ

Our ALT, Jack
Reason：Learn about Japanese culture
Free time：Play sports
Wants to：Study Japanese

エ

Our ALT, Jack
Reason：Enjoy Japanese food
Free time：Watch sports
Wants to：Study Japanese

No.2 **Question**：What does Jack want his students to do?

He wants his students to
- ア learn about kimonos.
- イ talk to him in Japanese.
- ウ tell him where he can see cherry blossoms.
- エ show him how to play the *koto*.

(4) ケンはクラスメイトと，農場で体験学習を行います。ケンはグループ２の責任者として，メモを取りながら，これから行う活動について担当者の話を聞くところです。

メモ

・Our group will (　　) some vegetables in the morning.

【問２】

Ⅰ 各問いに答えなさい。

(1) (　) に当てはまる最も適切な英語を，(a)，(b)それぞれについて下のア～エから１つ選び，記号を書きなさい。

(a) ＜野球場での会話＞

Tom: I really enjoyed today's game. Your brother, Shin, played well.
Aki: He has practiced every day to become a better player, (　) he did very well.

ア but　イ so　ウ because　エ or

(b) ＜バス停での会話＞

Tourist: Excuse me. Do you know (　　) the City Museum is?

Nao: Yes. Take Bus No. 4 and get off at the third stop.

ア what　イ how old　ウ where　エ how big

(2) 次の(a), (b)ついて，(　) 内の語を必要があれば適切な形に変えたり，不足している語を補ったりして，話の流れに合うように主語を含む英文を完成させなさい。

(a) ＜生徒とALTの会話＞

Taku: You know a lot about temples in Kyoto. Why do you know so much about them?

ALT: Well, (live) in Kyoto for four years.

Taku: I see. And then, you moved to Nagano and became a teacher at our school.

(b) ＜友達同士の会話＞

Susan: I'm surprised your mother talked to me in English.

Junko: Yes. She takes an online English class.

Susan: She is busy, isn't she? (study) English?

Junko: After dinner.

(3) 次の英文は，イギリス出身のスミスさん（Mr. Smith）へのお礼の手紙の一部である。友達からのアドバイスにしたがって，①，②の下線部を３語以上の英語で書き直しなさい。ただし，下線部を含む文がいずれも１文になるようにすること。

お礼の手紙の一部

Dear Mr. Smith,

① You came to our English club last week.

It was very interesting to hear about the U.K.

If you can come to our club again, could you tell us more about your country?

② We learn about school life in the U.K.

アドバイス

① は、来てくれたことに感謝を表現する文に修正した方がよいと思う。

② は、学びたいという気持ちを表現する文に修正した方がよいと思う。

Ⅱ 各問いに答えなさい。

(1) ある生徒が，生徒の水筒（water bottle）利用の状況についてクラスで調査した。次の英文は結果をまとめたものである。その内容を最も適切に表しているグラフを，あとのア～エから１つ選び，記号を書きなさい。

"Do you bring your own water bottle to school every day?" I asked this question to my classmates. Twenty-three students said that they bring their water bottles every day. Twelve students sometimes bring them. However, five students have their water bottles but leave them at home.

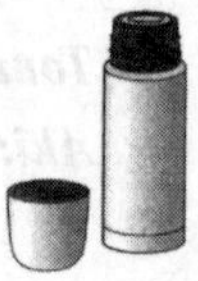

ア

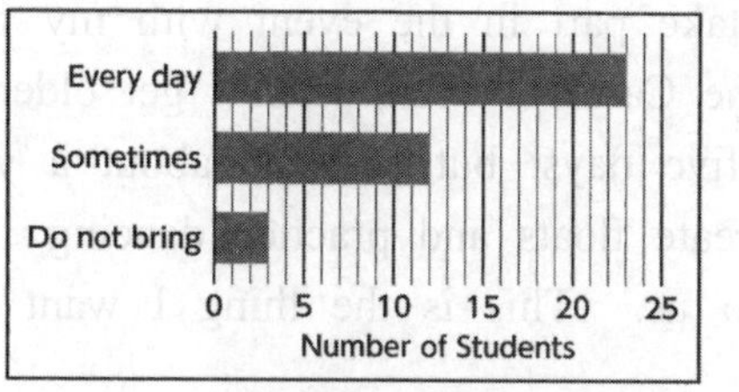

イ

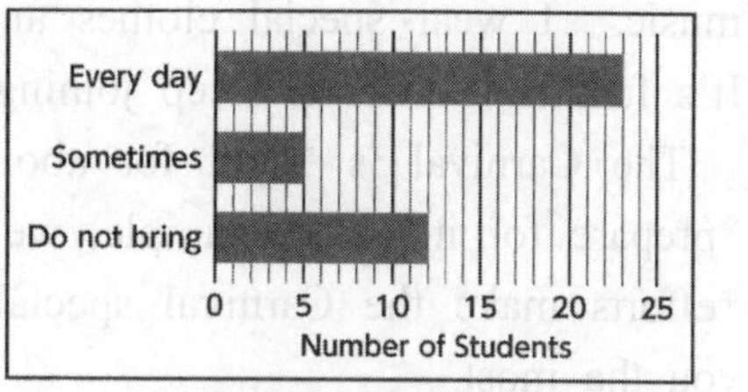

ウ

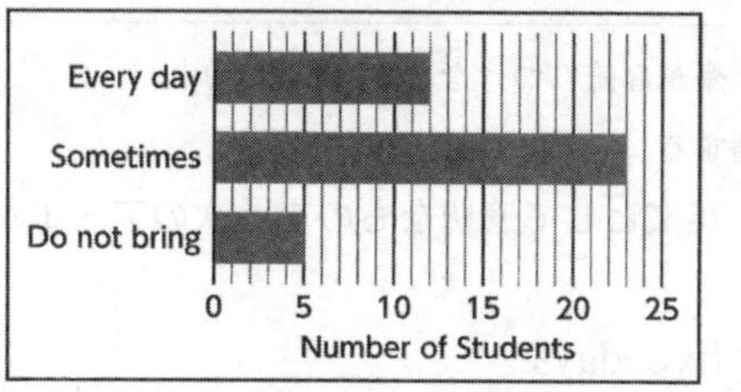

エ

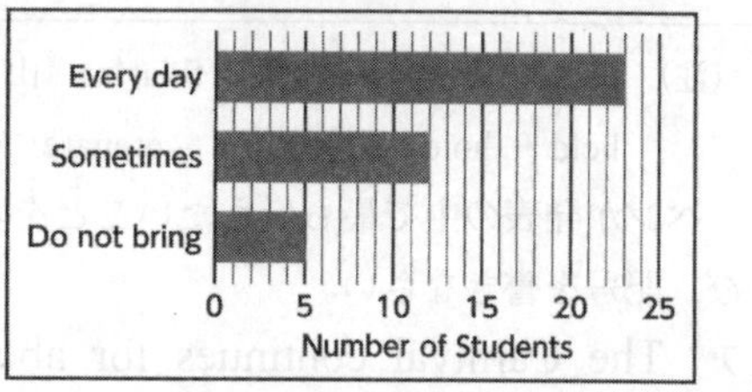

(2) 次のアウトドアイベントの**ポスター**の内容と合っている英文を，次のア～オから２つ選び，記号を書きなさい。

ポスター

Outdoor Event

Place : Green Tree Park

Date and Time

May 11th / 9:00 a.m. – 3:00 p.m.

Activities

Activity 1 : Mountain Bike Riding
You can ride a mountain bike in the forest.
It is the most popular activity.

Activity 2 : River Boat Trip
Going down the river on a boat is exciting.
(Your group must have more than four people.)

Activity 3 : Nature Walk
Our staff will show you some flowers on the mountain.

Price

Activity 1 : You do not need to pay.
(You can use a bike only for 2 hours.)
Activity 2 : 500 yen for each person
Activity 3 : 300 yen for each person

ア You can learn about plants on the mountain from the staff.
イ All three activities are only in the morning.
ウ There is an outdoor event at Blue Forest Park on May 11th.
エ If you are in a group of three people, you can join the River Boat Trip.
オ You can enjoy riding a mountain bike for two hours without paying for it.

【問３】 鈴（Suzu）は，「私たちの地域の祭り」というテーマで，海外から来た学生と祭りを紹介し合っている。各問いに答えなさい。

次の英文は，ブラジル出身であるベン（Ben）の，リオデジャネイロのカーニバル（the Carnival in Rio de Janeiro）についての発表である。

The Carnival in Rio de Janeiro is a very big festival in Brazil. You can enjoy watching *parades with big *floats. The streets are full of

music. I wear special clothes and take part in the event with my friends. It's fun, so I want to keep joining the Carnival even when I get older.

The Carnival is *held for about five days, but it takes about a year to *prepare for it. For example, we create floats and practice dancing. These *efforts make the Carnival special to us. This is the thing I want to tell you the most.

*(注) parade(s) パレード　float(s) 山車（豪華な飾りつけなどをした台車）
held ← hold 開催する　prepare 準備する　effort(s) 努力

(1) ベンが発表の中で最も伝えたいことを表す英文として適切なものを，次のア～エから１つ選び，記号を書きなさい。

ア The Carnival continues for about five days.

イ People can enjoy music on the streets.

ウ Ben joins the Carnival with his friends.

エ The efforts for the Carnival are important to them.

次の英文は，台湾（Taiwan）出身であるメイリンの，ランタンフェスティバル（the Lantern Festival）についての発表である。

I'll tell you about the Lantern Festival in my area of Taiwan. ア<u>This festival is held to celebrate *the Lunar New Year.</u> People pray for *happiness and believe that the festival protects them from bad *spirits.

イ<u>During the festival, people write their wishes or messages on colorful lanterns before *releasing them into the sky.</u> The colors have different meanings. If you wish for good health, you can choose a red lantern. The lanterns flying in the night sky are very beautiful. ウ<u>You should see them.</u>

エ<u>A website says the festival was only for local people many years ago.</u> Now tourists can also join our festival, so it's getting popular.

I hope my favorite festival will continue every year.

ランタン
フェスティバル

*(注) the Lunar New Year 旧暦の正月　happiness 幸せ　spirit(s) 霊
releasing ← release 放す

(2) 次のメモは，メイリンが発表するにあたって，内容を順番に書いたものである。あ ～ う に当てはまる最も適切な英語を，次のア～エから１つずつ選び，記号を書きなさい。

メモ

The Lantern Festival	
1	あ
2	い
3	う

ア People who can join the festival

イ The things only local people do

ウ Why people hold this festival

エ Writing wishes or messages on colorful lanterns

(3) メイリンの発表内の下線部では，事実や考えが述べられている。メイリンの考えが述べられている英文を，下線部ア～エから1つ選び，記号を書きなさい。

次の英文は，鈴の白根大凧(おおたこ)合戦(the Shirone Giant Kite Battle)についての発表である。なお，[1]～[4]は段落の番号を表している。

[1] Do you know the Shirone Giant Kite Battle? People of the Shirone area in Niigata City have enjoyed this festival for a long time. This is an important festival for me, so I hope it'll be held for many years. Let me introduce this festival.

[2] Two teams stand on *opposite sides of a river and fly their own kite. It's exciting to fly a large kite with team members. They *entangle and drop their kites into the river. Then, they pull the *rope like a game of *tug-of-war. One team must cut the other team's rope to win.

[3] The kites flown at this festival are made by hand. The large kites are about five meters wide and seven meters tall, so making new ones is not easy. People need a lot of time to prepare for the five-day festival.

[4] I love working with my friends to fly kites at the festival. Tourists can also fly kites and pull the rope together. In my opinion, everyone can become one big team through the festival.

*(注)　opposite　反対側の　entangle　絡(から)ませる　rope　ロープ　tug-of-war　綱引き

(4) 次のア～ウは，鈴が[2]と[3]で使用した3枚のスライドである。話の順になるように，記号を左から並べて書きなさい。

ア 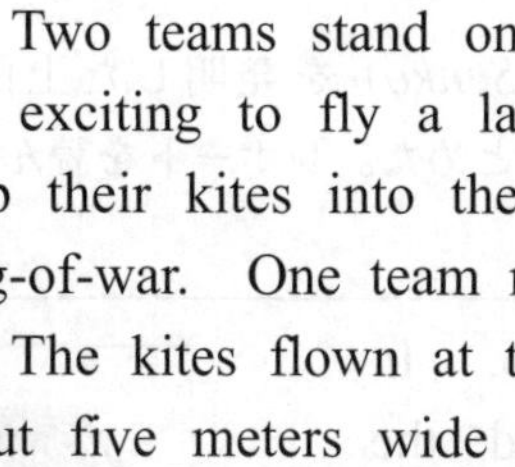
イ 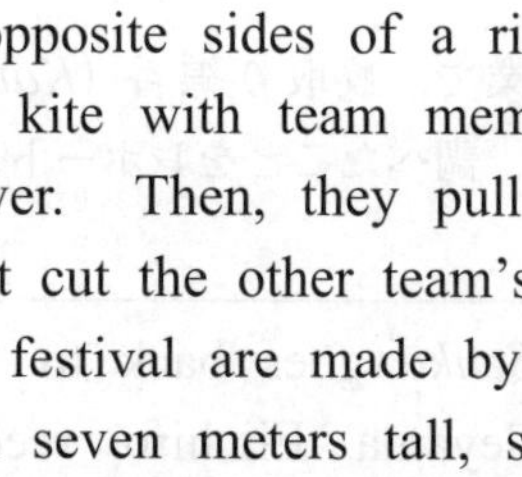
ウ 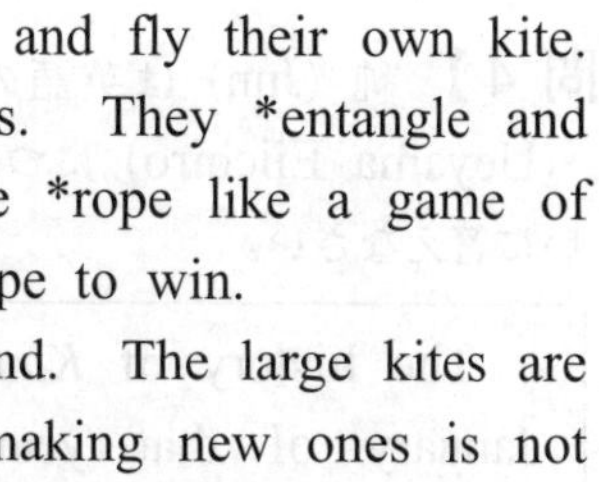

(5) 鈴の発表の内容と合っている英文として最も適切なものを，次のア～エから1つ選び，記号を書きなさい。

ア Suzu believes that people can be as one with each other through the festival.

イ Suzu thinks that it is easy to make new large kites by hand.

ウ Suzu says that only local people can fly kites at the festival.

エ Suzu tells us that the team which drops their kite into the river wins.

鈴は発表後，聞いていた人に次のように問いかけた。

> I want to introduce our festival to many people. I have two ideas to do so – drawing paper posters or making festival videos. I don't know which idea is better. ①Can you tell me your opinion?

(6) 下線部①の質問に対して，鈴が述べている２つのアイデアのうち，どちらかを選んで，あなたの考えと，その理由を書きなさい。語の順番や使い方に注意して，20語以上の正確な英語で書きなさい。ただし，英文の数は問わない。なお，コンマ，ピリオドなどの符号は語数に含めない。短縮形は１語と数えること。

【問４】 純（Jun）は英語の授業で，蚊取り線香（*Katori-Senko*）を発明した上山英一郎（Ueyama Eiichiro）について，調べたことをレポートにまとめた。レポートを読んで，各問いに答えなさい。

現在の蚊取り線香

The history of *Katori-Senko* goes back to 1886. In January of that year, Ueyama Eiichiro received the *seeds of a unique flower from a *trader living in America. At that time, the *powder of the flower was used abroad ①(　　　) it could *get rid of *bugs. So he thought growing the flower would help farmers in Japan.

One year and four months after getting the seeds, making a powder from the flower he grew was successful. The powder was useful for farmers to protect their *crops from bugs. Then one day, a man asked him to make something that would get rid of *mosquitos. He remembered a traditional way which used *smoke for that. He tried burning the powder with *sawdust, but this had problems. He had to make a *charcoal fire to burn the powder even in the hot summer, and it made too much smoke. [あ]

After that, he got an idea from the shape of an *incense stick. ②(　　　), he invented the *stick-shaped *Katori-Senko* in 1890. It was the first *Katori-Senko* in the world. People could use it without a charcoal fire, and less smoke was made. However, it burned for only 40 minutes. There were some reasons for that. For example, it was 20 *centimeters long and *thin. So it broke easily. Also, the burning time wasn't enough to use while people were sleeping at night. He had to solve ③these problems.

Five years later, he got his *wife's idea and made a *coil-shaped *Katori-Senko*. This new *Katori-Senko* became longer and burned for about six hours. It also became stronger than before. He could solve the problems above by changing the shape, but there was another problem. It wasn't easy to *mass-produce the coil-shaped *Katori-Senko*. [い] So it took seven years to start selling the coil-shaped *Katori-Senko* after he heard his wife's idea.

He had more problems to solve but never stopped making something useful for people. Like Mr. Ueyama, I want to create new medicines to help people who have health problems. It won't be easy, but I will do my best.

*(注)　seed(s)　種子　trader　貿易業者　powder　粉　get rid of　追い払う
bug(s)　小さな昆虫　crop(s)　農作物　mosquito(s)　蚊　smoke　煙
sawdust　木のくず　charcoal fire　炭火　incense stick　線香　stick-shaped　棒状の
centimeter(s)　センチメートル　thin　細い　wife　妻　coil-shaped　渦巻き型の
mass-produce　大量生産する

(1)　下線部①の（　）に当てはまる最も適切な英語を，次のア～エから１つ選び，記号を書きなさい。

ア　but　イ　if　ウ　because　エ　or

(2)　下線部②の（　）に当てはまる最も適切な英語を，次のア～エから１つ選び，記号を書きなさい。

ア　Then　イ　However　ウ　These days　エ　By the way

(3)　レポートの あ ， い に当てはまる最も適切な英文を，次のア～エから１つずつ選び，記号を書きなさい。

ア　He tried different ways to make a lot of coil-shaped *Katori-Senko*.
イ　It will also be difficult to help all the people who have health problems.
ウ　It wasn't grown in Japan then, so he had to study how to grow it.
エ　He had to find another way which had less smoke without a charcoal fire.

(4)　次の英文は，下線部③の内容を表したものである。下線部う，えの（　）に当てはまる最も適切な英語を，それぞれ１語ずつ書きなさい。ただし，（　）内に示されている文字で書き始めること。

The *Katori-Senko* stick broke easily because of its う(s　　　).　Also, the burning time was too え(s　　　) for people sleeping at night.

(5)　次のメモは，純がレポートを書くときに使ったものである。 お ， か に当てはまる西暦を算用数字で書きなさい。

メモ

Ueyama Eiichiro	In 1890
In January, 1886	・made the stick-shaped *Katori-Senko*
・got the seeds from a trader	In 1895
In May, お	・made the coil-shaped *Katori-Senko*
・made a powder	In か
・burned it with sawdust	・started to sell the coil-shaped *Katori-Senko*

(6) レポートの内容と合っている英文を，次のア～オから2つ選び，記号を書きなさい。

ア Eiichiro didn't know that smoke was used to get rid of mosquitos in a traditional way.

イ The first *Katori-Senko* in the world was a stick-shaped one.

ウ Eiichiro didn't have to improve the first *Katori-Senko* in the world.

エ Eiichiro made the coil-shaped *Katori-Senko* without any problems.

オ Jun wants to help people by creating new medicines.

(7) レポートにつけるタイトルとして最も適切なものを，次のア～エから1つ選び，記号を書きなさい。

Ueyama Eiichiro — A Person Who
- ア Did a Great Thing as a Trader in America
- イ Kept Trying to Create a Great Thing
- ウ Brought *Katori-Senko* from America
- エ Found a Unique Flower in Japan

＜理科＞

時間　50分　　満点　100点

【注意】　漢字で書くように指示されている場合は，漢字で書きなさい。そうでない場合は，漢字の部分をひらがなで書いてもかまいません。

【問１】　各問いに答えなさい。

Ⅰ　牧野さんは，暗い場所で種子を発芽させ，のびてきたら光を当てるというカイワレダイコンの育て方に興味をもち，光がどのような影響を与えるか調べるため，次の実験を行った。

〔実験１〕

①　図１のように，ぬらしたキッチンペーパーに種子をまいたものを２つ用意した。Ａは光を当てないように，Ｂは白色LEDの光を常に当てるようにし，温度変化の少ない室内にＡ，Ｂを置いた。

②　種子をまいてから７日後，子葉と根の間の軸が十分に成長したものについて，Ａ，Ｂそれぞれの子葉，軸，根の色と軸の長さを調べ，表１にまとめた。

図１

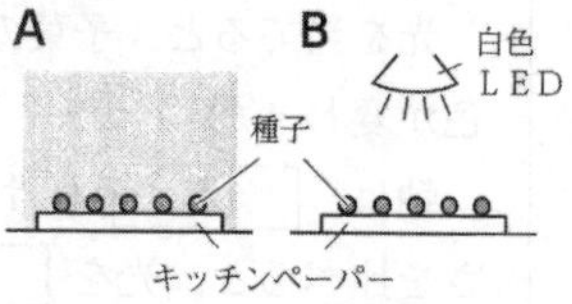

表１

	A	B
子葉の色	黄	緑
軸の色	白	緑
根の色	白	白
軸の長さの平均〔cm〕	7.4	3.6

〔実験２〕

①　実験１の②のＡ，Ｂそれぞれの子葉を切り取り，あたためたエタノールにしばらく入れ，その後，水でよくゆすいだ。

②　①でゆすいだ子葉とＡ，Ｂそれぞれの根をろ紙にはさんで木づちでたたき，ろ紙をヨウ素液にひたし，色の変化を観察し，結果を表２にまとめた。

表２

	A	B
子葉	変化なし	青紫色
根	変化なし	変化なし

(1)　発芽した根に見られる，白い綿毛のようなものを何というか，漢字２字で書きなさい。

(2)　表２から，光が当たることで子葉につくられた物質について考えた。

　ⅰ　あたためたエタノールに子葉を入れた理由を，簡潔に書きなさい。

　ⅱ　Ｂの子葉につくられた物質は何か，名称を書きなさい。

(3)　実験１，２の結果を次のようにまとめた。[あ]～[う]に当てはまる語句の組み合わせとして最も適切なものを，下のア～エから１つ選び，記号を書きなさい。

> 光を当てずに成長させると軸は長くなり，[あ]緑色にならない。光を当てたまま成長させると軸は短くなり，[あ]は緑色になる。光の有無にかかわらず，[い]ではヨウ素液で色の変化が見られなかったので，[い]では[う]を行っていないと考えられる。

ア　[あ]軸や根　[い]子葉　[う]光合成　　イ　[あ]子葉や軸　[い]根　[う]呼吸

ウ　[あ]軸や根　[い]子葉　[う]呼吸　　エ　[あ]子葉や軸　[い]根　[う]光合成

さらに，成長途中で光が当たることによる影響について調べるため，次の実験を行った。

［実験３］

図２

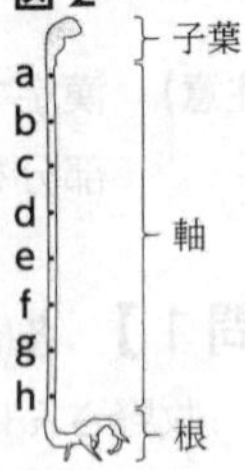

①　光を当てずに種子を発芽，成長させ，軸の長さが約７cmになったカイワレダイコンを10本用意し，図２のように軸にa～hの印を１cm間隔でつけた。光を当てないようにした５本をX，白色LEDの光を常に当てるようにした５本をYとし，温度変化の少ない室内にX，Yを置いた。

②　１日後，X，Yの子葉の色，軸の色，印の間隔を調べ，表３，４にまとめた。

(4)　表３，４から，実験結果を次のようにまとめた。

光を当てると，子葉の色が変わり，軸の一部だけ色が変わった。
軸は，［ え ］だけのびた。軸全体でのびた長さを比べると，光を［ お ］のびていた。

表３

	X	Y
子葉の色	黄	緑

表４

		X		Y	
		色	間隔の平均［cm］	色	間隔の平均［cm］
軸	a～b	白	1.6	緑	1.4
	b～c	白	1.4	緑	1.2
	c～d	白	1.2	白	1.0
	d～e	白	1.0	白	1.0
	e～f	白	1.0	白	1.0
	f～g	白	1.0	白	1.0
	g～h	白	1.0	白	1.0

i　［ え ］に当てはまる最も適切なものを，次のア～エから１つ選び，記号を書きなさい。

ア　光の有無にかかわらず，根に近い部分
イ　光の有無にかかわらず，子葉に近い部分
ウ　光を当てないと，軸の色が変わった部分
エ　光を当てると，軸の色が変わらなかった部分

ii　［ お ］に当てはまる最も適切なものを，次のア～エから１つ選び，記号を書きなさい。

ア　当てたものより当てないものの方が約２倍　　イ　当てないものより当てたものの方が約２倍
ウ　当てたものより当てないものの方が約３倍　　エ　当てないものより当てたものの方が約３倍

Ⅱ　次の文を読み，食物連鎖について考えた。

ある島に，外来生物である図３のような陸生ヒモムシの一種が侵入し，分解者として重要なはたらきをもつワラジムシやヨコエビなどの土壌動物を食べるようになり，土壌動物はほぼ全滅あるいは激減した。

図３

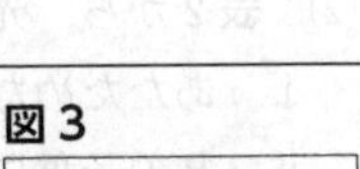

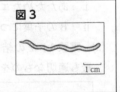

(1)　ある地域に生息するすべての生物と，それらをとり巻く水や空気，土などの環境をひとつのまとまりでとらえたものを何というか，漢字３字で書きなさい。

(2)　図４は，食物連鎖にかかわる有機物の流れの一部を ──→ で模式的に示したものである。陸生ヒモムシの影響で弱まると予想される有機物の流れのうち，土壌動物がもつ分解者としてのはたらきが関係しているものを，図４のア～カからすべて選び，記号を書きなさい。

図４

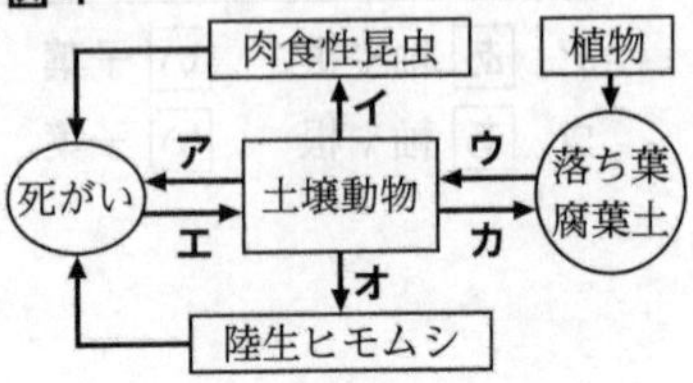

(3) 図5は，食物連鎖のつながりがある土壌動物，肉食性昆虫，鳥について，数量的なつり合いがとれた状態を模式的に示したものである。陸生ヒモムシの侵入後，図6のように土壌動物が激減すると，その後，鳥は一時的に減ると予想される。土壌動物の減少が肉食性昆虫に与える影響と鳥に与える影響を，食物連鎖のつながりをもとに簡潔に書きなさい。

図5

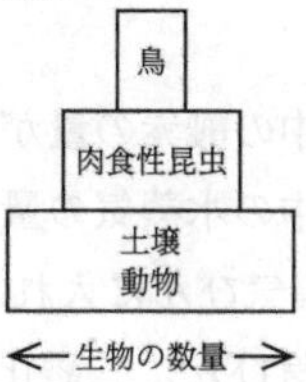

図6

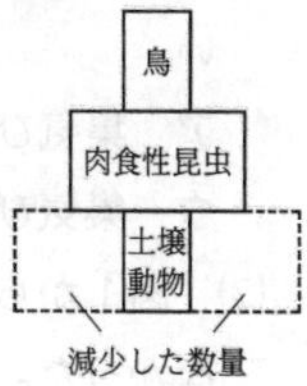

【問2】 各問いに答えなさい。

Ⅰ 下村さんは，窒息消火と希釈消火という消火方法があることに興味をもち，次の調査と実験を行った。ただし，空気中にふくまれる二酸化炭素の体積は考えないものとする。

［調査］ 2つの消火方法を調べ，表1にまとめた。

表1

消火方法	例
窒息消火	火のついたものに砂をかけるなど、空気をさえぎって消火する。
希釈消火	火のついたものがある空間に、二酸化炭素などの気体を充満させ、空気中の気体の割合を変化させて消火する。

［実験1］

① 木片とスチールウールを2つずつ用意した。

② 木片とスチールウール1つずつに火をつけ，それぞれ燃えているところへ砂をかけて完全におおい，20秒後に砂を取り除き，木片とスチールウールのようすを観察した。

③ もう一方の木片とスチールウールに火をつけ，別々の集気びんに入れ，ふたをした。火が消えた後，木片とスチールウールを取り出し，それぞれの集気びんに石灰水を入れてふり，石灰水の変化を観察した。

④ ②，③の結果を表2にまとめた。

表2

	砂を取り除いた後のようす	石灰水の変化
木片	火は消えていた	白くにごった
スチールウール	火は消えていた	変化なし

［実験2］

① 空気が入った320cm³の集気びんを用意した。

② 集気びんに火のついたロウソクを入れ，入れてから火が消えるまでの時間をはかった。

③ ①の集気びんに水上置換法で二酸化炭素10cm³と空気310cm³を入れ，②と同様の操作を行った。

④ 集気びんに入れる二酸化炭素と空気の体積を変えて，②と同様の操作を行った。

⑤ ②～④の結果を図1にまとめた。

図1

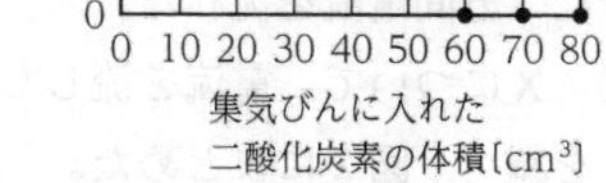

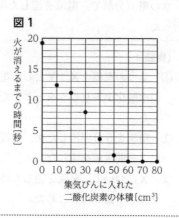

(1) 実験1の③について，木片，スチールウールの代わりに別のもので同様の操作を行ったとき，石灰水が白くにごらないものを，次のア～オから1つ選び，記号を書きなさい。

ア 砂糖　イ エタノール　ウ マグネシウムリボン　エ 木炭　オ ポリエチレン

(2) 図1のようになる理由として最も適切なものを，次のア～エから1つ選び，記号を書きなさい。

ア　集気びん中の酸素の量が変わったから　イ　二酸化炭素と酸素が反応したから
ウ　集気びん中の水蒸気の量が変わったから　エ　二酸化炭素とロウが反応したから

(3) 図1から，集気びんに入れた二酸化炭素の体積が60cm³以上ふくまれるときでは，燃焼が続かなかった。集気びんに二酸化炭素を60cm³入れたとき，集気びん中の気体における酸素の体積の割合は何％か，小数第2位を四捨五入して，小数第1位まで書きなさい。ただし，空気中の体積の割合は窒素：酸素＝4：1とする。

下村さんは，鉄と硫黄が結びつく反応においても，木片の燃焼と同様に窒息消火と希釈消火の効果があるのかを確かめるため，次の実験を行った。

〔実験3〕
① 鉄粉7.0gと硫黄4.0gの混合物を2つ用意し，それぞれを加熱して反応させた。
② ①の一方には，砂をかけて完全におおい，20秒後に砂を取り除き，ようすを観察した。もう一方は，二酸化炭素60cm³と空気260cm³とともに集気びんに入れ，ようすを観察した。
③ ②の結果を表3にまとめた。

表3

	砂を取り除いた後のようす	集気びんに入れた後のようす
鉄粉と硫黄の混合物	反応は続いており、鉄と硫黄は過不足なく反応して、黒色の物質ができた。	反応はしばらく続き、鉄と硫黄は過不足なく反応して、黒色の物質ができた。

(4) 実験3で，反応からできた黒色の物質は，鉄と硫黄の混合物を試験管に入れ加熱してできる物質と同じであった。この反応の化学反応式を書きなさい。

(5) 表3から，どちらの消火方法でも鉄と硫黄の反応が続いた理由を，木片の燃焼にかかわる物質とともに，簡潔に書きなさい。

Ⅱ 水の電気分解で，電流を流した時間と発生した気体の体積の関係を調べるため，次の実験を行った。

〔実験4〕
① 2つの電極をX，Yとした電気分解装置に，水に少量の水酸化ナトリウムをとかした水溶液を入れ，電流を流した。
② 電流を5分間流した後，電流の向きを逆にして，さらに3分間電流を流した。
③ Xについて，電流を流した時間と発生した気体の体積を調べ，図2にまとめた。

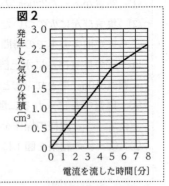

図2

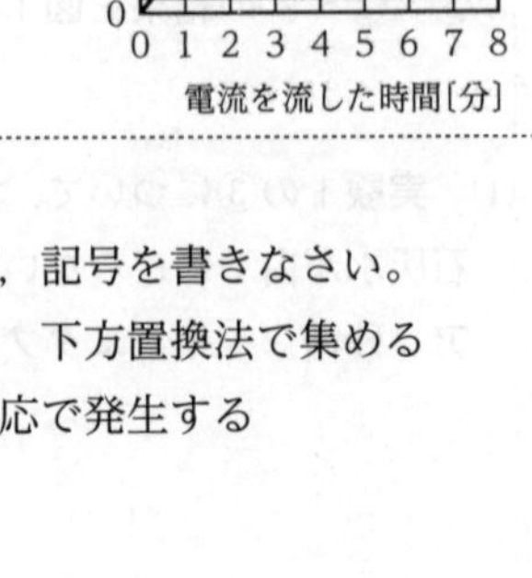

(1) 水を電気分解すると，水素と酸素が発生する。

i 水素の特徴として適切なものを，次のア～カからすべて選び，記号を書きなさい。

ア 無色　イ 刺激臭がある　ウ 水にとけにくい　エ 下方置換法で集める
オ 空気より密度が大きい　カ うすい塩酸と亜鉛の反応で発生する

ii　この化学変化を原子・分子のモデルで示したとき，最も適切なものを，次のア～エから1つ選び，記号を書きなさい。ただし，○は水素原子1個，●は酸素原子1個を示している。

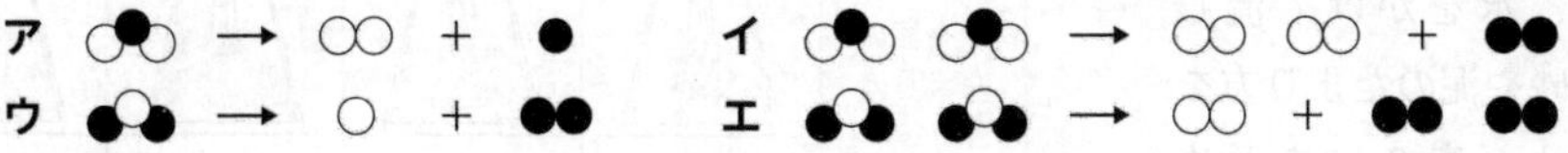

(2)　8分間電流を流した後，Xに発生した気体を実験用の袋にすべて入れ，点火装置で火をつけて燃焼させると，反応しなかった気体が残った。反応しなかった気体の名称を書きなさい。また，反応しなかった気体の体積は何cm³か，小数第1位まで書きなさい。

(3)　Yについて，電流を流した時間と発生した気体の体積の関係を，図2から推測し，グラフに表しなさい。

【問3】 各問いに答えなさい。

I　湯川さんは，図1の点線で囲った三保(みほ)半島の地形に興味をもち，この半島の形成について調べた。

図1

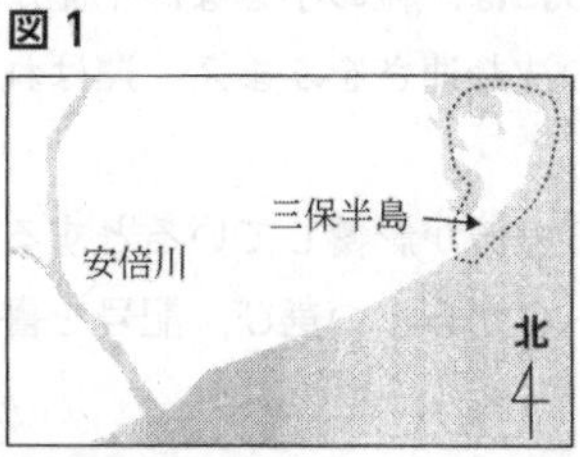

調べてわかったこと

○　三保半島は，波の影響で安倍(あべ)川などから a <u>砂や小石が運ばれてたまってできた地形である。</u>

○　三保半島やその周辺の海岸には，b <u>安倍川で見られる岩石と同じ種類の小石</u>が見られる。

(1)　下線部aについて，平野や海岸などで見られる，運ばれた砂や小石などがたまることを何というか，書きなさい。

(2)　下線部bについて，安倍川の岩石には火山岩と深成岩の両方が見られた。火山岩を次のア～カからすべて選び，記号を書きなさい。

ア　はんれい岩　　イ　凝灰岩　　ウ　花こう岩　　エ　玄武岩　　オ　れき岩
カ　安山岩

土砂のたまり方と地形モデルによる波の影響を確かめるため，次の実験を行った。

〔実験1〕　図2のように，水，れき，砂，泥の入ったペットボトルを，激しくふって混ぜ，しばらく静かに置いた後，れき，砂，泥のたまり方を観察した。

図2

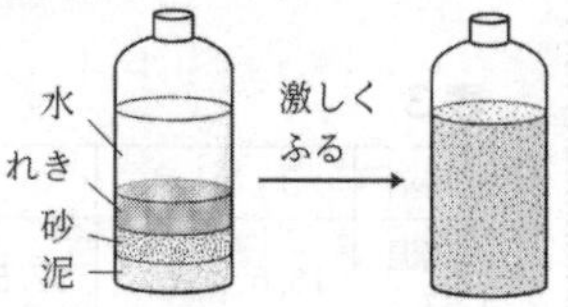

〔実験2〕

①　海に見立てて水を張った容器に砂や泥が流れる枠をつけた板を入れ，表1のA～Dの条件で，水面に波が立つように扇風機で風を当て，河口に見立てた地形モ

表1

地形モデル	A	B	C	D
	波なし	正面からの波	左からの波	右からの波
条件	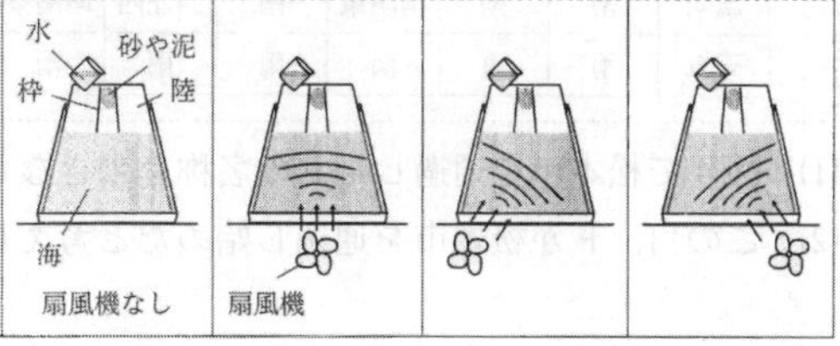			

デルを作成した。

② 枠の上部に砂や泥を置き，水をかけて流して，砂や泥のたまり方を観察し，表２にまとめた。

表２

地形モデル	A	B	C	D
砂や泥のたまり方	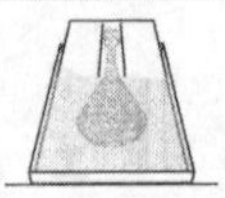	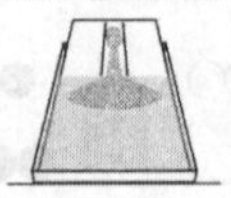	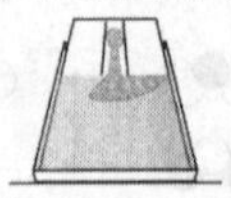	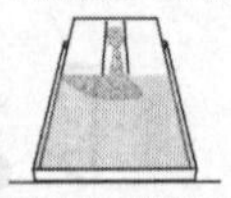

(3) 実験１で，れきが最も多くたまっているのは，図３のア～エのどの部分か，適切なものを１つ選び，記号を書きなさい。

図３

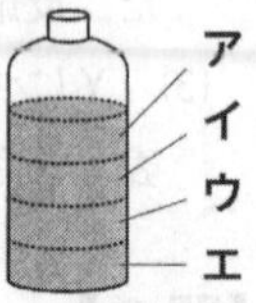

(4) 表２から，Ａでは砂や泥のたまり方は横に広がらず，Ｂ～Ｄでは，波が陸に打ち寄せる方向によって広がりに違いが見られた。また，広がった端のところには，粒の小さな砂や泥が多く見られた。砂や泥のたまり方への波の影響について，砂や泥の沈む速さをふまえ，運ばれる方向を示し，簡潔に説明しなさい。

(5) 図１の安倍川河口から三保半島の海岸地形において，南からの波が影響しているとすると，最も似ている地形モデルと考えられるのはどれか，表１のＡ～Ｄから１つ選び，記号を書きなさい。

Ⅱ　図４は前線Ｆが日本列島を通過した日の３時と15時の天気図である。また，表３は同じ日の松本市の１時間ごとの気象記録である。

図４

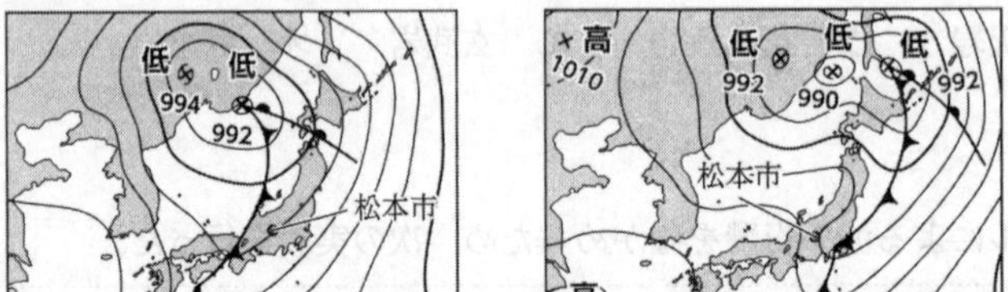

表３

時刻	3	4	5	6	7	8	9	10	11	12	13	14	15
気温〔℃〕	16.6	16.7	17.5	19.1	16.2	16.0	15.5	16.0	16.9	19.8	21.3	21.3	21.4
風速〔m/s〕	7.7	7.5	3.3	4.7	3.2	0.9	1.6	1.1	1.8	2.3	5.6	6.9	5.8
風向	南	南	南南東	南	西北西	南南東	南西	南南西	南南西	西南西	南南西	南	南
天気	雨	雨	雨	雨	雨	雨	雨	くもり	くもり	くもり	くもり	くもり	くもり

(1) 図４で松本市を通過したＦの名称を書きなさい。

(2) この日，Ｆが松本市を通過し始めたと考えられる時刻として最も適切なものを，次のア～オから１つ選び，記号を書きなさい。また，そのように判断した理由を，**表３**の気象記録をもとに２つ書きなさい。

ア　４～６時の間　**イ**　６～８時の間　**ウ**　８～10時の間
エ　10～12時の間　**オ**　12～14時の間

(3)　**図５**は翌日９時の天気図である。高気圧が東に移動してきていることをふまえ，松本市は，この後どのような天気になっていくと予想されるか。高気圧の気流が雲のでき方におよぼす影響とともに，簡潔に書きなさい。

図５

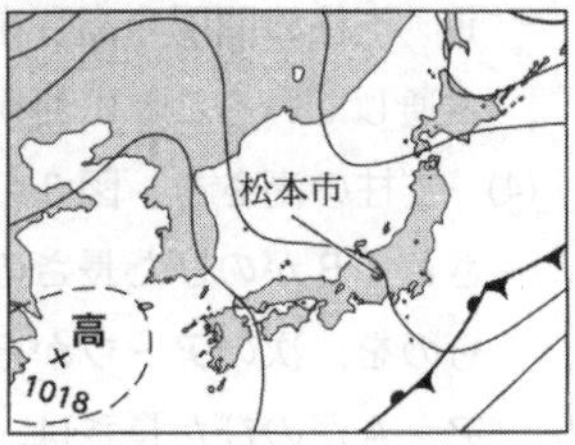

【問４】　各問いに答えなさい。

Ⅰ　長い橋では，**図１**のように，高い塔から張られたケーブルで橋げたを支える構造が多い。塔の間にあるケーブルが橋げたを引く力と塔の間隔や高さとの関係を調べるため，次の実験を行った。ただし，実験で用いた糸やばねの質量は考えないものとし，質量100ｇの物体にはたらく重力の大きさを１Ｎとする。

図１

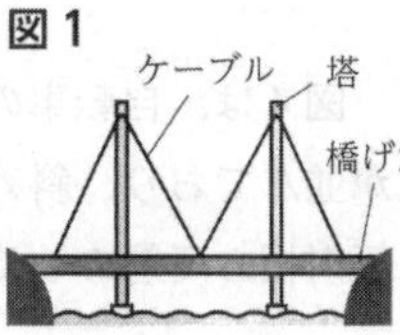

［**実験１**］
①　おもりをつるしていないときの長さが6.0㎝で，10ｇのおもりをつるすごとに1.0㎝ずつのびる，ばね**Ａ**，**Ｂ**を用意した。
②　支柱を２本用意し，高さを30㎝に固定した。
③　**Ａ**，**Ｂ**にそれぞれ糸をつけ，**図２**のように，200ｇのおもりをつるした。糸の長さを調整し，支柱と支柱の中間点で，床から10㎝の高さになるようにした。
④　おもりが静止したときの**Ａ**，**Ｂ**それぞれの長さと，**Ａ**と**Ｂ**の間の角度をはかった。
⑤　支柱の間隔を変えて，③，④と同様の操作を行い，結果を**表１**にまとめた。

図２

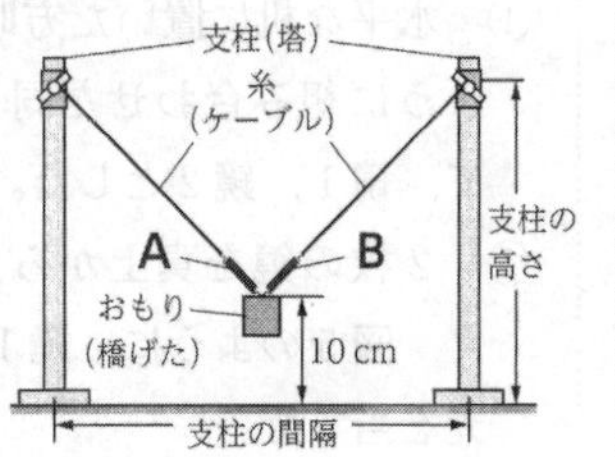

［**実験２**］　**図２**で，支柱の間隔を70㎝に固定し，支柱の高さを変えて，**実験１**の③，④と同様の操作を行い，結果を**表２**にまとめた。

表１

支柱の間隔〔cm〕	40	50	60	70
Aの長さ〔cm〕	20.1	22.0	24.0	26.2
Bの長さ〔cm〕	20.1	22.0	24.0	26.2
Aと**B**の間の角度〔°〕	90	103	113	121

表２

支柱の高さ〔cm〕	30	50	70	90
Aの長さ〔cm〕	26.2	19.3	17.6	16.9
Bの長さ〔cm〕	26.2	19.3	17.6	16.9
Aと**B**の間の角度〔°〕	121	82	61	47

(1)　**実験１**で，つるしたおもりが静止しているとき，重力の逆向きにはたらく２Ｎの力をかきなさい。ただし，１目盛りを１Ｎとし，力の大きさと向きを矢印でかき，作用点は●でかくこと。

(2)　**表１**で，支柱の間隔が40㎝のとき，**Ａ**がおもりを引く力の大きさは何Ｎか，小数第２位を四捨五入して，小数第１位まで書きなさい。

(3) 長い橋では，塔の間隔が広くなると，塔を高くして橋げたを支えていることが多い。その理由を表1，2から考えた。

i　ケーブルが橋げたを引く力の大きさは，塔の間隔が広くなることと，塔の高さが高くなることについて，それぞれどのような関係になっているか，簡潔に書きなさい。

ii　支柱の間隔や高さを変えたとき，AとBのおもりを引く力の大きさが小さくなる条件に共通していることは何か，簡潔に書きなさい。

(4) 支柱の高さを，図3のようにした。このとき，Aがのびた長さと，Bがのびた長さの関係を説明したものとして最も適切なものを，次のア～ウから1つ選び，記号を書きなさい。

ア　Aがのびた長さは，Bがのびた長さよりも短い。
イ　Aがのびた長さは，Bがのびた長さよりも長い。
ウ　Aがのびた長さと，Bがのびた長さは等しい。

図3

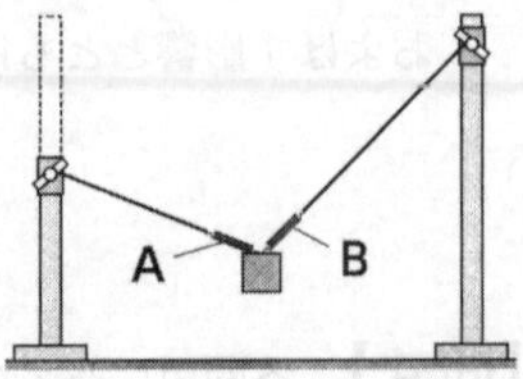

Ⅱ　図4は，自転車の反射板である。反射板は，鏡と鏡を90°に組み合わせたものが並んでおり，斜めから光を当てても，光源の方向に光を反射する特徴がある。反射板の反射のしくみを調べるため，次の実験を行った。

図4

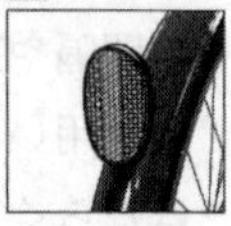

〔実験3〕

① 水平な机に置いた方眼紙の上に，鏡の面が90°になるように組み合わせた同じ大きさの2枚の鏡を垂直に立て，鏡1，鏡2とした。

② 2枚の鏡を真上から見ながら，光源装置の位置を変え，図5のように，鏡1の中心に向けて，様々な角度で光を当てた。

③ 鏡1の入射角C，鏡2の反射角Dを記録し，表3にまとめた。

図5

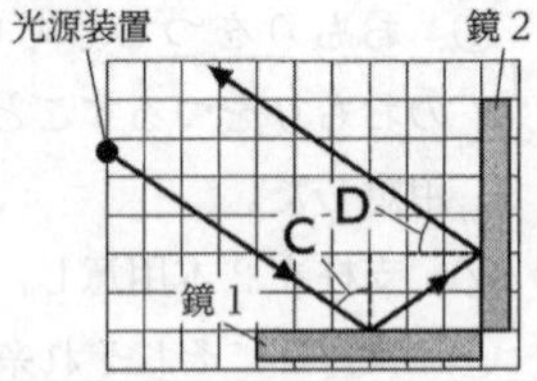

表3

C[°]	40	50	60	70
D[°]	50	40	30	20

〔実験4〕

① 大，中，小の3種類の大きさの鏡をそれぞれ実験3の①のように置いた。

② 鏡1の中心に入射角が45°になるようにそれぞれ光を当て，光の道筋を真上から見て記録し，結果を表4にまとめた。

表4

鏡の大きさ	大	中	小
光の道筋	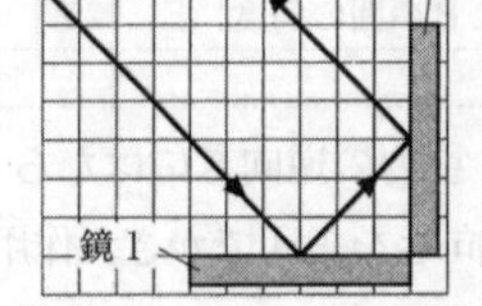	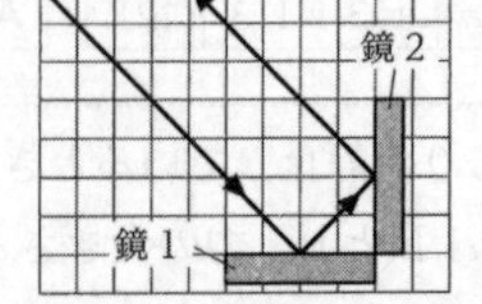	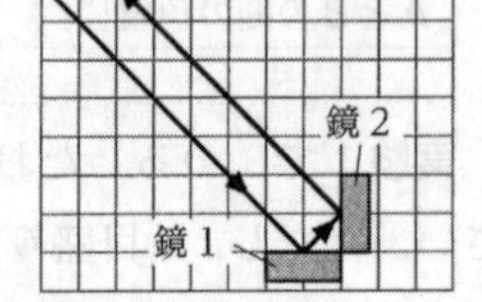

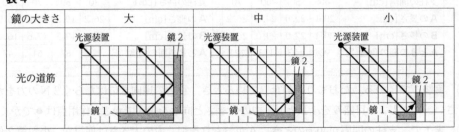

(1) 表3から，Cが40°のとき，鏡2の入射角の大きさは何度か，書きなさい。

⑵　表3の結果についてまとめた次の文の あ に当てはまる値を書きなさい。また，い に当てはまる適切な言葉を書きなさい。

> Cが変わっても，鏡1の入射角と反射角，鏡2の入射角と反射角のすべての合計は あ °となる。このことより，鏡1に入射した光の道筋に対して，鏡2で反射した光の道筋は，常に平行で い 向きとなる。

⑶　表4から，光源の近くに光を戻す反射板の構造として適切なものを，次のア，イから1つ選び，記号を書きなさい。また，そのように判断した理由を，**光の道筋の間隔**という語句を使って簡潔に書きなさい。

ア　より大きな鏡を組み合わせた構造　　イ　より小さな鏡を組み合わせた構造

⑷　反射板は，月面にも設置されている。地球から月面上の反射板へ光を発射すると，発射から約何秒後に光が地球へ戻ってくるか，小数第1位を四捨五入して，整数で書きなさい。ただし，地球と月面の間の距離は38万km，光の速さを30万km/sとする。

＜社会＞

時間 50分 満点 100点

【注意】 漢字で書くように指示されている場合は，漢字で書きなさい。そうでない場合は，漢字の部分をひらがなで書いてもかまいません。

【問１】 桜さんは木材と人々の営みについて興味をもち，**カード１～４**にまとめた。

カード１ 原始 古代	人々は木の道具を作り、生活の様々な場面で使用した。仏教が伝来すると、木材はa寺院にも使用されるようになった。また、b都を移すたびに建築用の木材が必要になると、近畿地方の巨木が枯渇した。そのため、近畿地方では伐採を規制する森林保護政策が実施された。

(1) 下線部aにかかわって，聖徳太子が建てたとされる，現存する世界最古の木造建築物として最も適切なものを，次のア～エから１つ選び，記号を書きなさい。

ア 法隆寺　　イ 東大寺　　ウ 延暦寺　　エ 円覚寺

(2) 下線部bにかかわって，**略年表**の［あ］に当てはまる最も適切な語句を，漢字２字で書きなさい。また，［あ］京の位置として最も適切なものを，**略地図１**のア～エから１つ選び，記号を書きなさい。

略年表

年	できごと
694	藤原京に都を移した
710	平城京に都を移した
784	長岡京に都を移した
794	［あ］京に都を移した

略地図１

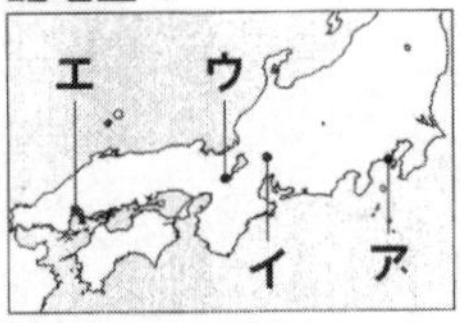

カード２ 中世	c鎌倉時代になると、東国で都市開発が進み、近畿地方以外でも建築用の木材の需要が高まった。室町時代に入ると、d問（とい）などにより、木材など物資の流通が活発になった。また、行き過ぎた伐採を防ぐために、e惣が森林を管理した地域もあった。

(3) 下線部cについて，鎌倉時代におきたできごとについて述べた文として最も適切なものを，次のア～エから１つ選び，記号を書きなさい。

ア 幕府は勘合を用いて，朝貢形式の日明貿易を始めた。

イ 平将門が関東地方で乱を起こしたが，平定された。

ウ 道元が座禅によって悟りを得る禅宗を伝え，曹洞宗を開いた。

エ 坂上田村麻呂が東北に拠点をつくり，蝦夷（えみし）と戦った。

(4) 下線部dにかかわって，桜さんは**資料１**から考えたことを**ノート**にまとめた。［い］，［う］に当てはまる数値と語句の組み合わせとして最も適切なものを，次のページのア～エから１つ選び，記号を書きなさい。

> **ノート** 木材取扱量の上位２者の問が，全体の木材取扱量の約［い］％を占めており，寡（か）占の状態であることが読み取れる。物資の移動がさかんになると，室町幕府や寺院などは［う］を設けて収入を得ようとした。

資料１ ある港での問の取扱記録

問	木材(*石（こく）)
木屋	16230
二郎三郎	13030
藤二郎	3040
衛門太郎	2045
その他	2860
計	37205

＊石：体積を表す単位

(「『兵庫北関入船納帳』の一考察」より作成)

ア い 60 う 株仲間
イ い 60 う 関所
ウ い 80 う 株仲間
エ い 80 う 関所

資料2 ある惣のおきて(一部)

一、村の集会の開始の合図を2回行っても出席しない者は50文の罰金に処す。
一、森林木苗を取ったり、木を切った者は500文ずつの罰金に処す。

(「滋賀の農業水利変遷史」より作成)

(5) 下線部eにかかわって，**資料2**から読み取れることとして最も適切なものを，次の**選択肢X**の**ア～ウ**から1つ選び，記号を書きなさい。また，惣の説明として最も適切なものを，下の**選択肢Y**の**エ～カ**から1つ選び，記号を書きなさい。

選択肢X

ア この惣では，村の集会へ参加しなければならない。
イ この惣では，50文払うと森林資源を自由に利用できる。
ウ この惣では，惣のおきてに違反した場合の罰則はない。

選択肢Y

エ 有力な農民を中心につくられた組織で，自治を行った。
オ 一族や家来を従えた地方の武士の集団で，反乱を起こすこともあった。
カ 同業者ごとにつくられた団体で，営業を独占した。

カード3 近世	江戸幕府が木材の伐採を制限したり、一部の藩が植林を行ったりするなど、f幕藩体制のもと森林保全策がとられた。また、多くのg文学作品が出版されるようになり、紙の生産がさかんになると、和紙の原料となる楮(こうぞ)の栽培を奨励する藩があらわれた。

(6) 下線部fにかかわって，江戸幕府による外様大名の配置の特徴を，**略地図2**をもとに，**江戸から**という語を使って，簡潔に書きなさい。

略地図2
※1664年ごろの外様大名の領地に着色してある

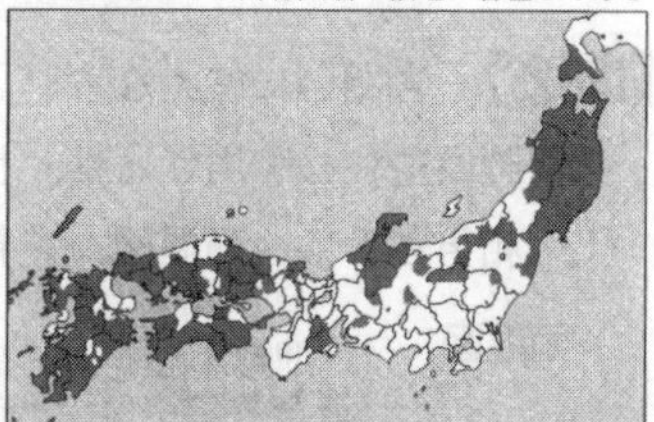

(7) 下線部gにかかわって，作者と作品名の組み合わせとして適切なものを，次の**ア～エ**から2つ選び，記号を書きなさい。

ア 近松門左衛門－「南総里見八犬伝」
イ 本居宣長－「古事記伝」
ウ 松尾芭蕉－「おくのほそ道」
エ 曲亭（滝沢）馬琴－「東海道中膝栗毛」

カード4 近代 現代	明治時代になると、人口増加や産業の発達により、木材の消費が一段と増えたため、h日本はドイツを参考に国家主導の森林保全のしくみをつくった。i高度経済成長期以降は木材の輸入が本格化した。近年は、j「持続可能な社会」の実現の観点から木材が注目されている。

(8) 下線部hにかかわって，明治時代における欧米諸国を手本とした近代国家体制の確立について述べた文として適切なものを，次の**ア～エ**からすべて選び，記号を書きなさい。

ア 明治政府は，太陽暦を廃止し，太陰暦を採用した。
イ 大日本帝国憲法の制定にあたり，伊藤博文は君主権の強いドイツの憲法を調査した。
ウ 明治政府は，一定の直接国税を納める25歳以上の男女に選挙権を与えた。
エ 明治政府は，学制を公布し，学校制度を定めた。

(9)　下線部 i について，日本の高度経済成長期におきたできごとについて述べた文として適切なものを，次のア～エから２つ選び，記号を書きなさい。

ア　日本では初めての開催となる，東京オリンピックが行われた。

イ　公害問題に取り組むため，公害対策基本法が制定された。

ウ　日本の国民総生産（GNP）が，資本主義国のなかでアメリカを抜いて第１位になった。

エ　GHQにより，日本の経済を支配してきた財閥が解体された。

(10)　下線部 j にかかわって，桜さんは資料３をもとに友達と話した。 え ～ か に当てはまる言葉として最も適切なものを，下のア～カからそれぞれ１つずつ選び，記号を書きなさい。

資料３　国内での主な木材消費内訳の割合の推移

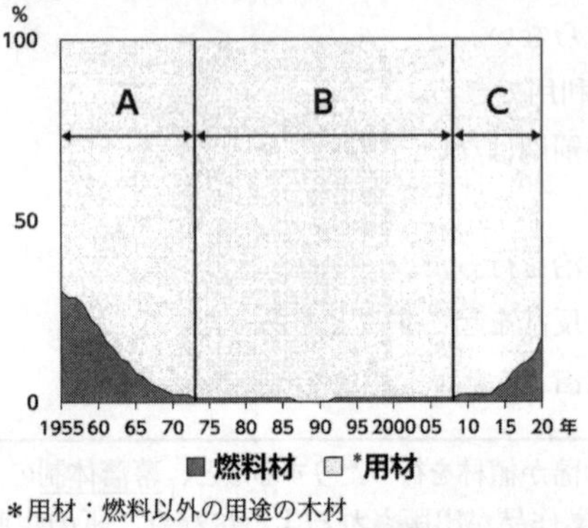

＊用材：燃料以外の用途の木材

（林野庁資料より作成）

会話文

桜：燃料材の割合がBの期間にとても え なっているね。他の期間ではどう使っていたのかな。

花：Aの期間の燃料材は主に薪(まき)や炭で、Cの期間は主に燃料用の木材チップなんだって。

桜：エネルギー資源は、明治時代には、九州の筑豊地域や北海道で採掘された お に移行し、現代は多様化が進んだと授業で学んだけれど、木も燃料として使われていたんだね。

花：木材チップは、 か ために切り出された間伐材も原料として利用しているから、木材の有効活用の観点からも、注目されているんだ。

ア　高く　　イ　低く　　ウ　石炭　　エ　石油

オ　森を切り開いて大規模な工業用地にする　　カ　適切な樹木の量を保って健全な森林を育てる

【問２】　各問いに答えなさい。

Ⅰ　長野県に住む和男さんは，長野県と沖縄県が交流連携する記事を見て，両県について考えた。

(1)　和男さんは，雨温図，資料１，２を用意し，沖縄県の気候について考えた。

雨温図

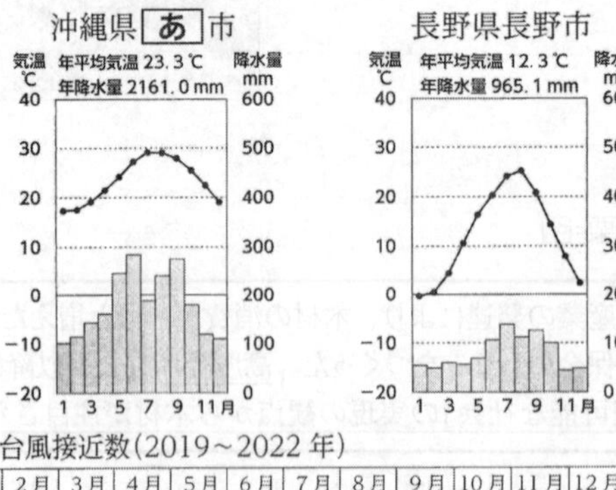

資料１　台風の主な経路

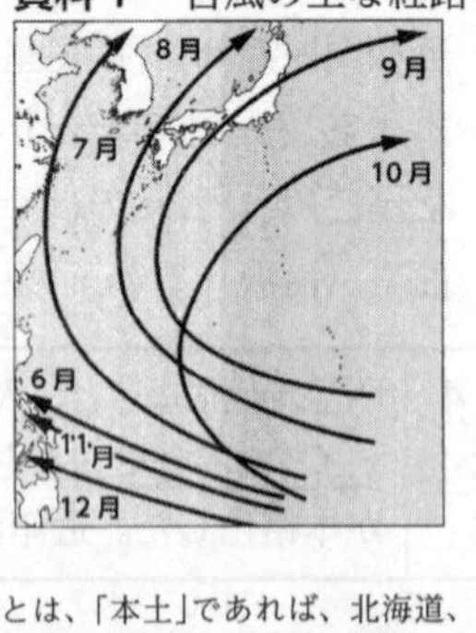

資料２　台風接近数（2019～2022 年）

	1月	2月	3月	4月	5月	6月	7月	8月	9月	10月	11月	12月
本土						1	4	8	9	4		
沖縄・奄美				1		1	5	10	10	3	1	

※「接近」とは、「本土」であれば、北海道、本州、四国、九州のいずれか、「沖縄・奄美」であれば、沖縄地方、奄美地方のいずれかの気象官署から300 km 以内に入った場合を指す。

（雨温図、資料１、２は気象庁資料等より作成）

①　 あ に当てはまる，沖縄県の県庁所在地である都市名を書きなさい。

②　和男さんは，２つの都市の雨温図を比較し，読み取ったことをノート１にまとめた。ノー

ト1の い ， う に当てはまる適切な語句を，それぞれ2字で書きなさい。

> ノート1　長野市と あ 市を比べると， あ 市は年間を通した気温の変化が い く，降水量は，すべての月で う 。

③　和男さんは，長野県と比べると，沖縄県の降水量は月による差が大きいことについて，梅雨だけでなく台風の影響が大きいのではないかと考えた。**資料1**，**2**から読み取れることとして適切なものを，次の**ア**～**エ**から2つ選び，記号を書きなさい。

ア　2019～2022年の沖縄・奄美では，すべての月で台風が接近している。

イ　台風は，年間を通して，ほぼ同じ経路をたどっている。

ウ　2019～2022年に台風が接近した数は，本土より沖縄・奄美が多い。

エ　沖縄・奄美に8，9月に接近する台風は，沖縄本島付近で進行方向が変わっている。

(2)　和男さんは，沖縄県と長野県の農業について，**資料3**～**6**を用意して調べ，沖縄県では小菊，長野県ではレタスの栽培がさかんに行われていることを知った。出荷時期にかかわって，両県でみられる共通した特徴を，**資料3**～**6**をもとに，**他の産地**という語を使って，簡潔に書きなさい。

資料3　東京都中央卸売市場における小菊の取扱数量上位3県の月別推移(2021年)

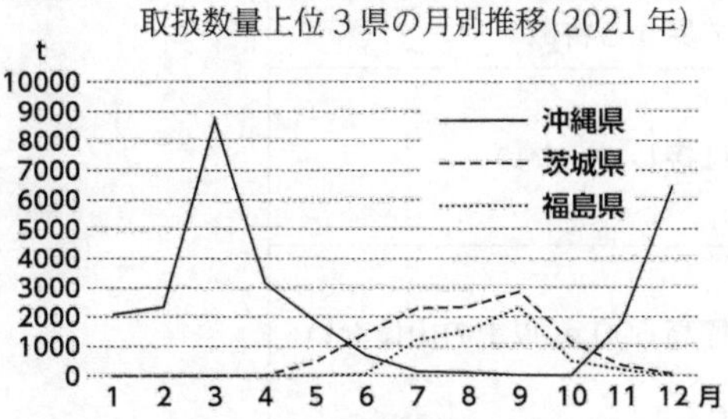

資料4　東京都中央卸売市場におけるレタスの取扱数量上位3県の月別推移(2021年)

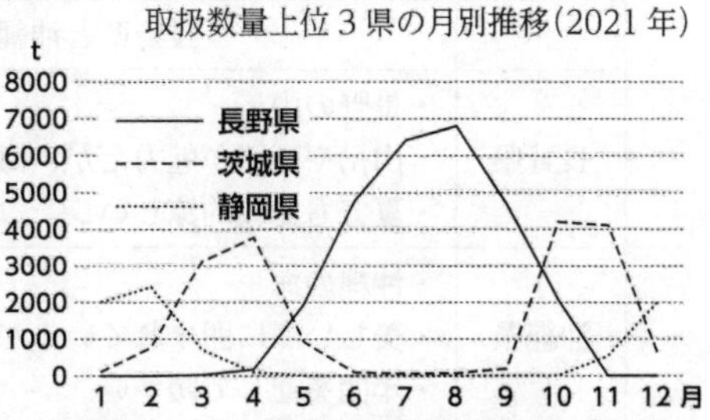

(資料3、4は東京都中央卸売市場資料等より作成)

資料5　沖縄県の小菊と長野県のレタスの主な生産地の平均気温(℃)

	1月	2月	3月	4月	5月	6月	7月	8月	9月	10月	11月	12月
小菊の生産地	18.4	17.2	18.3	21.5	24.3	26.8	29.6	30.4	28.7	27.0	22.9	18.2
レタスの生産地	-4.3	-4.4	3.5	6.1	12.8	13.9	21.7	19.7	14.7	9.6	4.1	-2.3

(気象庁資料等より作成)

資料6　小菊とレタスの生育に適した温度

小菊	15～25℃
レタス	15～20℃

(ＪＡ資料等より作成)

(3)　和男さんは，調べたことをもとに，両県の交流連携について，友達と話した。

会話文

> 和男：気候について調べたけれど，長野県と沖縄県では違いがあったね。
> 夏子：気候だけでなく，「a 長野の山」と「沖縄の海」のように地形の違いもあるよ。違いがあるから，実際に行ってみたくなるし，交流連携ともかかわりそうだね。
> 和男：そうだね。それに，両県ともその b 気候や地形を生かした産業が発達しているね。c 観光もそのひとつだね。

①　下線部aにかかわって，飛驒山脈，木曽山脈，赤石山脈を合わせて何というか，6字で書きなさい。

②　下線部bにかかわって，和男さんは，長野県の自然環境や産業について調べ，**ノート2**に

まとめた。図をもとに，［え］に当てはまる，川が山間部から平野や盆地に流れ出た所に土砂がたまってできた地形を何というか，漢字３字で書きなさい。また，［お］に当てはまる語句として最も適切なものを，下のア～エから１つ選び，記号を書きなさい。

ノート２　長野県内の盆地には，図のような［え］が多く広がっている。［え］は水を得にくく，おもに桑畑などとして利用された。諏訪盆地では，養蚕業や製糸業が衰退した後，この地域のきれいな水や空気が部品の生産に適していたこともあり，時計やカメラ，レンズなどをつくる［お］が発達した。

図

ア　電気機械工業　イ　精密機械工業　ウ　重化学工業　エ　輸送機械工業

③　下線部ｂ，ｃにかかわって，あなたは，両県の交流連携について，今後どのようにすすめていくことが長野県にとって大切であると考えるか。あなたの提案を，気候や地形を生かした観光の面に着目し，**和男さんがまとめた表**，**資料７**，**８**からそれぞれ読み取れることにふれて，「長野県は」の言葉に続けて50字以上70字以内で書きなさい。

和男さんがまとめた表

	長野県と沖縄県で異なる特徴
長野県	・長野の山 ・山岳や高原が魅力だが、海には接していない ・夏でも比較的涼しい
沖縄県	・沖縄の海 ・美しい海に囲まれているが、標高600ｍ以上の山はない ・年間を通して暖かい

資料７　両県への観光客の割合の比較（2010年度）

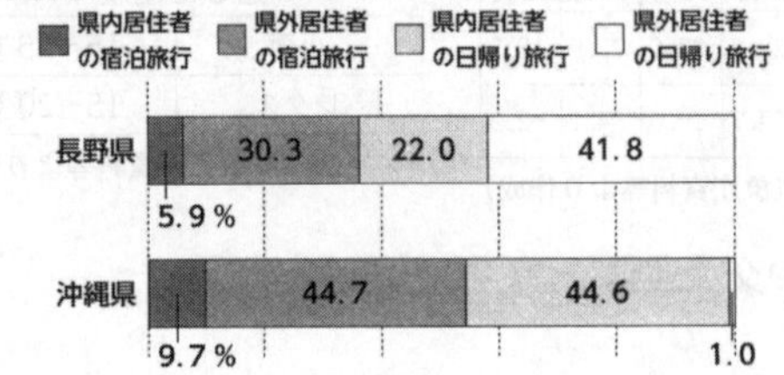

資料８　長野県と沖縄県の観光交流の実績

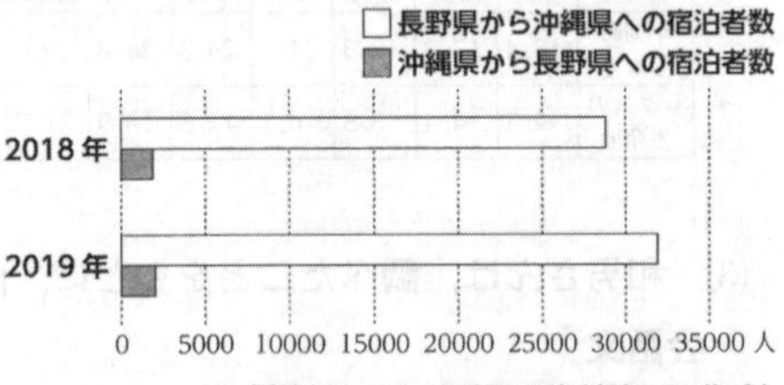

（資料７、８は長野県資料等より作成）

Ⅱ　和男さんは，オーストラリアの多文化社会に興味をもち，**資料９**，**10**，**略地図**，**資料11**を用意した。

資料９　オーストラリアの略年表

18世紀後半	イギリスの植民地となる
1850年代	金鉱が発見され、移民が増加する
1901年	オーストラリア連邦が成立する ［か］政策を制定する
1970年代	［か］政策を撤廃する

（オーストラリア大使館資料等より作成）

資料10　オーストラリアの輸出相手国

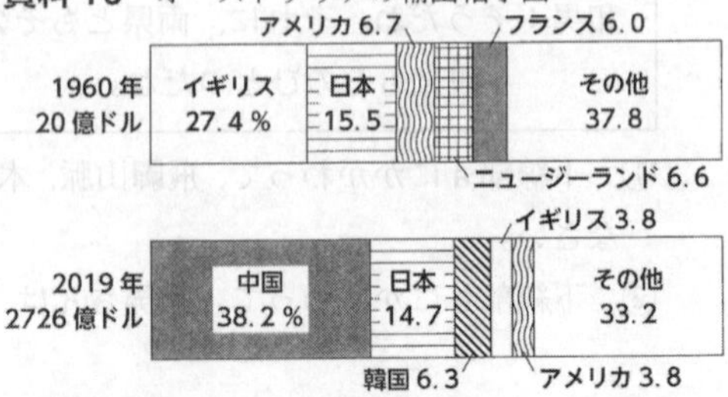

※輸出相手国は左から多い順に示している

（「日本国勢図会 2021/22」等より作成）

略地図　（中心からの距離と方位が正しい地図）

※•は、各国の首都を示している

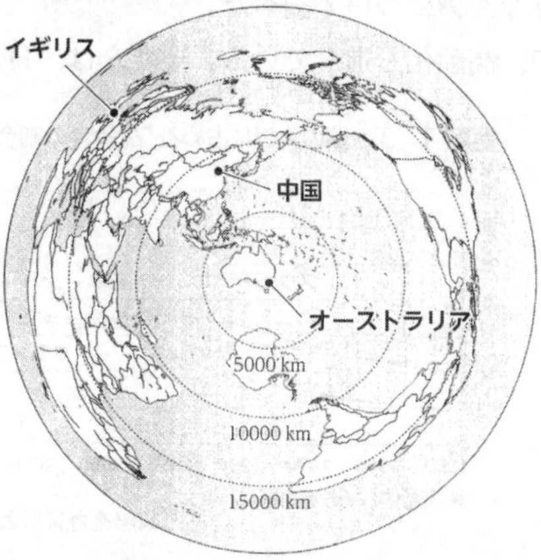

資料11　オーストラリアに暮らす移民の出身州

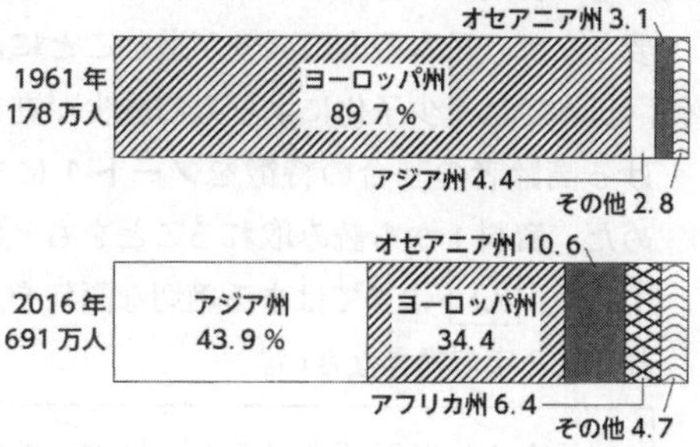

（オーストラリア統計局資料より作成）

(1) か に当てはまる，ヨーロッパ系以外の移民を制限する政策を何というか，漢字４字で書きなさい。

(2) オーストラリアの輸出相手国について，**資料10**から読み取れることとして適切なものを，次の**ア**～**エ**から２つ選び，記号を書きなさい。

ア　1960年と2019年の輸出上位５か国にオセアニア州の国は入っていない。

イ　日本への輸出額は，1960年と比べて2019年のほうが少ない。

ウ　2019年の輸出上位３か国は，すべてアジア州の国であり，輸出総額の５割以上を占める。

エ　2019年の中国への輸出額は，1960年の輸出総額より多い。

(3) 1960年と2019年では，オーストラリアの輸出相手国１位の国が異なっている。どう異なるか，**資料10**，略地図をもとに距離に着目して，簡潔に書きなさい。

(4) 和男さんは，オーストラリアに暮らす移民の出身州について，**資料11**を見て**ノート３**にまとめた。 き ～ け に当てはまる最も適切なものを，下の**ア**～**カ**から１つずつ選び，記号を書きなさい。

> **ノート３**　オーストラリアに暮らす移民の数は，2016年は1961年と比べるとおよそ き 倍に増加している。ヨーロッパ州からの移民の割合は，2016年は1961年と比べると く なっているが，移民の数はアジア州，オセアニア州とともに け している。

ア　高く　**イ**　低く　**ウ**　４　**エ**　８　**オ**　増加　**カ**　減少

(5) 和男さんは，オーストラリアの多文化社会を次のようにまとめた。 こ に当てはまる適切な言葉を，**文化**という語を使って，５字以上10字以内で書きなさい。

> 現在，オーストラリアでは，先住民とともに，さまざまな地域からの移民が暮らしており，人々が共存し，それぞれの こ ことで多文化社会を築いている。

【問３】 各問いに答えなさい。

Ⅰ　要さんは，日本の人口減少が進むことによる様々な影響について調べた。

(1)　日本では，少子化により人口減少が進む一方で，高齢化も進んでいる。要さんは，日本における高齢者の割合の特徴を**ノート１**にまとめた。**資料１**から読み取れることをもとに，［あ］，［い］に当てはまる適切な語句を，それぞれ２字で書きなさい。

ノート１　2020年を見ると，日本は他の２か国に比べて高齢者の割合が［あ］。さらに，高齢者の割合が15%から20%に達するまでの期間は最も［い］。

資料１　３か国の人口に占める*高齢者の割合の推移

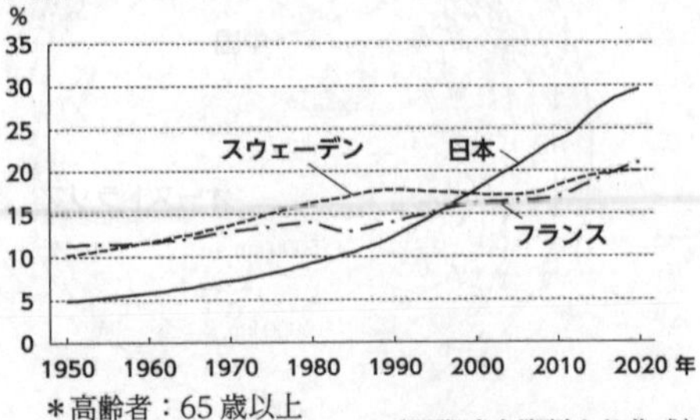

＊高齢者：65歳以上

（国際連合資料より作成）

(2)　要さんは，高齢化が進むことは，社会保障制度に大きな影響をおよぼすのではないかと考えた。

①　社会保障の１つである社会保険は，**自助**，**公助**，**共助**のどれにあたるか，最も適切なものを１つ選び，書きなさい。

②　社会保障の財源の１つとなっている消費税について述べた文として適切なものを，次の**ア**～**エ**から２つ選び，記号を書きなさい。

ア　税金を納める人と負担する人が同じ。　**イ**　税金を納める人と負担する人が異なる。

ウ　所得が高い人ほど税率が高くなる。　**エ**　所得の低い人ほど負担の割合が大きくなる。

③　今後の社会保障において，課題の１つとして考えられることを，**資料２**，**３**を関連付けて，**高齢人口**，**生産年齢人口**の２語を使い，一人当たりの負担に着目して，簡潔に書きなさい。

資料２　年齢３区分別人口の推移と予測

※2020年までは実績値。2021年以降は推計値

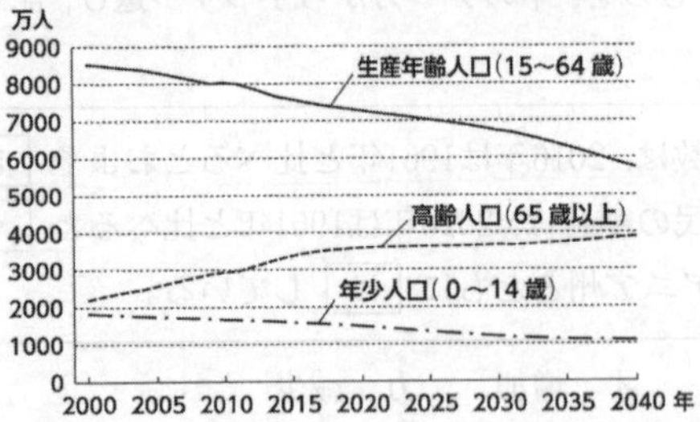

資料３　社会保障給付費の推移

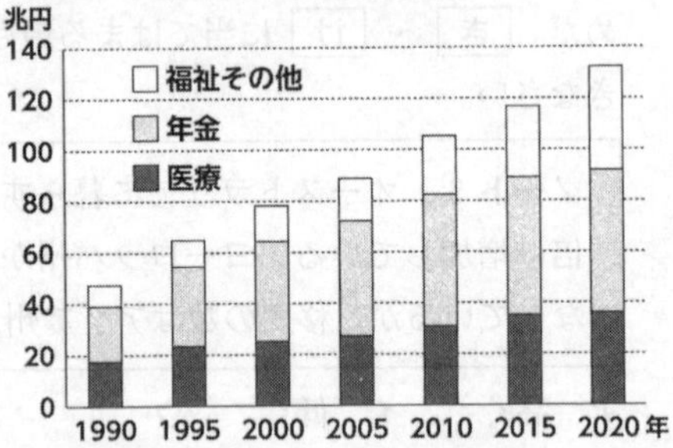

（**資料２**、**３**は国立社会保障・人口問題研究所資料より作成）

④　要さんは，現在の日本の社会保障のあり方を図の●に位置づけたとき，今後は図の**B**の範囲に位置づけることがよいと考えた。そのように考えた理由として最も適切なものを，次の**ア**～**エ**から１つ選び，記号を書きなさい。

図

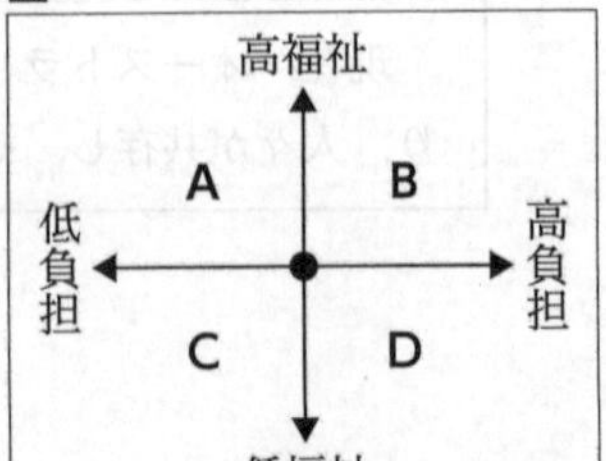

ア　政府による社会保障を充実させつつも，国民の負担は軽くなることがよいから。

イ　政府による社会保障を充実させていくためには，国民の負担が重くなることはやむを得ないから。

ウ　国民の負担を軽くするためには，社会保障をしぼりこんでいく必要があるから。

エ　国民の負担が重くなることはやむを得ないが，社会保障をしぼりこんでいく必要があるから。

(3)　要さんは，人口が減少すると消費が落ち込むと考え，景気について調べた。

①　物価が下がり続ける現象を何というか，カタカナ7字で書きなさい。

②　不景気のとき，日本銀行が行う金融政策について次のようにまとめた。[う]～[お]に当てはまる最も適切な語句を，下のア～カから1つずつ選び，記号を書きなさい。

> 日本銀行が，一般の銀行から[う]などを買い取ることで，一般の銀行は貸し出しとして使えるお金が[え]，金利を[お]るので，企業はお金を借りやすくなり生産が活発になることで，景気の回復につなげる。

ア　増え　　イ　日本銀行券　　ウ　下げ　　エ　減り　　オ　国債　　カ　上げ

(4)　要さんは，人口が減少すると働く人が減ってしまうと考え，調べたことを**ノート2**にまとめた。

> **ノート2**　生産年齢人口が減少しているにもかかわらず，a ＊労働力人口は必ずしも減っていない。しかし，今後は減少が予想されているので，労働力を確保するための1つとして，b 高年齢者等の雇用の安定等に関する法律が改正され，70歳までの就業機会の確保が努力義務となった。

＊労働力人口：15歳以上の働く能力と意思をもつ人口

①　下線部aにかかわって，**資料4**から読み取れることとして適切なものを，次のア～エから2つ選び，記号を書きなさい。

資料4　男女別・年齢階級別就業率の変化

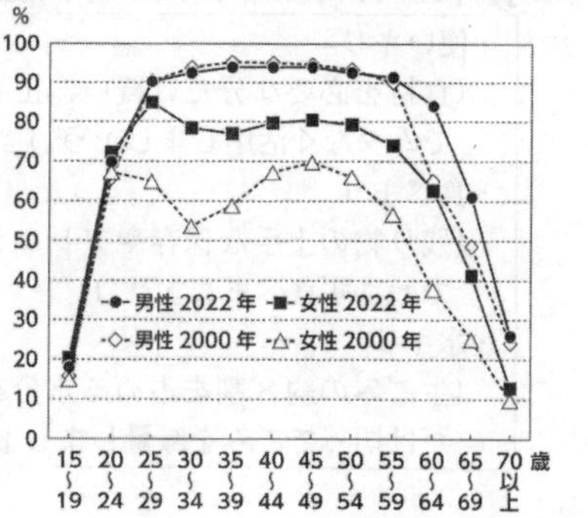

(総務省資料より作成)

ア　男性の20～59歳の各年齢階級別就業率は，2000年と2022年のいずれも，90％を超えている。

イ　男性，女性の各年齢階級別のすべてで，2022年と比べて2000年の就業率は上回っている。

ウ　男性の60～64歳の2022年の就業率は，2000年より10％以上，上回っている。

エ　女性の30～34歳，35～39歳の就業率は，2000年は50％台だったが，2022年は70％を超えている。

②　下線部bにかかわって，法律ができるまでについて述べた文として最も適切なものを，次のア～エから1つ選び，記号を書きなさい。

ア　法律案は，国会議員だけが作成し，国会に提出することができる。

イ　国会に提出された法律案は，衆議院が先に審議する。

ウ　法律案は，委員会での審義，採決を経て本会議で議決される。

エ　衆議院と参議院で法律案の議決が異なった場合には，衆議院の議決が優先される。

③　要さんは，労働力人口加減少しても先端技術を活用することで，労働力不足を解消することができると考えた。例えば農業で，ドローンやAI，自動運転技術などを活用することで得られる効果の1つとして考えられることを，**資料5**，**6**からそれぞれ読み取れることにふれて，簡潔に書きなさい。

資料5　ドローン、ＡＩを活用した10 a（アール）当たりの作業時間

農薬散布		水管理	
*慣　行	0.95時間	慣　行	1.55時間
ドローン使用	0.18時間	ＡＩ使用	0.20時間

＊慣行：一般的に行われている方法

（資料５、６は農林水産省資料等より作成）

資料6　１時間当たりの作業面積

有人トラクタのみ	30.3 a
自動運転トラクタと有人監視トラクタの協調作業	41.1 a

Ⅱ　要さんのクラスでは，授業で，長野県の一人一日当たりのごみの排出量が全国で２番目に少ないが，さらにごみの削減に取り組んでいるという記事を見て，家庭から出される可燃ごみの削減に着目して話し合った。

(1)　要さんのクラスでは，家庭から出される可燃ごみを削減するために自分たちにできることはないかと考え，Ａ市が行っている取組について，**資料7**，**8**を見つけた。**資料7**の取組が，家庭から出される可燃ごみを削減することにつながると考えられる理由を，**資料7**，**8**を関連付けて，簡潔に書きなさい。

資料7　Ａ市における生ごみ３キリ運動

・使いキリ
（食材を必要な分だけ買い、正しい保存でムダなく活用しましょう。）
・食べキリ
（残り物の上手な保存やアレンジレシピで残さず食べましょう。）
・水キリ
（生ごみの約８割を占める水分をできるだけ切ってごみを減量しましょう。）

資料8　Ａ市における家庭の可燃ごみの内訳

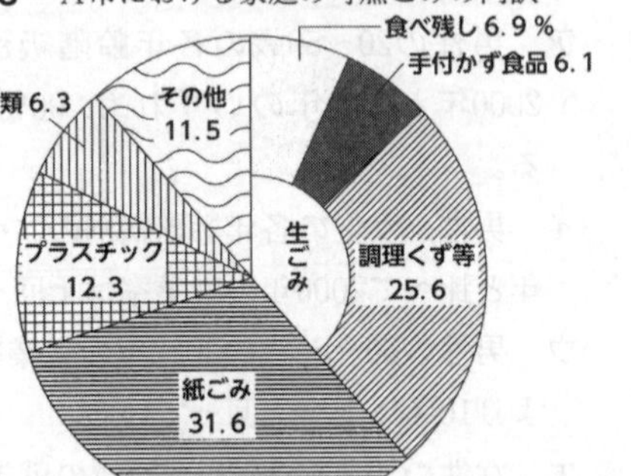

※四捨五入の関係で合計値が100％にならない場合がある

（資料７、８はＡ市資料より作成）

(2)　要さんのクラスでは，家庭から出される可燃ごみを削減する取組について話し合う中で，「すべての市町村が家庭から出される可燃ごみの処理にかかる手数料を徴収（有料化）すれば，家庭から出される可燃ごみがさらに減少するのではないか」という意見が出された。そこで，その意見について，**資料9～11**を集めて考えた。有料化することで，家庭から出される可燃ごみを今後さらに減らすことができると考えられる理由（**理由**）と，有料化する取組をすすめるうえでの課題（**課題**）について，**条件1**，**2**に従って書きなさい。なお，数字の場合は１字１マス使うこと。

条件1：理由と課題の根拠となる資料を，**資料**9 ～11から2つずつ選び，その資料の番号を書くこと。ただしすべての資料を必ず1回は選ぶこと。

条件2：選んだ資料にふれて，**理由**と**課題**を，それぞれ40字以上60字以内で書くこと。

資料9　B市における有料化前後の家庭から出される可燃ごみの総排出量と手数料負担額の試算

	有料化前	有料化後
B市で1年間に家庭から出される可燃ごみの総排出量	16080 t	14082 t
一人一日当たりの家庭から出される可燃ごみの排出量	512 g	450 g

1世帯1か月当たりの手数料負担額の試算
300円

※一人一日当たりの家庭から出される可燃ごみの排出量は、小数第1位を四捨五入している

（B市資料等より作成）

資料10　可燃ごみの有料化を導入している市区町村の割合

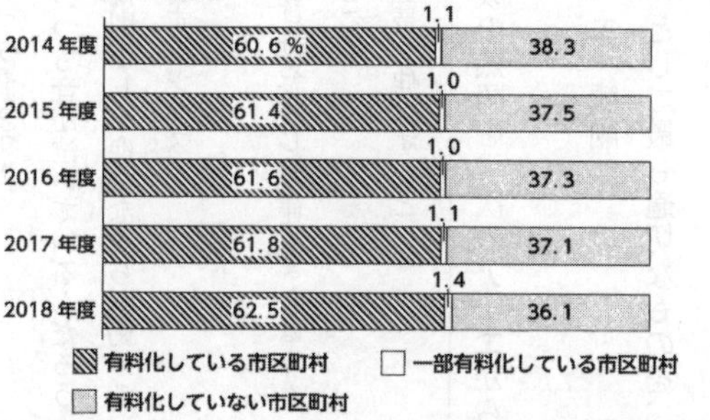

※四捨五入の関係で合計値が 100 %にならない場合がある

（環境省資料等より作成）

資料11　C市における有料化後のごみの減量・リサイクル意識の変化

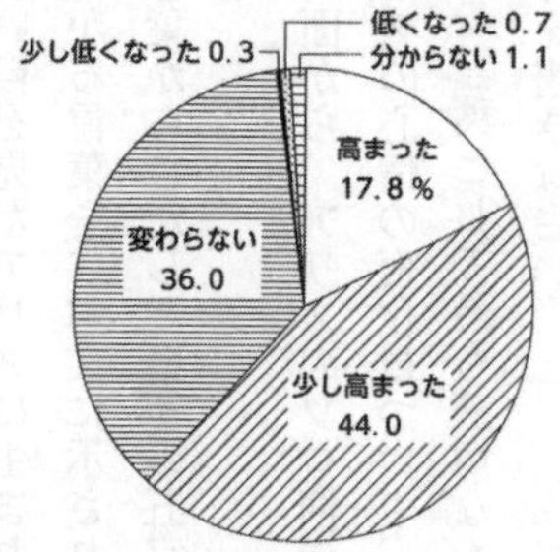

※四捨五入の関係で合計値が 100 %にならない場合がある

（C市資料より作成）

ばってん、なんでいつも音が泣きよーっちゃろう＝
　でも、なんでいつも音が泣いているんだろう
スウィングジャズ＝ふりこのように規則正しくゆれながら躍動する
　リズム感覚で演奏するジャズ
リフレイン＝繰り返し
ユニゾン＝いくつかの楽器が、同じ音符や同じ旋律、またはオク
　ターブの音や旋律を奏でること
ロングトーン＝一定の高さの音や声を長く伸ばすこと

(1) 文章中の〰〰線部「抑揚」と同じ構成の熟語を、次のア～エから一つ選び、記号を書きなさい。

ア 摩擦　**イ** 佳作　**ウ** 凹凸　**エ** 観劇

(2) ――線部①と同様の意味をもつ慣用句として最も適切なものを、次のア～エから一つ選び、記号を書きなさい。

ア 頭をひねる　**イ** 歯に衣(きぬ)着せぬ
ウ 鼻にかける　**エ** 目が高い

(3) ――線部②とあるが、きらきらした幼い目を見たアリスに生まれた決意とはどのようなものか。それがわかる言葉を、本文に示されている、アリスが心の中で思っている言葉からさがし、最初の五字を抜き出して書きなさい。

(4) アリスが1回目のソロ演奏を終えた場面から、アリスのソロ演奏に美森が加わるまでの場面におけるアリスの心情の変化について、次のようにまとめた。 A に当てはまる言葉として最も適切なものを、あとのア～エから一つ選び、記号を書きなさい。

> 安堵(あんど) → A → 緊張 → 自己嫌悪(じこけんお) → 困惑

ア 感謝　**イ** 陶酔　**ウ** 激高　**エ** 不安

(5) ――線部③の比喩表現の効果について、次のようにまとめた。 B に当てはまる言葉を、「小さなロウソクの炎」が何をたとえているかを明確にして、三十字以内で書きなさい。

> この部分は、「まるで～ように」という比喩表現を使うことで、アリスを応援する B がイメージしやすくなっている。

(6) 美森は、アリスにとってどのような人物として設定されているか。最も適切なものを、次のア～エから一つ選び、記号を書きなさい。

ア アリスに立ち直るきっかけを与える存在。
イ アリスの音楽に対する好奇心を増幅する存在。
ウ アリスが、安心して演奏をやめられるようにする存在。
エ アリスに友情の大切さを伝え、他の部員に演奏を促す存在。

(7) この文章を読んだ田中さんは、――線部④に着目し、このときのアリスの気持ちを考えるために、関係すると思われる部分から読み取ったことを**付せん1**、**2**に書いた。**付せん1**、**2**を踏まえて、――線部④に表れているアリスの気持ちを、五十字以上六十字以内で書きなさい。

付せん

1
> ……線部aから、名晋の音楽に対する憧れを再認識したアリスの様子がわかる。

2
> ……線部bから、課題から逃げようとするアリスの様子がわかる。

子どもたちと一緒に拍手をしながら美森は思った。

響がソロを終えて元の場所に戻ると、ドラムセットのソロとともに再びアリスが前に出た。その表情は明らかに緊張していた。

まるで囁き声で話すように静かな音でソロの冒頭が始まった。*アリスは何度も繰り返し練習してきたフレーズを奏でていった。*スウィングジャズならではの奏法やノリを維持しながら、次々と音を繰り出す。伴奏はドラムセットのリフレインだけだ。緊張感から手に汗がにじみ、キーを押さえる指が滑った。

(ダメだ！　やっぱりダメだ！　なんで私はうまくできないんだろう！)

徐々にテンポが遅れ始め、焦ると指が絡まった。

(いままで本気で練習してこなかった罰だ。私は自分に罰せられてるんだ……)

いくつも音符が飛び、いまにもクラリネットの音が止まりかけた。と、どこかから「がんばれ～」という声が聞こえてきた。アリスの様子に気づいたひとりの子どもが声を上げたのだ。すると、③まるで小さなロウソクの炎が次々とまわりのロウソクを灯していくかのように「がんばれ～！」の声が子どもたちの間に広がり、やがて大合唱になった。

「がんばれ～！」

「お姉ちゃん、がんばれ～！」

(頑張れって言われたって……指は動かないし、頭の中はもう真っ白なんだよ……！)

アリスは目を閉じて現実から逃げようとした。もう少しでｂ「本気で頑張っていないスイッチ」を押しそうになった。

そのときだ。不意に響き始めたのは――トランペットの音だった。

マットの上で美森が立ち上がり、楽器を奏で始めていた。それは、クラリネットソロそのものだった。美森はアリスの練習を聴きながらソロをすべて覚えてしまっていたのだ。

園児たちはもちろん、響や水月、その場にいる部員たちも美森の突然の演奏に驚いていた。

いちばん驚いていたのはアリスだった。

(あの美森って子……！)

美森はトランペットを吹きながらアリスのほうへ歩み出ていった。すると、まるでその音に手を引かれるかのように、アリスの音に力が戻ってきた。美森のトランペットにアリスのクラリネットが重なる。ふたりの目が合い、かすかに微笑み合った。音はぴたりと揃って、美しい*ユニゾンを描いた。

残り18小節。高音へと駆け上がるフレーズの途中で美森はトランペットの音を小さくしていき、吹くのをやめた。再びソロはクラリネットだけになった。運指の難しい複雑な8分音符を、アリスの指と息が的確にとらえる。そして、最後の4小節、超高音のロング*トーン。アリスは13年間の思いを込めてその音を吹き鳴らした。

アリスが両手を広げ、お辞儀をすると、子どもたちがワッと歓声を上げた。目の前で星のようにまたたく笑顔の数々。④幼いアリス自身もその中で拍手していた。

(オザワ部長「空とラッパと小倉トースト」
問題作成上ふりがなをつけた箇所がある)

*(注)　座奏＝椅子に座っての演奏
ソロ＝単独の演奏者が演奏する独奏のこと
スタンドプレイ＝曲中で目立つように立って演奏すること

【問五】 次の文章を読んで、あとの各問いに答えなさい。

全国大会常連の名晋高校吹奏楽部は、全国大会を目指す座奏*Aチームとパレードコンテストチーム（パレコン）、それらに入れなかった座奏Bチームに分かれていた。アリスは、三年間、座奏Bチームに所属し、チームリーダーとなる。そこへ、美森、ガンちゃん、響など多くの新入生が入部してきた。数週間後、保育園の園児たちを招いてのミニコンサートを行うことが決まった。それは、かつて幼いアリス自身も観客として参加したものだった。開演直前、座奏Bのメンバーは、演奏席に着座するが、美森は園児たちに手を引かれ観客席のマットに座り込んでしまう。そんな中、尾藤先生の指揮のもと、ミニコンサートがはじまった。

1曲目の《どんぐりころころ》が始まると、子どもたちは誰にうながされたわけでもなく立ち上がり、体を揺らしながら歌い始めた。美森も一緒になって歌った。

途中で響がトランペットソロ*を奏でると、子どもたちは「うまーい！」「すごーい！」と声を上げた。トロンボーンパートのメロディでガンちゃんが派手に音を外すと「間違えた〜！」と大声で笑った。①とにかく感じたことを素直に表現する、どこまでも正直な聴衆だった。

2曲目の《ちょうちょ》も子どもたちは演奏に合わせて一緒に歌い、3曲目の《ディープ・パープル・メドレー》は演奏の迫力とスタンドプレイ*に口をあんぐり開けて圧倒されていた。

そして、いよいよ《シング・シング・シング》になった。座奏Bの演奏を見るために、Aやパレコンのメンバーも合奏室に入ってきて壁際に座った。

曲の冒頭、ドラムセットがソロで独特のリズムを奏で始めた。子どもたちはまた立ち上がってそれぞれに手拍子を始めた。②きらきらした幼い目を見て、アリスは思った。

（あのとき、きっと私もあんな目をしてたんだ。ううん、あれは私自身だ）

アリスは幼いころに憧れていた場所に来た。けれど、自分が思うような存在にはなれなかった。座奏Aのメンバーとして、全国大会のステージでまぶしいライトを浴びながら演奏する――そんな夢はもう一生叶うことがない。それを認めたくなかった。

夢は破れた。なのに、部活をやめなかったのは、やっぱり名晋の音楽が好きだったからだ。あのころ、名晋に憧れ、寂しい心を名晋の演奏でいっぱいにした幼い女の子が、aまだアリスの中に住んでいる。

（私に聴かせてあげるんだ、名晋の音楽を！）

アリスは指揮をする尾藤先生の横に進み出ると、1回目のソロを奏でた。まったくミスのない見事なソロ。子どもたちと美森は拍手喝采を送った。アリス自身、ホッとしていた。

（問題は2回目のほうだ。52小節ミスなく吹いて、最後の超高音をちゃんと出せるかな……）

踊りながら手拍子する子どもたちの前で演奏は続いていった。

途中、トランペットのソロが始まった。前に出て演奏するのは響だ。とても1年生とは思えない落ち着き払った様子できらびやかな音を響かせる。ときに強く、ときに繊細に音を吹き分ける抑揚も見事で、「天才少年」と呼ばれたその実力を見せつけた。

（こんなラッパもんは本当にうまかばい。ばってん*、なんでいつも音が泣きよーっちゃろう……）

(1) **文章Ⅰ**の〰〰線部の言葉を現代仮名遣いに直して、すべてひらがなで書きなさい。

① とらへて　② くちをしけれ

(2) **文章Ⅰ**の═══線部の主語にあたるものを、次の**ア**～**エ**から一つ選び、記号を書きなさい。

ア 人　**イ** 垣　**ウ** ものの枝　**エ** 車の屋形

(3) 次は、生徒たちが**文章Ⅰ**の中で注目したことがらについて、**文章Ⅱ**、**Ⅲ**を関連させて、各班に分かれて話し合っている様子である。

一班の話し合い

津田　私は、作者の着眼点に注目して読んでみたよ。**文章Ⅰ**で、表面は変わった様子もなく草が生い茂っているのに、［A］様子に着目しているところと、**文章Ⅱ**で、水面から少し葉先を出した水生植物が、上からは短く見えたのに、取らせてみたらとても長かった様子に着目しているところが似ていると思ったよ。

平山　そうだね。どちらも、意外性を感じて心動かされている作者の姿が見受けられるね。そして、**文章Ⅱ**では、目にした情景を、作者がそれまで知識としてもっていたこととも関わらせて「をかし」と感じているようだね。

ⅰ ［A］に当てはまる言葉を、**下**と**従者**の二つの言葉を使って、三十字以上四十字以内の現代語で書きなさい。

ⅱ ──線部について、作者が目にした情景を次のようにまとめたとき、［B］に当てはまる最も適切な言葉を、**文章Ⅱ**から四字で抜き出して書きなさい。

> 作者は、初瀬詣での途中、『高瀬の淀に』という和歌や［B］から知識として知っていた「淀の渡り」の情景を、実際に目のあたりにし、「をかし」と感じている。

二班の話し合い

藤井　**文章Ⅰ**の最後の一文で作者は、ぐるっと回る車輪にくっついて上がってくる［C］を、目で見ておもしろがって「をかし」と表現しているようだね。

大田　五感をはたらかせて物事を捉える作者だから、**文章Ⅲ**を参考にすると、**文章Ⅰ**の最後の一文でも［C］の［D］に対して「をかし」と感じているかもしれないね。

ⅲ ［C］に当てはまる最も適切な言葉を**文章Ⅰ**から抜き出して書き、［D］に当てはまる適切な言葉を現代語で書きなさい。

(4) **文章Ⅰ**の表現の特徴として適切なものを、次の**ア**～**エ**から二つ選び、記号を書きなさい。

ア 自然の中での作者一行の一連の行動を、自然物の動きのある場面とともに描くことで、映像のように鮮やかに表現している。

イ 体言止め、擬人法、係り結びを用いることで、作者の心情や情景を、読者の印象に深く残るように表現している。

ウ 作者にとって忘れられない自然の中での体験を、第三者の立場から、客観的に分析しながら表現している。

エ 山里で目にした情景を、作者の喜びや感動とともに、瞬間を見逃さない鋭い観察力によって表現している。

② 菜種などから再取された油が、古くは室内の照明に使われ、今では医薬品などにも活用されている。

③ 独自の法律をつくり、配下の武士や領民を統制しようとした戦国大名がいたという誌実を学んだ。

【問四】 次の文章Ⅰ～Ⅲは『枕草子』の一節である。これらを読んで、あとの各問いに答えなさい。

文章Ⅰ

五月ばかりなどに山里にありく、いとをかし。草葉も水もいと青く見えわたりたるに、上はつれなくて（変わった様子がなくて）、草生ひしげりたるを、ながながと、ただざまに（縦一列に）行けば、下はえならざりける水（思いもよらないほどの水）の、深くはあらねど、人（従者）などの歩むに、走りあがりたる（跳ね上がる）、いとをかし。

左右にある垣にあるものの枝などの車の屋形（牛車　人が乗る部分）などにさし入るを、いそぎてとらへて折らむとするほどに、ふと過ぎてはづれたるこそ、いとくちをしけれ（残念だ）。よもぎの、車に押しひしがれたりけるが、輪の廻りたるに、近ううちかかりたるもをかし。

文章Ⅱ

卯月のつごもり方（月末）に、*初瀬に詣でて、淀の渡りといふものをせしかば（したところ）、舟に車をかきすゑて行くに（置いて乗せて行くと）、*菖蒲、菰などの末短く見えしを、取らせたれば、いと長かりけり。菰積みたる舟のありくこそ、いみじう（たいそう）をかしかりしか。*「高瀬の淀に」とは、これをよみけるなめりと見えて（よんだようだと見えて）。三日（五月三日に）帰りしに、雨のすこし降りしほど、菖蒲刈るとて、笠のいと小さき着つつ、脛いと高き男（すねを長々と出している男）、童などのあるも、屏風の絵に似て、いとをかし。

*（注） 初瀬＝奈良県の長谷寺　菖蒲、菰＝水生植物
「高瀬の淀に」＝「菰枕高瀬の淀に刈る菰の刈るとも我は知らで頼まむ」という和歌

文章Ⅲ

節（節句）は、*五月にしく（及ぶ）月はなし。菖蒲、よもぎなどのかをりあひたる、いみじうをかし。

*（注） 五月＝五月五日の端午の節句。菖蒲やよもぎを軒にさして飾る風習があった

> 川原さんの発言を［A］に受け止め、自分の思いを述べながら、［B］をはっきりさせる役割。

ア　［A］批判的　［B］結論
イ　［A］共感的　［B］結論
ウ　［A］批判的　［B］話題
エ　［A］共感的　［B］話題

(2)　［Ⅰ］の［C］に当てはまる言葉として最も適切なものを、次のア～エから一つ選び、記号を書きなさい。

ア　川原さんが、僕たちの経験に共通することを取り出してまとめてくれたおかげで
イ　川原さんが、僕たちの経験を時間の流れに沿って整理してくれたおかげで
ウ　川原さんが、僕たちの経験と似た経験をもつ人がいないか周りに質問してくれたおかげで
エ　川原さんが、僕たちの経験に川原さん自身の経験を結び付けて話してくれたおかげで

(3)　木下さんは［Ⅱ］と［Ⅲ］を、生徒会顧問の新海先生に見せ、感想やアドバイスをもらった。

> **新海先生からの感想やアドバイス**
>
> ・各スライド上部にある〈〉のついた見出しが、各スライドに対する発表原稿の最初の部分とつながっていてわかりやすい。
>
> ・各スライドを提示するタイミングが、スライドに関わる発表原稿の直前に設定されていてわかりやすい。
>
> ・発表原稿では、役員会で話された充実感や達成感という言葉の捉えが伝わらないかもしれない。

新海先生からの感想やアドバイスを踏まえて、次のⅰ～ⅲに答えなさい。

ⅰ　［Ⅱ］のスライド①にある［D］に当てはまる見出しとして最も適切なものを、次のア～エから一つ選び、記号を書きなさい。

ア　役員会としての生徒会に対する願い
イ　充実感と達成感とは
ウ　アンケートをお願いする理由
エ　新しい生徒会で大切にしたいこと

ⅱ　木下さんが設定していた［Ⅱ］のスライド②を提示するタイミングとして最も適切なものを、［Ⅲ］のア～エから一つ選び、記号を書きなさい。

ⅲ　＝＝線部を受けて開かれた役員会で、「アンケートをとるなら、役員会で考えた充実感と達成感の捉えを、全校生徒と共有する必要がある」という意見が出た。そこで、木下さんは［Ⅲ］の【★】の部分に説明を加えた。木下さんが【★】に加えたと考えられる説明を、［Ⅰ］の中にある言葉を使って、五十五字以上六十五字以内で書きなさい。

【問三】　次の①～③から、誤って使われている漢字一字をそれぞれ抜き出して書き、同じ読みの正しい漢字を楷書でそれぞれ書きなさい。

①　人工衛星からの画像をもとに、日潟の分布を観測し、過去の記録と比べて考察したことを報告書にまとめた。

山本　そういう経験は僕にもあるな。僕は去年、体育委員で、体育祭の準備や運営をしたんだ。メンバー表の集約や当日の点数の集計は、大変だったけど充実していたな。体育祭当日に、全校のみんなが楽しんでいる様子を見て、やってよかったと思ったよ。

川原　森田さんは花のお世話、山本さんは事前の準備や当日の運営の中で、充実感を得ていたんだね。つまり、充実感は、何かに一生懸命取り組んでいる中で感じるものということかぁ。

森田　なるほど。では、達成感はどんなものなのかな。

川原　二人の体験で言えば、子どもたちや先生方、全校のみんなが、喜んだり楽しんだりしている姿を見たときに得られたものなのではないかな。つまり、自分が取り組んだ活動の効果や成果を実感することだと言えそうだね。

山本　なるほど。[C]、充実感と達成感がどんなものなのか、改めて捉え直すことができたよ。

森田　そうだね。僕たちの捉えが明確になったね。そう考えると、充実感と達成感が得られる活動って、僕たちの経験の他にもたくさんある気がするね。

川原　それなら、どんな活動の中で充実感と達成感を得たのか、理由と一緒に、全校のみんなにアンケートで聞いてみたらどうかな。その中に各委員会の活動計画作成のヒントがあるかもしれないね。

木下　いい案だね。全校のみんなで協力し、学校生活を自分たちでよくしていくことにもつながるね。昼の放送で全校のみんなにお願いができるよう準備するよ。（…賛同の意見が続く）

Ⅱ 発表資料

スライド①

各委員会の活動計画作成に向けて

〈 [D] 〉

生徒会の目標

全校生徒が
充実感と達成感を得られる生徒会

全校生徒の経験を、
各委員会の活動計画作成のヒントにしたい！

スライド②

各委員会の活動計画作成に向けて

〈アンケートで聞きたいこと〉

◇ 充実感と達成感を得た生徒会の活動

◇ 充実感と達成感を得た理由

スライド③

各委員会の活動計画作成に向けて

〈アンケートの方法と締め切り〉

方　　法：１人１台端末を使ったアンケート

締め切り：１月31日（水）

※本日、学級長を通して、二次元コードとURLを配付します。

Ⅲ 発表原稿

皆さんこんにちは。生徒会長の木下です。今日は皆さんにお願いがあります。新生徒会の各委員会の活動計画作成のために、アンケートに協力してください。

（**スライド**①示す）それでは、アンケートをお願いする理由をお話しします。

（**ア**）先日、役員会で各委員会の活動計画について話し合いました。その中で、それぞれの活動は、生徒会の目標に沿ったものにしたいということで一致しました。

（**イ**）生徒会の目標は、「全校生徒が充実感と達成感を得られる生徒会」です。【★】

（**ウ**）私たち役員会では、各委員会の具体的な活動計画を考えるために、皆さんの経験をヒントにしたいと思い、アンケートをとることを考えました。

（**エ**）では、今回のアンケートで聞きたいことについてお伝えします。アンケートには、皆さんがこれまでに充実感と達成感を得た生徒会活動と、それらを得た理由を書いてください。

（**スライド**③示す）最後に、アンケートの方法と締め切りについてです。今スライドで示しているようにお願いします。

皆さんのご協力をお願いします。

(1)　――線部の山本さんの発言が、[Ⅰ]において果たしている役割を、次のようにまとめたとき、[A]、[B]に当てはまる言葉の組み合わせとして最も適切なものを、あとの**ア**～**エ**から一つ選び、記号を書きなさい。

文章全体の結論を述べている。

エ　6段落は、5段落の内容を受け、問いによって視点を転換しながら、話題を提示している。

(4)　――線部①とあるが、筆者の考える、数学の証明が本当にわかるということについて次のようにまとめた。C に当てはまる最も適切な言葉を、本文中から十五字で抜き出して書きなさい。

> 本当にわかるには、たんに規則の適用順がわかるだけではなく、C が必要だ。

(5)　知覚と直観について、下の図のようにまとめた。D に当てはまる最も適切な言葉を、本文中から十四字で抜き出して書きなさい。

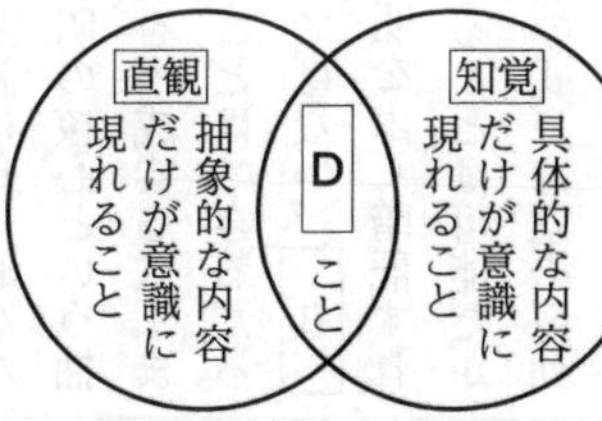

(6)　――線部②を踏まえ、この文章から読み取ったことを次のようにまとめた。このことについて、身近な例を用いて説明することになった。あとの〈条件1〉～〈条件3〉に従って、七十字以上九十字以内で書きなさい。

> ㋐物事の理解に向け自ら働きかけを繰り返していると、㋑具体的な姿ではなく、㋒中心となる大切な部分を一挙に捉えることができる場合がある。

〈条件1〉　――線部㋐について、本文と異なる例（数学の証明、音楽鑑賞以外）を用いて書くこと。

〈条件2〉　――線部㋑について、あなたが用いた本文と異なる例に応じて、物事の具体的な姿を書くこと。

〈条件3〉　――線部㋒について、あなたが用いた本文と異なる例に応じて、何を一挙に捉えることができるか書くこと。

【問二】　新生徒会長になった木下さんをはじめ、各委員会の委員長による新生徒会役員会では、「全校生徒が充実感と達成感を得られる生徒会」という生徒会の目標のもと、各委員会の活動計画作成に向けて話し合っている。次のⅠ～Ⅲを読んで、あとの各問いに答えなさい。

Ⅰ　話し合い

木下　各委員会の活動計画は、全校のみんなの総意で決まった生徒会の目標に沿って作成したいね。

川原　うん。でも、いざ実際に自分の委員会の活動計画を考え始めたら、生徒会の目標の「充実感と達成感」を得られる活動になっているのか、不安になってしまったよ。

山本　僕もだよ。生徒会の目標の捉えを、改めて明確にする必要があると思うな。充実感と達成感ってどんなものなのだろう。

森田　うまく言えないけど……。去年、僕は園芸委員で、「花のプレゼント」という活動をしたよ。毎日一生懸命手入れをした鉢植えの花を、近くの幼稚園に持っていったんだ。子どもたちや先生方がとっても喜んでくれてうれしかったな。この活動を通して、僕は充実感や達成感を得ることができた気がする。

8 知覚と同様のことが、直観でも生じている。直観においても、その形成過程は意識されず、結果だけが意識にのぼる。さきほど述べたように、証明を何度もたどっていると、やがてその核心が直観されるが、意識にのぼるのはその核心の直観だけであって、それが脳のなかでどのような情報処理を経て形成されるかは意識されない。

9 このように知覚と直観のあいだには、よく似た点がある。しかし、その一方で、重要な違いもある。すなわち、知覚においては、物事の具体的な内容が意識に現れるのにたいし、直観では、抽象的な内容しか現れない。バナナの知覚においては、意識に具体的なバナナの姿が現れるが、証明の直観においては、証明の核心という抽象的な内容しか意識に現れない。もちろん、証明を構成する式（または命題）の系列を具体的に意識に思い浮かべることはできるだろうが、それは直観によって捉えられる証明の核心ではない。［B］、証明の核心を直観的に把握できなくても、証明をよく暗記すれば、証明の式／命題の系列を具体的に思い浮かべることは可能だからである。証明を直観的に把握することは、証明の式／命題の系列を具体的に思い浮かべることではなく、証明の核心を一挙に捉えることなのである。

10 これは何も視覚的な事柄に限った話ではない。たとえば、ひとつの楽曲が直観的に把握されるというような聴覚的な事柄の場合も、同様である。ベートーベンの「運命」を何度も聴いて、それが直観的にわかるようになったとしよう。このとき、「運命」の核心を一挙に捉えることになるが、それはこの楽曲を構成する音を順に意識に思い浮かべることではない。楽曲の核心を捉えることは瞬時に可能だが、楽曲のすべての音を具体的に思い浮かべるには、何十分もかかる。楽曲を直観的に把握することは、意識のなかで楽曲を具体的に再現することではなく、楽曲の核心を一挙に捉えることなのである。

11 このように、直観では、知覚と違って、物事の具体的な姿ではなく、物事の核心しか意識に現れない。②直観は物事の具体的な姿ではなく、その核心を一挙に捉えるのである。私たちの物事の理解は、このような直観によっておおいに深められる。

（信原幸弘（のぶはらゆきひろ）「「覚える」と「わかる」　知の仕組みとその可能性」問題作成上ふりがなをつけた箇所がある）

＊（注）　欣喜雀躍＝こおどりして喜ぶこと
視覚皮質＝視覚中枢ともいう、大脳にある視覚に関与する神経中枢

(1) 文章中の〰〰線部のよみがなを、ひらがなで書きなさい。
① 叫ん　② 訪れ　③ 一端
④ 網膜　⑤ 順次　⑥ 再現

(2) ［A］、［B］に当てはまる言葉として最も適切なものを、次のア～カから一つずつ選び、記号を書きなさい。また、それらは同じ品詞であるが、その品詞名を漢字で書きなさい。
ア だから　イ しかし　ウ しかも
エ それとも　オ なぜなら　カ ところで

(3) 本文における段落相互の関係の説明として最も適切なものを、次のア～エから一つ選び、記号を書きなさい。
ア 3段落は、2段落の内容を受け、具体例を挙げながら否定する考えを述べている。
イ 4段落は、3段落の内容を受け、疑問を解決し新たな話題を提示している。
ウ 5段落は、4段落の内容を受け、筆者の個人的体験を根拠に、

＜国語＞

時間　五〇分　　満点　一〇〇点

【注意】解答用紙にマスがある場合は、句読点、カギ括弧（「や『）などもそれぞれ一字と数えて書きなさい。

【問一】　次の文章を読んで、あとの各問いに答えなさい。ただし、1～11は各段落の番号を示す。

1　アルキメデスは風呂に入ると、水位が上がることに気づいて、「エウレカ（わかった）！」と歓喜して叫んだという。この話を聞いたことのある人も多いだろう。王冠のような複雑な形状の物体でも、それを水に入れれば、その体積がすぐわかる。このことを発見して、＊欣喜雀躍したのである。

2　問題の答えが閃いたり、謎めいたものの正体が明らかになったりすると、私たちは「あっ、わかった！」と叫びたくなる。このようなときの「わかる」はたいてい直観的な理解である。答えがパッと思い浮かび、謎の正体が突然明らかになる。このような直観もまた、私たちの物事の理解にとって非常に重要である。

3　たとえば、数学の証明問題を考えてみよう。証明は、与えられた前提から一定の規則に従って結論を導き出すことである。しかし、従うべき規則は複数あり、それらをどんな順番で適用していけばよいかは明らかではない。この点が証明の難しいところである。証明問題を解くというのは、ようするにどの規則をどの順に適用するかを発見することだと言っていい。

4　しかし、たんにどの規則をどの順に適用するかがわかっただけでは、じつは①証明が本当にわかったとは言えない。たとえば、頭をひねってもなかなか証明問題が解けないので、ついつい答えを見てしまうことがある。しかし、答えを見てもなお、よくわからないと感じることがあるだろう。答えを見れば、どの規則をどの順に適用して、前提から結論が導かれているかはわかるのだが、それでもどうも腑に落ちないのである。

5　なぜここでこの規則を適用するのか。「そうすれば、解けるからだ」と言われても、「でも、どうして」と言いたくなる。しかし、最初は腑に落ちなくても、証明を何度もたどりかえして、証明の流れに慣れてくると、やがて「あっ、わかった」と感じられる瞬間が訪れてこよう。それは証明のいわば「核心」が直観的に把握された瞬間である。証明の本当の理解には、証明の核心を直観的につかむことが必要なのである。

6　直観はこのように私たちの理解を深めてくれる。では、そもそも直観とは何であろうか。直観にはいろいろな面があるが、以下では、直観と知覚の比較を通じて、直観の一端を明らかにしたい。

7　知覚はその形成の過程が意識されることなく、その結果だけが意識にのぼる。バナナから光の刺激を受けると、バナナが見える（つまりバナナの姿が意識に現れる）。［A］、このバナナの知覚が形成される過程、すなわち網膜に到達した光刺激が脳の＊視覚皮質に送られ、そこで順次、情報処理がなされていく過程は、意識にのぼらない。最終的な結果であるバナナの知覚だけが意識にのぼる。したがって、意識のうえでは、知覚は形成過程なしに突如出現するように思える。しかし、いま説明したように、それは無意識的な形成過程を経ているのである。

MEMO

大切なことはメモしておこうネ！

2024年度

解答と解説

《2024年度の配点は解答用紙集に掲載してあります。》

＜数学解答＞

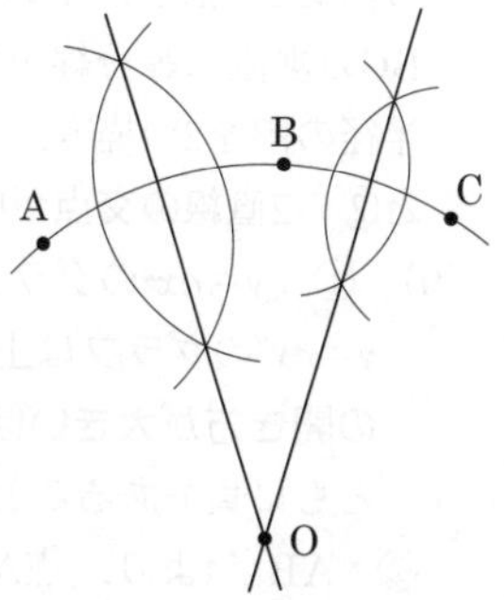

【問1】 (1)　8　(2)　$2y$　(3)　エ　(4)　$4\sqrt{15}$
(5)　(x=)−2，5　(6)　(x=)36　(7)　(∠x=)44(°)
(8)　右図　(9)　①　a，b，c　②　(2，12)
(10)　$\frac{2}{3}$　(11)　ウ

【問2】 Ⅰ　(1)　①　ウ　②　ⅰ　イ　ⅱ　ア
(2)　①　(例)4月に「好き」「どちらかといえば好き」と答えた人数の合計　②　$58-\frac{40}{100}y$　③　4月：100(人)，7月：110(人)　Ⅱ　(1)　36π(cm³)　(2)　$\frac{4}{3}$(倍)

【問3】 Ⅰ　(1)　あ　500　い　900　(2)　式　(y=)$50x-150$　変域　11(≦x≦)33
(3)　950(m)　(4)　13(分後)　Ⅱ　(1)　①　6(個)　②　$2\sqrt{6}$(cm)
(2)　①　12(cm²)　②　(y=)$\frac{1}{2}x$

【問4】 (1)　75(°)　(2)　①　あ　(∠)CBE　い　(例)2つの底角　う　180(°)
②　解説参照　(3)　え　2　お　$\sqrt{5}$　(4)　$\frac{27}{2}$(cm²)

＜数学解説＞

【問1】(小問群一正負の数の計算，文字式と計算，文字式の利用，根号を含む計算と式の値，二次方程式，割合と1次方程式，平行線と角度の求値，円の性質と作図，放物線の性質とその利用，確率，箱ひげ図)

(1)　$3-(-5)=3+5=8$

(2)　$\frac{1}{6}xy^2\div\frac{1}{12}xy=\frac{xy^2}{6}\times\frac{12}{xy}=2y$

(3)　ア　$4n$はnが自然数より4の倍数を表し，例えば12などは8の倍数でない。

イ　$8n+4=4(2n+1)$となり，$2n+1$は奇数なので，$4(2n+1)$は8の倍数でない4の倍数となる。たとえば，$n=1$のとき$4\times(2+1)=12$より8の倍数でないことがわかる。

ウ　$n+8$を8の倍数にしようと考えると，nが8の倍数でないといけない。したがって、$n=1$のとき$n+8$は9となり8の倍数でなく条件を満たさない。

エ　$8n+16=8(n+2)$となり，$n+2$は3以上の整数なので，$8(n+2)$は必ず8の倍数となり適する。

※上記にも書いているが，たとえば$n=1$のようにnに適当な数を代入し、8の倍数にならないものを消去していくとエしか残らないので，そのように考えてもよい。

(4)　$x+y=(\sqrt{5}+\sqrt{3})+(\sqrt{5}-\sqrt{3})=2\sqrt{5}$　$x-y=(\sqrt{5}+\sqrt{3})-(\sqrt{5}-\sqrt{3})=2\sqrt{3}$　より，$x^2-y^2=(x+y)(x-y)=2\sqrt{5}\times2\sqrt{3}=4\sqrt{15}$

(5)　足して−3，掛けて−10となる2つの数は+2と−5なので，$x^2-3x-10=0$　は，$(x+2)(x-5)=0$　$x=-2,\ 5$

(6)　$(132+x):(12+x)=7:2$　となるので，$7(12+x)=2(132+x)$　$84+7x=264+2x$　$7x-2x=264-84$　$5x=180$　$x=36$

(7)　右図1のように点A，B，C，Dをとると，**平行線の錯角**より，$\angle DAC=66°$　**三角形の内角と外角の関係**から，$\angle x+22°=66°$　よって，$\angle x=44°$

図1

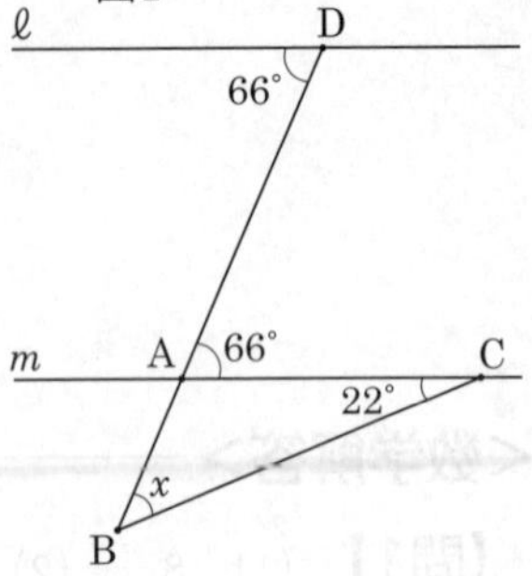

(8)　次の手順で右図2のように作図すればよい。　①　線分ABの垂直二等分線を引く。2点A，Bをそれぞれ中心とし，同じ半径の円を2つ描き，その2つの交点を結ぶ直線を引く。　②　線分BCの垂直二等分線を引く。2点B，Cをそれぞれ中心とし，同じ半径の円を2つ描き，その2つの交点を結ぶ直線を引く。　③　①と②の2直線の交点が中心Oとなる。

図2

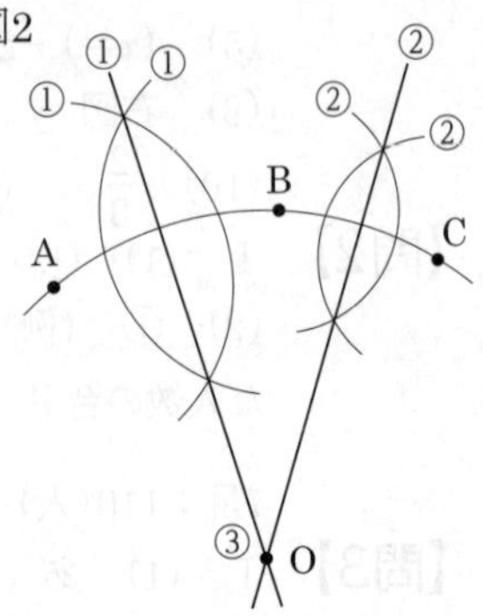

(9)　①　$y=ax^2$のグラフは**下に凸**なので，$a>0$　$y=bx^2$と$y=cx^2$のグラフは**上に凸**なので，$b<0$，$c<0$　また，**グラフの開き方が大きいほど比例定数の絶対値は小さい**ので，b，cはともに負であることに注意すると，$b>c$　以上より，$a>b>c$

②　AB＝4より，点Aのx座標は-2，点Bのx座標は2であり，この2点は$a=3$より$y=3x^2$のグラフ上にあるので，B(2，12)

(10)　3枚のカードの並べ方は，123，132，213，231，312，321の6通りあり，この中で奇数は4通りあるので，求める確率は$\frac{4}{6}=\frac{2}{3}$

(11)　最大値が50なので，アかウのいずれか。中央値が34なので，アは適しておらず，ウが正しいとわかる。

【問2】（資料・グラフの読み取り，連立方程式の応用，回転体と球の体積，球と円錐の表面積）

Ⅰ　(1)　①　ア　グラフの書き方で事実はかわらないので適していない。　イ　2つのグラフの範囲は同じである。　ウ　正しい。　エ　図2の中央値の正確な値はわからないが，30分以上60分未満の階級でないことは明らかなので適していない。　②　ⅰ　2人の考えは，1，2年生の合計の人数が302人，3年生の人数が148人と違うことから，1日の平均読書時間が60分未満の生徒の人数が1，2年生の方が少ないからといって，平日1日の平均読書時間も1，2年生の方が少ないとは言えないと考えている。したがって，選択肢はイを選べばよい。　ⅱ　い　相対度数を求めることによって，それぞれの階級の全体に対する割合がわかるので，度数分布多角形を比べる。　う　最大値や中央値などの代表値と度数分布多角形を用いて調べれば傾向は探ることができる

(2)　①　(例)4月に「好き」「どちらかといえば好き」と答えた人数の合計　②　**増加した人数に着目**して式を立てている。「好き」と答えた人数は4月から7月までで10％増えているので，増加人数は$\frac{10}{100}x$人　「どちらかといえば好き」と答えた人数は4月から7月までで40％増えているので，増加人数は$\frac{40}{100}y$人　合わせて278－220＝58(人)増えているので，$\frac{10}{100}x+\frac{40}{100}y=58$

これを変形して，$\frac{10}{100}x=58-\frac{40}{100}y$　③　［冬さんの連立方程式を解いた場合］

$$\begin{cases} x=220-y \cdots ㋐ \\ \frac{10}{100}x=58-\frac{40}{100}y \cdots ㋑ \end{cases}$$

として，㋐を㋑に代入すると，$\frac{1}{10}(220-y)=58-\frac{4}{10}y$　両辺を10倍

して，$220-y=580-4y$　$3y=360$　$y=120$　これを㋐に代入して，$x=100$　4月：100人，7月：110人

Ⅱ　(1)　半径3cmの球の体積を求めればよいので，$\frac{4\times\pi\times3^3}{3}=36\pi\,(\text{cm}^3)$

(2)　図4の半円を線分PQを軸として回転させた球の表面積は，$4\times\pi\times3^2=36\pi\,(\text{cm}^2)$　図5の△ABCを線分ACを軸として回転させると円錐となり，その円錐の展開図をかくと側面は半円となることから，底面の円の半径を$r$cmとすると，$6\times2\times\pi\times\frac{180}{360}=r\times2\times\pi$　よって，$r=3$ cmとなり，BC＝3cmとわかる。　これより，円錐の表面積は，$6^2\times\pi\times\frac{180}{360}+3^2\times\pi=27\pi$ (cm^2)　よって，球の表面積は，円錐の表面積の$36\pi\div27\pi=\frac{4}{3}$(倍)となる。

【問3】(関数とグラフ―ダイアグラムの読み取り，1次関数の式，1次関数のグラフの利用，数学的思考とグラフの読み取り，反比例のグラフ，座標平面上での三角形の面積，点対称の利用，三角形を二等分する直線の式)

Ⅰ　(1)　あ　鈴さんの家は，分速50mの速さで学校から10分歩いたところにあるので，その距離は$50\times10=500$(m)　い　桜さんの家は，分速50mの速さで学校から8分歩いたところにあるので，その距離は$50\times8=400$(m)　鈴さんと桜さんの家は反対方向にあることから，その距離は$500+400=900$(m)

(2)　桜さんが家を出発してから図書館に到着するまでのグラフを表す直線は，点(11，400)を通り傾きが50なので，$y=50x+a$とおくことができ，これに点(11，400)を代入すると，$400=50\times11+a$　$a=-150$　よって，$y=50x-150$となる。また，家を出発したのが$x=11$のときで，図書館に到着するのは$y=50x-150$に$y=1500$を代入すると，$1500=50x-150$　$50x=1650$　$x=33$より，$11\leqq x\leqq33$

(3)　桜さんが家を出発してから5分後は$x=11+5=16$のときである。このとき，桜さんは$y=50\times16-150=650$である。また，鈴さんは$x=16$のとき自転車に乗っているので，鈴さんが自転車に乗っているときのグラフの式を求める。自転車は分速200mなので，その傾きは200であり，鈴さんが家を出発したときのグラフ上の点は(15，−500)より，自転車に乗っているときの式は$y=200x+b$とおくことができ，これに(15，−500)を代入すると$-500=200\times15+b$　$b=-3500$より，$y=200x-3500$　$x=16$を代入すると，$y=200\times16-3500=-300$である。以上より，桜さんと鈴さんの地点間の距離は，　$650-(-300)=950$(m)

(4)　鈴さんの家から図書館までの距離は，$1500-(-500)=2000$(m)なので，すべて自転車で行ったとすると，$2000\div200=10$(分)かかる。よって，桜さんが図書館に着くのが，$x=33$のときなので，桜さんと鈴さんが同時に図書館に到着したとすれば，鈴さんが家を出たのは到着の10分前である$x=33-10=23$のときとなる。したがって，鈴さんは$x=10$から$x=23$のあいだ家にいたと考えることができるので，帰宅してから13分後に家を出たとわかる。

Ⅱ　(1)　①　条件を満たすxの値は12の正の約数となるので，1，2，3，4，6，12の6個考えることができる。　②　点Aの座標を$t>0$として$\left(t,\ \frac{12}{t}\right)$とすると，△OABが直角二等辺三角形であるときOB＝ABとなるので，$t=\frac{12}{t}$　が成り立つ。これを解くと，$t^2=12$　$t>0$より，$t=\sqrt{12}=2\sqrt{3}$　したがって，$\text{OA}=\sqrt{2}\times\text{OB}=\sqrt{2}\times2\sqrt{3}=2\sqrt{6}$ (cm)

(2)　①　点D(2，4)なので、点Cのx座標は4　これを$y=\frac{8}{x}$に代入すると$y=\frac{8}{4}=2$なので，点C(4，2)　また，点Dと点Eは原点について対称なので，点E(−2，−4)　ここで，直線CEの式

を考えると，その傾きは2点C，Eの座標から$\frac{2-(-4)}{4-(-2)}=1$なので，$y=x-2$とわかる。この直線CEとx軸との交点をFとするとF(2，0)となり，2点D，Fはx座標が等しいことから，DF⊥x軸といえる。したがって，△CDEの面積は　DF×(2点C，Eのx座標の差)$\times\frac{1}{2}$で求めることができるので，$4\times(4-(-2))\times\frac{1}{2}=12(\text{cm}^2)$　②　原点Oは2点D，Eの中点なので，求める直線は2点O，Cを結ぶ直線となる。したがって，$y=\frac{1}{2}x$とわかる。

【問4】　**(平面図形―回転移動と角度の求値，相似な三角形の証明，相似な図形の利用と辺の比，三角形の面積の求値)**

(1)　回転移動させた図形なので，AB＝BE　したがって，△BAEは二等辺三角形となり，その底角の大きさは等しく，∠EAB＝∠AEB　また，30°回転移動したことから，∠ABE＝30°　以上より，∠AEB＝$(180-30)^\circ\times\frac{1}{2}=75^\circ$

(2)　①　あ　∠ABC＝∠EBF＝90°なので，∠ABE＝∠CBF＝90°－∠CBE　い　二等辺三角形の2つの底角は等しいことを解答する。　う　2つの底角は等しいことを利用して，三角形の内角の和は180°なので∠BAE＝$\frac{1}{2}$(180°－∠ABE)，∠BCF＝$\frac{1}{2}$(180°－∠CBF)

②　(例)△ABEと△CBFで，長方形の1つの角は90°だから∠ABE＝90°－∠CBE　∠CBF＝90°－∠CBE　よって，∠ABE＝∠CBF…①　BA＝6cm，BC＝3cmだからBA：BC＝2：1　BE＝6cm，BF＝3cmだからBE：BF＝2：1　よって，BA：BC＝BE：BF…②　①，②より2組の辺の比とその間の角が，それぞれ等しいので，△ABE∽△CBF

(3)　え　(2)より，△ABE∽△CBFであり，その相似比は対応する辺の比なので，AB：BC＝6：3＝2：1　したがって，CF：AE＝1：2(解答の対応する辺の順に注意。)

お　三平方の定理より，BD＝$\sqrt{3^2+6^2}=3\sqrt{5}$ (cm)　また，△BGDも△ABEや△BCFと同様に直角二等辺三角形なので，△BCF∽△BDG　よって，対応する辺の比より，CF：DG＝BC：BD＝3：$3\sqrt{5}$＝1：$\sqrt{5}$

(4)　EH＝5cmより，BH＝6－5＝1(cm)　BF＝BC＝3cmより，△BFCは二等辺三角形でその底角は等しいことから，∠BFC＝∠BCF＝a　とする。上記(2)より，△ABE∽△CBFなので，対応する角は等しく，∠BAE＝∠BEA＝∠BFC＝a　となる。ここで，AEとBCの交点をJとすると，△ABJと△FBHにおいて，∠ABJ＝∠FBH＝90°，∠BAJ＝∠BFH＝aより2組の角がそれぞれ等しいので，△ABJ∽△FBH　対応する辺の比は等しいので，AB：BJ＝FB：BH　すなわち，6：BJ＝3：1　BJ＝2cm　よって，CJ＝BC－BJ＝3－2＝1(cm)　また，AEとCFの交点をIとする。△ABJと△CIJにおいて，∠BAJ＝∠ICJ＝a，∠AJB＝∠CJI(対頂角)より2組の角がそれぞれ等しいので，△ABJ∽△CIJ　対応する辺の比は等しいので，AB：AJ＝CI：CJ　三平方の定理より，AJ＝$\sqrt{2^2+6^2}=2\sqrt{10}$(cm)であることも考えると，6：$2\sqrt{10}$＝CI：1　CI＝$\frac{6}{2\sqrt{10}}=\frac{3\sqrt{10}}{10}$(cm)　同様に，△CIJ∽△EIHより，△ABJ∽△EIHとわかり，AJ：BJ＝EH：IH　すなわち，$2\sqrt{10}$：2＝5：IH　IH＝$\frac{10}{2\sqrt{10}}=\frac{\sqrt{10}}{2}$(cm)　また，△BFHにて三平方の定理より，FH＝$\sqrt{1^2+3^2}=\sqrt{10}$(cm)より，FH：HI：IC＝$\sqrt{10}$：$\frac{\sqrt{10}}{2}$：$\frac{3\sqrt{10}}{10}$＝10：5：3となり，△BFCの面積を求め

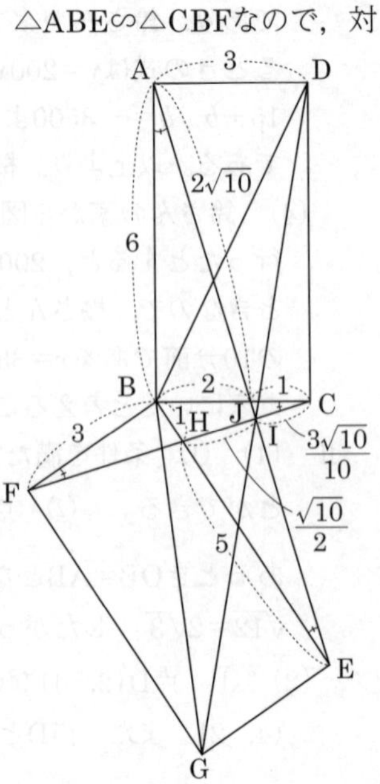

ると，$\triangle BFC=\triangle BFH\times\frac{10+5+3}{10}=\left(\frac{1}{2}\times1\times3\right)\times\frac{18}{10}=\frac{27}{10}(cm^2)$　さらに，$\angle FBC=\angle FBG+\angle GBC=\angle DBC+\angle GBC=\angle GBD$で，△BFCと△BGDは頂角が等しい二等辺三角形なので，△BFC∽△BGD　その相似比は$BF:BG=3:3\sqrt{5}=1:\sqrt{5}$　よって，$\triangle BFC:\triangle BGD=1^2:(\sqrt{5})^2=1:5$とわかるので，$\triangle BGD=\triangle BFC\times5=\frac{27}{10}\times5=\frac{27}{2}(cm^2)$　(前ページの図参照)

＜英語解答＞

【問1】 (1)　No. 1　イ　No. 2　ウ　No. 3　エ　(2)　No. 1　ウ　No. 2　エ　No. 3　イ　(3)　No. 1　ア　No. 2　エ　(4)　cook

【問2】 Ⅰ　(1)　(a)　イ　(b)　ウ　(2)　(a)　(例)I lived[I was living]
(b)　(例)When does she study[What time does she study]
(3)　①(例)Thank you for coming[We thank you for coming]
②(例)want to learn[would like to learn]　Ⅱ　(1)　エ　(2)　ア，オ

【問3】 (1)　エ　(2)　あ　ウ　い　エ　う　ア　(3)　ウ　(4)　ウ→ア→イ
(5)　ア　(6)　(例) I think drawing paper posters is better. We can put the posters in stations and shops. People who visit there can see them easily.

【問4】 (1)　ウ　(2)　ア　(3)　あ　エ　い　ア　(4)　う　shape[style／structure]　え　short　(5)　お　1887　か　1902　(6)　イ，オ
(7)　イ

＜英語解説＞

【問1】 (リスニング)

放送台本の和訳は，58ページに掲載。

【問2】 (文法問題：絵・図・表・グラフなどを用いた問題，広告・メール・メモ・手紙・要約文などを用いた問題，語句補充・選択，語形変化，自由・条件英作文，内容真偽，接続詞，現在・過去・未来と進行形，動名詞，不定詞，助動詞，間接疑問)

Ⅰ　(1)　(a)　＜野球場での会話＞　トム：今日の試合は本当に楽しかったよ。君の兄弟のシンは，上手にプレーしたね。／アキ：彼はより上手な選手になるために，毎日練習している，(だから)とても良くできたんだよ。　ア　しかし　イ　だから(○)　ウ　なぜなら　エ　または　文脈から選択肢イが適当。選択肢イの so は接続詞の働きをして，「だから～，それで～」といった意味になる。　(b)　＜バス停での会話＞　観光客：すみません，市立博物館はどこにあるか知っていますか？／ナオ：はい。バス番号 4 に乗って，3 つ目の停留所で降りてください。　ア　何が　イ　どれぐらい古い　ウ　どこに(○)　エ　どれぐらい大きい　空欄のある文の質問に，ナオは「番号 4 のバスに乗って3つ目の停留所で降りる」と行き方を説明しているので，選択肢の中ではウが適当。ここでは「どこに博物館があるのか？」と聞いている。
(2)　(a)　＜生徒と ALT の会話＞　タク：先生は京都のお寺についてたくさん知っていますね。どうしてお寺のことをそれほどたくさん知っているのですか？／ALT：そうですね，私は

京都に4年間(住んでいました)。／タク：わかりました。それから，長野に引っ越して，私たちの学校の先生になったのですね。　タクは「それから長野に引っ越してきた」と言っているので，ALT はその前に京都に住んでいたこと(過去のこと)になり，live は過去形 lived とする。また，文にするには主語が必要なので，ALT 本人が京都に住んでいたことから I とする。したがって，解答例では (I lived)in Kyoto four years としている。 (b)　<友達同士の会話>スーザン：あなたのお母さんが私に英語で話しかけてきたのには驚いた。／ジュンコ：そう。母はオンラインの英語の講習を受けているの。／スーザン：彼女は忙しいよね？　英語の(勉強をいつするの)？／ジュンコ：夕食後にね。　カッコの疑問文に対して，ジュンコは「夕食後」と答えているので，カッコは「いつ彼女は勉強するのか？」のような内容になる。ジュンコの母は，いつも夕食後に勉強していると考えられるので，現在形(現在の状態や習慣的動作を表す)にして，主語を she とする。したがって，解答例では (When does she study) English? としている。

(3)　(お礼の手紙の一部の訳)スミスさんへ／① 先週，あなたは英語クラブに来ました。イギリスのことを聞けて，とても面白かったです。もしまたクラブにくることができるなら，私たちにあなたの国についてもっと教えてくれますか？／② 私たちはイギリスの学校生活について学びます。　①　(解答例)Thank you for coming to our English club last week.(先週英語クラブに来てくれたことに感謝します)　問題文のアドバイスには「感謝を表現したほうがいい」とあるので，解答例では Thank you for～「～に感謝する」という表現にしている。come は**動名詞** coming「来ること」に変えて使っている。　②　(解答例)We want to learn about school life in the U.K.(私たちはイギリスの学校生活について学びたい)。問題文のアドバイスには「学びたいという気持ちを表す」とあるので，解答例では want to～「～をしたい」という表現にしている。to learn は to **不定詞**の名詞用法で，「学ぶこと」という意味になる。

Ⅱ　(1)　(問題文訳)「みなさんは毎日学校自分の水筒を持ってきますか？」　私はクラスメートにこの質問をしました。23人の生徒が，毎日水筒を持ってくると言いました。12人の生徒はときどき水筒を持ってきます。しかし，5人の生徒は水筒を持っているけれども，家に置いてきています。

ア
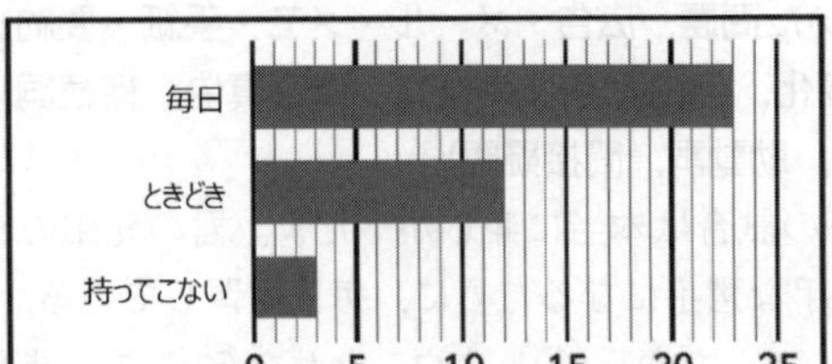

イ
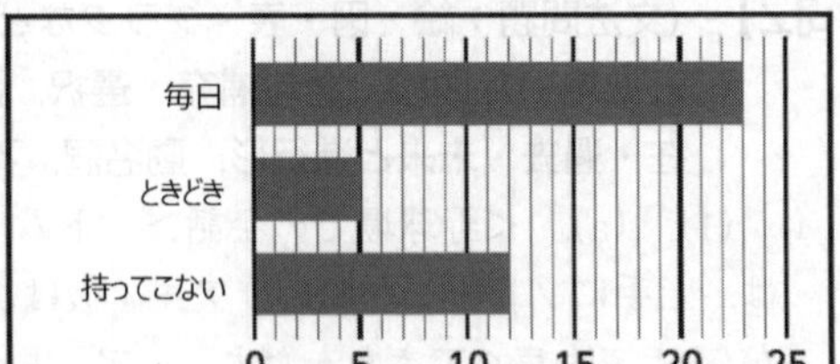

ウ
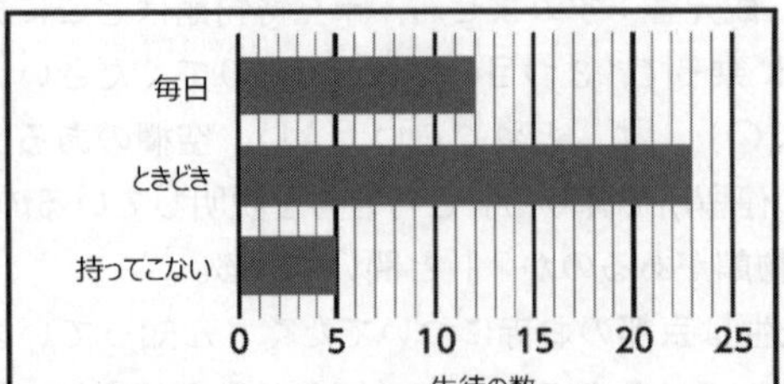

エ
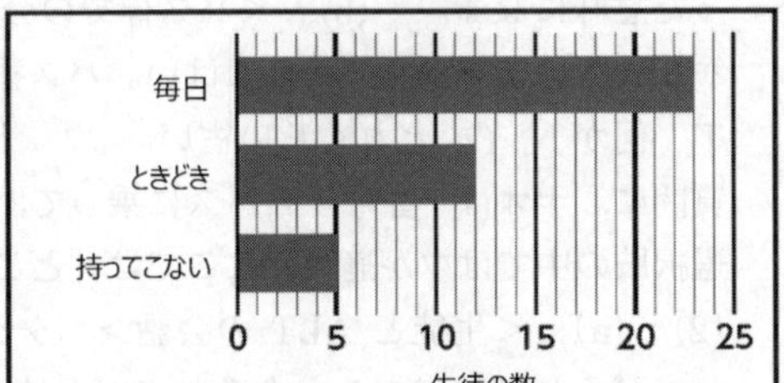

問題文から，「毎日水筒を持ってくる生徒は23人，ときどき持ってくる生徒は12人，持ってこない生徒は5人」なので，これを表すグラフはエが適当。

(2)　(ポスターの訳)(右図)

ア　あなたは山で植物についてスタッフから学ぶことができます。(○)　イ　3つの活動は共に午前中だけです。　ウ　5月11日にブルーフォレストパークで屋外イベントがあります。　エ　もしあなたが3人グループにいるなら，川下りボートツアーに参加できます。　オ　あなたはお金を払うことなしに，マウンテンバイクに2時間乗って楽しめます。(○)　ポスターの活動内容の活動3には「スタッフが山で花を紹介する」とあり，また料金の活動1には「支払いは不要。(バイクは2時間だけ利用可能)」とあるので，選択肢アとオが適当。選択肢オの enjoy riding の riding (乗ること)は動名詞で「乗ることを楽しむ」という意味になる。

屋外イベント

場所：グリーンツリーパーク

日時

5月11日 / 午前9時 - 午後3時

活動

活動1：マウンテンバイクに乗る

森でマウンテンバイクに乗れます。これが一番人気のある活動です。

活動2：川下りボートツアー

ボートで川を下るのはとてもワクワクします。(グループは4人より多い人たちである必要があります。)

活動3：自然散策

私たちのスタッフが山でいくつかの花をみなさんに紹介します。

料金

活動1：支払いは不要。(バイクは2時間だけ利用できます。)

活動2：1人につき500円

活動3：1人につき300円

【問3】 (文章読解：内容真偽，語句補充・選択，自由・条件英作文，英問英答，受け身，不定詞，関係代名詞，助動詞，動名詞，比較，現在完了，文の構造)

(問題本文訳)　リオデジャネイロのカーニバルは，ブラジルでとても大きなお祭りです。みなさんは，大きな山車のパレードを見て楽しめます。道は音楽でいっぱいです。私は特別な服を着て，友達と一緒にイベントに参加します。それは楽しいので，年を取った時でもカーニバルに参加し続けたいです。／カーニバルは約5日間開催されますが，そのための準備には約1年かかります。たとえば，私たちは山車を作ったり，ダンスの練習をしたりします。これらの努力が，私たちにとってカーニバルを特別なものにしています。これが私がみなさんへ一番伝えたいことです。

(1)　ア　カーニバルは約5日間続きます。　イ　人々は道で音楽を楽しむことができます。　ウ　ベンは彼の友達と一緒にカーニバルに参加します。　エ　カーニバルのための努力は，彼らにとって重要です。(○)　問題本文最後の文 This is the~には「これが私が一番伝えたいこと」とあり，「これ」とはその直前の文 These efforts make~「これらの努力が私たちにとってカーニバルを特別なものにする」を指していると考えられるので，選択肢エが適当。

(問題本文訳)　台湾の私の地域でのランタン祭りについて，みなさんへお話しします。アこのお祭りは，旧暦の正月を祝うために開催されます。人々は幸せのために祈り，このお祭りが悪い霊から彼らを守ってくれると信じています。／イお祭りの間人々は，色とりどりのランタンを空へ放つ前に，願いやメッセージをそれらに書きます。色にはそれぞれの意味があります。健康を願うなら，赤いランタンを選ぶことができます。夜空に飛ぶランタンはとても美しいです。ウみなさんはこれらを見るべきです。エあるウェブサイトは，何年も前にはこのお祭りは地元の人々だけのものだったと言っています。今では観光客も私たちのお祭りに参加できるので，人気が高まっています。／私は毎年私のお気に入りのお祭りが続くことを願っています。

(2)　ア　お祭りに参加できる人々(う)　イ　地元の人々だけが行うこと　ウ　なぜ人々がこのお祭りを開催するのか(あ)　エ　色とりどりのランタンに願いやメッセージを書くこと(い)　問題本文と選択肢の各文の意味を整理し，内容の順に並べたい。選択肢イは問題本文では述べられていない。また，選択肢アの People who can join the festival の who は関係代名詞で，who~が people を説明して「お祭りに参加できる人々」という意味になる。

(3) 下線部の各文を見ると，下線部ウは「お祭りを見るべき」と言って，ここはメイリンの考えが述べられているので，下線部ウが適当。下線部ウの文の should は「~するべき，~したほうがよい」のように「おすすめ」の意味で使われている。

(問題本文訳) 1 みなさんは白根大凧合戦を知っていますか？ 新潟市の白根地域の人々は，長い間このお祭りを楽しんできました。私にとってこれは大切なお祭りなので，長年にわたって開催されることを願っています。このお祭りについて紹介します。／2 2つのチームが川の反対側に立ち，彼ら自身の凧を飛ばします。チームメンバーと一緒に大凧を飛ばすことは興奮します。彼らは凧を絡ませて川に落とします。そして，綱引きの試合のようにロープを引っ張ります。勝つためには，一方のチームが他方のチームのロープを切らなければなりません。／3 このお祭りで飛ぶ凧は，手で作られます。大凧はおよそ5メートルの幅と7メートルの高さがあるので，新しいものを作ることは簡単ではありません。人々はこの5日間のお祭りを準備するために，多くの時間を必要とします。／4 このお祭りで友達と一緒に凧を飛ばすために作業をすることが，私は大好きです。観光客も凧を飛ばし，一緒にロープを引っ張ることができます。私の考えでは，このお祭りを通じてだれもが一つの大きなチームになることができます。

(4) 問題に示されるスライドが問題本文のどこで述べられているかを確認すると，アの凧を絡ませることは第2段落第3文 They entangle and~に，イの凧を作成することは第3段落最初の文 The kites flown~に，またウの川の両岸から凧を飛ばすことは第2段落最初文 Two teams stand~にある。したがって，話の順にスライドを並べると，ウ→ア→イとなる。

(5) ア 鈴はお祭りを通じて，人々がお互いに一つになることができると信じています。(○) イ 鈴は新しい大凧を手で作ることは簡単だと思っています。 ウ 鈴はお祭りでは地元の人々だけが凧を飛ばすことができると言っています。 エ 鈴は川に彼らの凧を落としたチームが勝つと，私たちに伝えています。 問題本文の最後の文 In my opinion~には，「このお祭りを通じてみんなが一つの大きなチームになれる」とあるので，選択肢アが適当。選択肢エの the team which drops their kite の which は関係代名詞で which~が team を説明し，「彼らの凧を落とすチーム」という意味になる。

(6) (問題文訳)私は多くの人に私たちのお祭りを紹介したいです。そうするためには，紙のポスターを描くかお祭りのビデオを作る，という2つのアイデアがあります。私はどちらのアイデアがより良いのかわかりません。①あなたの意見を私に教えていただけますか？ (解答例) I think drawing paper posters is better. We can put the posters in stations and shops. People who visit there can see them easily. [24語] (私は紙のポスターを描く方が良いと思います。私たちは駅や店舗にポスターを掲示できます。そこを訪れる人々は，簡単にそれらを見ることができます。) 解答例の文の People who visit there の who は関係代名詞で who~がpeople を説明して「そこを訪れる人々」という意味になる。 また，問題の下線の文 Can you tell me your opinion? は tell A B(AにBを話す)という形で，A = me で B = your opinion となり「あなたの意見を私に話してくれますか？」となる。

【問4】 (長文読解：絵・図・表・グラフなどを用いた問題，語句補充・選択，文の挿入，内容真偽，語句の解釈・指示語，接続詞，不定詞，関係代名詞，助動詞，動名詞容詞・副詞，名詞・冠詞・代名詞)

蚊取り線香の歴史は1886年に遡ります。その年の1月，上山英一郎はアメリカに住む貿易業者から，珍しい花の種子を受け取りました。当時，その花の粉は海外で使われており，①(なぜなら)小さな昆虫を追い払うことができたからです。そこで，彼はその花を育てることは，日本の農民を助けるだろうと考えました。

種子を手に入れてから1年4カ月後，彼が育てた花から粉を作ることに成功しました。その粉は小さな昆虫から農作物を守ったので，農民にとって役に立ちました。そしてある日，ある人が彼に蚊を追い払う何かを作ってほしいと相談してきました。彼はそのために煙を使う伝統的な方法を思い出しました。彼は粉と木のくずで燃やしてみましたが，これには問題がありました。暑い夏でさえも，粉を燃やすために炭火をおこす必要がありました，そしてそれは過度の煙を出しました。あ彼は炭火を使わずに煙の少ない別の方法を見つける必要がありました。

その後，彼は線香の形からアイデアを得ました。②(それから)1890年に棒状の蚊取り線香を発明しました。これは世界で初めての蚊取り線香でした。人々は炭火を使わずにこれを利用することができ，より少ない煙になりました。しかし，わずか40分しか燃えませんでした。それにはいくつかの理由がありました。例えば，長さが20センチメートルで細いものでした。だから，簡単に折れてしまいました。また，人々が夜眠っている間に使うためには，燃焼時間が十分ではありませんでした。彼は③これらの問題を解決する必要がありました。

5年後，彼は妻のアイデアを得て，渦巻き型の蚊取り線香を作りました。この新しい蚊取り線香はより長くなって，そして約6時間燃えました。また，以前よりも強くなりました。彼は形を変えることで上記の問題を解決することができましたが，別の問題がありました。渦巻き型の蚊取り線香を大量生産することは，簡単ではありませんでした。い彼は，たくさんの渦巻き型の蚊取り線香を作るために，さまざまな方法を試しました。そして，彼が妻のアイデアを聞いてから，渦巻き型の蚊取り線香の販売を始めるために7年かかりました。

彼には解決するべきさらなる問題がありましたが，人々の役に立つ何かを作ることを決して止めませんでした。上山さんのように，健康問題がある人々を助けるため，私は新しい薬を開発したいと思っています。簡単なことではありませんが，最善を尽くします。

(1) ア しかし イ もし ウ なぜなら(○) エ または カッコは接続詞だと考えられ，その前後の文をつないで意味をなす単語は，選択肢ウが適当だと考えられる。

(2) ア それから(○) イ しかし ウ 最近 エ ところで 空欄の前の文 After that, he~では，「彼は線香の形からアイデアを得た」とあり，カッコの文は「棒状の蚊取り線香を発明した」とある。つまり，「アイデアを得て，その後に発明した」という文脈なので，選択肢アが適当。選択肢アの then は「それから，次に」といった副詞の意味で使われている。

(3) ア 彼は，たくさんの渦巻き型の蚊取り線香を作るために，さまざまな方法を試しました。(い) イ 健康問題を持つすべての人々を助けるということも難しいでしょう。 ウ 当時，それは日本で育てられていなかったので，彼はどのようにして育てるかを研究しなければなりませんでした。 エ 彼は炭火を使わずに煙の少ない別の方法を見つける必要がありました。(あ) 各選択肢の英文と問題本文の空欄前後の文の意味を検討し，それぞれの空欄には文脈にあった選択肢を選びたい。選択肢ウの then は「その時，あの時」といった意味で使われている。また，選択肢エの another way which had less~の which は関係代名詞で which~が another way を説明し「~がより少ない別の方法」という意味になる。

(4) (解答例) う shape エ short (問題文と正答の訳)そのう形のため，蚊取り線香の棒は簡単に折れました。また，夜眠っている人々にとっては，燃焼時間がえ短すぎました。
問題本文の下線③の文は these problems(それらの問題)と複数の問題を指している。下線部の文の前3文(For example, it~／So it broke~／Also, the burning~)を確認すると，「長さが20センチメートルで細いから簡単に折れた。夜の間に使うには燃焼時間が足りなかった」とあるので，下線部はこれらの問題を指していると考えられる。したがって，解答例では空欄のそれぞれは shape(形)とshort(短い)としている。問題文の最後にある people sleeping at night の sleeping～は people を説明する形容詞的用法で，「夜眠っている人々」という意味になる。

(5) メモ

上山英一郎	1890年に
1886年1月に	・棒状の蚊取り線香を作った
・種子を貿易業者から手に入れた	1895年に
お 1887年 5月に	・渦巻き型の蚊取り線香を作った
・粉を作った	か 1902年 に
・木くずと一緒にそれを燃やした	・渦巻き型の蚊取り線香を売り始めた

メモは，左上から下に次に右上から下に読んでゆく。空欄おはいつ粉を作って燃やしたのかが問われている。「粉を作った」ことは，問題本文第2段落の最初の文 One year and～「種子を手に入れてから1年4カ月後に粉を作ることに成功した」とあり，その後粉を燃やしている。種子を手に入れたのは，問題本文の最初の文 The history of～と次の文 In January of～に「1886年1月に上山英一郎はアメリカに住む貿易業者から珍しい花の種子を得た」とあるので，粉を作って燃やしたのはここから1年4カ月後の1887年5月となる。したがって，空欄おには1887が入る。また，空欄かでは，いつ渦巻き型の蚊取り線香を売り始めたかが問われている。第4段落の最初の文 Five years later,～「5年後，彼は妻のアイデアで渦巻き型の蚊取り線香を作った」とある。5年後とは，棒状の蚊取り線香を作った 1890年から5年後だと考えられる。さらに，同段落の最後の文 So it took～には「妻のアイデアを聞いてから，渦巻き型の蚊取り線香の販売を始めるために7年かかった」とある。したがって，1890年＋5年＋7年＝1902年に渦巻き型を売り始めたことになるので，空欄かには1902が入る。

(6)　ア　英一郎は，伝統的な方法では蚊を追い払うために煙が使われていることを知りませんでした。　イ　世界で最初の蚊取り線香は，棒状のものでした。(○)　ウ　英一郎は，世界で最初の蚊取り線香を改良する必要はありませんでした。　エ　英一郎は，何の問題もなく渦巻き型の蚊取り線香を作りました。　オ　純は，新しい薬を作ることで人々を助けたい。(○)　問題本文第3段落第2文②(Then), he invented～と第3文 It was the～には，「1890年に棒状の蚊取り線香を発明し,これが世界初の蚊取り線香だった」とあるので，選択肢イが適当。また，問題本文の最後から1つ前の文 Like Mr. Ueyama～には，スピーチをしている純が「私は健康問題がある人々を助けるために新しい薬を開発したい」と言っているので，選択肢オが適当。選択肢アのwas used to～は受け身の表現で,「～するために使われていた」という意味になる。

(7)　(問題文訳)上山英一郎－［ア　アメリカの貿易業者として素晴らしいことを成し遂げた　イ　素晴らしいものを作ろうと試み続けた(○)　ウ　アメリカから蚊取り線香を持ち込んだ　エ　日本で珍しい花を見つけた]人物　問題文全体を通して，上山英一郎が困難を克服しながら，新しいものを作ろうとしたことが描かれているので，選択肢ではイが適当。問題文の A person who～の who は関係代名詞で，「～という人物」のように～の部分が person を説明する形になっている。

2024年度英語　リスニングテスト

〔放送台本〕

それでは，【問1】リスニングテストを行います。問題は，(1)，(2)，(3)，(4)があります。(1)から(3)は英語を聞いて，質問の答えとして最も適切なものを，アからエの中から1つずつ選び，記号を書きなさい。(4)は，放送の指示に従って英語を書きなさい。英語は，(1)では1度，(2)，(3)，(4)では2度読みます。メモをとってもかまいません。(1)は，No. 1からNo. 3のそれぞれの絵を見て答える問題です。それでは，始めます。

No. 1　Emi is my sister. She is wearing a hat and is sitting now. Which picture shows Emi?

No. 2　If you hold this above your head on rainy days, you will not get wet. Which picture shows this?

No. 3　Last Sunday, a boy wanted to go fishing, but he couldn't because the weather was terrible. So, he read a book and then played the piano at home on that day. What did the boy do first and second last Sunday?

これで(1)は終わります。

〔英文の訳〕

No. 1　エミは私の姉[妹]です。今彼女は帽子をかぶって，座っています。どの絵がエミを示していますか？

ア　座っている　　イ　帽子をかぶって座っている(○)

ウ　立っている　　エ　帽子をかぶって立っている。

No. 2　もし雨の日にこれを頭の上に保っていれば，あなたはぬれないでしょう。どの絵がこれを示していますか？

ア くつした　　イ　腕時計　　ウ　傘(○)　　エ　筆

No. 3　先週の日曜日，男の子は釣りに行きたかったけれど，天気がひどくて行けませんでした。それで彼はその日，家で本を読み，それからピアノを弾きました。男の子は先週の日曜日，最初にそして次に何をしましたか？

ア　本を読んで釣りをした　　イ　釣りをしてピアノを弾いた

ウ　ピアノを弾いて本を読んだ　　エ　本を読んでピアノを弾いた(○)

〔放送台本〕

(2)では，No. 1とNo. 2で2人が会話をしています。No. 3では電車の車内アナウンスが流れます。それぞれの会話とアナウンスの後，"Question"と言ってから，内容についての質問をします。それでは，始めます。

No. 1　A: Can I get two tickets for the movie at three p.m., please?

B: We're sorry, but we don't have any more tickets for that time. Instead, we have three tickets for the show at five p.m. and more tickets for the seven-p.m. show.

A: I'll take two tickets for the five-p.m. show.

Question: What is the man going to buy?

No. 2　A: Hi, Tom. Our favorite singer is going to have a concert next month. Why don't we go together?

B: That sounds good, Yumi. What is the date of the concert?

A: It's July tenth at the Music Hall.

Question: Why did Yumi talk to Tom?

No. 3 This is the West Line. This train is ten minutes late because of the snow. We will arrive at Chuo Park Station soon. Please be careful when you get off the train.

Question: What information did you hear?

これで(2)は終わります。

〔英文の訳〕

No. 1 A：午後3時の映画のチケット2枚をもらえますか？

B：申し訳ありませんが，その時間のチケットはもうありません。代わりに，午後5時の上映のチケットが3枚ありますし，さらに多くの午後7時の上映のチケットがあります。

A：午後5時の上映のチケット2枚をください。

質問：男性は何を買いますか？

ア　午後5時からのチケットを3枚　　イ　午後7時からのチケットを3枚

ウ　午後5時からのチケットを2枚(○)　　エ　午後7時からのチケットを2枚

No. 2 A：こんにちは，トム。私たちのお気に入りの歌手が，来月コンサートを開くの。一緒に行かない？

B：いいね，ユミ。そのコンサートの日程はどうなの？

A：7月10日にミュージックホールだよ。

質問：ユミはなぜトムに話しかけたのですか？

ア　コンサートの出演者を知りたかったから　　イ　コンサート会場を確認したかったから

ウ　コンサートの感想を聞きたかったから　　エ　コンサートに誘いたかったから(○)

No. 3 これはウエスト線です。この電車は雪のため10分遅れています。まもなく中央公園駅に到着します。電車を降りる際にはお気をつけください。

質問：あなたはどのような情報を聞きましたか？

ア　中央公園の施設案内について　　イ　この電車の運行状況について(○)

ウ　明日の天気について　　エ　改札口の位置について

〔放送台本〕

(3)　中学生のサキ(Saki)は，先月学校に着任したALTのジャック(Jack)先生に，メモを取りながら，インタビューをしました。インタビューの内容に関するNo. 1とNo. 2の質問と答えの選択肢を，今から20秒間で確認しなさい。それでは，始めます。

Saki: Can I start the interview?
ALT: Sure.
Saki: First, please tell me why you came to Japan.
ALT: To learn about Japanese culture. I especially love kimonos.
Saki: Why do you like them?
ALT: Because they're beautiful.
Saki: I see. How do you spend your free time?
ALT: I often go to the city gym to play volleyball and basketball.
Saki: What do you want to do in Japan?
ALT: I came to Japan in August, so I haven't seen cherry blossoms yet. I'd like to see them.

Saki: Finally, what can we do for you?
ALT: I'm also interested in Japanese traditional music, so I will be happy if you can show me the way of playing the *koto*.

これで(3)は終わります。

〔英文の訳〕

サキ：インタビューを始めてもいいですか？
ALT：もちろんです。
サキ：まず，どうして日本に来たのか教えてください。
ALT：日本の文化を学ぶためです。特に着物が大好きなんです。
サキ：なぜそれらが好きなのですか？
ALT：それらは美しいからです。
サキ：わかりました。自由な時間はどのように過ごしていますか？
ALT：バレーボールやバスケットボールをするために，よく市の体育館へ行きます。
サキ：日本で何をしたいですか？
ALT：私は8月に日本に来たので，まだ桜を見ていません。桜を見たいです。
サキ：最後に，私たちは先生のために何ができますか？
ALT：日本の伝統音楽にも興味がありますので，私に筝(こと)の演奏方法を教えていただけるとうれしいです。

No. 1 質問：サキはジャック先生と話しているときに，どれを書きましたか？
(答え) アが適当

No. 2 質問：ジャック先生は，生徒たちに何をしてほしいと思っていますか？
(答え) エが適当。

〔放送台本〕

(4) ケンはクラスメイトと，農場で体験学習を行います。ケンはグループ2の責任者として，メモを取りながら，これから行う活動について担当者の話を聞くところです。話を聞いた後，ケンが(　　)に書き入れた英語1語を書きなさい。メモを今から10秒間で確認しなさい。それでは，始めます。

Welcome, everyone. I'm going to tell you about the activities you do in the morning. Group 1 and 3, please go to the North Area. Group 1 will give water to some vegetables, and the other group will pick tomatoes over there. In the East Area, Group 2 will cook some vegetables. In the afternoon, all of you can try the dish. Please tell your group members to bring everything with them and to move to each area.

〔英文の訳〕

ようこそ，みなさん。今日はみなさんが午前中にする活動についてお話しします。グループ1と3は，北エリアに移動してください。グループ1はいくつかの野菜に水をやり，他のグループはあちらでトマトを収穫します。東エリアでは，グループ2が野菜を調理します。午後には，皆さんがその料理を食べることができます。グループメンバーに，すべてを持って，各エリアへ移動するように伝えてください。

(答え) cook が適当。

＜理科解答＞

【問1】　Ⅰ　(1)　根毛　(2)　i　(例)脱色するため　ii　デンプン　(3)　エ
(4)　i　イ　ii　ア　Ⅱ　(1)　生態系　(2)　ウ，エ　(3)　(例)土壌動物をえさとする肉食性昆虫は減少し，肉食性昆虫をえさとする鳥も減少する

【問2】　Ⅰ　(1)　ウ　(2)　ア　(3)　16.3　(4)　Fe＋S→FeS　(5)　(例)鉄と硫黄の反応は，酸素がかかわらないから　Ⅱ　(1)　i　ア，ウ，カ　ii　イ
(2)　(気体)　水素　(体積)　0.8　(3)　右図1

【問3】　Ⅰ　(1)　堆積　(2)　エ，カ　(3)　エ
(4)　(例)粒の小さい砂や泥は，沈む速さが遅く，水中での波の影響を受けやすいため，波が陸に打ち寄せる方向に運ばれてたまる
(5)　C　Ⅱ　(1)　寒冷前線
(2)　(記号)　イ　(理由)　(例)気温が下がっている　(例)西北西に風向が変わっている
(3)　(例)高気圧の中心では下降気流が起こっており，雲ができにくいため，晴れになると予想される

図1

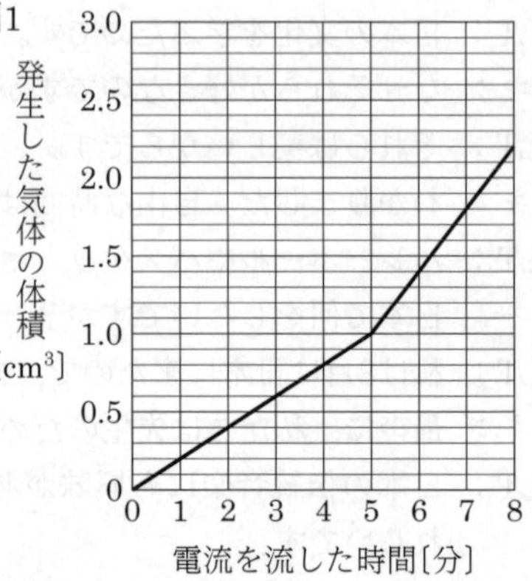

【問4】　Ⅰ　(1)　右図2　(2)　1.4
(3)　i　(例)ケーブルが橋げたを引く力の大きさは，塔の間隔が広くなると大きくなり，塔の高さが高くなると小さくなる　ii　(例)AとBの間の角度が小さくなる　(4)　ア　Ⅱ　(1)　50
(2)　あ　180　い　(例)逆　(3)　(記号)　イ
(理由)　(例)小さい鏡ほど，鏡1に入射した光の道筋と鏡2で反射した光の道筋の間隔がせまくなるから
(4)　3

図2

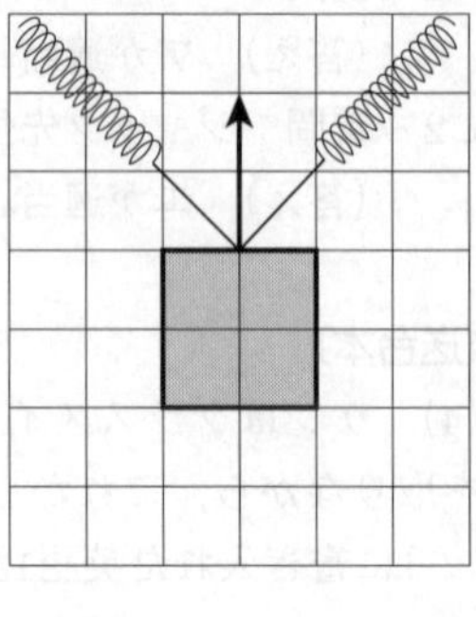

＜理科解説＞

【問1】　(生物分野総合)

Ⅰ　(1)　根毛は，根の先端付近や発芽直後の根に見られる。

(2)　i　ヨウ素液による反応をみる実験では，反応の色を見やすくするために，葉の色をエタノールで脱色する場合がある。　ii　デンプンがあると，ヨウ素液が青紫色を示す。

(3)　Aの子葉は黄色であり，光合成は行っていない。Bの子葉は緑色であり，ヨウ素液の反応から，光合成を行っていることがわかる。

(4)　i　軸は，Xではa～d，Yではa～cがのびている。これは，子葉に近い部分である。
ii　光を当てなかったXでのびた軸の長さは，(1.6－1.0)＋(1.4－1.0)＋(1.2－1.0)＝1.2〔cm〕，Yでのびた軸の長さは(1.4－1.0)＋(1.2－1.0)＝0.6〔cm〕　よって，Xでのびた長さは，Yでのびた長さに比べ，1.2〔cm〕÷0.6〔cm〕＝2〔倍〕である。

Ⅱ　(1)　生物と，それらをとり巻く水や空気などの環境をひとまとまりにしてとらえたものを，生態系という。

(2)　土壌動物が取りこんでいる死がい，落ち葉，腐葉土は，土壌動物がいなくなると取りこまれなくなり，自然界に蓄積することになる。

(3)　図5から，肉食性昆虫は土壌動物を食べているとわかる。よって，土壌動物が減少すれば，食べ物がなくなるため肉食性昆虫が減少する。これにより，肉食性昆虫を食べる鳥も減少する。

【問2】(化学分野総合)

Ⅰ　(1)　金属を選ぶ。金属は炭素をふくまないので，燃焼後，二酸化炭素が発生しない。

(2)　ものを燃やすはたらきがあるのは酸素である。二酸化炭素を増加させていくと，空気の量が減少するため酸素の量も減る。酸素の割合が低くなると，ものは燃えなくなる。つまり，酸素の量によってものが燃える時間が左右される。

(3)　空気の体積は$320-60=260$〔cm^3〕　このうち酸素は5分の1を占めるので，260〔cm^3〕$\times\frac{1}{5}=52$〔cm^3〕　よって，酸素が占める割合は，$52\div320\times100=16.25\rightarrow16.3$(%)

(4)　**鉄＋硫黄→硫化鉄**の化学変化が起こっている。

(5)　鉄と硫黄が結びつく反応は，空気中の酸素と結びつく反応ではないので，酸素の有無にかかわらず反応は続く。

Ⅱ　(1)　ⅰ　水素は無色無臭で水にとけにくい気体であるため，水上置換法で集める。

ⅱ　**$2H_2O\rightarrow2H_2+O_2$**の化学反応式で表せる。

(2)　図2より，実験開始から5分までと，5分から8分までを比べると，5分までのほうが1分あたりに発生する気体の体積が大きい。水を分解すると，酸素よりも水素のほうが多く発生するため，Xは陰極であり，実験開始後5分までは水素が$2.0cm^3$発生し，5～8分までは酸素が$(2.6-2.0=)0.6cm^3$発生している。水素と酸素は2：1の体積の割合で反応して水になるので，水素$2.0cm^3$，酸素$0.6cm^3$の混合気体に火をつけると，水素$1.2cm^3$と酸素$0.6cm^3$が反応し，水素が$2.0-1.2=0.8$〔cm^3〕余る。

(3)　Yは陽極なので，実験開始から5分までは酸素，5～8分までは水素が発生している。図2から，酸素は1分間で$0.2cm^3$発生するので5分間では0.2〔cm^3〕$\times5$〔分〕$=1.0$〔cm^3〕発生し，水素は1分間で$0.4cm^3$発生するので3分間では0.4〔cm^3〕$\times3$〔分〕$=1.2$〔cm^3〕発生する。

【問3】(地層のできかた，天気の変化)

Ⅰ　(1)　水によって運ばれた土砂がたまることを，堆積という。

(2)　火山岩は，斑状組織をもつ火成岩で，流紋岩，安山岩，玄武岩がある。

(3)　れきは，泥や砂よりも粒が大きく重いため，最も速く沈む。

(4)　砂や泥はれきよりも軽いため，ふつう，遠くまで広がって堆積するが，波があることによって，波が打ち寄せたほうに集まってたまっていることがわかる。

(5)　南西に位置する安倍川の土砂が北東方向の三保半島まで流れたと考えられるので，地形モデルではCの結果と一致している。

Ⅱ　(1)　低気圧から南西にのびている前線Fは寒冷前線である。

(2)　寒冷前線が通過すると，**急激に気温が下がる**。また，**風向が南寄りから北(西)寄りに変化する**。よって，6～8時が適切である。

(3)　高気圧が近づいてくると，雲ができにくいため晴れになることが多い。

【問4】(力のはたらき，力の合成分解，光の性質)

Ⅰ　(1)　ばねA，Bとおもりの接点を作用点とし，上向きにおもりの重力に等しい大きさの2N(2

目盛り分)の矢印を作図する。

(2)　ばねAは20.1－6.0＝14.1〔cm〕のびている。0.1Nの力で1.0cmのびるばねであることから，14.1cmのびたときにばねに加わっていた力の大きさをxNとすると，0.1：x＝1.0：14.1　x＝1.41〔N〕→1.4N　つまり，ばねは1.4Nの力でおもりを引いている。

(3)　i　表1から，支柱の間隔が長くなると，ばねA，Bに加わる力が大きくなっている。また，支柱の間隔を70cmに保ったままにすると，支柱の高さを高くするほどばねA，Bに加わる力は小さくなっている。　ii　表1，表2より，どちらもばねAとBの間の角度が小さくなるほど，ばねの長さが短くなっているので，ばねに加わる力の大きさが小さくなっていることが読み取れる。

(4)　おもりの重力とつり合う力を作図し，この力をAとBの方向に分解すると，Aの方向にはたらく力の大きさのほうが，Bの方向にはたらく力の大きさよりも小さいことがわかる。

Ⅱ　(1)・(2)　**C+D+90°=180°の関係が成り立つ**。C＝40°の場合，D＝90°－40°＝50°となる。また，C＋D＝180°－90°となることから，反射角Cと入射角Dの和は常に90°になる。**入射角＝反射角**であることから，鏡1と鏡2に生じるすべての入射角と反射角の和は，90°×2＝180°となる。

(3)　表4より，2回反射した光は鏡の大きさが小さくなるほど，光源装置に近い位置に向かって進んでいる。

(4)　38〔万km〕×2÷30〔万km〕＝2.53…→3(秒)

＜社会解答＞

【問1】　(1)　ア　(2)　あ　平安　位置　ウ　(3)　ウ　(4)　エ　(5)　X　ア　Y　エ　(6)　(例)江戸から離れた場所に配置している　(7)　イ・ウ　(8)　イ・エ　(9)　ア・イ　(10)　え　イ　お　ウ　か　カ

【問2】　Ⅰ　(1)　①　那覇(市)　②　い　小さ[少な]　う　多い　③　ウ・エ
(2)　(例)生育に適した気温により，他の産地と出荷時期がずれている
(3)　①　日本アルプス　②　え　扇状地　お　イ　③　(例)沖縄県と比べて，県外からの観光客の割合が高いので，山岳など，沖縄県にはない魅力を発信することで，沖縄県からの宿泊数を増やすのがよい。　Ⅱ　(1)　白豪主義　(2)　ウ・エ
(3)　(例)距離の遠いイギリスから，距離の近い中国になった　(4)　き　ウ　く　イ　け　オ　(5)　(例)文化を尊重する

【問3】　Ⅰ　(1)　あ　高い[多い]　い　短い[狭い]　(2)　①　共助　②　イ・エ
③　(例)高齢人口の増加に伴って社会保障給付費は増えているが，生産年齢人口は減るため，一人当たりの社会保障費の負担が大きくなること　④　イ
(3)　①　デフレーション　②　う　オ　え　ア　お　ウ　(4)　①　ウ・エ
②　ウ　③　(例)先端技術を活用すると，農薬散布や水管理の作業時間が短縮でき，作業面積も拡大できる　Ⅱ　(1)　(例)家庭の可燃ごみに占める生ごみの割合が最も高いから　(2)　(例)選んだ資料9・10　(理由)　有料化すると，一人一日当たりの可燃ごみの量は減少し，まだ4割の市区町村が有料化を実施していないから。
(課題)　有料化することで手数料の負担が増え，5年間で有料化をする市区町村の割合はほとんど増えていないこと。　(例)選んだ資料9・11　(理由)　有料化すると，

一人一日当たりの可燃ごみの量は減少し，ごみの減量やリサイクルに対して関心をもつ人の割合も増えるから。 (課題) 有料化しても，すべての人がごみの減量やリサイクルに対して関心をもつわけではなく，手数料の負担も増えること。

(例)選んだ資料10・11 (理由) 有料化により，ごみの減量やリサイクルに対して関心をもつ人の割合が増え，今後新たに有料化できる市区町村があるから。

(課題) 5年間で有料化する市区町村の割合はほとんど増えておらず，有料化してもすべての人がごみの減量に関心があるわけではないこと。

<社会解説>

【問1】 (歴史的分野－木材と人々の営みを切り口にした問題)

(1) 飛鳥時代に建立されたものである。イは奈良時代，ウは平安時代，エは鎌倉時代のものである。

(2) 桓武天皇の時代に遷都された都で，現在の京都市である。

(3) 道元は1227年に南宋から帰国し曹洞宗を伝え，1244年に現在の永平寺を開いている。アは室町時代，イ・エは平安時代のことである。

(4) 資料1から木材の取扱量を読み取れることと，室町時代の関所は通行料を徴収する場所であったことを併せて判断すればよい。株仲間は，江戸時代の同業者の組合のことである。

(5) 資料2から村の集会には参加義務があることが読み取れることと，惣村は自治をする農村であったことを併せて判断すればよい。オは武士団，カは座のことである。

(6) 略地図2から，外様の大名の配置が，東北・九州など江戸から離れた地域に集中していることが読み取れるはずである。

(7) 国学を大成した本居宣長は「古事記伝」を，俳人松尾芭蕉は紀行文学である「おくの細道」を著わしている。南総里見八犬伝は滝沢馬琴，東海道中膝栗毛は十返舎一九が著わしている。

(8) 大日本帝国憲法発布は1889年，学制の公布は1872年のことである。アは太陽暦と太陰暦が逆，ウは明治時代の選挙法改正は1900年に納税額の制限が15円から10円に改められたことから，いずれも誤りである。

(9) 日本の高度経済成長期は1960年代，アは1964年，イは1967年であることから判断すればよい。ウはアメリカに次いで第2位になったこと，エは戦後の民主化の内容であることから，いずれも誤りである。

(10) えは，資料3のグラフを読み取ればよい。おは，筑豊・北海道には炭鉱が多くあったことから判断すればよい。かは，木材の利用が読み取れることから判断すればよい。

【問2】 (地理的分野－長野県・沖縄県・オーストラリアを切り口にした問題)

Ⅰ (1) ① 沖縄本島南部に位置する，沖縄県最大の人口を抱える市である。 ② 雨温図の中から，気温は折れ線グラフ，降水量は棒グラフを読み取ればよい。 ③ 資料1から，台風の進路の状況が読み取れるので，イは誤り，エは正しいことが読み取れる。資料2から接近した台風の数が読み取れるので，アは誤り，ウは正しいことが読み取れる。

(2) 資料3・4から東京中央卸売市場の取扱量1位の月を見ると，沖縄県の小菊は3月，長野県のレタスは8月となっており，他の産地とは異なる時期であることが分かる。資料5・6から，小菊・レタスの生育に適した気温と，沖縄県・長野県の気温の状況が読み取れる。これらを併せて説明すればよい。

(3) ① 日本の屋根と呼ばれる3000m級の山々の連なりである。 ② えは，川が山から出たところに土砂を堆積する地形は，**果樹園に適した水はけのよい扇状地**である。おは，**時計・カメラ**とあることから，**精密機械**であると判断できる。　③　表からは，沖縄県・長野県の特徴が異なることが読み取れる。資料7・8からは，長野県は沖縄県から宿泊で来る観光客が少ないことが読み取れる。これらを併せて説明すればよい。

Ⅱ　(1)　**1901年の移住制限法制定から1973年の移民法までの**，オーストラリアにおける**白人最優先主義とそれに基づく非白人への排除政策**のことである。

(2)　中国・日本・韓国はアジアの国であることから，ウは正しい。2726(億ドル)×38.2(％)≒1041(億ドル)となり1960年の輸出額20億ドルを超えていることから，エは正しい。1960年の4位にニュージーランドが入っていることから，アは誤りである。1960年と2019年を比較すると，20(億ドル)×15.5(％)≒3(億ドル)，2726(億ドル)×14.7(％)≒401(億ドル)となることからイは誤りである。

(3)　略地図が**正距方位図法**であることから，**オーストラリアからの距離**に注目すればよい。

(4)　**き**は，178万人が691万人に増加していることから判断すればよい。**く**は，89.7％が34.4％に減少していることから判断すればよい。**け**は，アジア州が4.4％から43.9％に，オセアニア州が3.1％から10.6％に増加していることから判断すればよい。

(5)　共存・多文化に注目して，互いの文化を尊重することを説明すればよい。

【問題3】　(公民的分野－日本の人口減少・可燃ごみの削減を切り口した問題)

Ⅰ　(1)　**あ**は，資料1の2020年の日本の順位を読み取ればよい。**い**は，日本の高齢者の割合が15％～20％に達する期間が10年程度であったことから判断すればよい。

(2)　①　**社会保険は加入者から保険料を徴収し，対象者に給付する**形であることから**共助**であることが分かる。　②　**消費税は，物品・サービスの購入時に価格にプラスして支払われる税金**であることから，**税金の負担者と納税者が異なる間接税**である。また，誰もが同じ税額を負担することから，**所得の少ない人ほど収入に占める税金の割合が高くなる逆進性がある**税金でもある。　③　資料2から，生産年齢人口が減少し高齢者人口が増加することが読み取れる。また，資料3から社会保障給付費が増加することが読み取れる。これらを併せて，生産年齢人口一人当たりの負担が増加することを説明すればよい。　④　Bは社会保障が充実していることを示しており，そのために必要な財源も国民が負担することを示している。

(3)　①　**デフレーションは物価が下落し続ける**ことである。消費者にとっては，一時的な購買力の増加につながる面も見られるが，**資産価値の低下を招く**一因ともなる減少である。
②　**う**は，日本銀行が買い取るものであることから判断すればよい。**え**は，購入に当てた費用が市場に流通することから判断すればよい。**お**は，手元資金が増えた銀行はより多くの貸し出しをしようとすることから判断すればよい。

(4)　①　60～64歳の就業率は2022年が約85％，2020年が約65％であることから，ウは正しい。女性の30～34歳，35～39歳の就業率は2000年が約53％・約58％，2022年が約79％・約78％であることから，エは正しい。　②　**日本の国会では，委員会で詳細を審議してから本会議で可決する仕組み**であることから判断すればよい。**法律案の提出は内閣もできる**ことから，アは誤りである。**予算案の審議には衆議院の先議権が認められている**が，法律案にはそのような規定はないことから，イは誤りである。**予算の議決・内閣総理大臣の指名には衆議院の優越が認められている**が，法律案にはそのような規定はないことから，エは誤りである。　③　資料5から作業時間が短縮されること，資料6から作業面積が拡大することが読み取れる。これらを併せて説明すればよい。

Ⅱ (1) 資料7が生ごみの削減に関する取り組みを，資料8から家庭可燃ごみの中で生ごみは38.6%と割合が最も高いことを読み取ればよい。

(2) 資料9から，有料化前と有料化後の排出量の比較と手数料負担額について読み取る。資料10から，有料化を導入している市区町村の割合の変化を読み取る。資料11からC市における意識の変化を読み取る。これらを併せて説明すればよい。

＜国語解答＞

【問一】 (1) ① さけ ② おとず ③ いったん ④ もうまく ⑤ じゅんじ ⑥ さいげん (2) A イ B オ (品詞) 接続詞 (3) エ (4) 証明の核心を直観的につかむこと (5) 無意識的な形成過程を経ている (6) (例)自分の好きな文学作品を読み深めようと，繰り返し読んでいるうちに，話の中の出来事やストーリーを思い浮かべるのではなく，作品に込められたメッセージを一挙に捉えることができる。

【問二】 (1) エ (2) ア (3) i ウ ii エ iii (例)充実感は，何かに一生懸命取り組んでいる中で感じるもので，達成感は，活動の効果や成果を実感することだと，私たちは考えています。

【問三】 ① 誤 日 正 干 ② 誤 再 正 採 ③ 誤 誌 正 史

【問四】 (1) ① とらえて ② くちおしけれ (2) ウ (3) i (例)草の下には従者が歩くと跳ね上がるほど，思いもよらないくらいたくさんの水がある ii 屏風の絵 iii C よもぎ D (例)香り (4) ア・エ

【問五】 (1) ウ (2) イ (3) 私に聴かせ (4) エ (5) (例)ひとりの子どもの声から，応援の声が次第に広がっていく情景 (6) ア (7) (例)言い訳をし，課題から逃げようとしていた自分を乗り越え，ずっと憧れていた名晋の音楽を表現することができ，満足した気持ち。

＜国語解説＞

【問一】 (論説文一大意・要旨，段落・文章構成，接続語の問題，脱文・脱語補充，漢字の読み，作文)

(1) ① 「叫」の訓読みは「さけ・ぶ」，音読みは「キョウ」。「絶叫(ゼッキョウ)」。 ② 「訪」の訓読みは「おとず・れる」，音読みは「ホウ」。「訪問」。 ③ 全体の一部分。 ④ 「網」の音読みは「モウ」，「綱」の音読みは「コウ」。似ている字なので気をつけたい。「膜」は，にくづき。 ⑤ 順序に従ってすることを表す。だんだんに。 ⑥ 失われたものを何らかの方法で現出・復旧すること。

(2) [A]の前では「バナナの姿が**意識に現れる**」とあるが，後には(バナナの知覚が形成される過程において)「情報処理がなされていく過程は，**意識にのぼらない**」とあるので，**逆接の接続詞**でつなぐとよい。また，[B]の後には，直観の証明において，証明を構成する式の系列を具体的に意識に思い浮かべることが出来る理由を「証明をよく暗記すれば，……具体的に思い浮かべることは**可能だから**」と述べているので，**原因・理由の接続詞**を補おう。

(3) 直観が理解を深めることを説明している[5]段落目を把握した上で，[6]段落では「では，そも

そも直観とは何であろうか」と**新しい話題を提示**している。アは③が否定する考えを述べる段落だとする点，イは④が疑問を解決する段落だとする点，ウは⑤に筆者の個人的体験が述べられているとする点が不一致である。

(4)　⑤段落に「証明の本当の理解には，証明の核心を直観的につかむことが必要なのである」とあるので，ここから抜き出せる。

(5)　下の図は，⑨段落の内容を図式化したものだ。［　D　］には**「知覚」と「直観」の共通点**を補う。⑨段落の冒頭に「**このように**知覚と直観のあいだには，よく似た点がある。」とあることから，前の⑧段落以前に共通点が述べられていることに気付きたい。読み直すと⑦と⑧段落にかけて，「それは**無意識的な形成過程を経ているのである。知覚と同様のことが，直観でも生じている。**」とあり，ここから抜き出せる。

(6)　まず，理解を深めたくて繰り返し取り組む事例を考える。**何の理解を深めたいか**がポイントだ。本の理解やスポーツの技術に関することなどが挙げられるかもしれない。次に，その事例について**具体的に知覚できること**を示そう。本ならばそのストーリー、スポーツならばそのテクニックについてが該当するだろう。最後に，**一挙に捉えうる核心が何か**を明確に示そう。本ならば主題，スポーツならば体の使い方というように，その中心にある大切な部分が何かを，自分なりに捉えなくてはならない。指定字数に合うように，条件にしたがって書き進めればよい。

【問二】（会話・議論・発表—内容吟味，文脈把握，脱文・脱語補充）

(1)　山本さんは「**僕もだよ**」といっているのでAは「共感的」である。さらに，生徒会の目標を明確にするという，**この話し合いのテーマを示しているの**でBは「話題」が入る。

(2)　川原さんは，森田さんと山本さんの**二人の行動を検証して「つまり……」と共通点を見出しまとめてくれる発言**をくりかえしている。

(3)　i　スライド①を示すときの発表原稿には「アンケートをお願いする理由を説明します」とあるから，その文言と一致する見出しがよい。　ii　発表原稿(エ)に「今回のアンケートで聞きたいことについてお伝えします」とあるので，このタイミングが適切だ。　iii　話し合いのなかで，森田さんと山本さんの発言を聞いた川原さんが，充実感と達成感についてまとめ上げていた。その部分を活かして，充実感と達成感について説明を加えると，言葉の意味を捉えられるようになるだろう。まず充実感については「つまり，**充実感は，何かに一生懸命取り組んでいる中で感じるもの**」とし，達成感については「つまり，**自分が取り組んだ活動の効果や成果を実感すること**」だある。この二点を用いて指定字数でまとめればよい。発表原稿であることをふまえて，文章を書くこと。

【問三】（漢字の書き取り，熟語）

①「干潟」は，遠浅の海岸で，潮が引いて表れた場所。　②「採取」は，自然物の中から有益なものをとること。　③「史実」は，実際にあったこととして記録にとどめられた事実。

【問四】（古文—内容吟味，文脈把握，脱文・脱語補充，仮名遣い）

【現代語訳】　文章Ⅰ

五月ごろに(牛車で)山里を動きまわるのは，とても趣がある。草葉も水も一面にとても青く見えているところに，表面は変わった様子がなくて，草が生い茂っているところを，ながながと，縦一列で進んでいくと，(草の)下は思いもよらないほどの水が，深くはないのだけれど，従者が歩くと，(水しぶきが)跳ね上がるのは，たいへん趣がある。

左右にある垣にあるものの枝などが牛車の人が乗る部分にさし入るのを，急いでとらえて折ろうとするうちに，さっと過ぎて(手から枝が)はずれたのは，ひどく残念だ。よもぎで，牛車に押しつぶされたよもぎが，車輪が回ったときに，(人が乗る所の)近くにやってくるのもおもしろい。

文章Ⅱ

四月の終わりぐらいに，長谷寺に詣でて，淀の渡りというものをしたところ，船に牛車を置いて乗せて行くと，菖蒲や菰などの先端が(水面から)短く見えたのを，(従者に)取らせると，とても長かった。菰を積んだ船が動いているのは，たいそう面白かった。「高瀬の淀に……」という和歌は，この情景を詠んだようだと見えて(趣深かった。)五月三日に帰った際，雨が少し降った時に，菖蒲を刈るといって，笠のとても小さいものを被り，すねを長々と出している男や童子がいるのも，屏風の絵に似ていて，とても趣深い。

文章Ⅲ

節句では，五月の節句に及ぶ月はない。菖蒲やよもぎなどの香りが立ちこめるのは，とても趣深い。

(1)　語中・語尾の「は・ひ・ふ・へ・ほ」は，現代仮名遣いで「ワ・イ・ウ・エ・オ」になる。また「ゐ・ゑ・を」は「イ・エ・オ」となる。

(2)　はずれるのは，「さし入る」ものだから枝だ。

(3)　ⅰ　キーワードの「下」「従者」に着目すると，［A］は「下はえならざりける水の，深くはあらねど，人などの歩むに，走りあがりたる」の部分の描写があてはまる。ここを現代語訳して用いよう。　ⅱ　「屏風の絵に似て」とあるが，**そうした情景を描いた屏風を知っていたから似ていると言える**のだ。　ⅲ　文章Ⅲは，**菖蒲やよもぎなどの香りがよい**ことを理由に五月の節句が素晴らしいと述べている文だ。これを参考にするなら，文章Ⅰでも**車輪によって押しつぶされたよもぎが香ってくることを讃えている**のだとわかる。

(4)　イ　「体言止め，擬人法」は用いられていない。　ウ　「第三者の立場から」書かれたものではない。

【問五】 (小説—情景・心情，内容吟味，文脈把握，脱文・脱語補充，熟語，ことわざ・慣用句)

(1)　「抑揚」は**反対の意味の漢字を組み合わせ**ている。ア「摩擦」は似た意味の組み合わせ，イ「佳作」は修飾被修飾の関係の組み合わせ，ウ「凸凹」は反対の意味の組み合わせ，エ「観劇」は下の語が上の語の修飾語になる関係である。

(2)　「歯に衣着せぬ」は，相手の感情などを無視して思った通りを言うこと。

(3)　アリスが**決意を持って力強く言った言葉**は「私に聴かせてあげるんだ，名晋の音楽を！」だ。

(4)　初めの「安堵」は，「アリス自身，ホッとしていた」から導かれている。三つめの「緊張」は，響のソロ終了後の「その表情は明らかに緊張していた」からわかる。つまり，この間の描写から導き出せる心情を［A］に補う。アリスは**「最後の超高音をちゃんと出せるかな……」と心で思っていることから「不安」**であるということがわかるだろう。

(5)　ここは保育園児たちがアリスを応援する場面である。**はじまりは「ひとりの子どもが声を上げた」こと**にある。これが小さなロウソクの炎に例えられ，やがて**アリスを応援する「がんばれ～！」の大合唱になるようす**を描いているのである。

(6)　美森のトランペットは，「まるでその音に手を引かれるかのように，アリスの音に力が戻ってきた」という描写のとおり，アリスに立ち直るきっかけを与えている。イ「好奇心を増幅する」，ウ「やめられるようにする」，エ「他の部員に演奏を促す」という指摘は不一致である。

(7)　傍線④で自分自身に拍手を送っていることから，このときのアリスには**達成感や満足感とい**

う心情があることを必ず含めよう。また，a部からアリスの心には幼いころからの名晋の音楽に対する憧れの気持ちがあることがわかる。b部からは困難な現実から逃げようとする弱い自分がいることもわかる。したがって傍線④の時の気持ちは，困難から逃げ出しそうな自分にうち勝って，幼い頃から憧れていた名晋の音楽を演奏できた自分に対する満足感や喜びだとまとめることができる。

長野県公立高等学校

2023年度

★★★★★★★★★★★★★★★★★★★★★★★★★

入　試　問　題

2023年度

●くわしい解説……51ページ

＜数学＞

時間　50分　　満点　100点

【注意】　分数で答えるときは，指示のない限り，それ以上約分できない分数で答えなさい。また，解答に$\sqrt{\ }$を含む場合は，$\sqrt{\ }$の中を最も小さい自然数にして答えなさい。

【問１】　各問いに答えなさい。

(1)　$-3+4$ を計算しなさい。

(2)　nを負の整数としたとき，計算結果がいつでも正の整数になる式を，次の**ア**～**エ**から１つ選び，記号を書きなさい。

ア　$5+n$　　**イ**　$5-n$　　**ウ**　$5\times n$　　**エ**　$5\div n$

(3)　$\dfrac{3x-5y}{2}-\dfrac{2x-y}{4}$ を計算しなさい。

(4)　$(x-3)^2+2(x-3)-15$を因数分解しなさい。

(5)　二次方程式 $x^2+2x-1=0$ を解きなさい。

(6)　12mのロープをx等分したときの，１本分のロープの長さをymとする。xとyの関係についていえることを，次の**ア**～**エ**から２つ選び，記号を書きなさい。

ア　xの値が２倍，３倍，４倍，……になると，yの値も２倍，３倍，４倍，……になる。

イ　xの値が２倍，３倍，４倍，……になると，yの値は$\dfrac{1}{2}$倍，$\dfrac{1}{3}$倍，$\dfrac{1}{4}$倍，……になる。

ウ　対応するxとyの値の積xyは一定である。

エ　対応するxとyの値の商$\dfrac{y}{x}$は一定である。

(7)　ある郵便物の重さをデジタルはかりで調べたところ，31ｇと表示された。この数値は小数第１位を四捨五入して得られた値である。この郵便物の重さの真の値をaｇとしたとき，aの範囲を不等号を使って表したものとして正しいものを，次の**ア**～**エ**から１つ選び，記号を書きなさい。

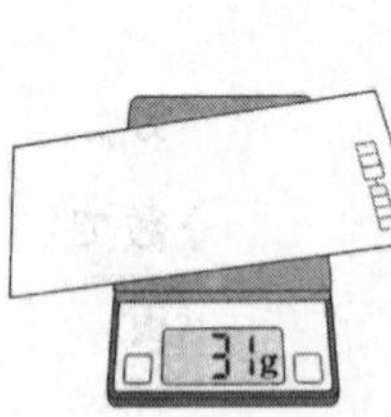

ア　$30.5<a<31.5$　　**イ**　$30.5\leqq a\leqq 31.5$　　**ウ**　$30.5\leqq a<31.5$　　**エ**　$30.5<a\leqq 31.5$

(8)　赤玉２個，青玉３個が入っている袋がある。この袋から，玉を１個取り出し，それを袋に戻さないで，続けて玉を１個取り出す。このとき，取り出した２個の玉の色が異なる確率を求めなさい。ただし，どの玉が取り出されることも同様に確からしいものとする。

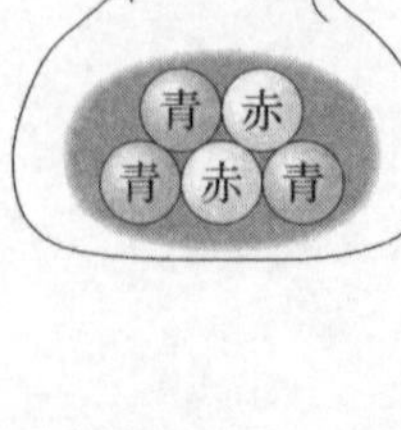

⑼　ノートには，ある連立方程式とその解が書かれていたが，一部が消えてしまった。消えてしまった二元一次方程式はどれか，次のア～エから１つ選び，記号を書きなさい。

ア　$x-y=-1$　　イ　$3x-2y=10$

ウ　$x+4y=10$　　エ　$x-3y=11$

〔ノート〕

連立方程式

$$\begin{cases} x+y=-1 \\ \end{cases}$$

その解

$x=2,\ y=$

⑽　図１のように，△ABCがある。辺BC上に，BC⊥APとなる点Pを，定規とコンパスを使って作図しなさい。ただし，点Pを表す文字Pも書き，作図に用いた線は消さないこと。

図１

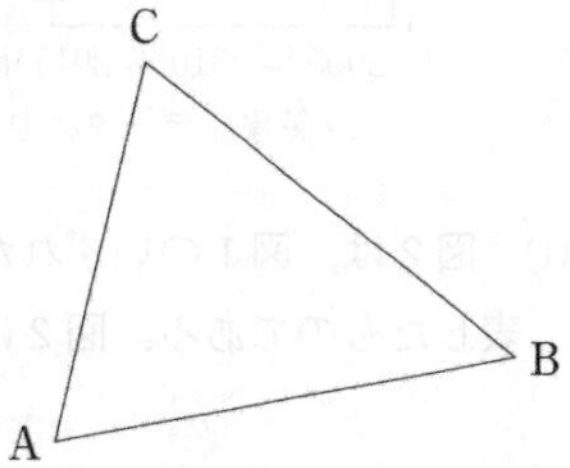

⑾　図２において，∠xの大きさを求めなさい。

図２

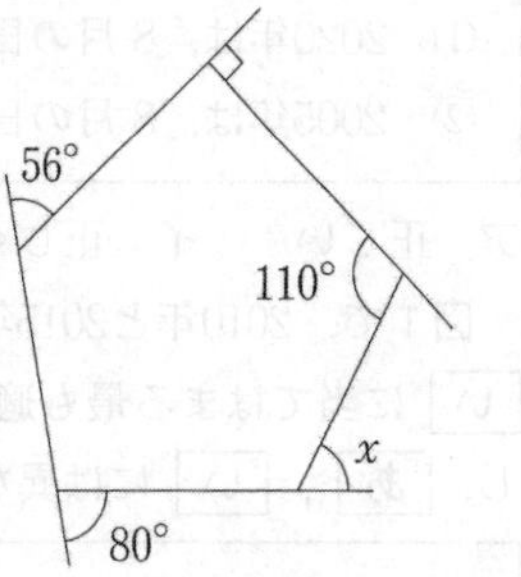

⑿　図３は，半径が３㎝の球Aと底面の半径が２㎝の円柱Bである。AとBの体積が等しいとき，Bの高さを求めなさい。

図３

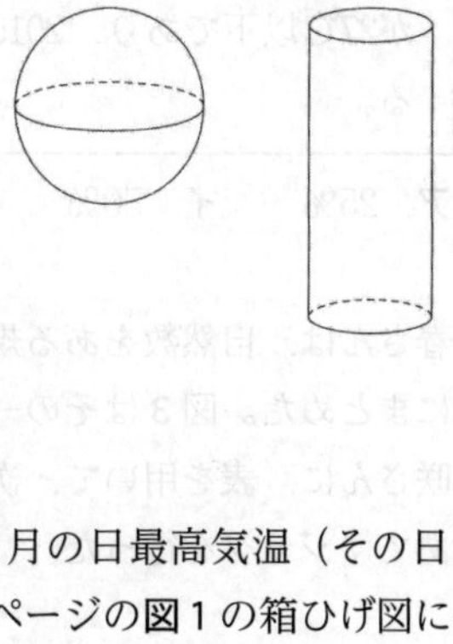

【問２】　各問いに答えなさい。

Ⅰ　守さんは，A市について2005年，2010年，2015年，2020年の８月の日最高気温（その日の最も高い気温）を調べ，どのような傾向にあるか考えるため，次のページの図１の箱ひげ図に表した。

図１

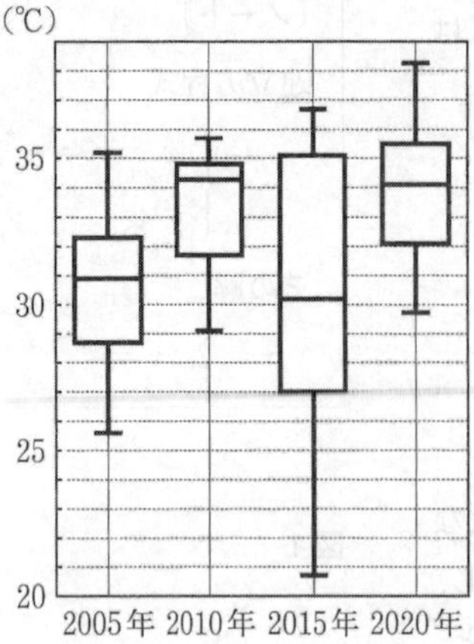

（気象庁データより作成）

図２

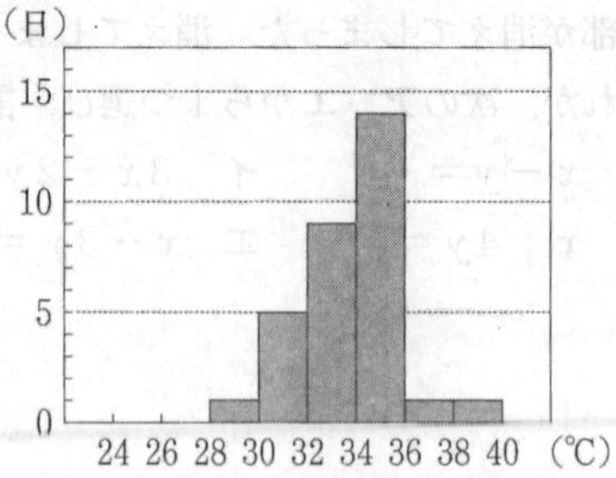

⑴　図２は，図１のいずれかの年の箱ひげ図をつくる際にもとにしたデータを，ヒストグラムに表したものである。図２は，何年のヒストグラムか書きなさい。

⑵　図１から読みとれることとして，次の①，②は，「正しい」，「正しくない」，「図１からはわからない」のどれか，最も適切なものを，下のア～ウから１つずつ選び，記号を書きなさい。

① 2020年は，８月の日最高気温の散らばりが，４つの箱ひげ図の中で２番目に小さい。
② 2005年は，８月の日最高気温が35℃を超えた日は１日しかない。

ア　正しい　　イ　正しくない　　ウ　図１からはわからない

⑶　図１で，2010年と2015年の８月の日最高気温の分布を比較して次のようにまとめた。［あ］，［い］に当てはまる最も適切なものを，下のア～エから１つずつ選び，記号を書きなさい。ただし，［あ］，［い］には異なる記号が入る。

最大値を比べると，2015年は2010年よりも高いことがわかる。しかし，2015年は，全体の［あ］以上の日が30℃を超えていたが，2010年は，全体の［あ］以上の日が34℃を超えていた。また，2010年の最小値は約29℃であるが，2015年は，全体の約［い］の日が27℃以下であり，2015年は2010年と比べて，日最高気温の低い日が多かったことがわかる。

ア　25%　　イ　50%　　ウ　75%　　エ　100%

Ⅱ　春さんは，自然数をある規則に従って並べ，表にまとめた。図３はその一部である。春さんは咲さんに，表を用いて，次のページのような数あてマジックを行った。

図３

	１列目	２列目	３列目	４列目	５列目	…
１行目	1	2	3	4	5	…
２行目	2	4	6	8	10	…
３行目	3	6	9	12	15	…
４行目	4	8	12	16	20	…
⋮	⋮	⋮	⋮	⋮	⋮	

春：表の中から１つ数を選んでください。その数は表の何行目にありますか？
咲：３行目だよ。
春：選んだ数とその右隣の数，さらにその右隣の数の３つの数をたすといくつになりますか？
咲：27だよ。
春：最初に選んだ数は・・・，表の３行目の２列目にある６ですね。
咲：あたり！どうしてわかったの？

(1)　春さんは，**数あてマジックの仕組み**とその説明を咲さんに示すため，**ノート１**にまとめた。［　　］に途中の過程を書き，正しい説明を完成させなさい。

〔ノート１〕

〔数あてマジックの仕組み〕
最初に選んだ数を a，a の右隣の数を b，b の右隣の数を c とする。
①　３つの数と a，b，c の和を３でわると b がわかる。
②　a が m 行目の数であるとき，b から m をひくと，最初に選んだ数 a がわかる。

数あてマジックの仕組みの①について，図４のように，a を m 行目，n 列目の数とし，$a+b+c$ と $3b$ が等しくなることを，m，n を用いて説明する。
$a=mn$，$b=m(n+1)$，$c=m(n+2)$ と表されるから，

$a+b+c$
$=$

したがって，$a+b+c=3b$ が成り立つ。

数あてマジックの仕組みの②について，b から m をひくと，
$b-m=m(n+1)-m=mn+m-m=mn$ である。$a=mn$ より，$b-m=a$ である。

図４

	…	n	$n+1$	$n+2$	…
⋮		⋮	⋮	⋮	
m	…	a	b	c	…
⋮		⋮	⋮	⋮	

(2)　春さんは，表において，横に連続して並ぶ５つの数についても，同じような関係が成り立つことに気づき，**ノート２**にまとめた。**ノート２**が正しくなるように，［う］，［お］には当てはまる適切な数を，［え］には a，b，c，d，e のいずれかの文字１つを，それぞれ書きなさい。

〔ノート２〕　最初に選んだ数を a，a の右隣の数を b，b の右隣の数を c，c の右隣の数を d，d の右隣の数を e とする。５つの数 a，b，c，d，e の和を［う］でわると［え］がわかる。表の11行目にある数のうち，横に連続して並ぶ５つの数の和が605である。このとき，最初に選んだ数 a は［お］である。

【問３】 各問いに答えなさい。

Ⅰ 秋さんの家には，水の放出量が異なる２つの加湿器Ａ，Ｂがある。Ａ，Ｂにはともに「強」「弱」の２つの設定があり，各設定の１時間あたりの水の放出量は表のとおりである。ただし，Ａ，Ｂのどの設定もそれぞれ一定の割合で水を放出し，放出された水の量だけ水タンクから水が減るものとする。

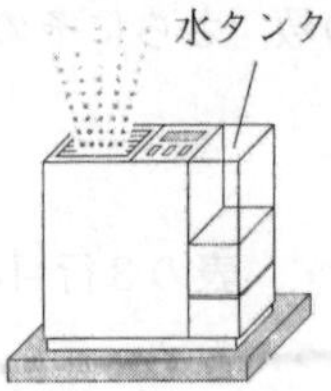

表 各設定の１時間あたりの水の放出量

	設定	
	強	弱
Ａ	0.4 L	あ L
Ｂ	0.8 L	0.3 L

(1) 秋さんは，まずＡを使ってみた。水タンクに２Ｌの水を入れた状態から「弱」の設定で運転し，４時間後に「強」の設定に切り替えたところ，運転開始からちょうど７時間後に水タンクの水がなくなった。図１は，運転開始から x 時間後の水タンクの水の量を y Ｌとして，x と y の関係を表したグラフである。

図１

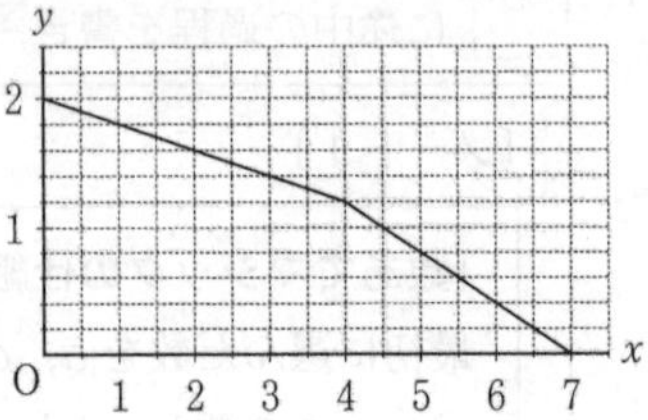

① 表の あ に当てはまる適切な数を求めなさい。

② x の変域が $4 \leqq x \leqq 7$ のとき，x と y の関係を式に表しなさい。

(2) 秋さんは，次にＢを使った。Ｂには，室内が一定の湿度に達すると「強」から「弱」の設定に自動で切り替わる機能がある。水タンクに３Ｌの水を入れた状態から「強」の設定で運転し，途中で「弱」の設定に自動で切り替わり，そのまま「弱」の設定で運転を続けたところ，運転開始からちょうど８時間後に水タンクの水がなくなった。秋さんは，Ｂの運転開始からの時間と水タンクの水の量について，次のようにまとめた。

［秋さんがまとめたこと］

Ｂの運転開始から x 時間後の水タンクの水の量を y Ｌとして，図２に水の量の変化をかき入れる。

まず，y 軸上の<u>点 (0, 3) を通り，傾き -0.8 の直線</u>をひく。

次に，［ い ］の直線をひく。このとき，この２本の直線の う の え 座標は，「強」から「弱」の設定に切り替かった時間を表している。

図２

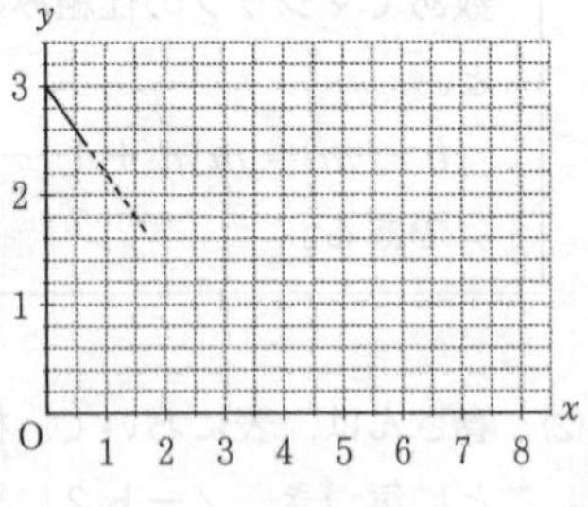

① 秋さんがまとめたことが正しくなるように， い に当てはまる適切な言葉を，秋さんがまとめたことの下線部のように座標と傾きを具体的に示して書きなさい。また， う には当てはまる適切な語句を， え には当てはまる適切な文字を，それぞれ書きなさい。

② Ｂの設定が「強」から「弱」に切り替わったのは，運転開始から何時間何分後か，求めなさい。

Ⅱ　図3は，関数$y=\frac{1}{4}x^2$のグラフ上に，x座標が正の数aである点Aをとり，関数$y=\frac{1}{2}x^2$のグラフ上に，点Aとx座標が等しい点Bと，点Bとy軸について対称な点Cをとり，△ABCをつくったものである。

⑴　$a=4$のとき，ABの長さを求めなさい。

⑵　ABとBCの長さが等しくなるとき，aの値を求めなさい。

⑶　図4は，図3において$a=2$とし，y軸上に，y座標が2より大きい点Pをとったものである。

①　△BCPの面積が，△ABCの面積と等しくなるとき，点Pの座標を求めなさい。

②　△ACPの面積が，△ABCの面積と等しくなるとき，点Pの座標を求めなさい。

図3

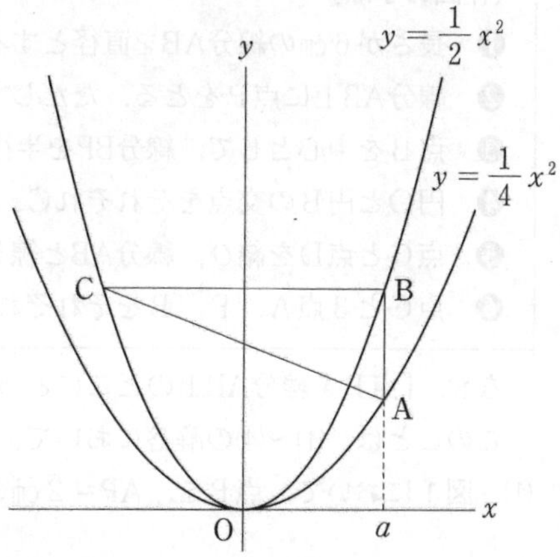

図4

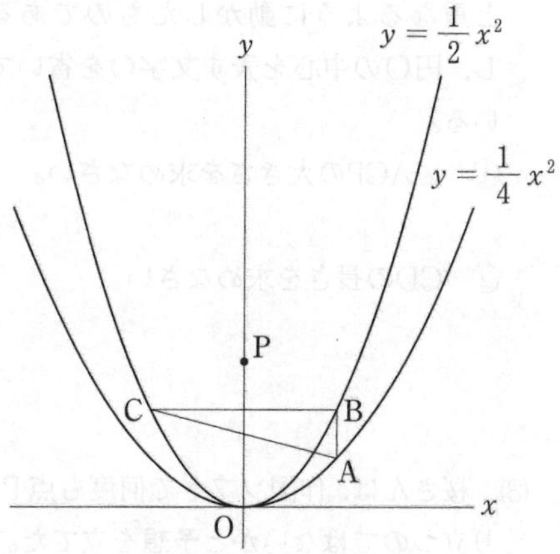

【問4】　各問いに答えなさい。

点を動かしたり，図形の大きさを変えたりすることができる数学の作図ソフトがある。桜さんは，その作図ソフトを使って，次のページの**作図の手順**に従って図1をかき，点Pを線分AB上で，点Aから点Bの向きに動かしたときの図形を観察した。

図1

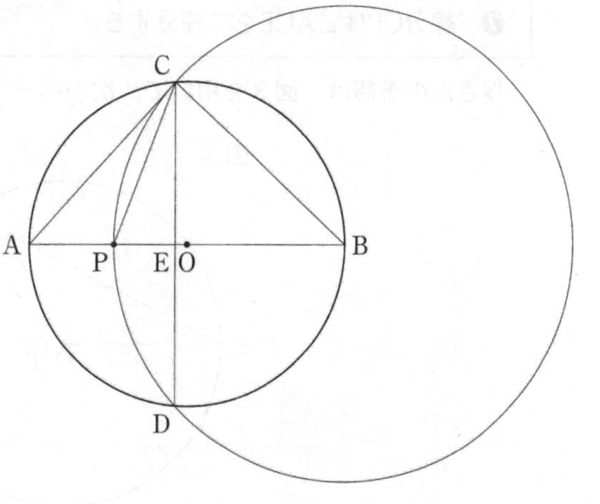

［作図の手順］
❶　長さが６㎝の線分ABを直径とする円Oをかく。
❷　線分AB上に点Ｐをとる。ただし，点Ｐは点Ａ，Ｂと重ならないものとする。
❸　点Ｂを中心として，線分BPを半径とする円Ｂをかく。
❹　円Oと円Ｂの交点をそれぞれＣ，Ｄとする。
❺　点Ｃと点Ｄを結び，線分ABと線分CDの交点をＥとする。
❻　点Ｃと３点Ａ，Ｐ，Ｂをそれぞれ結ぶ。

なお，「点Ｐを線分AB上のどこにとっても，線分ABと線分CDは垂直に交わる。」
このことは，⑴～⑷の解答において，証明せずに用いてよい。

⑴　図１において，点Ｐを，AP＝２㎝の位置にとったとき，BCの長さを求めなさい。

⑵　図２は，図１において，点Ｐを円Oの中心と重なるように動かしたものである。ただし，円Oの中心を表す文字Oを省いて表している。

①　∠ACPの大きさを求めなさい。

②　CDの長さを求めなさい。

図２

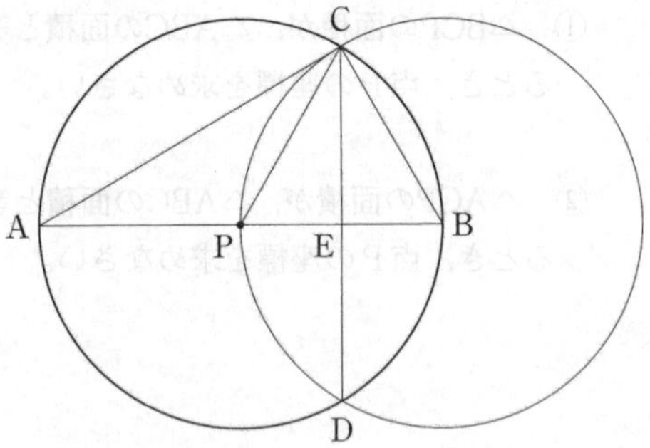

⑶　桜さんは，作図ソフトで何度も点Ｐを線分AB上で動かしているうちに，次の２つのことが成り立つのではないかと予想を立てた。

［予想］
点Ｐを線分AB上のどこにとっても，
❶　△ABCと△CBEは相似である。
❷　線分CPは∠ACEを二等分する。

桜さんの予想は，図３を用いて，次のページのようにそれぞれ証明することができる。

図３

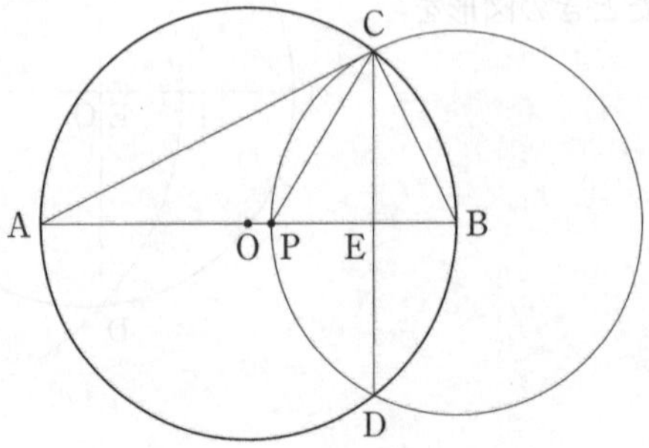

〔予想❶の証明〕
△ABCと△CBEで，
[あ] だから，∠ACB＝90°
AB⊥CDだから，∠CEB＝90°
よって，∠ACB＝∠CEB　……①

[い]

〔予想❷の証明〕
[あ] だから，∠ACB＝90°
∠ACB＝∠ACP＋∠PCBより
∠ACP＝90°－∠PCB　……①
AB⊥CDだから，△CPEは
∠CEP＝90°の直角三角形であり，
∠PCE＝90°－∠CPE　……②

[う]

よって，∠PCB＝∠[え]　……③
①，②，③より，∠ACP＝∠PCE
したがって，線分CPは∠ACEを二等分する。

① [あ] に当てはまる，∠ACB＝90°の根拠となることがらを書きなさい。ただし，**予想❶の証明**の [あ] と**予想❷の証明**の [あ] には共通なことがらが入る。

② [い] に証明の続きを書き，**予想❶の証明**を完成させなさい。

③ **予想❷の証明**において，[う] には③の根拠となることがらを，[え] には最も適切な角を記号を用いて，それぞれ書きなさい。

(4) 図４は，点Pを，AP＝４㎝の位置まで動かしたものである。このとき，線分DPを延長した直線と円Oの交点をGとし，点Aと点Gを結ぶ。
① △CEPの面積を求めなさい。

② △BCPと△GAPの面積の比を求め，最も簡単な整数の比で表しなさい。

図４

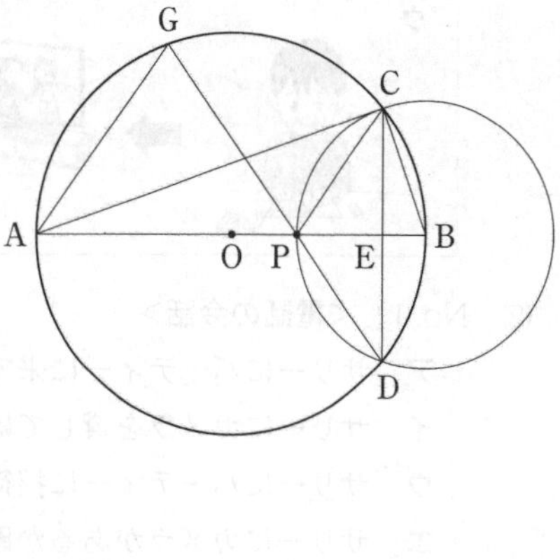

＜英語＞

時間 50分 満点 100点

【問１】 リスニングテスト（英語は，⑴では１度，⑵，⑶，⑷では２度読みます。）

⑴ No. 1

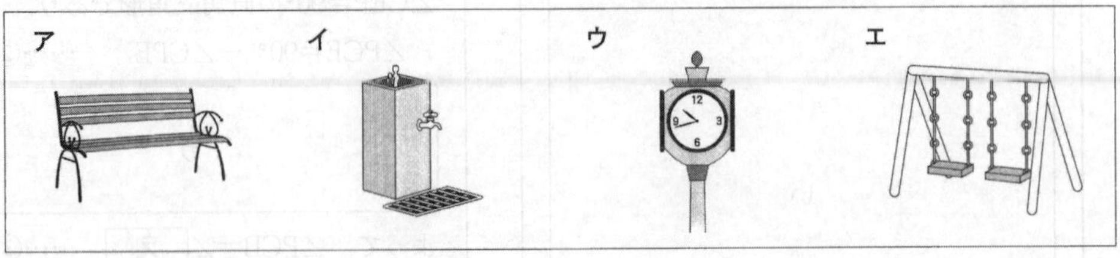

No. 2

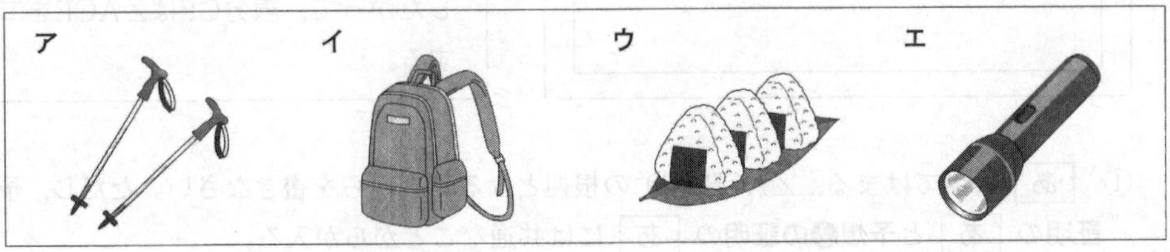

No. 3

⑵ No. 1 ＜電話の会話＞

ア サリーにパーティーに来てほしいから

イ サリーにカメラを貸してほしいから

ウ サリーにパーティーに招待してほしいから

エ サリーにカメラがあるか確かめてほしいから

No. 2 ＜週末の自宅のリビングでの会話＞

ア 翌日に友達が来ることになったから イ 飲み物をこぼしてしまったから

ウ 掃除するように母に頼まれたから エ お菓子や飲み物がほしかったから

No. 3　＜わかば市立図書館の館内放送＞

ア　イベントが開催される日時　　イ　イベントに参加できる子供の年齢

ウ　イベントの受付日時　　エ　イベントに参加できる子供の人数

(3)　No. 1　**Question**：ごみステーション ◎ の位置を示している地図はどれですか。
(★は加奈とスミスさんが初めに会話をしている位置を示す。)

ア

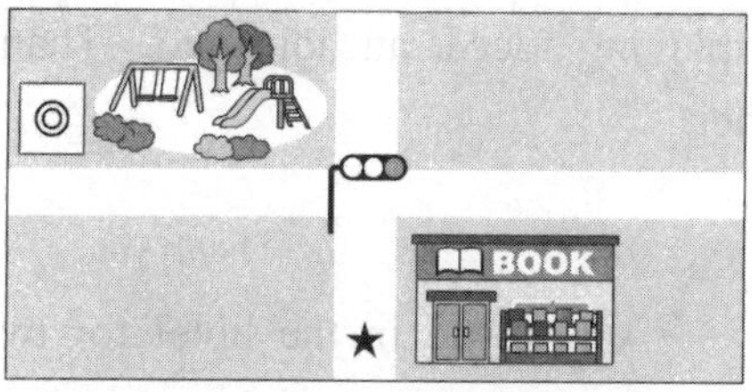

イ

ウ

エ

No. 2　**Question**：ごみステーションに立っている看板に書かれていることはどれですか。

ア

日	月	火	水	木	金	土
	燃えるごみ		プラスチック	燃えるごみ	資源物(古紙)	

イ

日	月	火	水	木	金	土
	燃えるごみ	資源物(古紙)		燃えるごみ	プラスチック	

ウ

日	月	火	水	木	金	土
	資源物(古紙)	燃えるごみ	プラスチック		燃えるごみ	

エ

日	月	火	水	木	金	土
	プラスチック	燃えるごみ		資源物(古紙)	燃えるごみ	

(4)　No. 1　**Question**：チャイムの部分で街の人が話した英語はどれですか。

ア　you can wait for the next bus

イ　you want to go there someday

ウ　you want to get there quickly

エ　you can tell me how to get there

No. 2　**Question**：２人の会話についてまとめた次の英文の（　）にはどのような英語が入りますか。適切な英語１語を書きなさい。

The man told the visitor to take a taxi because the visitor was in a hurry. It was (　　　) than any other ways from the station to Shinshu Stadium.

【問2】

Ⅰ 各問いに答えなさい。

(1) ( ) に当てはまる最も適切な英語を，(a)，(b)それぞれについて下のア～エから１つ選び，記号を書きなさい。

(a) ＜公園での会話＞

Mike: I found this soccer ball over there. Is this yours?

Kei: Yes, it's ( ). We finished playing soccer an hour ago. Thank you.

ア me イ her ウ ours エ their

(b) ＜学校での会話＞

Mao: I heard you visited Kyoto.

ALT: Well, actually, I had a fever ( ) I stayed in the hotel for two days.

Mao: That's too bad.

ア or イ and ウ that エ because

(2) 次の(a)，(b)の ( ) 内の語を，例を参考にしながら，適切な形に変えたり，不足している語を補ったりなどして，話の流れに合うように英文を完成させなさい。

(例) ＜登校中の会話＞

Kate: How was your weekend?

Hana: (go) shopping with my family. (答え) I went

(a) ＜体育祭での会話＞

Tom: Six runners have just started. Which is Emi?

Ryo: The girl with long hair is Emi. (run) the fastest now. Her team will win!

(b) ＜友達同士の会話＞

Meg: This is my favorite bag.

Saki: You always use it, don't you? I like the color. (where) it?

Meg: I bought it at the department store near the station.

(3) 美緒（Mio）が所属する吹奏楽部は，演奏会を行うことになった。美緒は部員代表として，全校生徒へ配付する**お知らせ**をもとに，ALT のブラウン先生（Ms. Brown）に**招待状**を書いている。［①］には月名を表す英語１語を，また，［②］～［④］には ( ) に当てはまる３語以上の正確な英語を書きなさい。ただし，( ) を含む文はいずれも１文にすること。

お知らせ

吹奏楽部演奏会のお知らせ

開催日：2023年10月28日(土)

時間：午前 10:30～12:00

(開場 10:00)

場所：体育館

曲目：日本のアニメソング他

・ご来場いただける場合は，入場整理券をお渡ししますので，部員にお知らせください。

・３か月間練習してきました。ぜひお越しください。

招待状

［①］ 2, 2023

Dear Ms. Brown,

Our school band plans to have the concert in the gym on the 28th of this month. We would like to play Japanese anime songs you like. You can enter the gym at 10:00 a.m., and the concert ［②( )］ 10:30 a.m. Please ［③( )］ you can come because we will keep your ticket. We ［④( )］ three months. We will do our best. We hope you can enjoy our concert.

From Mio

Ⅱ 各問いに答えなさい。

⑴ 留学生のデイビッドは，ある大学が主催したサイエンスデイ (Science Day) に参加し，学校新聞に**体験記**を書いた。デイビッドが参加した体験プログラム (program) として，最も適切なものを，**体験プログラムの一覧**のア～エから１つ選び，記号を書きなさい。

体験記

I went outside to join the program I wanted as my first choice, but I could not because there were already more than twenty people. Then, I decided to take part in another program about nature and the environment. I learned what to do on the beach and in the mountains during heavy rain and strong wind. Also, in that program, I experienced the shaking. The teacher told us how it happens in easy Japanese. I think you should join the Science Day next time.

体験プログラムの一覧

	内容	定員	場所
ア	**振り子の不思議を学ぼう** ・複数の振り子の動きを観察し，振り子の仕組みを学びます。	親子 15 組	実験室
イ	**ドローンを飛行させよう**　（雨天中止） ・ドローンをプログラミングし，裏山の自然を観察します。	20 名	運動場
ウ	**海のプラスチックごみを使って工作しよう** ・キーホルダーを作った後，海洋汚染の講義を聴きます。	30 名	講義室
エ	**台風や地震から身を守ろう**　（雨天決行） ・防災の講義を聴いて，地震体験車で地震を体験します。	40 名	中庭

⑵ 翔 (Sho)，結衣 (Yui)，賢 (Ken) の３人は，町が管理する空き家の活用方法について考える意見交換会に参加した。町に在住する外国人参加者がいると聞いて，３人はそれぞれ日本語に続き英語で自分の意見を発表した。

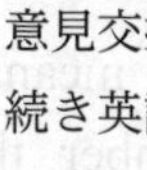

Hello, everyone. I am Sho. I need a place to study with friends. My friends and I like to teach children math and *kanji*. Playing some traditional games with people also sounds fun. What is your idea, Yui?

Hi, I am Yui. I like cooking. I sometimes cook at home. I hope to grow something in the garden and cook it with local people. How about you, Ken?

I am Ken. Nice to meet you. I like listening to music and taking pictures. I hope that there is a room to show pictures taken by local people. Thank you.

(a) 次のア～エは，３人が発表をする時にそれぞれ使用した絵である。３人の発表の中で示された順になるように，左から並べて記号を書きなさい。

ア

イ

ウ

エ

(b) 意見交換会の参加者の１人が，アンケートに次のような感想を書いた。(　　)に当てはまる最も適切なものを，下のア～エから１つ選び，記号を書きなさい。

I am from India. I started to live in this town five years ago. I work at a restaurant, and many people come to my restaurant. I enjoy learning Japanese culture from them. I often take photos of their happy faces. I want to show those photos to people living in this town. So, I agree with (　　) the most.

ア Sho　イ Yui　ウ Ken　エ Sho and Yui

【問３】 沙恵(Sae)は英語の授業で行うスピーチのための原稿を書いた。原稿を読んで，各問いに答えなさい。

A baker in Hiroshima never *throws away any of the bread he bakes. He thinks eating is taking the ①(　　　) from animals and plants. Also, the bread he makes cannot be baked without burning wood. The bread is ready because the wood gives its life to the bread. So, he thinks bread and wood are *connected. For these reasons, he decided to stop throwing away bread. What does "eating" mean to you?

All of us have the *right to have enough food. Eating is necessary for all of us. However, ②this right is not enjoyed by everyone. One report tells us that more than eight hundred million people all over the world cannot get enough food. Also, seventeen people die because of *hunger every minute. As you can see from these facts, we have a serious food problem in the world.

We have only seven years until 2030. Do you know what 2030 means? It is the *SDGs goal year to end world hunger. We must remember the idea ③"no one will be left behind." However, many people are still dying because of hunger every day around the world. I was very surprised to learn this.

A report from *the FAO in 2013 says that the ④(　　　) of the world may rise to about nine *billion in 2050. Problems of the environment like *global warming may create a food *shortage. We need to do something now, not in the future. The FAO says that eating *insects can be one of the answers to solve this food problem. Some people say that eating insects has a lot of good points. They have a lot of *protein like beef. They also need less water, *feed, and time to grow than pigs and cows.

What can we do for our future? For example, we must be careful about food *waste in our daily ⑤(　　　). A new report from *the U.N. says that more than a billion tons of food are *wasted each year. That is actually seventeen percent of the food made all over the world in one year. Most waste comes from home because people often buy too much and throw away a lot!

The baker in Hiroshima chose two ways to stop throwing away bread.

He is sure that making limited kinds is the best answer.

I really think "eating" not only helps us live but also connects us to the world. I also think each of us can do something. Thank you for listening.

*(注) throw(s) away 捨てる　connected ← connect つなぐ　right 権利　hunger 飢え
SDGs 持続可能な開発目標　the FAO 国連食糧農業機関　billion 10億
global warming 地球温暖化　shortage 不足　insect(s) 昆虫　protein タンパク質
feed えさ　waste ごみ　the U.N. 国際連合　wasted ← waste 無駄にする

⑴ 下線部①，⑤の（　）に共通して当てはまる最も適切な英語１語を書きなさい。

⑵ 下線部②が表す内容として最も適切な英語を，次のア～エから１つ選び，記号を書きなさい。

ア to bake delicious bread in Hiroshima
イ to get enough food when we need
ウ to give people an idea of eating insects
エ to be very friendly to the environment

⑶ 下線部③とは具体的にどのようなことか。原稿の第３段落の内容に即して日本語で書きなさい。

⑷ 下線部④の（　）に当てはまる最も適切な英語を，次のア～エから１つ選び，記号を書きなさい。

ア arrangement　イ presentation　ウ amusement　エ population

⑸ 原稿の ☐ に当てはまる英文が自然な流れになるように，次のア～エを左から並べて，記号を書きなさい。

ア By doing so, he can save time to get ready for baking bread and *reduce waste.
イ The second way is to bake just a few kinds of hard bread which keeps for a long time.
ウ One of the ways is to bake only the bread the *order needs.
エ He knows that soft and sweet bread sells well, but he doesn't bake it.

*(注) reduce 減らす　order 注文

⑹ 原稿の内容と合っている英文を，あとのア～カから２つ選び，記号を書きなさい。

ア Sae understands that we can wait to take action for food problem until 2050.

イ It takes more time to grow insects than pigs and cows, so the FAO doesn't recommend it.

ウ Sae believes now that we are connected to the world by thinking about food.

エ A baker in Hiroshima thinks that throwing away some bread is sometimes necessary.

オ 2030 is the year we set as the goal of stopping hunger all over the world.

カ People don't throw away much food because they often buy only the food they need.

(7) 原稿につけるタイトルとして最も適切なものを，次のア～エから1つ選び，記号を書きなさい。

ア The Problem We Must Realize Now

イ The Only Food to Save People

ウ The Right Actions to Select Bread

エ The Insects Attacking the World

【問4】 各問いに答えなさい。

ALTのリー先生（Ms.Lee）は，英語の授業で，ある新聞に掲載されていた**投書**（newspaper letter）を配付した。海（Kai）は，その**投書**を読んだ後，下のようにリー先生の問いかけに答えた。

〔投書〕

How do you receive your *packages?

Most of us receive packages at home. If we are not at home, *delivery drivers leave a *delivery notice. We ask for *re-delivery to get the packages with this notice. I hear there are many people who use the re-delivery system. As a result, many re-deliveries make delivery drivers busier. What can we do for this problem?

I don't think we should ask for re-delivery. I want to be a person who is kind to delivery drivers.

(Kumi, Tokyo, Junior high school student)

Ms. Lee: What is the problem Kumi says in her newspaper letter?

Kai: The problem is ①(　　　).

Ms. Lee: That's right. Let's think about this problem in this class.

*(注) package(s) 荷物　delivery driver(s) 宅配ドライバー　delivery notice 不在連絡票
re-delivery (re-deliveries) 再配達

(1) 下線部①の（　）に当てはまる英語として最も適切なものを，次のページのア～エから1つ選び，記号を書きなさい。

ア　many people don’t ask for re-delivery to get packages
イ　delivery drivers are busier because of many re-deliveries
ウ　she wants to be a person who is kind to delivery drivers
エ　she doesn’t think we should ask for re-delivery

宅配便の再配達について興味をもった海，知恵 (Chie)，メイ (May) は，次のウェブサイト１を見つけた。３人は，それを見ながら，下のようにやり取りした。

［ウェブサイト１］

The re-delivery *rate is checked by the Japanese *government twice a year. When re-deliveries *increase, delivery drivers must work more. The government has set the goal for the rate to be about 7.5%. The re-delivery rate went down once, but it is *gradually increasing.

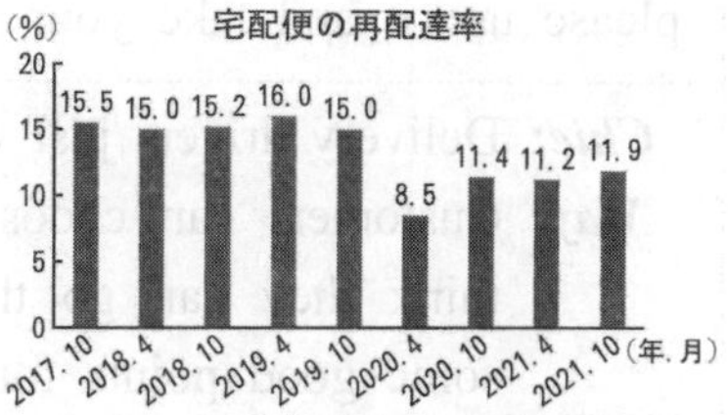

(国土交通省による資料から作成)

Kai: I think delivery drivers visit the same *customers a few times.
Chie: It *wastes the time of drivers. What can we do to get to the goal?
May: I don’t want to make troubles for delivery drivers, so ②(　　　).
Kai: I know that, but I can’t always be at home. How can I do without asking for re-delivery to my house?

*(注)　rate　比率　government　政府　increase　増加する　gradually　徐々に
customer(s)　客　waste(s)　無駄にする

⑵　ウェブサイト１が伝えている内容として最も適切なものを，次のア～エから１つ選び，記号を書きなさい。

ア　The re-delivery rate didn’t go down after April 2019.
イ　The Japanese government set the goal at about 15% for the re-delivery rate.
ウ　The Japanese government checks the re-delivery rate once a year.
エ　The re-delivery rate has not gotten to the goal set by the government.

⑶　下線部②の（　）に当てはまる英語として最も適切なものを，次のア～エから１つ選び，記号を書きなさい。

ア　I’ll be at home to get packages
イ　we must get to the goal
ウ　we can help the job of delivery drivers
エ　I don’t receive packages

海，知恵，メイは，宅配ロッカー (delivery lockers) について調べ，次のページのウェブサイト２を見つけた。３人が，それを見ながら，次のページのようにやり取りしていると，途中からリー先生が加わった。

〔ウェブサイト２〕

Get Your Packages at the Delivery Lockers *for Free!

You can see delivery lockers at many places like stations, supermarkets, and *drug stores. Delivery drivers put your packages in the locker. When you buy things on the Internet, you can choose the locker. At that time, you will get the *password. When you open the locker, please use it and take your packages out by yourself *within three days.

Chie: Delivery drivers just visit the lockers. I think their job will be easier.

May: Customers can choose the best delivery locker to get packages. I think they can go there when they are free. These lockers have some good points for customers.

Kai: I agree with you.

Ms. Lee: I'd like to know what Chie and May said.

Kai: [③]

Ms. Lee: I see. These lockers are very useful. Do you want to try to use them?

Kai: Yes, however, there are not enough such lockers around us, so we need more. Also, I want to know ④(＿＿＿) because it isn't written on this website.

*(注) **for Free** 無料で drug store(s) ドラッグストア password パスワード
within ～以内で

(4) 次の英語は，[③] で海が話した内容である。下線部あ，いの（ ）に当てはまる最も適切な英語を，それぞれ１語で書きなさい。ただし，（ ）内に示されている文字で書き始めること。

Chie and May hope many people use the delivery lockers because the lockers あ(w＿＿) well for both delivery drivers and customers. They make the job of drivers い(e＿＿) than before.

(5) 下線部④の（ ）に当てはまる英語として最も適切なものを，次のア～エから１つ選び，記号を書きなさい。

ア how much I pay to use the delivery lockers
イ what time I can use the delivery lockers
ウ what the delivery lockers are
エ how to take packages out

翌日の授業で，海，知恵，メイの３人は調べたことをクラスで発表した。リー先生は，それを聞いて次のページのように３人とやり取りした。

〔やり取り〕

Chie: We learned about delivery lockers, and it's good for both delivery drivers and customers.

Ms. Lee: Thank you, Chie. Do you remember Kumi's newspaper letter? She got a letter from one delivery driver who read her idea. He said, "It is difficult to work when I don't have information for re-delivery." If we could tell him when we would be at home, he could easily bring our packages.

Chie: If he doesn't, he has to visit the same customer several times. That won't make the rate of re-delivery less. So, we should tell the re-delivery plan to delivery drivers.

May: I didn't do it before. Now, I know what I have to do for delivery drivers.

Kai: There are some useful ways to receive packages, so I'll choose the best way every time. We learned a lot of things about ⑤using the re-delivery system through these classes.

⑹　下線部⑤についてのあなたの考えと，その理由を書きなさい。語の順番や使い方に注意して，20語以上の正確な英語で書きなさい。ただし，英文の数は問わない。なお，コンマ，ピリオドなどの符号は語数に含めない。短縮形は１語と数えること。

⑺　メイは，授業を通して感じたことを次のようにまとめた。下線部⑥，⑦の（　）に当てはまる最も適切な英語を，翌日の授業での**やり取り**から抜き出して書きなさい。ただし，下線部⑥は連続する４語，下線部⑦は連続する３語で抜き出すこと。

I realize it's important to ⑥(　　　)(　　　)(　　　)(　　　) to delivery drivers. I'll help them ⑦(　　　)(　　　)(　　　) easily because I respect their work.

＜理科＞

時間　50分　　満点　100点

【注意】　漢字で書くように指示されている場合は，漢字で書きなさい。そうでない場合は，漢字の部分をひらがなで書いてもかまいません。

【問１】　各問いに答えなさい。

Ⅰ　田中さんと大村さんは，フクジュソウが花をさかせたという記事に興味をもち，フクジュソウについて調べた。

調べてわかったこと

○　フクジュソウは，図１のように，小さな花がさく。

○　２月から４月に花がさき，園芸用としても栽培されている。

○　双子葉類に分類でき，花の中心に a めしべとおしべが多数あり，花がさいた後に種子をつくる。

○　花は，朝に開いて夕方に閉じ，開閉を約10日間くり返す。

図１

(1)　下線部 a について，めしべの先端の部分を何というか，漢字２字で書きなさい。

(2)　フクジュソウと同じ双子葉類に分類できる植物として適切なものを，次のア～オからすべて選び，記号を書きなさい。

ア　イネ　　イ　トウモロコシ　　ウ　タンポポ　　エ　イヌワラビ　　オ　ダイコン

(3)　調べてわかったことから，フクジュソウの葉脈のようすと茎における維管束の並び方について次のようにまとめた。［あ］，［い］に当てはまる最も適切なものを，下のア～エから１つずつ選び，記号を書きなさい。

フクジュソウの葉脈は［あ］に通り，茎における維管束は［い］いる。

ア　網目状　　イ　平行　　ウ　全体に散らばって　　エ　輪の形に並んで

田中さんたちは，ある日，昼間なのにフクジュソウの花が開いていないことに驚き，花が開く要因を調べるために，次のような観察を行い，会話をした。

［観察］　日当たりのよい場所にさいているフクジュソウを毎日正午に観察し，天気，日光，気温，花の開閉について調べ，表にまとめた。

表

観察日	2/1	2/2	2/3	2/4	2/5	2/6	2/7
天気	晴れ	晴れ	くもり	晴れ	くもり	晴れ	晴れ
日光	○	○	×	○	×	○	○
気温〔℃〕	12	5	2	6	11	12	5
花の開閉	開	閉	閉	閉	開	開	閉

○：日光が当たっていた
×：日光が当たっていなかった

田中：表から，b フクジュソウの花が開く要因は，日光が当たることではなく，気温が関係しているのかもしれないね。

大村：フクジュソウの花が開く要因は，日光が当たることではなく，気温が関係していることを確かめるためにはどうしたらいいかな。

田中：前日に花が開き夕方から閉じたままのフクジュソウA，Bを準備して，対照実験をすれば確かめられそうだね。

大村：なるほど。それなら，表で花が開いていたときの気温と同じ温度のままで，日光が当たる明るい場所にAを置き，花が [う] いたときの気温と同じ温度のままで，[え] にBを置けばいいね。

田中：[お] という結果になれば，フクジュソウの花が開く要因は気温であると確かめられるね。

(4) 田中さんたちは，会話のように，フクジュソウの花が開く要因と，その要因を確かめるための実験や結果について考えた。

i　下線部bのように判断した理由を，表をもとに，日光と気温にふれて簡潔に書きなさい。

ii　[う]，[え] に当てはまる最も適切なものを，次のア～エから1つずつ選び，記号を書きなさい。

ア　開いて　　　　　　　　イ　閉じて

ウ　日光が当たる明るい場所　　エ　日光が当たらない暗い場所

iii　[お] に当てはまる最も適切なものを，次のア～エから1つ選び，記号を書きなさい。

ア　AもBも花が開く　　　　イ　Aの花は開いて，Bの花は閉じたまま

ウ　Aの花は閉じたままで，Bの花は開く　　エ　AもBも花が閉じたまま

Ⅱ　ヒトが刺激を受けとってから反応するまでの時間を調べるために，次のような実験を行った。

［実験］

① 図2のように，タブレット型端末の画面に，丸い印が表示される。

② 丸い印が三角の印に切りかわったら，図3のように，三角の印を指で触れる。丸い印が三角の印に切りかわってから指で触れるまでの時間を計測する。

③ ①，②を5回繰り返したところ，丸い印が三角の印に切りかわってから指で触れるまでの時間の平均値は0.27秒だった。

図2

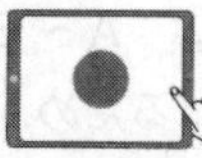

図3

(1) 目や耳のように，外界からの刺激を受けとる器官を何というか，書きなさい。

(2) 図4は，目が光の刺激を受けとってから指の筋肉が反応するまでの信号の経路を，模式的に示したものである。

i　実験で，目が光の刺激を受けとってから指の筋肉が反応するまでの信号の経路を，次のページのようにまとめた。[か] ～ [け] に当てはまる最も適切なものを，次のページのア～エから1つずつ選び，記号を書きなさい。

図4

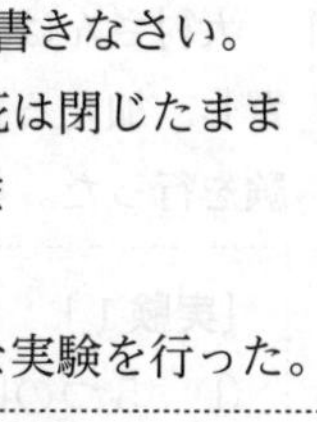

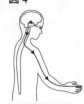

→は，信号の経路を表している

> 目が光の刺激を受けとり刺激を信号に変える⇒ か ⇒ き ⇒ く ⇒ け ⇒信号が指を動かす筋肉に伝わり指の筋肉が反応する

ア 信号が運動神経を通る
イ 信号が感覚神経を通る
ウ 脳が「画面を指で触れる」という命令の信号を出す
エ 脳が丸い印から三角の印に切りかわったことを認識する

ii 目が刺激を受けとってから指の筋肉が反応するまでの時間を，刺激や命令の信号が経路を伝わる時間と，脳で判断や命令を行うのにかかった時間とを合わせた時間としたとき，**実験**において，脳で判断や命令を行うのにかかった時間は何秒であったか。**実験**の平均値をもとに求め，小数第２位まで書きなさい。ただし，目から指の筋肉まで信号が伝わる経路の長さを1.0m，信号が経路を伝わる速さを50m/秒とする。

(3) ヒトの刺激に対する反応には，**実験**のような意識して起こす反応と，熱い物にさわって手を引っこめるような意識と無関係に起こる反応がある。意識と無関係に起こる反応は，刺激を受けてから反応するまでの時間が，意識して起こす反応のときよりも短い。この理由を，**脳**，**せきずい**の２語を使って簡潔に書きなさい。

【問２】 各問いに答えなさい。

Ⅰ 大村さんは，化学カイロの成分である鉄粉，活性炭，食塩水を混ぜると熱が発生することを学習し，加える食塩水の濃度が，混合物の温度変化に関係するのではないかと考え，次のような実験を行った。

〔実験１〕
① ５つの同じビーカーＡ～Ｅを用意し，それぞれに鉄粉５ｇと活性炭の粉末３ｇを入れてかき混ぜた。
② Ａ～Ｅのそれぞれに加える食塩水の濃度を変えるため，**表１**に示した質量パーセント濃度の食塩水を用意した。
③ Ａ～Ｅのそれぞれに，**図１**のように，食塩水２mLを加え，ガラス棒でよくかき混ぜてから，１分ごとに混合物の温度をはかった。
④ ③の結果を**図２**のグラフに表した。

表１

	A	B	C	D	E
加える食塩水の質量パーセント濃度〔%〕	3	6	9	12	15

図１

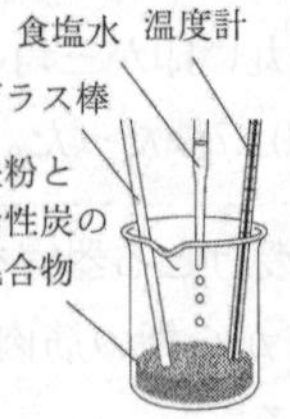

図２

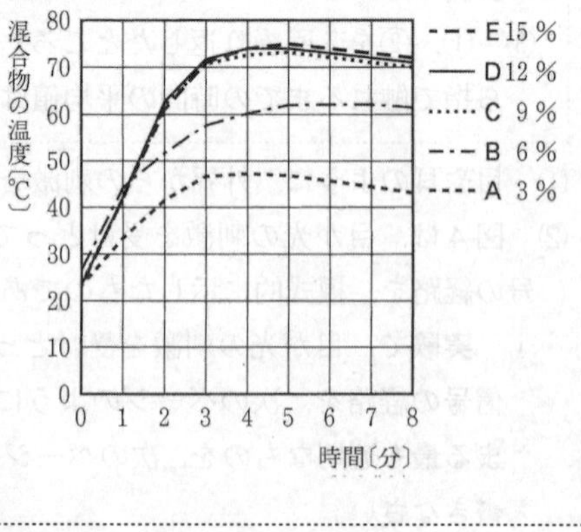

(1) 鉄粉と活性炭の混合物に食塩水を加えると，鉄が酸化して混合物の温度が上がる。

i　化学変化が起こるときに熱を周囲に出す反応を何というか，漢字４字で書きなさい。

ii　化学変化によって熱が発生するものとして最も適切なものを，次のア～エから１つ選び，記号を書きなさい。

ア　白熱電球が点灯する。　　　**イ**　電磁調理器で水を加熱する。

ウ　ドライヤーから温風を出す。　**エ**　ストーブの石油が燃焼する。

⑵　大村さんは，**実験１**の②で，食塩水を用意するために，はじめに質量パーセント濃度が15%の食塩水をつくった。

i　質量パーセント濃度が15%の食塩水の一部を用いて，質量パーセント濃度が12%の食塩水20ｇをつくるとき，加える水の質量は何ｇか，整数で書きなさい。

ii　溶質が完全にとけ，濃さが均一になった食塩水を室温で放置したとき，食塩水中の溶質の粒子のようすを模式的に示したものとして最も適切なものを，次のア～エから１つ選び，記号を書きなさい。

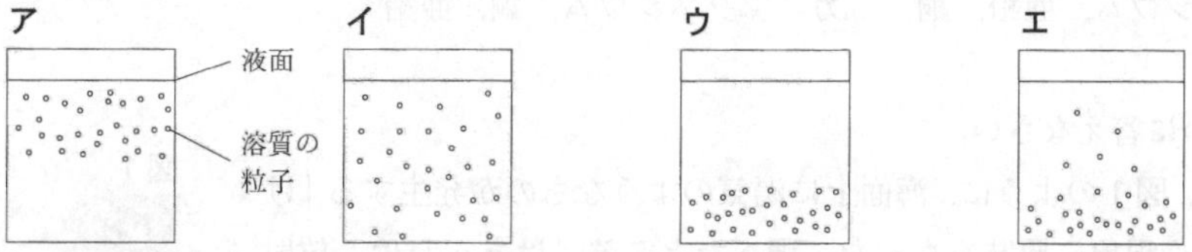

⑶　大村さんは，図２でC，D，Eのグラフの変化から，加える食塩水の質量パーセント濃度が９％以上では温度変化のようすに違いがみられないと考えた。そこで，温度変化のようすに違いがみられるのは，食塩水の質量パーセント濃度がおよそ何パーセントまでなのかを調べるために，質量パーセント濃度が異なる食塩水を新たに２つ用意することにした。この食塩水の質量パーセント濃度として適切な値を，整数で２つ書きなさい。また，そのように判断した理由を簡潔に書きなさい。

Ⅱ　金属のイオンへのなりやすさを比較するために，次のような実験を行った。

〔実験２〕　図３のように，マイクロプレートの横の列に，硫酸亜鉛水溶液，硫酸銅水溶液，硫酸マグネシウム水溶液をそれぞれ入れた。縦の列に，亜鉛片，銅片，マグネシウム片をそれぞれ入れ，金属片の変化のようすを観察し，結果を**表２**にまとめた。

図３

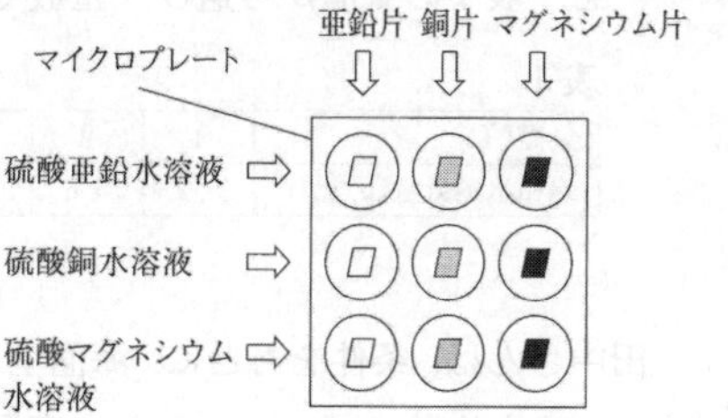

表２

	亜鉛片	銅片	マグネシウム片
硫酸亜鉛水溶液	反応しなかった	反応しなかった	a<u>金属が付着した</u>
硫酸銅水溶液	b<u>金属が付着した</u>	反応しなかった	金属が付着した
硫酸マグネシウム水溶液	反応しなかった	反応しなかった	反応しなかった

(1) 表2の下線部aについて，付着した金属の化学式を書きなさい。

(2) 表2の下線部bについて，亜鉛片の一部で起こる銅の化学変化として最も適切なものを，次のア～エから1つ選び，記号を書きなさい。また，このときに起こる銅についての化学反応式を書きなさい。ただし，電子をe^-とする。

ア 硫酸銅水溶液中の銅イオンが電子を受けとって，銅原子になる。

イ 硫酸銅水溶液中の銅イオンが電子を失って，銅原子になる。

ウ 硫酸銅水溶液中の銅原子が電子を受けとって，銅イオンになる。

エ 硫酸銅水溶液中の銅原子が電子を失って，銅イオンになる。

(3) 表2より，亜鉛，銅，マグネシウムをイオンになりやすい順に，左から並べたものとして最も適切なものを，次のア～カから1つ選び，記号を書きなさい。

ア 亜鉛，銅，マグネシウム　　イ 亜鉛，マグネシウム，銅

ウ 銅，亜鉛，マグネシウム　　エ 銅，マグネシウム，亜鉛

オ マグネシウム，亜鉛，銅　　カ マグネシウム，銅，亜鉛

【問3】 各問いに答えなさい。

Ⅰ 田中さんは，図1のように，海面上に湯気(ゆげ)のようなものが発生する「けあらし」という現象に興味をもった。調べたところ，けあらしは，放射冷却により冷え込みが強まった日に，海面上に霧が発生する現象であり，次のような条件のときに発生しやすいことがわかった。

図1

〔条件〕 陸上の気温と海水の温度の差が大きく，海面上の空気に多くの水蒸気がふくまれていること。

(1) 霧は，空気にふくまれている水蒸気の一部が凝結してできる。

ⅰ 空気にふくまれている水蒸気が凝結し始める温度を何というか，書きなさい。

ⅱ 表1は，気温と飽和水蒸気量の関係を示したものである。気温10℃，湿度60％の空気が冷やされたとき，この空気にふくまれている水蒸気が凝結し始めるのは何℃か，最も適切な値を，表1の気温から選び，整数で書きなさい。

表1

気温〔℃〕	1	2	3	4	5	6	7	8	9	10
飽和水蒸気量〔g/m³〕	5.2	5.6	5.9	6.4	6.8	7.3	7.8	8.3	8.8	9.4

田中さんは，条件をもとに，海面上に霧が発生する現象を理科室で再現するための準備として，次のような実験を行った。なお，室温は22℃であった。

〔実験1〕

① 図2のように，透明な容器の中央に線香を立てた仕切りを入れ，一方に砂を，他方に水を入れ，容器の上に透明なふたを置いて白熱電球を設置した。このとき，容器内の空気の温度，砂の温度，水温は，いずれも室温と同じであった。

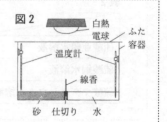

図2

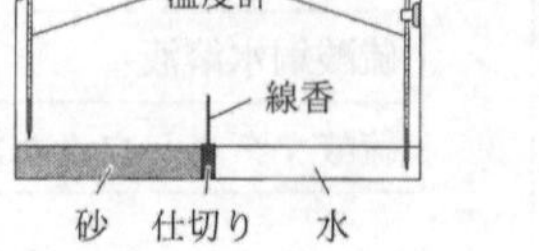

② 砂と水を白熱電球で照らし，線香に火をつけた。しばらくして容器内の低い位置で，線香のけむりが水から砂の方へ流れ，砂の上で上昇した。このとき，砂の上の空気の温度は32℃，水温は24℃であった。

③ 白熱電球で照らし続けたあと，白熱電球のスイッチを切った。しばらくして容器内の低い位置で，線香のけむりが②と逆の向きに流れた。このとき，砂の上の空気の温度は22℃，水温は26℃であった。

〔実験２〕 ４つの同じビーカーＡ～Ｄを用意した。図３のように，ビーカーの内側を，Ａ，Ｂは40℃の湯でしめらせ，Ｃ，Ｄはかわいたままにし，Ａ，Ｃの上には氷を入れたペトリ皿を置き，Ｂ，Ｄの上には室温と同じ温度の水を入れたペトリ皿を置いた。水蒸気が凝結しやすいよう，線香のけむりをＡ～Ｄに少量ずつ入れ，ビーカー内の空気のようすを観察し，結果を表２にまとめた。

図３

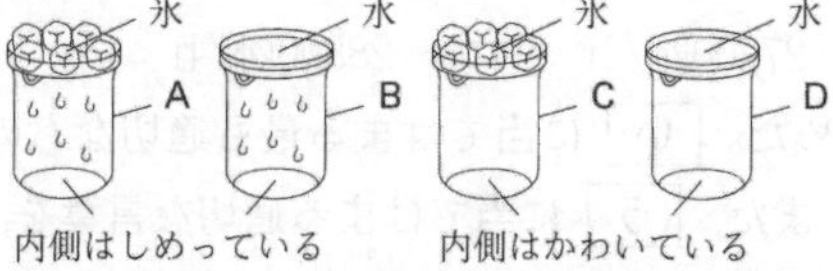

表２

	Ａ	Ｂ	Ｃ	Ｄ
ビーカー内の空気のようす	白くくもった	変化なし	変化なし	変化なし

⑵ 実験１で，線香のけむりの流れから空気の動きがわかる。日本で観測される風のうち，実験１の②の空気の動きで説明できるものとして適切なものを，次のア～エから２つ選び，記号を書きなさい。

ア 海風　　イ 陸風　　ウ 夏の季節風　　エ 冬の季節風

⑶ 実験２で，空気中の水蒸気量が多いと霧ができやすくなることは，Ａとどのビーカーの結果を比べればわかるか。また，空気が冷やされると霧ができやすくなることは，Ａとどのビーカーの結果を比べればわかるか。Ｂ～Ｄから１つずつ選び，記号を書きなさい。

⑷ 実験１，２の結果を得た田中さんは，海面上に霧が発生する現象を再現するために，図４の装置をつくった。容器の中に線香のけむりを少量入れると，湯の上に湯気のようなものができたことから，海面上に霧が発生する理由について，次のようにまとめた。［あ］に当てはまる適切な言葉を，陸上，あたたかいの２語を使って簡潔に書きなさい。

図４

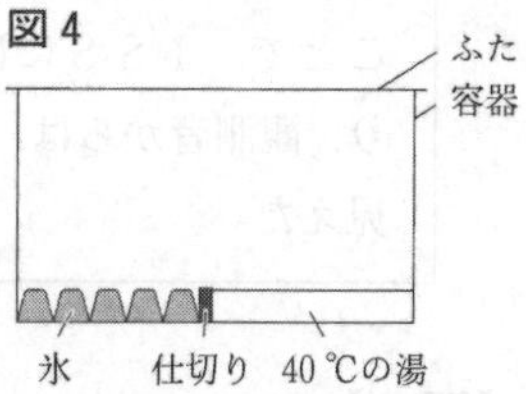

> 海面上に霧が発生するのは，［あ］に流れ込むことで，海面上の水蒸気が冷やされるからであると考えられる。

Ⅱ 晴れた夜，空を見上げると，ゆっくり移動していく光の点が突然消えた。調べたところ，光の点は，図５のＩＳＳ（国際宇宙ステーション）であることがわかった。ＩＳＳについてさらに調べると，次のページのようなことがわかった。

図５

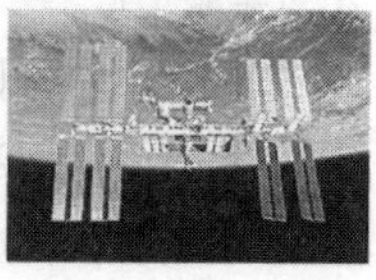

> ＩＳＳは，a月と同じように，自ら光を出しているわけではなく，太陽の光を反射することで明るく光って見え，b一定の速さで，地球のまわりを回っている。

(1) 下線部aについて，月のように，惑星のまわりを公転する天体を何というか，書きなさい。

(2) 下線部bについて，ＩＳＳは，約90分で地球のまわりを１周している。

i　ＩＳＳが地球のまわりを１周する間に，地球は約何度自転するか，最も適切なものを，次のア～エから１つ選び，記号を書きなさい。

ア　約15度　イ　約22.5度　ウ　約30度　エ　約37.5度

ii　ＩＳＳが地球のまわりを回る速さは何km/hか，最も適切なものを，次のア～エから１つ選び，記号を書きなさい。ただし，ＩＳＳは，地球の400km上空を，地球の中心を中心とする円軌道上を90分で１周しているものとし，地球の直径を12800km とする。また，円周率を３とする。

ア　25600km/h　イ　26400km/h　ウ　27200km/h　エ　28800km/h

(3) ＩＳＳが突然消えた理由を次のようにまとめた。［い］に当てはまる最も適切なものを，図6のＥ～Ｉから１つ選び，記号を書きなさい。また，［う］に当てはまる適切な言葉を，ＩＳＳと地球の位置関係にふれて簡潔に書きなさい。ただし，図6は，観測者の上空をＩＳＳが通過していくようすを模式的に示したものであり，ＩＳＳは，Ｅ→Ｆ→Ｇ→Ｈ→Ｉへ動いているものとする。

> 観測者のいる場所が夜でも，地上約400km上空にあるＩＳＳには，太陽の光が当たっている場合がある。しかし，図6で，ＩＳＳが［い］の位置にきたときには，ＩＳＳには太陽の光が当たらなくなっている。［う］ことで，ＩＳＳには太陽の光が当たらなくなり，観測者からは，ＩＳＳが突然消えたように見えた。

図6

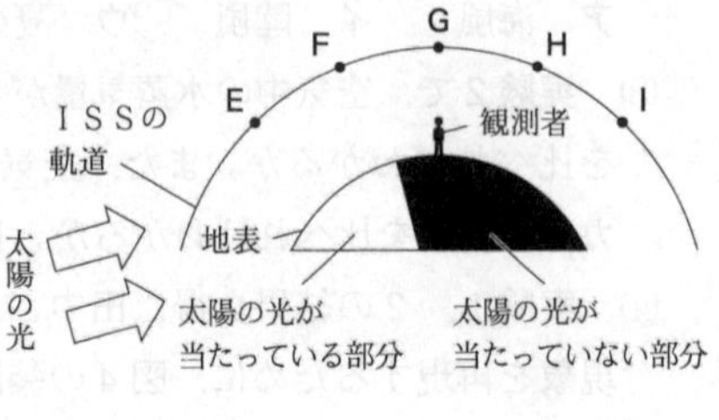

【問4】 各問いに答えなさい。

Ⅰ　大村さんは，水道の蛇口から水筒に水を注いでいるとき，水筒から聞こえる音の高さが次第に変化することに興味をもち，次のような実験を行った。ただし，表1，2は，水を注ぎ始めたときの音の波形を模式的に表したものであり，縦軸と横軸の目盛りのとり方はすべて等しく，縦軸は振動のはばを，横軸は時間を表し，横軸の１目盛りは0.0004秒である。

［実験1］

① ３本の同じペットボトルを，長さが同じになるように上部を切り，図1のように，100mLの水を入れたものをＡ，150mLの水を入れたものをＢ，200mLの水を入れたものをＣとした。

図1

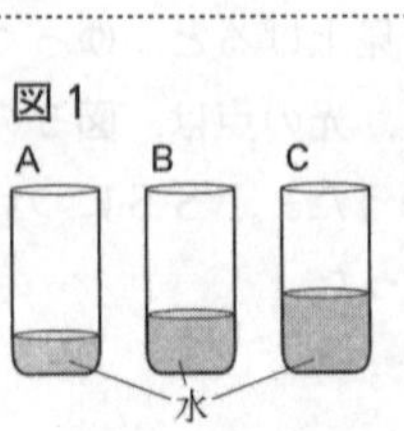

図2

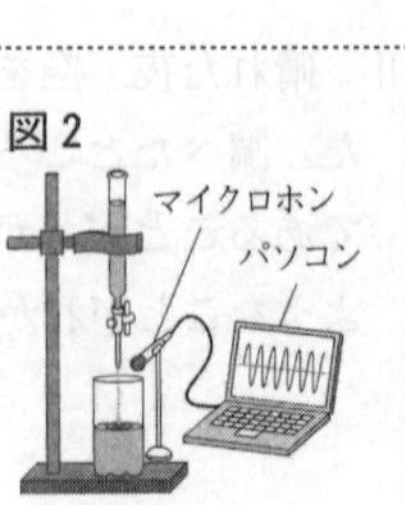

② 図2のように，水を注いだとき，A～Cから発生した音を，マイクロホンを通してそれぞれパソコンに記録し，波形で表したものを，**表1**にまとめた。

表1

	A	B	C
音の波形	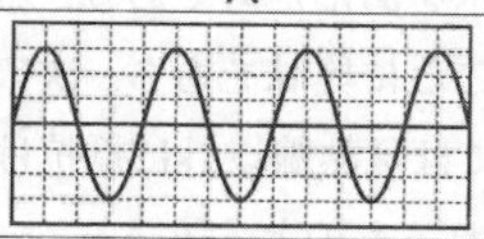	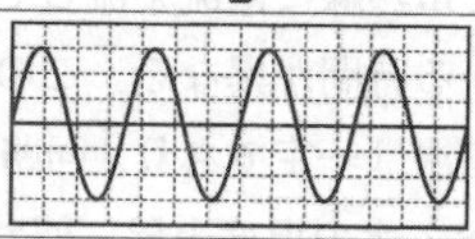	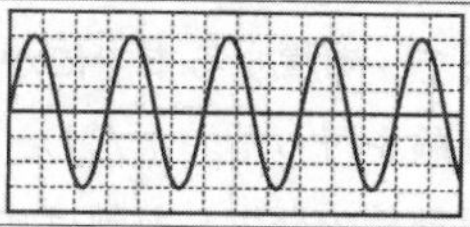

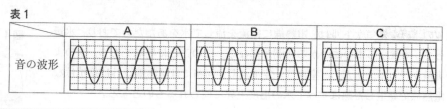

(1) **実験1**で，水を注いで発生した音の振動は，何の振動によってマイクロホンに伝えられたか，書きなさい。

(2) **表1**をもとに，音の大きさや高さについて考えた。

i　音の大きさに関係がある，振動の中心からのはばを何というか，書きなさい。

ii　**表1**のA～Cのうち，音の高さが最も高いものはどれか，記号を書きなさい。また，そのように判断した理由を簡潔に書きなさい。

iii　Aから発生した音の振動数は約何Hzか，最も適切なものを，次の**ア**～**エ**から1つ選び，記号を書きなさい。

ア　約420Hz　　**イ**　約625Hz　　**ウ**　約835Hz　　**エ**　約1250Hz

大村さんは，**実験1**で，音の高さが，「空気の部分の長さ」，「水の部分の長さ」のどちらに関係して変化するのかを調べるために，次のような実験を行った。

〔実験2〕

① 図3のように，2本の同じペットボトルに，それぞれ100mLの水を入れ，空気の部分の長さが**実験1**の①のCと同じものをD，空気の部分の長さが**実験1**の①のBと同じものをEとした。

② 図2のように，水を注いだとき，D，Eから発生した音を，マイクロホンを通してそれぞれパソコンに記録し，波形で表したものを，**表2**にまとめた。

図3

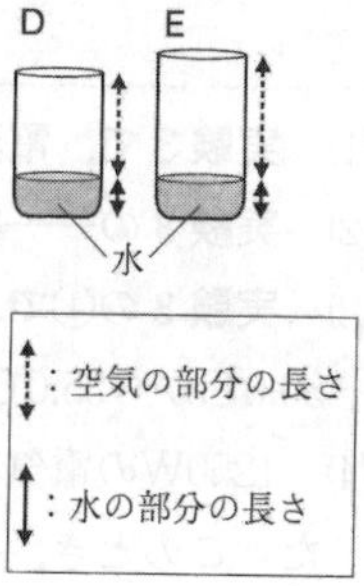

表2

	D	E
音の波形	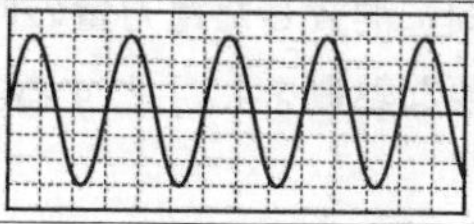	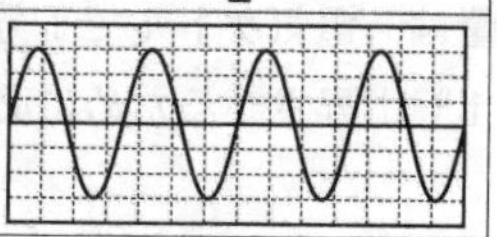

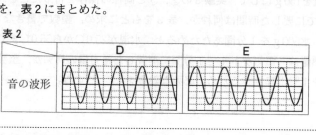

(3) 大村さんは，**実験1**，2からわかったことを次のようにまとめた。 あ ～ お に当てはまる最も適切なものを，次のページの**ア**～**キ**から1つずつ選び，記号を書きなさい。ただし， え ， お の順序は問わない。

> 音の高さは， あ によって変化する。これは， い から発生した音の振動数を比べることでわかる。また，音の高さは， う によって変化しない。これは， え や お から発生した音の振動数を比べることでわかる。

ア 空気の部分の長さ　イ 水の部分の長さ
ウ BとC　エ BとD　オ BとE　カ CとD　キ DとE

Ⅱ 図4のような電気ケトルは，電熱線に電流を流して水をあたためており，水量によって，沸騰するまでにかかる時間が異なる。このことに興味をもち，次のような実験を行った。ただし，室温は一定であり，回路には電熱線以外に抵抗はなく，電熱線で発生した熱はすべて水の温度上昇に使われるものとする。

図4

［実験3］
① 図5のように，発泡ポリスチレンのコップの中に電熱線，温度計，室温と同じ25.0℃の水50ｇを入れた。
② スイッチを入れ，電圧計が5.0Ｖを示すように電圧を調整した。このとき，電流計の値は1.25Ａであった。
③ ときどき水をかき混ぜながら，スイッチを入れてから水温が30.0℃，35.0℃になるまでの時間をはかった。
④ ①で，水の質量を100ｇ，200ｇに変えて，②，③と同様の操作を行い，結果を表3にまとめた。

図5

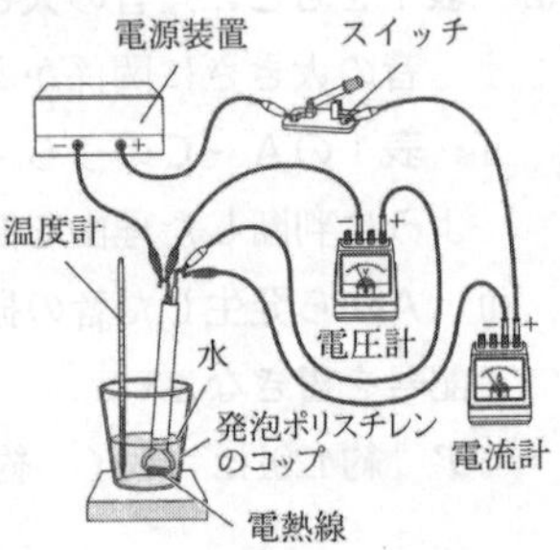

表3

水の質量〔g〕	50	100	200
水温が30.0℃になるまでの時間〔秒〕	170	340	680
水温が35.0℃になるまでの時間〔秒〕	340	680	1360

(1) 実験3で，電熱線から1秒間に発生した熱量は何Ｊか，小数第2位まで書きなさい。
(2) 実験3の――線部について，水をかき混ぜる理由を，簡潔に書きなさい。
(3) 実験3の①で，水の質量を150ｇにして，実験3の②，③と同様の操作を行ったとき，水温が30.0℃から35.0℃になるまでに要した時間は何秒か，表3をもとに求め，整数で書きなさい。
(4) 1250Ｗの電気ケトルで，水500ｇを1分間あたためると，水温が25.0℃から55.0℃まで上昇した。このとき，水が得た熱量は，電気ケトルで1分間に消費した電力量の何％か，整数で書きなさい。ただし，水1ｇを1℃上昇させるために必要な熱量を4.2Ｊとする。

＜社会＞

時間　50分　満点　100点

【注意】 1　漢字で書くように指示されている場合は，漢字で書きなさい。そうでない場合は，漢字の部分をひらがなで書いてもかまいません。

2　字数を指定された解答については，句読点，カギ括弧（「や『）なども1字に数え，指定された字数で答えなさい。

【問1】 桜さんは，日本において，稲作が人々の生活や社会に与えた影響について興味をもち，調べたことを**カード1～4**にまとめた。各問いに答えなさい。

カード1 原始 古代	a稲作は，中国や朝鮮半島から渡来した人々によって，九州北部に伝えられたと考えられている。やがて，稲作は東日本にまで広がった。その後，b朝廷は，人々を戸籍に登録し，戸籍にもとづいて口分田を支給した。

(1)　**カード1**の下線部**a**にかかわって，稲作の伝来によって，人々の生活や社会が変化した。その変化について述べた文として適切なものを，次の**ア～エ**から2つ選び，記号を書きなさい。

ア　表面に縄目の文様をつけた土器の製作が始まった。

イ　銅鐸が祭りで使われるようになった。

ウ　小さなクニ（国）ができ，有力者や王が現れた。

エ　打製石器が初めて作られた。

(2)　**カード1**の下線部**b**にかかわって，**資料1**は8世紀初めの戸籍である。この戸籍に記載されている人のうち，租を負担する対象となったのは何人か，最も適切なものを，次の**選択肢A**の**ア～エ**から1つ選び，記号を書きなさい。また，それを選んだ根拠として最も適切なものを，下の**選択肢B**の**オ～ク**から1つ選び，記号を書きなさい。

資料1　古代の戸籍

*筑前国嶋郡川辺里　大宝二年籍		
戸主	肥君猪手	年伍拾参歳(53歳)
妻	哿多奈売	年伍拾弐歳(52歳)
男	肥君与呂志	年弐拾玖歳(29歳)
婦	肥君方名売	年弐拾伍歳(25歳)
孫(女)	肥君阿泥売	年肆歳(4歳)

*筑前国：現在の福岡県の一部

（「正倉院文書」等より作成）

選択肢A

ア　1人　**イ**　2人　**ウ**　4人　**エ**　5人

選択肢B

オ　口分田は，戸籍に登録されたすべての人に与えられ，その人たちが租を負担したから。

カ　口分田は，戸籍に登録された6歳以上の男女に与えられ，その人たちが租を負担したから。

キ　口分田は，戸籍に登録された男性のみに与えられ，その人たちが租を負担したから。

ク　口分田は，戸主のみに与えられ，戸主が租を負担したから。

カード2 中世	c中国から伝わった大唐米とよばれる品種の米が，西日本を中心に広がった。一年に同じ田畑で米と麦などを交互に作る［あ］も広がり，かんがい用の水車などが使われるようになった。また，有力な農民を中心に［い］が作られ，用水路の管理などについて，おきてを定めるなど自治的な運営を行った。

(3) カード2の下線部cにかかわって，歴史上のものの伝来や交易について述べた文として適切なものを，次のア～エから2つ選び，記号を書きなさい。

ア 正倉院宝物の中には，インドや西アジアから唐へもたらされたと考えられる品がある。
イ 南蛮貿易では，日本は中国へ生糸や絹織物などを輸出し，中国から銀を輸入した。
ウ アメリカで発明された火薬や羅針盤が，イスラム世界を通じて，中国に伝えられた。
エ 和人はアイヌの人々と交易を行い，鮭(さけ)や昆布，毛皮などが京都に運ばれた。

(4) カード2の あ ， い に当てはまる語句の組み合わせとして最も適切なものを，次のア～エから1つ選び，記号を書きなさい。

ア あ 二期作 い 惣　イ あ 二期作 い 五人組
ウ あ 二毛作 い 惣　エ あ 二毛作 い 五人組

(5) 資料2，3は，豊臣秀吉が行ったある政策で用いられたものである。豊臣秀吉が行ったその政策によって，公家や寺社には，どのような変化がみられたか，荘園領主という語を使って，簡潔に書きなさい。

資料2 京ます

（東京国立博物館蔵）

資料3 検地尺

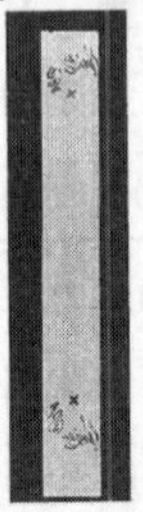

（尚古集成館蔵）

カード3 近世	江戸時代，農民は，年貢を d幕府や藩に納め，武士の生活を支えた。18世紀に入ると，e幕府は，財政難に対応するため，さまざまな政策を実施した。

(6) カード3の下線部dにかかわって，江戸幕府のしくみについて述べた文として最も適切なものを，次のア～エから1つ選び，記号を書きなさい。

ア 執権を中心とする有力な御家人の話し合いで，ものごとが決定された。
イ 政治は，老中を中心に行われ，若年寄や三奉行などの役職が置かれた。
ウ 太政官が政策を決め，その下で八省などが実務に当たった。
エ 管領は，他の有力な守護大名とともに政治を行った。

(7) カード3の下線部eにかかわって，表のア～ウは，徳川吉宗，田沼意次，松平定信のいずれかの人物が行ったおもな政策についてまとめたものである。徳川吉宗の政策について述べたものとして最も適切なものを，表のア～ウから1つ選び，記号を書きなさい。また，徳川吉宗が行った財政の立て直しの特徴として考えられることの1つを，表をもとに，年貢という語を使って，5字以上15字以内で書きなさい。

表

ア	イ	ウ
○商品作物の栽培を制限して，米などの穀物の栽培をすすめる。 ○江戸などの都市に出てきていた農民を故郷に帰す。	○商工業者による株仲間の結成を奨励し，営業税を納めさせる。 ○長崎からの銅や俵物とよばれる海産物の輸出を増やす。	○新田開発をすすめ，米の増産に努める。 ○参勤交代を軽減するかわりに，大名に幕府へ米を納めさせる。

カード４ 近代 現代	明治時代になり，政府は，国家の財政を安定させるため，f <u>税制の改革を行った</u>。その後，大正時代に入り，富山県から始まった g <u>米騒動</u>が全国に広がった。第二次世界大戦後，米の品種改良がさらに進み，多くの品種が登場してきている。

⑻　**カード４**の下線部 f にかかわって，明治時代の税制の改革について述べた文として適切なものを，次の**ア**～**エ**からすべて選び，記号を書きなさい。

ア　税は村ごとにかけられ，収穫した米の40～50％を米で納めた。

イ　政府は，地主が持つ小作地を強制的に買い上げて，小作人に安く売りわたした。

ウ　税率は，実施当初，地価の３％と定められ，土地の所有者が現金で納めた。

エ　政府は，土地の所有者と地価を定め，地券を発行した。

⑼　**カード４**の下線部 g のできごとが起きた時期として最も適切なものを，**略年表**の**Ｘ**～**Ｚ**から１つ選び，記号を書きなさい。また，このできごとが起きた原因の１つとして考えられることについて述べた文として最も適切なものを，次の**ア**～**ウ**から１つ選び，記号を書きなさい。

略年表

年	できごと	
1873	徴兵令が出される	
		X
1894	日清戦争が始まる	
		Y
1914	第一次世界大戦が始まる	
		Z
1931	満州事変が始まる	

ア　義和団事件後も満州に軍隊をとどめるロシアとの対立が深まり，日露戦争が始まったから。

イ　ロシア革命が起き，その広がりをおさえるために，日本やアメリカなどが出兵することになったから。

ウ　西郷隆盛を中心に鹿児島の士族などが西南戦争を起こしたから。

⑽　桜さんは，日本において，稲作が人々の生活や社会に与えた影響について調べてきたできごとのうち，まだ取り上げていないことを４つ挙げた。その４つのできごとである次の**ア**～**エ**が，古い順になるように左から並べて，記号を書きなさい。

ア　能は猿楽や田植えの際に行われた田楽などから生まれ，観阿弥，世阿弥によって完成した。

イ　朝廷は，開墾を奨励するために，墾田永年私財法を出した。

ウ　北海道では，屯田兵を中心に開拓が行われ，稲作も本格的に始まった。

エ　諸藩は，蔵屋敷で年貢米や特産物の取り引きを行った。

【問２】　各問いに答えなさい。

Ⅰ　春さんは，学校帰りに図のような北海道の図柄が入った地方版図柄入りナンバープレートをつけたトラックを見かけ，疑問に思ったことを**ノート１**に書き出した。

図

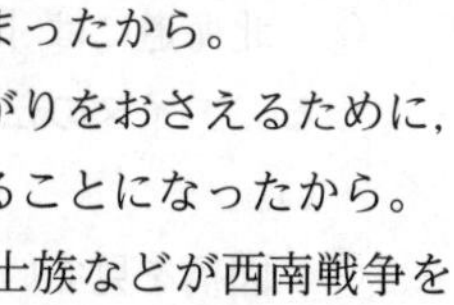

ノート１ ❶「苫小牧」って，何て読むのかな？どこにあるのかな？ ❷苫小牧ナンバーの図柄は何を表しているのかな？

⑴　**ノート１**の❶について，春さんはインターネットや地図で調べ，苫小牧（とまこまい）が北海道にあることがわかった。

①　次のページの**選択肢Ａ**の**ア**～**ウ**は，苫小牧市，高松市，金沢市のいずれかの都市の雨温図

である。苫小牧市の雨温図として最も適切なものを**ア**～**ウ**から１つ選び，記号を書きなさい。また，それを選んだ理由として最も適切なものを**選択肢Ｂ**の**エ**～**カ**から１つ選び，記号を書きなさい。

選択肢Ａ

ア　イ　ウ

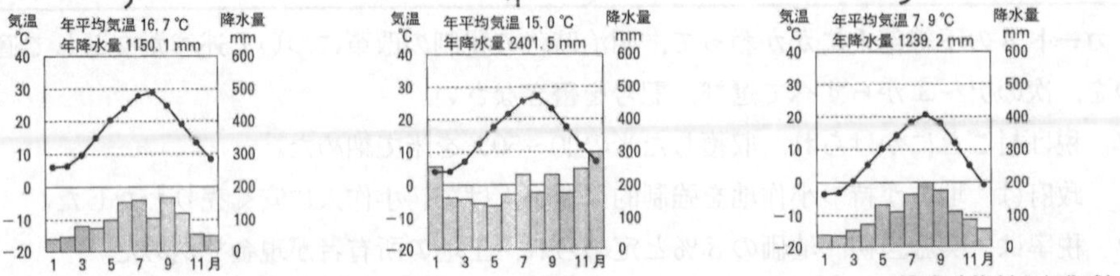

（気象庁資料より作成）

選択肢Ｂ

エ　冬は日本海から吹き込む湿気を含んだ風により，雨や雪の日が多くなるから。

オ　海からの風が山地にさえぎられるため，年間を通して降水量が少ないから。

カ　夏の平均気温を比べると，他の都市と比べて冷涼な気候であるから。

② 北海道には「トマコマイ」のように，アイヌ語が由来となったとされる地名が多くみられる。アイヌの伝統文化を振興させるため，1997年に施行された法律を何というか，書きなさい。

③ 図柄を見ていた春さんは，北海道の東方にある島々に着目した。**略地図１**は，北海道の東方の島々を拡大したものである。**略地図１**の あ に当てはまる島名を，次の**ア**～**エ**から選び，記号を書きなさい。また，点線で囲まれた島々を総称して何というか，漢字４字で書きなさい。

略地図１

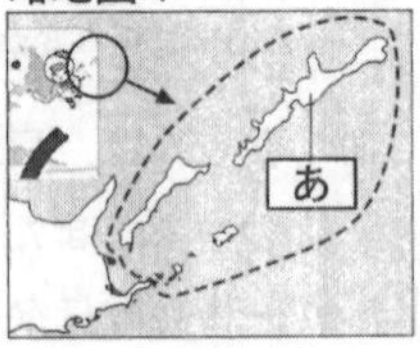

ア　国後島　**イ**　色丹島　**ウ**　択捉島　**エ**　歯舞群島

(2) 春さんは，苫小牧市について調べてわかったことを**ノート２**にまとめた。

ノート２
- 北海道の海の玄関口である苫小牧港と，空の玄関口である新千歳空港を有し，また，鉄道や国道，高速自動車道など，北海道の海と空と陸の交通の要に位置している。
- 道内最大の a 工業都市であり，製造品出荷額などでは，人口で10倍以上を有する札幌市を上回り，北海道全体の20.6％を占めている。
- b 近年，産業を生かした観光に力を入れ，産業集積都市として，産業観光を推進している。

① **ノート２**の下線部**a**にかかわって，日本で行われてきた加工貿易とはどのような貿易か，**資料１**をもとに，**製品**，**木材チップ**の２語を使って，簡潔に書きなさい。

資料１　苫小牧港における外国貿易の主要貨物（R2）

	品目	貨物量(t)		品目	貨物量(t)
輸出	紙・パルプ	116412	輸入	石炭	4194033
	水産品	103397		原油	3992518
	重油	102190		*木材チップ	832602

＊木材チップ：木材を機械で小さく切り刻んだもの

（「苫小牧港統計年報(R2 港湾統計)」より作成）

② **ノート２**の下線部**a**，**b**について，苫小牧市における産業別就業者数の割合の変化を，資

料2から読み取り，工業従事者数の割合に着目して，簡潔に書きなさい。

資料2　苫小牧市の産業別就業者数の割合の比較

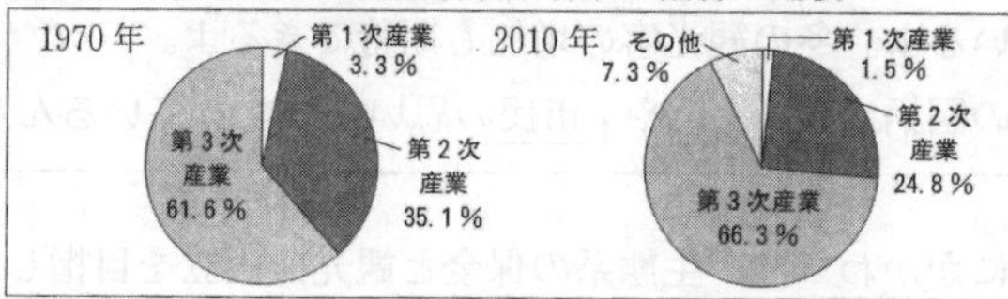

※四捨五入の関係で合計値が100％にならない場合がある

(「苫小牧市における現況・まちづくり上の課題」より作成)

(3)　**ノート1**の②について，春さんは，**資料3～5**を見て，考えたことを**ノート3**にまとめた。

資料3　地方版図柄入りナンバープレートの目的

「走る広告塔」として，c地域の風景や観光資源を図柄とすることにより，地域の魅力を全国に発信することを目的としている。

(国土交通省資料等より作成)

資料4　苫小牧市の＊観光入込客延数の推移（H26年度）

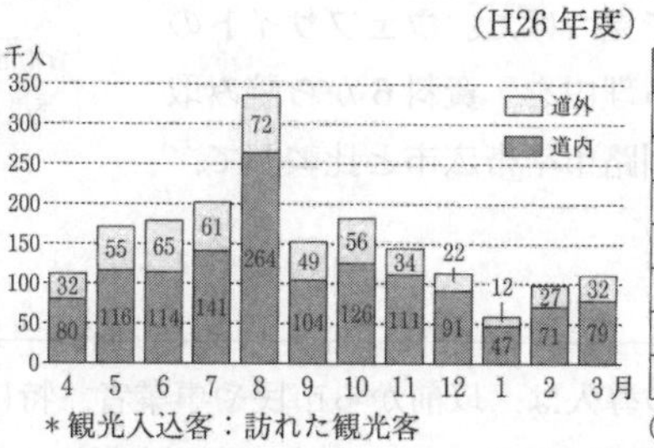

＊観光入込客：訪れた観光客

資料5　北海道の観光入込客のうち宿泊客延数(H26年度)

順位	市町村名	人口(万人)	宿泊客延数
1	札幌市	195	1110万人・泊
2	函館市	27	361万人・泊
3	釧路市	17	129万人・泊
4	登別市	5	121万人・泊
5	帯広市	17	102万人・泊
⋮	⋮	⋮	⋮
28	苫小牧市	17	16万人・泊

(**資料4，5**は苫小牧市資料より作成)

ノート3

・**資料3**の下線部**c**から，図柄と苫小牧市の観光の特徴には関係があると思う。
・苫小牧市の観光入込客延数は月によって差があり，8月と1月では，およそ［い］倍の違いがある。［う］の季節に比べて，［え］の季節の観光入込客延数が少ない。また，道内客と道外客を比べると，［お］客の割合が高い。
・人口が同規模の釧路市や帯広市と比較すると，観光入込客延数のうち，宿泊客延数が少ない。
・これらのことから，苫小牧市の観光入込客延数は季節による差が大きく，また，日帰り客が多いことから，［か］型の観光地であると考えられる。

①　**ノート3**の［い］～［か］に当てはまる最も適切なものを，**資料4，5**をもとに，次の**ア**～**ク**から1つずつ選び，記号を書きなさい。ただし，［い］～［か］には，それぞれ異なる記号が入る。

ア　3　**イ**　6　**ウ**　夏　**エ**　冬　**オ**　道外　**カ**　道内　**キ**　滞在　**ク**　通過

②　春さんは，ここまで調べてきたことについて友達と話し合い，考えを深めた。

会話文

春：苫小牧市は工業がさかんだと調べてわかったけれど，苫小牧ナンバーの図柄には，ウトナイ湖やアイスホッケーなどが描かれているね。自然や冬のスポーツが使われているね。

優：苫小牧市ならではの雄大なd自然景観は観光資源として紹介できるもんね。工業がさかんな苫小牧市らしく，工場，煙突など様々なロケーションを生かした，映画やテレビ番組の撮影も行われているし，観光産業に力を入れていこうとしていることが感じられるね。
誠：冬のスポーツのさかんな地域で，交通アクセスも良いことから，大会や合宿の誘致もすすめられているよ。冬の観光客の増加も期待できるよ。
春：苫小牧ナンバーの図柄には，e 市や f 市民の思いがつまっているんだね。

i　会話文の下線部 d にかかわって，生態系の保全と観光の両立を目指した取組を何というか，カタカナ７字で書きなさい。

ii　会話文の下線部 e について，春さんは，地方版図柄入りナンバープレートの導入に向けた市長の期待をウェブサイトで見つけた。ウェブサイトのように市長が期待する理由を，資料６から読み取れることをもとに，釧路市や帯広市と比較して，簡潔に書きなさい。

資料６　市町村別保有車両数
（R4. 3月末日現在）

	苫小牧市	釧路市	帯広市
人口	約 17 万人	約 16 万人	約 16 万人
貨物用	27954 台	14954 台	15544 台
乗用	70969 台	63706 台	70173 台

（国土交通省資料等より作成）

ウェブサイト

ナンバープレートの導入は，以前から市民や事業者，特にトラック協会などから要望があった。市長は，「苫小牧ナンバーの車が本州各地を走ることになるので，苫小牧の知名度の向上につながれば」と期待している。

（苫小牧市のウェブサイトより作成）

iii　会話文の下線部 f について，苫小牧の地方版図柄入りナンバープレートの申し込みの特徴の１つとして資料７から読み取れることを，寄付という語を使って，簡潔に書きなさい。

資料７　地方版図柄入りナンバープレート（苫小牧）の *1 申込件数（R2. 6. 22 現在）

寄付の有無	*3 寄付あり	寄付なし
*2 登録車	582 台	56 台
軽自動車	289 台	40 台
合計	871 台	96 台

＊1 申込：令和２年４月 13 日開始
＊2 登録車：登録された普通車の自家用車・事業用車
＊3 寄付あり：1000 円以上の寄付をすることで，フルカラー版を選択できる。寄付金は，当該地域の観光振興等にあてられる。
（国土交通省資料等より作成）

Ⅱ　夏さんは，ブラジルで大豆の生産がさかんであることに興味をもち，調べた。

(1)　資料８の A，B に当てはまる国名を，略地図２をもとに，それぞれ書きなさい。

資料８　大豆の生産量上位４か国の大豆の生産量，人口，面積（2018 年）

	国名	大豆の生産量（千 t）	人口（千人）	面積（千 km²）
1位	A	123664	326767	9834
2位	ブラジル	117888	210868	8516
3位	アルゼンチン	37788	44689	2796
4位	B	14189	1415046	9600

略地図２　大豆の生産量上位４か国
※大豆の生産量の上位４か国に着色してある

（資料８，略地図２は「世界国勢図会 2020/21」等より作成）

(2)　ブラジルの輸出品の変化について，資料９（次のページ）から読み取れることとして適切なものを，次のページのア～エから２つ選び，記号を書きなさい。

ア　1965年に輸出品として最も多かったコーヒー豆は，2007年，2018年の上位５品に入っていない。

イ　2007年の輸出品のうち上位５品は，1965年と比べて，すべて工業製品に変化した。

ウ　2018年の大豆の輸出額は，2007年の機械類と自動車を合わせた輸出額よりも多い。

エ　2018年の輸出総額は，1965年の輸出総額の100倍以下である。

⑶　夏さんは，ブラジルの大豆の輸出について調べ，**資料10, 11**を用意し，考えたことを**ノート４**にまとめた。

ノート４　**資料10**から，ブラジルの大豆の［き］は，2007年から2018年にかけて増え続け，［く］も，この間におよそ２倍に増加していることがわかる。**資料11**からは，2007年と2018年を比べると，ブラジルにおける大豆の輸出量が［け］し，その大部分が中国へ輸出されていることがわかる。このことから，ブラジルの大豆の生産と，中国への輸出には関係があると考えられる。

①　**ノート４**の［き］～［け］に当てはまる語句の組み合わせとして最も適切なものを，**資料10, 11**をもとに，次の**ア**～**エ**から１つ選び，記号を書きなさい。

ア	［き］収穫面積	［く］生産量	［け］増加
イ	［き］収穫面積	［く］生産量	［け］減少
ウ	［き］生産量	［く］収穫面積	［け］増加
エ	［き］生産量	［く］収穫面積	［け］減少

②　中国では，輸入した大豆を，おもに豚の飼料として利用している。中国が多くの大豆を輸入する理由の１つとして考えられることを，**資料12**から読み取れることをもとに，大豆と豚肉の生産量の変化に着目して書きなさい。

⑷　夏さんは，ブラジルの大豆の生産について，**ノート５**にまとめた。［こ］に当てはまる適切な言葉を，**自然環境**，**経済**の２語を使って，10字以上15字以内で書きなさい。

資料９　ブラジルの輸出品の変化

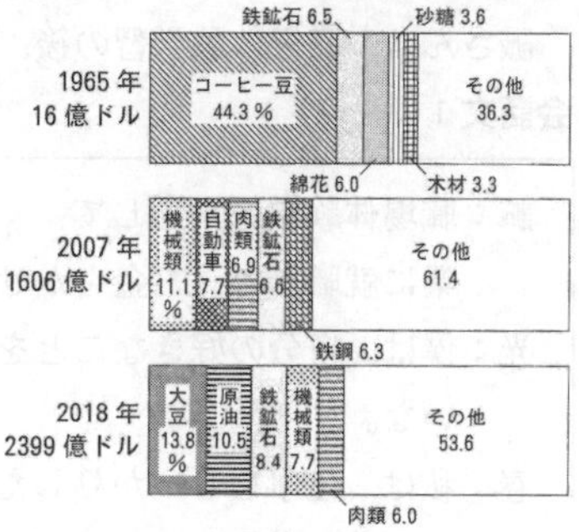

※輸出品は左から多い順に示している

（「世界国勢図会 2020/21」等より作成）

資料10　ブラジルにおける大豆の生産量と収穫面積の推移

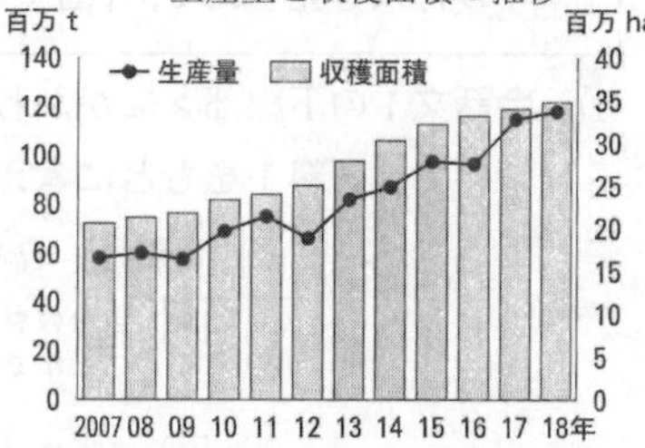

資料11　ブラジルにおける大豆の輸出量の推移

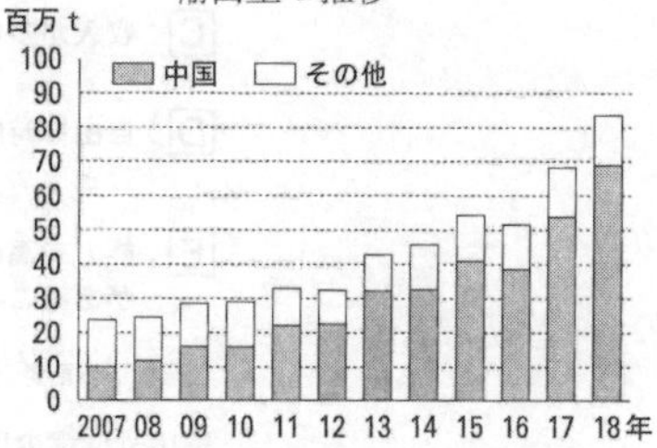

資料12　中国における大豆と豚肉の生産量の推移

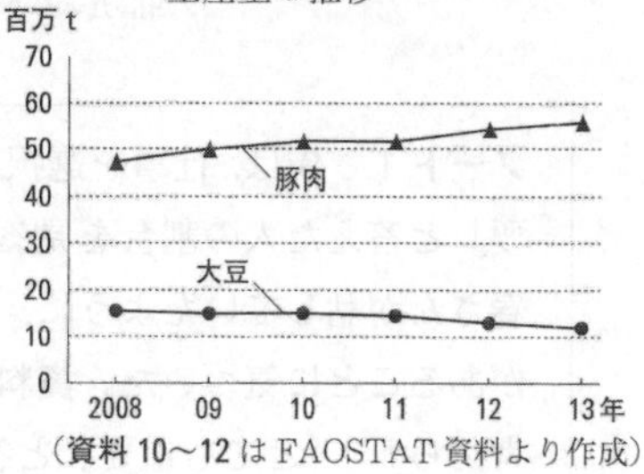

（資料10～12はFAOSTAT資料より作成）

ノート５　ブラジルでは，大規模に大豆の生産が行われ，近年は中国への輸出が多くなっている。一方で，大規模な開発により，熱帯の森林が減少している。［こ］とを両立させる，持続可能な開発が求められている。

【問３】 各問いに答えなさい。

Ⅰ　誠さんは，職場体験学習の後，友達と次のような会話をした。

会話文１

> 誠：職場体験学習を通して，$_a$<u>働くこと</u>について考えるようになったよ。僕は，$_b$<u>大きな企業に就職</u>して，お金をかせぎたいな。
>
> 光：僕は，自分の好きなことを仕事にしたい。音楽が好きだから，音楽に関わる仕事をしたいな。
>
> 春：私は，仕事もしっかりしたいし，趣味などの自分の時間も大切にしたい。国も「$_c$<u>働き方改革</u>」を進めているというニュースを見たよ。
>
> 誠：職場体験学習を通して，$_d$<u>消費者や納税者</u>の立場に立って考えることもできたな。自分の将来も見すえて，「働くこと」について，調べたり考えたりしたいな。

(1)　会話文１の下線部ａにかかわって，誠さんは，若い人が仕事を選択する際に重要視することについて，**資料１**をもとに考え，**ノート１**にまとめた。

資料１　若者が仕事を選択する際に重要視する観点

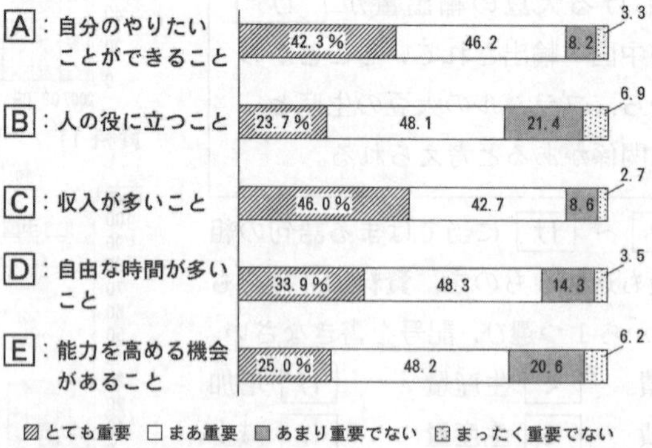

※16～29歳の男女にインターネットを通して実施されたアンケート
各観点について，４つの選択肢から１つを選ぶ形式

※四捨五入の関係で合計値が100％にならない場合がある

（H29年度内閣府資料より作成）

> **ノート１**　僕は，仕事を選択する際には，［あ］を重要視していた。資料１の「とても重要」と答えた人の割合を見ると，やはり，その観点の割合が１番高い。しかし，光さんや春さんが話していたように，資料１を見ると，仕事を選択する際には，他にも様々な観点があることに気づいた。資料１の観点［い］は，光さんが話していたこととつながると考えられ，「とても重要」と答えた人の割合は，２番目に高かった。資料１の観点［う］は，春さんが話していたこととつながると考えられ，「とても重要」と答えた人の割合は，３番目に高かった。

①　ノート１の［あ］に当てはまる語句として最も適切なものを，次のア～ウから，ノート１の［い］，［う］に当てはまる観点として最も適切なものを，次のエ～クから１つずつ選び，記号を書きなさい。

ア　収入　　イ　時間　　ウ　能力　　エ　Ａ　　オ　Ｂ　　カ　Ｃ　　キ　Ｄ　　ク　Ｅ

② 勤労の権利が含まれる権利として最も適切なものを，次のア～エから１つ選び，記号を書きなさい。

ア　平等権　　イ　社会権　　ウ　自由権　　エ　参政権

⑵ 会話文１の下線部ｂについて，誠さんは，企業の分類について調べた。

資料２　製造業に占める企業の分類の割合（2019年）

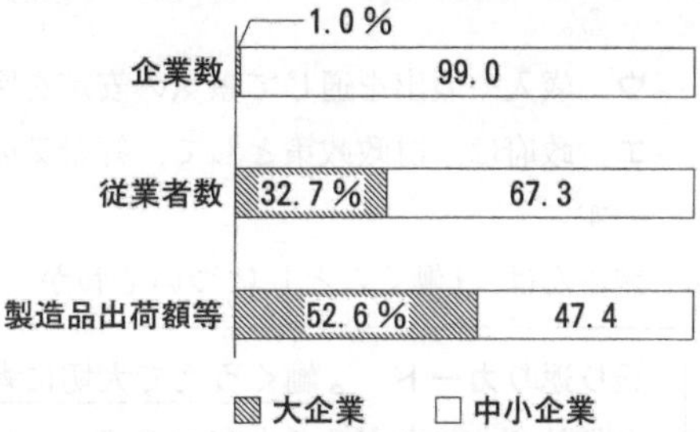

（「日本国勢図会 2022/23」より作成）

① 資料２から読み取れる大企業の特徴を，中小企業と比較し，**企業数**，**製造品出荷額等**の２語を使って，簡潔に書きなさい。

② 新たに起業し，新しい技術や独自の経営ノウハウをもとに革新的な事業を展開する企業のことを何企業というか，７字で書きなさい。

⑶ 会話文１の下線部ｃにかかわって，誠さんは，「働き方改革」に関わる法律があることを知った。そこで，資料３を集め，その内容や成立までの過程を，国会の働きとかかわらせて調べた。

資料３　働き方改革関連法（概要）と審議の行程

働き方改革関連法（概要）
１　働き方改革の総合的かつ継続的な推進
２　長時間労働の是正，多様で柔軟な働き方の実現等
３　雇用形態にかかわらない公正な待遇の確保

期日	内容
平成30年４月６日	国会へ法律案提出
平成30年５月31日	衆議院本会議にて審議終了，可決
平成30年６月29日	〔え〕院本会議にて審議終了，可決
平成30年７月６日	公布

（厚生労働省資料，衆議院資料より作成）

① 労働時間や休日といった，労働条件の最低限の基準を定めた法律を何というか，漢字５字で書きなさい。

② 資料３の「働き方改革関連法」のように，法律を国会で制定できるのは，日本国憲法で次のように国会の地位が定められているからである。次の条文中の〔Ｘ〕に当てはまる最も適切な語句を，漢字で書きなさい。

> 第41条　国会は，国権の最高機関であって，国の唯一の〔Ｘ〕である。

③ 資料３の〔え〕に当てはまる最も適切な語句を，漢字２字で書きなさい。また，日本の国会で二院制が採られている理由を，**意見**，**審議**の２語を使って，簡潔に書きなさい。

⑷ 会話文１の下線部ｄにかかわって，誠さんは，日本の税金を含めたお金の流れや，財政の仕組みについて調べ，図にまとめた。

図　政府と家計，企業の関係

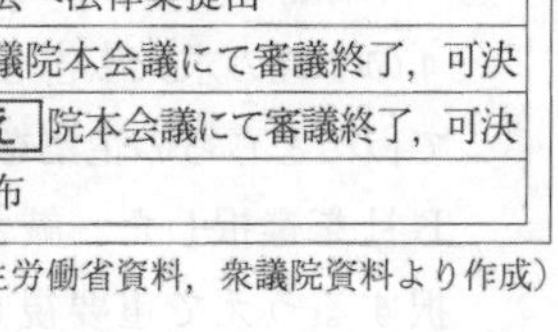

① 図の〔お〕～〔き〕に当てはまる最も適切な語句を，次のア～カから１つずつ選び，記号を書きなさい。ただし，〔お〕～〔き〕にはそれぞれ異なる記号が入る。

ア　利子　　イ　税金　　ウ　利潤
エ　賃金　　オ　資本　　カ　代金

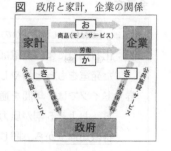

② 日本の財政について述べた文として適切なものを，次のア～エから２つ選び，記号を書きなさい。

ア　税金には，所得税や法人税のような直接税と，消費税や酒税のような間接税がある。

イ　所得税においては，収入にかかわらず税金の割合を同じにすることで公平性を保っている。

ウ　歳入や歳出を通じて景気の安定を図る政府の役割を財政政策という。

エ　政府は，財政政策として，好景気のときに公共事業を増加させ，民間企業の仕事を増やす。

(5) 誠さんは，「働くこと」についてわかったことや考えたことを，**振り返りカード**にまとめた。

> **振り返りカード**　e働くうえで大切に考えることや，働き方は多様であり，働くことで，より社会とつながることになるのだということがわかった。f自分が何を大切にして働いていきたいのか，考えながら生活していきたい。

① 下線部eにかかわって，「仕事と生活の調和」と訳され，国民一人一人がやりがいや充実感をもちながら働き，仕事上の責任を果たすとともに，家庭や地域生活などにおいても，人生の各段階に応じて多様な生き方が選択，実現できることを何というか，カタカナで書きなさい。

② 下線部fにかかわって，誠さんは**資料４**の２社の求人広告を集め，働き先として仮にどちらの企業を選択するか考え，Ｂ社を選択した。誠さんが働き先を選択するうえで重要視したこととして適切なものを，次のア～エから２つ選び，記号を書きなさい。

ア　収入がより多い。

イ　勤務時間がより短い。

ウ　自分のやりたい職種を選択できる。

エ　より能力を高めることができる。

資料４　求人広告

	Ａ社	Ｂ社
	スタッフ募集	スタッフ募集
内容	ソフト開発（パソコン使用）	ソフト開発（パソコン使用），営業から選択
給与	22万4000円	21万8000円
時間	１日８時間　週休２日	１日８時間　週休２日
待遇	社員食堂あり	資格取得に向けた研修制度あり

Ⅱ　誠さんは，日本のエネルギー源（電源）について興味をもち，再生可能エネルギーについて考えた。

会話文２

> 誠：g日本は，いくつかのエネルギー源を組み合わせて，電力を確保しているね。
> 光：化石燃料による発電は，二酸化炭素の排出量が多いから，再生可能エネルギーを利用した発電をもっと増やしたらいいと思うな。
> 春：ドイツでは，年間を通じて発電に適した風がふき，再生可能エネルギーによる発電のうち，およそ５割が風力で発電されているよ。でも，h日本とヨーロッパでは，ふく風の特徴が違うから，同じようにはできないね。
> 誠：i日本では，どのような再生可能エネルギーを利用した発電を増やしていくのがいいのかな。

(1)　**会話文２**の下線部**g**にかかわって，誠さんは，日本のエネルギー源の組み合わせについて，年代の古い順に**A**～**D**を並べたものを**ノート２**にまとめた。東日本大震災による変化は，**ノート２**のどの間に起こったものか，下の**ア**～**ウ**から最も適切なものを１つ選び，記号を書きなさい。

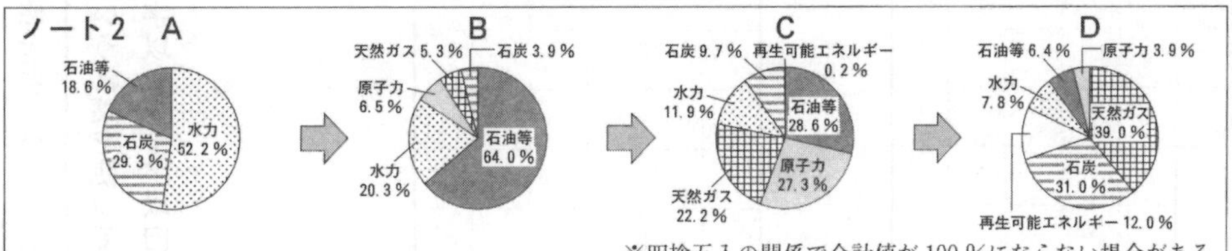

※四捨五入の関係で合計値が100％にならない場合がある

ア　**A**と**B**の間　　**イ**　**B**と**C**の間　　**ウ**　**C**と**D**の間

(2)　**会話文２**の下線部**h**にかかわって，日本では，ほぼ半年ごとに北西向きと南東向きに，風向きが大きく変わる風がある。その風を何というか，漢字３字で書きなさい。

(3)　**会話文２**の下線部**i**にかかわって，誠さんは，火山の活動が活発な日本では，地下にある高温の熱水や蒸気を資源として利用する，地熱発電を増やすことがよいのではないかと考えた。地熱発電を増やすことがよいと考えられる理由（**理由**）と，地熱発電を増やすうえでの課題（**課題**）について，他の電源と比較して，**条件１**～**３**に従って書きなさい。なお，数字の場合は１字１マス使うこと。

条件１：**資料５**，**６**から，それぞれ読み取れることにふれて，**理由**について書くこと。

条件２：**資料５**，**６**から，それぞれ読み取れることにふれて，**課題**について書くこと。

条件３：「地熱発電は，」に続け，**理由**は，「ため，地熱発電を増やすことがよい。」，**課題**は，「ため，地熱発電を増やすことには課題がある。」という文末に続くように，それぞれ30字以上50字以内で書くこと。

資料５　おもな再生可能エネルギーによる発電の特徴（2015年集計）

※小水力は出力1000 kW以下の小規模な水力発電，太陽光は出力1000 kW以上の大規模な太陽光発電，風力は陸上風力をさしている

電源	*1設備利用率	*2発電費用	発電設備の設置にかかる期間	発電設備の稼働年数
小水力	60％	23.3円/kWh	3～5年程度	40年
太陽光	14％	24.2円/kWh	1年程度	20年
風力	20％	21.6円/kWh	5～8年程度	20年
地熱	83％	16.9円/kWh	11～13年程度	40年

＊1 設備利用率：発電所の設備能力を100％利用できると仮定したときに得られる電力量に対する実際の発電量の割合で，数値が高いほど，発電所の設備を有効に利用できている

＊2 発電費用：新たな発電設備を建設・運転した際のkWhあたりの費用

資料６　地熱発電の特徴

○*1地熱資源量の世界上位５か国（2021年集計）

	国名	地熱資源量	*2地熱発電設備容量
1位	アメリカ	3000万kW	372万kW
2位	インドネシア	2779万kW	186万kW
3位	日本	2347万kW	61万kW
4位	ケニア	700万kW	68万kW
5位	フィリピン	600万kW	193万kW

*1 地熱資源量：地熱発電に使える資源量

*2 地熱発電設備容量：既存の地熱発電所で最大限発電したときの電力量

○日本の地熱資源の開発可能地域・不可能地域の割合（2019年集計）

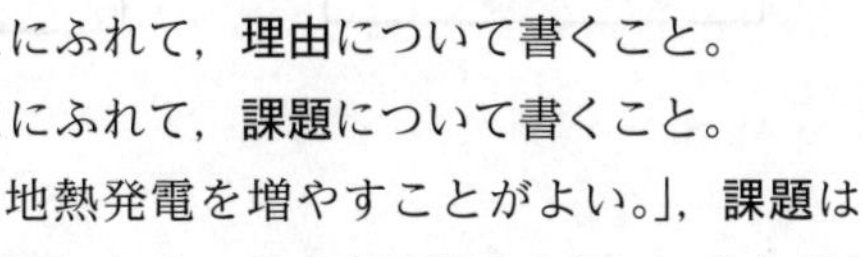

※四捨五入の関係で合計値が100％にならない場合がある

（**資料５**，**６**は資源エネルギー庁公表資料等より作成）

2
――線部ⓑ「愕然とした」という描写から、爪が伸びていた自分の状態を振り返り、ひどく驚いた様子がわかる。

〈条件１〉爪という言葉を使って書くこと。
〈条件２〉六十字以上八十字以内で書くこと。

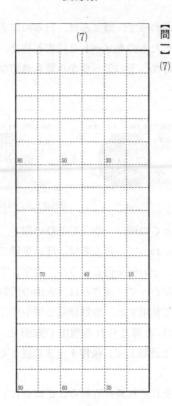

※下書き用の枠

【問二】(7)

(7)

【問五】(6)

(6)

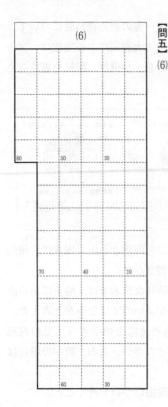

をしたり、取組の進行などをしたりする役

土俵＝相撲を取る円形の場所

巡業＝相撲の興行で各地を回ること

(1) 文章中の〰〰線部を漢字に直して、楷書で書きなさい。

① ハラ　② チョウシ

(2) 次の作品は、文章中にある漢字を行書で書いたものである。楷書で書いた場合と比較したとき、◯で囲まれた**あ**と**い**の部分に表れている行書の特徴として最も適切なものを、下の**ア**～**エ**から一つずつ選び、記号を書きなさい。

ア　点画の省略
イ　直線的
ウ　点画の連続
エ　筆順の変化

(3) ——線部①と同様の意味をもつ四字熟語として最も適切なものを、次の**ア**～**エ**から一つ選び、記号を書きなさい。

ア 単刀直入　**イ** 一部始終　**ウ** 清廉潔白　**エ** 徹頭徹尾

(4) ——線部**a**～**e**についての説明として適切なものを、次の**ア**～**オ**からすべて選び、記号を書きなさい。

ア　**a**の「軽く目を伏せた」には、靖成が緊張せずに思いを語ることができるように思いやる床芝の気遣いが含まれている。

イ　**b**の「言葉を切った」には、靖成の言葉を一旦さえぎり落ち着かせようとする床芝の冷静さが表れている。

ウ　**c**の「ため息をついた」には、怒鳴りつけることで靖成のやる気を失わせた松岡に対する床芝の失望が含まれている。

エ　**d**の「息を呑む」には、床芝に自分の考えを見抜かれ、その上、突然問い詰められて戸惑う靖成の驚きが表れている。

オ　**e**の「声を荒らげた」には、自分の期待を素直に受け止めない靖成に対する床芝のいら立ちが表れている。

(5) この文章を読んだ上野さんは、印象に残った場面について次のようにまとめた。[A]に当てはまる適切な言葉を、本文中の言葉を使い、十五字以上二十五字以内で書きなさい。

> 印象に残ったのは、靖成が部屋に戻る決意をした場面です。ここでは床芝が若い頃仕事を辞めなかった理由を語ります。そこで、靖成は、床山がどのような存在なのか、床芝がどのような思いで働いていたのかを聞き、自分の姿を重ねて振り返り、自分には床山にとって最も大切な、[　A　]という思いが欠けていたと気づくのです。靖成の心情が大きく変化した場面として心に残りました。

(6) この文章を読んだ山下さんは、——線部②にある「できるだけ深く」という言葉に着目し、**付せん**1、2を踏まえて、このときの靖成の心情を次のようにまとめた。[B]に当てはまる適切な言葉を、次のページの〈条件1〉、〈条件2〉に従って書きなさい。

> 「できるだけ深く頭を下げた」という行為には、櫛をもらった感謝以外にも、[　B　]が表れている。

付せん

1

> ——線部ⓐ「はっとした」という描写から、力士の髪を傷つけないように爪を短く切り揃えている床芝が、自分の目指す職人の姿であることに改めて気づいた様子がわかる。

「ああ、はい」
言われてみればその通りだが、正直まだピンと来ていない。そんな靖成を諭すように、床芝はじっと目を見て続けた。
「だんだん体がでかくなってるなとか、こんなにたくさんかすり傷ができるまで稽古したんだなとか、今緊張してるんだなとか……すぐそばで髷を結ってたら、わかるんだ。こいつらは懸命に、この世界で生きてるって。若関なんか、まさにそうだった。元々体格には恵まれてなかったけど、あの人なりに体を大きくしようとしていたし、いつ見てもどこかしらに生傷があった。何より、俺は絶対強くなるんだっていう闘志を、ばしばし感じた」
松岡はどうだったかなと思い出そうとしたが、できなかった。そこまで松岡に注意を向けたことは、一度もなかった。
床芝は相変わらず静かな、だけどいたって真剣な眼差しを、靖成に向けていた。
「若関のそういう姿を見てると、不満ばっか垂れてる自分がだんだん情けなくなってきて……せめて俺も、こいつと同じくらい必死でやんないと、って思ったんだよ」
靖成も、床芝から目を逸らすことができなかった。逸らしてはいけないと、頭の中で声がした。
「……床芝さん」
次の言葉を発しようとすると、唇が震えた。それでも息を深く吸い込み、はっきりと言い切った。
「俺、部屋に戻ります」
床芝は無表情で頷くと、百円玉を二枚寄越した。
「だったら早く帰れ。切符、これだけあれば足りるだろ？」
それから「ほら」と、何かを差し出した。見ると、髷結いのときに使う櫛だった。細かい傷がつき、歯の根元に髪が絡まっている。いくぶんか使い込まれたもののようだ。
「それ、大事なものですよね？　なんで俺に」
そこまで言いかけたら、「ああもう、お前って奴は」と、珍しく床芝がe声を荒らげた。
「どうしてそこで遠慮するんだ。櫛、折れて使えないんだろ？　戻っても仕事にならねえから、黙って受け取れ。予備の櫛は、今後ちゃんと用意しておけばいいから」
無理やり櫛を押し付けてくる床芝の指を見て、ⓐはっとした。彼の指はたくましく、それでいて爪が短く切り揃えられていた。以前、＊巡業で見せてもらったときと同じ、職人の指だった。
一方、靖成の指は簡単に折れてしまいそうなくらい細くて、爪もずいぶん伸びていた。指の太さは仕方がないとはいえ、俺はこんな状態で髷を結っていたのかと、ⓑ愕然とした。
「床芝さん」ともう一度呼びかけると、②できるだけ深く頭を下げた。
「ありがとうございます。今度はちゃんと、大事にします」
「ああ。もう落とすなよ」
床芝はそれだけ言って、早々と自宅へ帰っていった。靖成も、もらった櫛を慎重にしまうと、百円玉二枚を握りしめて地下鉄の切符売り場へと急いだ。

（鈴村ふみ「大銀杏がひらくまで」問題作成上ふりがなをつけた箇所がある）

＊（注）　髷＝髪をたばねて結ったもの
部屋＝床山として働いている相撲部屋のことであり、床山も力士と同じように部屋に弟子入りする
若関＝床芝が髪を結っていた力士　行司＝相撲の勝負の判定役
呼出＝取り組む力士の名を呼んで土俵に上がらせたり、土俵の整備

【問五】　次の文章を読んで、後の各問いに答えなさい。

靖成(やすなり)は力士の＊髷(まげ)を結う床山(とこやま)という仕事をしている床芝(とこしば)の姿に憧れ、十五歳で床山見習いとなった。床芝から入門祝いとして櫛(くし)を贈られ、よいスタートを切った靖成だったが、五か月がたち、徐々にうまくいかないことが増え、悩み始める。ある日、力士の一人である兄弟子の松岡の髷を結っているとき、松岡の髪を強く引っ張ってしまい、怒鳴られて押されたはずみで櫛を落とし、櫛の歯を折ってしまった。仕事が嫌になった靖成は、＊部屋を飛び出した。実家に帰ろうと駅に行くが、ほとんどお金を持っていなかったことに気づく。途方に暮れた靖成は床芝に電話をかけていた。

およそ三十分後、床芝はやって来た。いつも部屋で着ているようなスーツ姿だったから、着替えずに駆け付けてくれたのだろう。心なしか、息も少し上がっているような気がする。

「すみません。わざわざ来ていただいて」

床芝は怒らなかった。ただ、「よほどのことがあったんだろ」とa軽く目を伏せた。たぶん、逃げ出そうとしていたことはバレているのだろう。ごまかすのはやめて、靖成はこれまでのいきさつを①洗いざらい打ち明けた。櫛の歯が折れてしまったことも、正直に話した。また涙がこみ上げそうになって、途中で何度も言葉に詰まった。床芝は黙って聞いていたが、靖成の話が終わると、

「で、どうしたいんだ？　お前は」と静かに尋ねた。

「……どうしたい、って」

そう聞かれて初めて、自分が何も考えていなかったことに気づく。勢いで部屋を飛び出したものの、実家に帰って、いったいどうするつもりだったのだろう。

「もし辞めるつもりなら、俺は反対しない。その兄弟子はやりすぎだと思うし、こういうのは最終的にお前が決めることだからな。だけど」

床芝はそこで一度、b言葉を切った。

「お前、いつだったか言ってなかったか？　＊若関(わかぜき)が優しくなったのは俺のおかげだ、思いが伝わったからあの人は変わったんだって。お前はどうなんだ？　誰かを変えられるほどの仕事が、できているのか？」

「そ、それは」

できているか、と聞かれたら、できていなかった。だけど毎日怒鳴られていたら仕事に見切りをつけたくもなるだろう。

「そりゃ、やる気なくすのもわかるけど」

靖成の考えを見透かしたかのように、床芝がcため息をついた。

「前にも言った通り、俺は若関を支えるつもりでずっと、髷を結ってきた。たとえきつく当たられてもな。だけど俺が一度もハラを立てなかったなんて、お前本気で思ってるのか？」

え、とd息を呑(の)む。あのとき靖成の瞳に映ったのは、どこまでも優しく、真面目な床芝だった。

その床芝が若関に怒りを覚える姿など、想像できなかった。

「ふざけんな、昇進が早かったからってチョウシに乗るんじゃねえ、って何度も思ったよ。今のお前みたいに、逃げ出そうとしたこともあった。それなのになんで辞めなかったか、理由がわかるか？」

わからない。首を横に振ると、もうちょっと考えろよ、とたしなめられた。

「正解を言うとな、裏方の中でも床山が、力士に一番近い存在だからだ。俺たちは＊行司や＊呼出と違って、＊土俵には上がらない。だけど唯一、力士と直(じか)に接する仕事だろ？」

測（はか）りて之を墊（ほ）り、黄泉（くわうせん）に致さば、人尚（な）ほ用ふる有りや、と。恵子曰く、用ふる無し、と。荘子曰く、然らば則ち無用の用たるや亦（また）明らかなり、と。

（法を測り、その広さだけ残して周囲を地の底まで掘り下げたとすると、それでもその立っている場所が人の役に立つだろうか）
（役に立っていることは）

＊(注) 恵子＝人名　荘子＝人名

(1) 文章Ⅰ、文章Ⅱの〰〰線部の言葉を現代仮名遣いに直して、すべてひらがなで書きなさい。

① おもふやう　② なほ

(2) ——線部①「高慢の思ひをなせり」と同様の意味で用いられている言葉を文章Ⅰの本文中から八字で抜き出して書きなさい。

(3) ——線部②とあるが、鹿がそのことに気づいたのはなぜか。最も適切なものを、次のア～エから一つ選び、記号を書きなさい。

ア 足の力によって木から角を抜いて逃げることができるから。
イ 足のはたらきによって、ここまで逃げてくることができたから。
ウ 他のどの動物よりも速く走ることができたから。
エ 自分の足が細いわけではないことに気づいたから。

(4) 文章Ⅰの内容として適切なものを、次のア～カから二つ選び、記号を書きなさい。

ア 何が自分の強みとなり、弱みとなるかは自分ではわからないので、自己評価よりも他者からの評価を大切にすべきである。
イ 自分自身に対する過大評価が失敗の原因となることがある一方、自分自身に対する過小評価が成功の要因となることがある。
ウ 強みだと思っていた所が自分の弱みとなることがある一方、弱みだと思っていた所が自分の強みだったと後から気づくことがある。
エ 親切が相手に思わぬ悪い結果をもたらすことがある一方、冷淡に接することが相手の助けとなることがある。
オ 重んじていた人が自分を害することがある一方、遠ざけていた人が実は自分を助けてくれる存在であったと悔いることがある。
カ 誰が自分の敵となり、誰が自分の味方となるかはわからないので、人と付き合う場合は相手の人柄を見極めるべきである。

(5) ——線部③は、「謂荘子曰、子言無用」を書き下し文に改めたものである。返り点を付けなさい。

(6) 文章Ⅱの内容を次のようにまとめた。［A］に当てはまる適切な言葉を、二十字以上二十五字以内で書きなさい。

> 足がついている地面の周りの大地を掘り下げることは、次の一歩を踏み出す大地がなくなり、歩けなくなることを意味する。
> このように、役に立つと思われているものは、それだけで役に立っているのではなく、［A］成り立っているといえる。

(7) 文章Ⅰと文章Ⅱを授業で読んだ青木さんは、二つの文章の内容に共通するものの見方や考え方について、次のような感想を書いた。［B］に当てはまる最も適切な言葉を、あとのア～エから一つ選び、記号を書きなさい。

> 自分では［B］を見いだせなかったり、世の中で［B］がないと思われたりしているものが、実は大きな［B］をもっていることに気がついた。自分の性質や物事について決めつけた見方をしないことが、生きていく上で大切だと感じた。

ア 真実　イ 理由　ウ 希望　エ 価値

になった。

イ　自分ががんばって清掃をした分だけ、駅前公園を大事に使いたい気持ちが大きくなった。

ウ　きれいになった駅前公園を見て多くの人が喜んでいる姿から、達成感を覚えた。

エ　ごみ拾いをしていたら、自然を守るためにもっと様々な活動がしたいと思うようになった。

【問三】 次の①～③から、誤って使われている漢字一字をそれぞれ抜き出して書き、同じ読みの正しい漢字を楷書でそれぞれ書きなさい。

① 昔ながらの共同浴場が点在する温泉街を訪れる機会を設け、辺りを参策してみたい。

② 沖縄に転勤した知人へ、畑でとれた梨を高空便で送ったところ、礼状が届いた。

③ かぜの予忘に努めていたが、朝、寒気がして熱もあったので、かかりつけ医に薬を処方してもらった。

【問四】 次に示すのは、文章Ⅰが『伊曾保物語』の一節、文章Ⅱが『荘子』の一節を書き下し文に改めたものである。これらを読んで、後の各問いに答えなさい。

文章Ⅰ

ある時、鹿、河のほとりに出でて水を飲みける時、汝(自分の)が角の影、水に映つて見えければ、この角の有様を見て、「さても、我が頂きける角(頭にのせている)は、万(すべての)の獣の中に、また並ぶものあるべからず(いるはずがない)」と、かつは(一方では)①高慢の思ひをなせり(もった)。また、我が四つ足の影、水底に映つて、いと頼りなく細くして、しかも蹄二つに割れたり。また、鹿、心に思ふやう、「角はめでたう(立派だが)はべれど、我が四つの足はうとましげなり(嫌気がさす感じだ)」と思ひぬるところに、心より(気のせいだろうか)、人の声、ほのかに聞こえ、その外、犬の声もしけり。これによつて、かの(その)鹿、山中に逃げ入り、あまりに慌て騒ぐほどに、ある木のまたに、おのれ(自分の)が角を引きかけて、下へぶらりと下がりにけり。抜かん(抜こう)抜かんとすれどもよしなし(どうしようもない)。鹿、心に思ふやう、「よしなきただ今の我が心や。いみじく(たいそう)誇りける角は、我が仇になって、うとんずる(いやだと思っていた)②四つの肢(足)こそ我が助けなるものを」と、独言して思ひ絶えぬ(あきらめた)。そのごとく、人もまたこれに変はらず。「いつきかしづきける(大切にしていた)ものは仇となつて、うとんじ退けぬるものは我が助けとなるものを」と後悔すること、これ、ありけるものなり。

文章Ⅱ

＊恵子、③＊荘子に謂ひて曰く、子(あなた)の言、用無し(役に立たない)、と。荘子曰く、用(役に立)無き(たない)を知りて(ということを理解して)、始めて与に用を言ふべし(役に立つということを論ずべきだ)。夫れ地は広く且つ大ならざるに非ざるなり(そもそも大地は広くそしてまた大きいものだ)。人の用ふる所は(人が使う所は)足を容るるのみ(足がついている地面だけだ)。然らば(そうであるならば)則ち足を(足の寸

Ⅳ　これまでの国語の学習内容をまとめたノートの一部

【話すときのポイント】
・自分の思いを飾らず素直に表現し、視線、表情、身振り手振りなども工夫する。
・聞き手の反応によって、言葉や表現を選んだり、内容を補ったりする。
・話した内容は、音声のままだとその場限りで消えてしまうので、伝え方を工夫する。

【スライドを見せるときのポイント】
・内容を映すと読み返してもらえることなどを踏まえ、視覚的に伝わりやすくなるよう工夫する。
・伝えたいことの中心となることを強調できるので、キーワードなどを映す。
・映す情報が多いと伝わりにくいことがあるので注意する。

(1) Ⅱの――線部①について、北野さんのaの発言を踏まえ、このように考えられる理由として最も適切なものを、次のア～エから一つ選び、記号を書きなさい。

ア　聞き手が、どのような活動だったのかという疑問を抱きやすくなるから。
イ　聞き手が、どのような活動だったのか想像しやすくなるから。
ウ　聞き手に、新たな活動を始める決意を伝えられるから。
エ　聞き手に、なぜ清掃活動を選んだのか知ってもらえるから。

(2) Ⅱの A に当てはまる最も適切な言葉を、次のア～エから一つ選び、記号を書きなさい。

ア　経験をもとに、活動について知らない相手を想定し、聞き手の立場から発表の順番を考えていること
イ　様々な相手を想定し、自分たちの活動に協力してもらえるように発表の順番を考えていること
ウ　経験にとらわれることなく、柔軟な発想で発表の順番を考えていること
エ　聞き手の立場から新しい視点を取り入れ、予定にないことも発表しようとしていること

(3) Ⅲの――線部②の北野さんの発言を説明したものとして最も適切なものを、次のア～エから一つ選び、記号を書きなさい。

ア　相手の意見と自分の意見との共通点に注目し、納得できた理由を伝えている。
イ　相手の意見と自分の意見との相違点に注目し、納得できないことについて相手に質問している。
ウ　相手の意見の納得できる部分に共感して、自分の意見が変わったことを伝えている。
エ　相手の意見の納得できる部分を受け止めつつ、違う角度から自分の意見を伝えている。

(4) Ⅲの B に当てはまる適切な言葉を、北野さんのbの発言と南原さんのcの発言を踏まえ、Ⅳの【話すときのポイント】と、【スライドを見せるときのポイント】のそれぞれの中にある言葉を使って、四十字以上五十字以内で書きなさい。

(5) 発表方法を決める話し合いの後、発表原稿を作って推敲（すいこう）したところ、活動の感想について、Ⅰの【発表テーマ】に直接つながる内容のものを増やすことになった。増やす感想として最も適切なものを、あとのア～エから一つ選び、記号を書きなさい。

ア　ごみを拾っていると、通学路にある危険な場所にも気づくよう

a ど、そのときに、活動の内容から紹介したら、私たちの活動についてよく知らなかった方にも「最初に活動の内容の紹介があって発表が分かりやすかった」という感想をもらったよ。だから、①活動の内容から伝えると分かりやすいと思うな。

東山　南原さんと北野さんの発言で共通することは、［A］だね。どちらも分かりやすさを大事にしている。

南原　私たちの思いがより伝わるという点からも、活動を決めた経緯から発表することは、活動を始めた理由や思いが分かった上で、活動の目的や内容、感想を聞いてもらえるからいいと思うよ。

北野　そうか。私たちなりに考えて、思いをもって取り組んできたことだから、それを踏まえて発表を聞いてほしい。活動を決めた経緯から発表するのがいいかもしれないね。

西川　では、活動を決めた経緯から発表することにしようか。

（…話し合いは続く）

Ⅲ　最後の感想の発表方法を決める話し合いの様子

東山さんたちは、発表方法を考える手がかりとして、これまでの国語の学習内容をⅣのようにノートにまとめ、参考にすることにした。そして、話し合いの中で、それぞれの発表内容の発表方法が決まってきた。

西川　では、発表の最後に扱う、活動の感想の発表方法を考えよう。

南原　ノートにあるように、素直な表現で思いを伝えるために、話すときの表情や身振りを大切にしたいよ。だから、話し手へ注目を集めるように、あえてスライドを見せずに話すのもいいよね。

北野　b そうかな。私は反対に、感想の文章をスライドで見せて発表するのがいいと思う。聞き手が必要に応じて文章を読み返すことで、内容を理解しやすくなると思うよ。

南原　文章を読み返せるけれど、その分、聞き手の視線が話し手に集まりにくくなるよ。それよりも、話し手に視線が集まれば、話し方を工夫する効果も高まって、思いがより伝わりやすくなると思うな。

北野　なるほど。②話し方の工夫の効果を高めることは大事かもしれない。でも、私は、話した内容は消えていくから、印象に残りにくいと思うよ。

南原　北野さんの言うこともわかるけれど、感想だからこそ思いを伝えることを大切にしたい。c それに、聞き手に思いが伝わっていないと感じたら、表現を選んで話す工夫ができるよ。そんなときに文章全部が映してあると、違う表現を選びにくいと思う。

東山　二人の意見を組み合わせたらどうかな。情報が多くならないようにしながら、読み返してもらったり、中心となることを強調したりできるように、［B］と思うよ。

（…話し合いは続く）

ア 提供　イ 創造　ウ 自覚　エ 流通
オ 幸福感　カ 利他性　キ 特殊性　ク 関係性

(6) 筆者は本文の最後を「かもしれない」という言葉で締めくくっている。このことの説明として適切なものを、次のア～エから二つ選び、記号を書きなさい。

ア 遠回しな表現を最後まで続けることで、読み手の考えを誘導しようとしている。
イ 自然界の例とは異なり、実証できる事柄ではないので、断定的な表現を避けている。
ウ 筆者による一方的な主張という印象を和らげ、読み手に考えさせる効果を生んでいる。
エ 文末表現に変化を与えることで抑揚をつけ、読み手の感情移入を促し、内容の理解を助けている。

(7) ――線部②とあるが、筆者が述べている「機能としての価値」、「感性的な価値」のそれぞれについて、対比的に説明することになった。自転車、手袋、絵本のうち一つを具体例に用いて、次の〈条件1〉～〈条件3〉に従って書きなさい。

〈条件1〉自分が取り上げた例を明確に示し、「機能としての価値」、「感性的な価値」の言葉を用いて、それぞれの説明を具体的に書くこと。
〈条件2〉「感性的な価値」については、どのような感情が呼び起こされるのかを含めて書くこと。
〈条件3〉七十字以上九十字以内で書くこと。

【問二】 東山さんの中学校では、例年、文化祭で各学級の地域貢献活動について発表している。清掃活動に取り組んでいる東山さんの学級では、今年度の発表に向け、学級全体で話し合う中で、発表テーマが決まり、扱う発表内容が挙げられた。それを受け、東山さんは、発表を担当する係の仲間と、発表の構成などについて話し合っているところである。次のⅠ～Ⅳを読んで、後の各問いに答えなさい。

Ⅰ 学級全体で話し合った【発表テーマ】と【発表内容】

【発表テーマ】
小さな積み重ねが、地域のみんなの喜びへ

【発表内容】
〈活動を決めた経緯〉
道路のごみを拾っている方や公園の管理をしている方を見て、役に立ちたいと思ったから。

〈活動の内容〉
・週1回、学校周辺のごみ拾い。
・月2回、駅前公園の清掃。

〈活動の感想（主な内容）〉
・清掃中に地域の方から励ましの言葉をもらい、地域の一員として認められたように感じてうれしくなった。
・活動を重ねるにつれ、徐々にきれいになっていくのを見て、大切な活動だと改めて感じた。

〈活動の目的〉
地域をきれいにして、地域のみんなの住み心地をよくする。

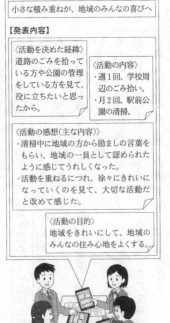

Ⅱ 発表全体の構成を決める話し合いの様子

西川　発表全体の構成を決めていきたいのだけれど、発表内容をどの順番で発表していけばいいかな。
南原　活動を決めた経緯から、時間の流れに沿って発表すれば、私たちの活動を知らない他の学級の人にも、取り組みの流れが分かりやすくなると思う。昨年度の発表のときに、時間の流れに沿って活動を説明してくれた学級があって、活動について知らなかった私にも、分かりやすかったよ。
北野　活動の内容から発表するのはどうかな。小学生の頃、地域の方々に総合的な学習の時間の発表をしたのだけれ

社会には、それぞれの立場の人ごとに違う観点があり、誰に寄り添うのかによって、創造のフィールドが無限に広がっている。特定の相手を深く理解し、寄り添うことで初めて、深い適応関係が生まれる。自然界の共生と同じように、創造では、それが限られた特定の相手にどう響くかという観点が、つねに問われているのだ。作り手の自覚を超えて、個の共感を得られるかどうかによって共生的な価値を発揮する。この特殊な価値は、②単純な機能としての価値だけでなく、むしろ感性的な価値を多分に含んでいるといえるだろう。ある香水の匂いが誰かに切ない気持ちを与えるかもしれないし、浜辺の夕焼けが遠いあの日の記憶を呼び覚ますかもしれない。まさにきわめて個人的な価値観、私たちの心に訴える特殊な価値観は、誰かと創造の関係における*自然選択を生み出している。相手の心によりそって、その特殊性に共感しよう。そこから二つのものは一つになるのかもしれない。

（太刀川英輔（たちかわえいすけ）「進化思考　生き残るコンセプトをつくる「変異と適応」」
問題作成上ふりがなをつけた箇所がある）

*（注）　ミラーニューロン＝脳内にあり、他人がしていることを見て我がことのように共感する力をつかさどっていると考えられている神経細胞
ステークホルダー＝利害関係者
マーケティング＝商品などを消費者に効率的に提供するための活動
自然選択＝自然的な原因によって特定の個体が選択的に生き残ること

(1)　文章中の〰〰線部のよみがなを、ひらがなで書きなさい。
①　粘液　②　通称　③　余剰
④　乏しい　⑤　賃金　⑥　匂い

(2)　═══線部a、bの品詞を、次のア～エから一つずつ選び、記号を書きなさい。
ア　副詞　イ　連体詞　ウ　形容詞　エ　形容動詞

(3)　――線部①について、本文の内容を踏まえ次のように説明するとき、A、Bに当てはまる最も適切な言葉を、本文中からそれぞれ指定された字数で抜き出して書きなさい。

> 特定の種同士がお互いの A（七字） 関係のことであり、多くの場合、双方が B（九字） していることも見逃せない特徴である。

(4)　本文における筆者の論理の展開についての説明として適切なものを、次のア～エから二つ選び、記号を書きなさい。
ア　自然界の共生と人間社会の製品流通の仕組みの共通性に着目し、役割の違いの重要性を中心に考察している。
イ　自然界の共生に関する科学的な知識を手がかりに、人間社会における共生の意味と可能性を考察している。
ウ　自然界の二つの例を対比的に用い、その相違点から、科学的な知識をもとに人間社会の問題を考察している。
エ　科学的な知識を利用するだけでなく、デザインや歌などを例として挙げ、共生についての考察を進めている。

(5)　本文の内容を次のようにまとめた。C～Eに当てはまる最も適切な言葉を、あとのア～クから一つずつ選び、記号を書きなさい。

> 特定の相手の心に寄り添い、その C を深く理解することで形成される強固な D が、より多くの人々に感動と強い共感を与える E の起点となる。

＜国語＞

時間 五〇分 満点 一〇〇点

【注意】解答用紙にマスがある場合は、句読点、カギ括弧（「や『）なども それぞれ一字と数えて書きなさい。

【問一】次の文章を読んで、後の各問いに答えなさい。

カクレクマノミは、小さくてa弱い魚だが、毒のあるイソギンチャクと共生して外敵から身を守っている。クマノミの体表にある粘液はイソギンチャクの免疫と成分が近く、毒はクマノミを攻撃しない。イソギンチャクのなかにいれば外敵は攻撃してこないため、弱いクマノミにとってイソギンチャクは安全な住処になっている。その一方で、クマノミはイソギンチャクに発生する寄生虫を食べてあげたり、イソギンチャクの体を揺らして代謝を助けている。お互いの弱さを支え合う、何とも良い関係性が育まれている。

同様の例としては、獰猛な肉食魚のウツボと、通称クリーナーシュリンプと呼ばれるエビたちとの共生関係があげられる。ソリハシコモンエビやベンテンコモンエビなどのクリーナーシュリンプは、ウツボの大きな口に自ら喜んで入っていく。一口でウツボに食べられてしまいそうなbひ弱なエビだが、捕食されることはない。ウツボは大きな口を開けてそのエビを口のなかに招き入れ、口の奥まで入ってもそのエビを食べようとはしない。

クリーナーシュリンプはその名の通り、ウツボの口のなかにいる寄生虫などを食べて掃除をしてくれる、ありがたい存在なのだ。①こうした親密な共生関係は、昆虫による花の受粉や、乳酸菌と私たち人間など、さまざまな場所で観察されるが、生態系のなかで見ると、かなり特殊な関係だと言える。なぜなら共生は一般的な関係ではなく、固い絆で結ばれた特定の種間にだけ起こる現象だからだ。また、それらのほとんどが相手に合わせて進化しているのも注目に値する。お互いが提供できる余剰を相手に分け与えることで、共生系はまさに一体の存在になるのだ。

私たちの創造性を考えるうえで、こうした共生関係から学べることは何だろう。それは、真に強固な共生関係は、お互いを深く理解した特殊な個と個のあいだに起こるということではないか。たとえば、個人的な痛みに訴えかけない反戦の歌や、特定の誰かに寄り添えないデザインは、感動に乏しいことがある。逆に、きわめて個人的な痛みや経験に寄り添う声が、強い共感を生むこともある。「みんな恋愛頑張れよ」という歌は共感のしどころが難しいが、「香水のせいで思い出しちゃったよ」という個人的体験による歌が共感を集めてヒットしたりするのはこのためだ。

人間は社会的な動物として、人間同士の共生関係を生み出せるように進化してきた。相手の考えがわかるように*ミラーニューロンが発達したり、利他性のある行動をとれば幸福感が増したりする。実際に、私たちは誰かの役に立つことで賃金をもらったり、共に生きていける社会を作ろうとする。製品を流通するような場面でも、開発者、製造者、販売者、ユーザー、アフターサポートなど、多様な*ステークホルダーが助けあう繋がりができていて、それぞれがお互いを活かす生態系を形成しているのだ。しかし本当の意味で共生関係を強固に構築するには、役割の違いを生み出すだけでなく、お互いのことを深く理解する必要があるのだ。大企業ではエンジニアと*マーケティングの担当者がぶつかったりすることがよくあるが、お互いを深く理解しない関係は脆弱だ。

2023年度

解答と解説

《2023年度の配点は解答用紙集に掲載してあります。》

＜数学解答＞

【問1】 (1)　1　(2)　イ　(3)　$\frac{4x-9y}{4}$　(4)　$(x+2)(x-6)$　(5)　$(x=)-1\pm\sqrt{2}$
(6)　イ，ウ　(7)　ウ　(8)　$\frac{3}{5}$　(9)　エ　(10)　解説参照
(11)　64(°)　(12)　9(cm)

【問2】 Ⅰ　(1)　2020(年)　(2)　①　ア　②　ウ　(3)　あ　イ　い　ア
Ⅱ　(1)　解説参照　(2)　う　5　え　c　お　99

【問3】 Ⅰ　(1)　①　0.2(L)　②　$(y=)-0.4x+2.8$　(2)　①　い　(例)点(8, 0)を通り，傾き－0.3　う　(例)交点　え　x(座標)　②　1(時間)12(分後)
Ⅱ　(1)　4　(2)　$(a=)8$　(3)　①　(0, 3)　②　$\left(0,\ \frac{5}{2}\right)$

【問4】 (1)　4(cm)　(2)　①　30(°)　②　$3\sqrt{3}$ (cm)　(3)　①　(例)　∠ACBは円Oの半円の弧に対する円周角　②　解説参照　③　う　解説参照　え　(∠)CPE
(4)　①　$\frac{8\sqrt{2}}{9}$(cm²)　②　1：3

＜数学解説＞

【問1】 (小問群―正負の数の計算，文字式の利用と計算，因数分解，二次方程式，反比例の性質，不等式，確率，連立方程式の応用，作図，多角形における外角の性質，球と円柱の体積)

(1)　$-3+4=4-3=1$

(2)　ア　$n=-7$のとき，$5+n=5-7=-2$となり負となる。
イ　nが負の整数なら，$-n$は必ず正の整数となり，$5-n=5+(-n)$より，これは常に正の整数。
ウ　$n=-3$のとき，$5\times n=5\times(-3)=-15$となり負となる。
エ　$5\div n$は，$n=-3$のとき，$5\div n=-\frac{5}{3}$と負になるがこれは整数ではない。

(3)　$\frac{2(3x-5y)-(2x-y)}{4}=\frac{6x-10y-2x+y}{4}=\frac{4x-9y}{4}$

(4)　$x-3=A$とおくと，$(x-3)^2+2(x-3)-15=A^2+2A-15=(A-3)(A+5)$　これに，$A=x-3$を代入すれば，$(x-3-3)(x-3+5)=(x-6)(x+2)$

(5)　$x^2+2x+1-2=0$　$(x+1)^2=2$　$x+1=\pm\sqrt{2}$　$x=-1\pm\sqrt{2}$

(6)　$y=\frac{12}{x}$となるので，yはxに反比例する。したがって，xの値が2倍，3倍，4倍…になると，yの値は$\frac{1}{2}$倍，$\frac{1}{3}$倍，$\frac{1}{4}$倍，…となり，イは正しい。また，$xy=12$(比例定数)となるので，ウも正しい。

(7)　小数第一位を四捨五入して31.5となる範囲を考えるので，$30.5\leqq a<31.5$

(8)　球の取り出し方は全部で20通り。この中で2個の玉の色が異なる取り出し方は，「青→赤」と取り出す方法が$3\times2=6$(通り)　「赤→青」と取り出す方法が$2\times3=6$(通り)　以上より，求める確率は，$\frac{12}{20}=\frac{3}{5}$

(9)　連立方程式の解のうち，xの値は$x=2$とわかるので，これを$x+y=-1$に代入すると，$2+y=-1$　$y=-3$　ア～エのなかから，$x=2$，$y=-3$を代入して成り立つものを探すと，エとなる。

(10)　【作図の手順】①　点Aを中心とした円を描き，直線BCと2交点をとる。　②　その2交点を中心とした同じ半径の円を2つかき，その2円の交点をとる。　③　②でとった交点と点Aを結ぶ直線を引き，直線BCとの交点をPとする。

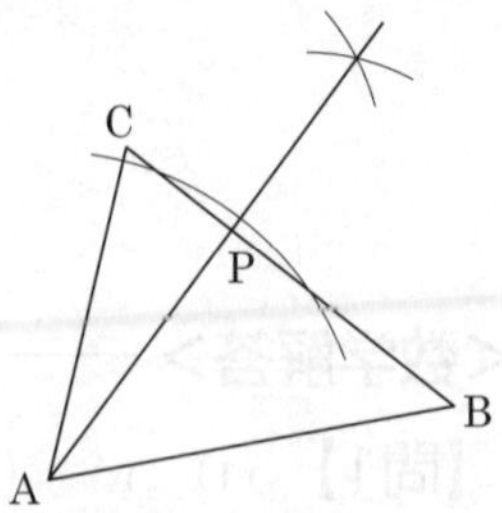

(11)　多角形の外角の和は360°なので，$56°+80°+x+70°+90°=360°$　これを解いて，$x=64°$

(12)　球Aの体積は，$\frac{4\pi\times3^3}{3}=36\pi(\text{cm}^3)$　球Bの高さを$h$cmとすると，体積は，$2^2\pi\times h=4\pi h(\text{cm}^3)$　これらが等しいので，$36\pi=4\pi h$　これを解いて，$h=9(\text{cm})$

【問2】（資料とグラフの利用，数学的思考と文字式の利用―箱ひげ図とヒストグラムの読み取り，規則性の発見と文字式の利用，方程式の応用）

Ⅰ（1）　最小値が28℃以上30℃未満，最大値が38℃以上40℃未満なので，2020年とわかる。

（2）　①　各年の最大値と最小値の差を見ると，2010年が最も小さく，2020年は2番目に小さい。したがって，正しい。　②　2005年は最大値が35℃を超えているので，35℃超の日があったことはわかるが，それが1日しかないかどうかはわからない。

（3）　あ　2015年は中央値が30℃を超えているので，全体の50％以上の日が30℃を超えていたとわかる。　い　2015年の第一四分位数が27℃と読み取れるので，全体の約25％の日が27℃以下といえる。

Ⅱ（1）　（例）$(a+b+c=)mn+m(n+1)+m(n+2)=3mn+3m=3m(n+1)$　$b=m(n+1)$であるから，$3m(n+1)=3b$である。

（2）　う，え：m行目で考えるとすると，$b=a+m$，$c=a+2m$，$d=a+3m$，$e=a+4m$と表せる。すると，$a+b+c+d+e=a+(a+m)+(a+2m)+(a+3m)+(a+4m)=5a+10m=5(a+2m)$となり，これを5でわると，$a+2m$なので$c$と同じ。　お：11行目の5つの数の和が605であるとき，$605\div5=121$であることから，最初に選んだaの数は，$121-11\times2=99$

【問3】（関数とグラフ―グラフの読み取り，直線の式とその利用，放物線とその座標平面，座標平面上における線分の長さ・面積）

Ⅰ（1）　①　図1のグラフから，Aの加湿器は弱の設定で，4時間かけて0.8Lの水を放出しているので，1時間あたり0.2Lの水を放出するとわかる。

②　$4\leqq x\leqq7$においては，強の設定で水を放出しているので，直線の傾きは-0.4とわかる。点$(7,\ 0)$を通るのでy切片は$0.4\times7=2.8$　したがって，直線の式は$y=-0.4x+2.8$

（2）　①　い：（例）　点$(8,\ 0)$を通り，傾き-0.3　（注：これは，加湿器Bにおいて弱の設定が1時間当たり0.3Lの水を放出し，使用開始から8時間後に水タンクの水がなくなったことから求めている。）　う，え：2本の直線の交点が強→弱に切り替わった時点となり，その交点のx座標が切り替わった時間を表すことになる。

②　点$(0,\ 3)$を通り，傾き-0.8の直線の式は，$y=-0.8x+3$　また，点$(8,\ 0)$を通り，傾き-0.3の直線の式は，$y=-0.3x+2.4$　これらよりyを消去して，$-0.8x+3=-0.3x+2.4$　これを解いて，$x=1.2$　よって，運転開始から1.2時間後，すなわち，1時間12分後に「強」から「弱」に切り替わったといえる。

Ⅱ (1) $a=4$のとき，A(4, 4)，B(4, 8)なので，AB=8−4=4

(2) $A\left(a,\ \frac{1}{4}a^2\right)$，$B\left(a,\ \frac{1}{2}a^2\right)$，$C\left(-a,\ \frac{1}{2}a^2\right)$なので，$AB=\frac{1}{2}a^2-\frac{1}{4}a^2=\frac{1}{4}a^2$，$BC=a-(-a)=2a$だから，AB=BCとなるとき，$\frac{1}{4}a^2=2a$　これを解いて，$a^2-8a=0$　$a(a-8)=0$　$a=0$, 8　$a>0$より，$a=8$

(3) ① A(2, 1)，B(2, 2)，C(−2, 2)より，AB=1，BC=4なので，△ABCの面積は$\frac{1}{2}\times1\times4=2$　ここで，P(0, p)とすると，BCPの面積は$\frac{1}{2}\times4\times(p-2)=2p-4$となる。△BCPと△ABCの面積が等しくなるとき，$2p-4=2$　これを解いて，$p=3$　よって，P(0, 3)

② 直線ACとy軸の交点をDとすると，AD=CDより，$D\left(0,\ \frac{3}{2}\right)$　よって，$DP=p-\frac{3}{2}$となる。よって，△ACPの面積は$\frac{1}{2}\times DP\times$(2点A，Cの$x$座標の差)より，$\frac{1}{2}\times\left(p-\frac{3}{2}\right)\times4=2p-3$

△ACPと△ABCの面積が等しくなるとき，$2p-3=2$　これを解いて，$p=\frac{5}{2}$　よって，$P\left(0,\ \frac{5}{2}\right)$

【問4】 (平面図形ー円の性質の利用，線分の長さの求値，角度の求値，三平方の定理，三角形が相似であることの証明，二等辺三角形であることを利用した証明，面積の求値，相似な図形の性質の利用)

Ⅰ (1) AP=2cmのとき，BP=6−2=4(cm)　円の半径は等しいので,BC=BP=4(cm)

(2) ① 円の半径は等しいことから，PB=PCかつBP=BCなので，△PBCは正三角形　したがって，∠PCB=60°　さらに，線分ABは円O(P)の直径なので，∠ACB=90°　以上より，∠ACP=90°−60°=30°

② △BCEについて，BC=3(cm)，$BE=PE=\frac{3}{2}$(cm)　三平方の定理より，$CE^2=BC^2-BE^2$なので，$CE=\sqrt{3^2-\left(\frac{3}{2}\right)^2}=\sqrt{9-\frac{9}{4}}=\frac{3\sqrt{3}}{2}$(cm)となる。よって，$CE=DE=\frac{3\sqrt{3}}{2}$(cm)なので，$CD=3\sqrt{3}$(cm)

(3) ① (例)∠ACBは円Oの半円の弧に対する円周角

② (例)∠ABCは共通な角だから，∠ABC=∠CBE…②　①，②より，2組の角がそれぞれ等しいので，△ABC∽△CBE

③ う：(例)BCとBPは円Bの半径なので，BC=BPである。△BCPにおいて，2つの辺が等しいので，△BCPは二等辺三角形である。　え：二等辺三角形の底角は等しいので，∠PCB=∠CPE

(4) ① BP=6−4=2(cm)なので，BC=BP=2(cm)　△ABC∽△CBEより，AB：CB=BC：BE　6：2=2：BE　6BE=4　$BE=\frac{2}{3}$(cm)　よって，$PE=2-\frac{2}{3}=\frac{4}{3}$(cm)　△BCEにて三平方の定理より，$CE=\sqrt{2^2-\left(\frac{2}{3}\right)^2}=\sqrt{4-\frac{4}{9}}=\frac{4\sqrt{2}}{3}$(cm)　以上より，△CEPの面積は，$\frac{1}{2}\times PE\times CE=\frac{1}{2}\times\frac{4}{3}\times\frac{4\sqrt{2}}{3}=\frac{8\sqrt{2}}{9}$(cm²)

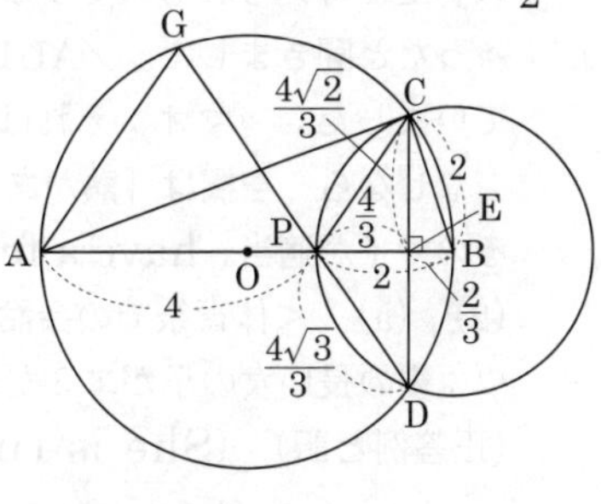

② △BCP≡△BDPより，△BDPと△GAPの面積の比を求める。△CEPにおいて，三平方の定理より，$CP^2=CE^2+PE^2=\left(\frac{4\sqrt{2}}{3}\right)^2+\left(\frac{4}{3}\right)^2=\frac{48}{9}$　$CP=\frac{4\sqrt{3}}{3}$(cm)　よって，$CP=DP=\frac{4\sqrt{3}}{3}$(cm)　△BDP∽△GAPなので，相似比は$PD：PA=\frac{4\sqrt{3}}{3}：4=1：\sqrt{3}$　ゆえに，△BDPと

△GAPの面積の比は，相似比の2乗の比なので，$1^2:(\sqrt{3})^2=1:3$　したがって，△BCPと△GAPの面積の比も1：3

＜英語解答＞

【問1】（1）No. 1　ウ　No. 2　イ　No. 3　エ　（2）No. 1　エ　No. 2　ア　No. 3　イ　（3）No. 1　ア　No. 2　イ　（4）No. 1　ウ　No. 2　(例)faster

【問2】Ⅰ（1）(a)　ウ　(b)　イ　（2）(a)　(例)She is running　(b)　(例)Where did you buy　（3）①　October　②　(例)is going to start at　③　(例)tell us if　④　(例)have been practicing for
Ⅱ（1）エ　（2）(a)　エ→ア→ウ→イ　(b)　ウ

【問3】（1）lives　（2）イ　（3）(例)誰一人として飢えで亡くなる人がいない世界にすること。（4）エ　（5）ウ→ア→イ→エ　（6）ウ，オ　（7）ア

【問4】（1）イ　（2）エ　（3）ア　（4）あ　work　い　easier　（5）イ
（6）(例)I think using the re-delivery system is a good way to get packages. If we tell our re-delivery plan to delivery drivers, we can make re-deliveries less.　（7）⑥　tell the re-delivery plan
⑦　bring our packages

＜英語解説＞

【問1】（リスニング）

放送台本の和訳は，60ページに掲載。

【問2】（文法問題：広告・メール・メモ・手紙・要約文などを用いた問題，絵・図・表・グラフなどを用いた問題，語句補充・選択，語形変化，名詞・冠詞・代名詞，接続詞，現在・過去・未来と進行形，助動詞，現在完了，動名詞，比較，形容詞・副詞，不定詞，分詞の形容詞用法，前置詞）

Ⅰ（1）(a)　＜公園での会話＞　マイク：あそこでこのサッカーボールを見つけたよ。これはきみのもの？／ケイ：そう，それは(私たちのもの)なの。私たちは1時間前にサッカーをやり終えた。ありがとう。　ア　私の　イ　彼女の　ウ　私たちのもの(○)　エ　彼らの　ここでは「だれのものか」が問われているので，空欄には所有代名詞の形が入り，文脈から「私たちの」だと考えられるのでウが適当。　(b)　＜学校での会話＞　マオ：あなたが京都にいらっしゃったと聞きました。／ALT：ええと，実は，私は熱を出して，(そして)ホテルに2日間滞在していました。／マオ：それは残念ですね。　ア　または　イ　そして(○)　ウ　という　エ　なぜなら　空欄は「熱があった」と「ホテルに滞在した」の文をつなげる接続詞だと考えられるのでイが適当。have a fever で「熱がでる／熱がある」。

（2）(a)　＜体育祭での会話＞　トム：6人のランナーが今スタートした。エミはどれ？／リョウ：髪の長い女の子がエミだよ。今一番早く(彼女は走っている)。彼女のチームは勝つよ！
(正答例と訳)　(She is running)the fastest now.(今彼女が一番速く走っている。)

ここでは目の前で起きていることを話しているので，カッコ内は現在進行形を使い she is running が適当。最初のトムの発話の have just started は現在完了形で「たった今スタートした」という表現。 (b) ＜友達同士の会話＞ メグ：これは私のお気に入りのバッグなの。／サキ：いつも使っているね？ 私はその色が好き。それは(どこで買ったの)？／メグ：駅の近くのデパートで買った。 (解答例と訳) (Where did you buy)it? (あなたはそれをどこで買ったの？) カッコの後の文では，「駅の近くのデパートで買った」とあるので，カッコはこれを問う文として「どこで買ったのか？」が適当と考えられる。解答例は Where did you buy~(~をどこで買ったか？)と過去形を使っている。また，解答文の最初の文字は文の最初なので大文字から始める。

(3) (招待状と正答の訳) 2023年①(10月)2日／親愛なるブラウン先生へ／私たちの学校の吹奏楽部は今月28日に体育館でのコンサートを計画しています。先生が好きな日本のアニメソングを演奏したいと思います。体育館には午前10時から入場でき，コンサートは午前10時30分に②(始まります)。／チケットをとっておきますので，来ることができるならば③(私たちに連絡して)ください。3か月間私たちは④(練習してきました)。頑張ります。私たちのコンサートを楽しんでいただければ幸いです。／美緒より ① (正答)October ここでは招待状がいつ出されたのかが問われている。招待状本文の最初の文 Our school band~には，「今月コンサートが開催される」とあり，お知らせには「開催日：2023年10月28日」となっていることから，空欄には October(10月)が適当。 ② (解答例)is going to start at~ ここでは 10:30 a.m. にコンサートはどうなるのかを確認する。お知らせには「時間：午前10:30~」とあるので，空欄は「に始まる」という表現が適当。解答例は is going to start at(始まるだろう)と be going to を使って近い未来を表現している。また，時刻の前置詞は at が適当。 ③ (解答例)tell us if お知らせには，「来場するなら整理券を渡すので，部員に知らせるように」と書いてあるので，ここを参考にして解答文を作成したい。解答例では tell us if~として，「もし~なら，私たちに連絡(tell)して(ください)」としている。 ④ (解答例)have been practicing for 空欄の後には three months(3か月)とあり，お知らせでは「3か月間練習してきた」とあるので空欄には「練習してきた」という英文が入ると考えられる。解答例では have been practicing と現在完了進行形を使い，「現在も練習を続けている」ことを表現している。「3か月間」という期間を表す前置詞は for を使う。

Ⅱ (1) (問題文訳)私は，第一希望のプログラムに参加しようと外に出たのですが，すでに20人を越える多くの人々がいて参加できませんでした。その後，自然と環境に関する別のプログラムに参加することにしました。大雨や強風の中，浜辺や山で何をするべきかを学びました。また，そのプログラムでは揺れを体験しました。先生は，それがどのように起こるかを，簡単な日本語で教えてくれました。みなさんは次回のサイエンスデイに参加するべきだと思います。 正答はエ。問題本文の第4番目の文 Also, in that~には，「そのプログラムで揺れを体験した」とあり，これは体験プログラムの一覧ではエとなる。問題本文第2番目の文 Then, I decided~にある take part in~は「~に参加する」。

(2) (問題文訳)こんにちは，みなさん。私は翔です。私は友達と勉強する場所が必要です。私の友達と私は，子供たちに算数と*漢字*を教えることが好きです。人々と伝統的なゲームをするのも楽しそうです。結衣，あなたはどう思いますか？／こんにちは，結衣です。私は料理が好きです。私は時々家で料理をします。庭で何かを育てて，地元の人たちと一緒にそれを料理したいです。賢はどうですか？／私は賢です。はじめまして。私は音楽を聴いたり，写真を撮ったりすることが好きです。地元の人々が撮った写真を見せる部屋があるといいと思います。ありがとう。 (a) 問題文の意味を理解し出題の絵を発表された順に並べたい。 (b) (問題文訳)私はインド出身です。私は5年前にこの町に住み始めました。私はレストランで働いていて，多くの人々が私のレストランに来ます。私は彼らから日本の文化を学ぶことが楽しみです。私はよく彼らの楽しそうな顔の写真を撮ります。それらの写真をこの町に住む人に見せたい。だから，私は(賢)と最も意見が合います。 空欄の前の文 I want to~では，「(撮った)写真をこの町に住む人々に見せたい」とあり，この内容に合った意見は，賢の「地元の人が撮った写真を見せる部屋があるといい」なので選択肢ウ(賢)が適当。問題文の第4番目の文 I enjoy learning~の learning は動名詞で，「日本の文化を学ぶことを楽しむ」となる。また，問題文の第6番目の文 I want to~の people living in this town の living~は people を説明する現在分詞の形容詞用法で「この町に住む人々」という表現になる。

【問3】 (長文読解：語句・補充選択，語句の解釈・指示語，文の挿入・文の並べ換え，内容真偽，不定詞，動名詞，形容詞・副詞，文の構造，動名詞，接続詞，助動詞，比較，受け身)

(問題本文訳) 広島のあるパン屋さんは，彼が焼くパンを決して捨てません。彼は，食べることは動物や植物から①(命)を奪うことだと考えています。また，彼が作るパンは木を燃やすことなしには焼けません。木がパンに命を与えるので，パンの準備ができます。だから，彼はパンと木がつながっていると考えています。これらの理由から，彼はパンを捨てるのをやめることにしました。あなたにとって「食べる」とは何を意味していますか？

私たちは皆，十分な食べ物を得る権利を持っています。食べることは私たち全員にとって必要なことです。しかし，②この権利は誰もが享受できるわけではありません。ある報告によると，世界中で8億人より多くの人々が，十分な食べ物を得ることができません。また，毎分17人が飢えのために亡くなっています。これらの事実からわかるように，私たちは世界で深刻な食糧問題を抱えています。

私たちには2030年までに7年しかありません。2030年が何を意味するか知っていますか？ 世界の飢えをなくすという SDGs(持続可能な開発目標)の目標の年です。「③誰も置き去りにしない」という考えを忘れてはなりません。しかし，世界中で毎日多くの人が飢えのために亡くなっています。私はこれを知ってとても驚きました。

2013年の FAO(国連食糧農業機関)の報告によると，世界の④人口は 2050年には約90億人に増加する可能性があります。地球温暖化などの環境問題は，食糧不足を引き起こす可能性があります。私たちは，将来ではなく今何かをすることが必要です。FAOは，昆虫を食べることが，この食糧問題を解決する答えの1つになり得ると言っています。昆虫を食べることにはいいところがたくさんあるという人もいます。昆虫には牛肉のようにタンパク質がたくさんあります。また，豚や牛よりも水，えさ，成長するための時間が少なくて済みます。

私たちの未来のために，私たちは何ができるでしょうか？ 例えば，私たちは日々の⑤生活の中で食品ごみに注意する必要があります。国際連合の新たな報告には，毎年10億トンより多くの食品が無駄にされていると述べられています。これは，実際には世界中で1年間に作られる食品の17% に相当します。ほとんどのごみは家庭から発生します，なぜなら人々はたいてい買いすぎて，そして多くを捨てているからです！

広島のパン屋さんは，パンを捨てることをやめるために2つの方法を選びました。ゥその一つの方法は，注文で必要とするパンだけを焼くことです。ァそうすることで，彼はパンを焼く準備の時間を節約し，ごみを減らすことができます。ィ二つ目の方法は，長持ちする硬いパンを数種類だけ焼くことです。ェ彼は，柔らかくて甘いパンがよく売れることを知っていますが，それを焼きません。

彼は，限られた種類を作ることが最良の答えだと確信しています。

私は「食べる」ということは，私たちが生きるために必要なだけでなく，世界とつながることだとも本当に思ってます。また，私たち一人ひとりが何かできるとも思います。お聞きいただき，ありがとうございました。

(1)　それぞれ空欄のある文の意味を想定して，適切な単語を選択したい。①の文の意味は，「食べることは動物や植物の□を取り去る(take~from)」であり，空欄は「生命，命」のような意味と考えられる。また，⑤の文の意味は，「日々の□の中で食品の無駄に気を付ける」となって，「生活，暮らし」のような意味と考えられる。したがって，空欄に共通の単語は，「生命，命，生活，暮らし」という意味を持つ life が適当で，それぞれの文の意味から lives という複数形にする。

(2)　ア　広島でおいしいパンを焼くこと　イ　私たちが必要なときに十分な食べ物を得ること(○)　ウ　人々に昆虫を食べるという考えを与えること　エ　環境にとても優しくなること　第2段落の最初の文 All of us~には，「私たちは皆，十分な食べ物を得る権利を持っている」とあり，下線部「この権利」は「十分な食べ物を得ること」を指すと考えられるので選択肢イが適当。選択肢ウの give people an idea~は，give A B の形で「AにBを与える」となる。

(3)　下線部③の表現は「だれも後ろに取り残されないだろう」であり，「全員が同じ状態にある」といった意味になる。下線③の次の文 However, many people~には，「世界中で毎日多くの人が飢えのために亡くなっている」とあり，この状態をなくすことが下線部③「同じ状態にする」ことの具体例だと考えられる。解答例はこの内容となっている。

(4)　ア　整理／整頓　イ　発表／紹介　ウ　楽しみ／遊び　エ　人口／住民数(○)　空欄のある文の意味が通るように選択肢の単語を選びたい。

(5)　ア　そうすることで，彼はパンを焼く準備の時間を節約し，ごみを減らすことができます。　イ　二つ目の方法は，長持ちする硬いパンを数種類だけ焼くことです。　ウ　その一つの方法は，注文で必要とするパンだけを焼くことです。　エ　彼は，柔らかくて甘いパンがよく売れることを知っていますが，それを焼きません。　空欄の前の文 The baker in~から続き，空欄の後の文 He is sure へ続くように，選択肢の文を並べ換えたい。選択肢イの hard bread which keeps for a long time の which は関係代名詞(主格)で which~が hard bread を説明して「長持ちする硬いパン」となる。

(6)　ア　サエは，私たちは食糧問題に対して行動することを 2050年まで待つことができると理解しています。　イ　昆虫は豚や牛よりも育てるのに時間がかかるため，FAOはこれを推奨していません。　ウ　サエは今，食べ物について考えることで私たちは世界とつながると信じています。(○)　エ　広島のパン屋さんは，パンを捨てることも時には必要だと考えています。　オ　2030年は，世界中の飢えをなくすことを目標として，私たちが設定した年です。(○)　カ　人々は必要な食べ物だけをよく買うので，多くの食べ物を捨てることはありません。　問題本文最後の段落の最初の文 I really think~には，「食べるということは，生きるために必要なだけでなく，世界とつながることだと思っている」とあるのでウが適当。また，問題本文第3段落第2文 Do you know~と第3文 It is the~には，「2030年が，世界の飢えをなくすというSDGs(持続可能な開発目標)の目標の年だ」とあるのでオが適当。選択肢ウの by thinking about food の thinking~ は動名詞形で名詞の働きをして「食べ物について考えること」となる。また，we are connected~は受け身の表現になる。

(7)　ア　今私たちが認識しなければならない問題(○)　イ　人々を救う唯一の食べ物　ウ　パンを選ぶ正しい行動　エ　世界を襲う昆虫　このスピーチでは食に関する話題を扱い，飢えや食品のごみを減らすことが取り上げられている。最後の段落で「私たち一人ひとりができることもある」と言っていることから，これを「さまざまな問題がある中で，できることからやっていこう」というメッセージと考えると，選択肢アが適当。選択肢アのProblem と We の間には目的語の働きをする関係代名詞 which が省略されていて，We~が Problem を説明し「今私たちが認識しなければならない問題」となる。

【問4】 (会話文などの読解：絵・図・表・グラフなどを用いた問題，語句補充・選択，内容真偽，自由・条件付き英作文，不定詞，比較，現在・過去・未来と進行形，現在完了，関係代名詞，間接疑問，仮定法，形容詞・副詞)

(問題文訳) ［投書］ あなたはどのように荷物を受け取りますか？／私たちのほとんどは自宅で荷物を受け取ります。私たちが家にいない場合，宅配ドライバーは不在連絡票を残します。この連絡票があると，荷物を受け取るために私たちは再配達をお願いします。再配達システムを利用する人々も多いと聞きます。その結果，多くの再配達が宅配ドライバーをより忙しくさせています。この問題に対して何ができるでしょうか？／私たちは再配達を依頼するべきだとは思いません。私は宅配ドライバーに優しい人になりたいです。／(クミ，東京，中学生)リー先生：新聞の投書でクミが言っている問題は何ですか？／海：問題は，①多くの再配達のため，宅配ドライバーがより多忙になっていることです。／リー先生：そうですね。この授業では，この問題について考えてみましょう。

(1) ア 多くの人は荷物を受け取るために再配達をたのまない イ 多くの再配達のため，宅配ドライバーがより多忙になっている(○) ウ 彼女は宅配ドライバーに優しい人になりたい エ 彼女は私たちが再配達を頼むべきだとは思っていない 投書の英文第2段落の第5文 As a result~では「再配達が宅配ドライバーをより忙しくさせています」とあり，これに対して，この段落最後の文 What can we~では，「この問題に対して何ができるか？」とあるので，選択肢イが適当。選択肢ウの to be a person~の be は「~になりたい」という意味で用いられている。

(問題文訳) ［ウェブサイト1］ 再配達比率は，年に2回，日本政府によって調査されます。再配達が増加すると，宅配ドライバーはさらに働かなければなりません。政府は比率が約7.5パーセントになるよう目標を設定しています。かつて再配達比率が下がりましたが，徐々に増加しています。

海：配送ドライバーは同じお客を何回か訪れると思う。／知恵：それは,ドライバーの時間を無駄にしている。目標を達成するために何ができるのかな？／メイ：宅配ドライバーに迷惑をかけたくない，だから(②私は荷物を受け取るために家にいる)。／海：それはわかるけれども，ぼくはいつも家にいることはできないね。自宅への再配達を依頼しないためには，どうすればいいのかな？

(2) ア 2019年4月より後，再配達比率は下がらなかった。 イ 日本政府は，再配達比率の目標を約15パーセントに設定した。 ウ 日本政府は年に一度，再配達比率を調査する。 エ 再配達率は政府が設定した目標に達していない。(○) ウェブサイト1 の第3文 The government has~には，「政府は(再配達の)比率が約7.5パーセントになるよう目標を設定している」とある，一方で，宅配便の再配達率のグラフを見ると，すべての年において7.5パーセントより大きい値になっていることから，選択肢エが適当。選択肢ウの once a year は「年に一度」という意味になる。また，選択肢エの文の has not gotten to the goal は完了形で，目標に到達していない状態が継続していることを表している。

(3) ア 私は荷物を受け取るために家にいる(○) イ 私たちはゴールにたどり着かなければならない ウ 私たちは宅配ドライバーの仕事を助けることができる エ 私は荷物を受け取らない 空欄②は「ドライバーに迷惑をかけたくないから」に続くので，選択肢アが適当。

(問題文訳) 〔ウェブサイト2〕 宅配ロッカーで荷物を無料で受け取り！／宅配ロッカーは，駅やスーパー，ドラッグストアなど多くの場所で見ることができます。宅配ドライバーがあなたの荷物をロッカーに入れます。インターネットで物を買うとき，ロッカーを選ぶことができます。同時に，パスワードを取得します。ロッカーを開ける時にパスワードを利用し，3日以内に自分自身で荷物を取り出してください。

知恵：宅配ドライバーはロッカーに行くだけね。彼らの仕事はより楽になると思う。／メイ：お客は，荷物を受け取るのに，最適な宅配ロッカーを選択できる。彼らは暇なときにそこに行けると思う。これらのロッカーには，お客にとっていくつか良い点があるね。／海：その通り。／リー先生：知恵とメイが何を言ったのか知りたいです。／海：③／リー先生：なるほど。これらのロッカーはとても便利ですね。ロッカーを使ってみたいですか？／海：はい，でも，私たちのまわりにはそのようなロッカーが不足しているので，もっと必要です。また，④何時に宅配ロッカーが利用可能なのかがウェブサイトに書いてないので知りたいです。

(4) (問題文と正答訳)知恵とメイは，宅配ロッカーは宅配ドライバーとお客の両方にとってよくあ(機能する)ので，多くの人々に配達ロッカーを使用してもらいたいと考えています。それらはドライバーの仕事を以前よりもい(楽に)します。 あ work 空欄のある問題文のbecause以前では，「多くの人々に宅配ロッカーを使用してもらいたい」とあり，because 以降は「ロッカーは宅配ドライバーとお客の両方にとってよく～なので」という意味と考えられるので空欄には w から始まる work が適当。work well は，「よく機能する／うまくゆく／よく働く」という意味がある。 い easier 空欄のあとに than があることから形容詞の比較級を想定したい。空欄のある文では，「宅配ロッカーによってドライバーの仕事が減った」ことを言いたいと考えられるので，e から始まる easy(楽な／容易な／簡単な)の比較級 easier が適当。

(5) ア 宅配ロッカーを利用するためにいくら支払うのか イ 何時に宅配ロッカーが利用可能か(○) ウ 宅配ロッカーとは何か エ 荷物をどのように取り出すか 下線部④では，「ウェブサイトに書いていないことを知りたい」とあり，ウェブサイト2には利用時間が書かれていないので，選択肢イが適当。選択肢イの文は**間接疑問文**で，＜疑問詞＞＋＜主語＞＋＜動詞＞～の形となっている。

〔やり取り〕 知恵：私たちは宅配ロッカーのことを学びました，そしてこれは宅配ドライバーにもお客にもいいですね。／リー先生：ありがとう，知恵。クミの新聞の投書を覚えていますか？彼女の考えを読んだある宅配ドライバーから，彼女は手紙を受け取りました。彼は，「再配達の情報がないと仕事がしづらい」と言いました。私たちがいつ家にいるのかを彼に伝えることができれば，彼は私たちの荷物を簡単に配達できますね。／知恵：そうでなければ，彼は同じお客を数回訪問する必要があります。これでは再配達比率が下がることはありません。だから，再配達の予定を宅配ドライバーに伝える必要があります。／メイ：これまでにやったことがなかった。今，宅配ドライバーのために何をしなければならないのかがわかりました。／海：荷物の受け取り方にはいくつか便利な方法があるので，毎回一番いい方法を選びます。私たちはこれらの授業を通じて，⑥再配達システムを使うことについて多くのことを学びました。

(6) (解答例)I think using the re-delivery system is a good way to get packages. If we tell our re-delivery plan to delivery drivers, we can make re-deliveries less. (解答例訳) 私は再配達システムを利用することは，荷物を受け取るための良い方法だ

と思う。もし私が再配達の予定を宅配ドライバーに伝えれば，再配達を減らすことができる。問題に示された条件をよく確認して解答文を作成したい。解答例では，「考え」と「その理由」をそれぞれ1文ずつの構成としている。解答例中の using the re-delivery system の using は動名詞形で「再配達システムを使うこと」となる。

(7)　(正答文)　I realize it's important to ⑥(tell) (the) (re-delivery) (plan) to delivery drivers. I'll help them ⑦(bring) (our) (packages) easily because I respect their work.　(正答文訳)　宅配ドライバーに⑥再配達の予定を伝えることが重要だと実感しています。私は彼らの仕事を尊重しているので，彼らが楽に⑦私たちの荷物を運ぶことの手助けをします。　⑥　下線の後に to delivery drivers とあり，下線の前は it's importance to～と to 不定詞になっているので，「配送ドライバーへ～することは重要だ」と考えられる。やり取りの第3番目の知恵の発話 If he doesn't～では，「再配達の予定をドライバーへ伝えることで再配達比率が減る」とあることから，この発話を参考に空欄には tell the re-delivery plan を入れたい。　⑦　問題文の them は宅配ドライバーを指していると考えられるので，彼らの仕事を easily にするために help するという内容になる。やり取りの第2番目のリー先生の発話の最後の文 If we could～では「私たちがいつ家にいるのかを彼に伝えることができれば，荷物を簡単に配達できる」と⑦の文と同様のことを言っているので，この文を参考に空欄には bring our packages と入れたい。

2023年度英語　リスニングテスト

〔放送台本〕

それでは，【問1】リスニングテストを行います。問題は，(1)，(2)，(3)，(4)があります。(1)から(4)No.1は，英語を聞いて，質問の答えとして最も適切なものを，アからエの中から1つずつ選び，記号を書きなさい。(4)No.2は，問題冊子に書かれた指示に従って，英語を書きなさい。英語は，(1)では1度，(2)，(3)，(4)では2度読みます。メモをとってもかまいません。まず(1)から始めます。(1)は，No.1からNo.3のそれぞれの絵を見て答える問題です。英語は1度読みます。それでは，始めます。

No. 1　Look at No. 1. We are at the park now. We look at this when we want to know the time. Which picture shows this?

No. 2　Look at No. 2. We usually use this when we carry things on a hiking trip. Which picture shows this?

No. 3　Look at No. 3. The boy wanted to watch TV after doing his homework. When he finished his homework, his grandmother called him. It was his birthday, so he talked a lot on the phone with her and he could not watch TV. Which picture shows what the boy did first and second?

これで(1)は終わります。

〔英文の訳〕

No.1　1番を見てください。私たちは今公園にいます。私たちは時間を知りたいときに，これを見ます。どの絵がこれを示していますか？

ア　ベンチ　　イ　水道　　ウ　時計(○)　　エ　ブランコ

No.2　2番を見てください。普通私たちは，ハイキングの旅行で物を運ぶときにこれを使用します。どの絵がこれを示していますか？

ア　ストック　イ　リュックサック(○)　ウ　おにぎり　エ　懐中電灯

No.3　3番を見てください。その少年は宿題をした後，テレビを見たかった。彼が宿題を終えたとき，彼の祖母は彼に電話をかけました。彼の誕生日だったので，彼は祖母と電話でたくさん話し，テレビを見ることができませんでした。男の子が最初と2番目に何をしたのかを示しているのはどの絵ですか？

ア　電話をする→宿題をする　イ　テレビを見る→電話をする

ウ　宿題をする→テレビを見る　エ　宿題をする→電話をする(○)

〔放送台本〕

次の(2)では，No. 1とNo. 2で2人が会話をしています。No. 3では館内放送が流れます。それぞれの会話と館内放送の後，"Question"と言ってから，内容についての質問をします。英語は2度読みます。それでは，始めます。

No. 1　A: Hello, this is Sally.

B: Hi, Sally. This is Koji. Thank you for inviting me to your party yesterday. I'm calling you because I lost my camera. Did you see it anywhere?

A: No, I didn't. I'll look for it.

B: Thanks. Please call me if you find it.

Question: Why did Koji call Sally?

No. 2　A: What are you going to do this afternoon?

B: My friends will come tomorrow, so I'm going to clean my room.

A: How many friends will come?

B: Two. Later, another friend may come.

Question: Why will the boy clean his room?

No. 3　(図書館の館内放送) The Wakaba City Library has an event called "Picture Book Reading for Children." We have this event on the first Thursday of each month from 4:00 p.m. to 5:00 p.m. In this event, English picture books are introduced each time. If your children want to join this event, please come to the entrance of the library next Sunday at 2:00 p.m. Thirty children can join this event and we will give a picture book to each of them.

Question: Which is the information you don't have now?

これで(2)は終わります。

〔英文の訳〕

No. 1　A：もしもし，サリーです。／B：こんにちは，サリー。コウジです。昨日はパーティーに招待してくれてありがとう。ぼくは，カメラをなくしたので電話しました。どこかで見ませんでしたか？／A：いいえ，見ませんでした。カメラを探してみます。／B：ありがとう。見つけたらぼくに電話をかけてください。

質問：コウジはなぜサリーに電話したのですか？

答え：ア　サリーにパーティーに来てほしいから　イ　サリーにカメラを貸してほしいから

ウ　サリーにパーティーに招待してほしいから

エ　サリーにカメラがあるか確かめてほしいから(○)

No. 2　A：今日の午後は何をしますか？／B：明日友達が来るので，自分の部屋を掃除します。／
A：友達は何人来ますか？／B：二人です。その後，別の友だちが来るかもしれません。
質問：なぜ男の子は彼の部屋を掃除するのですか？
答え：ア　翌日に友達が来ることになったから(○)　　イ　飲み物をこぼしてしまったから
ウ　掃除するように母に頼まれたから　　エ　お菓子や飲み物がほしかったから

No. 3　(図書館の館内放送) ワカバ市立図書館では「こどもたちのための絵本読み」というイベントを開催しています。毎月第1木曜日の午後4:00から午後5:00までこのイベントを開催しています。このイベントでは，毎回英語の絵本が紹介されます。お子様がこのイベントに参加したい場合，次の日曜日の午後2時に図書館の入り口までお越しください。このイベントには30名の子供たちが参加でき，子供たちそれぞれに絵本が贈られます。
質問：あなたは今どの情報を知りませんか？
答え：ア　イベントが開催される日時　　イ　イベントに参加できる子供の年齢(○)
ウ　イベントの受付日時　　エ　イベントに参加できる子供の人数

〔放送台本〕

次の(3)では，中学生の加奈が，最近，隣に引っ越してきた外国人のスミスさん(Mr. Smith)と会話をしています。内容に関するNo. 1とNo. 2の質問と答えの選択肢を，今から10秒間で確認しなさい。英語は2度読みます。それでは，始めます。

Kana:　Good morning, Mr. Smith.
Mr. Smith:　Good morning, Kana. Could you tell me where to put this garbage bag?
Kana:　Can you see the traffic light? Turn left at that corner. Then, you'll see a garbage station on your right.
Mr. Smith:　It's next to the park, right? I just went there, but there was nothing there. So, thought I was in the wrong place.
Kana:　I don't think so. Let's check.
Kana:　Oh, you're right. There are no garbage bags here, but I understand why.
Mr. Smith:　What is it?
Kana:　Look at this. Today isn't the day for collecting garbage.
Mr. Smith:　Oh, I see. So, I should bring it tomorrow.
Kana:　That's right. And the day after tomorrow will be a plastic day.
Mr. Smith:　Thank you, Kana.

これで(3)は終わります。

〔英文の訳〕

加奈：スミスさん，おはようございます。／スミス：おはよう，加奈。このごみ袋をどこに置くか教えてくれますか？／加奈：信号機が見えますか？　その角を左に曲がります。すると右手にごみステーションが見えてきます。／スミス：公園の隣ですね？　行ったばかりですが，何もありませんでした。だから，私は間違った場所にいるのだと思いました。／加奈：そうは思いません。確認しましょう。／加奈：ああ，その通りですね。ここにはごみ袋がありませんが，なぜだかわかります。／スミス：それは何ですか？／加奈：これを見てください。今日はごみ収集の日ではありません。／スミス：ああ，わかりました。では，これは明日持ってきます。／加奈：そうですね。そしてあさってはプラスチックの日になります。／スミス：ありがとう，加奈。

No.1 (答え)アが適当

No.2 (答え)イが適当。

〔放送台本〕

次の(4)では，ある旅行客が駅前でコンサート会場までの行き方を街の人に尋ねています。会話の途中で，セリフの代わりに次のようなチャイムの音が鳴るところがあります。内容に関するNo. 1の質問と答えの選択肢を，No. 2の質問と英文を，今から10秒間で確認しなさい。英語は2度読みます。それでは，始めます。

visitor: Excuse me. How can I get to Shinshu Stadium?

man: Take bus No. 7, but you need to wait for about thirty minutes for the next bus.

visitor: Oh, that's too late. Are there any other ways?

man: Do you mean (　　　　　　　　)?

visitor: Yes, I'm in a hurry. The concert starts soon.

man: Well, just take a taxi. It takes maybe ten minutes.

〔英文の訳〕

訪問者：すみません。シンシュウ・スタジアムへはどのように行けますか？／男性：7番のバスを使いますが，次のバスまで30分ほど待たなければなりません。／訪問者：ああ，それでは遅すぎます。他の方法はありますか？／男性：あなたは(早くそこに行きたい)ということですか？／訪問者：はい，急いでいます。コンサートはまもなく始まります。／男性：そうですね，タクシーに乗ってください。たぶん10分かかります。

No.1 ア　あなたは次のバスを待てます　イ　あなたはいつかそこに行きたい　ウ　あなたは早くそこに行きたい(○)　エ　あなたはそこへ行く方法を私に伝えることができる

No.2 空欄にはfaster(fast 速いの比較級)が適当。(問題文訳)訪問者が急いでいるので，男性はタクシーに乗るように言った。それは駅からシンシュウ・スタジアムまでの他のどの方法よりも(早かった)。

＜理科解答＞

【問1】 Ⅰ (1) 柱頭　(2) ウ，オ　(3) あ ア　い エ　(4) ⅰ (例)日光が当たっていなくても花は開いていて，気温がある温度より高いと花は開いているから　ⅱ う イ　え ウ　ⅲ イ　Ⅱ (1) 感覚器官[感覚器，感覚受容器]　(2) ⅰ か イ　き エ　く ウ　け ア　ⅱ 0.25　(3) (例)信号が脳に伝わる前に，せきずいから命令の信号が出されるから

【問2】 Ⅰ (1) ⅰ 発熱反応　ⅱ エ　(2) ⅰ 4　ⅱ イ　(3) (濃度) 7，8　(理由) (例)食塩水の質量パーセント濃度が6%と9%では，温度変化のようすに違いがあるので，その間の質量パーセント濃度について調べる必要があるから

Ⅱ (1) Zn　(2) (記号) ア　(化学反応式) $Cu^{2+} + 2e^{-} \rightarrow Cu$　(3) オ

【問3】 Ⅰ (1) ⅰ 露点[露点温度]　ⅱ 2　(2) ア，ウ　(3) (水蒸気量が多い場合) (Aと)C　(空気が冷やされる場合) (Aと)B　(4) (例)陸上の冷たい空気

が，あたたかい海面上　Ⅱ（1）衛星　（2）ⅰ イ　ⅱ ウ　（3）い Ⅰ　う　(例)ISSが地球のかげに入る

【問4】　Ⅰ（1）(例)空気　（2）ⅰ 振幅　ⅱ（記号）C　（理由）(例)振動数を比べると，Cが最も多いから［振動1回あたりに要する時間を比べると，Cが最も短い］　ⅲ イ　（3）あ ア　い キ　う イ　え オ　お カ　Ⅱ（1）6.25　（2）(例)水温を均一にするため　（3）510(8分30(秒))　（4）84

＜理科解説＞

【問1】（生物分野総合）

Ⅰ（1）めしべの先端を柱頭という。

（2）イネ，トウモロコシは単子葉類，イヌワラビはシダ植物である。

（3）双子葉類であるから，**葉脈は網目状**で，**茎の維管束は輪状**に並んでいる。

（4）ⅰ　フクジュソウは，2月5日のように，日光が当たっていなくても開いている。一方，花が開いているときの温度は，気温が11℃以上となっている。ⅱ　気温の影響を調べたいため，気温の条件は変化させるが，日光など，気温以外の条件は同じにしておく。ⅲ　温度が高いAは花が開き，温度が低いBは花が開かないと考えられる。

Ⅱ（1）感覚器官には，目や耳のほかに，皮膚，舌，鼻などがある。

（2）ⅰ　目から入った刺激は感覚神経を通り直接脳へ伝わる。その後，脳で判断し，出された命令の信号が運動神経を通って筋肉に伝わる。ⅱ　刺激の信号が神経を伝わるのにかかる時間は1.0〔m〕÷50〔m/秒〕＝0.02〔秒〕より，刺激を受けてから反応するまでにかかる時間0.27秒のうち，脳で判断命令するのにかかった時間は，0.27－0.02＝0.25〔秒〕

（3）意識と無関係に起こる反応(反射)では，刺激に対する反応の命令が脳ではなく，せきずいから出されるため，脳から命令が出る反応に比べて刺激を受けてから筋肉が動き出すまでにかかる時間が短い。

【問2】（化学分野総合）

Ⅰ（1）ⅰ　温度が上がる化学変化を，**発熱反応**という。ⅱ　ア～ウは，電気エネルギーの熱エネルギーへの変換を表しているので誤り。石油の燃焼は，有機物の燃焼なので，発熱反応である。

（2）ⅰ　質量パーセント濃度が12％の食塩水20gにふくまれる食塩の質量は，20〔g〕×0.12＝2.4〔g〕　2.4gの溶質をふくむ15％食塩水の質量は，2.4〔g〕÷0.15＝16〔g〕　これを水でうすめて20gにするため，うすめるために用いる水の質量は，20－16＝4〔g〕　ⅱ　水溶液中で溶質は均一に広がっている。

（3）9％よりうすい濃度について調べる必要があるが，6％については既に調べているので，6％よりも濃く，9％よりもうすい濃度について調べる。

Ⅱ（1）マグネシウム片に付着した金属は，硫酸亜鉛水溶液中の亜鉛イオンが原子に変化したものである。

（2）亜鉛片に付着した金属は，硫酸銅水溶液中の銅イオンが原子に変化したものである。銅イオンは化学式Cu^{2+}で表され，生じた銅は，銅イオンが2個の電子を受け取ってできる。

（3）金属が付着した実験に着目する。金属片上に別の金属が付着した場合，**金属片のほうがイオンになりやすい**。硫酸亜鉛水溶液とマグネシウム片の結果からは，亜鉛が析出しているの

で，イオンへのなりやすさは，マグネシウム＞亜鉛となる。同様に，硫酸銅水溶液と亜鉛片の実験では，銅が析出しているので，イオンへのなりやすさは亜鉛＞銅となる。同様に硫酸銅水溶液とマグネシウム片の結果からは，銅が析出しているので，イオンへのなりやすさはマグネシウム＞銅となる。これらを整理すると，**マグネシウム＞亜鉛＞銅**となる。

【問3】 (地学分野総合)

Ⅰ (1) ⅰ 空気中の水蒸気が凝結し始める温度を**露点**という。 ⅱ 10℃湿度60％の空気1m³中にふくまれる水蒸気量は，9.4〔g/m³〕×0.6＝5.64〔g/m³〕 よって，この空気の露点は，5.64g/m³が飽和水蒸気量となるときの温度となる。ゆえに，2℃が最も近い。

(2) 砂の上に上昇気流ができるものを選ぶ。砂の温度は水よりも早く上昇することから，日射が強くなると，陸上に上昇気流ができやすくなる。

(3) 霧ができやすくなる要因に水蒸気量のちがいを考えていることから，Aと水蒸気量の条件だけが異なるCを比べる。また，霧ができやすくなる要因に空気の温度のちがいを考えていることから，Aと温度の条件だけが異なるBを比べる。

(4) 水蒸気が水滴に変化する現象が起きているので，この実験の場合は，氷の上の冷たい空気が湯の上に流れ込んだため，水蒸気を多くふくんだあたたかい空気が冷やされて露点に達し，霧状になったと考えられる。

Ⅱ (1) 惑星のまわりを公転する天体を，衛星という。

(2) ⅰ 地球は24時間で360度自転するので，90分間(1.5時間)で自転する角度は，$360〔°〕\times\dfrac{1.5〔時間〕}{24〔時間〕}=22.5〔°〕$ ⅱ ＩSSは，直径12800kmの地球の400km上空を運動しているので，ＩSSの軌道の直径は，12800〔km〕＋400〔km〕×2＝13600〔km〕 この軌道を1.5時間で回転するので，13600〔km〕×3÷1.5〔h〕＝27200〔km/h〕

(3) Ｉの位置にあるＩSSだけ，地球のかげに入り，太陽の光が届かない位置にある。ＩSSは恒星ではないので，太陽の光が当たらなければ，見ることはできない。

【問4】 (物理分野総合)

Ⅰ (1) 音の振動を音源から耳まで伝えるのは，空気である。

(2) ⅰ 振幅が大きくなるほど，音は大きくなる。 ⅱ 音の高さは振動数によって決まり，**振動数が多くなるほど音は高くなる。** ⅲ 1回振動するのに0.0004〔s〕×4＝0.0016〔s〕かかっているので，振動数は，1÷0.0016〔s〕＝625〔Hz〕

(3) 空気の部分の長さが音の高さに関係していることを確かめるには，空気の部分の長さだけが異なり，水の部分の長さは同じになっているDとEを選ぶ。音の高さは水の部分の長さに関係しないことは，水の部分の長さだけが異なり，空気の長さは同じになっているCとD，BとEの実験を比べる。

Ⅱ (1) **熱量〔J〕＝電力〔W〕×時間〔s〕**より，5.0〔V〕×1.25〔A〕×1〔s〕＝6.25〔J〕

(2) 電熱線から熱が発生するため，電熱線のまわりの水だけ温度が上がる。これを防ぎ，水温を均一にするため，水をかき混ぜる。

(3) 表3から，水温が30.0℃から35.0℃になるまでにかかる時間は，水の質量が50gのときは，340－170＝170〔s〕，水の質量が100gのときは，680－340＝340〔s〕，水の質量が200gのときは，1360－680＝680〔s〕 よって，水の質量と，水温が上昇するのにかかる時間は，比例していることがわかる。したがって，水50gを加熱したときに170秒かかることから，水を3倍の

150gにすると，水温を上昇させるために要する時間も3倍になるので，170〔s〕×3＝510〔s〕となる。

(4)　熱量〔J〕＝電力〔W〕×時間〔s〕より，電気ケトルから発生した熱量は，1250〔W〕×60〔s〕＝75000〔J〕　また，水が得た熱量は，4.2〔J〕×500〔g〕×(55.0−25.0)〔℃〕＝63000〔J〕　よって，求める割合を百分率で表すと，63000〔J〕÷75000〔J〕×100＝84(％)

＜社会解答＞

【問1】　(1)　イ・ウ　(2)　選択肢A　ウ　選択肢B　カ　(3)　ア・エ　(4)　ウ　(5)　(例)公家や寺社は，それまで荘園領主として持っていた土地の権利を失った　(6)　イ　(7)　(記号)　ウ　(特徴)　(例)年貢を増やすことを重視した　(8)　ウ・エ　(9)　(時期)　Z　(原因)　イ　(10)　イ→ア→エ→ウ

【問2】　Ⅰ　(1)　①　選択肢A　ウ　選択肢B　カ　②　アイヌ文化振興法　③　(島名)　ウ　(総称)　北方領土[北方四島／北方地域]　(2)　①　(例)原料である木材チップを輸入して，製品である紙・パルプをつくって輸出する貿易　②　(例)第2次産業の割合が減少した　(3)　①　い　イ　う　ウ　え　エ　お　カ　か　ク　②　i　エコツーリズム　ii　(例)人口が同規模の釧路市や帯広市と比べて，苫小牧市は貨物用車両数が多いから　iii　(例)寄付ありのナンバープレートの申込件数が多い　Ⅱ　(1)　A　アメリカ[アメリカ合衆国／米国]　B　中国[中華人民共和国]　(2)　ア・ウ　(3)　①　ア　②　(例)豚肉の生産量は増加しているが，大豆の生産量は減少しているから　(4)　(例)自然環境の保護と経済の発展

【問3】　Ⅰ　(1)　①　あ　ア　い　エ　う　キ　②　イ　(2)　①　(例)企業数の割合は1％と少ないが，製造品出荷額等の割合は約半数を占めている　②　ベンチャー企業　(3)　①　労働基準法　②　立法機関　③　え　参議　理由　(例)多様な意見を反映し，慎重な審議を行うため　(4)　①　お　カ　か　エ　き　イ　②　ア・ウ　(5)　①　ワーク・ライフ・バランス　②　ウ・エ　Ⅱ　(1)　ウ　(2)　季節風　(3)　(例)(理由)　世界の中でも地熱資源量が多く，小水力，太陽光，風力と比べて，発電費用が安く，設備利用率が高い　(課題)　開発可能地域が少なく，小水力，太陽光，風力と比べて，発電設備の設置にかかる期間が長い

＜社会解説＞

【問1】　(歴史的分野－稲作を切り口にした問題)

(1)　稲作の伝来が弥生時代であることから判断すればよい。アは縄文時代，エは旧石器時代のことである。

(2)　班田収授の法では，6歳以上の男女に口分田を与えると規定されていることから選択肢Bを判断すればよい。選択肢Aについては，戸主・妻・男・婦の4名が対象者であることから判断すればよい。

(3)　唐との交流が盛んだったのは奈良時代であることから判断すればよい。イは戦国時代・安土

桃山時代のことである。火薬の発明は唐や13世紀のヨーロッパなどの説があるが，アメリカではないことから，ウは内容が誤りである。

(4)　一年間に**異なる種類の作物を一回ずつ作ることは二毛作**である。室町時代に発達した，代表者の集まりである寄合でおきてを決めて自治を行った農村は，惣と呼ばれた。これらを併せて判断すればよい。

(5)　量や長さなどの単位を統一した目的は，**太閤検地**を実施して年貢を徴収することであった。全国規模で検地が実施された結果，それまであった荘園は認められなくなったことに注目して説明すればよい。

(6)　**江戸幕府の政治は，複数の老中による合議制**で進められたことから判断すればよい。執権は鎌倉幕府で将軍を補佐した役職，太政官は律令制度下における役職，管領は室町幕府で将軍を補佐した役職である。

(7)　**米将軍**と呼ばれた**江戸幕府8代将軍徳川吉宗**は，**享保の改革**と呼ばれる政策を進めることで，年貢の増収を目指したことに注目して説明すればよい。表ウの内容は，**新田開発**と**上米の制**である。アは松平定信，イは田沼意次の政策である。

(8)　**1873年**に実施された**地租改正**の内容から判断すればよい。アは江戸時代の年貢の納め方，イは農地改革の内容である。

(9)　**1918年**に起きた**米騒動**は，シベリア出兵を見込んだ米屋による売り惜しみの結果，米の価格が高騰したことにある点に注目して判断すればよい。日露戦争は1904年，西南戦争は1877年のことである。

(10)　アは室町時代，イは奈良時代，ウは明治時代，エは江戸時代のことである。

【問2】 (地理的分野－北海道・ブラジルを切り口にした問題)

Ⅰ　(1)　①　**北海道は緯度が高い**ことから，年間を通して**気温が低い**ことに注目すればよい。アは**月の平均降水量が200mmを越える月がない**ことから瀬戸内の気候であることが分かるので，高松市である。イは**冬の降水量が多い**ことから**日本海側の気候**であることが分かるので，金沢市である。②　アイヌ施策推進法が2019年に制定されたことに伴い廃止された法律である。

③　**日本最北端に位置し，四大島に次ぐ面積を持つ，北方領土最大の島**である。日本はロシアによる不法占拠を主張し，ロシアは日本による不当な領有権主張が行われていると主張している地域である。　(2)　①　輸入品に木材チップがあり，輸出品に紙・パルプという木材チップによる製品があることに注目して，説明すればよい。②　**工業は第2次産業**に分類されることに注目して，説明すればよい。　(3)　①　いは，観光入込客延数が，8月は33万6千人で，1月の5万9千人に対して5.7倍であることから判断すればよい。う・えは，8月が夏，1月が冬であることから判断すればよい。おは，資料4から，どの月も道内客の方が道外客より多いことが読み取れるはずである。かは，ノート3から日帰り客が多いことが分かるので，通過型になると判断できるはずである。　②　ⅰ　2007年に制定されたエコツーリズム推進法では，「自然環境の保全」「観光振興」「地域振興」「環境教育の場としての活用」が基本理念として定められている。　ⅱ　資料6に挙げられている人口が同規模の3つの市を比較すると，苫小牧市の貨物用車両が非常に多いことが読み取れる点に注目して説明すればよい。　ⅲ　資料7から，ナンバープレートの申込件数は，寄付ありが寄付なしの9倍になっている点に注目して説明すればよい。

Ⅱ　(1)　人口に注目すると，Aは**3億人**，Bは**14億人**であることから，それぞれ，**アメリカ**，**中国**であると判断できる。　(2)　資料9から，1965年に1位だったコーヒー豆は，2007年・2018年ともに上位5位に入っていないことが分かるので，アは正しい。2018年の大豆の輸出額は2300

億ドル×13.8％＝317.4(億ドル)，2007年の機械類と自動車を合わせた輸出額は1606億ドル×(11.1＋7.7)％＝301.9(億ドル)となることから，ウは正しい。2007年の3位に食料品である肉類，4位に工業原料である鉄鉱石が入っていることから，イは誤りである。2399億ドル÷16億ドル＝149.9(倍)となることから，エは誤りである。(3)　①　資料10・11の読み取りをそのまま行えばよい。　②　資料12から，豚肉の生産量は増加しているが，大豆の生産量は減少していることから，不足分を輸入に頼っていることが分かるはずである。(4)　輸出の増加は経済の発展にプラスであるが，大豆栽培のための耕地を増やすために森林を切り開いていることは，自然環境にはマイナスである点に注目すればよい。

【問3】　(公民的分野－職場体験学習・日本のエネルギー源を切り口した問題)

Ⅰ　(1)　①　資料1から，「とても重要」の割合が1番高いのは「収入が多いこと」であることが読み取れる。2番目に高いのは「自分のやりたいことができること」で，これは自分の好きなことができることと同じ視点だと分かる。3番目に高いのは「自由な時間が多いこと」で，これは自分の時間を大切にしたいことと同じ視点だと分かる。これらを併せて判断すればよい。　②　勤労の権利は日本国憲法第27条に規定された，社会権の一例である。　(2)　①　資料2から，企業数が1.0％，製造品出荷額等が52.6％であることが読み取れる点に注目して説明すればよい。　②　中小企業の中で，特に新しい技術やアイディアを使って消費者や他の事業者にサービスや商品を提供する企業のことである。

(3)　①　1947年に施行された法律である。労働組合法・労働関係調整法と併せて労働三法と呼ばれている。　②　法律の制定・改廃をすることができるのは国会だけであるという意味である。　③　国会が衆議院と参議院の二院制であることから判断すればよい。参議院は，良識の府と呼ばれ，衆議院の行き過ぎを抑える働きを期待されている点に注目して説明すればよい。

(4)　①　企業から商品を手に入れるために必要なものは代金である。労働の対価として企業から支払われるものは賃金である。家計・企業から政府に対して支払われるものは税金である。これらを併せて判断すればよい。　②　税金の負担者と納税者が同一の税を直接税，異なる税を間接税という。前者の代表は所得税・法人税，後者の代表が消費税・酒税であることから，アは正しい。財政とは，国・地方公共団体が行う経済活動全体のことであることから，ウは正しい。所得税は，収入が多い人ほど税率が高くなる累進課税制度が採用されていることから，イは誤りである。公共事業の増加は不景気の時に行うものであることから，エは誤りである。バランス憲章及び仕事と生活の調和推進のための行動指針が策定され，実現に向けた取り組みが行われている。　②　業務内容の選択が可能であることと，資格取得に向けたサポートがあることから判断すればよい。B社はA社より給与が少ないので，アは誤りである。勤務時間・週休の条件は同じであることから，イは誤りである。

Ⅱ　(1)　原子力発電の割合が大きく低下しているところを選べばよい。　(2)　主に東アジア・東南アジア・南アジアに見られる，大陸と海の気温差によって夏と冬で風向きが逆になる風のことである。別名モンスーンと呼ばれている。　(3)　理由に関しては，地熱発電の設備利用率・発電費用・発電設備の稼働年数が，他の発電方法より優れていること，及び，世界の中でも地熱資源量が多いことに注目すればよい。課題に関しては，発電設備の設置にかかる期間が他の発電方法より長くかかり，地熱発電設備容量が他の発電方法より少なく，地熱資源の開発可能地域が少ないことに注目すればよい。

<国語解答>

【問一】 (1) ① ねんえき　② つうしょう　③ よじょう　④ とぼ　⑤ ちんぎん　⑥ にお　(2) a ウ　b エ　(3) A 弱さを支え合う　B 相手に合わせて進化　(4) イ・エ　(5) C キ　D ク　E イ　(6) イ・ウ　(7) (例)自転車には，乗り手を，歩く場合よりも短時間で遠くまで運ぶという機能としての価値がある一方，練習の末に初めて自力で乗ることができたときの喜びを思い出させるという感性的な価値がある。

【問二】 (1) イ　(2) ア　(3) エ　(4) (例)キーワードなどをスライドで映し，聞き手の反応をみて，言葉を選んだり，内容を補ったりして話せばいい　(5) ウ

【問三】 ① 誤 参　正 散　② 誤 高　正 航　③ 誤 忘　正 防

【問四】 (1) ① おもうよう　② なお　(2) いみじく誇りける　(3) イ　(4) ウ・オ　(5) 無二益於一己者而非レ用　(6) A (例)役に立たないと思われているもののはたらきによって　(7) B エ

【問五】 (1) ① 腹　② 調子　(2) あ ウ　い ア　(3) イ　(4) ア・オ　(5) (例)力士に一番近い存在として力士に寄り添おう　(6) (例)爪を切ることさえせず，職人としての心構えができていなかった自分の未熟さを深く恥じるとともに，常に心構えがてきている床芝を改めて心から尊敬する気持ち

<国語解説>

【問一】 (論説文―大意・要旨，段落・文章構成，脱文・脱語補充，漢字の読み，作文，品詞・用法)

(1) ①「粘」の訓読みは「ねば・る」，音読みは「ネン」。「粘土(ネンド)」。② 正式の名前ではないが，一般に通用している名前。③ あまり。残り。④ 不足している状態。⑤「賃」は「任」＋「貝」。⑥「匂」の三画目以降は「ヒ」。「ム」ではない。

(2) a「弱い」は活用する自立語だ。「～い」で言い切れるから形容詞。b「ひ弱な」は活用していて言い切りは「ひ弱だ」。活用する自立語で，「～だ」で言い切れるから形容動詞。

(3) 自然界における親密な共生関係について，筆者は「お互いの弱さを支え合う，何とも良い関係性」と表現しているので，A にはここから抜き出して補う。B には，共生関係において見逃せないことが入る。本文では，共生が一般的な関係ではなく，固い絆で結ばれた特定の種族間だけに起こる現象だということに加えて，「それらのほとんどが相手に合わせて進化しているのも注目に値する」と述べられているので，ここから抜き出せる。

(4) まず，自然界の共生関係について前半で述べ，後半ではそれをふまえて，人間社会における共生について考察を進める構成だからイは適切だ。ア「製品流通の仕組みの共通性」には着目しておらず，ウ「例を対比的」に用いていないのでこの二つは誤り。共生について考察するために，歌やデザインの例を挙げているのでエは適切。

(5) C は「相手の心によりそって，その特殊性に共感しよう」とあるので「特殊性」が補える。また，そうした共感によって強固な共生関係が構築されるのだから，D に入る強固なものは「関係性」だとわかる。また，こうした特定の相手と強固な関係性の構築は，「自然界の共生と同じように」人間社会の創造というフィールドでも展開されている。したがって，E には「創造」が補える。

(6) 未来に向けての考察なので断定的な発言がしにくい。したがって断定的表現を避けたのだ。

また，断定的な主張は読み手へ意見を押しつける感があるので，可能性を示す程度の和らげた表現にとどめ，読み手自身も考えられるようにしている。

(7)　自転車の「機能としての価値」は，歩くよりも楽に，しかも速く遠くまで行ける，というようなことが挙げられる。「感性的な価値」は，自転車によって呼び覚まされる記憶を挙げればよい。自転車に乗れるようになるまでの練習のつらさをこらえたこと，乗れたときの爽快感や達成感といったことが考えられる。この二点を明確に示してまとめたい。

【問二】 (会話・議論・発表―内容吟味，文脈把握，脱文・脱語補充)

(1)　活動の内容紹介から始めると聞き手が想像しやすく，理解もしやすいということだ。

(2)　南原さんも北野さんも，自分の経験から，聞き手にわかりやすくなる工夫を紹介しているところが共通点だ。発表する順番についての意見がある。

(3)　北野さんは自分と異なる南原さんの意見に対して反発はしていない。南原さんの考えを受けとめつつ、自分なりの意見を伝えている。

(4)　二人の意見を組み合わせるというポイントをおさえよう。まずスライドを用いる場合には，キーワードなどを映し，視覚的に伝わる工夫をしたい。また話す際には聞き手の反応によって表現を選び内容を補って話すようにすればよい。

(5)　この活動は，自分たちの行動を通して地域の人々に喜んでもらうことを目標にしている。したがって，清掃活動を通して人々の喜ぶ顔を見られ，達成感を覚えたとするのが適切だ。

【問三】 (漢字の書き取り，熟語)

①「散策」は，気分転換や健康維持のために外に出て歩き回ること。

②「航空便」は，郵便物を飛行機で送ること。

③「予防」は，前もって防ぐこと。

【問四】 (古文―内容吟味，文脈把握，脱文・脱語補充，仮名遣い)

【現代語訳】（文章Ⅰ）あるとき，鹿が川のほとりに出てきて水を飲んでいたとき，自分の角の影が水面に映って見えたところ，その角の有り様を見て「それにしても，私が頭に乗せている角はすべての獣の中でも，私に並ぶものは居るはずがない。」と，一方では高慢な気持ちをもった。また，自分の四つ足の影が水底に映り，たいへん頼りなく細く，しかも蹄が二つに割れている。また，鹿が心の中で思うことには，「角は立派だが，私の四つ足は嫌気がさす感じだ」と思っていたところに，気のせいだろうか，人の声がかすかに聞こえ，そのほかにも犬の声もした。これによって，その鹿は山中に逃げ帰り，あまりに慌てふためいて騒ぐうちに，ある木のまたに自分の角を引っかけて，下へとぶらさがってしまった。抜こう抜こうとするけれどどうしようもない。鹿が心で思うことには，「どうしようもない気持ちでいっぱいの私の心だ。たいそう誇りに思っていた角は，私の仇になって，嫌だと思っていた四つ足こそが私の助けになるなんて」と，独り言を言って，あきらめた。

こうしたことは，人にもあてはまる。「大切にしていたものが仇になって，嫌だと思って遠ざけておいたものが私の助けになるなんて」と後悔することがあるものだ。

（文章Ⅱ）恵子が荘子に向かって「あなたの話は現実離れしていて実際の役には立ちませんね。」と言った。荘子は「役に立たないということを理解してこそ，役に立つということを論ずべきだ。そもそも大地は広く，そしてまた大きいものだ。人が使う所は，足がついている地面だけだ。そうであるならば，足の寸法を測り，その広さだけ残して周囲を地の底まで掘り下げたとすると，それでもその立っている場所が人の役に立つだろうか。」と答えた。恵子は「それじゃあ役に立たないでしょう。」と答えたので，荘子は「役に立たない無用に見えるものが実は役に立っていることは，今やはっきりしたでしょう。」と言った。

(1)　語中・語尾の「は・ひ・ふ・へ・ほ」は，現代仮名遣いで「ワ・イ・ウ・エ・オ」になる。また，長母音「au」は「オー」となる。

(2)　鹿は**自分の角を「いみじく誇りける角」といっている**ので，これが同義である。

(3)　人や犬の気配がして，**山中まで逃げてこられたのは，四つ足で走ってきたから**だ。疎ましく思っていた足が鹿自身を助けてくれていたことに気がついたのである。

(4)　「いみじく誇りける……我が助けなるものを」と「いつきかしづき……我が助けとなるものを」をふまえて選択肢を選ぶ。

(5)　「謂」は「荘子」という**二字を読んでから返って読む**ので一・二点を用いる。「無」「用」は読む順序が入れ替わっているので**レ点を用いて一字返って読む**。

(6)　「無用の用」がキーワードである。**役に立たないと思っているものが役に立つ存在である**ということだ。 A には，役立つものが成立する条件を補う。すなわち，役に立たないと思われていたもののおかげで(その働きがあって)役立つものが成立するということを理解しよう。

(7)　用いて役に立つということは，**存在価値がある**ということだ。

【問五】　(小説―情景・心情，内容吟味，文脈把握，脱文・脱語補充，漢字の書き取り，語句の意味，表現技法・その他)

(1)　①「腹」の部首は，にくづき。　②物事が進行するときの勢い。

(2)　あ　さんずいが連続して書かれている。　い　いとへんの3画目が省略されている。

(3)　「洗いざらい」とは，**そこにあるもの全部にわたる**ことを表すから，一部始終と同じ意味だ。「徹頭徹尾」は，初めから終わりまで，**一つの考えや行動を維持し続ける**こと。

(4)　aについて，床芝の「目を伏せた」という仕草から，バレていること含めて本心を話すことになる**靖成への床芝の優しさ**が伝わる。また，eについて，櫛を渡したということは床芝の靖成に対する期待の表れでもあるのに，それを受けとることに靖成は躊躇した。**いつまでも落ち込み悩んでいる靖成に対して苛立ち**，声を荒げたのだ。イ「靖成の言葉を一旦さえぎり」，ウ「松岡に対する床芝の失望」，エ「床芝に自分の考えを見抜かれ」という表現が不一致である。

(5)　床山にとって大切なのは**「力士に一番近い存在」として，力士のことをよく見て，最も良き理解者となること**だ。そういう思いが欠けていたことに床芝の言葉を聞いて気づいたのである。

(6)　頭を下げる，という行為には，自分の至らなさを恥じ入る気持ちと，相手をうやまう気持ちが込められている。まず，**爪を切ることすらしなかった髪結いとしての自覚の無さを恥じ入る気持ち**が読み取れる。次に，床山としての心構えをしっかりと持っている**床芝への敬意**も読み取れよう。この二つを指定字数でまとめればよい。

MEMO

大切なことはメモしておこうネ！

長野県公立高等学校

2022年度

★★★★★★★★★★★★★★★★★★★★★★★★

入　試　問　題

2022年度

●くわしい解説……49ページ

＜数学＞

時間 50分 満点 100点

【注意】 分数で答えるときは，指示のない限り，それ以上約分できない分数で答えなさい。また，解答に$\sqrt{\ }$を含む場合は，$\sqrt{\ }$の中を最も小さい自然数にして答えなさい。

【問１】 各問いに答えなさい。

(1) $5+(-2)$ を計算しなさい。

(2) $(-6x+9)\div 3$ を計算しなさい。

(3) $84n$ の値が，ある自然数の２乗となるような自然数 n のうち，最も小さいものを求めなさい。

(4) 二次方程式 $x^2=4x$ の解として，最も正しいものを次の**ア**～**エ**から１つ選び，記号を書きなさい。

ア $x=2,\ -2$ **イ** $x=0,\ -4$ **ウ** $x=0,\ 4$ **エ** $x=4$

(5) a 人が１人500円ずつ出して，b 円の花束を買おうとしたところ，200円たりなかった。このときの数量の関係を表す式として，正しいものを次の**ア**～**エ**から１つ選び，記号を書きなさい。ただし，消費税は考えないものとする。

ア $500a-200=b$ **イ** $500a>b+200$ **ウ** $500a-b<200$ **エ** $500a=b-200$

(6) **資料**は，あるクラスの徒歩通学生徒16名の通学時間を調べ，その値を左から小さい順に並べたものである。通学時間の中央値を求めなさい。

〔資料〕
5，8，10，10，12，15，15，15，19，20，20，23，25，27，30，35

(単位：分)

(7) ことがらAの起こる確率が $\frac{3}{8}$ のとき，Aの起こらない確率を求めなさい。

(8) $\sqrt{6}$ の小数部分をａとするとき，$a(a+2)$ の値を求めなさい。

(9) 電子レンジで食品を加熱するとき，電子レンジの出力を x W（ワット），最適な加熱時間を y 秒とすると，y は x に反比例することがわかっている。あるコンビニエンスストアで販売されている弁当には，図１のようなラベルがはってある。

図１

最適な加熱時間	
500 W	3分00秒
600 W	
1500 W	1分00秒

このとき，図１の中の ☐ に当てはまる最適な加熱時間を求めなさい。

(10) 図２は，線分ABを直径とする円である。この円を線分ABと直線 ℓ の２本で合同な４つの図形に分けるとき，直線 ℓ を定規とコンパスを使って作図しなさい。ただし，直線を表す文字 ℓ も書き，作図に用いた線は消さないこと。

図２

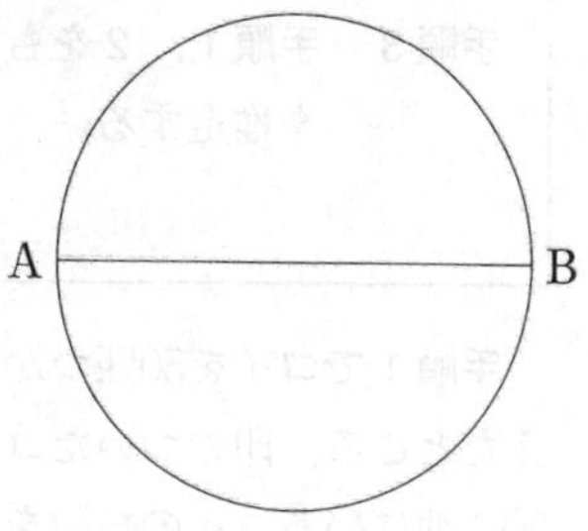

(11) 図３は，円Oの円周上の３点A，B，Cについて，点AとB，点AとC，点OとB，点OとCを結んだものであり，∠BOC＝120° とする。

①　∠x の大きさを求めなさい。

②　OB＝６㎝のとき，点Aをふくまないおうぎ形OBCの面積を求めなさい。

図３

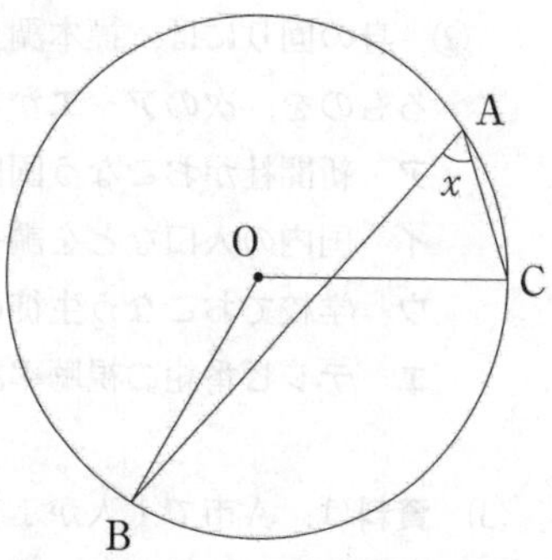

【問２】 各問いに答えなさい。

(1) 図１は，１辺が６㎝の立方体を，頂点C，D，および辺ABの中点Mを通る平面で切り取ってできた三角錐である。

①　この三角錐について，辺ADとねじれの位置にある辺を選び，記号を用いて書きなさい。

②　この三角錐の体積を求めなさい。

図１

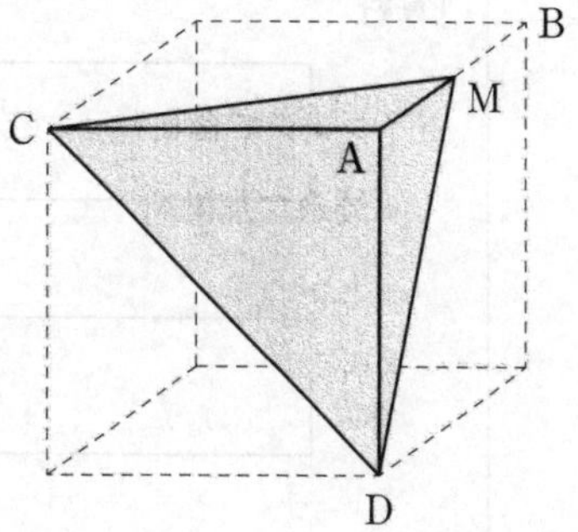

(2) 夏さんのクラスでは，ある池のコイの総数を調査しようと考え，すべてのコイをつかまえずに標本調査を利用した次の方法で，コイの総数を推定した。

〔方法〕

手順１　図２のように，コイを何匹かつかまえて，その全部に印をつけて，池にもどす。

図２

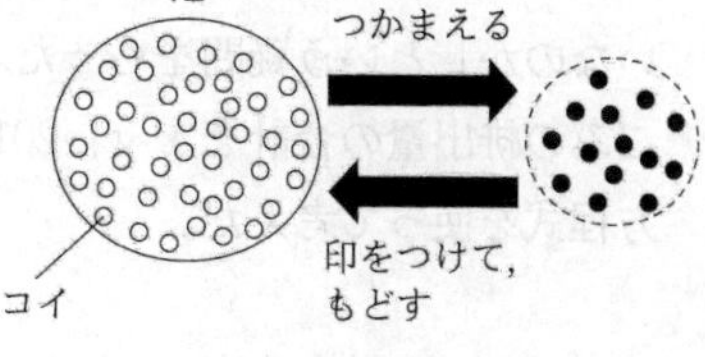

手順２　数日後，図３のように，無作為にコイを何匹かつかまえる。つかまえたコイの数と印のついたコイの数をそれぞれ数える。

手順３　手順１，２をもとに，池にいるコイの総数を推定する。

図３

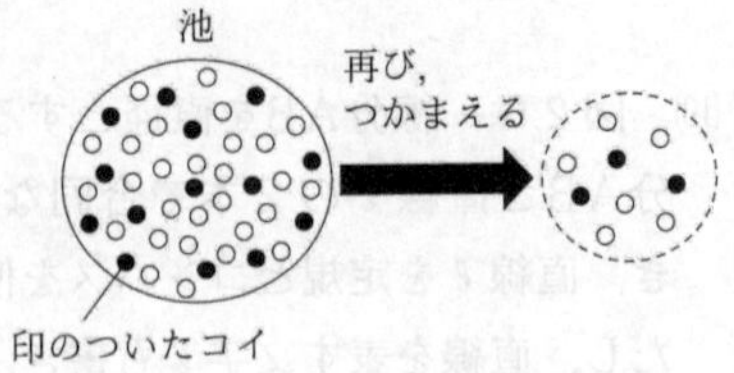

手順１でコイを50匹つかまえて，その全部に印をつけて池にもどした。手順２で30匹つかまえたところ，印のついたコイの数は９匹であった。

①　池にいるコイの総数を推定し，一の位の数を四捨五入した概数で求めなさい。

②　身の回りには，標本調査を利用しているものがある。標本調査でおこなうことが適切であるものを，次のア～エからすべて選び，記号を書きなさい。

ア　新聞社がおこなう国内の有権者を対象とした世論調査

イ　国内の人口などを調べるためにおこなわれる国勢調査

ウ　学校でおこなう生徒の歯科検診

エ　テレビ番組の視聴率調査

(3)　資料は，Ａ市で１人が１日あたりに出す４種類のごみ（可燃ごみ，資源ごみ，不燃ごみ，その他のごみ）の排出量の割合と，ごみの排出量について2014年度と2019年度を比べたものである。

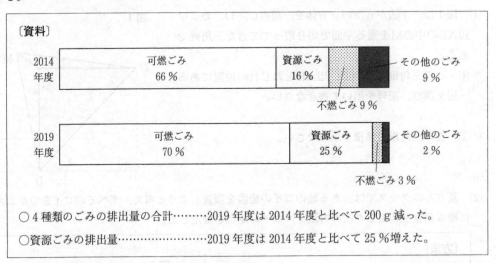

〔資料〕

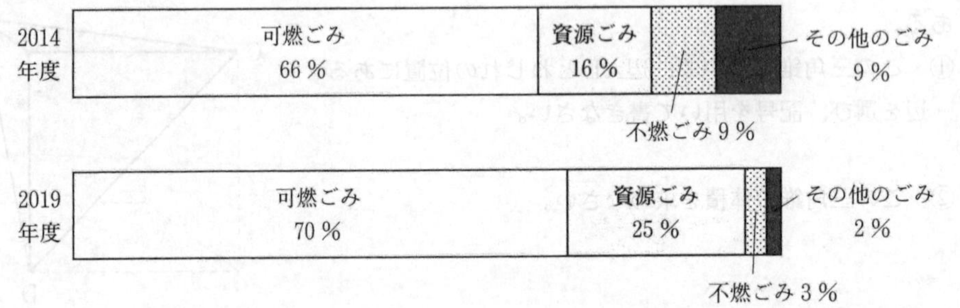

○４種類のごみの排出量の合計………2019 年度は 2014 年度と比べて 200 g 減った。

○資源ごみの排出量…………………………2019 年度は 2014 年度と比べて 25 %増えた。

秋さんは，資料から「2014年度と2019年度における可燃ごみの排出量は，それぞれどれくらいなのか」という疑問をもった。そこで，秋さんは資料をもとに，2014年度における４種類のごみの排出量の合計を x g，2019年度における４種類のごみの排出量の合計を y gとし，連立方程式を使って考えた。

$$\begin{cases} x-y=200 \\ \boxed{} = \frac{25}{100}y \end{cases}$$

① $\frac{25}{100}y$ はどのような数量を表しているか，言葉で書きなさい。

② $\boxed{}$ に当てはまる適切な式を書きなさい。なお，分数を用いて式を書く場合には約分しなくてもよい。

③ 可燃ごみの排出量を，2014年度と2019年度で比べたときにいえることとして，正しいものを次のア，イから１つ選び，記号を書きなさい。また，その理由を数値を示して説明しなさい。なお，分数を用いて説明する場合には約分しなくてもよい。

2019年度は2014年度と比べて［ ア　増えた。　イ　減った。］

【問３】 各問いに答えなさい。

Ⅰ　春さんは，箱に入った荷物を送るのに，Ａ社とＢ社のどちらで送るか検討している。Ａ社，Ｂ社ともに箱の縦の長さ，横の長さ，高さの和を荷物の大きさとして，その大きさに応じて料金を決めている。ただし，荷物の重さは料金に関係しないものとし，荷物の大きさは小数点以下を切り上げ，消費税は考えないものとする。

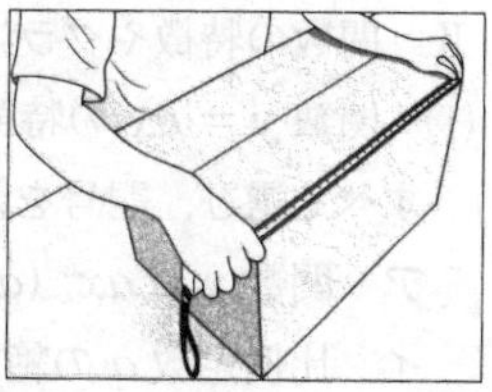

表は，Ａ社の料金表で，図１はこれについて，荷物の大きさを x cm，料金を y 円として，x と y の関係をグラフに表したものである。また，図１で，グラフの端の点をふくむ場合は●，ふくまない場合は○で表している。

表

荷物の大きさ	料金
60 cm 以下	800 円
70 cm 以下	1000 円
100 cm 以下	1300 円
140 cm 以下	1800 円

図１

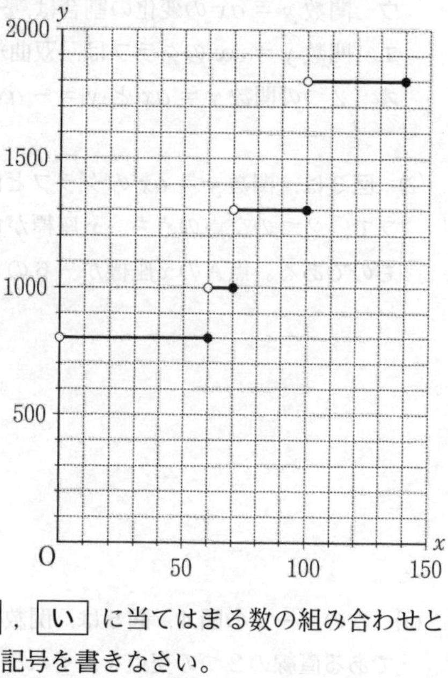

(1)　表と図１からわかることを次の文にまとめた。$\boxed{あ}$，$\boxed{い}$ に当てはまる数の組み合わせとして，最も適切なものをあとのア～エから１つ選び，記号を書きなさい。

> Ａ社では，荷物の大きさが65cmであるときの料金は $\boxed{あ}$ 円である。また，1500円以内で送ることができる荷物の大きさは，最大で $\boxed{い}$ cmであることがわかる。

ア $\boxed{あ}$ 800 $\boxed{い}$ 100　　イ $\boxed{あ}$ 1000 $\boxed{い}$ 100

ウ あ 800 い 140 エ あ 1000 い 140

(2) A社の荷物の大きさと料金の関係についていえることとして，正しいものを次のア，イから1つ選び，記号を書きなさい。また，その理由を説明しなさい。ただし，荷物の大きさは140cm以下とする。

ア 料金は荷物の大きさの関数である。 イ 料金は荷物の大きさの関数ではない。

(3) 図2は，B社のチラシである。荷物の大きさが115cmのとき，料金が安いのはA社とB社のどちらの会社か，書きなさい。また，いくら安いか求めなさい。

図2

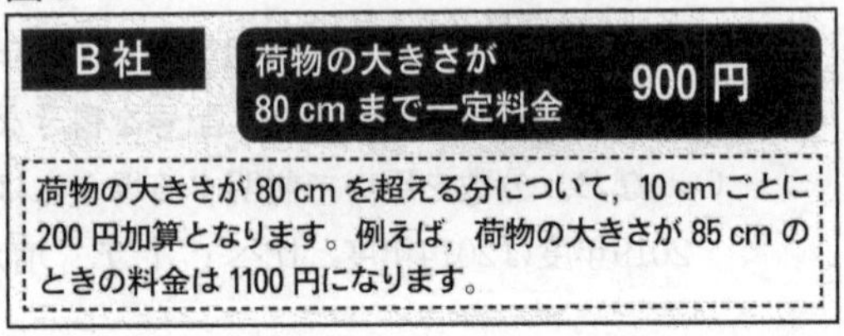
B社 荷物の大きさが80 cmまで一定料金 900円

荷物の大きさが80 cmを超える分について，10 cmごとに200円加算となります。例えば，荷物の大きさが85 cmのときの料金は1100円になります。

Ⅱ 関数の特徴やグラフについて考える。

(1) 関数$y = ax^2$の特徴やそのグラフについていえることとして，適切なものを次のア～オからすべて選び，記号を書きなさい。ただし，aは0ではない。

ア 関数$y = ax^2$ ($a > 0$) について，xの値が0のとき，yの値は最小となる。

イ 比例定数aの絶対値が大きくなると，グラフの開き方は大きくなる。

ウ 関数$y = ax^2$の変化の割合は，一次関数とは異なり，一定ではない。

エ 関数$y = ax^2$のグラフは，双曲線といわれる曲線である。

オ 2つの関数$y = ax^2$と$y = -ax^2$のグラフは，x軸について対称である。

(2) 図3は，関数$y = ax^2$のグラフと関数$y = -2x + 6$のグラフで，2つの交点のうち，x座標が負の数である点をAとしたものである。点Aのx座標が-6のとき，aの値を求めなさい。

図3

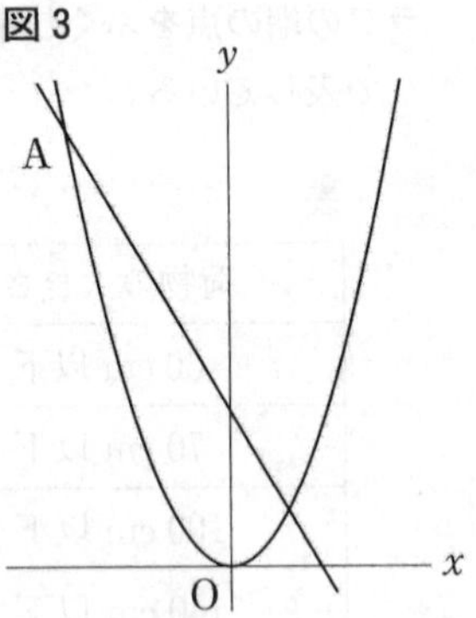

(3) 次のページの図4，図5は，関数$y = ax^2$のグラフと，点B (0，6) を通り，傾きが負の数である直線の2つの交点を，それぞれA，Cとしたものである。また，直線とx軸の交点をDとする。

① 図4について，$a = 1$，AB：BD＝1：3のとき，点Aの座標を求めなさい。

② 図5について，直線の傾きが-1で，OCとACが垂直に交わるとき，△AOCの面積は27

である。

x軸上に点Pをとり，△APCの周の長さが最も短くなるとき，点Pのx座標を求めなさい。

図４

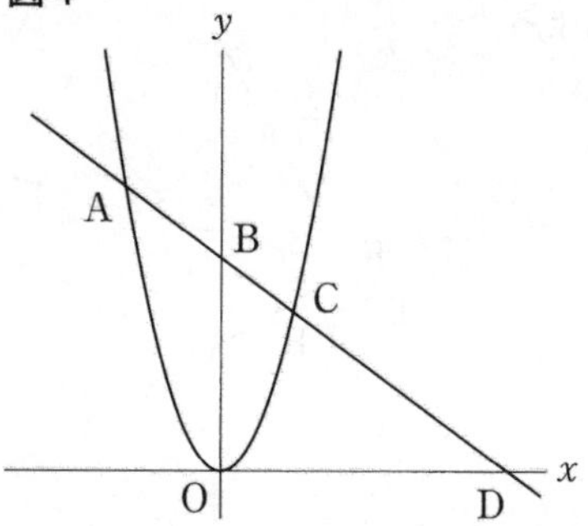

図５

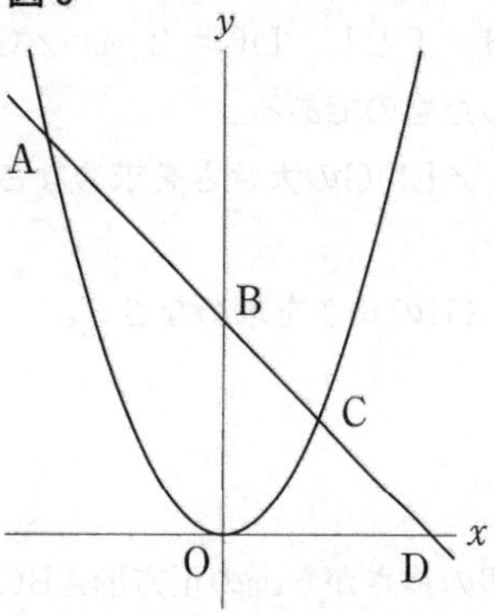

【問４】　各問いに答えなさい。

Ⅰ　１辺の長さが６㎝の正三角形ABCがある。

(1)　図１は，正三角形ABCを，頂点Aが頂点Cに重なるように折り曲げたとき，折り目の線分をBDとしたものである。

このとき，BDの長さを求めなさい。

図１

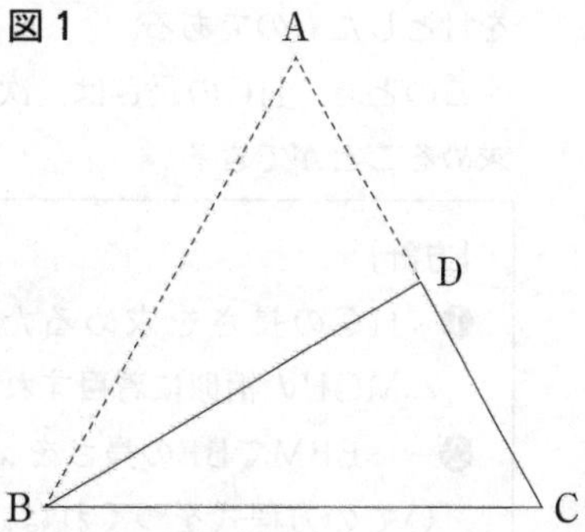

(2)　図２は，正三角形ABCを，頂点Aが辺ＢＣ上にくるように折り曲げたとき，頂点Aが移る点をＦとし，折り目の線分をEDとしたものである。

このとき，△EBF∽△FCDは，次のように証明することができる。□に証明の続きを書き，証明を完成させなさい。

図２

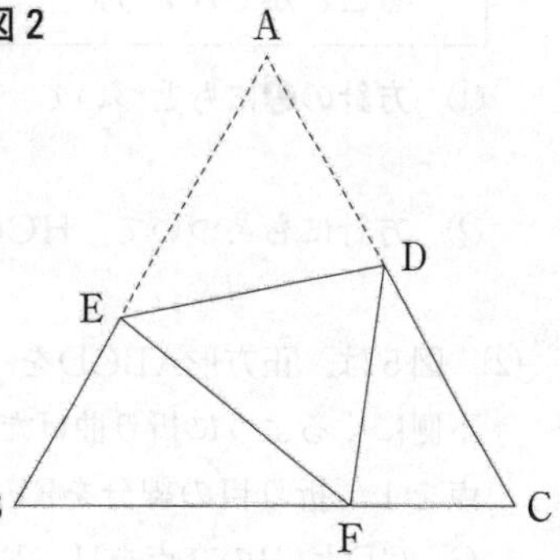

〔証明〕

△EBFと△FCDについて，

△ABCは正三角形で，正三角形の１つの内角は60°だから，

∠EBF＝∠FCD＝60°　　……①

□

(3) **図3**は，正三角形ABCを，頂点Aが辺BCより下側にくるように折り曲げたとき，頂点Aが移る点をG，折り目の線分をED，BCとEG，DGの交点をそれぞれH，Iとし，DC＝2㎝，∠GIC＝90°となるようにしたものである。

① ∠EDGの大きさを求めなさい。

② GIの長さを求めなさい。

図3

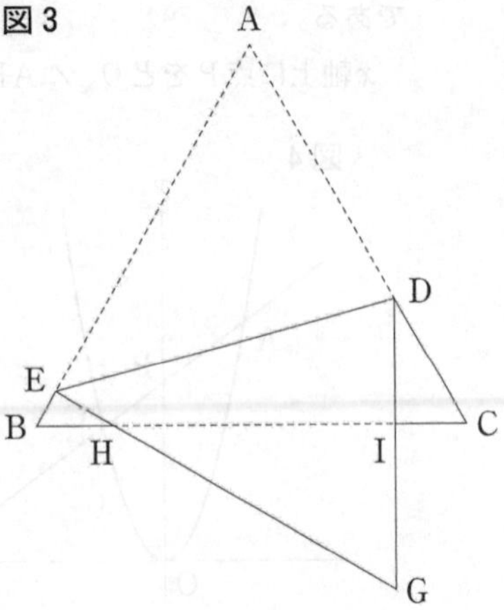

Ⅱ 1辺の長さが6㎝の正方形ABCDがある。

(1) **図4**は，正方形ABCDを，頂点Aが辺BCの中点Mに重なるように折り曲げたとき，折り目の線分をEFとし，頂点Dが移る点をG，CDとGMの交点をHとしたものである。

このとき，HCの長さは，次の**方針**にもとづいて求めることができる。

〔**方針**〕
❶ HCの長さを求めるために，△EBMと△MCHの相似に着目すればよさそうだ。
❷ △EBMでBEの長さをx㎝として，xについての方程式をつくれば，BEの長さを求めることができそうだ。

図4

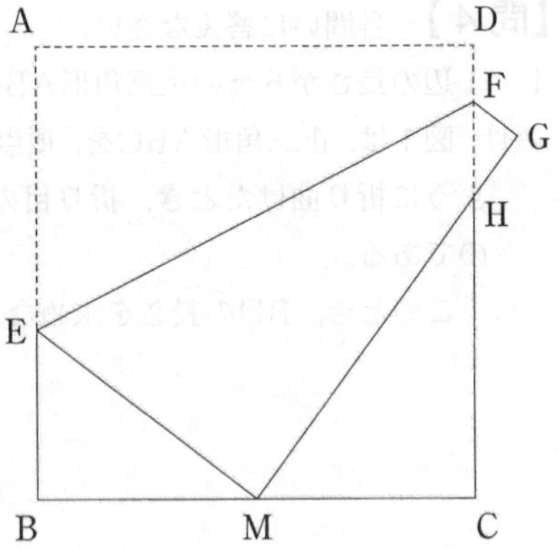

① **方針**の❷にもとづいて，xについての方程式を書き，BEの長さを求めなさい。

② **方針**にもとづいて，HCの長さを求めなさい。

(2) **図5**は，正方形ABCDを，頂点Aが辺BCより下側にくるように折り曲げたとき，頂点Aが移る点をI，折り目の線分をEF，頂点Dが移る点をG，CDとGIの交点をH，BCとEI，IGの交点をそれぞれJ，Kとしたものである。

EB＝$\frac{1}{4}$AB，EJ＝JIのとき，4点E，B，I，Kを通る円の直径の長さを求めなさい。

図5

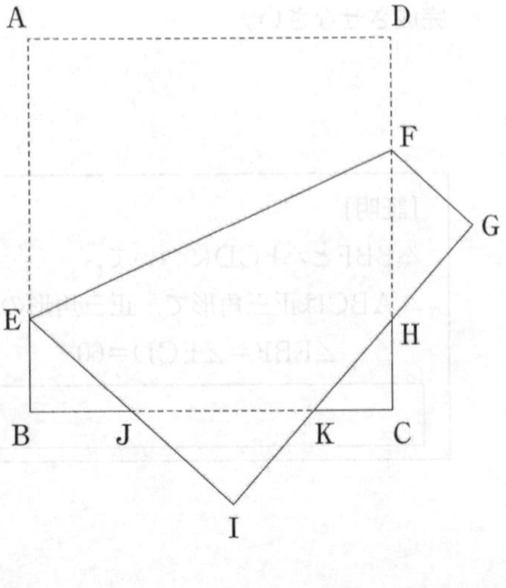

＜英語＞

時間　50分　　満点　100点

【問１】 リスニングテスト（英語は，⑴では１度，⑵，⑶，⑷では２度読みます。）

(1) No. 1

ア

イ

ウ

エ

No. 2

ア

イ
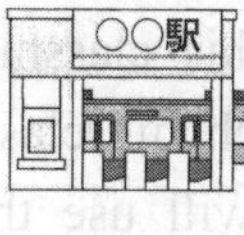

ウ

エ
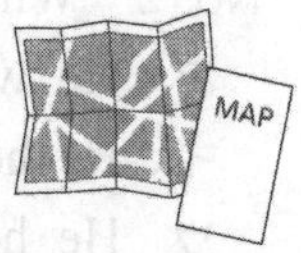

No. 3　＜動物園での会話＞

ア

イ

ウ
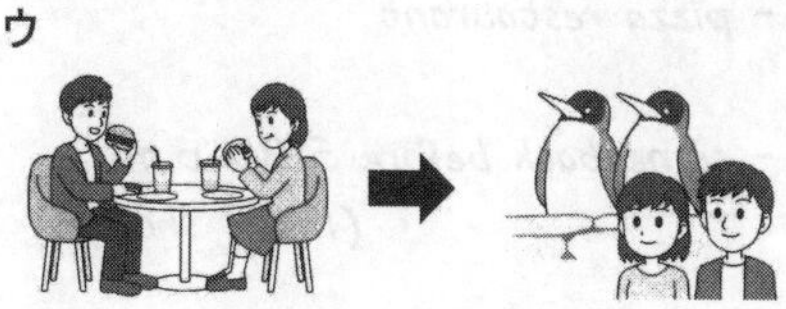

エ

(2) No. 1　＜学校の廊下での会話＞

ア OK.　You can do it.　　イ All right.　I'll go there.

ウ Yes.　It's in my classroom.　　エ Let's go to the library.

No. 2　＜日本に来ている留学生のホームステイ先での会話＞

ア We went there before.　　イ I'm from America.

ウ No.　I can't play it.　　エ Yes, please.

No. 3　＜デパートでアナウンスを聞いている場面＞

ア About a sports event.　　イ About the store's opening hours.

ウ About cheaper things.　　エ About winter trip information.

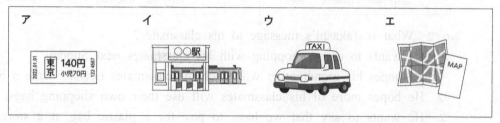

(3) No. 1 Which was shown in Takashi's speech?

ア

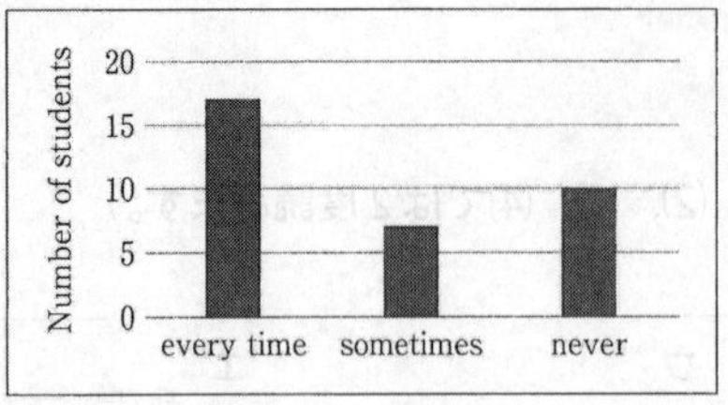

イ

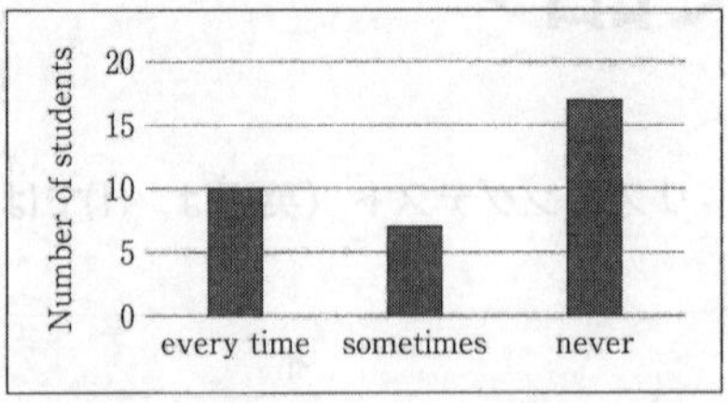

ウ

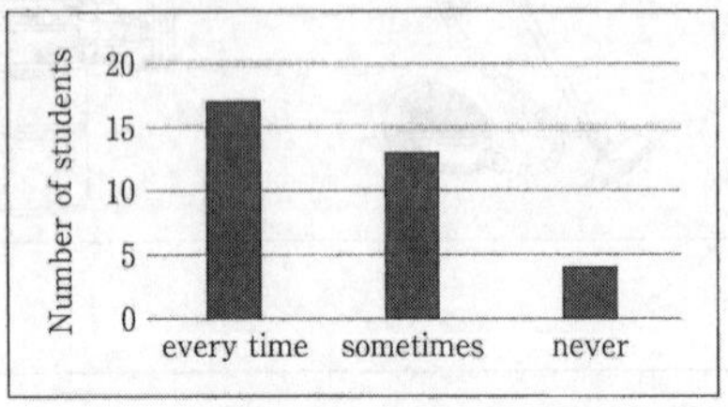

エ

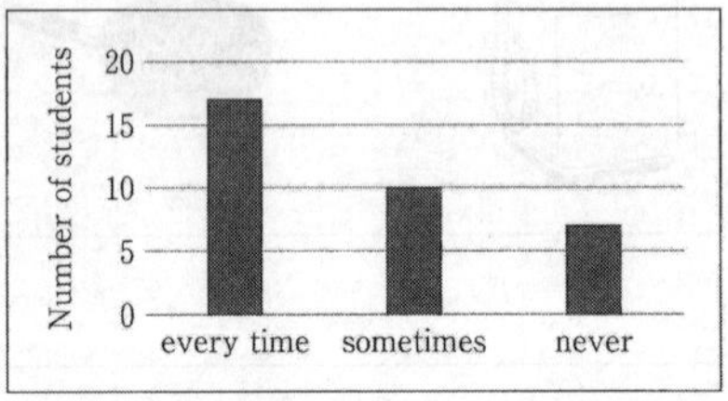

No. 2 What is Takashi's message to his classmates?

ア He wants to enjoy shopping with his classmates next Sunday.

イ He hopes his grandmother will teach his classmates how to make a bag.

ウ He hopes more of his classmates will use their own shopping bags.

エ He wants to say that we have to pay for a plastic bag at a store in Japan.

(4) Which one did Risa write?

ア

- visit an animal park
(hotel entrance at 10:00 a.m.)

- fish food (Green Forest)

- music show (afternoon)

イ

- visit a museum
(hotel entrance at 10:00 a.m.)

- pizza restaurant

- come back before 5:30 p.m.
(music show)

ウ

- visit a museum
(hotel entrance at 10:00 a.m.)

- go fishing before lunch
(by the river)

- go to a music hall
(before 5:30 p.m.)

エ

- ride a horse (at 10:00 a.m.)

- pizza restaurant
(near the river)

- go to the forest
(after lunch)

【問2】

I　各問いに答えなさい。

(1)（　）に当てはまる最も適切な英語を，(a)，(b)それぞれについて下のア～エから1つ選び，記号を書きなさい。

(a)　<家での会話>

Mother: Did you find your gloves?　You were looking for them this morning.

Son: Yes.　They were (　　　) my bag.　Thank you, Mom.

ア under　イ to　ウ for　エ into

(b)　<店員（Clerk）との会話>

Clerk: May I help you?

Tom: Yes, please.　Do you have this T-shirt in (　　　) size?　It's too big for me.

Clerk: I'll check now.　Please wait here.

ア a wider　イ the biggest　ウ a smaller　エ the longest

(2)　次の(a)，(b)の（　）内の語を，適切な形に変えたり，不足している語を補ったりなどして，話の流れに合うように英文を完成させなさい。

(a)　<友達同士の会話>

Ryo: I'm sorry.　I'm late.　It's 10:00 now.　Were you waiting for a long time?

Bob: No.　I (arrive) here at 9:50.　Let's buy juice before the movie starts.

(b)　< ALTとの会話>

Ryo: These are my favorite photos.　Take a look.

ALT: They look beautiful!　I like this one the best because I like Japanese temples.

Ryo: The temple (build) about 200 years ago.

(3)　真帆（Maho）は，海外の姉妹校の生徒であるマイク（Mike）から好きなスポーツについてたずねられ，英語で返信のEメールを書いている。アイデアマップにある①～③の情報をすべて用いて，Eメールの ① ～ ③ の（　）に当てはまる3語以上の正確な英語を書きなさい。ただし，（　）を含む文がいずれも1文になるようにすること。なお，数字は英語で書くこと。（Eメール，アイデアマップは次のページにあります。）

アイデアマップ

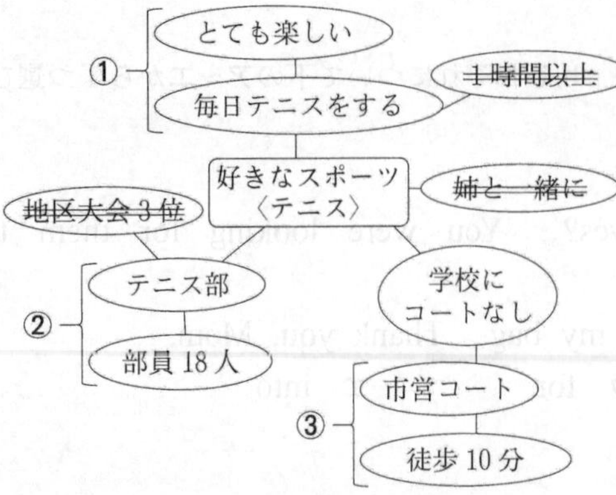

※═══の情報は，Eメールで使用していない。

Eメール

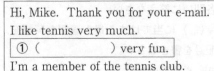

Hi, Mike.　Thank you for your e-mail.
I like tennis very much.
①（　　　　　　　）very fun.
I'm a member of the tennis club.
②（　　　　　　　）members in our tennis club.　We don't have a tennis court at our school, but we have one near our school.
③（　　　　　　　）to go to the city tennis court on foot.　Do you play tennis?
Please write me back.
Your friend,
Maho

Ⅱ　各問いに答えなさい。

⑴　恵（Megumi）は放送部に所属している。恵たちは，自分たちの学校に海外から留学してくる生徒に，全校で行っている取り組みを動画で紹介しようと考えた。その取り組みの様子を撮影し，説明している。**恵の説明**の内容を最も適切に表している絵を，下のア～エから1つ選び，記号を書きなさい。

恵の説明

Hello.　I am Megumi.　I am at the park.　In this park, we often see pretty cats, but today we don't see any.　Now, I am going to tell you about our school's project.　Our school has cleaned our town for over ten years.　We are cleaning the park with people who live in this area.　A boy with a cap is picking up garbage.　A woman and a girl are cleaning near a bench.　We feel happy that we can work together to keep our town beautiful.

ア

イ

ウ

エ

(2) 慶と彩は，信州市の国際交流イベントのチラシを見て一緒に参加するイベントを選んでいる。

(a) 慶と彩の2人の希望を満たすイベントを，下のア～エから1つ選び，記号を書きなさい。

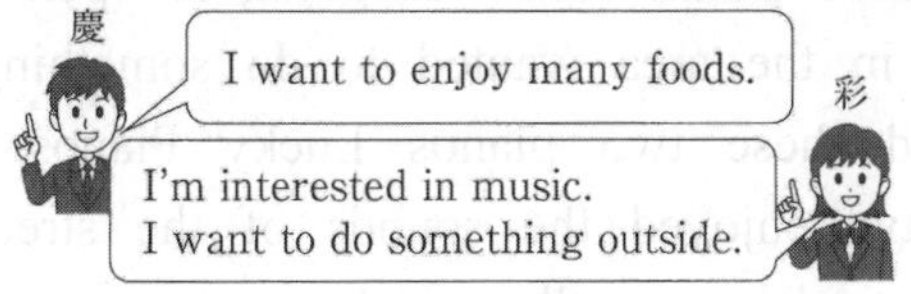

慶
I want to enjoy many foods.
彩
I'm interested in music.
I want to do something outside.

ア *Hanami* Party
イ *Taiko* Festival
ウ City Tour
エ Christmas Party

(b) チラシの内容と合っている最も適切な英文を，次のア～エから1つ選び，記号を書きなさい。

チラシ

Shinshu City Events 2022

～Let's enjoy meeting people from other countries.～

***Hanami* Party**
We will have a picnic at Shinshu Park. Let's enjoy listening to music and try foods from around the world.

★*Taiko* Festival
We can enjoy listening to the *taiko* drums outside. A famous *taiko* teacher will teach us how to play them at *Taiko* Hall.

City Tour
There will be a tour of Shinshu City. We will visit interesting places and enjoy Shinshu City's local foods.

★Christmas Party
Let's enjoy playing games, singing Christmas songs, and making special cookies at Shinshu Hall. If you like, you can join with Christmas clothes.

Please check! You need to send an e-mail to our office before joining the events with a star★.
✉ ○○@shinshu-city.jp

ア You should call the office first if you want to join each event.
イ You should send an e-mail to the office before joining the *Taiko* Festival.
ウ You can enjoy foreign foods on the City Tour.
エ You can try wearing special clothes at the *Hanami* Party.

【問3】 麻衣（Mai）は英語の弁論大会に向けて原稿を書いた。原稿を読んで，各問いに答えなさい。

Play Me, I'm Yours. These are the words on the pianos on the streets in London. Have you ever heard about street pianos? A street piano is a piano which can be seen on streets, at airports, train stations and other places. Anyone who wants to play them can ①<u>do so</u>. I believe street pianos have a fantastic power. Today, I will tell you about this power, and you will be surprised.

②(　　) did this project start? An *artist started it in *Birmingham, U.K. in 2008. He visited the same *launderette almost every weekend. One day, he realized that no one talked in the launderette. Many of them often met there, so they knew each other. Spending time together in *silence was very strange to him. He wanted to solve ③<u>this problem</u>. The answer was the street piano. He thought that pianos could create a place for people to communicate and *connect with each other. In this way, the project started with 15 pianos in the city for only three weeks. Over 140,000 people played or listened to music from the pianos. 65 cities around the world and over 20 million people have enjoyed the sounds of more than 2,000 street pianos since then.

The first two street pianos in Japan were set in a *shopping arcade in Kagoshima in February 2011. The Kyushu Shinkansen was going to open a line the next month, so people living in the area wanted to do something special to ④(　　) it. People called these two pianos Lucky Pianos. Since then, more and more people have enjoyed the sounds of the street pianos. Now, about 400 street pianos can be seen all over Japan, even at a shrine!

In the same year, *the Great East Japan Earthquake happened in March.

Now, the sound of the piano makes people happy in Miyagi.

Please imagine a world without the sound of street pianos. Pianos are not only instruments but also *tools to connect people in many different situations. That is very amazing. Do you know where we can find the street pianos in our city? ⑤(　　) about playing a street piano when you find one next? It may be a chance for you to connect with others and feel a new world. Thank you for listening.

*(注) artist 芸術家　Birmingham バーミンガム（イングランド中西部にある都市）
launderette コインランドリー　silence 沈黙　connect つながる，つなげる
shopping arcade 商店街　the Great East Japan Earthquake 東日本大震災
tool(s) 道具

(1) 下線部①が表す内容として最も適切な英語を，次のア～エから１つ選び，記号を書きなさい。

ア see the words　イ start the lesson

ウ hear about the street pianos　エ play the street pianos

(2) 下線部②，⑤の（　）に共通して当てはまる最も適切な英語１語を書きなさい。

(3) 下線部③が表す内容として最も適切な英文を，次のア～エから１つ選び，記号を書きなさい。

ア People could play the street pianos only in London.

イ Pianos gave people a place to communicate when they met.

ウ No one talked though they knew each other.

エ An artist in the U.K. spent a long time in the launderette.

(4) 下線部④の（　）に当てはまる最も適切な英語を，次のア～エから１つ選び，記号を書きなさい。

ア celebrate　イ practice　ウ repeat　エ rescue

(5) 原稿の□に当てはまる英文が自然な流れになるように，次のア～オを左から並べて，記号を書きなさい。

ア She could not walk by the piano because she felt like it was crying for help and thought, "What can I do for the piano?"

イ One day she found a broken piano with other trash when she was doing *volunteer work.

ウ Finally, one *repair shop *accepted it and the piano came back to life in three months.

エ A musician visited Miyagi as a volunteer several times after the earthquake.

オ She asked many shops to repair it, but many of them said they couldn't because they thought it was too difficult to do it.

*(注) volunteer ボランティア　repair 修理（する）　accepted ← accept 受け入れる

(6) 原稿の内容と合っている英文を，次のア～カから２つ選び，記号を書きなさい。

ア Only a few people could play the street pianos when they were put in London.

イ Mai believes that street pianos have the power to bring people together.

ウ No one could repair the broken piano in Miyagi, so people cannot play it now.

エ A musician in Miyagi heard the sound of a piano when she was doing volunteer work.

オ The first street piano project in the world began more than ten years ago.

カ The Kyushu Shinkansen opened a line before the first two street pianos were seen in Kagoshima.

(7) 原稿につけるタイトルとして最も適切なものを，次のア～エから１つ選び，記号を書きなさい。

ア The Beautiful Sound of a Great Artist

イ The Piano Traveling All Over the World

ウ The Great Tool for Connecting People

エ The Day to Enjoy Playing the Piano

【問４】 各問いに答えなさい。

美緒（Mio），春斗（Haruto），悠真（Yuma）のクラスでは，英語の授業で物を大切にすることをテーマに学習し，海外の姉妹校の生徒に向けて発表している。次の英文は，美緒の発表である。

Look at this photo. It looks like a house for birds, but it's a kind of

library known as a *Little Free Library*. This started in America in 2009. Now, we can see such libraries around the world. The only rule of these small open libraries is "Take a book, return a book." Some people build their own libraries and put their own books in them. People living near a *Little Free Library* can borrow the books for a very short time or even a long time. I think that *Little Free Libraries* are good ways to share different kinds of books and ideas. This year I will build mv *Little Free Library* in front of my house.

(1) 美緒の発表を聞いた姉妹校のルークは*Little Free Library*に興味をもち，発表でふれられていなかったことについて質問をした。その質問として最も適切な英文を，次のア～エから1つ選び，記号を書きなさい。

ア Can people borrow books from *Little Free Libraries* for a long time?
イ When did the first *Little Free Library* start?
ウ Are there any rules for *Little Free Libraries*?
エ How many *Little Free Libraries* are there in the world?

次の英文は，春斗の発表である。

Have you ever heard the question, "DO YOU KYOTO?" I learned from some books how people in Kyoto don't waste things. I'll tell you about two of their projects.

The first one is a gym uniform *recycling project. If gym uniforms get old, people stop using them. So, some students in Kyoto started to collect and recycle them into new gym uniforms.

The second one is a website called *Moppen*. The word is used by people living in the area to say, "one more time." People can find *repair shops and *reuse shops easily on the website. By using these shops, things can be used again by their *owners or new owners who need them.

In these ways, many people in Kyoto think that old things *are worth using. Their actions *lead to a *zero-waste life. It's good for *nature. Now, you understand what the question means, right? It means, "Do you ①(　　　)?" To say yes to the question, I want to start a school uniform recycling project at our school in Nagano.

*(注) recycling ← recycle リサイクル（する）　repair 修理（する）　reuse 再利用（する）
owner(s) 所有者　are worth ～ ing ～することに価値がある　lead 導く
zero-waste ごみゼロの　nature 自然

(2)　春斗は，発表の始めに話の流れを示すスライドを提示した。提示したスライドとして最も適切なものを，次のア～エから１つ選び，記号を書きなさい。

ア
1　The books I read
2　How to collect a lot of old shoes
3　The project of my school

イ
1　An interesting question
2　Two examples of "DO YOU KYOTO?"
3　The new project in Kyoto

ウ
1　What is "DO YOU KYOTO?"
2　About two projects in Kyoto
3　My wish and idea

エ
1　The question I asked people in Kyoto
2　The best way to buy gym uniforms
3　My zero-waste life idea

(3)　春斗の話の内容に合うように，下線部①の（　）に当てはまる最も適切な英語を，次のア～エから１つ選び，記号を書きなさい。

ア　have some gym uniforms at home
イ　do good things for the environment
ウ　want to visit Kyoto
エ　use the internet to find flower shops

次の英文は，悠真の発表である。

Do you know *tsukumogami*? When I was little, I thought it *would be *scary to see them. However, I learned a lot from them and my grandfather.

My grandfather is a *toy doctor. Toy doctors are *volunteers who repair broken toys. I'm proud of him because he never says, "I can't repair it." He helps children with *valuing their toys more. He gave me a bike as a birthday present and taught me how to care for it. I can repair it by myself now, and it is becoming more and more important to me.

My grandfather often says, "If you don't take care of things, *tool ghosts will come and do something bad." A traditional Japanese story says that things will get *spirits after a long time. We call them *tsukumogami*. They will become angry if people waste things. Some people have told children about *tsukumogami* to teach them don't waste." This old story is interesting to me, and I want to tell younger people to keep using old things.

Look at this. These are ② the points of my speech. I would like to finish my speech by asking a question. ③ What is an important thing to you? Thank you for listening.

*(注)　would　～だっただろう　　scary　怖い　　toy(s)　おもちゃ　　volunteer(s)　ボランティア
valuing ← value　価値があると考える　　tool ghost(s)　道具のおばけ　　spirit(s)　魂

(4)　次のページのア～ウは，悠真が発表をするときに使用した絵である。**最初の絵**に続いて，話の順になるように記号を左から並べて書きなさい。

最初の絵

ア

イ

ウ

⑸　悠真の発表を聞いた姉妹校のロビンは，*tsukumogami* について次の［　　］にまとめた。下線部あ，いの（　）に当てはまる最も適切な英語を，それぞれ連続する２語で，悠真の発表の中から抜き出して書きなさい。

> It is said that *tsukumogami* may be seen if people あ(　　)(　　). Yuma was afraid to い(　　)(　　) when he was little, but now he is interested in *tsukumogami* and the old story.

⑹　下線部②について，悠真はスライドを見せながら話をした。スライドの中の［　　］に当てはまる英文を，次のア～オからすべて選び，記号を書きなさい。

スライド

The Points

［　　］

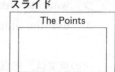

ア　*Tsukumogami* can repair broken toys.
イ　We should create something new.
ウ　We should take good care of things around us.
エ　Younger people should teach something to older people.
オ　The traditional way of thinking is still important.

⑺　下線部③の質問に対するあなたの答えと，その理由を書きなさい。語の順番や使い方に注意して，20語以上の正確な英語で書きなさい。ただし，英文の数は問わない。なお，コンマ，ピリオドなどの符号は語数に含めない。短縮形は１語と数えること。

　３人の発表を聞いた姉妹校のサラは，次のようにコメントをした。

> Thank you for telling us your ways of thinking. I usually try to buy things that ④(　　). Many of them are a little expensive, but I will do things that are good for nature. The point of ⑤(　　) speeches is about valuing old things, so our way of thinking is similar.

⑻　下線部④，⑤の（　）に当てはまる最も適切な英語を，次のア～キから１つずつ選び，記号を書きなさい。

ア　can be used for a long time　　　イ　we need to repair
ウ　are repaired by my grandfather　　エ　are new and cheap
オ　Mio's and Haruto's　　　　　　　カ　Haruto's and Yuma's
キ　Mio's and Yuma's

＜理科＞　時間　50分　満点　100点

【注意】 漢字で書くように指示されている場合は，漢字で書きなさい。そうでない場合は，漢字の部分をひらがなで書いてもかまいません。

【問１】 各問いに答えなさい。

Ⅰ　花子さんと太郎さんは，地域の下水処理場で，微生物のはたらきを利用して生活排水をきれいにしていることに興味をもち，下水処理のしくみと微生物について調べた。

〔調べてわかったこと〕

○　図１のように，最初に，生活排水中の砂などを沈殿させ，うわずみの水を生物反応槽(そう)に流す。生物反応槽には，大量の微生物がおり，空気を送り込みながら微生物に有機物を分解させている。

図１

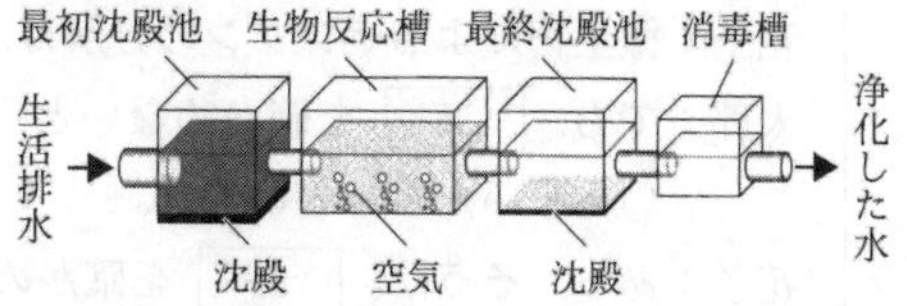

○　最後に，微生物を除去した水を消毒し，川などにもどしている。

○　利用される微生物には，アメーバなどの他に，菌類や細菌類もおり，これらは池の水や泥の中にも生息する。

(1)　菌類に分類されるものはどれか，次の**ア**～**エ**から１つ選び，記号を書きなさい。

ア　ミジンコ　**イ**　インフルエンザウイルス　**ウ**　スギナ　**エ**　シイタケ

(2)　図１の生物反応槽中の微生物を顕微鏡で観察した。

ⅰ　対物レンズを高倍率のものにすると，対物レンズとプレパラートとの距離，および視野はどのようになるか，最も適切なものを，次の**ア**～**エ**から１つ選び，記号を書きなさい。

ア　距離は長くなり，視野はせまくなる。
イ　距離は短くなり，視野はせまくなる。
ウ　距離は長くなり，視野は広くなる。
エ　距離は短くなり，視野は広くなる。

ⅱ　図２は観察された微生物である。この微生物の名前をカタカナで書きなさい。

図２

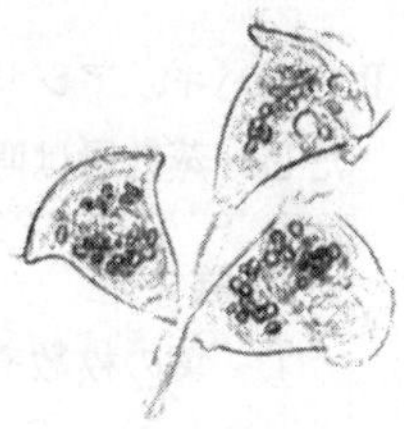

花子さんたちは，**調べてわかったこと**から，微生物による有機物の分解が空気を送り込むことではやくなっているのではないかと考え，次のような実験を行った。

〔実験１〕

①　池から採取した微生物をふくむ泥と水をビーカーに入れてかき混ぜ，しばらく置いた。

②　①のうわずみ液を三角フラスコＡ，Ｂに同量ずつとり分け，それぞれにうすいデンプン溶液を同量加えた。

③ A，Bを暗所に置き，図3のように，B内の液には空気を送り込み続けた。

④ 10日間，同時刻にA，Bそれぞれから液を少量とり，ヨウ素液を加えて色の変化を調べた。

表1は，結果をまとめたものの一部である。

図3

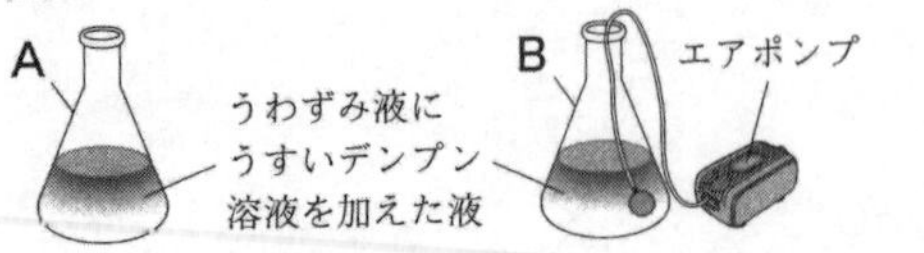

表1

経過日数	3	4	5	6	7	8
Aからとった液	○	○	○	○	×	×
Bからとった液	○	○	×	×	×	×

○：変化あり ×：変化なし

(3) 表1で，変化なしとなった理由を，微生物のはたらきにふれて簡潔に説明しなさい。

(4) 花子さんたちは，次のように実験1を振り返った。会話中の あ に当てはまる確かめることと，い に当てはまる対照実験の具体的な方法を，それぞれ簡潔に書きなさい。

花子：微生物によるデンプンの分解は，空気を送り込み続けることではやくなったね。
太郎：でも，あ を確かめないと，空気が微生物のはたらきだけに影響しているとはいえないんじゃないかな。
花子：あっ，そうか。あ を確かめるには，い という対照実験で確認できるね。
太郎：そうだね。さっそくやってみよう。

(5) 花子さんたちは，実験をもとに下水処理のしくみについて次のように考えた。う，え に当てはまる語句として最も適切なものを，下のア～カから1つずつ選び，記号を書きなさい。

空気を送り込むことでデンプンの分解がはやくなった。これは，微生物が う を取り込みやすくなったことで え をさかんに行い，より多くのエネルギーを得て活動が活発になったためだと考えられる。したがって，下水処理場では効率よく生活排水をきれいにするため，生物反応槽に空気を送り込んでいることがわかった。

ア 二酸化炭素　イ 酸素　ウ 窒素　エ 循環　オ 光合成　カ 呼吸

Ⅱ ツバキ，アジサイ，ユリ，スイレンの蒸散量を比較するために，次のような実験を行った。ただし，蒸散量は吸水量と等しいものとする。

［実験2］

① 葉の枚数や大きさ，茎の太さや長さがそろっているツバキの枝を3本準備した。

② 図4のように，葉へのワセリンのぬり方を変え，吸水量を調べた。

③ アジサイ，ユリ，スイレンについてもツバキと同様に吸水量を調べ，結果を表2（次のページ）にまとめた。

図4

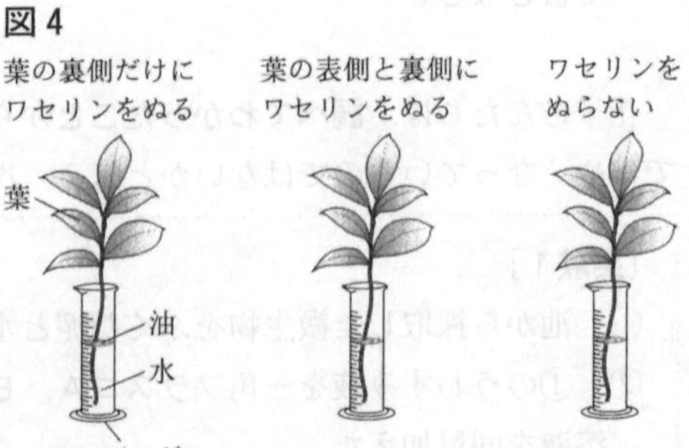

表2

	ツバキ	アジサイ	ユリ	スイレン
葉の裏側だけにワセリンをぬった場合の吸水量〔mL〕	1.5	1.1	0.6	1.2
葉の表側と裏側にワセリンをぬった場合の吸水量〔mL〕	1.4	0.2	0.2	0.1
ワセリンをぬらなかった場合の吸水量〔mL〕	6.2	4.2	2.8	1.3

(1) 表2のツバキについて，葉の表側の蒸散量は何mLか，小数第1位まで書きなさい。

(2) 表2のアジサイについて，葉の裏側の蒸散量はアジサイの蒸散量全体の何%か，小数第1位を四捨五入して，整数で書きなさい。

(3) 表2から，4種類の植物で葉の裏側より表側に気孔が多いものはどれか，植物名を書きなさい。また，そのように判断した理由を，葉の表側と裏側の蒸散量を比較して簡潔に説明しなさい。ただし，それぞれの植物について，葉の表側と裏側の気孔1つあたりの蒸散量は等しいものとする。

【問2】 各問いに答えなさい。

Ⅰ 花子さんは，江戸時代の医療について調べたところ，図1の蘭引(らんびき)という陶器の器具を用いて，酒などを加熱することで消毒液がつくられていたことを知った。花子さんは，蘭引のしくみを考えるために，次のような実験を行った。

図1

〔実験〕

① 水とエタノールの混合物50.0㎤，48.5gを，図2のような装置を用いて10分間加熱し，加熱時間と枝つきフラスコ内の気体の温度を調べ，図3のグラフに表した。

② 3本の試験管に数㎤ずつ液体を集め，集まった液体は全部で13.6㎤，12.7gであった。

図2

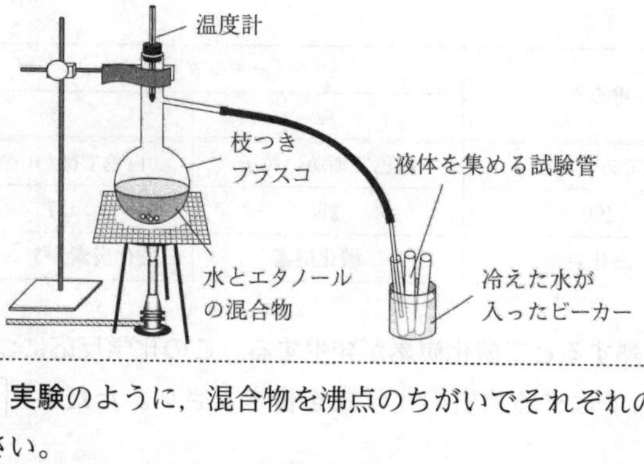

図3

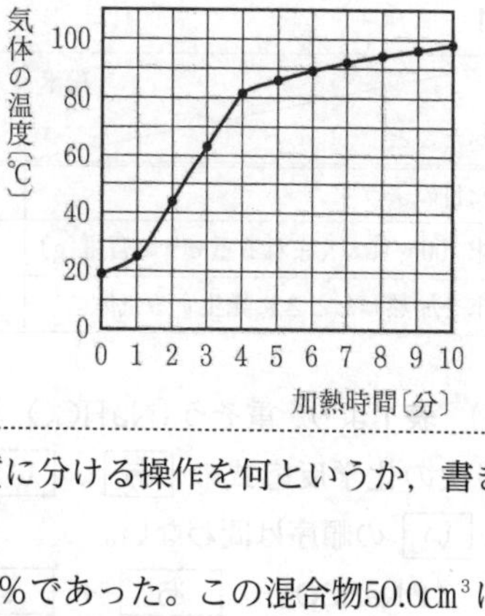

(1) 実験のように，混合物を沸点のちがいでそれぞれの物質に分ける操作を何というか，書きなさい。

(2) 実験の①において，混合物の質量パーセント濃度は25.0%であった。この混合物50.0㎤にふくまれるエタノールの質量は何gか，小数第1位まで書きなさい。

(3) 図3より，加熱時間が3分～5分の間で，温度の上がり方に変化が見られた。このとき，フラスコ内の混合物のようすはどのようであったか書きなさい。

(4) 図4は，水とエタノールを混ぜた液体について，密度と質量パーセント濃度との関係を示している。実験で集まった液体の質量パーセント濃度は約何％か，図4から求め，整数で書きなさい。

図4

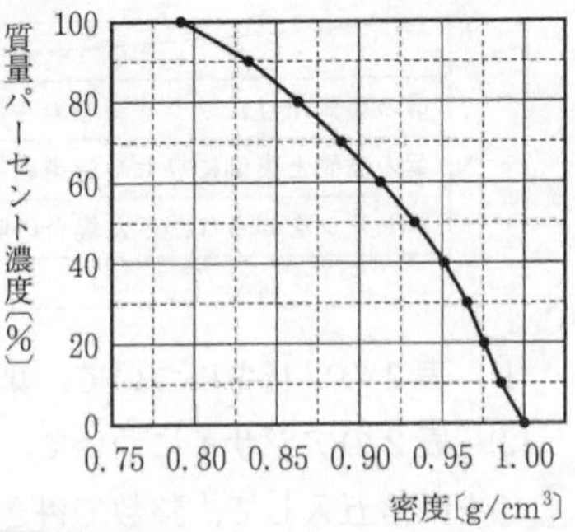

(5) 実験で，加熱前の混合物と集まった液体では，エタノールの濃度が変化していた。この変化について，液体の体積とエタノールの分子のようすを模式的に示したものとして最も適切なものを，次のア～エから1つ選び，記号を書きなさい。

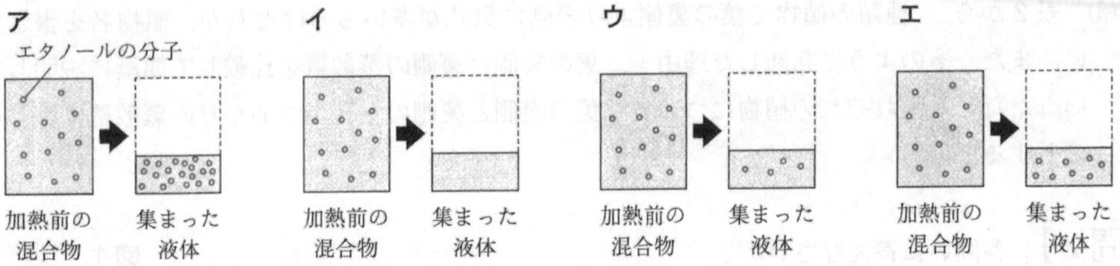

(6) 図5は，蘭引の構造を模式的に示したものである。蘭引はX部分に水を入れ使用する。図2と図5を比較して，X部分の役割を蒸気，液体の2語を使って簡潔に書きなさい。

図5

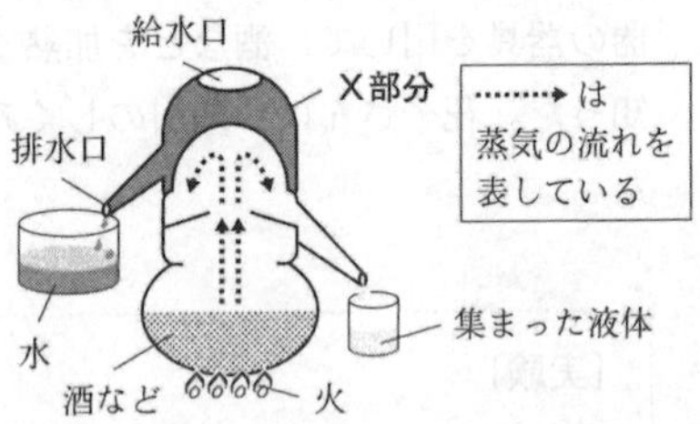

Ⅱ 重そう(じゅう)などをふくむベーキングパウダーは，加熱することで物質が分解され，発生する気体によりお菓子などの生地(きじ)をふくらませることがわかった。そこで，重そうと2種類のベーキングパウダーA，Bについて調べ，表1にまとめた。

表1

調べたこと ＼ 粉末	重そう	ベーキングパウダー	
		A	B
見た目のようす	白色であらい粒子	白色で細かい粒子	白色で細かい粒子
粉末100gにふくまれる重そうの質量〔g〕	100	25	57
粉末を加熱したときに発生する気体	二酸化炭素	二酸化炭素	二酸化炭素，アンモニア

(1) 表1より，重そう($NaHCO_3$)を加熱すると二酸化炭素が発生する。この化学反応について，次の化学反応式の あ ， い に当てはまる物質の化学式を書きなさい。ただし， あ ， い の順序は問わない。

$2NaHCO_3 \rightarrow$ あ ＋ い $+CO_2$

(2) 表2は，重そうの質量と十分に加熱したときに発生する二酸化炭素の体積を示している。重そう1.0gを30秒間加熱したところ，66cm³の二酸化炭素が発生した。分解され

表2

分解される重そうの質量〔g〕	2.1	4.2	6.3
発生する二酸化炭素の体積〔cm³〕	280	560	840

た重そうは何ｇか，小数第３位まで書きなさい。

(3)　前のページの表１より，Ｂを加熱すると二酸化炭素とアンモニアが発生する。

ｉ　発生する気体から効率よくアンモニアを集める方法として最も適切なものを，次のア～ウから１つ選び，記号を書きなさい。また，その方法で集めると二酸化炭素はほとんどふくまれないが，その理由を簡潔に書きなさい。

ア　水上置換法　　イ　上方置換法　　ウ　下方置換法

ii　ｉで集まっている気体がアンモニアであることを確かめる方法として適切なものを，次のア～オから２つ選び，記号を書きなさい。

ア　気体の色やにおいを確かめる。

イ　気体を集めた容器に火のついた線香を入れ，燃え方を確かめる。

ウ　気体を集めた容器に塩化コバルト紙を入れ，色の変化を確かめる。

エ　気体を集めた容器に水でぬらした青色のリトマス紙を入れ，色の変化を確かめる。

オ　気体を集めた容器に純粋な水とＢＴＢ溶液を入れてよくふり，色の変化を確かめる。

【問３】　各問いに答えなさい。

Ⅰ　太郎さんは，地震で新幹線が走行中に緊急停止したという記事に興味をもち，地震と新幹線早期地震検知システムについて調べた。

〔調べてわかったこと〕

○　記事にあった地震による ａ<u>ゆれの大きさ</u>は最大で６強，マグニチュードは7.3であった。また，震源は，東北地方の太平洋沖であった。

○　図１は，このシステムを模式的に示したものであり，観測点に設置された ｂ<u>地震計</u>が，地震のゆれを検知し，新幹線を停止させるしくみである。

○　このシステムにおける信号が伝わる速さは，地震のゆれが伝わる速さよりはるかに速い。

○　近年。図２のように，ｃ<u>太平洋の海底に地震計を設置するようになった</u>。

図１

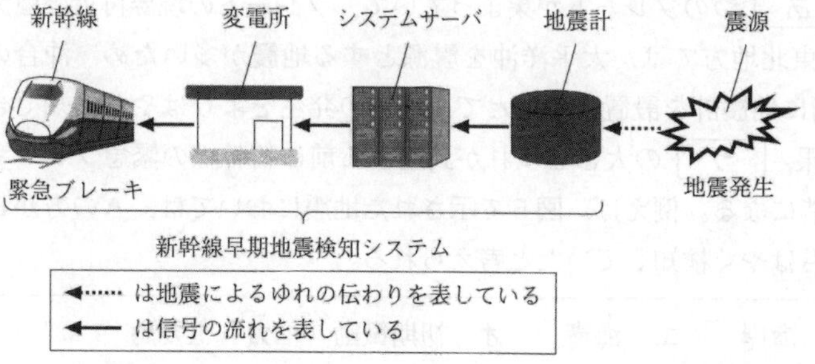

図２

(1)　下線部ａについて，地震によるゆれの大きさを表すものを何というか，漢字２字で書きなさい。

(2)　下線部ｂについて，次のページの図３は，２種類の地震計Ｘ，Ｙを模式的に示したものである。東西方向，南北方向，上下方向の地震のゆれを記録するためには，１つの観測点にＸとＹ

を，それぞれ最低何台設置する必要があるか，書きなさい。

図3

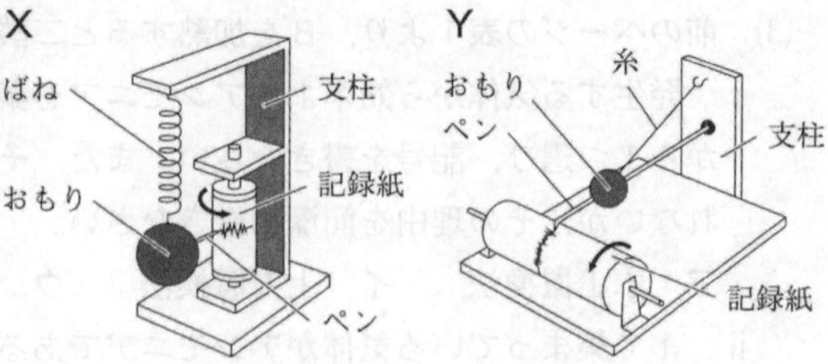

(3)　図4は，東北地方において，過去に起こったマグニチュード4以上の地震の震源分布である。図4から読み取れることとして最も適切なものを，次のア～エから1つ選び，記号を書きなさい。

図4

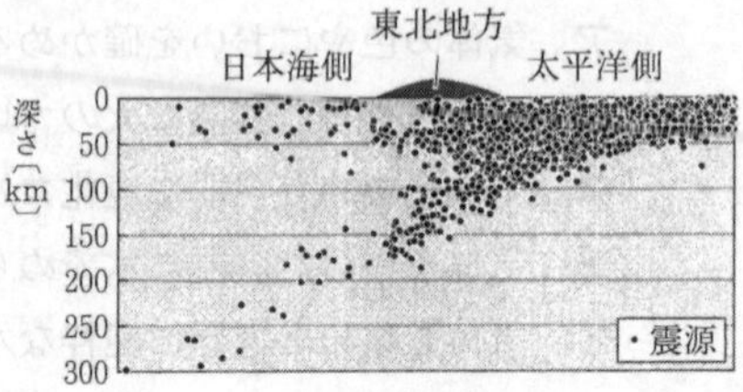

ア　日本海側では，震源が100kmより浅いところのみに分布している。

イ　太平洋側では，震源が100kmより深いところに多く分布している。

ウ　日本海側よりも太平洋側の方が，震源が100kmより浅いところに多く分布している。

エ　日本海側と太平洋側では，震源の分布のようすは変わらない。

(4)　図5は，ある地震における震央，観測点AおよびB，新幹線の位置関係を模式的に示したものであり，震源とAとの距離は4km，震源とBとの距離は72kmであった。ただし，この地震のP波の速さは6km/s，S波の速さは4km/sであり，P波，S波の伝わる速さは，それぞれ一定とする。

図5

i　Bにおける初期微動継続時間は何秒であったか，整数で書きなさい。

ii　太郎さんは，下線部cについて，海底に地震計を設置する利点の1つを次のようにまとめた。[あ]～[う]に当てはまる最も適切なものを，下のア～カから1つずつ選び，記号を書きなさい。また，[え]に当てはまる値を求め，整数で書きなさい。

> 日本列島付近には[あ]つのプレートが集まっていて，プレートの境界付近で巨大地震が発生している。東北地方では，太平洋沖を震源とする地震が多いため，沖合の[い]周辺まで広範囲に地震計を設置することで，地震の発生をよりはやく検知できるようになる。その結果，[う]の大きなゆれが到達する前に新幹線の緊急ブレーキを作動させることが可能になる。例えば，図5で示された地震においては，Aの方がBよりS波を[え]秒もはやく検知していたと考えられる。

ア　3　　イ　4　　ウ　海岸　　エ　海溝　　オ　初期微動　　カ　主要動

Ⅱ　太陽光発電パネルの設置角度は，日本の各地で異なり，年間を通した発電量が最大に近づくように設定されている。設置角度と発電量の関係を調べるために，次のページのような実験を行った。

〔実験〕

① 図6のように，太陽電池を南向きに設置した。

② 太陽が南中したときに，設置角度を変えて発電量を確認したところ，太陽電池を太陽光に対して垂直にしたとき，発電量はほぼ最大になった。

図6

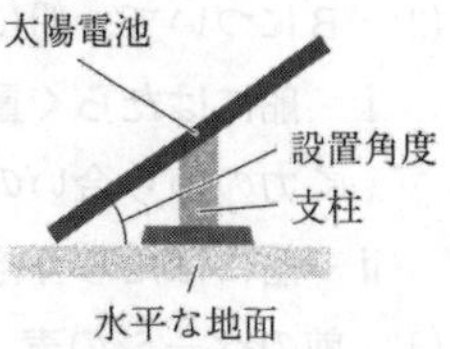

(1) 図7のように，同じ太陽電池2個を用い，太陽電池に太陽光が斜めに当たるように設置したものをC，垂直に当たるように設置したものをDとしたとき，次の文の お ， か に当てはまるのは，C，Dのどちらか，それぞれ記号を書きなさい。また， き に当てはまる適切な言葉を3字以内で書きなさい。

図7

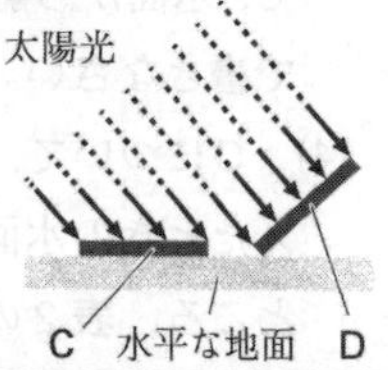

> 太陽から受けるエネルギーの量は， お よりも か の方が多くなる。よって，太陽の高度が低くなっていく場合は，設置角度の大きさを き していくことで，太陽から受けるエネルギーの量を多くすることができる。

(2) 実験を行った場所で，実験と同様に，太陽電池に太陽光が垂直に当たる設置角度を季節ごとに調べ，表にまとめた。このように，季節によって設置角度が異なった理由を，**公転**，**南中高度**の2語を使って説明しなさい。

表

	春分	夏至	秋分	冬至
設置角度〔°〕	37	14	37	60

(3) 春分の日に，沖縄県那覇(なは)市（東経127°，北緯26°）で太陽が南中したとき，南向きに水平な地面に設置した太陽電池に太陽光が垂直に当たる設置角度は何度になるか，整数で書きなさい。

【問4】 各問いに答えなさい。

Ⅰ 太郎さんは，図1のような石釣船(いしつりせん)という船で，巨大な石を水中に沈めて運んでいたことに興味をもち，船の浮力に関する次のような実験を行った。ただし，糸の質量や体積は考えないものとし，質量100 gの物体にはたらく重力の大きさを1 Nとする。

図1

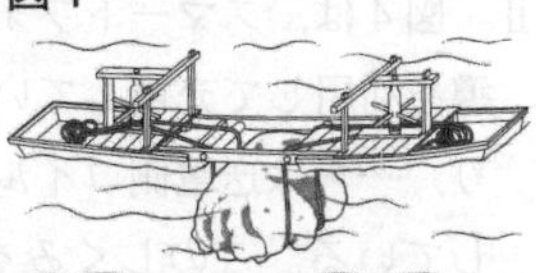

〔実験1〕

① 図2のように，軽い材質でつくった質量20 gの船と，質量250 gのおもりを用意した。

② 図3のように，水に，船だけを浮かべたものをA，船の上におもりをのせて浮かべたものをB，船底におもりをつるして浮かべたものをCとし，静止したときの水面から船底までの距離をはかり，表1にまとめた。ただし，水面と船底はつねに平行な状態を保っていたものとする。

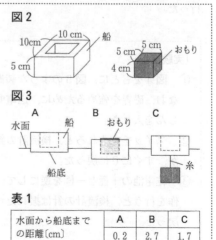

図2

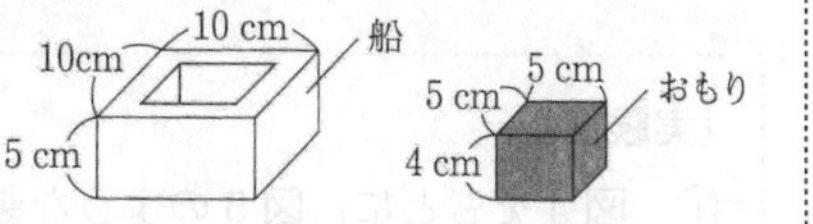

図3

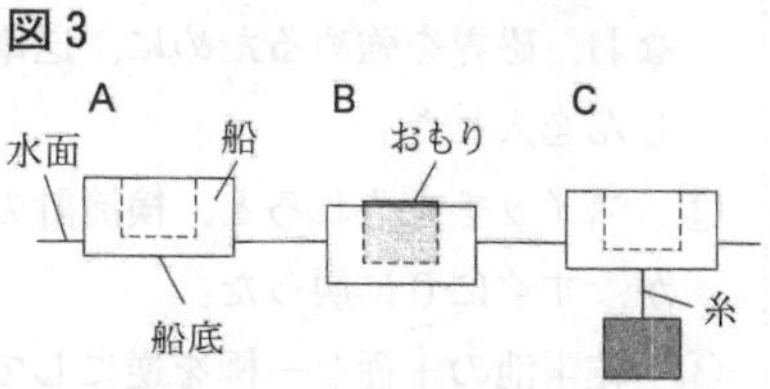

表1

水面から船底までの距離〔cm〕	A	B	C
	0.2	2.7	1.7

(1)　Aについて，船にはたらく重力の大きさは何Nか，小数第1位まで書きなさい。

(2)　Bについて，船にはたらく力はつり合っている。

i　**船にはたらく重力**，**船にはたらく浮力**，**おもりが船を押す力**の3語を使って，船にはたらく力のつり合いの関係について，簡潔に説明しなさい。

ii　船にはたらく浮力の大きさは何Nか，小数第1位まで書きなさい。

(3)　前のページの**表1**で，水面から船底までの距離はBの方がCより大きくなった。Bについて，水面から船底までの距離を1.7㎝にするには，おもりを何gのものに変えればよいか，整数で書きなさい。

(4)　Cについて，船底につるすおもりの数を変えたときの水面から船底までの距離を調べたところ，**表2**のようになった。

表2

つるしたおもり〔個〕	0	1	2	3
つるしたおもり全体の質量〔g〕	0	250	500	750
つるしたおもり全体の体積〔cm^3〕	0	100	200	300
水面から船底までの距離〔cm〕	0.2	1.7	3.2	4.7

i　**表2**をもとにまとめた次の文の あ ，い に当てはまる値をそれぞれ求め，整数で書きなさい。

おもりを1個増やすごとに，水面から船底までの距離が1.5㎝ずつ増えるので，水面下にある船の体積は あ cm^3ずつ増える。したがって，つるしたおもり全体の体積と水面下にある船の体精の和は，250gのおもりを1個増やすごとに い cm^3ずつ増える。

ii　厚さ5㎝で船底の面積を広くした船Xを準備し，Xの船底におもりを4個つるしたところ，水面から船底までの距離は4.2㎝となった。Xの質量が30gであったとき，Xの船底の面積は何cm^2か，**表2**からわかることをもとに面積を求め，整数で書きなさい。

Ⅱ　**図4**は，スマートフォンを電源に直接つながずに，電磁誘導を利用して充電しているようすを模式的に示したものであり，┈┈▶は送電側コイルがつくるある瞬間の磁界の向きを表している。このしくみを考えるために，次のような実験を行った。

図4

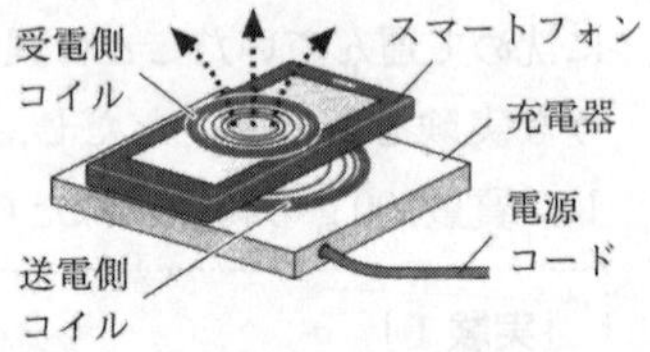

〔実験2〕

① **図4**をもとに，**図5**のような装置をつくった。なお，磁界を強めるために，送電側コイルには鉄しんを入れた。

② スイッチを入れると，検流計の針は＋に振れたが，すぐに0に戻った。

③ 乾電池の＋極と－極を逆にして，②と同様の操作を行うと，検流計の針は振れたが，すぐに0に戻った。

図5

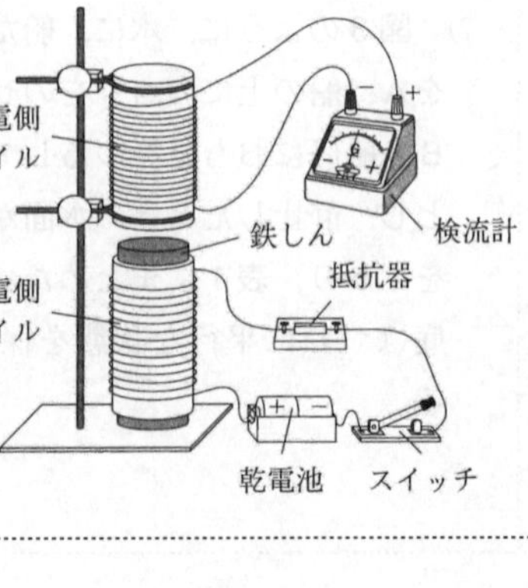

(1)　実験２の③で，送電側コイルを流れる電流がつくる磁界の向きは，図６のア，イのどちらか，記号を書きなさい。また，受電側コイルに流れた電流によって，図５の検流計の針は＋，－どちらに振れたか，記号を書きなさい。ただし，図６の……▶は送電側コイルがつくる磁界の向きを表している。

図６

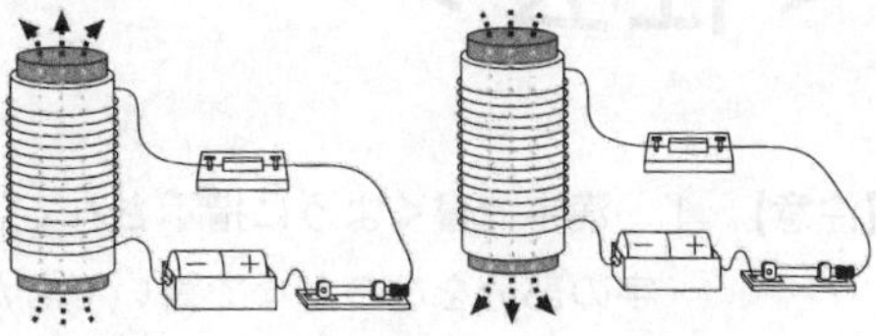

(2)　図５の装置において，乾電池を電源装置に変えてスイッチを入れ，交流を流したとき，コイルに起こる現象として適切なものを，次のア～エからすべて選び，記号を書きなさい。

ア　送電側コイルがつくる磁界の向きが周期的に変化する。

イ　送電側コイルがつくる磁界の強さが一定になる。

ウ　受電側コイルに流れる電流の向きが周期的に変化する。

エ　受電側コイルに流れる電流の大きさが一定になる。

(3)　ある充電器の消費電力は7.5Wであった。スマートフォンの充電で消費した電力量が20Whのとき，充電していた時間は何分か，書きなさい。

＜社会＞

時間　50分　　満点　100点

【注意】 1　漢字で書くように指示されている場合は，漢字で書きなさい。そうでない場合は，漢字の部分をひらがなで書いてもかまいません。

2　字数を指定された解答については，句読点，カギ括弧（「 や『 ）なども1字に数え，指定された字数で答えなさい。

【問1】

桜さんは，道路や交通の発達について興味をもち，調べたことをカード1～4にまとめた。各問いに答えなさい。

カード1 古代	日本の道路についての最初の文書記録は a「魏志」倭人伝であり，それには「道路は鳥やけものの通る小道のようである」と書かれている。その後，b律令国家のしくみが定まってくるなか，都と地方を結ぶ道路が整えられた。

(1) **カード1**の下線部aにかかわって，「魏志」倭人伝に書かれている当時の日本のようすについて述べた文として最も適切なものを，次の**ア**～**エ**から1つ選び，記号を書きなさい。

ア　冠位十二階の制度が設けられた。

イ　邪馬台国の女王卑弥呼が約30の国々を従えていた。

ウ　鑑真が中国から来日した。

エ　墾田永年私財法が出され，荘園が広がっていった。

(2) **カード1**の下線部bにかかわって，**資料1**から読み取れることをもとに，朝廷が道路を整備した目的の1つとして考えられる最も適切なものを，次の**ア**～**エ**から1つ選び，記号を書きなさい。

ア　遣唐使が唐から持ち帰った品を都に運ぶため。

イ　琉球王国の使節が都に移動するため。

ウ　日明貿易を行う商人が輸入品を都に運ぶため。

エ　成人男性が絹や特産物などを都に運ぶため。

資料1　平城京跡から出土した木簡に書かれていたこと

*紀伊国安諦郡幡陀郷戸主秦人小麻呂 調塩三斗天平

＊紀伊国：現在の和歌山県と，三重県の一部

（奈良文化財研究所所蔵資料より作成）

カード2 中世	c鎌倉時代には，鎌倉を中心にした新たな道路がつくられた。d室町時代に入り，商業や手工業が発展するなか，交通がさかんになった。交通が発達する一方，幕府や寺社が関所をつくって通行税を取り立て，しだいにe流通経済のさまたげになっていった。

(3) **カード2**の下線部cにかかわって，鎌倉時代の武士について述べた文として最も適切なものを，次の**選択肢W**の**ア**～**エ**から1つ選び，記号を書きなさい。また，鎌倉時代につくられたきまりとして最も適切なものを，あとの**選択肢X**の**オ**～**ク**から1つ選び，記号を書きなさい。

選択肢W

ア　武士の領地は，男性のみに分割相続された。

イ　武士は自分の領地の石高に応じて，軍役を果たすことが義務づけられた。

ウ　御家人となった武士は，京都を警備する義務を負った。

エ　武士は防人として，九州地方の防備に派遣された。

選択肢X

オ　分国法　**カ**　公事方御定書　**キ**　御成敗式目　**ク**　武家諸法度

(4)　前のページの**カード2**の下線部dにかかわって，中世のできごとについて述べた文として適切なものを，次の**ア**～**エ**からすべて選び，記号を書きなさい。

ア　京都では，町衆とよばれる富裕な商工業者が，自治的な都市運営を行った。

イ　朝廷によって，道路には駅が設けられ，乗りつぎ用の馬が用意された。

ウ　問屋が，原料や道具などを貸して製品を作らせ，それを買い取るようになった。

エ　馬借や問などの運送業者が，年貢などの物資を運んだ。

(5)　**カード2**の下線部eにかかわって，16世紀後半，ある戦国大名は，**資料2**の楽市令を出した。その目的の1つとして考えられることを，**資料2**，**3**をもとに，**自由**，**独占**の2語を使って，簡潔に書きなさい。なお，**資料2**の楽市令を出した戦国大名の人物名を主語として書くこと。

資料2　楽市令(1577年)

この安土の町は楽市としたので，いろいろな座は廃止し，さまざまな税や労役は免除する。

(「近江八幡市歴史浪漫デジタルアーカイブ」より部分要約)

資料3　京都の*1油座が幕府から命じられたこと(1397年)

*2摂津国や*3近江国に住んでいる住民らが，勝手に*4荏胡麻(えごま)を売買しているという。今後は，彼らの使用している油しぼり器を破壊しなさい。

＊1油座：油の販売などを行った座　＊2摂津国：現在の大阪府・兵庫県の一部
＊3近江国：現在の滋賀県　＊4荏胡麻：シソ科の一年草，油の原料

(「離宮八幡宮文書」より部分要約)

カード3 近世	江戸幕府は，f陸上交通では五街道など主要な道路を整備した。また，g水上交通では航路や港町が整備された。産業と交通の発達は，h各地の都市の成長をうながした。

(6)　**カード3**の下線部fにかかわって，大名が1年おきに江戸と領地とを行き来した制度を何というか，漢字4字で書きなさい。

(7)　**カード3**の下線部gにかかわって，船による運送がさかんになった理由の1つとして考えられることを，**資料4**から読み取れることをもとに，運送の効率にふれて，簡潔に書きなさい。

資料4　米の運送方法の比較

	運送方法	作業人数(人)	運送量(俵)
陸	馬(1頭)	1	2
河川	川船(1隻)	4	200
海	廻船(1隻)	16	2500

(「山形県史」等より作成)

(8)　**カード3**の下線部hにかかわって，17世紀末から18世紀初めにかけて元禄文化が栄えた。この文化について述べた文は，次の文Y，Zのどちらか。また，この文化の中心地であり，「天下の台所」とよばれた都市は，**略地図**の**あ**～**う**のどれか。その組み合わせとして最も適切なものを，次のページの**ア**～**カ**から1つ選び，記号を書きなさい。

略地図

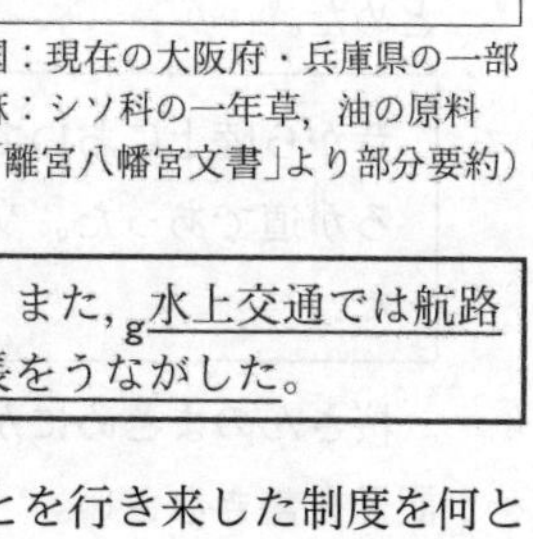

Y　十返舎一九の『東海道中膝栗毛』が多くの人に読まれた。

Z　松尾芭蕉は，東北地方などをまわって『おくのほそ道』を著した。

ア Y−あ　イ Y−い　ウ Y−う
エ Z−あ　オ Z−い　カ Z−う

カード4 近代	明治時代になり，政府は交通の整備を進め，iイギリスの技術を導入して，鉄道を開通させた。その後，鉄道網が広がり，産業の発展を支えることになった。

(9) カード4の下線部iにかかわって，桜さんは，産業革命によってイギリス社会がどのように変化したか，次の図にまとめた。図の［え］～［か］に当てはまる最も適切な語句を，下のア～カから1つずつ選び，記号を書きなさい。

図　18世紀後半から19世紀にかけてのイギリス社会の変化

［え］を燃料とする［お］で動く機械が使われ始め，綿織物が大量に生産されるようになった。	➡	製鉄に必要な［え］や工業製品などの運搬のため，鉄道が利用されるようになった。	➡	産業革命の進展にともない，資本家が労働者を雇い，利益の拡大をめざして生産活動をする［か］が広がった。

ア 社会主義　イ 資本主義　ウ 蒸気機関　エ 石油　オ 鉄鉱石　カ 石炭

(10) 桜さんは，道路や交通の発達について調べたことを振り返り，考察したことを次のようにまとめた。

> 昔から陸上においても水上においても，人々が移動し，物が運ばれ，情報が行き交うところが道であった。交通網の拡大や交通機関の発達などによって，人々の活動が発展してきた。

桜さんのまとめにかかわって，次のア～オのできごとが，古い順になるように左から並べて，記号を書きなさい。

ア 日宋貿易のため，瀬戸内海の航路が整えられ，兵庫の港が修築された。
イ インドでおこった仏教が，シルクロードを通って，初めて中国に伝えられた。
ウ 岩倉使節団が横浜を出港して欧米諸国を回り，欧米諸国の政治や産業などを視察した。
エ 大航海時代に，ヨーロッパ人が新航路の開拓を行った。
オ 日本では，高度経済成長の時期に，高速道路がつくられ，新幹線が開通した。

【問2】 各問いに答えなさい。

I 春さんは，日本の総人口の約3分の1が集中している関東地方に興味をもち，関東地方の農業と人の動きについて調べた。

(1) 関東平野には，日本最大の流域面積をもつ河川が流れている。この河川を何というか，漢字3字で書きなさい。

(2) 関東地方の冬は，乾いた季節風がふき，晴天の日が続く。この季節風のふいてくる方位として最も適切なものを，次のア～エから1つ選び，記号を書きなさい。

ア 北東　イ 北西　ウ 南東　エ 南西

(3) 次のページの資料1の群馬県沼田市と茨城県坂東市では，レタス栽培を行っていることがわかった。

①　沼田市産の一部のレタスは，明け方の３時頃から収穫し，大田市場に向けて出荷され，その日の午後には店頭に並べられる。このような出荷，販売が可能となる理由の１つとして考えられることを，**資料１**から読み取れることをもとに，**短縮**という語を使って，簡潔に書きなさい。

②　沼田市と坂東市のレタス栽培を比較したとき，沼田市のレタス栽培の特徴として考えられることを，**資料２**，**３**からそれぞれ読み取れることと関連付けて，簡潔に書きなさい。

資料１

沼田市から大田市場まで約 170 km
高速道路　約 150 分
一般道路　約 300 分

（国土地理院資料等より作成）

資料２　レタスの生育

レタスの生育に適切な温度は15～20 ℃で，25 ℃以上では強制休眠に入り，発芽しない。また，高温になりすぎると，葉がよじれたり，変形球になったりする。

（ＪＡ資料より作成）

資料３　沼田市と坂東市のレタスのおもな収穫時期と平均気温

		1月	2月	3月	4月	5月	6月	7月	8月	9月	10月	11月	12月
沼田市	収穫時期												
	平均気温(℃)	−0.1	0.7	4.4	10.4	15.9	19.8	23.7	24.6	20.4	14.1	7.8	2.5
坂東市	収穫時期												
	平均気温(℃)	3.6	4.6	8.2	13.5	18.4	21.8	25.6	26.8	23.0	17.2	11.0	5.8

※おもな収穫時期に着色してある。　　　　（気象庁，ＪＡ資料より作成）

(4)　春さんは，市場におけるレタスの月別の取扱数量と平均価格について調べた。**資料４**，**５**から読み取れることとして適切なものを，下の**ア**～**オ**からすべて選び，記号を書きなさい。

資料４　東京都中央卸売市場におけるレタスの 2016 年～2020 年の月別取扱数量の都道府県順位(上位)

	1月	2月	3月	4月	5月	6月	7月	8月	9月	10月	11月	12月
1位	静岡	静岡	茨城	茨城	長野	長野	長野	長野	長野	茨城	茨城	静岡
2位	香川	茨城	静岡	兵庫	群馬	群馬	群馬	群馬	群馬	長野	兵庫	兵庫
3位	長崎	香川	兵庫	群馬	茨城	岩手	岩手	北海道	茨城	栃木	静岡	長崎

ア　12月から２月は，１年間の中でも取扱数量が多く，平均価格も高い時期で，四国地方産や九州地方産のレタスも取り扱われる。

イ　７月から９月の取扱数量は毎月7000 t をこえ，取扱数量１位，２位の県はそれぞれ同じであり，３位の県はすべて東北地方の県である。

ウ　茨城県が取扱数量１位である３月と10月においては，取扱数量は6000 t 以上であり，平均価格は150円以上200円未満である。

資料５　東京都中央卸売市場におけるレタスの月別の取扱数量と平均価格(2016 年～2020 年の平均)

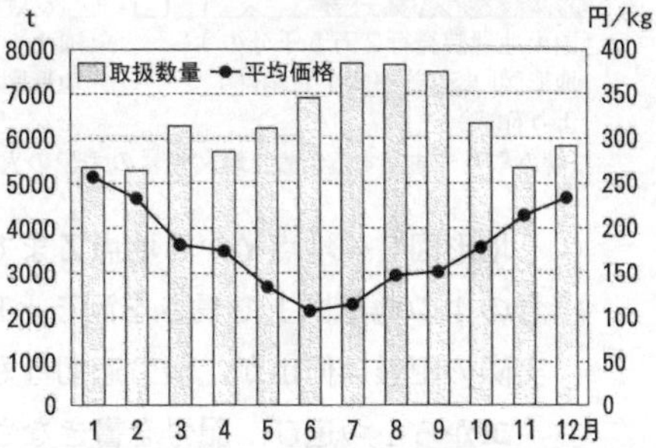

（**資料４**，**５**は東京都中央卸売市場資料より作成）

エ　平均価格の最も高い月と最も低い月を比べると，その差は２倍以上であり，取扱数量についても，その差は２倍以上である。

オ　年間を通して毎月5000 t 以上が取り扱われ，関東地方以外の産地のレタスの取扱もある。

(5)　春さんは，次のページの**資料６**をもとに，東京都および埼玉県，千葉県，神奈川県の人の移動について，あとのようにまとめた。

[あ]～[う]に当てはまる最も適切な語句を，下のア～カから１つずつ選び，記号を書きなさい。

資料６　東京都と隣接県との比較（2015年）※民営事業所数は2016年の数値

地域＼項目		夜間人口を100とした時の昼間人口の割合（%）	隣接県の県外通勤・通学者のうち23区へ通勤・通学する割合（%）	大学数（校）	民営事業所数	住宅地平均価格（万円/m^2）
東京都	23区	129.8		93	494337	49.1
	23区外	91.6		44	127334	18.3
埼玉県		88.9	78.6	30	240542	10.5
千葉県		89.7	84.1	27	188740	7.2
神奈川県		91.2	81.4	30	287942	17.4

（国勢調査等より作成）

> 東京都の23区では，夜間人口を100とした時の昼間人口の割合は，129.8%となっている。その理由として，東京都の23区には大学や民営事業所が[あ]ことから，隣接県から[い]に人が集まることが考えられる。また，住宅地平均価格が東京都より隣接県の方が[う]ことから，隣接県に住宅を求める人が多いことも考えられる。

ア　昼間　　**イ**　夜間　　**ウ**　多い　　**エ**　少ない　　**オ**　高い　　**カ**　安い

(6)　春さんは，東京都が行った，中央区佃（つくだ）２丁目における再開発について調べた。**地形図１，２**の黒太線に囲まれた地域は，再開発が行われた佃２丁目である。**資料７**は，**地形図２**の矢印の向きから撮影した高層の共同住宅等の写真である。

地形図１　1976年の佃２丁目

（国土地理院発行２万５千分の１地形図「東京首部」「東京南部」より作成）

地形図２　2021年の佃２丁目

（国土地理院発行２万５千分の１地形図「東京南部」より作成）

資料７　2021年の佃２丁目の写真

※読み取りやすくするため，地図記号の表記の大きさを一部変更してある。

資料８　佃２丁目の人口と住居別世帯数

項目＼年	1980年	2015年
人口（人）	2674	9372
総世帯数（世帯）	1041	4477
*1 高層の共同住宅（世帯）	0	3420
*2 低層の共同住宅（世帯）	177	814
一戸建てほか（世帯）	864	243

＊1 高層の共同住宅：ここでは，11階建以上
＊2 低層の共同住宅：ここでは，10階建以下

（国勢調査等より作成）

①　**地形図２**の地点Ｙから地点Ｚまでは，２万５千分の１の地形図上で長さを測ると1.4cmである。実際の距離は何ｍか。最も適切なものを，次の**ア**～**エ**から１つ選び，記号を書きなさい。

ア　140m　　**イ**　350m
ウ　1400m　　**エ**　3500m

②　佃２丁目は，再開発によって**資料７**のようになっている。どのような場所が，どのように変化したか，**地形図１，２**および**資料７，８**からそれぞれ読み取れることを関連付けて，簡潔に書きなさい。

(7) 春さんは，関東地方の農業と人の動きを次のようにまとめた。［え］～［か］に当てはまる最も適切な語句を，下のア～カから1つずつ選び，記号を書きなさい。

> 関東地方では，［え］の整備により東京の中心部への移動が容易になり，遠くからの農産物などの輸送や［お］をする人が多く，面積の限られた東京の中心部では，人口や産業などの過度な集中が起こっている。そのため，都市機能の［か］が図られ，また，都市の再開発が計画的にすすめられている。今後はテレワークなどの普及により，東京から離れた地方へ生活の拠点を移す人も多くなることが考えられる。

ア　通勤・通学　　イ　分散　　ウ　空洞化　　エ　交通網　　オ　集中　　カ　労働環境

Ⅱ　春さんは，ベンガルール（旧称バンガロール）が「インドのシリコンバレー」とよばれていることに興味をもち，インドについて調べたことを**ノート1**にまとめ，**略地図1**と**資料9**を用意した。

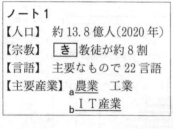

ノート1
【人口】　約13.8億人(2020年)
【宗教】　［き］教徒が約8割
【言語】　主要なもので22言語
【主要産業】　a農業　工業
　　　　　　bＩＴ産業

略地図1

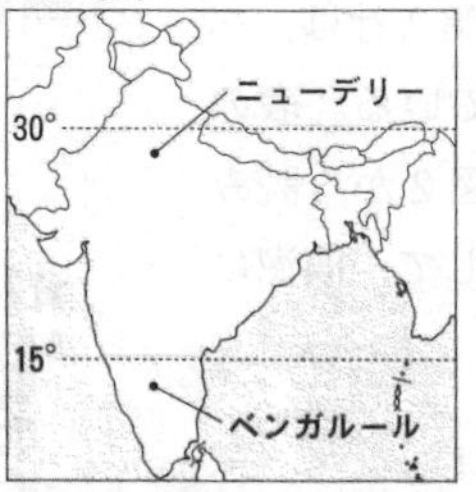

資料9　インドの略年表

1947年	イギリスより独立
1990年代	c経済自由化政策の推進
1991年	政府によるＩＴ振興策 ベンガルールで，通信環境の整備や優遇税制が適用

（外務省資料等より作成）

(1) **ノート1**の［き］に当てはまる適切な語句を書きなさい。

(2) **ノート1**の下線部aについて，綿花の栽培がさかんなインド半島の大部分をしめる高原を何というか，書きなさい。

(3) **ノート1**の下線部bと**資料9**の下線部cにかかわって，春さんは，アメリカのシリコンバレーと比較しながら，インドやベンガルールの特徴を次の**表**にまとめた。

表

インドやベンガルールの特徴	
言語の特徴	かつてイギリスの植民地であったため，英語を話せる人が多い。
気候の特徴	ベンガルールは，首都のニューデリーと比べると，標高が［く］く，緯度が［け］い。また，最も暖かい月と最も寒い月の平均気温の差が［こ］い。
経済政策	［さ］を設置。
賃金と人口の特徴	［　　し　　］
位置関係の利点	［　　す　　］を生かして，24時間の対応がしやすい。

①　**表**の［く］～［こ］に当てはまる語句として最も適切なものを，**略地図1**，次のページの雨

温図をもとに，次のア～エから１つずつ選び，記号を書きなさい。ただし，［く］～［こ］には異なる記号が入る。

ア　大き　　イ　小さ　　ウ　高　　エ　低

② インドには，中国と同様に海外の資本や技術を導入するために，進出した海外企業が原材料の輸入や工業製品の輸出について，税金などの面で優遇される地域がある。前のページの表の［さ］に当てはまる，そのような地域を何というか，漢字４字で書きなさい。

③ 表の［し］に当てはまる，インドの賃金と人口の特徴の１つとして考えられることを，資料10，11からそれぞれ読み取れることにふれて，アメリカと比較して，簡潔に書きなさい。

④ アメリカのシリコンバレーの企業Ａ社は，ベンガルールの企業Ｂ社と連携している。表の［す］に当てはまる内容を，略地図２から読み取れることをもとに，時差に着目して，簡潔に書きなさい。

略地図２

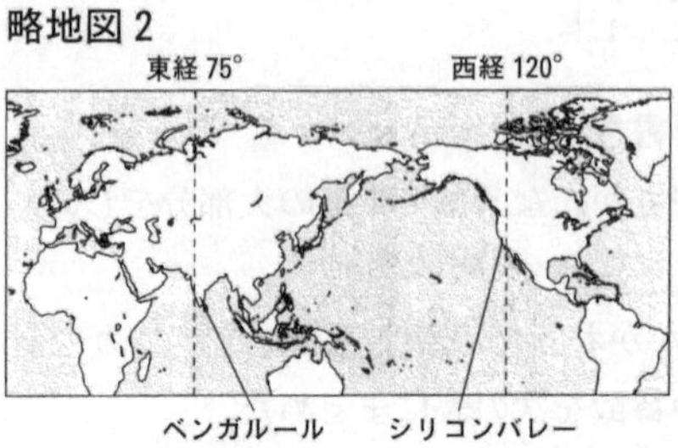

雨温図

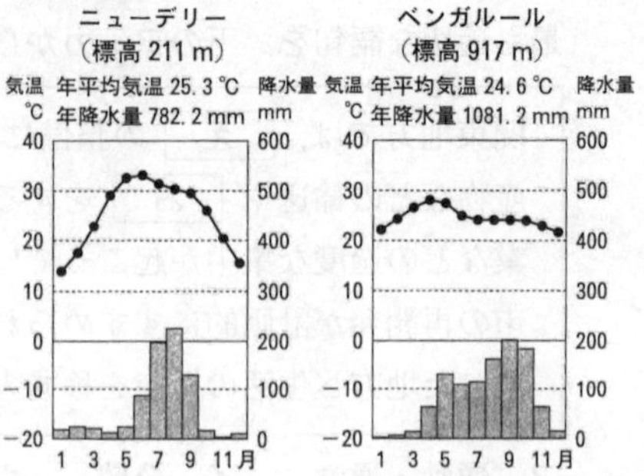

（気象庁資料より作成）

資料10　製造業全雇用者の１時間あたりの賃金

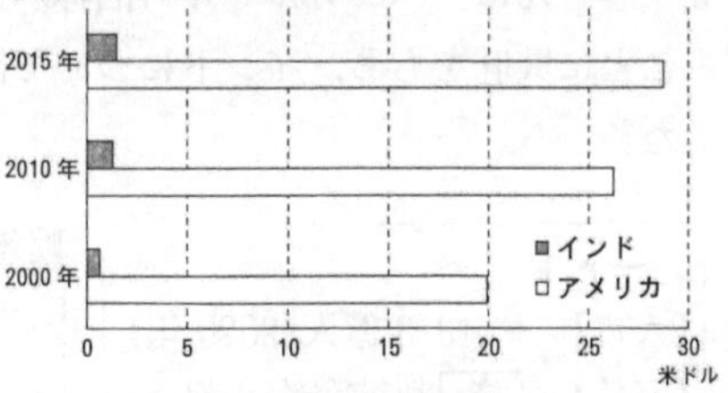

（「世界国勢図会 2020/21」より作成）

資料11　インドとアメリカの年齢別人口構成

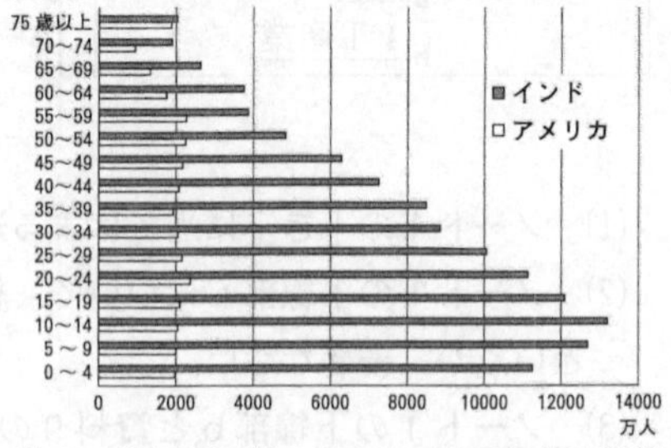

※インドは2011年，アメリカは2012年の数値

（「2016 データブック オブ・ザ・ワールド」より作成）

【問３】　各問いに答えなさい。

Ⅰ　陽さんは，地球環境問題に興味をもち，調べたことをノート１，２にまとめた。

> **ノート１**　地球環境問題を解決するためには国際協力が必要である。1992年の a 国連環境開発会議（地球サミット）で調印された b 気候変動枠組条約に基づく締約国会議が1995年から開催され，対策が話し合われている。c 1997年に採択された京都議定書では温室効果ガスの削減目標が定められたが，先進国と発展途上国の対立などが課題になり，新たな枠組みとして2015年にパリ協定が採択された。

(1) ノート１の下線部ａにかかわって，国際連合について述べた文として適切なものを，次のア～エからすべて選び，記号を書きなさい。

ア　国際紛争の解決と平和維持を目的として，第一次世界大戦後に本部をジュネーブにおいて発足した。

イ　すべての加盟国は総会の決定に加わり，主権平等の原則によって平等に１票の投票権をもっている。

ウ　安全保障理事会では平和維持に関する決定を行うが，すべての理事国が拒否権をもつため，1か国でも反対すれば重要な問題について決議することができない。

エ　UNESCOなどの専門機関や，さまざまな国際機関と連携して，環境や人権などの分野で国際協力をすすめている。

(2)　前のページのノート１の下線部ｂについて，この会議の略称として最も適切なものを，次のア～エから１つ選び，記号を書きなさい。

ア　PKO　　イ　WTO　　ウ　COP　　エ　APEC

(3)　ノート１の下線部ｃにかかわって，陽さんは資料１～３を用意した。

資料１　主な国の二酸化炭素排出量の推移

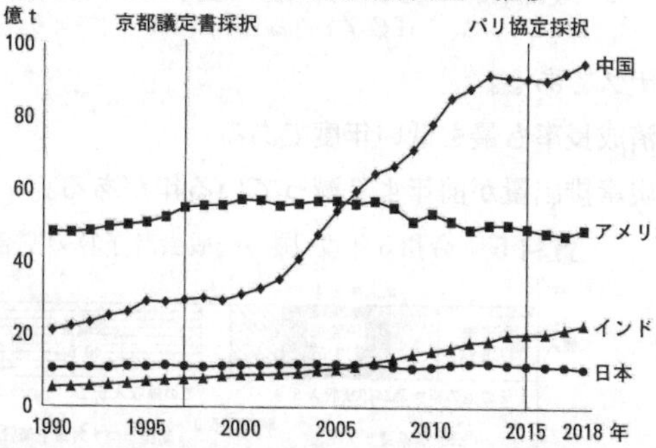

（ＩＥＡ資料より作成）

資料２　主な国の一人あたりの二酸化炭素排出量（2015年）

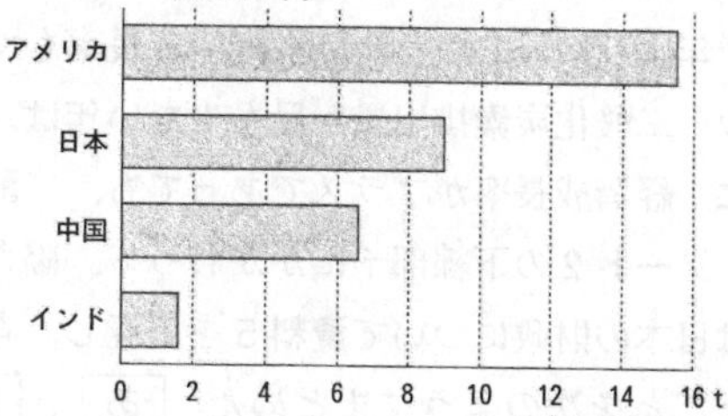

（環境省資料より作成）

資料３　京都議定書とパリ協定の概要

京都議定書	パリ協定
○38か国・地域が対象。 ○先進国に対しては，政府間交渉で決められた法的拘束力のある排出削減目標を義務付け。発展途上国の排出削減義務なし。	○196か国・地域が対象。 ○条約を締結したすべての国に，各国が自ら決定する削減目標の作成・維持・国内対策を義務付け。

（「平成28年度版環境・循環型社会・生物多様性白書」等より作成）

①　世界の二酸化炭素排出量が増加している中，京都議定書が採択されてからパリ協定が採択されるまでの間に先進国と発展途上国の間で対立が起こった。この間に，先進国が発展途上国に求めていた主張の１つと，発展途上国が先進国に求めていた主張の１つとして考えられることを，資料１～３をもとに，それぞれ簡潔に書きなさい。

②　京都議定書とパリ協定を比べた場合，パリ協定を肯定的に評価する意見がある。その理由の１つとして資料３から読み取れることを，京都議定書とパリ協定を比較しながら，簡潔に書きなさい。

> ノート２　日本では，1998年にｄ<u>地球温暖化対策推進法が成立した</u>。2021年にこの法律の一部が改正されて，2050年までのｅ<u>脱炭素社会の実現</u>を基本理念とした。またｆ<u>地球温暖化対策のための税を導入</u>するなど，環境問題の解決に向けた取組が行われている。

(4) 前のページのノート２の下線部ｄにかかわって，政策は法律に基づいて実行されるが，日本国憲法では法律案の議決について衆議院の優越が認められている。その理由を国民の意思とかかわらせて簡潔に書きなさい。

(5) **ノート２**の下線部ｅにかかわって，**資料４**から日本の二酸化炭素排出量と経済成長率の推移について読み取れることとして最も適切なものを，次の**ア**～**エ**から１つ選び，記号を書きなさい。

資料４ 日本の二酸化炭素排出量と経済成長率の推移

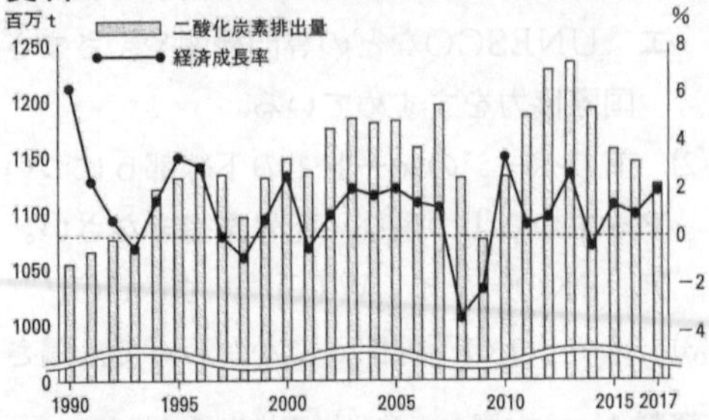

※二酸化炭素排出量は各年，経済成長率は各年度の数値

（「数字でみる日本の 100 年」等より作成）

ア　1990年代では毎年度，経済成長率がプラスであり，二酸化炭素排出量も前年より増えている。

イ　2000年代では，二酸化炭素排出量が前年より減っている年は，経済成長率もマイナスである。

ウ　二酸化炭素排出量が最も少ない年は，経済成長率も最も低い年度である。

エ　経済成長率がプラスであっても，二酸化炭素排出量が前年より減っている年がある。

(6) **ノート２**の下線部ｆにかかわって，陽さんは日本の財政について**資料５**を用意し，考えたことを次のようにまとめた。［あ］，［い］に当てはまる語句として最も適切なものを，下の**ア**～**ク**から１つずつ選び，記号を書きなさい。また，［う］に当てはまる適切な語句を漢字２字で書きなさい。ただし，文中と**資料５**の［い］には，同じ語句が入る。

資料５ 令和３年度 国の一般会計予算の割合

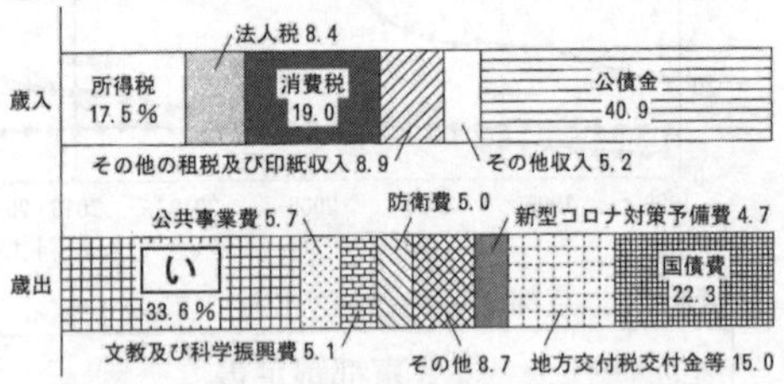

※四捨五入の関係で合計値が合わない場合がある。

（財務省資料より作成）

> 政府の歳入で一番大きな割合を占めている税は，地球温暖化対策のための税と同じ［あ］であり，所得にかかわらず税率が一定である。一方，歳出で一番大きな割合を占めているのは［い］であり，高齢化が進むとともに増加している。国民は，生活に必要なさまざまな仕事を政府に任せる代わりに，その費用として税金を負担しているが，歳入の約40％は公債であり，税収入が［う］していることが考えられる。

ア　間接税　**イ**　直接税　**ウ**　累進課税　**エ**　関税
オ　総務費　**カ**　民生費　**キ**　社会保障費　**ク**　歳費

Ⅱ　夏さんと陽さんは温室効果ガス削減について調べる中で，「信州ゼロカーボンBOOK」を見つけた。

会話文

> 夏：気候変動は今や人類共通の話題となっているね。
> 陽：ｇ＊ゼロカーボンにしなければ，2100年の長野県の気温は4.6℃上昇するんだね。
> 夏：それは大変。長野県の美しい自然が変化してしまうかもしれないね。

陽：なんとなく耳にしてはいたけど，h<u>できることから始めないと手遅れになってしまうね。</u>

＊ゼロカーボン：二酸化炭素排出量を実質ゼロにすること

(1)　会話文の下線部ｇについて，陽さんは資料６を用意した。太陽光や風力，水力など自然の仕組みを利用した二酸化炭素を排出しないエネルギーを何というか。［エ］に当てはまる適切な語句を，漢字４字で書きなさい。

資料６　どうしたらゼロカーボンにできる？

① 使うエネルギー量を７割減らす
② ［え］エネルギーを３倍以上に増やす

（「信州ゼロカーボンＢＯＯＫ」より作成）

(2)　会話文の下線部ｈについて，夏さんは資料６に着目し，資料７，８を用意して考えた。

①　長野県が行っている資料７は，二酸化炭素排出量を減らす取組としてどのようなことが期待できるか，資料７，８を関連付けて，簡潔に書きなさい。

資料７　「長野県バス・電車ふれあいデー」の取組(一部)

○水曜日に使える「お得な回数券」の発行(バス)
○毎週水曜日は基本ポイントの３倍付与(バス)
○６枚つづりの回数券を５枚分の運賃額で販売(鉄道)

（長野県ホームページ資料より作成）

資料８　１人が１km 移動する際の二酸化炭素排出量

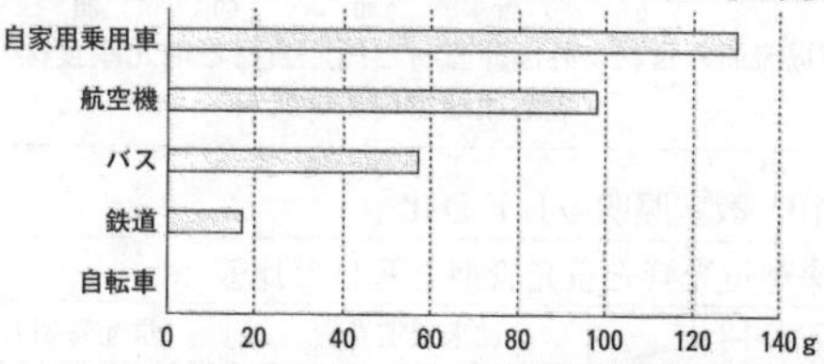

（国土交通省資料より作成）

②　さらに夏さんのクラスでは，二酸化炭素排出量を減らす取組のうち，「地産地消」と「教室照明のLED化」について話し合うため，資料を用意した。資料９または資料10から，二酸化炭素排出量を減らすことができる理由（理由）と，二酸化炭素排出量を減らす取組をすすめるうえでの課題（課題）について，条件１，２に従って書きなさい。なお，数字の場合は１字１マス使うこと。（資料９・資料10は次のページにあります。）

条件１：資料９または資料10から，いずれか１つを選び，選んだ資料の番号を書くこと。

条件２：選んだ資料から読み取れることにふれて，理由は「ため，二酸化炭素排出量が減る。」，課題は「ため，取組がすすみにくい。」という文末に続くように，それぞれ30字以上50字以内で書くこと。

資料9　地産地消

○ある家庭の夕食メニュー

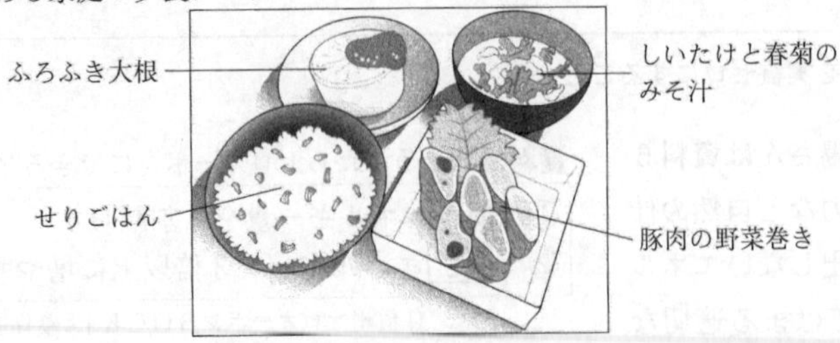

○上記のメニューに使用した食材の輸送にともなう二酸化炭素排出量の比較（４人分を作った場合）

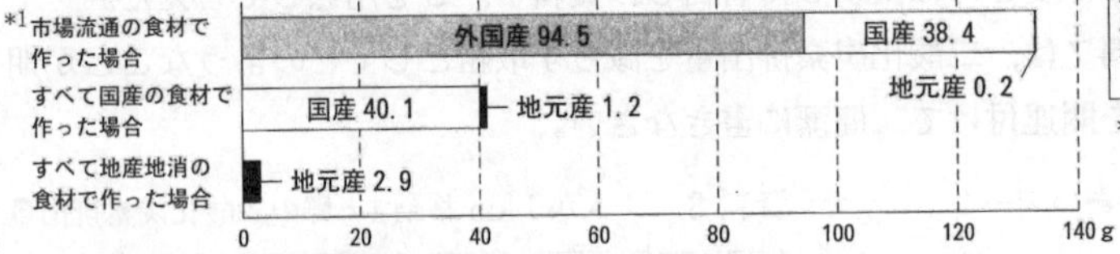

＊１市場流通の食材：外国産食材と国産食材と地元産食材のうち，スーパーで最も流通量の多い食材

○*2都道府県別食料自給率が高い都道府県と低い都道府県の人口と耕地面積（2018年）

	都道府県	食料自給率（%）	人口（千人）	耕地面積（km^2）
食料自給率が高い都道府県	北海道	196	5286	11450
	青　森	120	1263	1510
	秋　田	190	981	1476
	山　形	135	1090	1177
	新　潟	107	2246	1701
食料自給率が低い都道府県	埼　玉	10	7330	748
	東　京	1	13822	68
	神奈川	2	9177	191
	愛　知	11	7537	749
	大　阪	1	8813	128

＊２都道府県別食料自給率
：各都道府県の人たちが消費する食料を，その都道府県で生産される食料でまかなえる割合で，カロリーベースで計算したもの

※食料自給率は2018年度の数値

（農林水産省資料等より作成）

資料10　教室照明のＬＥＤ化

○従来型蛍光管と蛍光管型ＬＥＤの比較

	従来型蛍光管	蛍光管型ＬＥＤ
価格（１本）	約700円～約2500円	約3800円～約5000円
寿命	約12000時間	約40000時間
*1明るさ	388 *2ルクス	712ルクス
消費電力（１本）	36 W～40 W	14 W
*3二酸化炭素排出量	288.7 g	112.1 g

＊１明るさ：教室で使われている照明の机上での明るさ
＊２ルクス：明るさの単位で，数字が大きいほど明るいことを示す。
＊３二酸化炭素排出量：教室で使われる18本を点灯させる電力を得る際の二酸化炭素排出量（１時間あたり）

○照明器具一式の交換費用の比較

	従来型蛍光管	蛍光管型ＬＥＤ
照明器具一式（蛍光管等２本含む）	24500円	41000円
古い照明器具撤去 新しい照明器具取付	3000円	3000円
計	27500円	44000円

○教室で使われている照明器具

（2019年電力会社Ａ社公表資料等より作成）

イ　菫さんに嘘をついたのが自分だと気づいたから。
ウ　菫さんが自分たちのせいで嘘をついたかもしれないと気づいたから。
エ　菫さんが自分たちのために我慢をしていたことに気づいたから。

(5)　次の［　］は、阿部さんと田中さんが、この文章の内容と表現について話し合っている様子である。

> 阿部　お互いに相手の役に立ちたいと思っていたけれど、すれ違ってしまったよね。
> 田中　「僕」は、菫さんに「［A（六字）］」をしてもらいたいと知らず知らずのうちに思い、菫さんは、僕たちの期待に応えようとして行動したね。
> 阿部　「僕」は、そのことに気づいて「［B（六字）］」と、強く思ったんだね。
> 田中　その後に続く、「［C（十一字）］」という行動描写にもその思いが表れているよ。そして、「言葉はすれ違ったままにしておかない方がいい」と、考えたことを菫さんへ伝えているね。

i　［A］、［B］に当てはまる最も適切な言葉を、本文中からそれぞれ指定された字数で抜き出して書きなさい。
ii　［C］に当てはまる最も適切な言葉を本文中から指定された字数で抜き出し、最初の四字を書きなさい。

(6)　――線部③に至るまでの「僕」の気持ちや行動について、次の［　］のようにまとめた。［　］に当てはまる適切な言葉を、あとの〈条件1〉、〈条件2〉と《注意》に従って書きなさい。

> 「僕」は、［　　　　］「頑張ります」と応じた。

〈条件1〉　話の展開を踏まえ、**決意**、**励まし**、**責任と使命**の三つの言葉を、この順で使って書くこと。
〈条件2〉　六十字以上七十字以内で書くこと。
《注意》　ふりがながついている漢字（菫、嘘、凄、齟齬、喋、相槌、頷、皺、叩）を解答に用いる場合は、ひらがなで書いてもよい。
※次の枠は、下書き用なので、使っても使わなくてもよい。解答は、解答用紙に書きなさい。

「僕」は、［　（10）（20）（30）（40）（50）（60）（70）　］「頑張ります」と応じた。

ら、伝えなければ、と強く思った。
他人に期待をすること。その期待に応えようとすること。そこで生まれる＊齟齬(そご)。
きっとこういうことは、日常生活でも起こり得る。振り返れば自分にだって覚えがあった。親や友達から期待されて、調子よく返事をしてしまって、後々自分で自分の首を絞めることなんて珍しくもない。
実例を伴った言葉は、きっと聞く人の心に残る。
今度こそ、嘘も飾りもなく届けたい。実直にパン屋を営み続けた菫さんが、最後まで高校生たちのことを考えてインタビューに応じてくれたことも、僕たち放送部が未熟だったせいでトラブルを起こしてしまったことも。
――伝えたいことって、こういうことか。
菫さんに一通りの説明を終え、僕は体の脇で固く拳を握った。
「誰かと喋(しゃべ)っているとき、相手の言葉に違和感を覚えることってあると思います。勢いで口にした自分の言葉が、本心から少し離れてしまうことも。でも、テンポよく流れてる会話を止めるのって難しいです。下手に会話を止めると、空気を読まないって言われてしまうこともあるし。だけどやっぱり、言葉はすれ違ったままにしておかない方がいいんだって今回のことでわかりました」
菫さんは僕を見上げ、そうね、と穏やかな声で相槌(あいづち)を打ってくれる。それに背中を押され、懸命に言葉を続けた。
「誰かが同じような状況に立ったとき、勇気を出して尋ね返したり、言い直したりする、そういうきっかけにこのドラマがなってくれればいいと思ってます」
僕の言葉に菫さんは何度も小さく頷(うなず)いて、目元に柔らかな笑い皺(じわ)を寄せた。
「文化祭って、私たちも見に行けるのよね？」
「は、はい。確か、二日目だったら誰でも……」
「だったら、私も是非そのドラマを聞きに行きたいわ」
店にまつわる話はどんなことでも全部脚本に盛り込んでくれて構わない、と快諾して、菫さんは軽く僕の腕を叩(たた)く。
「楽しみにしてるから、頑張って」
ごく軽い力だったのに、腕を叩かれた振動が全身に伝わったようだった。③体の芯がぶるりと震える。自然と背筋がまっすぐ伸び、僕は菫さんの目を見て「頑張ります」と応じた。

（青谷真未(あおやまみ)「水野瀬高校放送部の四つの声」
問題作成上ふりがなをつけた箇所がある）

＊（注）南条先輩＝放送部の二年生　齟齬＝くいちがうこと

(1) 文章中の〰〰線部を漢字に直して、楷書で書きなさい。
① ソソ　② サッチ

(2) ……線部に用いられている表現技法として適切なものを、次のア～オから二つ選び、記号を書きなさい。
ア 擬人法　イ 倒置　ウ 対句
エ 反復　オ 体言止め

(3) ――線部①の文章中の意味として最も適切なものを、次のア～エから一つ選び、記号を書きなさい。
ア びくびくと慎重に　イ 数人で連れだって
ウ 間を置かず何度も　エ 慌てるようにして

(4) ――線部②「言葉もなく立ち尽くしていた」とあるが、その理由として最も適切なものを、次のア～エから一つ選び、記号を書きなさい。
ア 菫さんに嘘をつかれたことに動揺したから。

【問五】　次の文章を読んで、あとの各問いに答えなさい。

高校一年生の「僕」は、町のパン屋さんを取材し、店員の菫(すみれ)さんが事実とは異なる話をしていることに気づきながら、確認せず昼の放送で紹介し、トラブルを招いてしまった。そこで放送部の仲間に提案し、もう一度パン屋さんをモデルとしてラジオドラマを制作し、文化祭で発表しようと考えた。しかしある日、そのパン屋さんの前を通ると閉店していることに気づく。動揺していると、忘れ物を取りに来た菫さんが現れ、元々閉店する予定だったと聞かされる。更に菫さんは、謝る「僕」に、取材のときに言えなかったことを語り出した。

「古くなったお店を直すより、パンの種類を増やしたくて一生懸命パンを作ってるとね、たまに来るのよ。今にも潰れちゃいそうなうちのお店を心配してくれる学生さんが。たくさんお友達を連れてきて『また来ます！』って言ってくれる子とか、毎日毎日ひとつだけパンを買っていってくれる子とか……。卒業すると顔を見なくなっちゃうんだけど、でもまたしばらくすると来るの。同じ制服を着た学生さんが」

　最初は恐る恐る店に足を踏み入れ、店内を見て驚いたような顔をして、それから①足しげく通うようになってくれるらしい。*南条先輩も、もしかしたらそうだったのだろうか。

「でも、学校全体にうちのお店を紹介しようとしてくれたのは今回が初めてだったの。インタビューに来てくれたみんなは熱心で、どうすれば店にお客さんが来てくれるか一生懸命考えて、この店のいい所がアピールできるような質問をたくさんしてくれたじゃない？　それを見たら、もうすぐお店を閉めるなんて言い出せなくて」

　がっかりさせてしまいそうだったから、と、菫さんは申し訳なさそうな顔で言う。

「インタビューで嘘(うそ)ついちゃったのも、ごめんなさいね。せっかくだから、何か凄(すご)いお話をしてあげたかったんだけど、こんな小さなお店でしょう？　特に変わった話もできなくて……。学生さんたちにはたくさんお世話になったから、最後に何か役に立ちたかったんだけど」

　ごめんなさい、と再三謝られてしまい、必死で首を横に振った。

　そんなのちっとも、謝られるようなことではない。むしろ謝るべきは僕たちだ。

　僕たちは全員、初めてのインタビューで舞い上がって、店のことを学校のみんなに知ってもらうのはいいことだと思い込んで、とにかく店に客が集まるようなインタビューを心掛けた。店の成り立ちや、どれほどパン作りに情熱をソソいでいるのか、客足が遠のいている現状の苦労など。人が来なくて困っていることが伝われば、きっと学校のみんなも店に足を運んでくれる。そう考えて、知らず知らずのうちに菫さんに、困っている話をするよう仕向けてはいなかったか。

　きっと菫さんは、僕らが期待する回答を敏感にサッチした。それでつい、僕らの要望に応えて話を大きくしてしまったのだ。

　だとしたら、菫さんに嘘をつかせたのは僕たちではないか。

　②言葉もなく立ち尽くしていたら、菫さんに「大丈夫？」と声をかけられた。

　僕はもう一度菫さんに謝ろうとしたが、直前で思い直して別の言葉に変えた。

「来月の文化祭で、放送部のラジオドラマを作ることになったんです。できれば今聞いたお話も脚本に盛り込みたいのですが、構いませんか？」

　きょとんとした顔をする菫さんに、森杉パン屋と放送部の間で起きた一連のできごとをドラマ仕立てで流すのだと説明する。そうしなが

めよ」と仰せ下（くだ）されて、廿日（はつか）（二十日）余り候ひける程に、この次第を聞し召して、笑はせおはしましてぞ召し籠めはゆりて（許された）けるとか。

（本文は「新編日本古典文学全集」による　問題作成上一部省略した箇所がある）

(1) 文章中の～～線部の言葉を現代仮名遣いに直して、すべてひらがなで書きなさい。

① ゐて　② かうは

(2) ――線部①「見て参らせてけり」と主語が同じであるものを、＝＝線部**ア**～**エ**からすべて選び、記号を書きなさい。

ア いへ　**イ** 思ふ　**ウ** 語る　**エ** やりつる

(3) ――線部②「待ちゐたるに」とあるが、どこで待っているのか。本文中から十字で抜き出して書きなさい。

(4) ――線部③「あやしう覚えて」とあるが、なぜそう思ったのか。その理由として最も適切なものを、次の**ア**～**エ**から一つ選び、記号を書きなさい。

ア 御所に参上する者たちの時間が遅れていたから。
イ 行列がやってくる時間が遅れていたから。
ウ 様子を見に行かせた者たちの声が聞こえたから。
エ 行列が通り過ぎたような話が聞こえたから。

(5) 次の□はこの文章について、谷本さんたちがグループ内で感想を出し合った様子である。

谷本　行遠は、行列への参加に失敗してしまったうえに罰せられて、気の毒だったな。

森川　確かに行遠は失敗してしまったよね。その失敗の原因は、［A（四字）］、という言葉をめぐる行遠と従者の行き違いだったと思うよ。

杉村　そうだよね。行遠は、行列の様子を見て、［B］、と伝えたつもりだったのに、従者は浅はかにも、行列の様子をただ［A］、という意味だけにとらえてしまっていたね。

清水　言葉での行き違いは、自分も経験があるから、行遠や従者と同じだなと思ったよ。でも行遠は、もう少し細かい指示を出すとか、自分で行列の様子を見に行くとかしていれば、失敗を避けられたかもしれないね。

森川　行遠は「［C］」とあるように、自分の着飾った姿のうけをねらうことで頭が一杯だったんじゃないかな。これも失敗の原因かな。でも行遠の気持ちは共感できるな。

谷本　なるほど。行遠と従者の行き違いにまつわる互いの行動や心情が、この話のおもしろさのひとつなんだね。白河法皇が笑って許した気持ちもわかるような気がするよ。

i ［A］に当てはまる適切な言葉を、指定された字数の現代語で書きなさい。

ii ［B］に当てはまる適切な言葉を、十五字以上二十五字以内の現代語で書きなさい。

iii ［C］に当てはまる部分を本文中から二十五字以上三十字以内でさがし、最初の五字を書きなさい。

いて、佐藤さん以外の人の考え方も教えてください

ウ　ティアハイム長野の目標は、佐藤さんが大切にしていることをもとにしてつくられたということですか

エ　ティアハイム長野の目標は、佐藤さんが大切にしていることにとって、どのような意味があるのですか

【問三】　次の①～③から、誤って使われている漢字一字をそれぞれ抜き出して書き、同じ読みの正しい漢字を楷書でそれぞれ書きなさい。

①　複数の実験結果を検当し、物体の素材を特定する。

②　緑化推進委員会では、全校生徒の創意工夫を収約し、生徒会活動に反映している。

③　非常時に備えた防災バッグを自作するために、型紙に合わせながら布を断つ。

【問四】　次の文章は、『宇治拾遺物語』の一節「白河法皇北面、受領の下りのまねの事」である。これを読んで、あとの各問いに答えなさい。

> 昔、白河法皇が鳥羽（現在の京都市南部）の御所にいらっしゃった時、ある催しをお開きになった。その催しとは、警護の者たちに、国司（地方の長官）が任命された国へ赴く時の行列のまねをさせて、ご覧になるというものであった。招集された者たちは、当日、それぞれが他の者に劣るまいと着飾った。

源行遠、心殊に（特に念入りに装いをこらして）出で立ちて、「人にかねて見えなば（前もって見られたら）、めなれぬべし（きっと見慣れてしまうだろう）」とて、御所近かりける人の家に入りゐて、従者を呼びて、「やうれ（おい）、御所の辺にて見て来」と①見て参らせてけり（見に行かせた）。無期に（いつまでたっても）見えざりければ、「いかに（どうして）かうは遅きにか」と、「辰の時（午前八時）とこそ催し（招集の指示）はありしか、さがるといふ定（いくら遅れたにせよ）、午未の時（正午から午後二時）には渡らんずらんものを（には行列はやってくるはずだ）」と思ひて②待ちゐたるに、門の方に声して、「あはれ（ああ）、ゆゆしかりつる（実に見事だった）ものかな、ゆゆしかりつるものかな」とアいへども、ただ参る（ただ御所に参上する）ものをいふらん（者について言うのだろう）とイ思ふ程に、「玄蕃殿の国司姿こそ、をかしかりつれ」といふ。「藤左衛門殿は錦を着給ひつ（着ておられた）。源兵衛殿は縫物をして、金の文（紋様）をつけて」などウ語る。

③あやしう覚えて（おかしいと思って）、「やうれ」と呼べば、この「見て来」とてエやりつ（遣わした）る男、笑みて出で来て、「大方かばかりの見物候はず（ございません）。賀茂祭（京都の賀茂神社の祭）も物にても候はず。院の御桟敷（白河法皇の御観覧席）の方へ渡しあひ給ひたりつるさまは、目も及び候はず（目もくらむほどの見ものでした）」といふ。「さていかに」といへば、「早う果て候ひぬ（もうとっくに終わりました）」といふ。「こはいかに、来ては告げぬぞ（どうして知らせに来ないのか）」といへば、「こはいかなる事にか候ふらん。『参りて見て来』と仰せ候へば、目もたたかず（まばたきもせず）、よく見て候ふぞかし（おりましたのです）」といふ。大方とかくいふばかりなし（まったく話にもならないような次第であった）。

さる程に（まもなく白河法皇が）、「行遠は進奉不参（行列に参らず）、返す返す奇怪なり（まことにもって不届きである）。たしかに召し籠（謹慎させよ）

黒木　これってどういうことなんだろう。
赤井　「潤い」って、普通は水分や湿り気があることだけど……。検索してみるから、ちょっと待ってね……。
あったよ、見て。三つ意味があって、一つ目は、ほどよい湿り気、水分を含むこと。二つ目は、金銭的に余裕があること、金銭的に豊かであること。三つ目が、生きていることの楽しさをしみじみと感じさせるような精神的な充足感、精神的に豊かであることだと書いてあるよ。
青山　ありがとう。調べた言葉の意味を参考にすると、ティアハイム長野は、［A］社会を目標にしているんだね。
黒木　うん。ティアハイム長野は、動物を扱う仕事をしているけど、動物だけでなく人とのつながりを大切にしていそうだね。働く人の考え方がわかると、もっと仕事のことがわかるよね。どんな質問をすればいいのかな。
青山　たとえば、「［B］」と聞いてみるのはどうだろう。
黒木　なるほど。つまり、佐藤さんがティアハイム長野の目標をどのように受けとめているか聞いてみるということだね。佐藤さんが、動物だけでなく飼い主さんのことをおっしゃっていたことの背景がわかりそうだね。
赤井　私も早く佐藤さんのお話を聞いてみたいな。当日が楽しみだね。

(1)　——線部①の青山さんの発言は対話の中でどのような役割を果たしているか。最も適切なものを、次のア〜エから一つ選び、記号を書きなさい。
ア　相手の発言の内容を要約する役割。
イ　相手に対話の目的を意識させる役割。
ウ　相手に話題の転換をうながす役割。
エ　相手の発言の根拠を確認する役割。
(2)　——線部②「聞きたい」を敬語を用いた表現に直して書きなさい。
(3)　——線部③の青山さんの発言の意図として最も適切なものを、次のア〜エから一つ選び、記号を書きなさい。
ア　青山さんが質問しようとしたことが伝わらなかったので、佐藤さんにわかってもらえるように問い返している。
イ　佐藤さんの質問を聞いて、自分の質問の背景にある思いが伝わるように内容を補足して理由を説明している。
ウ　佐藤さんの質問を聞いて、飼っている犬のことを佐藤さんに説明するためにエピソードを紹介している。
エ　青山さんが質問しようとしたことが伝わらなかったので、佐藤さんに説明するために同じ内容を言い換えて説明している。
(4)　Ⅱの中で、［A］に当てはまる適切な言葉を、赤井さんがタブレットで検索した意味を参考にして、二十五字以上三十字以内で書きなさい。
(5)　Ⅱの中で、［B］に当てはまる適切な言葉を、次のア〜エから一つ選び、記号を書きなさい。
ア　佐藤さんが大切にしていることは、ティアハイム長野の目標と同じということですか
イ　佐藤さんが大切にしていることとティアハイム長野の目標につ

青山　です。こちらこそよろしくお願いします。確認しておきたいことは何かな。はい。当日はどのようなことができるか教えていただけますか。

佐藤さん　当日は、動物の健康診断や検査、手術室の見学をしたり、習性や飼い方、ふれあい方、しつけ方について学んだりしてもらうことを考えていますよ。

青山　ありがとうございます。①動物の健康管理や育て方などについて学べるということですね。当日、佐藤さんのお仕事についての思いも②聞きたいのですが、よろしいでしょうか。

佐藤さん　たとえばどのようなことかな。

青山　はい。仕事の楽しさや大変さ、仕事をしていく上で大切にしていることなどです。

佐藤さん　楽しさや大変さは実際に体験して感じてほしいですね。仕事をしていく上で大切にしていることは、私が心がけていることでよいのかな。ところでどうしてそのことを知りたいと思ったのかな。

青山　③私は、将来、獣医になりたいからです。難しいかもしれませんが、少しでも獣医の仕事について学びたくて。以前、家で飼っている犬が病気になったときに獣医さんにみていただいて、元気になったんです。熱心に治療してくださった姿が忘れられません。

佐藤さん　そうだったんだね。私が大切にしているのは、動物の病気をみるだけではなく、施設を訪れた飼い主さんのお話もよく聞くことだよ。

青山　ありがとうございます。当日、もう少し詳しく教えていただいてもよろしいですか。

佐藤さん　もちろんだよ。当日までに、ティアハイム長野のホームページで目標を見ておいてね。私が大切にしていることは、この目標からも影響を受けているんだよ。

青山　はい。確認しておきます。今日はお忙しいところありがとうございました。当日もお世話になりますが、よろしくお願いします。それでは、失礼します。

Ⅱ【事前打ち合わせ翌日の話し合いの様子】

赤井　青山さん、打ち合わせはどうだったかな。

青山　活動内容もわかったし、大切にしていることも教えてもらったよ。

黒木　それは何だったの。

青山　佐藤さんは、「動物の病気をみるだけでなく、施設を訪れた飼い主さんのお話もよく聞くことだ」とおっしゃっていたよ。でも、なぜ飼い主さんのことが出てきたのかな。ティアハイム長野の目標からも影響を受けているとおっしゃっていたから、ホームページも見てみようよ。

赤井　タブレットで検索するね……。あっ、目標ってこのことだね。こんなに目立つところに書いてあったのに、この前見たときには意識していなかったね。「私たちは、『人と動物が共生する潤い豊かな社会』を目標に様々な活動を行っています」とあるよ。

エ 1段落で話題提示した経験を、比喩表現に置き換え、想起させる効果。

(4) ――線部①を次のようにまとめた。次の A ～ C に当てはまる最も適切な言葉を、本文中からそれぞれ指定された字数で抜き出して書きなさい。

> 言葉には個々のものを A（五字） によって B（四字） に分け、C（三字） のなかに押し込む働きがあるが、その働きによって個々のものがもっていた微妙な差異がことばの影に隠れ、C（三字） のなかに入らなくなるという制約がある。

(5) ――線部②とあるが、この「鍵」について次のように説明するとき、[　] に当てはまる適切な言葉を、本文中の言葉を使い、二十五字以上三十字以内で書きなさい。

> [　　　　] ための鍵。

(6) 1～12段落は、「言葉は言の端」、「言葉は鋳型」、「言葉の可能性」の順で三つのまとまりに分けられる。その順に合う分け方として最も適切なものを、次のア～エから一つ選び、記号を書きなさい。

ア 1 2 3 4 5 6―7 8 9 10―11 12

イ 1 2 3 4 5 6―7 8―9 10 11 12

ウ 1 2 3 4―5 6 7 8 9 10―11 12

エ 1 2 3 4―5 6 7 8―9 10 11 12

(7) 本文において筆者が論じている「言葉の限界と可能性」について、「紅玉」に代わる例を用い、次の〈条件1〉～〈条件3〉と《注意》に従って説明しなさい。

〈条件1〉 12段落における筆者の説明の仕方を踏まえて書くこと。

〈条件2〉 食べ物や飲み物以外の例を用いて、具体的に書くこと。

〈条件3〉 八十字以上百字以内で書くこと。

《注意》 限界と可能性という言葉は使わなくてもよい。

※次の枠は、下書き用なので、使っても使わなくてもよい。解答は、解答用紙に書きなさい。

10 20 30 40 50 60 70 80 90 100

【問二】 三人の中学生（赤井さん・青山さん・黒木さん）は、職場体験学習として動物愛護施設ティアハイム長野へ行く予定である。事前打ち合わせとして、青山さんと施設の獣医の佐藤さんがオンラインで打ち合わせた翌日、教室で三人の中学生が話し合いをしている。次のⅠ、Ⅱを読んで、あとの各問いに答えなさい。

Ⅰ【事前打ち合わせの様子】

青山　こんにちは、三年A組の青山です。今日は、事前打ち合わせの機会をとっていただきありがとうございます。よろしくお願いします。

佐藤さん　こんにちは。ティアハイム長野で獣医をしている佐藤

く、さまざまな相がそこには絡まりあっています。また固定したものではなく、大きな振幅をもちながら、止むことなく動いていきます。言葉はその動きの振幅を削りとって、それをたとえば「悲しい」とか「寂しい」といった一つのことばで表現するわけですが、そのことによって感情のもっともいきいきとした部分がことばの影に隠れてしまうのではないでしょうか。

8 言葉によってわたしたちは多くのことを知り、多くのことを考えるわけですが、そこには制約もまたあるように思います。枠組みのなかに入らないものはとらえることができないわけですし、その枠組みに取り込まれたものは、その枠組みにあうように変形させられてしまいます。これは、①言葉にどこまでもつきまとう根本的な制約であると言ってよいでしょう。

（中略）

⑨ さて、言葉はこの具体的な経験とのあいだにある隔たりを乗りこえることができないのでしょうか。

10 言葉にはまず、先に述べたような、ものをグループ分けする働き、つまりカテゴリー化する働きがあります。そこでは、いま目の前にしているリンゴ、たとえば紅玉の独特の赤い色とか、それ特有の甘酸っぱい味、あるいはそれが私の好みであるとかいったことは問題にされません。dむしろリンゴに共通の性質ですべてのものをひとくくりにすることがその場合の唯一の関心事です。

11 しかし、たとえば友人に「紅玉はおいしいよね」と語ったとき、この「紅玉」ということばは、その基礎的な意味を相手に伝えるだけでなく、相手がその味を知っている場合には、その人のなかに、紅玉独特の強い酸味のきいた甘さをありありとイメージさせることができます。それを言葉の喚起機能と呼んでよいと思いますが、わたしたちは、「紅玉」ということばを聞いたとき、その音声越しに基礎的な意味を聞くだけでなく、さらにその意味を越えて、このことばがもつ豊かな意味あいをも聞くことができるのです。②ここに鍵がありそうです。

12 たしかに、わたしたちはいくらことばを重ねても、紅玉の微妙な味をことばで表現し尽くすことはできません。そこに言葉の限界があります。しかし他方、いま言った機能によって、その味を直接相手のなかに喚起することができます。そのような働きがあるからこそ、わたしたちの会話は、平板な意味のやりとりに終始せず、いきいきとしたものになるのだと言えるのではないでしょうか。

（藤田正勝「はじめての哲学」）

（問題作成上一部省略した箇所、ふりがなをつけた箇所がある）

＊（注）先ほど＝筆者は、本文の前の章でも言葉の性質について論じている。

(1) 文章中の〰〰線部のよみがなを、ひらがなで書きなさい。

① 窮　② 普遍的　③ 既成
④ 抱　⑤ 削　⑥ 平板

(2) ═══線部a～dのうち、品詞の種類が他と違うものを一つ選び、記号を書きなさい。

(3) 2段落で使われている表現の効果として最も適切なものを、次のア～エから一つ選び、記号を書きなさい。

ア 1段落で話題提示した経験を、おおまかにとらえ、より抽象的に想起させる効果。

イ 1段落で話題提示した経験を、具体例をあげ、より明確に想起させる効果。

ウ 1段落で話題提示した経験を、すべて逆接にとらえ、異なる側面から想起させる効果。

＜国語＞

時間 五〇分 満点 一〇〇点

【注意】解答用紙にマスがある場合は、句読点、カギ括弧（「や『）などもそれぞれ一字と数えて書きなさい。

【問一】次の文章を読んで、あとの各問いに答えなさい。ただし、1～12は各段落の番号を示す。

1 わたしたちが見たり聞いたりしたものを言葉で表そうとして、うまくいかないという経験は多くの方がもっておられるのではないでしょうか。

2 たとえばわたしたちは自分の気持ちを「はればれとした」とか「うきうきした」といったことばで言い表したり、お茶の味を「まろやかな」とか、「うまみがある」といったことばで表現したりします。しかしそのような表現で、自分の実際の感情や、お茶の味を十分に言い表すことができるでしょうか。たとえば「まろやかな」という表現を、「味が穏やかで口あたりがよい、そして深い味わいが感じられる」といった言葉で説明することはできます。しかしその「深い味わい」がどのような味わいなのかをさらに説明しようとすると、言葉に窮することになります。

3 言葉は、たしかに、わたしたちが経験するものの一面を言い表し、他の人に伝えます。しかしそれはわたしたちが実際に経験していることの一部でしかありません。言葉による表現は、経験の具体的な内容をある断面で切り、その一断面で経験全体を代表させることに喩えられるかもしれません。aその一断面からあらためて経験の全体を眺めたとき、両者のあいだにb大きな隔たりがあります。そのあいだには無限な距離があると言ってもよいでしょう。

4 「言葉」の語源は、「言の端」であったと言われます。古くは「事」と「言」とは通じるものと考えられていました（言葉には、そのなかで言われているものを具体化する霊的な力が宿っているという、cいわゆる言霊思想はそこから生まれたものでした）。しかしやがて「事」と「言」とは同じではないということに人々は気づくようになりました。言葉は「事＝言」として事柄全体を言い表したものではなく、そのほんの一端を言い表したものにすぎないということが意識されるようになったのです。そのために「言の端」という言い方がされるようになったのだと考えられています。

5 言葉がそのまま経験であるとは言えないのは、それがわたしたちの具体的な経験を普遍的な概念によってひとくくりにしてしまうことと関わっています。＊先ほど、言葉は個々のものを類に分けていくという働きと深く結びついていると言いました。類に分けるというのは、それらを、その共通する特徴によってひとまとめにすることにほかなりませんが、それは個々のものがもっている違いを無視することでもあります。

6 たとえば桔梗の青、露草の青、都忘れの青、それぞれの青は独特の色合いをもっていますが、言葉はその違いを無視して、それらすべてを同じ「青」ということばで表現してしまいます。そのことによって、個々のものがもっていた微妙な差異は一挙に背後に退いてしまいます。

7 言葉は、それぞれ独自のニュアンスをもっていたものを、既成の枠組み、言わば鋳型のなかに押し込んでいくという役割を果たしていると言ってもよいかもしれません。わたしたちがそのときどきに抱く感情も、決して一つのことばで表現できるような単純なものではな

2022年度

解答と解説

《2022年度の配点は解答用紙集に掲載してあります。》

＜数学解答＞

【問1】 (1) 3　(2) $-2x+3$　(3) $(n=)21$　(4) ウ　(5) エ　(6) 17(分)
(7) $\frac{5}{8}$　(8) $6-2\sqrt{6}$　(9) 2(分)30(秒)　(10) 解説参照
(11) ① 60(°)　② 12π (cm^2)

【問2】 (1) ① (辺)CM　② 18(cm^3)　(2) ① (およそ)170(匹)　② ア，エ
(3) ① (例)2019年度における資源ごみの排出量　② (例)$\frac{16}{100}x\times\frac{125}{100}$
③ 記号　イ(理由は解説参照)

【問3】 Ⅰ (1) イ　(2) 記号　ア(理由は解説参照)　(3) B(社)，100(円安い)
Ⅱ (1) ア，ウ，オ　(2) $(a=)\frac{1}{2}$　(3)① $(-2\sqrt{2},\ 8)$　② $\frac{6}{5}$

【問4】 Ⅰ (1) $3\sqrt{3}$ (cm)　(2) 解説参照　(3) ① 75(°)　② $4-\sqrt{3}$ (cm)
Ⅱ (1) ① 方程式：$(6-x)^2=9+x^2$，$\frac{9}{4}$(cm)　② 4(cm)　(2) $\frac{9\sqrt{30}}{10}$(cm)

＜数学解説＞

【問1】 (小問群―数と式の計算，文字式の計算，平方数，二次方程式，文字式の利用，中央値，確率，平方根の小数部分と式の値，反比例，作図，円と角度の求値，おうぎ形の面積)

(1) $5+(-2)=5-2=3$

(2) $(-6x+9)\div3=-2x+3$

(3) $84n=2^2\times3\times7\times n$より，ある自然数の2乗となるような最小の自然数$n$は，$n=3\times7=21$

(4) $x^2=4x$を解いていく。$x^2-4x=0$　$x(x-4)=0$　$x=0,\ 4$

(5) a人が500円ずつ出すと合計で$a\times500=500a$(円)　これでb円の花束を買おうとしたところ200円足りなかったので，花束の値段であるb円と等しい金額は$500a+200$(円)　したがって，$b=500a+200$　これより，エの$500a=b-200$を選べばよい。

(6) 16名のデータにおける中央値は，小さい方から8番目と9番目の平均の値となるので，$\frac{15+19}{2}=17$(分)となる。

(7) Aの起こる確率が$\frac{3}{8}$なら，Aの起こらない確率は$1-\frac{3}{8}=\frac{5}{8}$である。ことがらAは起こるか起こらないかの2通りしかないので，2つの確率を合わせると$\frac{3}{8}+\frac{5}{8}=1$となる。

(8) ある数Aについて，(小数部分)＝A－(整数部分)と考えることができるので，$2<\sqrt{6}<3$より，$\sqrt{6}$の整数部分は2なので，$\sqrt{6}$の小数部分aは，$a=\sqrt{6}-2$と表せる。したがって，$a(a+2)=(\sqrt{6}-2)(\sqrt{6}-2+2)=\sqrt{6}(\sqrt{6}-2)=6-2\sqrt{6}$

(9) yはxに反比例しているので，aを比例定数として$y=\frac{a}{x}$とおける。加熱時間は500Wのとき3分，すなわち，180秒なので，$x=500$のとき$y=180$であることから，$y=\frac{a}{x}$に代入すると，$180=\frac{a}{500}$　よって，$a=90000$となり，$y=\frac{90000}{x}$が成り立つ。したがって，$x=600$のとき，$y=\frac{90000}{600}=150$

となり，600Wのときの最適な加熱時間は2分30秒となる。

(10)　線分ABの垂直二等分線を引けばよい。したがって，右図のようになる。

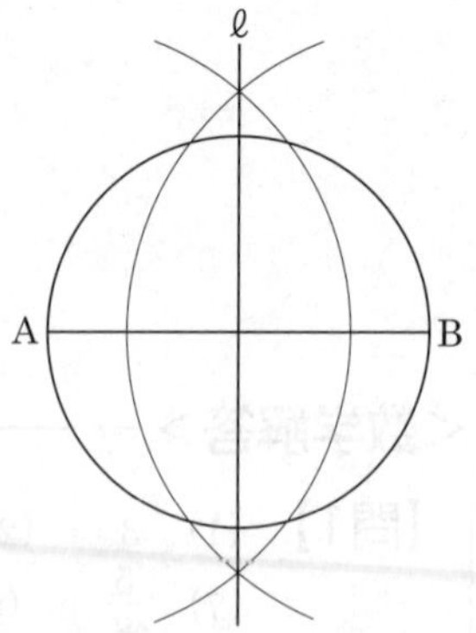

(11)　①　**1つの弧に対する円周角の大きさは，その弧に対する中心角の大きさの半分**なので，$\overset{\frown}{BC}$において，$\angle BAC=\frac{1}{2}\times\angle BOC=\frac{1}{2}\times120°=60°$　②　おうぎ形の中心角は120°なので，求める面積は$6^2\times\pi\times\frac{120}{360}=12\pi\,(cm^2)$

【問2】　**(空間図形，標本調査，連立方程式―ねじれの位置，三角錐の体積，標本調査と比の利用，標本調査に適するもの，グラフの読み取りと連立方程式の文章題)**

(1)　①　辺ADと平行ではなく，かつ，交わらないものを探せばよいので，辺CM

②　線分AMは面ACDに垂直なので，$\triangle ACD\times AM\times\frac{1}{3}$により求めることができる。したがって，$\left(\frac{1}{2}\times6\times6\right)\times3\times\frac{1}{3}=18(cm^3)$

(2)　①　池にいるコイの総数をx(匹)とすると，$x:50=30:9$　これより，$9x=1500$　$x=166.666$…となる。一の位を四捨五入して，コイの総数はおよそ170匹とわかる。

②　イとウは，国民全員や生徒全員を調査の対象とする全数調査をしなければ意味がないので，標本調査には不向きである。アとエは，標本調査に向いている。

(3)　①　$\frac{25}{100}y$は2019年度の4種類のごみの排出量の合計の25%を表すので，これは2019年度における資源ごみの排出量を表す。

②　□には，2019年度の資源ごみの排出量を$\frac{25}{100}y$以外の方法で表せばよいので，「資源ごみの排出量」は2019年度は2014年度と比べて25%増えていることから，$\frac{16}{100}x\times\left(1+\frac{25}{100}\right)=\frac{16}{100}x\times\frac{125}{100}$となる。

③　(理由)　(例)2014年度と2019年度の4種類のごみの排出量の合計は，それぞれ1000g，800gであり，2014年度と2019年度の可燃ごみの排出量は，それぞれ$1000\times\frac{66}{100}$を計算して660g，$800\times\frac{70}{100}$を計算して560gとなる。したがって，2019年度は2014年度と比べて減った。

【問3】　**(関数とグラフ―グラフの読み取り，「yがxの関数である」の意味，$y=ax^2$のグラフ，2つのグラフの交点，線分の長さの比と座標，三角形の周の長さの最短)**

Ⅰ　(1)　グラフより，荷物の大きさが60cm超70cm以下のときは1000円なので，65cmのときは1000円。また，1500円で送れる荷物の大きさは100cm以下である。100cmを超えると1800円となる。

(2)　(理由)　(例)荷物の大きさが決まると，それに対応して料金がただ1つに決まるので，料金は荷物の大きさの関数である。

(3)　問題の図1より，A社は荷物の大きさが115cmのとき1800円である。また，B社は荷物の大きさが115cmのとき，900＋200×4＝1700(円)である。よって，B社の方がA社より100円安い。

Ⅱ　(1)　ア，ウ，オは正しい。イは，比例定数aの絶対値が大きくなるとグラフの開き方は小さくなるので，正しくない。エは，$y=ax^2$のグラフは放物線といわれるので，正しくない。

(2)　点Aは$y=-2x+6$のグラフ上にあるので，点Aのx座標が-6のとき，そのy座標は18となり，A$(-6,\ 18)$　これは，$y=ax^2$のグラフ上にもあるので，$18=36a$　$a=\frac{1}{2}$

(3)　①　$a=1$のとき放物線は$y=x^2$となり，AB：BD＝1：3かつ点B$(0,\ 6)$より，点Aのy座標は8とわかる。したがって，$y=x^2$に$y=8$を代入すると，$8=x^2$　$x=\pm2\sqrt{2}$　点Aのx座標は負なので，$x=-2\sqrt{2}$　よって，A$(-2\sqrt{2},\ 8)$

②　直線ACは傾きが-1で，点B$(0,\ 6)$を通るので，その式は$y=-x+6$　さらに，2つの直線OCとACは垂直に交わることから，直線OCの式は$y=x$　したがって，点Cのx座標を求めると，$-x+6=x$　$x=3$　したがって，C$(3,\ 3)$　さらに，点Aのx座標を$-h$とすると，△OACの面積が27であり，△OACの面積はOB×(2点A，Cのx座標の差)$\times\frac{1}{2}$で求めることができるので，$6\times(3+h)\times\frac{1}{2}=27$　これより，$h=6$　よって，A$(-6,\ 12)$　ここで，点Cとx軸について対称な点C'をとると，C'$(3,\ -3)$であり，x軸は線分CC'の垂直二等分線となることから，PC＝PC'　△APCの周の長さはAP＋PC＋ACより，これが最小となるのは，AP＋PC，すなわち，AP＋PC'が最小となるときなので，3点A，P，C'が一直線に並ぶときを考えればよい。　直線AC'の式は$y=-\frac{5}{3}x+2$なので，求める点Pのx座標は$y=0$を代入して，$x=\frac{6}{5}$　(上図は参考図)

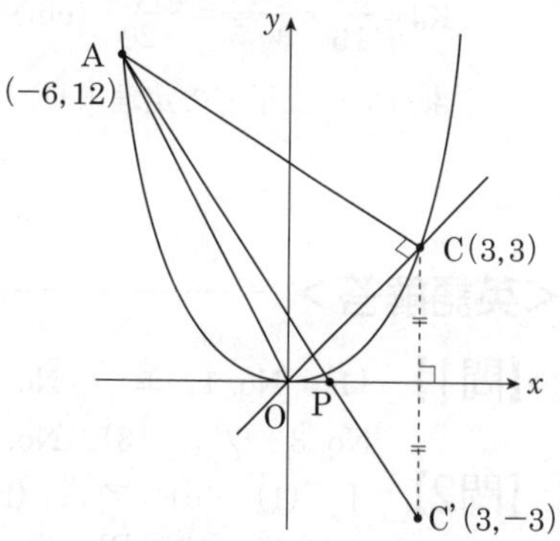

【問4】　(平面図形―三平方の定理，三角形が相似であることの証明，対称な図形の性質の利用と角度の求値，線分の長さの求値，相似な図形の性質，円の性質の利用と直径の長さの求値)

Ⅰ　(1)　AD＝CD＝3cm，∠ADB＝∠CDB＝90°となるので，△ABDにて三平方の定理より，$BD^2=AB^2-AD^2=6^2-3^2=27$　よって，BD＝$3\sqrt{3}$ cm

(2)　(例)正三角形の頂点Aが辺BC上にくるように折り曲げたので，∠EFD＝60°…②　三角形の1つの外角は，そのとなりにない2つの内角の和に等しいので，∠FEB＋∠EBF＝∠EFD＋∠DFC…③　①，②，③から，∠FEB＋60°＝60°＋∠DFC　よって，∠FEB＝∠DFC…④　①，④から，2組の角がそれぞれ等しいので，△EBF∽△FCD

(3)　①　仮定より，∠GIC＝∠DIC＝90°であり，△ABCは正三角形なので∠DCI＝60°　したがって，∠CDI＝180°－(90＋60)°＝30°　折り曲げた図形なので，∠EDA＝∠EDGであることから，∠EDG＝(180－30)°÷2＝75°

②　△CDIはCI：CD：DI＝1：2：$\sqrt{3}$ の3辺の比を持つ直角三角形なので，CD＝2cmより，CI＝1cm，DI＝$\sqrt{3}$ cm　また，折り曲げた図形なので，GD＝AD＝6－2＝4cmより，GI＝$4-\sqrt{3}$ cm

Ⅱ　(1)　①　BE＝x(cm)とすると，AE＝$(6-x)$cm　折り曲げた図形なので，AE＝ME＝$(6-x)$cm　したがって，△EBMにて三平方の定理より，$(6-x)^2=x^2+9$　が成り立つ。これを解いて，$x=\frac{9}{4}$cm

②　△EBM∽△MCHであり，△EBMはEB：BM：EM＝3：4：5の比を持つ直角三角形なので，△MCHにおいてもCM：HC：HM＝3：4：5となる。したがって，CM＝3cmなので，HC＝4cm

(2)　∠EBK＝∠EIK＝90°より，4点E，B，I，Kを通る円の直径はEKとなる。ここで，EB＝$\frac{1}{4}$AB

より，$EB=\frac{3}{2}cm$，$EA=\frac{9}{2}cm$ 折り曲げた図形なので，$EI=EA=\frac{9}{2}cm$であり，$EJ=JI=\frac{9}{4}cm$

したがって，△EBJにて三平方の定理より，$BJ=\sqrt{\left(\frac{9}{4}\right)^2-\left(\frac{3}{2}\right)^2}=\frac{3\sqrt{5}}{4}$(cm)とわかる。さらに，△EBJ∽△KIJより，BJ：IJ＝EJ：KJなので，$\frac{3\sqrt{5}}{4}:\frac{9}{4}=\frac{9}{4}:KJ$ これを解いて，

$KJ=\frac{81}{16}\times\frac{4}{3\sqrt{5}}=\frac{27\sqrt{5}}{20}$(cm) よって，$BK=BJ+KJ=\frac{3\sqrt{5}}{4}+\frac{27\sqrt{5}}{20}=\frac{21\sqrt{5}}{10}$(cm)

よって，三平方の定理より，$EK=\sqrt{\left(\frac{3}{2}\right)^2+\left(\frac{21\sqrt{5}}{10}\right)^2}=\sqrt{\frac{243}{10}}=\frac{9\sqrt{30}}{10}$(cm)

＜英語解答＞

【問1】 (1) No. 1 エ No. 2 イ No. 3 ア (2) No. 1 イ No. 2 エ No. 3 ウ (3) No. 1 エ No. 2 ウ (4) イ

【問2】 Ⅰ (1) (a) ア (b) ウ (2) (a) arrived (b) was built (3) ① (例) Playing it every day is ② (例) There are eighteen ③ (例) It takes ten minutes Ⅱ (1) エ (2) (a) ア (b) イ

【問3】 (1) エ (2) How (3) ウ (4) ア (5) エ→イ→ア→オ→ウ (6) イ，オ (7) ウ

【問4】 (1) エ (2) ウ (3) イ (4) イ→ア→ウ (5) あ waste things い see them (6) ウ，オ (7) (例) My pencil case is very important to me because it was a present from my friends for my birthday. I want to use it for a long time. (8) ④ ア ⑤ カ

＜英語解説＞

【問1】 (リスニング)

放送台本の和訳は，57ページに掲載。

【問2】 (文法問題：メモ・手紙・要約文などを用いた問題，絵・図・表・グラフなどを用いた問題，内容真偽，語句補充・選択，語形変化，英問英答，前置詞，比較，現在・過去・未来と進行形，受け身，動名詞，関係代名詞，助動詞，不定詞)

Ⅰ (1) (a) ＜家での会話＞ 母：あなたの手袋は見つかりましたか？ あなたは今朝探していたでしょう。／息子：うん。手袋は僕のバッグの(下)にあった。ありがとう，お母さん。 ア 下に(○) イ に向かって ウ のために エ 入って 問題文の意味にあう単語はunder と考えられるのでアが適当。 (b) ＜店員との会話＞ 店員：お手伝いしましょうか？／トム：はい，お願いします。(より小さい)サイズのこの T シャツはありますか？ 私には大きすぎます。／店員：今確認します。ここでお待ちください。 ア 幅が広い イ 最も大きい ウ より小さい(○) エ 最も長い カッコの後では「大きすぎる」とあり，カッコではより小さいものを頼んでいると考えられるのでウが適当。

(2) (a) ＜友達同士の会話＞ リョウ：ごめんなさい。遅刻した。今は10時だ。長い間待っていた？／ボブ：いや。9時50分にここに(到着した)。映画が始まる前にジュースを買おうよ。カ

ッコの文では過去のことを話しているので arrive の過去形 arrived が適当。(b) <ALTとの会話> リョウ：これらは私のお気に入りの写真です。見てください。／ALT：美しいですね！ 日本の寺院が好きなので，この写真が一番好きです。／リョウ：お寺は約200年前に建てられました。 カッコの文では temple が主語となっていることから，「建てられた」と受け身形にして was built が適当。built は build の過去分詞形。

(3) (Eメール) こんにちは，マイク。Eメールをありがとう。私はテニスがとても好きです。①(毎日それをプレイすること)はとても楽しいのです。私はテニス部のメンバーです。テニス部には②(18人)のメンバーがいます。私たちの学校にはテニスコートはありませんが，学校の近くに一つあります。市営テニスコートへ行くには徒歩で③(10分かかります)。あなたは，テニスをしますか？ 返信してください。あなたの友達，マホ (正答例) ① (Playing it every day is)very fun. ② (There are eighteen)members in our tennis club. ③ (It takes ten minutes)to go to the city tennis court on foot. 問題にあるアイデアマップに書かれた①②③の情報を参考に英文を作成する。①の playing は動名詞形で「(テニスを)すること」。

Ⅱ (1) (問題文訳)こんにちは。恵です。私は公園にいます。この公園では，かわいい猫をよく見かけますが，今日は見かけません。それでは，私たちの学校のプロジェクトについてお話します。私たちの学校は10年以上にわたって，私たちの町を掃除してきました。この地域に住む人々と一緒に公園を掃除しています。帽子をかぶった男の子がゴミを拾っています。女性と女の子がベンチの近くで掃除をしています。私たちは，町を美しく保つために協力できることをうれしく思います。 問題文では，「帽子をかぶった男の子がゴミを拾っている」「女性と女の子がベンチの近くで掃除をしている」とあるのでエが適当。問題文の第6文 Our school has～にある has cleaned は現在完了形の継続用法で，「いままで掃除をしてきて，今も掃除を続けている」という意味がある。

(2) (チラシ) 信州市イベント2022 ～他の国の人々との出会いを楽しみましょう。～ 花見パーティー：信州公園でピクニックをします。音楽を聴きながら，世界中の食べ物を食べてみましょう。 ★太鼓まつり：外で太鼓を聴いて楽しむことができます。有名な太鼓の先生が，太鼓ホールで演奏方法を教えてくれます。 市内ツアー：信州市のツアーがあります。興味深い場所を訪れ，信州市の郷土料理を楽しみます。 ★クリスマス・パーティー：信州ホールでゲームをしたり，クリスマス・ソングを歌ったり，特別なクッキーを作ったりして楽しみましょう。お望みなら，クリスマスの服で参加することもできます。 チェックしてください！ 星印★があるイベントに参加する前に，私たちのオフィスにEメールを送る必要があります。✉○○@shinshu-city.jp

(a) (問題文訳)慶：僕はたくさんの食べ物を楽しみたいな。／彩：私は音楽に興味があるの。外で何かしたい。 ア 花見パーティー(○) イ 太鼓まつり ウ 市内ツアー エ クリスマス・パーティー 二人の希望は食べ物と音楽と外での活動なのでアが適当。

(b) ア 各イベントに参加したい場合，まずオフィスに電話する必要がある。 イ 太鼓まつりに参加する前に，オフィスにEメールを送る必要がある。(○) ウ シティツアーでは外国料理が楽しめる。 エ 花見パーティーでは，特別な服を着てみることができる。 チラシの下段 You need to～に「★印のイベントに参加する前に，私たちのオフィスにEメールを送る必要がある」と記載されているのでイが適当。選択肢イの joining は動名詞で「参加すること」。

【問3】 (メモ・手紙・要約文などを用いた問題：語句補充・選択，語句の解釈・指示語，文の挿入・文の並べ換え，内容真偽，助動詞，文の構造，分詞の形容詞的用法，不定詞，現在・過

去・未来と進行形，比較，接続詞)

(問題本文訳) 私を弾いてください，私はあなたのものです。これらはロンドンの路上で，ピアノの上にある言葉です。ストリート・ピアノについて聞いたことがありますか？ ストリート・ピアノとは，路上，空港，電車の駅などの場所で見られるピアノです。それらを弾きたい人は誰でも①そうすることができます。ストリート・ピアノにはすばらしい力があると信じています。今日はこの力についてお話しますが，驚かれることでしょう。

このプロジェクトは②どのように始まったのでしょうか？ ある芸術家が 2008 年に英国のバーミンガムで始めました。彼はほぼ毎週末同じコインランドリーを訪れました。ある日，彼はコインランドリーで誰も話していないことに気がつきました。彼らの多くは，そこでよく会っていたので，お互いを知っていました。沈黙の中で一緒に時間を過ごすことは，彼にとって非常に奇妙でした。彼は③この問題を解決したかった。答えはストリート・ピアノでした。彼は，ピアノは人々が互いにコミュニケーションをして，つながるための場所を作ることができると考えました。このように，プロジェクトは市内の15台のピアノからわずか3週間で始まりました。140,000人以上が演奏したりまたピアノの音楽を聴いたりしました。それ以来，世界中の65の都市と2,000万人以上の人々が，2,000を超えるストリート・ピアノの音を楽しんできました。

日本で最初の2台のストリート・ピアノは，2011年2月に鹿児島の商店街に設置されました。九州新幹線は翌月開通する予定だったので，その地域に住む人々はそれを④祝う特別なことをしたいと考えていました。人々はこれらの2つのピアノをラッキー・ピアノと呼びました。それ以来，ますます多くの人々がストリート・ピアノの音を楽しんできました。今では，全国で約400台のストリート・ピアノが見られます，神社でさえも！

同年，3月に東日本大震災が発生しました。ェ地震の後，ミュージシャンがボランティアとして宮城を数回訪れました。ィある日，彼女がボランティアの仕事をしているとき，他のゴミと一緒に壊れたピアノを見つけました。ァ彼女はピアノのそばを歩くことができませんでした，なぜならピアノが助けを求めて泣いているように感じ，「ピアノのために何ができるのか」と考えたからです。ォ彼女は多くの店に修理を依頼しましたが，彼らの多くは難しすぎて修理ができないと思ったので，修理はできないと言いました。ゥ最後に，ある修理店がそれを受け入れ，ピアノは3カ月で生き返りました。今，宮城ではピアノの音が人々を幸せにしています。

ストリート・ピアノの音がない世界を想像してみてください。ピアノは楽器であるだけでなく，多くのさまざまな状況の人々をつなぐ道具でもあります。それはとても素晴らしいことです。私たちの町のどこにストリート・ピアノがあるか知っていますか？ 次に見つけたら，ストリート・ピアノを弾いて⑤みませんか？ 他の人とつながり，新しい世界を感じるチャンスかもしれません。聞いてくれて，ありがとうございました。

(1) ア 言葉を見る イ レッスンを始める ウ ストリート・ピアノについて聞く エ ストリート・ピアノを弾く(○) 下線部①の意味は「ピアノを弾きたいならそうできる」なのでエが適当。

(2) 下線⑤の次にある about をヒントにしたい。how about～? で「～することはどうですか？」となる。②に how を入れると「このプロジェクトはどのように始まったのか？」となり，空欄の文の意味が次の文へつながることから，空欄②⑤には how が適当だと考えられる。

(3) ア 人々はロンドンでしかストリート・ピアノを弾くことができなかった。 イ ピアノは人々が出会ったときに，コミュニケーションの場を提供した。 ウ 彼らはお互いを知っていたが，誰も話をしなかった。(○) エ 英国の芸術家は，コインランドリーで長い時間を過ごした。 下線部③の二つ前の文 Many of them～と，その前の文 One day, he～には，「彼らの多くはお互いを知っているが，沈黙の中で時間を過ごした」とあり，下線部③「この問題」とはここを指すと考えられるのでウが適当。選択肢イの gave people a place は give A B の形で「AにBを与える」なので「人々に場所を与える」となる。

(4) ア　祝う(○)　イ　練習する　ウ　繰り返す　エ　救助する　空欄のある文の意味が通るように選択肢の単語を選びたい。

(5) ア　彼女はピアノのそばを歩くことができませんでした，なぜならピアノが助けを求めて泣いているように感じ，「ピアノのために何ができるのか」と考えたからです。　イ　ある日，彼女がボランティアの仕事をしているとき，他のゴミと一緒に壊れたピアノを見つけました。　ウ　最後に，ある修理店がそれを受け入れ，ピアノは3カ月で生き返りました。　エ　地震の後，ミュージシャンがボランティアとして宮城を数回訪れました。　オ　彼女は多くの店に修理を依頼しましたが，彼らの多くは難しすぎて修理ができないと思ったので，修理はできないと言いました。　正答はエ→イ→ア→オ→ウ。各文の意味を理解し，自然な流れになるように並べ換えたい。選択肢イの broken piano の broken は break の過去分詞形で piano を説明する形容詞の働きをして「壊れたピアノ」となる。

(6) ア　ストリート・ピアノがロンドンに置かれたとき，ほんの数人の人々だけがストリート・ピアノを弾くことができた。　イ　麻衣は，ストリート・ピアノには人々を結びつける力があると信じてる。(○)　ウ　宮城では壊れたピアノは誰も修理できなかったので，今では人々は弾くことができない。　エ　宮城のミュージシャンは，ボランティア活動をしているときピアノの音を聞いた。　オ　世界で最初のストリート・ピアノ・プロジェクトは10年以上前に始まった。(○)　カ　鹿児島で最初の2台のストリート・ピアノが見られる前に，九州新幹線が開通した。　問題本文第5段落第2文 Pianos are not~には，「ピアノは楽器であるだけでなく，人々をつなぐ道具だ」とあるのでイが適当。また，問題本文第2段落最初の文 How did this~と次の文 An artist started~には，「このプロジェクトは2008年に英国のバーミンガムで始まった」とあるのでオが適当。選択肢イの to bring~は不定詞で「~をもたらすための」という意味になる。

(7) ア　偉大な芸術家の美しい音　イ　世界中を旅するピアノ　ウ　人をつなぐための素晴らしいツール(○)　エ　ピアノを弾いて楽しむ日　問題本文第5段落第2文 Pianos are not~には，「ピアノは人々をつなぐ道具だ」とあり，大会の原稿ではこれが中心となるテーマだと思われるのでウが適当。選択肢イの Traveling~は Piano を説明する形容詞的な使い方で「世界中を旅するピアノ」となる。

【問4】（長文読解：絵・図・表・グラフなどを用いた問題，語句の解釈・指示語，語句補充・選択，文の並べ換え，内容真偽，現在完了，関係代名詞，現在・過去・未来と進行形，文の構造，不定詞，分詞の形容詞用法，比較，間接疑問文，助動詞）

(問題文訳)　この写真を見てください。鳥の家のように見えますが，Little Free Library として知られる一種の図書館です。これは2009年にアメリカで始まりました。今では，世界中でそのような図書館を見ることができます。これらの小さな開かれた図書館の唯一のルールは，「本を借り，本を返却する」です。一部の人々は，独自の図書館を構築し，それらに独自の本を置きます。Little Free Library の近くに住んでいる人は，非常に短い時間，あるいは長い時間でも本を借りることができます。Little Free Library は，さまざまな種類の本やアイデアを共有するための良い方法だと思います。今年，私は家の前に Little Free Library を建てます。

(1) ア　人々は Little Free Library から本を長期間借りることはできますか？　イ　最初の

Little Free Library はいつ始まりましたか？　ウ　Little Free Library にはルールはありますか？　エ　世界には Little Free Library がいくつありますか？（○）　問題文を見ると，エの内容(Little Free Library の数)にふれられていないことがわかる。

(問題文訳)「DO YOU KYOTO？」という質問を聞いたことがありますか？ 京都の人がものを無駄にしない方法を，いくつかの本から学びました。それらの2つのプロジェクトについてお話します。／1つ目は体操着のリサイクル・プロジェクトです。体操着が古くなると，人々はそれらの使用をやめます。それで，京都の何人かの学生は，それらを集めて新しい体操着にリサイクルし始めました。／2つ目は Moppen と呼ばれるウェブサイトです。この言葉は，その地域に住む人々が「もう一度」と言うために使用されます。人々は，ウェブサイトで修理店や再利用店を，簡単に見つけることができます。これらの店を利用することで，それらの所有者やそれらを必要とする新しい所有者によって，ものが再び利用されるようになります。／このように，京都の多くの人は，古いものを使うことに価値があると考えています。彼らの行動はごみゼロの生活へと導きます。自然に良いことなのです。今，みなさんは質問が何を意味するのか理解していますね？ それは「みなさんは①環境のために良いことをしますか？」という意味です。質問へ「はい」と答えるために，長野の私たちの学校で制服のリサイクル・プロジェクトを始めたいと思います。

(2)　ア　1　私が読んだ本　2　古い靴をたくさん集める方法　3　私の学校のプロジェクト　イ　1　興味深い質問　2「DO YOU KYOTO？」の2つの例　3　京都の新プロジェクト　ウ　1「DO YOU KYOTO」とは？　2　京都での2つのプロジェクトについて　3　私の願いとアイデア(○)　エ　1　私が京都の人々に聞いた質問　2　体操着を購入する最良の方法　3　私のごみゼロ生活のアイデア　問題文の最初の段落 Have you ever~では,「DO YOU KYOTO」とは？ という発表のテーマを述べている。問題文の第2段落 The first one~と第3段落 The second one~では,「DO YOU K YOTO」が何かを二つの例を挙げて説明している。また，最後の段落 In these ways~では,「ごみゼロ生活のために制服をリサイクルしたい」とあるので「ごみゼロ」という願いと「リサイクル」というアイデアが書かれている。したがって選択肢ウが適当。

(3)　ア　家に体操着を持っている　イ　環境のために良いことをする(○)　ウ　京都を訪れたい　エ　インターネットを使って花屋を探す　空欄の次の文 To say yes~「質問へ『はい』と答えるために，制服のリサイクルを始める」に続くような意味の語句を空欄に入れたい。選択肢ではイが適当。

(問題文訳)　つくもがみ(付喪神)を知ってますか？　私は小さい頃，その神様を見るのは怖かったのだろうと思いました。しかし，その神様と私の祖父から多くのことを学びました。／私の祖父はおもちゃの医者です。おもちゃの医者とは，壊れたおもちゃを修理するボランティアです。祖父が「修理できない」と言ったことは一度もないので，私は祖父を誇りに思っています。祖父は子供たちがおもちゃをもっと価値があると考えるように手伝っています。祖父は私に誕生日プレゼントとして自転車をくれて，その手入れをする方法を教えてくれました。今では自分で自転車を修理できるようになり，それは私にとってますます大切なものになっています。／私の祖父はよく「あなたがものの世話をしなければ，道具のおばけがやって来て，何か悪いことをするでしょう」と言います。日本の伝統的な話では，ものには長い時間が経つと魂が宿ると言われています。私たちはこれをつくもがみと呼びます。人々がものを無駄にすると，彼らは怒ります。子供たちに「無駄にしないで」と教えるために，つくもがみのことを話してきた人々がいます。この古い話は私にとって興味深いものであり，若い人たちに古いものを使い続けるように伝えたいと思います。／これを見てください。これらが②私のスピーチのポイントです。質問をしてスピーチを終えたいと思います。③あなたにとって重要なことは何ですか？　聞いてくれてありがとう。

(4)　選択肢アは，自転車の手入れをしている絵だと思われる。イはおもちゃを修理している絵で，ウは子供につくもがみの話しをしている絵だと思われる。問題文を確認すると，話の順は，おもちゃの医者の話→自転車の手入れの話→子供につくもがみの話をする，なので選択肢ではイ→ア→ウの順番が適当。

(5)　(問題文と正答訳)人があ(ものを無駄にする)と，つくもがみが見られるかもしれないと言われている。悠真が幼い頃にい(それらを見る)のが怖かったが，今はつくもがみと昔話に興味を持っている。空欄“あ”では，つくもがみが現れる理由が問われている。問題文の第3段落第4文 They will become~に「ものを無駄にするとつくもがみが怒る」とあるので,ものを無駄にすると現れると考えられ，空欄には waste things(ものを無駄にする)が適当。また，空欄“い”では，悠真が子供のころ恐れていたことが問われている。問題文最初の段落第2文 When I was~には，「小さい頃，つくもがみを見るのは怖かったのだろう」とあることから，空欄には see them が適当。ここの them はつくもがみを指している。

(6)　ア　つくもがみは壊れたおもちゃを修理することができる。　イ　私たちは何か新しいものを作るべきだ。　ウ　私たちは自分の周りのものを大切にする必要がある。(○)　エ　若い人々は年配の人々に何かを教えるべきだ。　オ　伝統的な考え方は今でも重要だ。(○)　スライドは要点(points)とあるので，これを述べる選択肢を選ぶ。問題文を通して「ものを無駄にしない」がテーマと考えられるので選択肢ウが適当。また，問題文第3段落最後の文 This old story~では「古い話を若い人々に伝えたい」とあるので選択肢オが適当。選択肢オの thinking は動名詞で「考えること」。

(7)　(解答例)My pencil case is very important to me because it was a present from my friends for my birthday. I want to use it for a long time.(筆箱は友達からの誕生日プレゼントだったので，とても大切です。私は筆箱を長く使いたいです。)
(問題文訳)　あなたの考え方を教えてくれてありがとう。 私は普段は④(長く使えるもの)を買おうとしています。それらの多くは少し高価ですが，私は自然に良いことをします。⑤(春斗と悠真)のスピーチのポイントは，古いものに価値があると考えることなので，私たちの考え方は似ています。

(8)　ア　長く使える(④)　イ　私たちは修理する必要がある　ウ　私の祖父によって修理される　エ　新しくて安い　オ　美緒と春斗の　カ　春斗と悠真の(⑤)　キ　美緒と悠真の
問題本文悠真の発表第3段落最後の文 This old story~では,「古いものを長く使い続ける」とあることから④にはアが適当。また，春斗の発表は「ごみゼロを目指す」内容であり，悠真の発表は「古いものを使い続ける」内容であることからカが適当。選択肢ウの are repaired by は受け身で「修理される」。

2022年度英語　リスニングテスト

〔放送台本〕

それでは,【問1】リスニングテストを行います。問題は, (1), (2), (3), (4)があります。どの問題も，英語を聞いて，質問の答えとして最も適切なものを，アからエの中から1つずつ選び，記号を書きなさい。英語は，(1)では1度，(2)，(3)，(4)では2度読みます。メモをとってもかまいません。まず，(1)から始めます。(1)は，No. 1からNo. 3のそれぞれの絵を見て答える問題です。No. 3は2人の会話の後，“Question”と言ってから，内容についての質問をします。英語は1度読みます。それでは，始めます。

No. 1 Look at No. 1. People use this to keep food and something to drink cool. Which picture shows this?

No. 2 Look at No. 2. People go to this place to take a train. Which picture shows this?

No. 3 Look at No. 3. A(f): I hear that the lion in this zoo is popular. What do you want to see today?
B(m): I want to watch the penguins before lunch. We can't watch them in the afternoon.
A(f): OK. We'll watch them first.
B(m): Then, we'll go to see the lion. After that, let's eat lunch.
Question(f): Which picture shows what they are going to do first and second at the zoo?

これで(1)は終わります。

〔英文の訳〕

No. 1 1番を見てください。人々はこれを使って食べ物や飲み物を冷たく保ちます。これを示す絵はどれですか？
ア 洗濯機　イ フライパン　ウ 掃除機　エ 冷蔵庫(○)

No. 2 2番を見てください。人々は電車に乗るためにこの場所に行きます。これを示す絵はどれですか？
ア 乗車券　イ 駅(○)　ウ タクシー　エ 地図

No. 3 3番を見てください。A(女性)：この動物園のライオンは人気があるそうだね。今日は何を見たい？／B(男性)：昼食前にペンギンを見たい。私たちは午後には見ることができないよ。／A(女性)：わかった。最初にそれらを見よう。／B(男性)：それから，ライオンを見に行こう。その後，昼食にしようか。
質問(女性)：動物園で1番目と2番目に何をするのかを示す絵はどれですか？
ア ペンギンを見る→ライオンを見る(○)　イ 昼食→ライオンを見る
ウ 昼食→ペンギンを見る　エ ライオンを見る→ペンギンを見る

〔放送台本〕

次の(2)では，No. 1とNo. 2で2人が会話をしています。No. 3ではアナウンスが流れます。それぞれの会話とアナウンスの後，“Question”と言ってから，内容についての質問をします。英語は2度読みます。それでは，始めます。

No. 1 A(f): Hi, Ken. What are you doing?
B(m): I'm looking for Ms. Smith.
A(f): I saw her in the gym a few minutes ago.
Question(m): What will the boy say next?

No. 2 A(f): Thank you for making dinner, Mr. Tanaka.

B(m) : You're welcome. What did you like the best?
A(f) : Everything was good, but the *tonkatsu* was the best.
B(m) : I'm happy to hear that. Would you like some green tea?
Question(f): What will the girl say next?

No. 3 Thank you for visiting our department store today. We are having a special event this week on the third and sixth floor. On the third floor, some sports shoes were 4,000 yen last week, but they are 2,000 yen now. Also, you can buy winter goods under 1,500 yen on the sixth floor. Please visit these floors.
Question(m): What did you hear about?

これで(2)は終わります。

〔英文の訳〕

No. 1 A(女性)：こんにちは，ケン。何してるの？／B(男性)：スミスさんを探しています。／A(女性)：数分前に体育館で彼女に会った。
質問(男性)：男の子は次に何と言いますか？
答え：ア　わかりました。あなたはそれを行うことができます。　イ　わかりました。そこに行きます。(○)　ウ　はい。それは私の教室にあります。エ　図書館に行きましょう。

No. 2 A(女性)：タナカさん，夕食を作ってくれてありがとう。／B(男性)：どういたしまして。何が一番好きでしたか？／A(女性)：すべて良かったのですが，とんかつが最高でした。／B(男性)：それを聞いてうれしいです。緑茶はいかがですか？
質問(女性)：女の子は次に何と言いますか？
答え：ア　私たちは前にそこに行きました。　イ　私はアメリカの出身です。　ウ　いいえ，プレイできません。　エ　はい，お願いします。(○)

No. 3 本日はデパートにご来店いただきありがとうございます。今週は3階と6階で特別イベントを開催しています。3階のスポーツシューズは先週4,000円だったものがいくつかありましたが，現在は2,000円です。また，6階では1,500円以下の冬物を購入できます。これらのフロアをご覧ください。
質問(男性)：何について聞こえましたか？
答え：ア　スポーツ・イベントについて。　イ　店の営業時間について。　ウ　安いものについて。(○)　エ　冬の旅行情報について。

〔放送台本〕

次の(3)では，日常生活について調査をしたタカシが，グラフを示しながらクラスで調査結果を発表しています。内容に関するNo. 1とNo. 2の質問と答えの選択肢を，今から15秒間で確認しなさい。英語は2度読みます。それでは，始めます。

In Japan, if we need a plastic bag when we go shopping, we have to pay for it. My grandmother taught me how to make a shopping bag. I use it almost every time when I go shopping. I wanted to know how many of you in our class bring your own shopping bags when you go to a store. So, I asked you. There are thirty-four students in our class. Half of us use our own shopping bags every time. But seven of us have never used one before. The other students use them sometimes. From this information, more of us should use our own shopping bags.

これで(3)は終わります。

〔英文の訳〕

日本では，買い物に行くときにビニール袋が必要な場合，お金を払わなければなりません。祖母は買い物袋の作り方を教えてくれました。買い物に行くときは，ほとんどいつも使っています。私たちのクラスの何人が，店に行くときに自分自身の買い物袋を持っていくのか知りたいと思いました。それで，私はみなさんに尋ねました。私たちのクラスには34人の生徒がいます。私たちの半分は毎回自分自身の買い物袋を使用しています。しかし，私たちのうち7人はこれまで自分の買い物袋を使用したことがありません。他の生徒は時々買い物袋を使用します。この情報から，私たちのより多くは，自分自身の買い物袋を使うべきです。

No. 1　タカシのスピーチで示されたのはどれですか？

　答え　エが適当

No. 2　タカシのクラスメートへのメッセージは何ですか？

　答え　ア　彼は来週の日曜日にクラスメートと一緒に買い物を楽しみたいと思っている。

　イ　彼は祖母がクラスメートに袋の作り方を教えてくれることを望んでいる。

　ウ　彼は，より多くのクラスメートが自分自身の買い物袋を使用することを望んでいる。(○)

　エ　彼は，日本の店でビニール袋の代金を払わなければならないと言いたい。

〔放送台本〕

次の(4)では，リサが外国でツアー旅行に参加しています。旅行の途中で，ツアーガイドが予定の変更を説明し，リサはその変更点をメモしながら聞いています。内容に関する質問と答えの選択肢を，今から15秒間で確認しなさい。英語は2度読みます。それでは，始めます。

It's raining today. We have to change the plan. First, we wanted to ride horses in the animal park, but we can't today. So, please come to the hotel entrance at 10：00 a.m., and we'll visit a museum. Second, for lunch, our plan was to eat fried fish by the river. Instead, we'll go to the best pizza restaurant in town, called Green Forest. Finally, please return to the hotel before 5：30 p.m. because there will be a special music show this evening. I hope you have fun today.

〔英文の訳〕

今日は雨です。計画を変更する必要があります。まず，動物公園で馬に乗りたかったのですが，今日はできません。だから，午前10時にホテルの入り口に来てください，そして博物館に行きます。次に，昼食は川沿いで魚のフライを食べる予定でした。代わりに，グリーン・フォレストと呼ばれる町で最高のピザ・レストランに行きます。最後に，午後5時30分までにホテルに戻ってください，今夜は特別な音楽ショーがあるからです。今日は楽しんでいただければ幸いです。

リサが書いたのはどれですか？

答え　ア－動物公園を訪れる(午前10時にホテルの入り口)－魚料理(グリーン・フォレスト)－音楽ショー(午後)
イ－博物館を訪れる(午前10時にホテルの入り口)－ピザ・レストラン－午後5時30分までに戻る(音楽ショー)(〇)
ウ－博物館を訪れる(午前10時にホテルの入り口)－昼食の前に釣りへ行く(川沿い)－音楽ホールへ行く(午後5時30分までに)
エ－馬に乗る(午前10時に)－ピザ・レストラン(川の近く)－森へ行く(昼食後)

＜理科解答＞

【問1】　Ⅰ　(1)　エ　(2)　i　イ　ii　ツリガネムシ　(3)　(例)微生物のはたらきによりデンプンが分解され，ヨウ素液と反応しなかったから　(4)　あ　(例)空気によりデンプンが分解されないこと　い　(例)水にうすいデンプン溶液を加え，空気を送り込み続け，ヨウ素液を加えて色の変化を調べる　(5)　う　イ　え　カ
Ⅱ　(1)　0.1　(2)　74　(3)　植物名　スイレン　理由　(例)葉の表側の蒸散量1.1mLが，裏側の蒸散量0.1mLに比べて多いから

【問2】　Ⅰ　(1)　蒸留[分留]　(2)　12.1　(3)　(例)沸騰が始まった　(4)　50[48～51]　(5)　エ　(6)　(例)発生した蒸気を冷却し，液体にする役割　Ⅱ　(1)　あい　Na_2CO_3，H_2O　(2)　0.495　(3)　i　方法　イ　理由　(例)アンモニアは空気より軽く，二酸化炭素は空気より重いから　ii　ア，オ

【問3】　Ⅰ　(1)　震度　(2)　X　1　Y　2　(3)　ウ　(4)　i　6
ii　あ　イ　い　エ　う　カ　え　17　Ⅱ　(1)　お　C　か　D
き　(例)大きく　(2)　(例)公転面に対して地軸を傾けて公転しているため，季節によって太陽の南中高度が異なるから　(3)　26

【問4】　Ⅰ　(1)　0.2　(2)　i　(例)船にはたらく浮力は，船にはたらく重力と，おもりが船を押す力の合力に等しい[(船にはたらく浮力)＝(船にはたらく重力)＋(おもりが船を押す力)]　ii　2.7　(3)　150　(4)　i　あ　150　い　250　ii　150
Ⅱ　(1)　磁界の向き　ア　検流計の針　－　(2)　ア，ウ　(3)　160[2時間40(分)]

＜理科解説＞

【問1】　(生物分野総合)

Ⅰ　(1)　菌類はカビのなかまで，多くは体が菌糸でできている。これに該当するのはシイタケである。インフルエンザウイルスは生物ではないので，菌類にも細菌類にも分類されない。
(2)　i　倍率を高くすると，対物レンズの長さが長くなるので，プレパラートと対物レンズの間の距離は短くなる。また，よりせまい範囲を拡大して見るので，視野はせまくなる。　ii　ツリガネムシは動物のなかまで，運動をする微生物である。　(3)　**ヨウ素液**は，デンプンがなくなると反応しなくなる。　(4)　AとBでは空気を送り込んだかどうかという点が異なる。よって，デンプンがなくなった理由には，「空気を送り込むことで微生物が活発に活動するようになったこと」と，「空気がデンプンを分解した」ことの2つが考えられる。空気が分解したのではなく，微生物が分解したことを確かめるためには，微生物がいるうわずみ液と微生物がいない水を使っ

て，空気を送り込み続けて実験を行う。 (5)　微生物は，有機物を酸素を使って分解し，二酸化炭素と水に変えるはたらきを行っている。このはたらきを呼吸(**細胞の呼吸**)という。

Ⅱ　(1)　葉の裏側だけにワセリンをぬった装置をA，葉の表側と裏側にワセリンをぬった装置をB，ワセリンをぬらなかった装置をCとすると，これらの装置では，次の表の部分から蒸散が行われている。

	葉の表側	葉の裏側	葉以外の部分
A：葉の裏側だけにワセリンをぬった場合	○		○
B：葉の表側と裏側にワセリンをぬった場合			○
C：ワセリンをぬらなかった場合	○	○	○

また，吸水量は蒸散量と等しい。表から，葉の表側からの蒸散量は，A－Bで求められることがわかるので，1.5－1.4＝0.1〔mL〕となる。

(2)　葉の裏側だけにワセリンをぬった装置をA，葉の表側と裏側にワセリンをぬった装置をB，ワセリンをぬらなかった装置をCとし，蒸散が行われている部分をまとめた上の表をもとにすると，葉の裏側の蒸散量＝C－Aで求められることから，アジサイの場合は4.2－1.1＝3.1〔mL〕これは，全体の蒸散量4.2mLに対し，3.1÷4.2×100＝73.8…→74〔%〕

(3)　蒸散量が，「葉の裏側＜葉の表側」になっている植物を選ぶ。葉の裏側だけにワセリンをぬった装置をA，葉の表側と裏側にワセリンをぬった装置をB，ワセリンをぬらなかった装置をCとすると，葉の表側からの蒸散量は，A－B，葉の裏側からの蒸散量はC－Aで求めることができるので，それぞれの植物における葉の表側，裏側からの蒸散量は，次の表のようになる。

	ツバキ	アジサイ	ユリ	スイレン
葉の表側からの蒸散量(A－B)〔mL〕	0.1	0.9	0.4	1.1
葉の裏側からの蒸散量(C－A)〔mL〕	4.7	3.1	2.2	0.1

気孔の数が多くなるほど蒸散量も増える。

【問2】 (化学分野総合)

Ⅰ　(1)　物質による沸点のちがいを利用して，物質を分ける操作を蒸留という。

(2)　48.5〔g〕×0.25＝12.125→12.1〔g〕

(3)　同じように熱しているにもかかわらず，温度上昇がゆるやかになったのは，混合物の中の**エタノールが沸騰を始めた**からである。

(4)　密度は，12.7〔g〕÷13.6〔cm^3〕＝0.93…〔g/cm^3〕　図4で，密度0.93g/cm^3のときの質量パーセント濃度を読み取ると，約50%となることがわかる。

(5)　エタノールの濃度が濃くなっているのは，アとエである。このうちアは，加熱後のエタノールの分子の数が加熱前の混合物にふくまれるエタノールの分子の数よりも多くなっているので正しくない。

(6)　加熱した液体からは蒸気(気体)が発生する。この蒸気はX部分に当たると冷やされ，すがたが液体に変化する。

Ⅱ　(1)　化学反応式では，→の左右で，原子の種類と数が同じになるようにする。炭酸水素ナトリウムを加熱すると，炭酸ナトリウムと水と二酸化炭素に分解される。

(2)　66cm^3の二酸化炭素が発生したときに分解された重そうの質量をxgとすると，2.1：280＝x：66　x＝0.495〔g〕　よって，0.495gの重そうが分解されたとわかる。

(3)　ⅰ　アンモニアと二酸化炭素では，空気に対する重さが異なっており，アンモニアは空気よりも軽く，二酸化炭素は空気よりも重い。また，アンモニアは水によくとけるため，上方置換法を使って集める。　ii　アンモニアは無色で刺激臭のある気体である。また，水によくとけ，水溶液はアルカリ性を示す。青色リトマス紙では，アルカリ性かどうかを確かめることはできない。

【問3】 (地学分野総合)

Ⅰ　(1)　地震による地面のゆれの程度は，震度で表される。

(2)　Xは垂直方向のゆれを記録する。Yは水平方向のゆれを記録する。よって，Yを2台用いると，南北方向と東西方向のゆれを記録することができる。

(3)　震源は，100kmより浅い，太平洋側の地点に多く見られる。

(4)　i　初期微動継続時間は，P波が到達した時刻とS波が到達した時刻の差であることから，$\frac{72\text{〔km〕}}{4\text{〔km/s〕}}-\frac{72\text{〔km〕}}{6\text{〔km/s〕}}=6$〔s〕 よって，6秒。　ii　日本列島付近には，北アメリカプレート，ユーラシアプレート，太平洋プレート，フィリピン海プレートの4つが集まっている。日本付近では，その地形から，海溝型地震が比較的多く見られる。海溝型地震では，プレートとプレートの境界に震源があることが多いため，沖合の海溝付近まで地震計を設置することで，詳細なデータを得やすくなる。地震による被害はS波によるものが多いため，S波の到達をどれだけ速く伝えることができるかが，被害を抑えるためのカギともなる。地震発生後，AにS波が到達するのは，4〔km〕÷4〔km/s〕＝1〔s〕より，1秒後。Bでは，72〔km〕÷4〔km/s〕＝18〔s〕より，18秒後。その差は17秒となる。

Ⅱ　(1)　太陽光を受ける面を，太陽光と垂直にすると，その面が受ける太陽光の量が最大になる。

(2)　太陽の南中高度は，夏至が最も高く，冬至が最も低くなる。これは，地球が地軸を公転面に対して23.4°傾けたまま公転しているために起こる。

(3)　春分の日の那覇市における南中高度は，**90°－緯度**より，90°－26°＝64°　よって，地面に対し垂直な方向から90°－64°＝26°傾いているので，水平な地面に置いた太陽電池も南側に26°傾ければよい。

【問4】 (物理分野総合)

Ⅰ　(1)　質量20gであることから，20〔g〕÷100＝0.2〔N〕

(2)　i　Bでは力がつり合っていることから，**おもりが船を押す力と船にはたらく重力の合力(下向きの力)と，船にはたらく浮力(上向きの力)がつり合っている。**　ii　おもりが船を押す力(2.5N)＋船にはたらく重力(0.2N)＝船にはたらく浮力(2.7N)となる。

(3)　Bで船にはたらく浮力は，0.2〔N〕＋2.5〔N〕＝2.7〔N〕となる。このとき，水面から船底までの距離が2.7cmである。浮力は，物体の水中部分の体積の大きさに比例することから，水面から船底までの距離が1.7cmのとき，船底にはたらく浮力xNを求めると，2.7〔N〕：2.7〔cm〕＝x〔N〕：1.7〔cm〕　x＝1.7〔N〕　1.7Nの浮力がはたらいているとき，船にはたらく力はつり合っていることから，おもりの重さをyNとすると，1.7〔N〕＝0.2〔N〕＋y〔N〕　y＝1.5〔N〕　よって，150gとわかる。

(4)　i　おもりを1個増やすごとに増加する船の水面下の体積は，10〔cm〕×10〔cm〕×1.5〔cm〕＝150〔cm^3〕である。また，おもり1個の体積は，5〔cm〕×5〔cm〕×4〔cm〕＝100〔cm^3〕　よって，つるしたおもりを1個増やすごとに水中の体積は，船の水面下の体積の増加分＋増やしたおもりの体積＝150〔cm^3〕＋100〔cm^3〕＝250〔cm^3〕ずつ増える。　ii　表2から，(つるしたおもり全体の質量〔g〕＋船の質量〔g〕)の値は，(つるしたおもり全体の体積〔cm^3〕＋水面下にある船の体積〔cm^3〕)の値に等しくなる。よって，船Xを用いて水面から船底までの距離が4.2cmとなった場合，水面下にある船の体積を$z$cm^{3}とすると，次の式が成り立つ。250〔g〕×4＋30〔g〕＝100〔cm^3〕×4＋z〔cm^3〕 z＝630〔cm^3〕 よって，船Xの船底の面積は，630〔cm^3〕÷4.2〔cm〕＝150〔cm^2〕

Ⅱ (1) 電流の流れる向きにコイルを右手でにぎると，親指が上方向を向く。よって，図5でコイルの中心を通る磁界は上から下へ向かっている。③では，図5のときと電流の向きが逆になっているので，送電側コイルの磁界の向きは図5と逆になり，受電側コイルに生じる誘導電流の向きも逆になる。よって，検流計の針が動く向きも逆になる。

(2) 交流は，周期的に電流の向きが変化するため，その都度送電側コイルにできる磁界の向きも変化する。よって，受電側コイルに生じる誘導電流も向きが変化し続ける。

(3) 電力〔Wh〕＝電力〔W〕×時間〔h〕より，20〔Wh〕÷7.5〔W〕＝$\frac{8}{3}$〔h〕 $\frac{8}{3}$〔h〕×60＝160〔分〕

＜社会解答＞

【問1】 (1) イ (2) エ (3) 選択肢W ウ 選択肢X キ (4) ア，エ (5) (例)織田信長は，座による営業の独占を認めずに，自由な商工業の発展を図ろうとした (6) 参勤交代[参覲交代] (7) (例)馬に比べて，船のほうが一人あたりの運送量が多く，効率が良いから (8) オ (9) え カ お ウ か イ (10) イ→ア→エ→ウ→オ

【問2】 Ⅰ (1) 利根川 (2) イ (3) ① (例)高速道路を使うことで輸送時間を短縮することができるから ② (例)レタスは25℃以上での生育には適さないため，沼田市は冷涼な気候を生かし，坂東市で収穫のない時期に収穫している (4) ウ，オ (5) あ ウ い ア う カ (6) ① イ ② (例)工場のあった場所に，高層の共同住宅が建った (7) え エ お ア か イ Ⅱ (1) ヒンドゥー(教徒)[ヒンズー] (2) デカン(高原) (3) ① く ウ け エ こ イ ② 経済特区 ③ (例)インドはアメリカと比べて，1時間あたりの賃金が安く，すべての年代で人口が多い ④ (例)およそ半日の時差

【問3】 Ⅰ (1) イ，エ (2) ウ (3) ① 先進国の主張 (例)京都議定書締結後に二酸化炭素排出量が増えている発展途上国も，排出量削減を行うべきである。 発展途上国の主張 (例)一人あたりの二酸化炭素排出量が多い先進国が，さらに排出量削減を行うべきである。 ② (例)京都議定書では先進国のみに排出削減目標を義務付けたが，パリ協定では各国が削減目標を自ら決定できるようになった点 (4) (例)任期が短く解散もあるため，国民の意思をより忠実に反映すると考えられているから (5) エ (6) あ ア い キ う (例)不足 Ⅱ (1) 再生可能(エネルギー) (2) ① (例)二酸化炭素排出量が多い自家用乗用車の利用から，比較的少ないバスや鉄道の利用への切り替えがすすむこと ② (例)選んだ資料 9 理由 地元産食材を使うことで，海外や国内の他地域からの食材に関わる輸送を減らすことができる 課題 食料自給率が低い都道府県は，高い都道府県に比べて人口が多く，耕地面積がせまい 選んだ資料 10 理由 蛍光管型LEDは，従来型蛍光管に比べて，明るさを落とさずに消費電力を抑えることができる 課題 蛍光管型LEDは，

従来型蛍光管に比べて，1本あたりの価格や照明器具一式の交換費用が高い

＜社会解説＞

【問1】（歴史的分野－道路や交通を切り口にした問題）

(1)　3世紀末に書かれた中国の歴史書である。この時期は，日本では弥生時代にあたることから判断すれば良い。アは飛鳥時代，ウ・エは奈良時代のことである。

(2)　資料1から，平城京は奈良の都であることから，奈良時代の律令制度における，絹や特産物を都に運ぶ税であった調の説明に注目すれば良い。

(3)　選択肢Wは，御家人の義務として，京都・鎌倉を警護する大番役が定められていたことから判断すれば良い。選択肢Xは，1232年に第3代執権である北条泰時が定めたものである。

(4)　京都の町衆は，応仁の乱で荒廃した町を復活させるために，祇園祭を再開する力を持っていたことから，アは正しい。経済が発展したことで，物資の輸送が盛んになったことから，エは正しい。イは律令制度における駅馬であることから誤りである。ウは江戸時代後期に行われるようになった問屋制家内工業であることから誤りである。

(5)　資料2から，座の廃止が安土の城下に出された命令であることが分かるので，戦国大名は織田信長であることが分かる。資料3から，元々，座は荏胡麻の販売を独占し自由な売買が行えなかったことが分かる。これらを併せて説明すれば良い。

(6)　1635年に，江戸幕府3代将軍徳川家光が出した武家諸法度の内容である。

(7)　資料4から，船を使った輸送は一人あたりの運送量が，馬と比較すると川船で25倍，廻船で156.25倍になっていることが分かる。この点に注目して説明すれば良い。

(8)　元禄期に活躍したのは俳人の松尾芭蕉であること，天下の台所は大阪であること，これらを併せて判断すれば良い。

(9)　えは，産業革命期の燃料とあることから石炭であると判断できる。おは，産業革命期の機械とあることから蒸気機関であると判断できる。かは，資本家が利益の拡大を目指すとあることから資本主義であると判断できる。

(10)　アは平安時代，イは飛鳥時代，ウは明治時代，エは戦国時代，オは昭和時代であることから判断すれば良い。

【問2】（地理的分野－関東地方・インドを切り口にした問題）

Ⅰ　(1)　坂東太郎の別名を持つ，流域面積16840km²の川である。

(2)　日本列島には，冬は北西の季節風が吹いてくることから判断すれば良い。

(3)　①　資料1から，群馬県の沼田市から東京都の大田市場までは高速道路が整備されていることが読み取れる点に注目すれば良い。　②　資料2から，レタスは25℃以上では生育しないことが読み取れる。資料3から，沼田市と坂東市はレタスの収穫時期が異なっていることが分かる。これらを併せて説明すれば良い。

(4)　資料4から，茨城県が取扱数量1位となっているのは，3・4・10・11月であることが分かる。その内，取扱数量と平均価格が条件を満たしているのは3・10月であることから，ウは正しい。資料5から，取扱数量が5000tを下回る月はないことが読み取れるので，オは正しい。資料5から，12月から2月は取扱数量が少ないことが読み取れるので，アは誤りである。資料4から，8月の3位は北海道，9月の3位は茨城県であることが読み取れる。いずれも東北地方の県ではないことから，イは誤りである。資料5から，平均価格の最も高い1月の取扱数量は

5000t強，最も低い6月は7000t弱であることが分かるので，エは誤りである。

(5)　あは，民営事業所数が東京23区が最も多い点に注目すれば良い。いは，東京23区の昼間人口割合がそれ以外の地域の昼間人口割合より高い点に注目すれば良い。うは，住宅地平均価格が東京23区はそれ以外の地域より高い点に注目すれば良い。

(6)　①　**縮尺25000分の1**とあることから，**地図上の1cmの実際の距離は25000cm＝250m**であることが分かる。したがって，1.4×250＝350(m)となる。　②　佃2丁目には地形図1では**工場**(☼)があることが読み取れるが，資料7では高層マンションが建っていることが分かる。これらを併せて説明すれば良い。

(7)　えは，移動手段であることから判断すれば良い。おは，人が移動する目的から判断すれば良い。かは，過度な集中を是正する方法から判断すれば良い。

Ⅱ　(1)　宗祖がなく，社会的伝統や倫理体系を含む**インドの民族宗教**である。インドでは，人口の83%にあたるおよそ8億人が信仰している。

(2)　西ガーツ山脈から東ガーツ山脈にかけて広がる，インド半島の大部分を占める高原である。

(3)　①　雨温図から，ベンガルールの標高はニューデリーより高いことが分かる。略地図1から，ベンガルールの緯度はニューデリーより低いことが分かる。雨温図から，ベンガルールの平均気温の差は小さいことが分かる。これらを併せて判断すれば良い。　②　国内外からの投資の促進，インフラや生産能力の工場，雇用創出などを目指すために，2000年代に入ってから開発がすすめられた地域である。　③　資料10からインドの製造業の雇用者の賃金はアメリカに比べて低いことが分かる。資料11から．インドはどの年齢層においてもアメリカより人口が多いことが分かる。これらを併せて説明すれば良い。　④　ベンガルールとシリコンバレーの経度差は75＋120＝195(度)であり，これを時差に直すと，195÷15＝13(時間)，およそ半日の時差が生じていることが分かる。

【問3】(公民的分野－地球環境問題を切り口にした問題)

Ⅰ　(1)　**1945年10月に発足した国際連合**では，一国一票の投票で総会の決定が行われることから，イは正しい。国際連合には様々な専門機関があり，また，NGO(非政府組織)との協力も行われていることから，エは正しい。アは国際連盟の説明であることから誤りである。ウは**拒否権は安全保障理事会の常任理事国**である，**アメリカ・ロシア・イギリス・フランス・中国の五大国が持つ**ものであることから誤りである。

(2)　Conference of the Partiesのことである。アは**国連平和維持活動**，イは**世界貿易機関**，エは**アジア太平洋経済協力**のことである。

(3)　①　資料1～3から，先進国は，すべての国が削減すべきであると主張しているが，発展途上国は先進国がより多く削減すべきであると主張していることが読み取れるはずである。
②　資料3から，削減目標の設定方法の違いが読み取れるはずである。

(4)　**主権者である国民の意思をより強く反映**できるのは，**任期が4年と参議院より短く，任期途中での解散もある衆議院**であることに注目し，説明すれば良い。

(5)　2017年の経済成長率はプラスであるが，二酸化炭素排出量は2016年より低下していることから判断すれば良い。

(6)　あは，**税率が一定**とあることから，**間接税**であることが分かる。いは，**高齢化**に関わる費用であることから**社会保障費**であることが分かる。うは，**公債金は借金である**ことから判断すれば良い。

Ⅱ　(1)　二酸化炭素を排出しないエネルギーとあることから判断すれば良い。

(2) ① 資料7から，バス・電車の利用を促進しようとしていることが分かる。資料8から，一人あたりの二酸化炭素排出量が，バス・電車は自家用乗用車よりも少ないことが分かる。これらを併せて説明すれば良い。 ② 資料9から，地元食材の利用は輸入よりも輸送距離が短くなるので二酸化炭素排出量を減らすことができることが分かる。一方で，人口が多い都市部は耕地面積がせまいので取り組みが進みにくいことも分かる。これらを条件に合わせて，それぞれ説明すれば良い。資料10から，LEDは従来型蛍光管より消費電力が少ないことが分かる。一方で，LEDは一本当たりの価格が高いことも分かる。これらを条件に合わせて，それぞれ説明すれば良い。

＜国語解答＞

【問一】 (1) ① きゅう ② ふへんてき ③ きせい ④ いだ ⑤ けず ⑥ へいばん (2) d (3) イ (4) A 共通の性質 B グループ C 枠組み (5) (例)言葉が具体的な経験とのあいだにある隔たりを乗りこえる (6) エ (7) (例)まきストーブのあたたかさにある微妙な感覚は，いくらことばを重ねても表現し尽くすことはできない。一方，「まきストーブ」ということばは，そのじんわりとしたあたたかさを直接相手のなかに喚起することができる。

【問二】 (1) ア (2) (例)うかがいたい (3) イ (4) (例)人と動物が共生しながら，生きていることの楽しさを感じられる (5) エ

【問三】 ① 誤 当 正 討 ② 誤 収 正 集 ③ 誤 断 正 裁

【問四】 (1) ① いて ② こうは (2) イ・エ (3) 御所近かりける人の家 (4) エ (5) i A (例)見て来い ii B (例)自分が出て行くのによい頃合いを知らせに来い iii C 心殊に出で

【問五】 (1) ① 注 ② 察知 (2) イ・エ (3) ウ (4) ウ (5) i A 困っている話 B 伝えなければ ii C 体の脇で (6) (例)今度こそ嘘も飾りもなく聞く人に届けたいと決意し，董さんにその思いを伝えたところ，励ましを受けたことで自分の責任と使命をさらに強く感じ，

＜国語解説＞

【問一】 (論説文一大意・要旨，段落・文章構成，脱文・脱語補充，漢字の読み，作文，品詞・用法)

(1) ① ものごとに行き詰まる。どうしていいかわからなくて困る。 ② どんなものごとにも例外なく共通している。 ③ ものごとがすでに動かしがたい事実となっていること。 ④ ある考えや気持ちを持つ。 ⑤ 全体の或る部分を取りのぞく。 ⑥ 変化に乏しくておもしろみがない。

(2) a 「その」は「一断面」を修飾している。活用しない連体修飾語だから連体詞。 b 「大きな」は「大きだ」と語尾を「～だ」にできないから活用する形容動詞ではない。「隔たり」を修飾している。活用しない連体修飾語だから連体詞。 c 「いわゆる」は「言霊思想」を修飾している。活用しない連体修飾語だから連体詞。 d 「むしろ」は「(ひとくくりに)する」を修飾している。活用しない連用修飾語だから副詞。

(3) ①段落で示した「言葉で表そうとして，うまくいかないという経験」について，自分の気持

ちやお茶の例をあげて，わかりやすく説明しているのが②段落である。

(4)　傍線部①は⑤段落から始まる内容を総括した文である。言葉が個々のものを何によって分けているかというと⑤段落に「その共通する特徴によってひとまとめにする」とあるが，これでは字数が合わない。⑩段落に「言葉にはまず，先に述べたような，ものをグループ分けする働き」「共通の性質ですべてのものをひとくくりにする」と，同様のことが述べられているので，ここからA「共通の性質」，B「グループ」を抜き出せる。Cは，⑦段落にあるように言葉が「既成の枠組み，言わば鋳型のなかに押し込んでいくという役割」を持つので⑧段落「枠組みのなかに入らないもの」が出てくるという文脈により「枠組み」を抜き出す。

(5)　傍線部②「鍵」とは，**問題・課題を解くための手がかり**だ。ここでは**どのような問題が提起されていたか**をおさえればよい。⑨段落に「言葉はこの具体的な経験とのあいだにある隔たりを乗りこえることができないのでしょうか。」という問題提起があるので，ここから**「鍵」とは，言葉が具体的な経験とのあいだにある隔たりを乗りこえるための手がかり**のことだとわかる。

(6)　「言の端」については①～④段落までに書かれており，「言葉は鋳型」であると言うことについては⑤～⑧までに書かれている。**鋳型とは枠組みのこと**で，枠組みに入らないものはとらえられず，枠組みに取り込まれたらその枠組みにあうように変形させられてしまうという問題点を示すところまでだ。そして**「言葉の可能性」というのは，言葉の喚起機能**(⑪段落)のことである。二つ目のまとまりで示された言葉の問題点を受けて，経験との間にある隔たりを乗りこえうる可能性について述べた部分を三つ目のまとまりとする。

(7)　筆者の論じる**「言葉の限界と可能性」とは，言葉では意味の微妙な部分を表現し尽くせないが，その言葉がもつ豊かなイメージを相手の中に喚起することができる**というものである。これを，何らかの具体例を挙げて説明すればよい。「赤ちゃんの独特のにおい」や「冷たい冬の風」など，自分自身もイメージしうる身近な例が適切だろう。

【問二】 (会話・議論・発表―内容吟味，文脈把握，脱文・脱語補充，敬語・その他)

(1)　傍線①は佐藤さんの「当日は……しつけ方について学んだりしてもらう」という内容の要約だ。

(2)　「聞く」は**自分自身の動作なので，謙譲語**にする。「伺う」や「お聞きする」を用いよう。

(3)　傍線③は佐藤さんの「どうしてそのことを知りたいと思ったのかな」という問いの答えとなっている。**獣医の姿が忘れられない，獣医の仕事を学びたいのだという思い**を伝えるための発言だ。アは佐藤さんに質問の意図が伝わらなかったとする点，ウは飼い犬の紹介だとする点，エは同じ内容の繰り返しだとする点が，それぞれ不適切。

(4)　[A]には**ティアハイム長野の目標**とする内容が入る。ホームページで検索した結果「人と動物が共生する潤い豊かな社会」とわかったが，**「潤い」の意味が不明瞭だったので調べ直している。その結果を参考にまとめる**と「人と動物が共生しながら，生きていることの楽しさを感じられる心豊かな社会」ということになろう。こうした内容を指定字数でまとめればよい。

(5)　[B]の内容は，黒木の「つまり，佐藤さんがティアハイム長野の目標をどのように受けとめているのか」という発言の内容と同義だ。「どのように受けとめているのか」とは，**ティアハイム長野の目標が佐藤さんにとってどのような意味をもつのか，または，佐藤さんの信念とどのような関係性があるのか**ということだ。これをふまえて選択肢を選ぶ。アは目標が同じとする点，イは佐藤さん以外の人の考えを聞こうとする点，ウは目標が佐藤さんを基盤に作られたとする点が不適切。

【問三】（漢字の書き取り，熟語）

① 「検討」は，いろいろな面から十分に調べて，研究すること。
② 「集約」は，たくさんのものを集めて整理し，まとめること。
③ 「たつ」には同音異義語が多い。「絶つ」は，つながりをなくす。「断つ」は，切り離す。「裁つ」は，布や紙をある型に合うように切る。

【問四】（古文―内容吟味，文脈把握，脱文・脱語補充，仮名遣い）

【現代語訳】 源行遠は，特に念入りに装いをこらして「人に前もって見られたら，きっと見慣れてしまうだろう」と思い，御所に近い人の家に入って従者を呼び「おい，御所の周辺の様子を見て来い」と言って，見に行かせた。いつまでたっても帰ってくる気配がないので，「どうしてこんなに遅いのか」と，「辰の刻に招集の指示があるはずだ，いくら遅れたにせよ，正午から午後二時には行列がやってくるはずなのに」と思いながら待っていると，門の方で声がして，「ああ，実に見事だったなあ，なんとも見事だったなあ」と言っているのだが，ただ御所に参上する者たちについて言うのだろうと思っていると，「玄蕃殿の国司姿こそ，見事なものであったなあ」と言う。「藤左衛門殿は錦を着ておられた。源兵衛殿は刺繍を縫いつけ，金の紋様をつけていて」などとも語った。

おかしいと思って，「おい」と呼ぶと，この「見て来い」と遣わした男が，微笑みながら出てきて，「まったくこれほどまでの見物はございません。京都の賀茂神社の祭も物でもありません。白河法皇のご観覧席の方へ渡って行かれる様子は，目もくらむほどの見ものでした」と言う。「それで，どんな様子だ」と尋ねると「もうとっくに終わりました」と言う。「なんということだ，どうして知らせに来ないのか」と言うと，「これはおかしなことをおっしゃいますね。『行って見て来い』とおっしゃったので，まばたきもせず，しっかりと見ておりましたのです」と言った。まったく話にもならないような次第であった。

まもなく白河法皇が「行遠は行列に参らず，まことにもって不届きである。必ず謹慎させよ。」と仰せられて，二十日あまりが過ぎた頃に，この次第を法皇がお聞きになって，お笑いになり，謹慎は許されたという。

(1) ① 「ゐ・ゑ・を」は「い・え・お」となる。 ② 語中・語尾の「は・ひ・ふ・へ・ほ」は，現代仮名遣いで「ワ・イ・ウ・エ・オ」になる。

(2) 傍線部①の主語は行遠。それぞれの主語については，アとウが門の方の声，イとエが行遠である。

(3) 行遠がいる場所は，「御所近かりける人の家」である。

(4) 「ゆかしかりつるものかな」や「玄蕃殿の国司姿……」「藤左衛門殿は錦を……」という声の内容が，**まるで行列を見た感想**だったので，おかしいと思ったのだ。

(5) **行遠は，行列が来る様子を見て来い**と言ったが，**従者は参って行列そのものを見て来い**と受け取ったので，Aには「見て来」という**解釈を取り違える原因の言葉**の現代語訳の「見て来い」が補充される。行遠が従者に伝えたかったのは，**行列の様子をうかがって，自分が出て行くのにちょうど良いタイミング（頃合い）を知らせに来いということ**だ。これをふまえてBに指定字数で言葉を補えばよい。また，**行遠は自分の着飾った出で立ちを人に見られないようにしておきたいということで頭がいっぱい**だった。このことは「心殊に出で立ちて，『人にかねて見えなば，めなれぬべし』」とあるのでわかる。従って，Cにはここを抜き出す。

【問五】（小説―情景・心情，内容吟味，文脈把握，脱文・脱語補充，漢字の書き取り，語句の意味，表現技法・その他）

(1) ① 一つのことに気持ちを集中する。 ② 相手の動きなどを感じとること。

(2) 「学生さんが。」や「～くれる子とか……。」と主語が文末に来る倒置法が見られる。また，「～とか。」や「～学生さんが。」の反復も見られる。

(3) 「足しげく」とは，**間をおかずに，何度も何度も，**ということだ。

(4) 傍線②の前にあるように，「菫さんに嘘をつかせたのは僕たちではないか。」ということに気づいたのが理由だ。

(5) i [A]には，僕たちが菫さんに期待していたものが入る。僕たちは期待する答えを求めて「困っている話をするように仕向けて」いたのだから，[A]には「困っている話」が入る。[B]に入る「僕が強く思ったこと」は，本文中に「伝えなければ，と強く思った」という記述から抜き出せる。 ii [C]に入る行動描写，すなわち「僕」の動作も，伝えたいという思いが表れたものだ。本文の「──伝えたいって，こういうことか。菫さんに一通りの説明を終え，僕は体の脇で堅く拳を握った」という描写が，**伝えたい思いが行動に表れたもの**だ。ここから抜き出す。

(6) 「僕」は**伝える者として聞く人に「今度こそ，嘘も飾りもなく伝えたい」という決意**で菫さんに取材をし，その決意をもって思いを伝えたことで，**菫さんから頑張ってという励まし**を受けた。その励ましの言葉で**伝える者の責任と使命を今まで以上に強く感じた**ので「頑張ります」と応じたのである。この流れにそって，指定字数でまとめよう。

長野県公立高等学校

2021年度

★★★★★★★★★★★★★★★★★★★★★★★★

入　試　問　題

●くわしい解説…… 51ページ

2021年　長野県公立高校入試　出題範囲縮小内容

令和２年５月13日付け２文科初第241号「中学校等の臨時休業の実施等を踏まえた令和３年度高等学校入学者選抜等における配慮事項について（通知）」を踏まえ，出題範囲について以下通りの配慮があった。

○出題範囲から除外する学習内容

数学	・三平方の定理 ・標本調査
英語	以下に示す教科書の範囲における新出語句 ・【三省堂】P.104 ~ P.121 ・【光村図書】P.94 ~ P.116 ・【東京書籍】P.100 ~ P.111 ※ 2020年度に長野県内の公立中学校第３学年で使用している教科書
理科	○第１分野 ・エネルギーの移り変わり ・エネルギーの保存 ○第２分野 ・月の満ち欠け ・日食と月食 ・地球と私たちの未来のために
社会	○公民的分野 ・市場の働きと経済 ・世界平和と人類の福祉の増大 ・よりよい社会を目指して
国語	書写に関する事項

＜数学＞

時間　50分　　満点　100点

【注意】 分数で答えるときは，それ以上約分できない分数で答えなさい。
また，解答に$\sqrt{}$ を含む場合は，$\sqrt{}$ の中を最も小さい自然数にして答えなさい。

【問１】 各問いに答えなさい。

(1) $(-3)+(-1)$ を計算しなさい。

(2) $(15x+5)\div 5$ の計算結果はどれか，正しいものを次の**ア**～**エ**から１つ選び，記号を書きなさい。

ア $3x$　**イ** $4x$　**ウ** $3x+1$　**エ** $3x+5$

(3) $\sqrt{50}-\sqrt{8}$ を計算しなさい。

(4) 二次方程式 $x^2+4x=2$ を解きなさい。

(5) 無理数であるものを，次の**ア**～**オ**からすべて選び，記号を書きなさい。

ア 0.7　**イ** $-\frac{1}{3}$　**ウ** π　**エ** $\sqrt{10}$　**オ** $-\sqrt{49}$

(6) 図１の線分ABを１辺とする正三角形ABCをかき，辺BC上に，∠DAB＝30°となる点Dをとる。このとき，正三角形ABCと点Dを，定規とコンパスを使って作図しなさい。ただし，点C，Dを表す文字C，Dも書き，作図に用いた線は消さないこと。

図１

(7) 等式 $\frac{3a-5}{2}=b$ は，**ノート**のように，a について解くことができる。**ノート**には，等式の性質「等式の両辺に同じ数をたしても，等式が成り立つ」にもとづいて行われている式の変形がある。その式の変形を，次の**ア**～**ウ**から１つ選び，記号を書きなさい。

ア　式①から式②への変形
イ　式②から式③への変形
ウ　式③から式④への変形

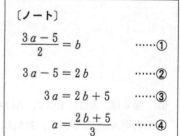

〔**ノート**〕

$\frac{3a-5}{2}=b$ ……①

$3a-5=2b$ ……②

$3a=2b+5$ ……③

$a=\frac{2b+5}{3}$ ……④

(8) あめを何人かの子どもに配る。１人に３個ずつ配ると22個余り，１人に４個ずつ配ると６個たりない。はじめにあったあめの個数を求めるとき，あめの個数を x 個として，次のような方程式をつくった。この方程式の左辺と右辺は，どのような数量を表しているか，その数量を言葉で書きなさい。

$$\frac{x-22}{3}=\frac{x+6}{4}$$

(9)　運動会のある競技で，春さん，桜さん，学さんの３人が走る。この３人の走る順番をくじ引きで決めるとき，2番目が春さんで３番目が桜さんになる確率を求めなさい。ただし，引いたくじはもとに戻さないこととし，どのくじを引くことも同様に確からしいものとする。

(10)　図２は，支点Ｏから５cmのところに200ｇの物体をつるしておき，おもりの重さと支点からの距離をいろいろ変えてつり合うようにした天びんである。そのときのおもりの重さをx g，支点からの距離をy cmとすると，次の関係が成り立つ。ただし，棒とひもの重さは考えないものとする。

図２

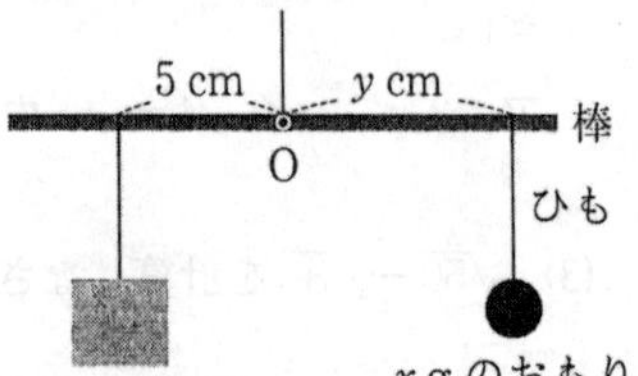

$$200\times 5=xy$$

このxとyの関係について正しいものを，次の**ア**～**エ**から１つ選び，記号を書きなさい。

ア　yはxに比例する。

イ　yはxに反比例する。

ウ　yはxに比例しないが，yはxの一次関数である。

エ　yはxの２乗に比例する。

(11)　図３において，点Ａ，Ｂ，Ｃは円Ｏの円周上の点である。このとき，$\angle x$の大きさを求めなさい。

図３

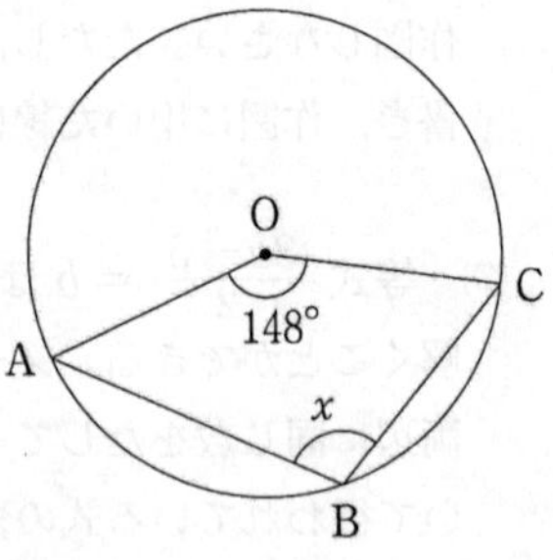

(12)　図４は，AD // BCで，AD＝４cm，BC＝８cm，BD＝12cmの台形ABCDである。対角線の交点をＥとしたとき，BEの長さを求めなさい。

図４

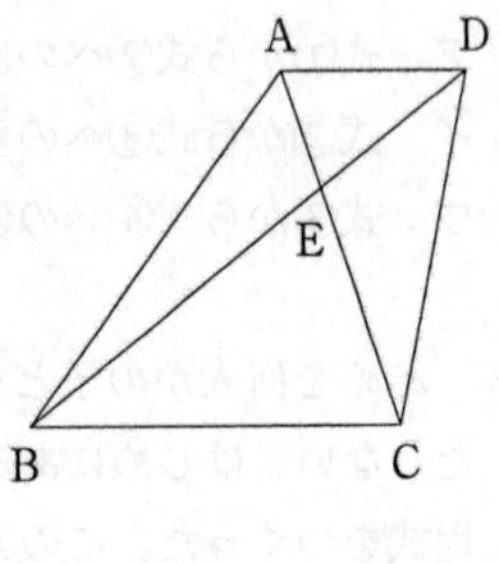

【問２】 各問いに答えなさい。

Ⅰ　春さんは，自宅に近いバス停Ａから，習い事をする施設に近いバス停Ｂまでバスを利用しようと考えている。春さんは，図１の西回りと東回りの２つのうち，どちらの経路を利用するか決めるために，2週間分の17時台のＡからＢまでの所要時間を調べた。表は，ＡからＢまでの２つの経路で，それぞれ84台の所要時間について，調べたことをまとめたものである。ただし，調べた所要時間はすべて整数値である。

図１

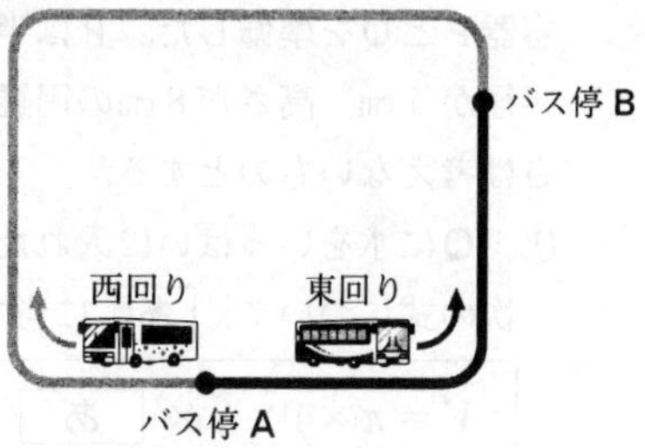

(1)　表からわかることについて，正しいものを次のア～ウから１つ選び，記号を書きなさい。

表

	平均値	中央値	最頻値	最大値	最小値
西回りの所要時間(分)	28.3	28.0	29	35	25
東回りの所要時間(分)	28.1	24.0	24	51	20

ア　西回りより東回りの所要時間の方が，散らばっている。

イ　西回り，東回りともに，所要時間で最も多く現れる値は，28分である。

ウ　西回り，東回りともに，半数以上のバスの所要時間が28分を上まわる。

(2)　図２は，東回りの所要時間とバスの台数を整理したヒストグラムである。春さんは，図２で，山が２つあることに気づき，「平日と休日では，所要時間に違いがあるのではないか」と考えた。図３は，平日と休日に分けて相対度数を求め，それぞれ度数分布多角形に表したものである。図３から東回りは，「平日の所要時間の方が，休日より短い傾向にある」と考えられる。そのように考えられる理由を，図３の平日と休日の２つの度数分布多角形の特徴を比較して説明しなさい。

図２　東回りの所要時間とバスの台数

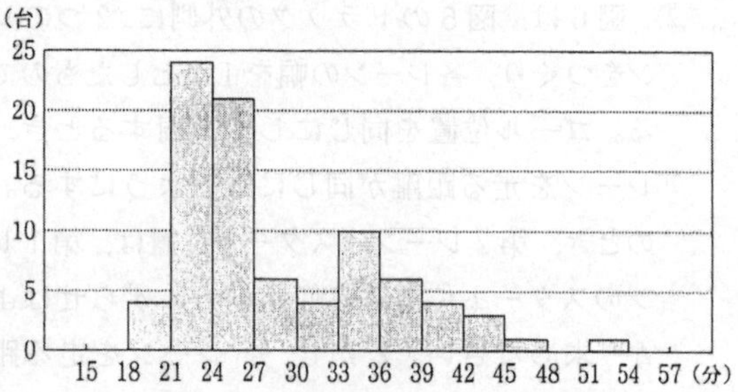

図３　東回りの平日と休日の所要時間と相対度数

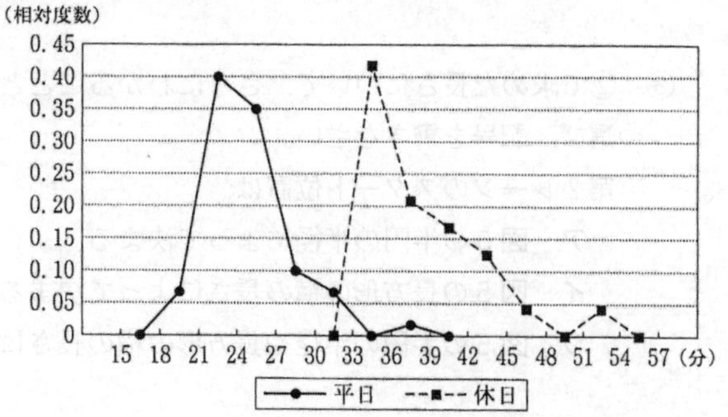

Ⅱ 春さんの学校では，生徒会企画の運動会の準備を進めている。

(1) 水を運ぶ競技で使うために，図4のような，水を入れる容器PとQを準備した。Pは半径4cmの半球，Qは底面の半径が4cm，高さが8cmの円錐である。ただし，容器の厚さは考えないものとする。

図4

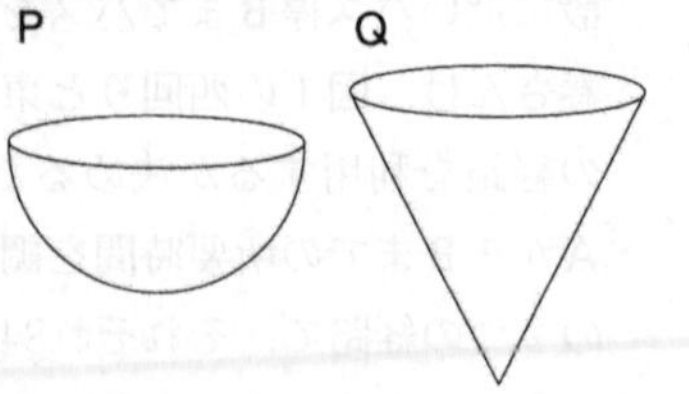

① Qに水をいっぱいに入れたときの水の体積Vを求める次の式について，[あ] に当てはまる数を書きなさい。

$$V=\pi\times4^2\times8\times\boxed{あ}$$

② PとQそれぞれに水をいっぱいに入れたときの水の体積を比較したとき，どのようなことがいえるか，最も適切なものを次のア～ウから1つ選び，記号を書きなさい。また，そのようにいえる理由を説明しなさい。

ア PとQの水の体積は等しい。
イ Pの水の体積の方が大きい。
ウ Pの水の体積の方が小さい。

(2) 長方形と2つの合同な半円を組み合わせた形で陸上競技用のトラックをつくる。

① 図5は，半円の半径を r m，長方形の横の長さを a mとするときのトラックを表したものである。トラックの周の長さを表す式を書きなさい。

図5

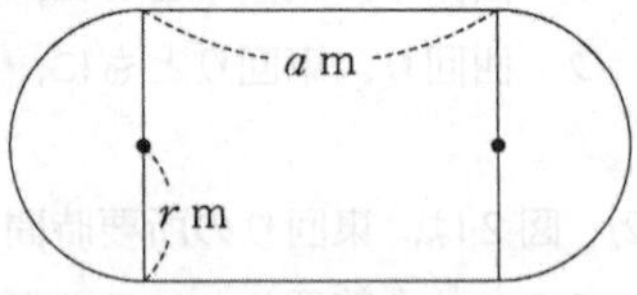

② 図6は，図5のトラックの外側に，2つのレーンをつくり，各レーンの幅を1mとしたものである。ゴール位置を同じにして1周するとき，各レーンを走る距離が同じになるようにする。このとき，第2レーンのスタート位置は，第1レーンのスタート位置より何m前方にずらせばよいか，求めなさい。ただし，各レーンを走る距離は，それぞれのレーンの内側の線の長さで考えるものとする。

図6

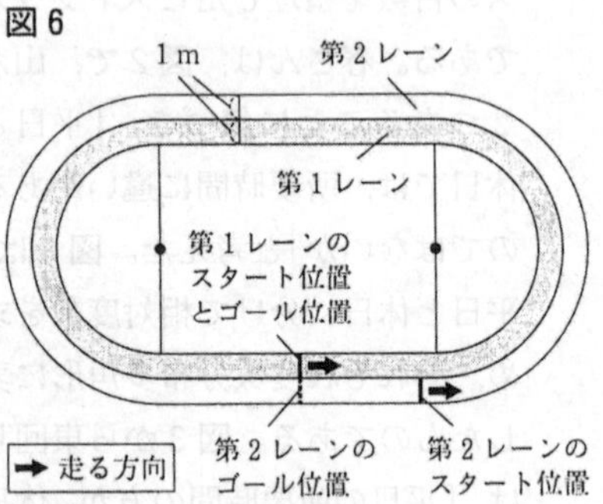

③ ②で求めた長さについて，さらにわかることとして最も適切なものを，次のア～ウから1つ選び，記号を書きなさい。

第2レーンのスタート位置は，

ア 図5の半円の半径によって決まる。
イ 図5の長方形の横の長さによって決まる。
ウ 図5の半円の半径や長方形の横の長さに関係なく決まる。

【問３】 各問いに答えなさい。

Ⅰ 守さんが学校から600m離れたバス停に向かって，16時ちょうどに学校を徒歩で出発した。その後，桜さんが学校で守さんの落とし物を拾い，16時５分に学校を自転車で出発し，同じ道を追いかけた。守さんは分速80m，桜さんは分速200mで進むものとして，守さんがバス停に着くまでに，桜さんは守さんに追いつけるかを考える。

図１は，16時x分における学校からの道のりをymとして，xとyの関係を守さんと桜さんについて，それぞれグラフに表したものである。ただし，$0 \leqq x < 60$とする。

図１

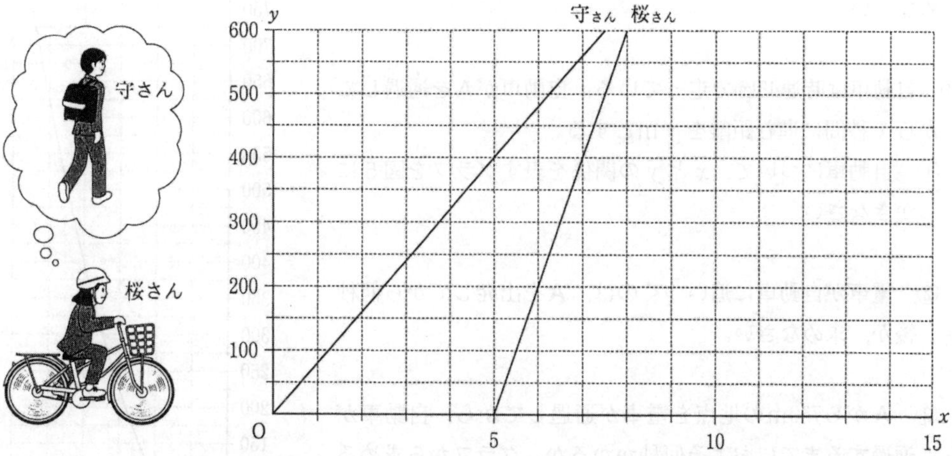

(1) 桜さんが学校を出発したとき，守さんは学校から何mの地点にいるか，求めなさい。

(2) 守さんがバス停に着くまでに，桜さんは守さんに追いつけないことが図１からわかる。その理由を，**２直線の交点**の語句を使って，説明しなさい。

(3) 守さんが学校で落とし物をしたことに気づき，16時５分に，同じ道を分速100mで引き返したとき，桜さんは守さんに出会うことができる。このとき，桜さんが守さんに出会う時刻は16時何分何秒か，求めなさい。

Ⅱ まっすぐな線路と，その横に，線路に平行な道路がある。電車が駅に止まっていると，自動車が電車の後方から，電車の進行方向と同じ方向に走ってきた。図２のように，止まっている電車の先端を地点Ａとすると，電車がＡを出発したのと同時に，自動車もＡを通過し，図３のように，電車は自動車に追いこされた。しばらくして，図４のように，電車は地点Ｂで自動車に追いついた。ただし，自動車は一定の速さで走っているものとする。

図２

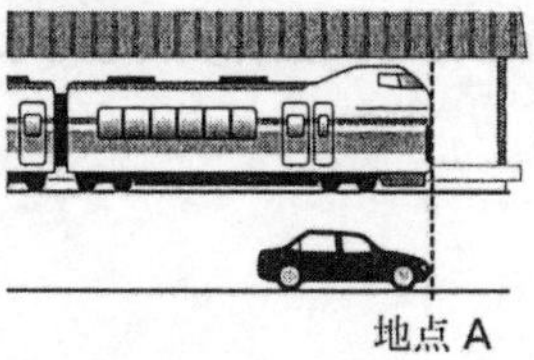

図３

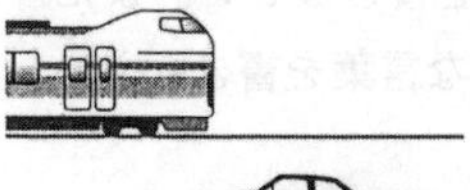

図４

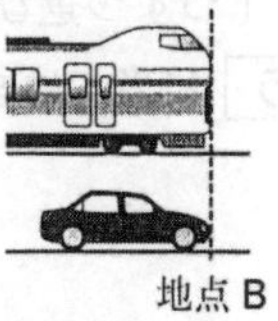

電車が自動車に追いつくのは，出発してから何秒後かを考える。電車がAを出発してからx秒間に進む距離をy mとすると，$0 \leqq x \leqq 60$では，yはxの2乗に比例すると考えることができる。図5は，電車について，xとyの関係をグラフに表したものである。グラフは点（20，100）を通っている。

(1) yをxの式で表しなさい。ただし，変域は書かなくてよい。

(2) 出発して10秒後から20秒後までの電車の平均の速さを求めなさい。

(3) 自動車は時速45kmで走っている。自動車がAを通過してからx秒間に進む距離をy mとする。

① 自動車について，xとyの関係を表すグラフを図5にかきなさい。

② 電車が自動車に追いつくのは，Aを出発してから何秒後か，求めなさい。

③ Aから750mの地点を電車が通過してから，自動車が通過するまでにおよそ何秒かかるか，グラフから求めることができる。その方法を説明しなさい。ただし，実際に何秒かを求める必要はない。

図5

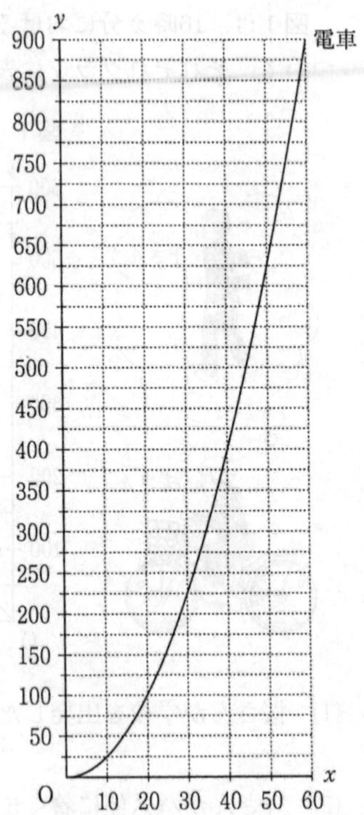

【問4】 各問いに答えなさい。

Ⅰ 図1は，平行四辺形ABCDにおいて，辺AD，BCの中点をそれぞれE，Fとし，点AとF，点CとEを結んだものである。

図1

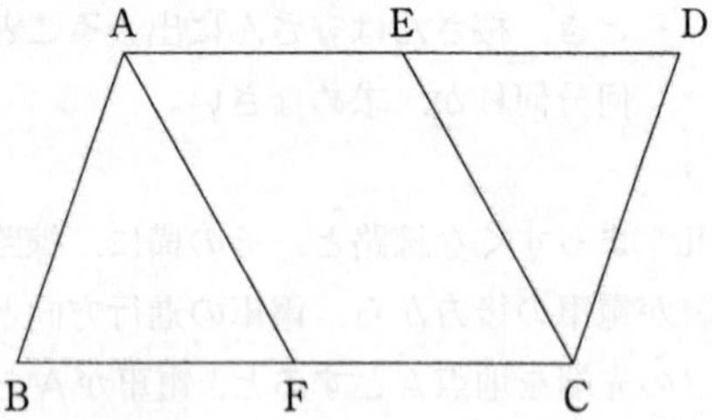

(1) 図1において，四角形AFCEが平行四辺形であることを次のページのように証明することができる。証明1の［あ］，［い］に当てはまるものとして最も適切なものを，あとのア～エから1つずつ選び，記号を書きなさい。また，「平行四辺形になるための条件」になるように，［う］に当てはまる適切な言葉を書きなさい。

〔証明１〕
[あ]，AD＝BCであり，点E，Fは，それぞれ，辺AD，BCの中点なので，
AE＝FC　……①
また，[い]，AD∥BC
よって，AE∥FC　……②
①，②から，[う] が等しくて平行なので，
四角形AFCEは平行四辺形である。

ア　平行四辺形の２組の向かい合う辺は，それぞれ平行なので
イ　平行四辺形の２組の向かい合う辺は，それぞれ等しいので
ウ　平行四辺形の２組の向かい合う角は，それぞれ等しいので
エ　平行四辺形の対角線は，それぞれの中点で交わるので

(2)　四角形AFCEが平行四辺形であることは，**証明１**において，AE∥FCの代わりにAF＝CEを示すことでも証明することができた。その証明の中で，AF＝CEを△ABF≡△CDEであることから示した。このとき，三角形の合同条件のどれを使ったか，適切な合同条件を書きなさい。

Ⅱ　**図２**は，**図１**において，辺CDを４等分した点のうち，点Dに近い方の点をPとし，線分APと線分ECの交点をQ，線分BPと線分AF，ECの交点をそれぞれR，Sとしたものである。

図２

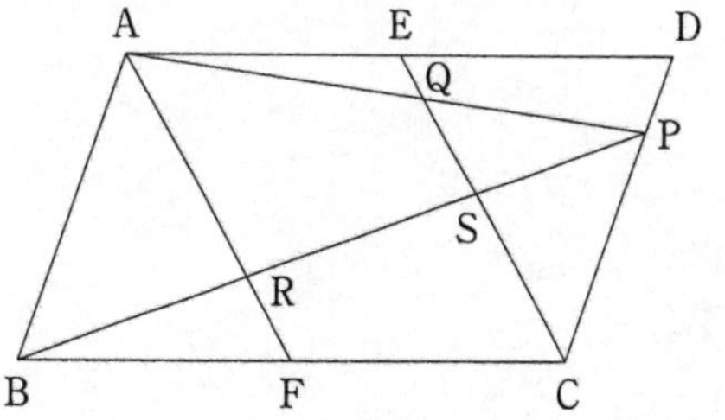

(1)　**図２**において，△ABR∽△CPSは，次のように証明することができる。[え] に**証明２**の続きを書き，**証明２**を完成させなさい。

〔証明２〕
△ABRと△CPSについて，
四角形ABCDは平行四辺形なので，
AB∥DCより，平行線の錯角は等しいから，
∠ABR＝∠CPS　……①
[え]

(2)　PSはSBの何倍になるか，求めなさい。

(3)　**図３**は，**図２**において，△RBFの面積を９cm²としたものである。このとき，四角形ARSQの面積を求めなさい。

図３

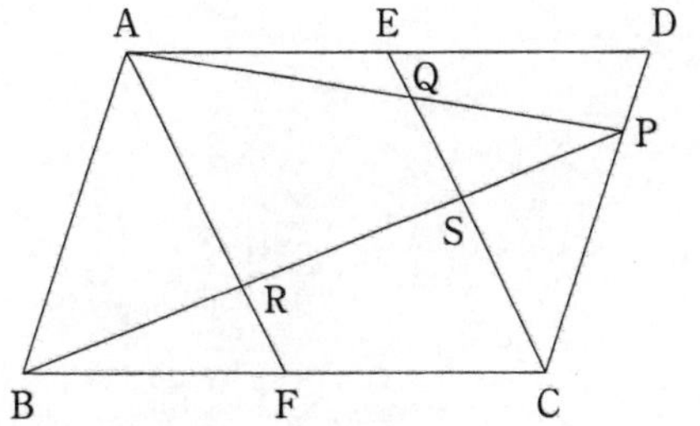

Ⅲ　図４は，図２において，点Ｅ，Ｆをそれぞれ，辺AD，BC上のAE＝CFとなる点に変え，線分ＡＣと線分ＢＥの交点をＴとしたものである。∠TCF＝34°，∠RFB＝70°，∠ETC＝68°のとき，∠ABTの大きさを求めなさい。

図４

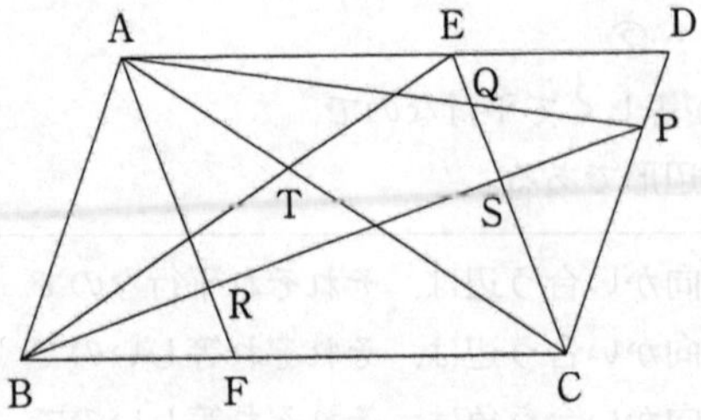

＜英語＞

時間　50分　　満点　100点

【問１】 リスニングテスト（英語は，⑴は１度，⑵，⑶，⑷は２度読みます。）

(1) No. 1

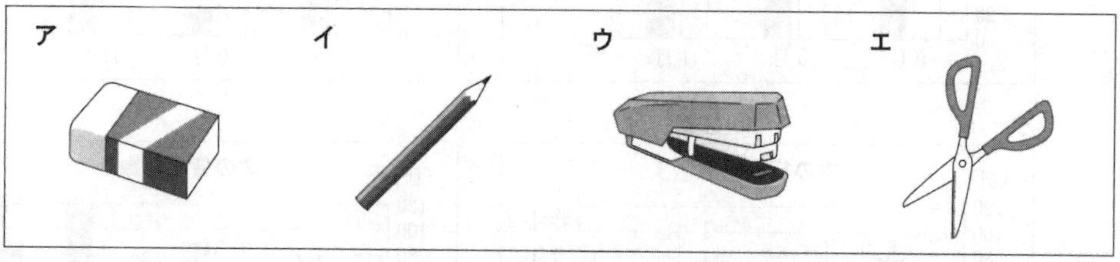

No. 2

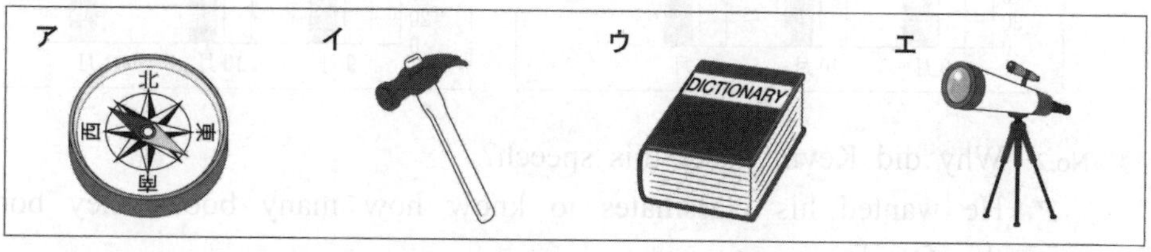

No. 3

(2) No.1　＜学校での会話＞

ア　I didn’t have a headache.

イ　I hope you’ll get well soon.

ウ　Sure.　I want to see him, too.

エ　OK.　You will.

No.2　＜バス乗り場での会話＞

ア　Three hundred yen.

イ　About twenty minutes.

ウ　At five o’clock.

エ　The bus No.7.

(3)　No.1　Which was used for Kevin's speech?

ア

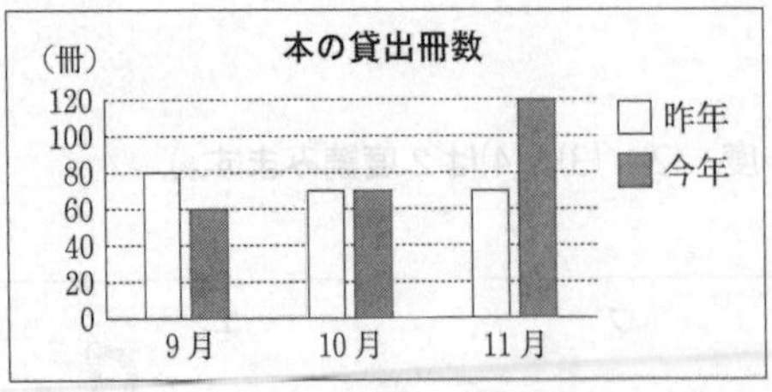

イ

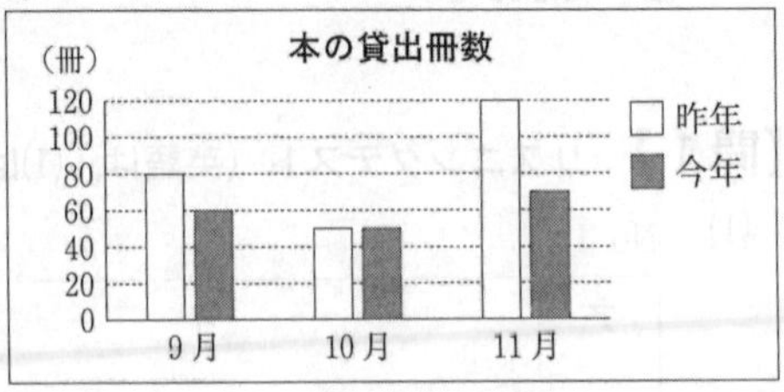

ウ

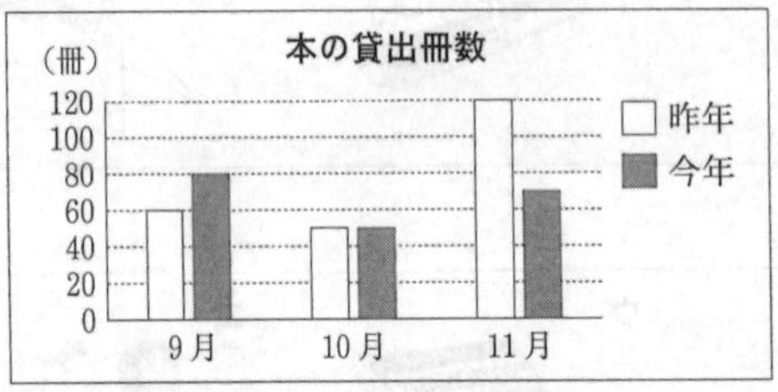

エ

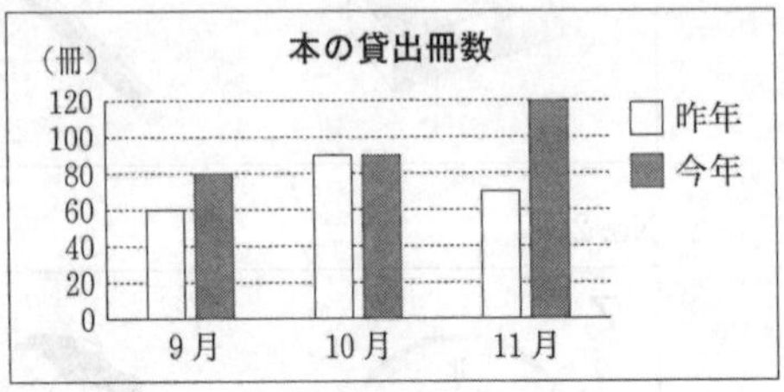

No.2　Why did Kevin make this speech?

ア　He wanted his classmates to know how many books they borrowed this October.

イ　He wanted his classmates to make cards to show their favorite books.

ウ　He wanted his classmates to come to the library and find wonderful books.

エ　He wanted his classmates to know his favorite books.

(4)　Which *memo has the information that Taro wanted to tell Terry?

ア

Message from Taro
— *party starts at 4 *p.m.*
— *Taro's house at 2 p.m.*
— *bring a card game*

イ

Message from Taro
— *party starts at 3 p.m.*
— *Taro's house at 2 p.m.*
— *bring some food*

ウ

Message from Taro
— *party starts at 4 p.m.*
— *Taro's house at 3 p.m.*
— *bring some juice*

エ

Message from Taro
— *party starts at 3 p.m.*
— *Taro's house at 2 p.m.*
— *bring a card game*

*(注)　memo メモ　*p.m.* 午後

【問２】

Ⅰ　各問いに答えなさい。

(1)（　）に当てはまる最も適切な英語を，(a)，(b)それぞれについて下のア～エから１つ選び，記号を書きなさい。

(a)　＜朝の教室での会話＞

Mark: Did you watch the evening news?　Our school festival was on TV.

Ken: I missed it.　I (　　　) a bath at that time.

ア　am taken　　イ　will take　　ウ　was taking　　エ　have taken

(b)　＜放課後の教室での会話＞

Mark: I want to join the *open day of Shinshu City High School in September.
(　　　) can I get there?

Emi: Why don't you take the city bus?

*(注)　open day　学校公開日

ア　When　　イ　Where　　ウ　Why　　エ　How

(2)　次の(a)，(b)の（　）内の語を，必要があれば適切な形に変えたり，不足している語を補ったりなどして，話の流れに合うように英文を完成させなさい。

(a)　＜コンサート会場での会話＞

Kate: I'm so excited to hear her songs.

Hana: She is wonderful!　I (be) to her concert three times.

Kate: Wow.　You really like her music.

(b)　＜留学生との交流会での会話＞

Judy: You speak English very well.　Do you study it every day?

Ken: Thank you, but I (have) time to study it now.　I studied it in Canada.　So, I still remember many words.

(3)　ある生徒が，夏休みの出来事をALTに伝えるために，**夏休みの記録**を書いている。**メモ**の①～③の情報を用いて，**夏休みの記録**の ① ～ ③ に当てはまる３語以上の正確な英語を書きなさい。

メモ

①	天気	cloudy
②	星を見ることができたか	できなかった
③	楽しんだこと	beautiful flowers

夏休みの記録

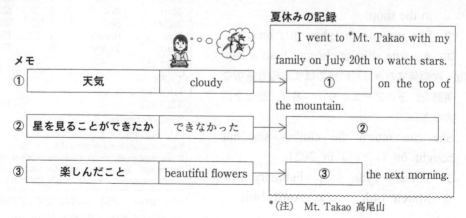

I went to *Mt. Takao with my family on July 20th to watch stars. [　①　] on the top of the mountain.
[　②　].
[　③　] the next morning.

*(注)　Mt. Takao　高尾山

Ⅱ 各問いに答えなさい。

(1) 次の英文の内容を最も適切に表している絵を，下のア～エから１つ選び，記号を書きなさい。

My brother likes drawing pictures. This is my favorite one. He drew a picture of me, my sister and our dog, Koro. The girl wearing a hat is me. My sister is standing and watching the horses. Koro usually likes sleeping on the ground, but in this picture, he is running around the trees.

ア

イ

ウ

エ

(2) 次のレシート（receipt）は，ある女性が買い物をした際に受け取ったものである。

(a) このレシートから読み取れることを正しく表している英文を，次のア～エからすべて選び，記号を書きなさい。

ア The shop closes earlier on Tuesday than on Friday.

イ You can know how long she stayed in the shop.

ウ She went to the shop in America.

エ A white shirt is cheaper than a bag.

(b) 次の英文の（ ）に当てはまる最も適切な英語を，下のア～エから１つ選び，記号を書きなさい。

She can return the clothes she has bought on ( ) in 2021.

ア January 14th　　イ February 14th

ウ March 14th　　エ April 14th

N&A Clothes Shop
1356 First Street, Sydney, Australia
Phone (377)807-065

Monday-Wednesday 9:00-17:30
Thursday-Friday 9:00-21:00
Saturday 9:00-17:00 Sunday 10:00-17:00

*Item	Color		
Shirt	White	2	$39.98
Shirt	Red	1	$25.00
Jacket	Blue	1	$59.99
Bag	Brown	1	$24.99
Skirt	Yellow	1	$39.98
*TOTAL			$189.94
*CASH			$200.00
(10% *tax included)			
*CHANGE			$10.06

Number of items : 6
February 15, 2021 16:51

You can return items or get a different *size or color. If you want to do this, please come to our shop with this receipt. You must come to the shop before one month has passed after you bought the items.

*（注） Item(s) 商品 TOTAL 合計 CASH 現金 tax included 税込 CHANGE おつり size サイズ

【問３】 各問いに答えなさい。

日奈（Hina）と広太（Kota）と留学生のジャック（Jack）は，英語の授業でツバメ（barn swallow）について発表することになった。広太が持参した，ツバメに関する記事（article）をジャックと日奈が読んでいる。

Did You See Barn Swallows This Year?

In 1972, a *study about barn swallows started in Ishikawa *Prefecture. Elementary school students do this study almost every year. They *count barn swallows and their *nests. In 1972, they saw 33,332 barn swallows in Ishikawa, but in 2010 only 12,848 were seen.

There are many reasons for this. Two of them are *changes in the *housing *environment and the natural environment. A long time ago, barn swallows built their nests *inside and *outside people's houses, but there are not enough places to build the nests now because the *structure of people's houses has changed. Another reason is the *decreasing number of *rice fields. Barn swallows sometimes get food from rice fields, but it is hard now because some *farmers *stop growing rice when they get older.

What can people do to see more barn swallows every year?

Hina: This article is about ①(　　　).

Jack: Right. Let's think about this problem for our speech.

*(注) study 調査　Prefecture 県　count 数える　nest(s) 巣　change(s) 変化
housing 住居の　environment 環境　inside ～ ～の内側に　outside ～ ～の外側に
structure 構造　decreasing ← decrease 減少する　rice field(s) 水田
farmer(s) 農家　stop ～ing ～するのをやめる

(1) 下線部①の（　）に当てはまる最も適切な英語を，次のア～エから１つ選び，記号を書きなさい。

ア the people who stopped doing the study about barn swallows
イ the farmers who saw many barn swallows each year
ウ the decreasing number of barn swallows
エ the way to get a lot of food from the rice fields

記事を読んだ後，３人が会話している。

Jack: Most of the barn swallows in Japan are from *south-east Asia. I don't know why they fly to Japan.

Kota: They come to Japan to get food in spring, but from this article, we learn that getting food is hard for them. My father often says he saw many rice fields in the old days. When he was a child, he helped his parents with the rice fields. My family doesn't have those rice fields now because we have stopped growing rice. Like my family, many farmers have stopped growing rice.

Hina: I see. From this article, we also learn that barn swallows don't have enough places to build their nests. My grandmother said she often saw barn swallow nests inside her house when she was young. She lived in a house with a *doma*. A *doma* is *space inside a house, but the floor is like the ground outside. She said, "The door of the *doma* was usually opened during the day, so barn swallows could fly into our house." She doesn't live in a house with a *doma* now. This weekend I'll meet her and ask about her old house with the *doma*.

Kota: Sounds good. I hope our speech will be interesting.

*(注) south-east Asia 東南アジア　space 空間

(2) 3人の会話の内容と合っている英文を，次のア～エからすべて選び，記号を書きなさい。

ア Jack didn't know where most of the barn swallows in Japan were from.

イ When Kota's father was a child, he helped his parents with the rice fields.

ウ Hina will ask her grandmother about the old house with the *doma*.

エ Hina's grandmother lives in an old house that has a *doma* now.

発表の数日前，ジャックと広太は日奈が担当している部分の原稿を読んでいる。なお，1～5は段落の番号を表している。

〔原稿〕

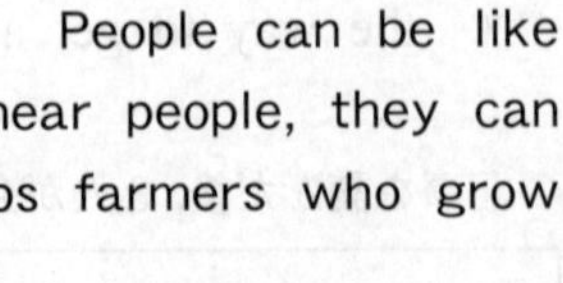

1 I'll tell you about the housing environment. My grandmother's parents were farmers. When she was a child, barn swallows built their nests inside and outside her family's house.

2 Barn swallows like to build their nests on houses that people live in. They usually feel *safe in those places because *enemies like *snakes and other birds don't go near people very often. People can be like *bodyguards for them. If they build their nests near people, they can also eat the *insects from the rice fields. It helps farmers who grow rice.

3 From around 1960, some people started to use *shutters and *aluminum window *frames for their houses. So, it became hard for barn swallows to fly into those houses. The living environment for people in my city is

still changing, and I think the living environment for barn swallows is also changing.

4 We walked around our city to look for barn swallow nests last week. We saw some barn swallows and their nests in some places. I think that the environment in our city is still good for them.

5 Finally, after we studied about barn swallows, we learned many things that we didn't know. We were happy to see some barn swallows in our city, but we also learned that the number of barn swallows is decreasing. ② What do you think of this problem?

*(注) safe 安全な　enemies ← enemy 敵　snake(s) ヘビ　bodyguard(s) ボディーガード
insect(s) 虫　shutter(s) シャッター　aluminum アルミの　frame(s) わく

(3) 原稿で，ツバメの巣作りが難しくなっている理由を述べている段落として最も適切なものを，原稿の1～5から１つ選び，番号を書きなさい。

(4) ジャックは原稿に次の文を加えることを提案した。原稿の中に入れるとしたら1～5のどの段落の後に入れるのが最も適切か，番号を１つ書きなさい。

Barn swallows also feel safe under eaves. Eaves are called *noki in Japanese. If a house has eaves, people can open the windows *even when it rains. Barn swallows like to build their nests under the eaves because they do not want the nests to become wet. Eaves are good for both people and barn swallows.

*(注) *noki* 軒＝屋根の端の，建物の外部に張り出た部分　even when ～ ～の時でさえ

(5) 原稿の内容に合うように，(a)，(b)それぞれの英語に続く最も適切な英語を，次のア～エから１つずつ選び，記号を書きなさい。

(a) In 2, Hina wants to say that people and barn swallows can

ア help each other.　イ feel safe near rice fields.
ウ build their nests on houses.　エ live outside the nests.

(b) In 3 and 4, Hina wants to say that

ア all the houses she saw last week had shutters and aluminum window frames.

イ the living environment in her city has changed, so she can't see any barn swallow nests.

ウ she could not see any barn swallow nests because all the houses have shutters now.

エ the living environment in her city is changing, but she could see barn swallows last week.

(6) 原稿の下線部②の質問に対するあなたの考えと，そのように考えた理由を答えなさい。語の順番や使い方に注意して，10語以上の正確な英語で書きなさい。ただし，英文の数は問わない。なお，コンマ，ピリオドなどの符号は語数に含めない。短縮形は１語と数えること。

【問４】 美穂 (Miho) は英語の授業で以下のようなスピーチをした。その原稿を読んで，各問いに答えなさい。なお，1～5は段落の番号を表している。

1 Last summer, I joined a *homestay program for a week in Australia. On the first night, my *host mother said to me, "You can take a *shower for about five minutes each night."
I was very surprised to hear that. I usually take a shower for more than ten minutes at home. "Why?" I asked her. She said, "Sometimes our city asks us to *save water because we don't have much rain. We must be careful about how much water we use every day." I started being careful about using water, so I [あ] much water after I heard this.

2 After coming back to Japan, I remembered ① her words when I was brushing my teeth one day. I wanted to know more about water problems in Japan and in other countries.
So, I borrowed some books from the library. I learned two important things. First, about thirty *percent of the people in the world can't get clean drinking water. I felt very sad to learn this. Second, many people are working hard to help those people.

3 Mr. Nakamura Tetsu, a Japanese doctor, was one of them. He found that some people in *Afghanistan died because there was a *shortage of clean drinking water. *As a result, he decided to make a *well and build a *waterway with the help of people there.
He continued to build waterways until he died. After that, more people in Afghanistan could use clean water and *improve their lives. Some people in Afghanistan think that water is more important than medicine *because of the work he did.

4 *On the other hand, in Japan, we can usually use water when we need it. For some people, water is so *plentiful that they may not be able to think of a place without it. Actually, I remember I [い] a lot of water in my daily life. If we *leave the water running for one minute when we brush our teeth, we will *waste about twelve *liters.
That is about twenty-four 500-ml *bottles of water! *What a waste!

5 Now I understand that water is not *unlimited. I should change how I use water in my daily life. For example, ②( ). Also, I always tell my brother to be careful about how he uses water. He follows my *advice.
Have you ever heard about *World Water Day?
I learned it on a TV program. It gave me a good chance to think about water *deeply.
We have to *think of the water problem as *our own problem. I want all

of you to think about what we can do to save water, *even if it is only a small thing. Thank you for listening.

*(注) homestay ホームステイ host 客をもてなす主人 shower シャワー save 節約する
percent パーセント Afghanistan アフガニスタン shortage 不足
as a result その結果 well 井戸 waterway 用水路 improve 改善する
because of ～ ～が原因で on the other hand その一方で plentiful 豊富な
leave ～ running ～を流したままにする waste 無駄にする liter(s) リットル
bottle(s) ボトル，瓶 What a waste! 何と無駄なことでしょう。 unlimited 無限の
advice 助言 World Water Day 世界水の日 deeply 深く
think of ～ as… ～を…と考える our own 私たち自身の even if ～ たとえ～でも

(1) [あ]，[い] に当てはまる英語の組み合わせとして最も適切なものを，次のア～エから1つ選び，記号を書きなさい。

ア [あ] used [い] didn't use　　イ [あ] didn't use [い] used
ウ [あ] used [い] used　　エ [あ] didn't use [い] didn't use

(2) 下線部①が表す内容として最も適切な英文を，次のア～エから1つ選び，記号を書きなさい。

ア Australia is very famous for clean water.
イ People living in Australia use a lot of water.
ウ People living in the town Miho visited don't have much water.
エ People living in the town Miho visited must find water.

(3) 下線部②の（ ）に当てはまる最も適切な英語を，次のア～エから1つ選び，記号を書きなさい。

ア when I wash the dishes, I should leave water running
イ when I brush my teeth, I should not use much water
ウ when I cook rice, I should try to wash them with a lot of water
エ when I take care of flowers, I should not use rain to give water

(4) スピーチの内容と合っている英文を，次のア～オから2つ選び，記号を書きなさい。

ア Miho's host mother didn't want Miho to take a shower for a long time.
イ Mr. Nakamura was a writer who helped people in Afghanistan.
ウ It is easier for people in Afghanistan to get water than people in Japan.
エ Miho's brother doesn't like the advice from his sister.
オ Miho asks each person to think about water problems.

(5) [1]～[5]に見出しをつけ，次の表にまとめた。表の[う]～[き]に当てはまる最も適切な英語を，次のア～オから1つずつ選び，記号を書きなさい。

表

段落	見出し
[1]	[う]
[2]	[え]
[3]	[お]
[4]	[か]
[5]	[き]

ア Two important things Miho learned from the books
イ The experience Miho had last summer
ウ The idea some Japanese people have about water
エ A Japanese person who worked to help people
オ The thing which she wants each of us to think about

(6) このスピーチを聞いた健太が次のように感想をまとめた。下線部③の（ ）に当てはまる最も適切な英語を，連続する３語で原稿から抜き出して書きなさい。ただし，最初の英語はアルファベット小文字のｃで始まるものとする。

I can use a lot of water every day in Japan, so I was very surprised to know that there are many people who need ③(c)( )( ) in the world.

(7) 原稿につけるタイトルとして最も適切なものを，次のア～エから１つ選び，記号を書きなさい。

ア Water − the Best Way to Get It
イ Water − Something Perfect to Drink for People
ウ Water − Using It a Lot in the Future
エ Water − Saving It by Thinking of How to Use It

＜理科＞

時間　50分　満点　100点

【注意】 漢字で書くように指示されている場合は，漢字で書きなさい。そうでない場合は，漢字の部分をひらがなで書いてもかまいません。

【問１】 各問いに答えなさい。

Ⅰ　太郎さんは，図１のように，ゼラチンのゼリーに生のパイナップルをのせてデザートをつくった。しばらくすると，ゼリーの形が崩れて液状になっていた。このことに興味をもち，パイナップルを使ったゼラチンのゼリーについて調べた。

図１

〔調べてわかったこと〕

○　ゼラチンは，タンパク質である。
○　生のパイナップルのしぼり汁には，タンパク質を分解するはたらきをもつ物質がふくまれている。
○　缶詰のパイナップルを使うと，ゼラチンのゼリーは液状にはならない。
○　缶詰のパイナップルは，生のパイナップルに砂糖と水を加え，加熱してつくられている。
○　水には，タンパク質を分解するはたらきがない。

(1)　**調べてわかったこと**の――線部について，消化液にふくまれる，食物を分解するはたらきをもつ物質を何というか，書きなさい。

(2)　ヒトの消化液で，タンパク質を分解するはたらきをもつ物質をふくむ消化液として適切なものを，次の**ア～エ**からすべて選び，記号を書きなさい。

ア　だ液　　**イ**　胃液　　**ウ**　すい液　　**エ**　胆汁

太郎さんは，**調べてわかったこと**から，缶詰のパイナップルを使うとゼリーが液状にならないのは，加熱することや砂糖を加えることにより，生のパイナップルにふくまれる，タンパク質を分解する物質のはたらきが失われるためだと考え，次のような実験を行った。

〔実験１〕

①　３つの同じ容器に，同量ずつゼラチンのゼリーをつくった。
②　常温の生のパイナップルのしぼり汁をＡ，生のパイナップルのしぼり汁を加熱し常温にもどしたものをＢ，生のパイナップルのしぼり汁に砂糖を加えて加熱し常温にもどしたものをＣとして，図２のように，①の３つの容器に同量ずつ入れた。
③　しばらく時間をおいてゼリーのようすを観察し，結果を**表**にまとめた。

図２

表

		ゼリーのようす
A	常温の生のパイナップルのしぼり汁	液状になった
B	生のパイナップルのしぼり汁を加熱し常温にもどしたもの	変化なし
C	生のパイナップルのしぼり汁に砂糖を加えて加熱し常温にもどしたもの	変化なし

(3) **実験1**の結果から，加熱することによりタンパク質を分解する物質のはたらきが失われることがわかったが，加熱することのみが影響していることを明らかにするためには，条件を変えてあと1つ実験を追加して行う必要がある。

i **実験1**に，どのような条件の実験を追加して行えばよいか，簡潔に書きなさい。

ii 追加した実験において，どのような結果が得られれば，加熱することのみが影響しているといえるか，簡潔に書きなさい。

(4) ゼラチンのゼリーが入った容器にパイナップルのしぼり汁を入れたとき，1つだけ形が崩れて液状になったものがあった。液状になったものを，次の**ア**～**エ**から1つ選び，記号を書きなさい。ただし，加熱したしぼり汁は，すべて常温にもどしたものを入れた。

ア 加熱した生のしぼり汁と缶詰のパイナップルのしぼり汁を同量ずつ混ぜたものを加熱して入れた。

イ 常温の生のしぼり汁と缶詰のパイナップルのしぼり汁を同量ずつ混ぜたものを加熱して入れた。

ウ 加熱した生のしぼり汁を入れた後に，缶詰のパイナップルのしぼり汁を同量入れた。

エ 常温の生のしぼり汁を入れた後に，加熱した缶詰のパイナップルのしぼり汁を同量入れた。

Ⅱ マツバボタンの遺伝子の組み合わせを特定するために，次のような調査と実験を行った。ただし，マツバボタンの花の色は，メンデルが実験を通して見いだした遺伝の規則性に従うものとする。

［調査］ **図3**のように，マツバボタンには，赤色の花を咲かせる個体と白色の花を咲かせる個体があり，花の色は，対になる1つの遺伝子の組み合わせで決まる。対になっている遺伝子Rは，**図4**のように，分かれて別々の生殖細胞に入る。

［実験2］

① **図5**のように，赤色の花**X**に赤色の花の純系**Y**を交配してできた子は，すべて赤色の花であった。

② **図5**の［点線の枠］のように，子の代の赤色の花の1つと，白色の花の純系を交配させた。その結果，孫の代では，赤色の花**Z**と白色の花が現れた。

図3

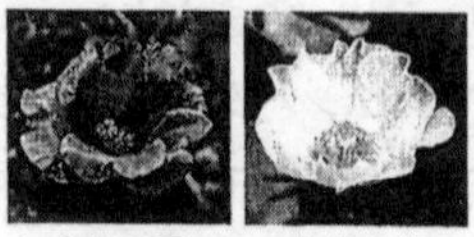

赤色の花　白色の花

図4

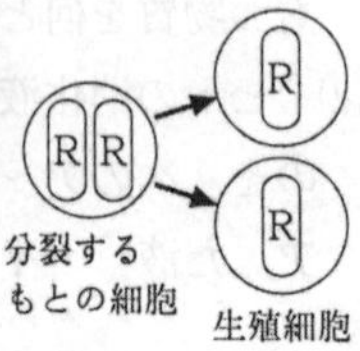

図5

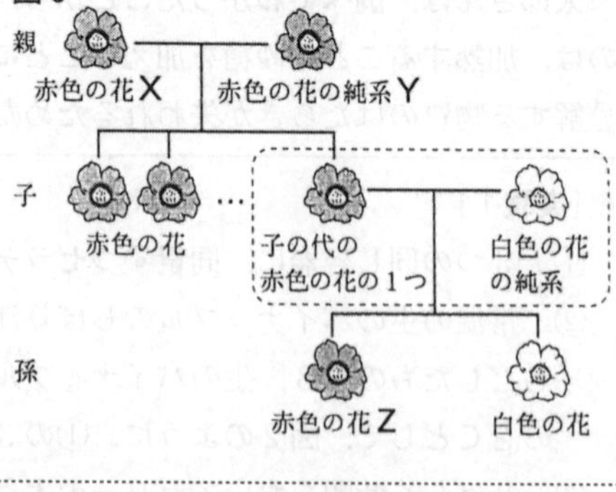

(1) **調査**の～～～線部について説明した次の文の [あ] ～ [う] に当てはまる語句の組み合わせとして最も適切なものを，次のページの**ア**～**エ**から1つ選び，記号を書きなさい。

すべての生物は，[あ] をもっている。[あ] は [い] の中に存在し，その本体は [う] という物質である。

ア　[あ] 遺伝子　[い] 染色体　[う] DNA　イ　[あ] 染色体　[い] 遺伝子　[う] DNA
ウ　[あ] 遺伝子　[い] DNA　[う] 染色体　エ　[あ] 染色体　[い] DNA　[う] 遺伝子

(2) マツバボタンの花の赤色と白色のように，たがいに対をなす形質を何というか，漢字4字で書きなさい。

(3) 図4のように，生殖細胞をつくる細胞分裂を何というか，書きなさい。

(4) 図5から，マツバボタンの遺伝子の組み合わせを考えた。

i　マツバボタンの花の色を決める遺伝子を，赤色はR，白色はrで表すとき，Xの遺伝子の組み合わせを書きなさい。

ii　Zがもっている遺伝子Rが，Yから受けつがれている割合は何%か，整数で書きなさい。

【問2】 各問いに答えなさい。

I　花子さんは，銅は塩酸にとけないが，酸化銅は塩酸にとけることを知り，次のような実験を行った。

〔実験1〕 表面全体が黒く酸化するまでガスバーナーで加熱した銅板を，うすい塩酸にひたしたところ，表面の黒い部分がはがれはじめ，やがてとけて見えなくなり，銅板の色はもとの色になった。表面全体が黒く酸化した銅板の質量は7.10gであったが，うすい塩酸にひたし，乾燥させた後の質量は7.06gになり，うすい塩酸はわずかに塩化銅水溶液のような色の溶液になっていた。

(1) 銅が完全に酸化して黒色の酸化銅になるときの化学反応式は，次のように表すことができる。

化学反応式　$2Cu + O_2 \rightarrow 2CuO$

この化学変化を，原子・分子のモデルで示したものとして最も適切なものを，次のア～エから1つ選び，記号を書きなさい。ただし，●は銅原子1個，○は酸素原子1個を示している。

ア　●●＋○　→ ●○●　　イ　●●＋○○ → ●○●
ウ　●●＋○○ → ●○●○　　エ　●●＋○　→ ●○●○

(2) 図1は，銅の粉末が加熱され黒色の酸化銅になったときの，銅の質量と酸化銅の質量との関係をグラフに表したものである。

i　図1をもとに，銅の質量と化合した酸素の質量との関係をグラフに表しなさい。

ii　実験1で，減少した質量が，とけた酸化銅の質量であるとすると，とけた酸化銅の質量のうち銅の質量は何gか，小数第3位まで書きなさい。

図1
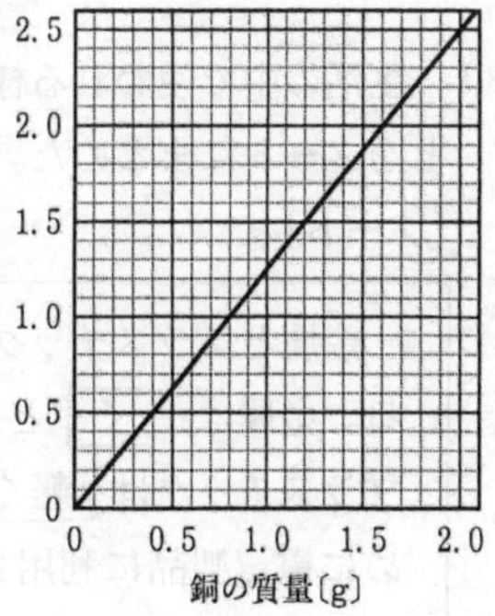

酸化銅がとけた後に残った溶液は塩化銅水溶液のような色になったことから，酸化銅にふくまれていた銅が溶液にとけ出しているかどうかを調べるために，次のような実験を行った。

［実験2］ 図2のように，実験1でできた溶液について，炭素棒を電極として電気分解した。その結果，陽極には a 刺激臭のある気体が発生し，陰極には水素が発生するとともに b 銅が付着した。

図2

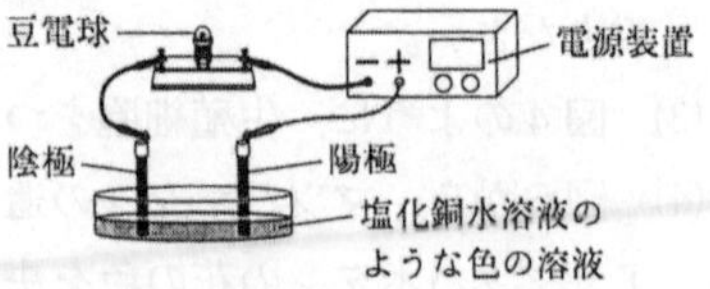

(3) 実験2の下線部aについて，陽極に発生した気体は，うすい塩酸の電気分解で陽極に発生する気体と同じものであった。この気体は何か，化学式を書きなさい。

(4) 実験2の下線部bについて，次の文の [あ] ～ [う] に当てはまる語句の組み合わせとして最も適切なものを，下のア～エから1つ選び，記号を書きなさい。

陰極に銅が付着したのは，溶液の中に [あ] の電気を帯びた銅 [い] が存在し，それらが陰極に引かれて，銅 [う] になったためと考えられる。

ア [あ] －　[い] 原子　[う] 分子　　イ [あ] ＋　[い] イオン　[う] 原子
ウ [あ] ＋　[い] イオン　[う] 分子　　エ [あ] －　[い] 原子　[う] イオン

塩酸のように，酸化銅をとかす溶液はほかにもあるか調べるために，次のような実験を行った。

［実験3］ 6種類の溶液に酸化銅がとけるかどうか調べ，表1にまとめた。

表1

水酸化ナトリウム水溶液	レモン汁	炭酸水素ナトリウム水溶液	食酢	純水	うすい硫酸
とけない	少しとける	とけない	少しとける	とけない	とける

(5) 表1をもとに，次の文の [え] に当てはまる最も適切な指示薬を下の語群から1つ選び，名称を書きなさい。また，[お] に当てはまる [え] の指示薬の色が変化した後に示す適切な色を書きなさい。

酸化銅をとかす溶液は，[え] の色を [お] 色に変える性質の溶液である。

語群〔ベネジクト液　フェノールフタレイン溶液　BTB溶液　ヨウ素液〕

Ⅱ 生活の中で使われる様々な製品の素材の性質を次のページの表2のように整理し，わかったことをノートにまとめた。

［ノート］

金属とプラスチックは，[か]，[き] という点で共通した性質をもつが，異なる性質もある。金属は，[く] という点や耐熱性から，鍋などの調理器具に多く利用されている。一方，プラスチックは c 軽く，持ち運びやすい。また，[け] という性質もあり，感電などを防ぐために電気製品に利用されている。しかし，プラスチックの性質から，その普及にともなう d 問題も生じている。

表２

製品の素材＼比較項目		1 平均的な密度〔g/cm³〕	2 耐熱性 60℃まで耐える	2 耐熱性 120℃まで耐える	2 耐熱性 260℃まで耐える	3 電気を通しにくい	4 燃えにくい	5 くさらない	6 さびない	7 成形や加工がしやすい
A	木	0.44	○	○	△	○	×	×	○	△
B	陶器	2.25	○	○	○	○	○	○	○	×
C	銅板	8.96	○	○	○	×	○	○	×	○
D	鉄板	7.87	○	○	○	×	○	○	×	○
E	アルミニウム板	2.70	○	○	○	×	○	○	×	○
F	ポリエチレンテレフタラート	1.39	○	○	×	○	×	○	○	○
G	ポリエチレン	0.95	○	×	×	○	×	○	○	○
H	ポリプロピレン	0.90	○	○	×	○	×	○	○	○
I	ポリ塩化ビニル	1.40	○	×	×	○	△	○	○	○
J	ポリスチレン	1.06	○	×	×	○	×	○	○	○

○：当てはまる，△：一部当てはまる，×：当てはまらない

(1)　ノートの か ～ け に当てはまる最も適切な比較項目を，表２の1～7から１つずつ選び，数字を書きなさい。ただし， か ～ け には，異なる比較項目が入る。また， か ， き の順序は問わない。

(2)　5.0ｇのポリエチレン製の袋１枚を燃焼させると，15.7ｇの二酸化炭素が発生した。二酸化炭素1.0Ｌの質量を2.0ｇとすると，燃焼で発生した二酸化炭素は何Ｌか，小数第２位を四捨五入して，小数第１位まで書きなさい。

(3)　ノートの下線部ｃについて，2種類の溶液に浮くか沈むかを調べることで，表２のＦ～Ｊから，Ｊだけを選別しようとするとき，必要となる２種類の溶液の密度はそれぞれいくらか，次のア～オから２つ選び，記号を書きなさい。

ア　0.80 g/cm³　　イ　0.92 g/cm³　　ウ　1.00 g/cm³　　エ　1.21 g/cm³　　オ　1.41 g/cm³

(4)　ノートの下線部ｄについて，近年，小さなプラスチックの破片がいたるところで見つかり問題になっている。この原因の１つは，同じ有機物である木にはない，プラスチックに共通する性質によるものである。その性質はどのようなものか，簡潔に書きなさい。

【問３】　各問いに答えなさい。

Ⅰ　地域の地層のなりたちに興味をもった花子さんは，次のような観察と実験を行った。ただし，観察した地層に上下の逆転はないものとする。

〔観察〕

①　近所の地層のようすを図１のようにスケッチした。

②　図１のＥにふくまれる鉱物について，表にまとめた。

表

鉱物の種類	石英	長石	角閃石（かくせんせき）	黒雲母（くろうんも）
Ｅにふくまれる鉱物の割合	23％	55％	9％	13％

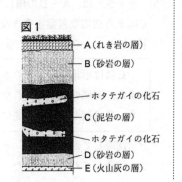

図１

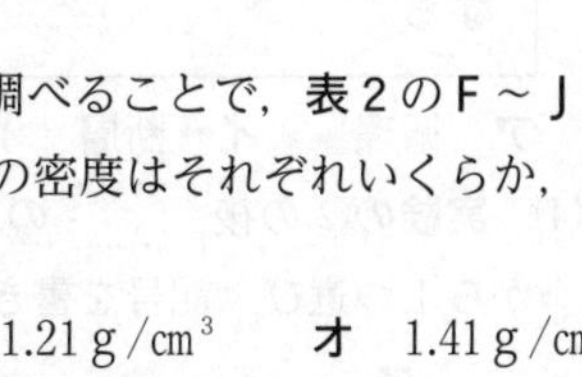

［実験］

① Xの位置まで水を入れた図2のような装置で，れき，砂，泥を混ぜた土砂に水をかけて流した。

② 図2の［　　］の部分に土砂が堆積したようすを図3のように記録した後，続けて，図2のYの位置まで水を静かに入れ，実験の①と同様にれき，砂，泥を混ぜた土砂に水をかけて流した。

図2

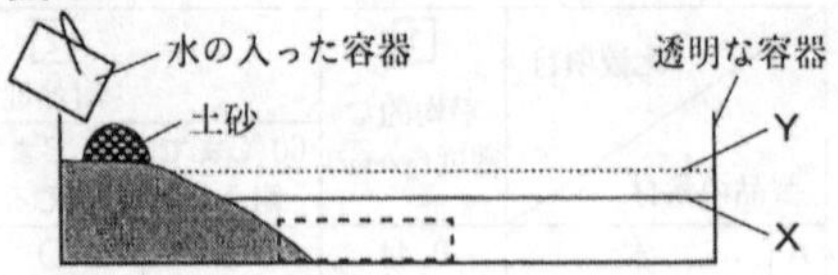

図3

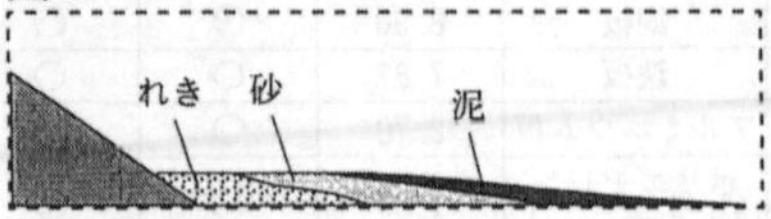

(1) 図1のA～Eのうち最も古い層はどれか，記号を書きなさい。

(2) Eの火山灰を噴出した火山のマグマのねばりけと噴火のようすはどのようであったか，表から読みとれることにふれて，**無色鉱物**という語句を使って書きなさい。

(3) 地層をつくるはたらきを次のようにまとめた。下線部a～cのはたらきをそれぞれ何というか，最も適切なものを，下のア～キから1つずつ選び，記号を書きなさい。

> かたい岩石が，a <u>気温の変化や風雨のはたらきによってもろくなり</u>，b <u>けずられ</u>，c <u>川などの水の流れによって下流に運ばれる</u>。そして，れき，砂，泥が，平野や海岸などに堆積する。

ア 循環　イ 断層　ウ 侵食　エ 輸送　オ 運搬　カ しゅう曲　キ 風化

(4) 実験の②の後，［　　］の部分に土砂が堆積したようすとして最も適切なものを，次のア～エから1つ選び，記号を書きなさい。

ア

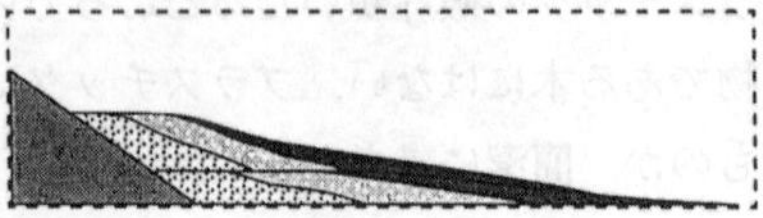

イ

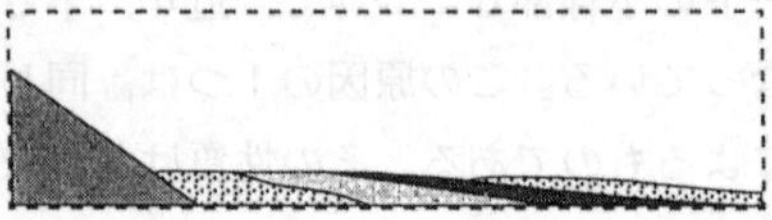

ウ

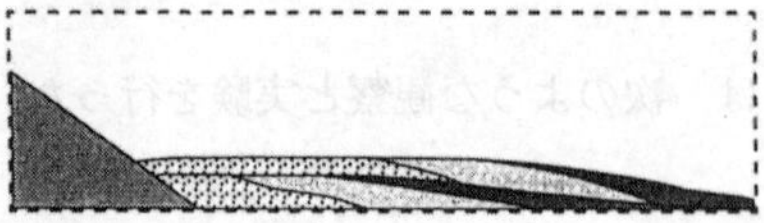

エ

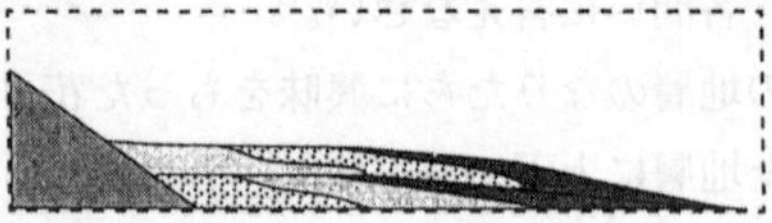

(5) 花子さんは，A～Dの層について，図1と実験の結果から，次のようにまとめた。［あ］に当てはまる適切な言葉を書きなさい。また，［い］に当てはまるものとして最も適切なものを，下のア～エから1つ選び，記号を書きなさい。

> Cには示相化石がふくまれていることから，Cが堆積した［あ］を知ることができる。また，海底の土砂くずれや，海水の量の増減による海面の変動が起きていないとすると，A～Dの層が堆積する間に，この場所の海底面は［い］と考えられる。

ア 沈降してから隆起し，その後沈降した　　イ 隆起してから沈降し，その後隆起した

ウ 沈降してから隆起した　　エ 隆起してから沈降した

Ⅱ　Ｚ市のある地点で，連続した３日間の気象観測を行った。

〔観測〕 ほぼ３時間ごとに，気温，湿度，天気，風向および風力を記録し，結果を図４にまとめた。

図４

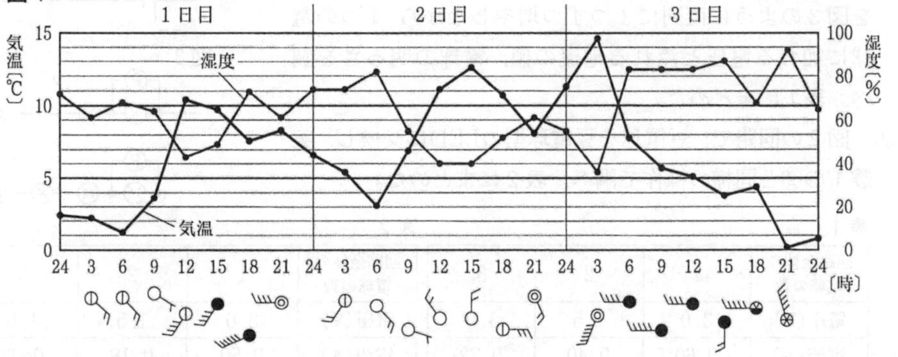

(1)　図５のような温度計を使って継続的に気温を測定するときの条件として適切なものを，次のア～カから３つ選び，記号を書きなさい。

図５

ア　球部に直射日光を当てる　　**イ**　球部に直射日光を当てない

ウ　風通しのよい場所　　**エ**　風が通らない場所

オ　地表面から約15cmの高さ　　**カ**　地表面から約1.5mの高さ

(2)　２日目の９時の風力を書きなさい。

(3)　３日目の６時の天気図として最も適切なものを，次のア～エから１つ選び，記号を書きなさい。また，そのように判断した理由を，気温の変化，天気の変化，前線の位置の変化にふれて，説明しなさい。

ア

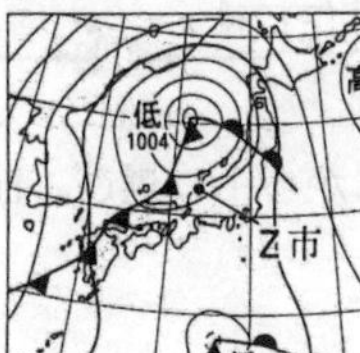

イ

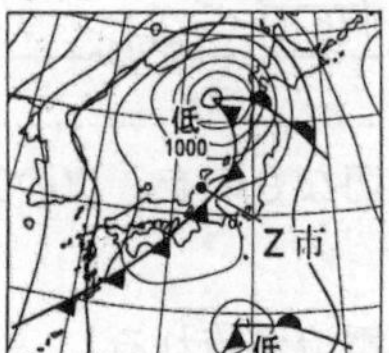

ウ

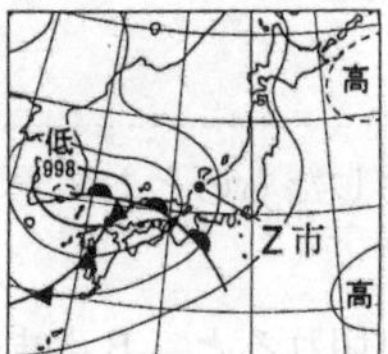

エ

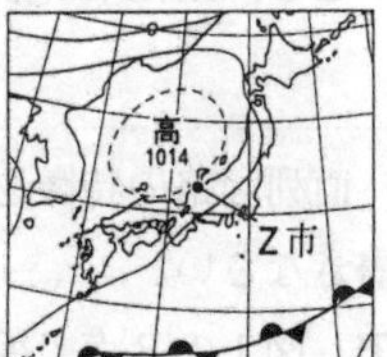

【問４】 各問いに答えなさい。

Ⅰ　太郎さんは，クリスマスツリーなどに使われる飾りの電球が，豆電球から発光ダイオード（LED）に変わったことに興味をもち，これらの性質を比べるために，次のような観察と実験を行った。

〔観察〕 市販されている飾りの導線のカバーを取り除くと，図１のように，LEDが直列につながっている部分があった。

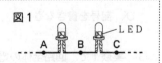

図１

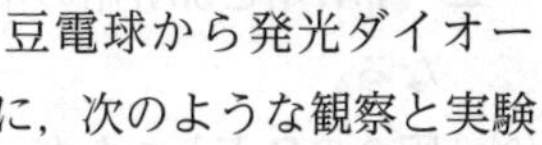

〔実験1〕

① 図2のような回路をつくった。PとQは電流計，電圧計のいずれかである。

② 回路全体の電球に加える電圧を3.0Vとし，同じ電球を図3のように直列に1つずつ増やしながら，1つの電球に加わる電圧と流れる電流の値，電球の明るさを調べ，表1にまとめた。

③ 図2の回路で，豆電球を豆電球型のLEDに交換し，実験1の②と同様の操作で調べ，表2にまとめた。

図2

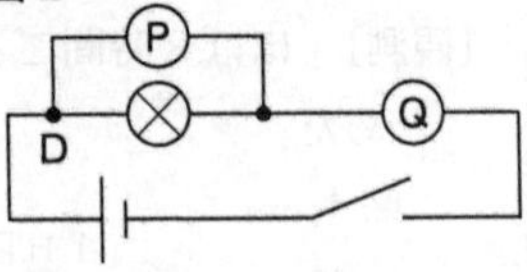

図3

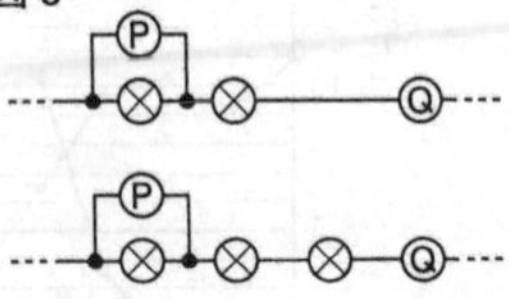

表1

回路全体の電球の数	1	2	3
電圧〔V〕	3.0	1.5	1.0
電流〔A〕	0.60	0.40	0.32
上から見た豆電球の明るさ	 少し明るい	 暗い	 非常に暗い

表2

回路全体の電球の数	1	2	3
電圧〔V〕	3.0	1.5	1.0
電流〔A〕	0.50	0.18	0.03
上から見た豆電球型のLEDの明るさ	 非常に明るい	 明るい	 少し明るい

太郎さんは，表2で，電流の値の変わり方が豆電球の場合と比べて大きいことに気づき，LEDの性質を調べたところ，LEDは流してもよい大きさを超えた電流を流すと寿命が短くなることを知った。そこで，抵抗器を用いてLEDに加わる電圧と流れる電流の大きさを調整しようと，次のような実験を行った。

〔実験2〕 図4のX，Yのような回路をつくり，電源装置の電圧を3.0Vとし，LEDに電流を流した。

図4

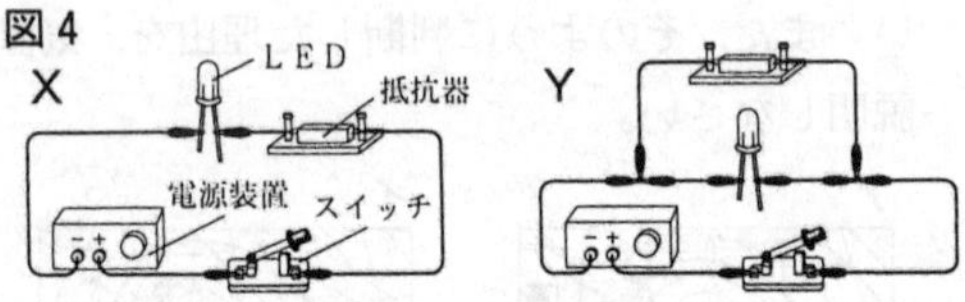

(1) 直列回路の特徴を説明したものとして最も適切なものを，次のア～エから1つ選び，記号を書きなさい。

ア 図1のB点で導線が切れると，B点までは電流が流れる。

イ 図1のB点で導線が切れると，A点もC点も電流が流れない。

ウ 40W用と60W用の電球を直列につないで電流を流すと，電球の明るさはともに等しくなる。

エ 40W用と60W用の電球を直列につないで電流を流すと，電球に加わる電圧はともに等しくなる。

(2) 図2のD点とつながっている導線は，図5のア～エのいずれか，最も適切なものを1つ選び，記号を書きなさい。

図5

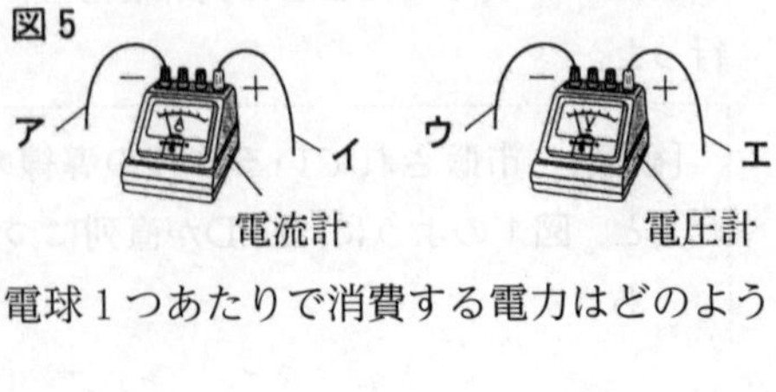

(3) 実験1で，回路全体の電球の数を増やすにつれ，電球1つあたりで消費する電力はどのように変化するか，簡潔に書きなさい。

(4)　表1と表2とを比べてわかることをまとめた次の文の［あ］～［う］に当てはまる言葉の組み合わせとして最も適切なものを，下のア～エから1つ選び，記号を書きなさい。また，［え］に当てはまる値を，小数第2位を四捨五入して，小数第1位まで書きなさい。

> 豆電球と豆電球型のLEDを比べると，回路全体の電球の数が等しいとき，いずれの場合も明るく光るのは［あ］であるが，消費電力は［い］の方が，［う］と言える。例えば，それぞれ2つの電球をつないだ場合，［い］を用いた回路の消費電力は，［あ］を用いた回路の［え］倍となる。

	あ	い	う
ア	豆電球	豆電球型のLED	大きい
イ	豆電球	豆電球型のLED	小さい
ウ	豆電球型のLED	豆電球	大きい
エ	豆電球型のLED	豆電球	小さい

(5)　図4で，LEDに，1.8Vの電圧が加わり20mAの電流が流れるようにしたい。X，Yのいずれの回路を用いればよいか，書きなさい。また，何Ωの抵抗器を用いればよいか，整数で書きなさい。

Ⅱ　図6は，音が海底ではね返る現象を利用して，海底の地形を調査するようすを示したものである。調査船は区域ごとに，停止したまま音の発信とはね返った音の検知を行っている。表3は，一直線上にある区域E～Iにおける調査の結果である。ただし，水中で音が伝わる速さは1500m/秒とし，海流の速さや水温などによる影響を受けないものとする。

図6

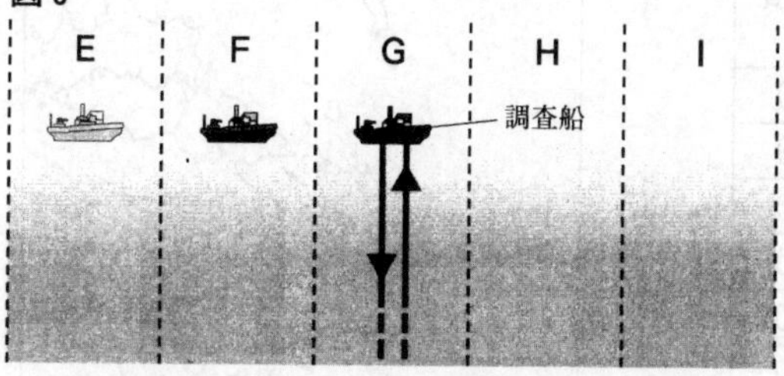

表3

区域	音を発信してから，はね返った音を検知するまでに要した時間
E	4.60秒
F	4.50秒
G	4.40秒
H	4.50秒
I	4.45秒

(1)　音の性質として最も適切なものを，次のア～エから1つ選び，記号を書きなさい。

ア　音が空気中を伝わる速さは，水中と等しい。

イ　音が空気中を伝わる速さは，水中よりも速い。

ウ　音は，気体と液体の中だけを伝わる。

エ　音は，気体や液体，固体の中を伝わる。

(2)　Gにおける海底までの深さは何mか，整数で書きなさい。

(3)　表3より，E～Iにおける海底の地形を模式的に表したものとして最も適切なものを，次のア～エから1つ選び，記号を書きなさい。

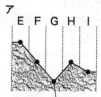

ア

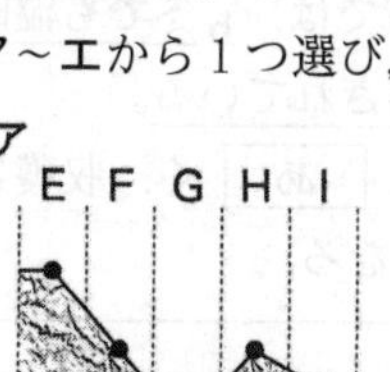

イ

ウ

エ

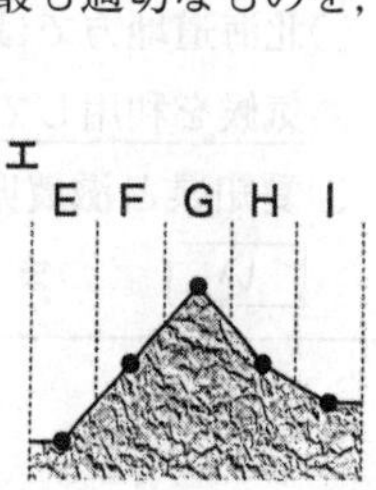

＜社会＞

時間　50分　満点　100点

【注意】 1　漢字で書くように指示されている場合は，漢字で書きなさい。そうでない場合は，漢字の部分をひらがなで書いてもかまいません。
2　字数を指定された解答については，句読点，カギ括弧(「や『)なども1字に数え，指定された字数で答えなさい。

【問1】 各問いに答えなさい。

Ⅰ　給食の希望献立の主食を何にしようか迷った夏さんは，自分の好みからだけではなく，原料となる小麦や米について調べてから選ぼうと考えた。

(1)　夏さんは，資料1から，米と比べて自給率が低い小麦は，日本のどこで，どのようにして栽培されているのか興味をもち，資料2や略地図1を使って調べたことや取材したことをノート1にまとめた。

資料1　日本の品目別自給率の推移

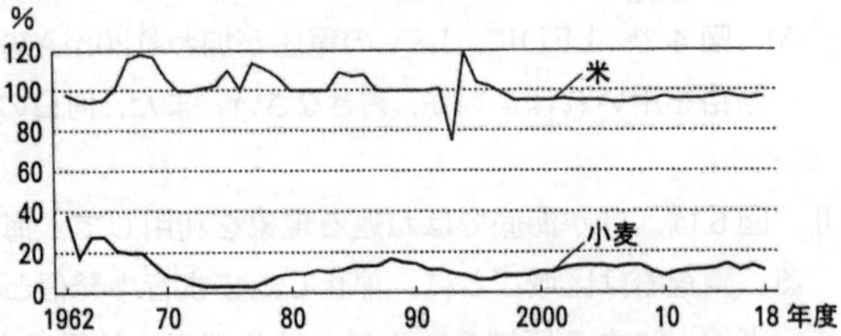

(農林水産省「食料需給表」より作成)

資料2　2018年産小麦の収穫量(都道府県別)

順位＼項目	都道府県名	収穫量(t)	作付面積(ha)
1	北海道	471100	121400
2	福岡	54900	14800
3	佐賀	36900	10100
4	群馬	23100	5680
5	愛知	22800	5390
6	滋賀	19900	6990
7	埼玉	19300	5220
8	三重	19000	6230
9	熊本	15300	4970
10	茨城	13500	4610

(農林水産省「作物統計」より作成)

略地図1

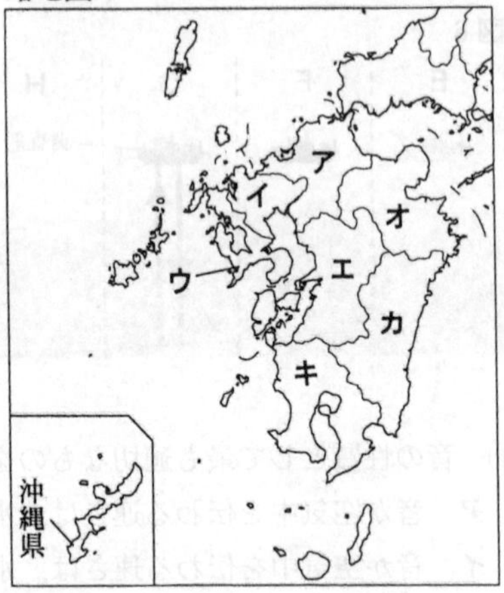

ノート1

○小麦の収穫量が最も多い地方は・北海道地方であり，次に a 九州地方が多い。
○北海道地方では，おもに畑で小麦が栽培されているが，九州地方では，b 冬でも温暖な気候を利用して，おもに稲作が終わったあとの水田で小麦が栽培されている。
○愛知県と滋賀県を比べると，愛知県のほうが小麦の作付面積は［あ］く，収穫量は［い］。つまり，1ha当たりの収穫量は，［う］のほうが多くなる。

① ノート１の下線部aにかかわって，資料２の都道府県のうち，九州地方にふくまれるすべての県について，それらの県の位置を略地図１のア～キからすべて選び，記号を書きなさい。

② ノート１の下線部bについて，１年に同じ土地で異なる作物を１回ずつ作ることを何というか，漢字３字で書きなさい。

③ ノート１の あ ～ う に当てはまる語句や県名について，資料２から読み取れることをもとに，最も適切なものを，次のア～カから１つずつ選び，記号を書きなさい。

ア 狭　　イ 広　　ウ 少ない　　エ 多い　　オ 愛知県　　カ 滋賀県

(2) 夏さんは，小麦の自給率が低いことから，小麦の輸入先について調べ，輸入量の半分近くをしめるアメリカ合衆国の農業の特色について，ノート２にまとめた。

ノート２　cアメリカ合衆国では 地域によって気温や降水量，土地などの自然条件が異なるので，それぞれの環境に合った農作物を栽培している。例えば，冬小麦（秋に種をまき，翌年の夏に収穫）と春小麦（春に種をまき，秋に収穫）を，栽培に適したそれぞれの場所で生産している。また，dアメリカ合衆国の農業は．日本と比べて就業者１人当たりの穀物収穫量が多いことも特徴的だ。

① ノート２の下線部cを何というか，漢字４字で書きなさい。

② ノート２の下線部dについて，アメリカ合衆国の就業者１人当たりの穀物収穫量は，日本と比べておよそ何ｔ多いか。資料３から読み取れることをもとに，最も適切なものを，次のア～エから１つ選び，記号を書きなさい。

ア 140ｔ　　イ 170ｔ

ウ 1400ｔ　　エ 1700ｔ

資料３　アメリカ合衆国と日本の農業経営の比較(2012年)

項目＼国名	アメリカ合衆国	日本
*就業人口　（万人）	241	125
農地面積　（万ha）	40871	455
穀物収穫量　（万ｔ）	35693	1173

＊就業人口：FAO(国連食糧農業機関)統計内の「農業経済活動人口」

（「FAOSTAT」等より作成）

資料４　大手製粉企業の製粉工場のおもな立地

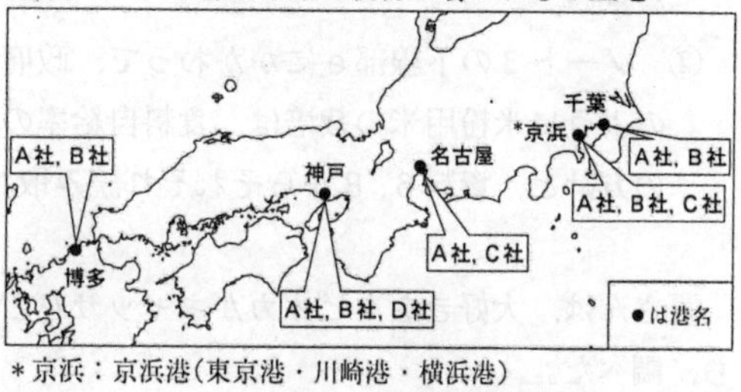

＊京浜：京浜港（東京港・川崎港・横浜港）

（農林水産省資料等より作成）

(3) 夏さんは，小麦を小麦粉に製粉する工場について調べると，大規模な工場の多くは，資料４のように立地していることがわかった。工場はどのような場所に立地しているか，資料１から読み取れることと関連付けて，簡潔に書きなさい。

(4) 夏さんは，米についても調べ，選ぶ主食について，政府の政策とかかわらせてノート３にまとめた。

ノート３

○資料１のように米は小麦と比べて自給率は高い。しかし，資料５のように え ことが理由の１つとなって，資料６のように主食用米の水稲作付面積が減少している。

○政府は，e食料自給率の向上を目指す政策の１つとして，2009年から水田で，主食用米に加え，「米粉用米」（パンなどに加工できる米粉に製粉するための米）を栽培することを推奨している。

○最初に私は，小麦の自給率を向上させたいと思い，国産の小麦を使ったパンを選ぼうと思った。しかし，米にも資料5，6のような現状があることを知り，国産の小麦を使ったパンでよいか迷い始めた。そんな時，資料7の方針や資料8を見て，米粉を使った主食を選びたいと思った。

資料5　日本国民1人当たりの米と小麦の年間消費量の推移

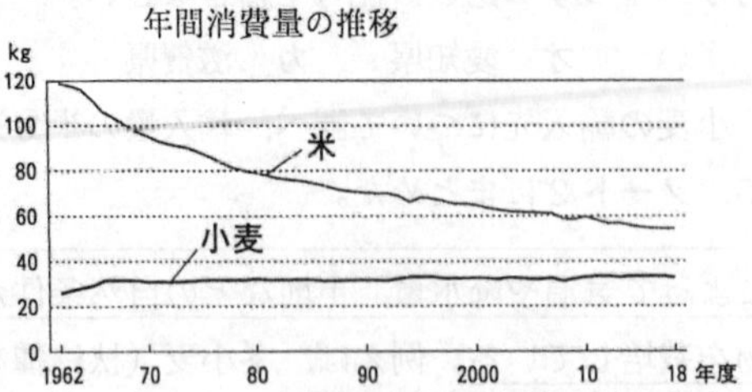

（農林水産省「食料需給表」より作成）

資料6　水稲作付面積の内訳の推移

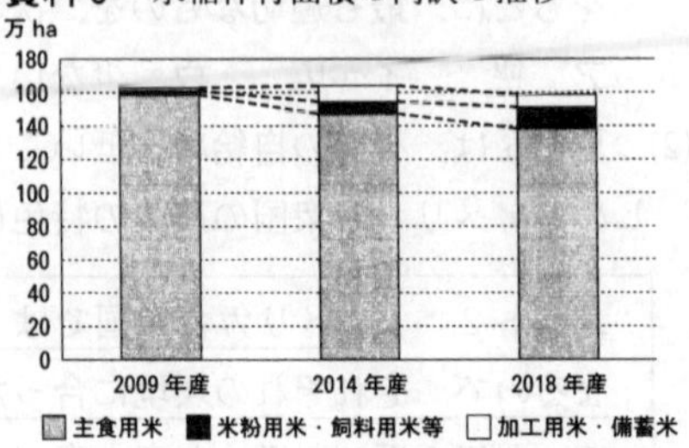

資料7　食料自給率向上にかかわる日本国政府の方針の一部(2020年)

今後も需要が見込まれる穀物を水田で栽培することを促進する。そのことで我が国の気候風土に適した持続的な食料生産基盤である水田を維持し，有効活用することができる。

このことは，我が国の食料を安定的に供給する力の強化を図る上で極めて重要であり，食料自給率の更なる向上につながる。

資料8　米粉用米の需要量(利用量)の推移

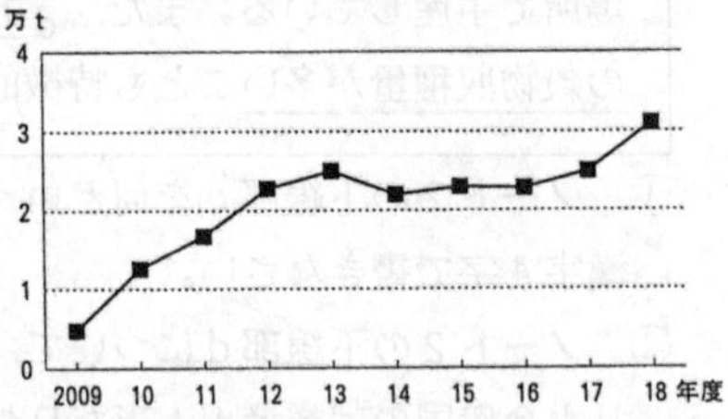

（資料6～8は農林水産省「米粉をめぐる状況について」等より作成）

① ノート3の え に当てはまる言葉を，資料5から読み取れることをもとに，簡潔に書きなさい。

② ノート3の下線部eにかかわって，政府は，米粉用米の栽培を2020年以降も推奨した。このように米粉用米の栽培は，食料自給率の向上につながると政府が期待する理由を，資料7の方針と，資料6，8からそれぞれ読み取れることを関連付けて，簡潔に書きなさい。

Ⅱ 夏さんは，大好きなタピオカがキャッサバという，いもの一種からつくられることに興味をもち，調べた。

(1) 夏さんは，キャッサバを生産する地域について，略地図2や資料9，10を使い，ノート4にまとめた。

略地図2
※キャッサバの生産量の多いおもな5か国に着色してある。

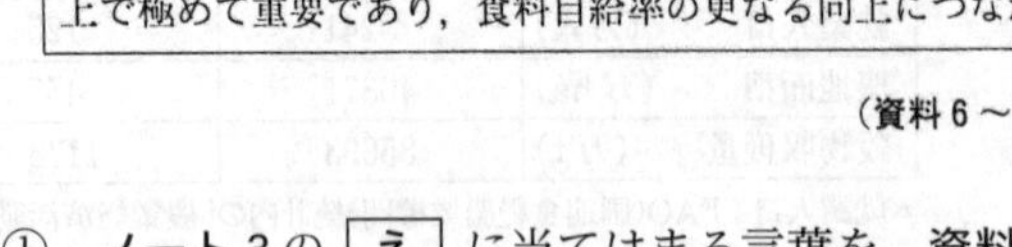

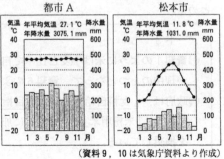

（農畜産業振興機構資料より作成）

資料9　インドネシア都市A

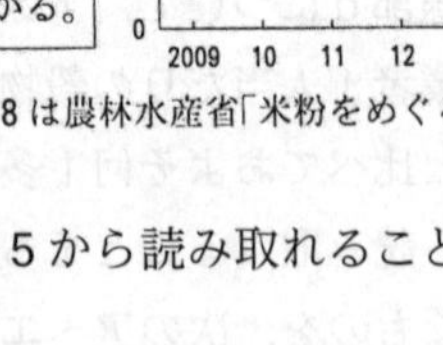

資料10　長野県松本市

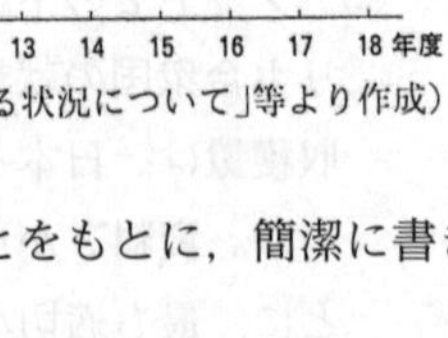

（資料9，10は気象庁資料より作成）

ノート４
○略地図２から，生産量の多い国は，f 緯度０度の緯線付近に集まっている。また，g アジア州にも生産量が多い国がある。
○資料９，10を比べると，キャッサバが栽培されている地域の気候の特色は，［お］，年降水量が多い，熱帯の気候である。

① ノート４の下線部 f の緯線を何というか，漢字２字で書きなさい。
② ノート４の下線部 g について，アジア州をさらに細かく区分したとき，タイやインドネシアがふくまれる地域を何アジアというか，書きなさい。
③ ノート４の［お］に当てはまる言葉を，熱帯の気温の特色にふれて８字以上14字以内で書きなさい。

(2) 夏さんは，キャッサバについて取材したことを，資料11，12を使い，ノート５にまとめた。

資料11 キャッサバの活用

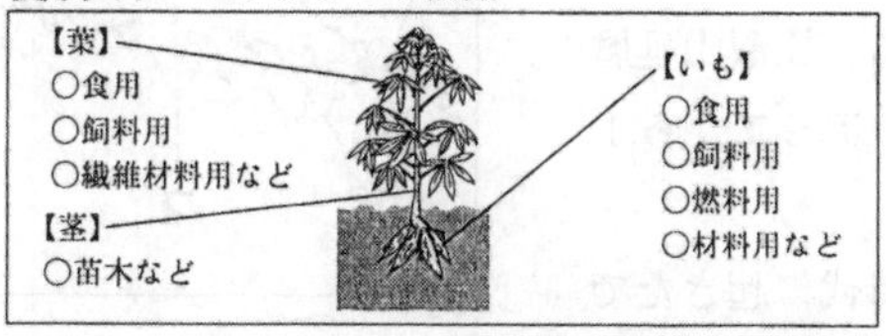

（国際協力機構資料より作成）

資料12 キャッサバのいもの活用例

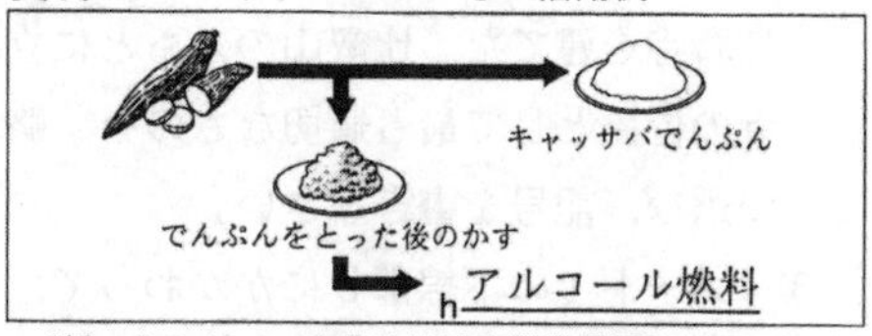

（新エネルギー・産業技術総合開発機構資料より作成）

ノート５ 【取材先の方から聞いたこと】
○ i キャッサバはむだなところがない。
○キャッサバは，j 持続可能な社会に貢献できる作物の１つとして期待されている。

① 資料12の下線部 h について，植物原料からつくられるアルコール燃料を何というか，書きなさい。
② ノート５の下線部 i のようにいわれる理由の１つとして考えられることを，資料11，12からそれぞれ読み取れることにふれて，簡潔に書きなさい。

(3) ノート５の下線部 j のように期待される理由の１つとして考えられることを，資料13，14からそれぞれ読み取れることを関連付けて，簡潔に書きなさい。

資料13 キャッサバでんぷんからつくられた袋

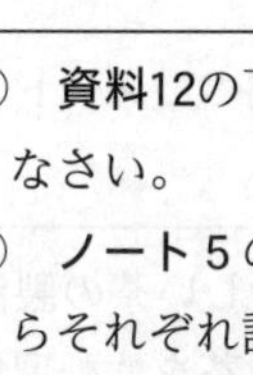

I AM NOT PLASTIC
（プラスチックではありません）
自然環境で分解し，溶けることで，自然にかえります。野生動物が食べても消化できる素材でできています。

（インドネシア企業Ｖ社資料等より作成）

資料14 プラスチックごみにかかわる今後の予想

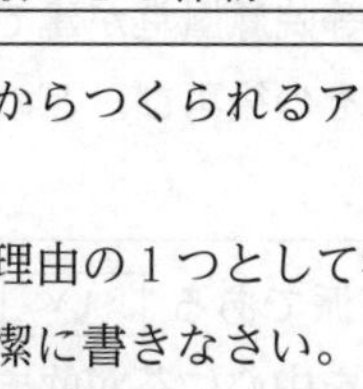

陸域で排出されたプラスチックごみが河川などを通じて，また，海域に直接排出されることによって，世界全体で毎年800万トンのプラスチックごみが海にたまり続けています。このまま続くと，2050年には海洋中のプラスチックごみの重さが，魚の重さを上回ると試算されています。

（環境省・経済産業省資料より作成）

【問2】 コンビニエンスストアに買い物に行った桜さんは，飲み物売り場で多くの種類の茶が売られていることに興味をもち，茶を飲む習慣について調べた。各問いに答えなさい。

(1) 桜さんは，日本への茶の伝来について調べ，ノート1にまとめた。

> **ノート1**　滋賀県の日吉大社近くの茶園が，日本で茶を栽培した畑として，最も古いものだという伝承がある。［ あ ］とともに中国へ渡った $_a$最澄が 茶の種子を持ち帰り植えたことが，この茶園の始まりであると伝えられている。$_b$平安時代には，天皇や貴族，僧など一部の人々が茶を飲んだ。その後，茶を飲む習慣は一時衰えた。

① ノート1の［ あ ］に当てはまる語句として最も適切なものを，次のア～エから1つ選び，記号を書きなさい。

ア　遣隋使　　イ　朝鮮通信使
ウ　倭寇　　　エ　遣唐使

略地図

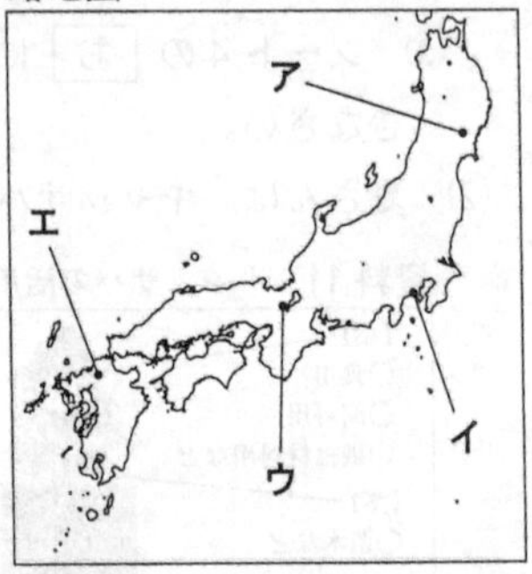

② ノート1の下線部aにかかわって，この茶園は，最澄が延暦寺を建てた，比叡（えい）山のふもとに立地する。比叡山延暦寺の位置として最も適切なものを，略地図のア～エから1つ選び，記号を書きなさい。

③ ノート1の下線部bにかかわって，この時代に起きたできごととして適切なものを，次のア～エから2つ選び，記号を書きなさい。

ア　東大寺や国分寺，国分尼寺が建てられた。
イ　平将門が武士団を率いて，朝廷に反乱を起こした。
ウ　北条泰時が，御成敗式目を定めた。
エ　浄土信仰が広がり，平等院鳳凰堂が建てられた。

(2) 桜さんは，茶を飲む習慣がその後再び，どのように広がっていったかを調べ，ノート2にまとめた。

> **ノート2**　仏教の1つの宗派である［ い ］を中国から伝えた栄西が，新しい茶の製法を日本に伝えたことで，寺院を中心に茶が飲まれるようになった。その後，茶を飲む習慣が寺院以外にも広がり，やがて茶の湯が豪商や戦国大名の間で流行した。さらに $_c$わび茶という作法が完成し，当時の日本の茶の文化が，$_d$南蛮人などによってヨーロッパにも紹介された。

資料1

（長谷川等伯筆）

① ノート2の［ い ］に当てはまる宗派として最も適切なものを，次のア～エから1つ選び，記号を書きなさい。

ア　日蓮宗　　イ　禅宗　　ウ　浄土宗　　エ　浄土真宗

② ノート2の下線部cにかかわって，**資料1**は，茶の湯をわび茶として完成させた人物の肖像画である。商人出身で，豊臣秀吉にも仕えたこの人物は誰か，人物名を漢字3字で書きなさい。

③ ノート2の下線部dにかかわって，16世紀から17世紀にかけて，南蛮人とよばれた人々が日本にやってきたことにより，日本で起きたできごととして適切なものを，次のページのア～エから2つ選び，記号を書きなさい。

ア　織田信長は鉄砲を効果的に使い，長篠の戦いで勝利した。
イ　宋銭が輸入され，初めて定期市が開かれるようになった。
ウ　漢字を変形させ，かな文字が生まれた。
エ　活版印刷術により，『平家物語』がローマ字で印刷された。

(3)　桜さんは，日本の茶の世界への広がりと，日本での茶を飲む習慣の広がりを調べ，ノート3にまとめた。

> **ノート3**　江戸時代初め，［う］が日本から茶を輸入した。これがヨーロッパに伝わった初めての日本の茶とされる。長崎の出島で［う］が日本と貿易を続けていた江戸時代中ごろ，京都の宇治で現在とほぼ同じ製法が開発され，e<u>茶を飲む習慣が庶民にもさらに広がった</u>。

①ノート3の［う］に当てはまる最も適切な国を，次のア～エから1つ選び，記号を書きなさい。

ア　スペイン　　イ　ポルトガル　　ウ　オランダ　　エ　フランス

②　ノート3の下線部eにかかわって，桜さんは，その背景の1つとして考えられる当時の社会のようすについて，資料2，3をもとに調べ，付せんに書きだして，図1のように並べた。図1の［え］～［か］に当てはまる最も適切な語句を，下のア～カから1つずつ選び，記号を書きなさい。なお，［え］～［か］には，それぞれ異なる記号が入る。

資料2

> 元禄の頃から田舎へも銭が行き渡るようになって，銭でものを買うようになった。

（「政談」より部分要約）

資料3

> 金銀を手に入れる方法として，売買ほど手っ取り早いものはない。…産物の少ないところは，土地の特色に合わせて，木でも草でも役に立つものを植えて，産物を増やすべきである。

（「経済録拾遺」より部分要約）

図1　当時の社会のようす

都市の住民を中心にさまざまな［え］が購入されるようになる。	農村では，農業の発達にともない，肥料などが［お］で購入されるようになる。	農村では［お］収入を得るため，茶など［え］作物の栽培が広がる。	幕府や藩が支援し，各地で風土に合った作物が［か］として生産される。

ア　特産物　　イ　香辛料　　ウ　年貢米　　エ　現金　　オ　唐物　　カ　商品

(4)　イギリスでは茶がよく飲まれているという印象をもつ桜さんは，18世紀から19世紀にかけてのイギリスの茶にかかわる貿易の変化について調べ，図2とノート4にまとめた。

図2　イギリスのアジアでの貿易の変化

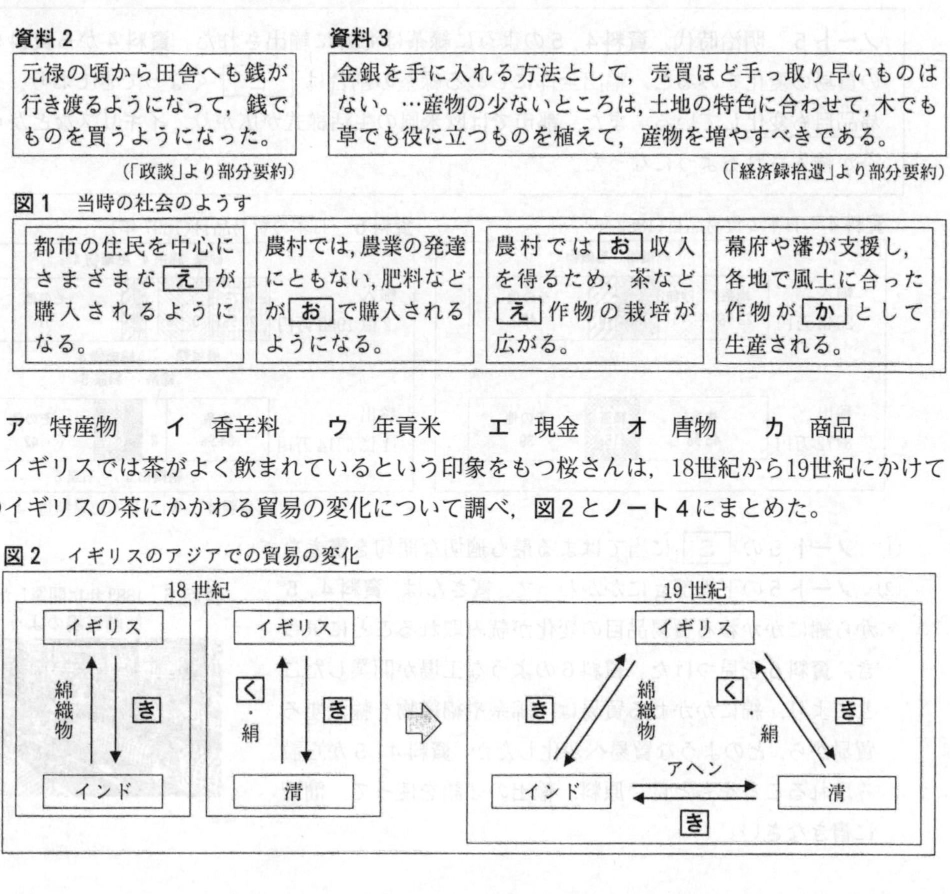

ノート4　イギリスは，インドからは綿織物などを，清からは〔く〕や絹などを輸入し，両国へ〔き〕を支払ったため，〔き〕が不足し，貿易は〔け〕となった。そのため，当時，インド支配を始めていたイギリスは，インド産のアヘンを清へ輸出して〔き〕を獲得するようになった。その後，f 清はアヘンについて厳しく取りしまり，売買を禁じた。

① 図2，ノート4の〔き〕，〔く〕にそれぞれ共通して当てはまる語句と，ノート4の〔け〕に当てはまる語句の組み合わせとして最も適切なものを，次のア～カから1つ選び，記号を書きなさい。

ア 〔き〕銅銭 〔く〕茶 〔け〕赤字　イ 〔き〕銀 〔く〕茶 〔け〕赤字
ウ 〔き〕銅銭 〔く〕茶 〔け〕黒字　エ 〔き〕茶 〔く〕銀 〔け〕黒字
オ 〔き〕茶 〔く〕銀 〔け〕赤字　カ 〔き〕銀 〔く〕茶 〔け〕黒字

② ノート4の下線部fにかかわって，その後，日本や清で起きたできごとが，古い順になるように，次のア～エを左から並べて，記号を書きなさい。

ア　幕府は，異国船打払令をゆるめた。
イ　日米修好通商条約が結ばれ，5つの港を開いた。
ウ　ペリーが浦賀に軍艦4隻で来航した。
エ　イギリスは，清に対して戦争を起こした。

(5) 桜さんは，近代の日本での茶にかかわるできごとについて調べ，ノート5にまとめた。

ノート5　明治時代，資料4，5のように緑茶は海外に輸出された。資料4から資料5への貿易の変化をみると，輸出全体にしめる緑茶の割合は〔こ〕くなってきており，g 貿易品目も変化している。また，都市では欧米風の生活様式が広がり，イギリスなどから紅茶が輸入されるようになった。

資料4　日本の貿易品目(1882年)

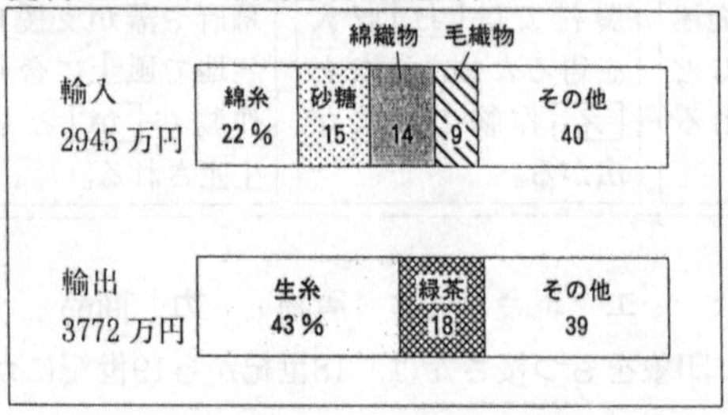

資料5　日本の貿易品目(1897年)

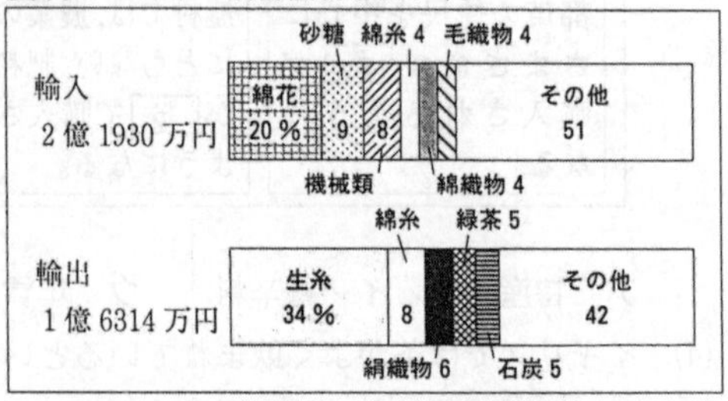

(資料4，5は「日本貿易精覧」より作成)

① ノート5の〔こ〕に当てはまる最も適切な語句を書きなさい。

② ノート5の下線部gにかかわって，桜さんは，資料4，5から綿にかかわる貿易品目の変化が読み取れることに気づき，資料6を見つけた。資料6のような工場が開業したことにより，綿にかかわる貿易は，綿糸や綿織物を輸入する貿易から，どのような貿易へ変化したか，資料4，5から読み取れることをもとに，原料，輸出の2語を使って，簡潔に書きなさい。

資料6　1883年に開業した大阪の紡績工場のようす

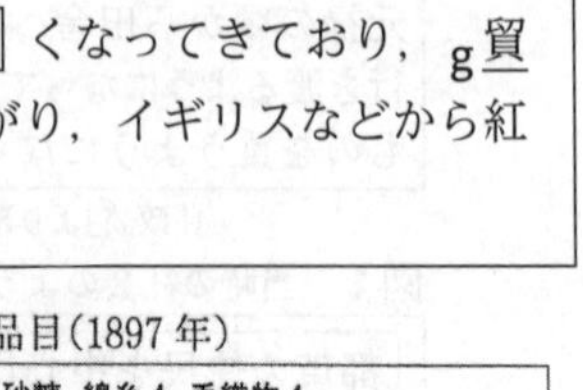

(東洋紡蔵)

(6)　桜さんは，茶を飲む習慣について調べてきたことを発表し，友だちとふり返った。

会話文

桜：中国から日本に伝わった茶は，その後，長い時間をかけて，多くの人に飲まれるようになったね。
春：ヨーロッパに日本の茶が伝わったのは，江戸時代のころだったんだね。
夏：h今も日本から海外への緑茶の輸出は続いているんだよね。
桜：i茶は日本と世界を結び，人と人をつなぐ飲み物になっていると感じたよ。

資料7　日本の緑茶の輸出先(国・地域)と輸出額の推移

項目＼年	2013	14	15	16	17	18
輸出先(国・地域数)	49	59	60	64	68	71
総輸出額(億円)	66	78	101	116	144	153
アメリカへの輸出額(億円)	31	34	44	48	59	68

資料8　日本の緑茶の輸出量の推移

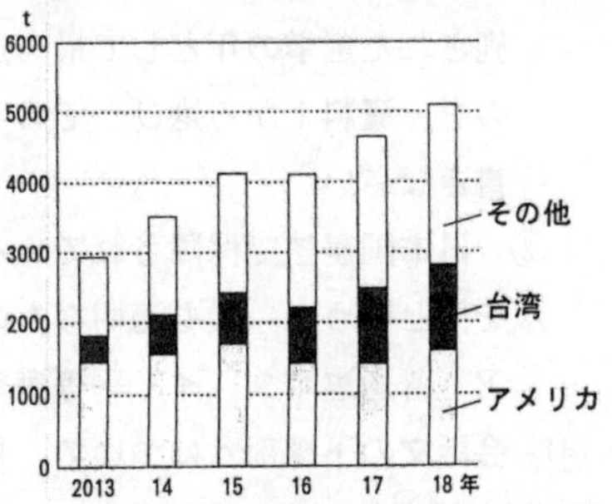

(資料7，8は財務省貿易統計より作成)

①　**会話文**の下線部hにかかわって，**資料7，8**から読み取れることとして適切なものを，次の**ア**～**エ**から2つ選び，記号を書きなさい。

ア　2013年と2018年を比較すると，日本の緑茶の輸出先は増え，アメリカと台湾への輸出量の差は縮まった。

イ　2013年と2018年を比較すると，日本の緑茶の総輸出額と輸出量の両方が2倍以上に増加した。

ウ　2013年から2018年の間に日本の緑茶の輸出先は増え続けたが，アメリカへの輸出量は減る年があった。

エ　2013年から2018年の間に，日本の緑茶のアメリカへの輸出額は増え続け，輸出量にしめるアメリカの割合も高くなり続けた。

②　**会話文**の下線部iにかかわって，多くの人，物，お金，情報などが国境をこえて移動することで，世界の一体化が進んでいる。これを何というか，最も適切な語句を次の**ア**～**エ**から1つ選び，記号を書きなさい。

ア　インフォームド・コンセント　　**イ**　グローバル化
ウ　ユニバーサルデザイン　　**エ**　バリアフリー

【問3】 15歳の春さんは，兄と次のような会話をした。各問いに答えなさい。

会話文

春：学校で「大人になる年齢が，18歳になります」っていうポスターを見たんだけれど，どういうことかな。
兄：成年年齢を20歳から18歳に引き下げることだよ。今まで20歳からだった携帯電話のa契約や，クレジットカードをつくることなどが，18歳から親の同意を得なくてもできるようになるんだ。
春：契約が親の同意を得なくてもできるなんて，「大人」だね。いつから引き下げになるのかな。

兄：2022年だよ。b成年年齢の見直しは，約140年ぶりなんだ。年齢の見直しといえば，すでに2016年からc選挙権年齢も満18歳以上に引き下げになり，選挙が行われているよね。
春：私もあと3年で「大人」になるから，経済や，d政治や選挙についてしっかり勉強しておこう。

(1) 会話文の下線部aについて，訪問販売などで消費者が契約をした場合に，一定期間以内であれば無条件で契約を取り消すことができる制度を何というか，カタカナで書きなさい。

(2) 会話文の下線部bについて，約140年前の明治時代の初め，日本では，欧米の文化や生活様式が取り入れられ，都市を中心に伝統的な生活が変化した。このことを何というか，漢字4字で書きなさい。

(3) 会話文の下線部cにかかわって，春さんは，資料1を使い，選挙権にかかわる変化について調べた。

資料1　衆議院議員総選挙実施年における有権者数と全人口にしめる有権者の割合の推移

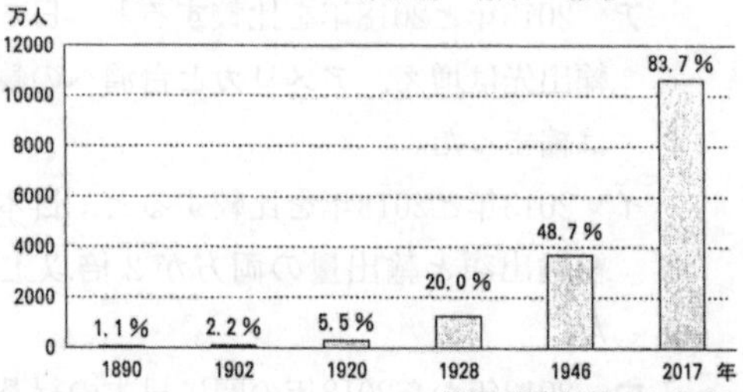

（総務省資料等より作成）

① 資料1の実施年のうち，納税額による制限が廃止され，満25歳以上の男子に選挙権があたえられてから初めて実施された選挙の年として最も適切なものを，資料1から選び，その実施年を書きなさい。

② 日本国憲法で保障されている，一定の年齢以上のすべての国民が選挙権を得るという原則を何というか。最も適切なものを，次のア～エから1つ選び，記号を書きなさい。

ア　普通選挙　　イ　平等選挙　　ウ　秘密選挙　　エ　直接選挙

(4) 会話文の下線部dについて，日本の国と地方の政治や選挙について述べた文のうち，適切なものを，次のア～オからすべて選び，記号を書きなさい。

ア　地方公共団体の間の財政格差をおさえるために国から配分されるのは，国庫支出金である。
イ　参議院議員や都道府県知事に立候補する被選挙権は，満30歳以上の国民に認められている。
ウ　地方公共団体は，法律の範囲内で条例を制定することができる。
エ　内閣総理大臣，都道府県知事は，いずれも住民投票によって選ばれる。
オ　政府が景気の回復をうながしたり，行きすぎを防いだりすることを財政政策という。

(5) 春さんは，「なぜ日本は選挙権年齢を満20歳以上から満18歳以上に引き下げたのか」という疑問をもち，資料2～4を使って調べたり，ノートに取材したことをまとめたりした。

資料2　1970年と2015年の日本の年齢別人口

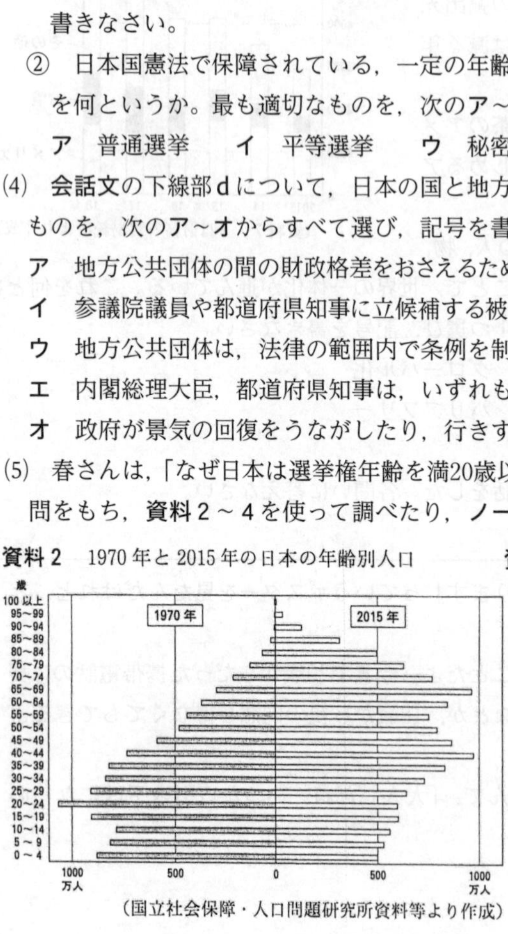

（国立社会保障・人口問題研究所資料等より作成）

資料3　衆議院議員総選挙実施年と年代別投票率の推移

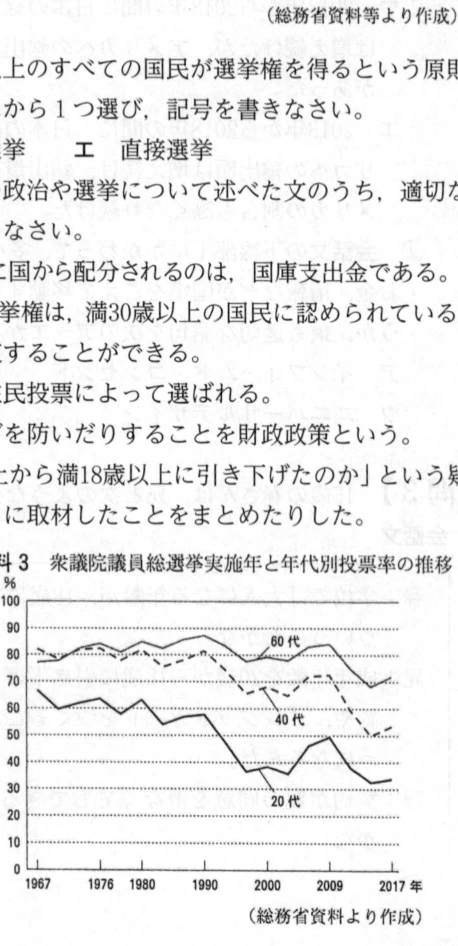

（総務省資料より作成）

資料4　世界各国・地域における選挙権を得る年齢の割合(2015年)

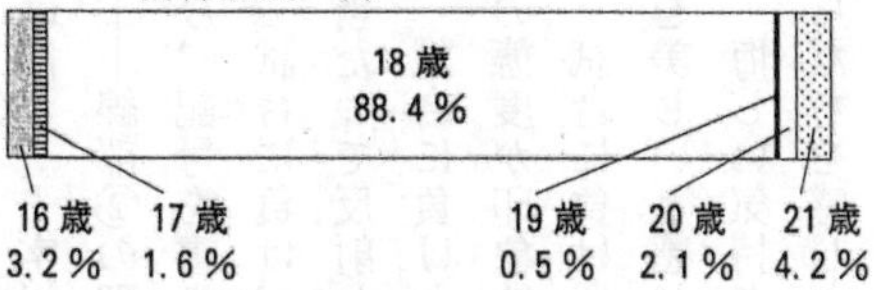

※189の国・地域の調査による。

(国立国会図書館資料より作成)

ノート

○e政府は，若い世代の意見が政治にもっと反映されるようにしたいと考えている。

○政府が，選挙権を得る年齢を18歳とする際に参考にしたことの1つは，あ である。

① **ノート**の下線部eのように政府が述べている理由の1つとして考えられることを，20代に着目して，**資料2**，**3**からそれぞれ読み取れることにふれて，簡潔に書きなさい。

② **ノート**の あ に当てはまる言葉を，**資料4**から読み取れることをもとに，**選挙権**という語を使って，簡潔に書きなさい。

(6) 春さんのクラスでは，**資料3**を取り上げて，投票率を上げる方法について話し合った。その中で,「投票所で投票用紙に記入する投票方法等に加えて，スマートフォンやタブレット等を用いて，インターネットを通じて投票するインターネット投票を導入すれば，いつでもどこでも投票できるから，投票率が上がるのではないか」という意見が出された。そこで,「インターネット投票」による投票方法を導入することについて，**資料5**～**8**を集めて考えた。「インターネット投票」による投票方法を導入するとした場合に，期待されること(**期待**)と心配されること(**心配**)について，**条件1**，**2**に従って書きなさい。なお，数字の場合は1字1マス使うこと。

条件1：**期待**と**心配**の根拠となる資料を，**資料5**～**8**から1つずつ選び，その資料の番号を書くこと。ただし**期待**と**心配**，それぞれ別の資料を選ぶこと。

条件2：選んだ資料をもとに，起こりうる**期待**と**心配**を，それぞれ40字以上60字以内で書くこと。

資料5　インターネット利用率の推移(個人)

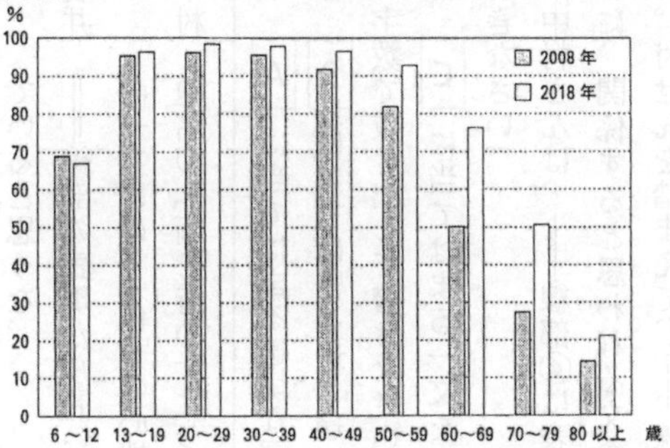

資料6　投票所までの時間と投票率(2018年)

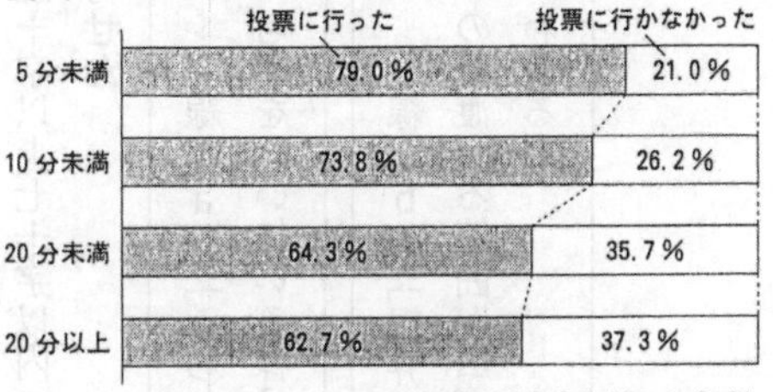

(明るい選挙推進協会資料より作成)

資料7　「企業がインターネットを用いた通信を利用する上での問題点」のアンケート項目と「当てはまる」と答えた企業の割合

アンケート項目＼年	2008	2018
*セキュリティ対策の確立が困難	61.8%	45.0%
運用・管理の費用が増大	38.8%	41.7%
障害時の復旧作業が困難	26.6%	29.2%
本人確認を行う技術の信頼性に不安	6.4%	3.4%

*セキュリティ対策：システムへのウイルス感染，不正侵入，情報が外にもれること等を防ぐ対策のこと。

※複数回答可能なアンケートであり，回答の一部を掲載している。

資料8　投票しにくい状況にある選挙人と投票方法

【身体に障がいのある人】 市区町村の選挙管理委員会に投票用紙等を請求し，自宅等で記載し，郵送する等
【仕事や留学等で国外にいる人】 出国前または出国後に手続きをした上で，国外で投票する等
【仕事等で，船で外国の洋上(海)にいる人】 事前に手続きをした上で，洋上からファクシミリで投票する等
【選挙期間中に仕事や用事のある人】 各市区町村に設けられる「期日前投票所」で投票する

(資料5，7，8は総務省資料より作成)

(2) ━━線部①の「千々に乱れる俺の心」を投影して表現しているものは何か。十字以上十五字以内で書きなさい。

(3) ━━線部②の理由として最も適切なものを、次のア～エから一つ選び、記号を書きなさい。

ア 試合に負け、泣いて涙で濡れた横川の顔に、真夏の太陽の光が当たって反射して見えたから。

イ 試合に負けた悲しさを表に出さずに感謝の言葉を口にする横川の態度が印象的だったから。

ウ 試合に負けた悔しさに共感しながらも、自分とは違う横川の姿を美しいと感じたから。

エ 悔しい気持ちがあるはずなのに、他人に気を遣う横川の姿にいらだちを感じたから。

(4) ━━線部③「甲子園球場のざわめきが、一気によみがえった」ことから、「俺」が何に気づいたことがわかるか。それがわかる一文を本文中からさがし、最初の七字を書きなさい。

(5) 次の［　］は、中村さんと石井さんが、この文章の表現の特徴について話し合っている様子である。

中村 ━━線部の心の内の言葉は、水を求めていることから、「俺」の心が［A］様子であることがわかるね。

石井 さらに、倒置法で表現されていることで、求めていることが、より強調されているね。

中村 その後、見上げた空の情景描写にも、「俺」の心情が暗に示されていそうだよ。

石井 例えば、本文中にある「［B（十二字）］」は、「俺」の今後の可能性を表していそうな空の描写だね。

中村 「あきれるほど、晴れ渡っていた」という描写にも表現されていると思うな。

石井 ━━線部の表現から問いかけの表現に変わった「［C］」の一文には、「俺」の心情の変化が表れていそうだね。

中村 題名の「雨を待つ」につながる描写だね。

i ［A］に当てはまる適切な言葉を書きなさい。

ii ［B］に当てはまる最も適切な言葉を、本文中から指定された字数で抜き出して書きなさい。

iii ［C］に当てはまる一文を本文中からさがし、最初の五字を書きなさい。

(6) 中村さんは、━━線部④に表れている「俺」の気持ちを考えるために、関係すると思われる文から読み取ったことを付せんに書いた。付せんを踏まえて、━━線部④に表れている「俺」の気持ちを五十字以上七十字以内で書きなさい。

付せん

……線部aの「うつむきすぎ」という言葉から、「俺」がいつも下を向いている様子がわかる。

……線部bの「視界が少し晴れた」というところから、「俺」の見渡せる範囲が広がり、将来への見通しをもち始めた様子がわかる。

自分が負かした相手校の選手にも抱いたことのなかった感情がわいてきた。うらやましい、という気持ちが消え、ねぎらいの言葉が次々と心に浮かんできたのだ。

ご苦労様、よう戦ったな。残念やったけど、お前には次がある で。次は、何がなんでも自分自身のために投げるんやぞ。

マネージャーだろうか、学校の制服姿の男子が横川を立たせ、撤収をうながした。その記録員も目を真っ赤にして泣いていた。

突然、後ろから肩をたたかれた。島（しま）さんだった。てっきり勝手なことをして叱られると思ったのだが、額に汗を浮かべた島さんは、白い歯を見せて笑った。

「ようやく周りが見えてくるようになったんちゃう？」

「えっ……？」

「a お前は、うつむきすぎやで。顔を上げてみぃ」

そう言って、島さんが周囲を見渡すそぶりを見せた。

「今、この場に、四万人以上おる。でも、だーれもお前のことなんて見てへんやろ。いっそのこと清々（すがすが）しくなるくらいにな」

俺もおそるおそる顔を上げた。

ちょうど、負けた東東京（ひがし）代表のメンバーがベンチを去るところだった。一人一人、帽子を取りながらグラウンドに向けて礼をし、裏手に引きあげていく。観客たちの視線は、そちらに集中していた。口々にねぎらいの言葉を叫び、拍手で敗戦校を送り出す。

たしかに、こちらに注意を払っている人は見受けられなかった。

「いつか、ここにいる全員、自分のほうに振り向かせたる——そう決意するんやったら、俺は応援する。もちろん、このあったかい拍手が生まれる現場を裏から支えたいんやったら、びしばし鍛えてやる」

去っていく横川の背番号１を見送った。③甲子園球場のざわめきが、一気によみがえった。相変わらず、真夏の太陽は、容赦なく降りそそぐ。何もさえぎるもののない空を見上げた。

あきれるほど、晴れ渡っていた。俺は、まだ何にでもなれるんやということに、ようやく気がついた。

俺は、まだ、泣かない。泣けない。

戦いが終わっていないから、泣けないのだ。

「b ありがとうございます」島さんに頭を下げた。

視界が少し晴れた気がした。自分ならピッチャーのよろこびも、悲しみもよく見える。そして、ピッチャーを支える野手やマネージャーの努力もはっきり見渡せる位置にいる。

片方のチームが笑い、片方が泣く——その残酷ともとれる舞台を整える。プロ選手や高校球児たちを、足元から支えていく。

「さぁ、仕事やで」

島さんの言葉にうなずいた。一滴も水分の残されていない俺の心の上に、いつか恵みの雨は降ってくるのだろうか？　④抜けるように青い空へ問いかけながら、めいっぱい目深（まぶか）にかぶっていた帽子のつばを、人差し指の先でそっと押し上げた。

（朝倉宏景（あさくらひろかげ）「雨を待つ」）

＊(注)　トンボ＝土をならすための道具

ダウン＝体の疲労を回復させることを目的として行われる運動

(1)　文章中の〰〰線部を漢字に直して、楷書で書きなさい。

①　セツジツ　②　ムラ

【問五】 次の文章を読んで、あとの各問いに答えなさい。

「俺」は、かつて高校野球全国大会にピッチャーとして出場し、優勝したことがあった。その時、右肘を故障したことによってプロ野球選手になることができなかった。現在は甲子園（こうしえん）球場のグラウンドキーパーとして働いている。高校の時のチームメートだった才藤（さいとう）に、野球人生に一区切りついていないんだと指摘されたことで、甲子園に何かを置き忘れたまま、ここまで来てしまっているのかもしれないという思いが、日に日に強くなっていった。夏の甲子園が開幕し、グラウンド整備をしているとき、どんなに劣勢におちいっても、ひたむきな姿勢でいる、一回戦で敗退した横川（よこかわ）という投手が気になった。

日本一になった投手が、一回戦負けのピッチャーをうらやむというのも、なんとも皮肉な話だった。しかし、こうしてグラウンドキーパーとして整備をしている今も、俺の魂だけはあのマウンドから降りられずにいるのだ。だから、心と体が一致しない違和感がぬぐいきれない。まるで地縛霊（じばくれい）みたいやなと思うと、ちょっと笑えた。

体を機械的に動かして、*トンボを押し、スパイクで荒れた箇所を均（なら）していく。なんとか気持ちを落ちつけようとはしたのだが、①千々に乱れる俺の心をそのまま映すかのように、もうもうと土煙が舞い上がった。

早く水をまいてほしい。グラウンドにも、俺の心にも。セツジツにそう願った。

横川が*ダウンのキャッチボールを終え、一人おくれて甲子園の土を拾いはじめた。まだ、泣いていた。ぐずぐずと鼻をならしながら、両手で土をかき集めている。

そういえば、俺は一度も甲子園の土を持ち帰ったことはなかったと思い至る。

一年生のときは、控えピッチャーだった。大阪府予選で敗れた。

二年生でエースナンバーを背負ったが、甲子園の準々決勝で敗退した。来年またこの場所へ帰ってくると誓った。

そして、三年生。野球人生がこのまま終わってしまうかもしれないという不安を押し隠し、逃げるように甲子園を立ち去った。

でも、才藤の言うとおり、実は終わってなどいなかったのだ。

俺は一塁付近の土を均していた。トンボの先には、黒い土が小さく山になっていた。

そのひとかたまりを押し、運んでいく。負けた球児たちが多くの土を持っていったため、ベンチ前の凹（へこ）んでいる場所に継ぎ足す必要があった。

泣いている横川が、いまだにしゃがみこんでいた。その姿を、大人たちが狙う。報道陣のビブスをつけたカメラマンがムラがり、グラウンドに這（は）いつくばってまで、うつむき、泣きつづける横川の表情を撮りつづける。

もう、ええやろ。じゅうぶん撮ったやろ。いい加減、終わらせてやれや。

トンボの柄（え）を報道陣のあいだにねじこむようにして、整備の時間であることをアピールした。

②「ありがとうございます！」横川が顔をあげた。涙に濡（ぬ）れた頬が、少し痛々しくもあり、しかしまぶしく輝いて見えた。

とっさに帽子を下げた。軽くうなずいて、立ち去った。

人としては善（善行を）にほこらず、物（人）と争はざるを徳（美点）とす。他に勝ることのあるは、大きなる失（短所）なり。品（家柄や身分）の高さにても、才芸のすぐれたるにても、先祖の誉（名誉）にても、人に勝れりと思へる人は、たとひ言葉に出でてこそ言はねども、内心にそこばく（多く）の咎（欠点）あり。慎みてこれを忘るべし（のがよい）。痴（ばかげたこと）にも見え、人にも言ひ消たれ（非難され）、禍をも招くは、ただ、この②慢心なり。③一道にも誠に長じぬる人（本当にすぐれた人）は、自ら明らかにその非（自分の欠点）を知る故に、志（向上心）常に満たずして、終に物（人）に伐る（自慢する）事なし。

（本文は「新編日本古典文学全集」による　問題作成上一部省略した箇所がある）

文章Ⅱ

*子路進みて曰く、敢て問ふ、満を持するに道有りや（満ちた状態を保つ方法はありましょうか）、と。*子曰く、聡明叡智なれば（賢く知恵がすぐれていると）、之を守るに愚を以てし（愚かな振りをし）、④功天下を被はば（功績が天下を覆い尽くすほどならば）、之を守るに譲を以てし（謙譲を行い）、⑤勇力世に振はば（強い力が世の中を揺り動かすほどならば）、之を守るに怯を以てし（臆病な振りをし）、富四海を有たば（豊かな財産が天下を保持するほどならば）、之を守るに謙を以てす（謙虚を心がける）。此れ所謂之を損して（満ちた状態を）又之を損するの道（保つにはそれを抑えて、更に抑えるという方法）なり、と。

（本文は「新釈漢文大系」による　問題作成上一部省略した箇所がある）

*（注）　子路＝孔子の弟子　子＝孔子

(1)　**文章Ⅰ**の〰〰線部の言葉を現代仮名遣いに直して、すべてひらがなで書きなさい。

①　いちだう　②　わざはひ

(2)　――線部①「よにわろく覚ゆるなり」と筆者が述べている行いについて、次の□のようにまとめた。□に当てはまる最も適切なものを、あとの**ア**～**エ**から一つ選び、記号を書きなさい。

自分の専門外の場に出席したときに、□ような行い。

ア　自分の専門分野の力が誇れず悔しがる
イ　自分の専門分野の知識を誇って満足する
ウ　自分の専門分野の経験が少なく不満に思う
エ　自分の専門分野の技術を自慢して得意になる

(3)　――線部②「慢心」の具体的な内容を、「思っている心」につながるように、**文章Ⅰ**の本文中から六字で抜き出して書きなさい。

(4)　――線部③と筆者が述べているのは、人のどのような姿勢が理想的であると考えているからか。その考えを含む一文を**文章Ⅰ**の本文中から十五字以上二十五字以内でさがし、最初の五字を書きなさい。

(5)　――線部④は、「功被天下、守之以譲」を書き下し文に改めたものである。返り点を付けなさい。

(6)　――線部⑤に用いられている表現方法として最も適切なものを、次の**ア**～**エ**から一つ選び、記号を書きなさい。

ア　反復　**イ**　体言止め　**ウ**　係り結び　**エ**　対句

(7)　**文章Ⅰ**と**文章Ⅱ**に表されている考え方に関連のある最も適切な言葉を、次の**ア**～**オ**から一つ選び、記号を書きなさい。

ア　親しき仲にも礼儀あり　**イ**　針の穴から天をのぞく
ウ　虎の威を借る狐　**エ**　木に縁りて魚を求む
オ　能ある鷹は爪を隠す

を書きなさい。

(3) Ⅳの内容から、山川さんがどのようなことに気をつけて聞いていると言えるか。最も適切なものを、次のア～エから一つ選び、記号を書きなさい。

ア 青木さんの発表を自分の考えと比較し、共通点をさがしながら聞いている。

イ 青木さんの発表を、表現の仕方や効果に注目し、評価しながら聞いている。

ウ 青木さんがどのような気持ちで発表をしようとしているか、想像しながら聞いている。

エ 青木さんの発表を聞き終わった後で、発表の仕方でよい点だけを伝えようとして聞いている。

(4) 青木さんは、山川さんから、Ⅳの〜〜〜線部のような指摘を受けた。そこで、スピーチの録画を見返し、Ⅲの〜〜〜線部を直す必要があると気づいた。「資源です」の部分を、実際に話すように書き直しなさい。

(5) 青木さんは、山川さんから、Ⅳの——線部のような指摘を受けた。そこで、Ⅱに加えてⅤの資料を用いて、Ⅲの——線部を、日本の食品ロス量がいかに多いかが伝わるように言い換えることにした。あなたならどのように話すか。次の〈条件1〉～〈条件3〉と《注意》に従って書きなさい。

〈条件1〉「日本では、」に続けて書くこと。

〈条件2〉Ⅱ及びⅤそれぞれにある数値を用いて書くこと。

〈条件3〉六十字以上八十字以内で、実際に話すように書くこと。

《注意》数字の書き方は、「二十五」または「二五」のどちらでもよい。

【問三】 次の①～③から、誤って使われている漢字一字をそれぞれ抜き出して書き、同じ読みの正しい漢字を楷書でそれぞれ書きなさい。

① 生徒総会で、目標の承認、予算の決議、生徒会基約の改正などを行う。

② この法律が主に保護の対象としているものは自然の風景地だが、生物多様性の保善にも役に立っている。

③ 彼は、地域経済の活性化が重要であることを提言した書物を現した。

【問四】 次に示すのは、**文章Ⅰ**が『徒然草』の一節、**文章Ⅱ**が『孔子家語』の一節を書き下し文に改めたものである。これらを読んで、あとの各問いに答えなさい。

文章Ⅰ

一道（いちだう）（一つの専門の道）に携（たづさ）はる人、あらぬ道の筵（むしろ）に臨みて（専門外の場に出席して）、「あはれ、わが道ならましかば（自分の専門の道であったら）、かくよそに見侍（はべ）らじものを（こんなに傍観しますまいのに）」と言ひ、心にも思へる事、常のことなれど、①よにわろく覚ゆるなり（まことによくないことと思われる）。知らぬ道のうらやましく覚えば、「あな（ああ）うらやまし。などか習はざりけん（なぜ習わなかったのだろうか）」と言ひてありなん。

我が智（ち）（賢いこと）をとり出でて人に争ふは、角（つの）あるものの角を傾（かたぶ）け、牙あるものの牙を咬（か）み出だす類（たぐひ）なり。

「計画的に買う」「食べる分だけ作る」などの工夫をするようになりました。しかし、まとめ買いをした結果、使いきれなかったり、その日の体調で食べきれなかったりすることなどがあり、どうしても残ってしまうことがありました。そこで、残ったものをなんとかできないか考え、インターネットで調べて見つけた、たい肥作りをしてみようと思いました。

実際に段ボール箱を容器として使いました。段ボール箱の中に土や米ぬかと一緒に生ごみを入れ、空気に触れるようかき混ぜます。（写真を見せる）毎日かき混ぜたり虫が来ないように防いだりと、思ったよりも手間がかかりました。作ったたい肥は、プランターや庭の畑にまきました。

たい肥作りでは、少しずつ生ごみの様子が変わることがおもしろかったです。（写真を見せる）できたたい肥を見たとき、私は、食べ物はこうやって土になり、そこでまた野菜ができ、私たちの暮らしの中で循環していくのだなということを実感しました。つまり、私がわかったことは、残った食品は、ごみではなく大切な資源です。ごみとしてただ捨てるのではなく、たい肥として生かすことは、我が家の食品ロスの課題解決につながる方法だと思いました。

食品ロスは、解決したい社会問題の一つです。食品ロスをゼロにすることは、無理だという人もいるかもしれません。しかし、自分たちにできることで、少しでも解決することができたらと思います。買うとき、調理するとき、食べるとき、残したときなど、その時々で食品ロスを生まない工夫はあると思います。私はこれからも自分にできることを考えていきたいと思いました。

これで、私の発表を終わります。ありがとうございました。

Ⅳ　山川さんの聞き取りメモ

主な内容	意見や根拠の適切さ 発表の工夫 ○…よい点 △…気になる点
・たい肥作り	
・近くのスーパー ・食品ロスとは ・食品ロスを出さない	○取り組みのきっかけがわかりやすい。 △612万トンという量の多さがもっと伝わるようにしたい。
・たい肥作り ・毎日かき混ぜる ・食品は資源	○写真があり、わかりやすい。 ○実体験で説得力がある。 △気になる言葉の使い方があった。
・少しでも減らしたい	

Ⅴ　追加資料

世界の食料支援の状況

国連の支援食料　年間380万トン
世界83カ国へ(2017年)

国連WFP(世界食糧計画)「数字で見る国連WFP 2019年」(2020年)より作成

(1)　Ⅰの構想メモの特徴として適切なものを、次のア～エから二つ選び、記号を書きなさい。

ア　時間配分、内容、相手を意識した話し方をしようとしている。

イ　説明する上で効果的な写真と資料をそれぞれ一つずつ使い、提示しようとしている。

ウ　アンケート結果を使って、話題提示をしようとしている。

エ　調べたことと考えたことを区別して、順序や構成を工夫している。

(2)　青木さんは、自分と異なる考えをもつ聞き手からの反論を想定している。それがわかる言葉はどこか。Ⅲから一文でさがし、最初の七字

【問二】　国語の学習で、体験や調査から考えたことについて、スピーチをすることになった。青木さんは、山川さんにスピーチの練習を聞いてもらい、アドバイスをもらうことにした。次は、Ⅰ青木さんの構想メモ、Ⅱ提示資料、Ⅲ青木さんのスピーチ内容、Ⅳ山川さんの聞き取りメモ、Ⅴ追加資料である。これらを読んで、あとの各問いに答えなさい。

Ⅰ　青木さんの構想メモ

【考えたこと】
*食品ロスを生まない工夫が必要

順序	時間（秒）	内容	工夫したいこと
1	15	・話題提示	
2	60	・きっかけ ・調べたこと（食品ロスやたい肥作り）	・身近なことから。 ・資料を提示する。
3	80	・体験の様子 ・わかったこと ・考えたこと	・混ぜているときの写真を見せる。 ・たい肥の写真を見せる。 ・感じたことが伝わるように間を取る。 ・要点的に話す。
4	15	・あいさつ	

*（注）　食品ロス＝本来食べられるのに捨てられる食品

Ⅱ　提示資料

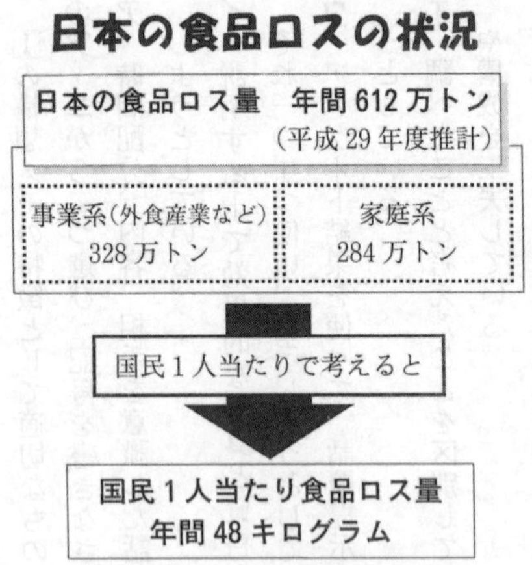

消費者庁「食品ロス削減関係参考資料」（令和2年）等より作成

Ⅲ　青木さんのスピーチ内容

私は、生ごみでたい肥作りにチャレンジしました。その体験から考えたことを話します。

きっかけは、近くのスーパーです。近くのスーパーでは、夕方にお総菜の割引きを行います。聞いてみると、少しでも「食品ロス」を出さないための工夫だと店員さんがおっしゃっていました。

食品ロスとは何か、調べてみると、本来食べられるのに捨てられる食品のことでした。こちらの資料を見てください。（Ⅱを見せる）日本では、六百十二万トンの食品ロスが発生しているとわかりました。それ以来、私の家でも食品ロスを出さないために

(3) この文章は、「流れ」と「構え」について論じられている。「流れ」と「構え」について、筆者はどう説明しているか。次のようにまとめるとき、[a]、[b]に当てはまる最も適切な言葉を、本文中からそれぞれ指定された字数で抜き出して書きなさい。

> 文脈を意識して[a(三字)]に考えながら文を追加していくボトムアップ式の活動を「流れ」とし、文章全体の[b(三字)]に沿って書いていくトップダウン式の活動を「構え」とする。

(4) [A]〜[D]に当てはまる言葉の組み合わせとして最も適切なものを、次のア〜エから一つ選び、記号を書きなさい。

ア [A] つながろう　[B] 近接情報　[C] 意図的　[D] 迎えよう
イ [A] 移行しよう　[B] 新情報　[C] 無目的　[D] 離れよう
ウ [A] 移行しよう　[B] 近接情報　[C] 意図的　[D] 離れよう
エ [A] つながろう　[B] 新情報　[C] 意図的　[D] 離れよう

(5) ――線部②とあるが、どのようなことか。七十字以上八十字以内で書きなさい。

(6) 筆者の論じ方の工夫を、次のノートのようにまとめた。あとのi、iiに答えなさい。

> ノート
> ○林氏の言葉を引用することで、[c]している。
> ○「流れ」と「構え」について、「魚の目」と「鳥の目」の比喩を用いて説明している。
> ○車の運転に[d(四字)]ることで、「流れ」と「構え」を調整しながら自らの判断で[e(八字)]という文章を書く行為を説明している。
> ○全体を通して、二つの事柄を対比しながら論じている。

i　ノートの[c]に当てはまる最も適切な言葉を、次のア〜エから一つ選び、記号を書きなさい。

ア　読者に問題提起　イ　筆者の考えを補強
ウ　話題を転換　エ　対照的な考えを提示

ii　ノートの[d]、[e]に当てはまる最も適切な言葉を、本文中からそれぞれ指定された字数で抜き出して書きなさい。

(7) 筆者の論じ方の工夫の一つである対比を用いて、「相手に思いを伝えるときに、次のAまたはBの手段のどちらを使うか」について、自分の考えを書くことになった。あなたの考えを、あとの〈条件1〉〜〈条件3〉と《注意》に従って書きなさい。

A　直接会って口頭で伝える
B　手紙やメールなどの文章で伝える

〈条件1〉AとBそれぞれの長所または短所を明らかにして、対比させながら書くこと。
〈条件2〉〈条件1〉に基づいてAまたはBのどちらを使うか場面を示して書くこと。
〈条件3〉七十字以上九十字以内で書くこと。
《注意》「直接会って口頭で伝える」をA、「手紙やメールなどの文章で伝える」をBとし、AとBの記号を使って書くこと。

位を、「流れ」と「構え」という観点から議論したいと思います。「流れ」と「構え」はつねに拮抗（きっこう）する存在です。「流れ」が無目的に走りだそうとすると、「構え」がそれにストップをかけます。そのまま書きつづけてしまうと、あらぬ方向に文章が展開していってしまうからです。一方、「構え」が「流れ」を無理に押さえつけようとすると、「流れ」がそれに反発します。予定していた「構え」のとおりに書けないのは、設計図としての「構え」にそもそも無理があるためであり、「構え」を「流れ」に合わせて修正していくことで、自然な流れの文章ができあがっていくからです。このように、文章とは、②「構え」と「流れ」の絶え間ない戦いの過程であり、両者の調整の歴史です。書き手によるそうした調整の歴史が文字として残り、それを読み手が文章として読んで理解していくのです。そう考えると、段落は「流れ」と「構え」が出会い、調整をする場だということになるでしょう。ボトムアップ式の活動とトップダウン式の作業がクロスする交差点なのです。

「魚（さかな）の目」と「鳥の目」という比喩があります。「魚の目」というのは、海のなかを泳ぐ魚から見える水中の世界。潮の動きや外敵の存在など、周囲の状況を感じとりながら泳ぎます。「鳥の目」というのは、海のはるか上空から見える空中の世界。魚がどの方向に進んでいるのかを上空からモニターします。海のなかを泳ぐ魚が目的にむかって適切に進むには、「魚の目」と「鳥の目」を組み合わせて考えることが大事です。「魚の目」は「流れ」、「鳥の目」は「構え」です。私たちが文章を書いたり読んだりするとき、「魚の目」と「鳥の目」を行ったり来たりします。そうすることで、私たちの言語活動はより質の高いものになるのです。

文章を書くことを車の運転になぞらえてみましょう。私たちが車を運転するとき、カーナビを参考にします。カーナビゲーション・システム、いわゆるカーナビのディスプレイは、空から見る「鳥の目」で私たちの行くべき道を教えてくれます。しかし、ハンドルを握る私たちは、カーナビの言うことに従うとは限りません。道路の渋滞状況や工事状況、スクールゾーンなどの時間帯、道幅の広さや見通しのよさ、さらには信号の変わるタイミングなど、「魚の目」で周囲の状況を見ながら、まさに「流れ」に合わせて進む道を柔軟に変えていきます。ときには「鳥の目」であるカーナビの選択を尊重し、ときには「魚の目」である自分の状況判断を優先し、調整しながら運転していくわけです。このように「鳥の目」と「魚の目」、二つの目を調整しながら自らの判断で運転していくさまは、設計図を参考にしながらも、現場の判断で選択を決めていくという文章を書く営みと共通するものです。段落というものを、あらかじめ立てていた計画と、執筆過程で次々に思いつく即興との融合と見ることで、文章執筆の考え方は豊かになるでしょう。

（石黒圭（いしぐろけい）「段落論　日本語の「わかりやすさ」の決め手」）

(1) 文章中の〰〰線部のよみがなを、ひらがなで書きなさい。

① 推　② 余儀　③ 安易

④ 随時　⑤ 柔軟　⑥ 営

(2) ——線部①「ない」と同じ品詞を含むものを、次の**ア**～**エ**から一つ選び、記号を書きなさい。

ア かぎりない　**イ** 欲しくない

ウ 知らない　**エ** ペンがない

＜国語＞

時間　五〇分　満点　一〇〇点

【注意】解答用紙にマスがある場合は、句読点、カギ括弧（「や『）などもそれぞれ一字と数えて書きなさい。

【問一】次の文章を読んで、あとの各問いに答えなさい。

文章を書くということは文を書くことです。文章を書く人は誰でも、一度に文章全体を書くことはできず、地道に一文一文書きつづけることしかできません。段落を作ることにしても、文を書いている合間に、改行一字下げの記号をときどき入れるにすぎません。私たちが文章を書くときには、文しか書いていない①のです。一冊の本を書き上げる場合でも、何百、何千という文をひたすら書きつづける以外ありません。執筆過程のなかで、その都度その場の文脈を考えながら一文一文生みだし、それを次から次へと継ぎ足しながら文章という一本の線を紡（つむ）いでいくこと。これが文章を書くことです。このように、その場の文脈に合わせて即興的に考えながら文を継ぎ足していくボトムアップ式の活動を「**流れ**」と呼ぶことにしましょう。

一方、文章を書く人なら誰でも、アウトラインという名の文章構成の設計図を持っています。用意周到な書き手であれば、かなりしっかりしたアウトラインを作り、それにしたがって文章を書いていこうとするでしょう。そうしたトップダウン式の活動を「**構え**」と呼ぶことにしましょう。

「流れ」と「構え」とは、文章論の大家である林四郎（はやししろう）氏の独創的な考え方を参考にしたものです（林一九七三／二〇一三）。林氏は次のように語ります（林一九七三、一五～一六頁）。

文章が、次々と関係を作って伸びていく、この姿を、わたくしたちの言語的思考の投影だと見て、この思考活動を推し進めていく力に、わたしは、基本的に二種類の相反する力を見出す。それは、つながろうとする力と、離れようとする力である。わたくしたちの思考場面に、一つの情報が送りこまれると、それ以後は、その情報が呼び起こす近接情報へ移ろうとする力が主に働いて、あることばから次のことばが選ばれるが、わたくしたちがものを考えるということは、多くの場合、何か外からの刺激を受けて、余儀なく次へ移っていくのであって、ただ無抵抗に意識表面をすべっていくのとはちがう。そこで、なるべく近接した情報へ安易に移行しようとする力を制して、随時、必要がもたらす新情報が飛びこんで来る。近接情報へ移行しようとする力は、つながろうとする力であり、新情報を迎えようとする力は、離れようとする力である。〔中略〕一応離れるが、やがてつながるべく意図されて離れるのが、言語表現における離れ方の特徴である。近接情報への無抵抗な移行を「流れ」と称したのに対して、このように意図的に離れることは「構え」と呼びたい。むやみに離れるのでなく、構えて離れるからである。

つまり、先行文脈から自然に［A］とする力を「流れ」、［B］の導入によって［C］に［D］とする力を「構え」と呼びます。林氏の議論では、文の組み立てに関わる比較的小さい要素が中心ですが、本書では、段落のなかの文という大きい単

MEMO

大切なことはメモしておこうネ！

2021年度

解答と解説

《2021年度の配点は解答用紙集に掲載してあります。》

＜数学解答＞

【問1】 (1)　-4　(2)　ウ　(3)　$3\sqrt{2}$　(4)　$(x=)-2\pm\sqrt{6}$　(5)　ウ，エ
(6)　解説参照　(7)　イ　(8)　(例)子どもの人数　(9)　$\frac{1}{6}$　(10)　イ
(11)　106(°)　(12)　8(cm)

【問2】 Ⅰ　(1)　ア　(2)　解説参照　Ⅱ　(1)　①　$\frac{1}{3}$　②　(記号)　ア
(理由)　解説参照　(2)　①　$2\pi r+2a$(m)　②　2π(m)　③　ウ

【問3】 Ⅰ　(1)　400(m)　(2)　解説参照　(3)　(16時)6(分)20(秒)
Ⅱ　(1)　$(y=)\frac{1}{4}x^2$　(2)　(秒速)$\frac{15}{2}$(m)　(3)　①　解説参照　②　50(秒後)
③　解説参照

【問4】 Ⅰ　(1)　あ　イ　い　ア　う　(例)1組の向かい合う辺　(2)　(例)2組の辺とその間の角が，それぞれ等しい　Ⅱ　(1)　解説参照　(2)　$\frac{3}{8}$(倍)
(3)　$\frac{240}{7}$(cm²)　Ⅲ　36(°)

＜数学解説＞

【問1】 (小問群―数と式の計算，根号を含む計算，二次方程式，有理数と無理数，正三角形と角の二等分線の作図，等式の変形，一次方程式の応用，確率，反比例，円の性質と角度の求値，相似な図形と線分の長さの求値)

(1)　$(-3)+(-1)=-3-1=-(3+1)=-4$

(2)　$(15x+5)\div5=15x\div5+5\div5=3x+1$　より，ウ

(3)　$\sqrt{50}-\sqrt{8}=\sqrt{2\times5^2}-\sqrt{2^3}=5\sqrt{2}-2\sqrt{2}=3\sqrt{2}$

(4)　$x^2+4x=2$より，$x^2+4x-2=0$　二次方程式の解の公式を利用して，
$x=\frac{-4\pm\sqrt{4^2-4\times1\times(-2)}}{2\times1}=\frac{-4\pm\sqrt{24}}{2}=\frac{-4\pm2\sqrt{6}}{2}=-2\pm\sqrt{6}$

(5)　アは，有限小数0.7なので分数$\frac{7}{10}$と表すことができるので有理数。イは，$-\frac{1}{3}$と分数で表せるので有理数。ウは，円周率3.1415…と循環しない小数であり，分数で表すことができないので無理数。エは，$\sqrt{10}$は循環しない小数であり，分数で表すことができないので無理数。オは，$-\sqrt{49}=-7$より，これは整数なので有理数。

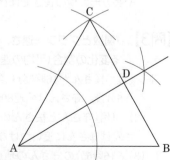

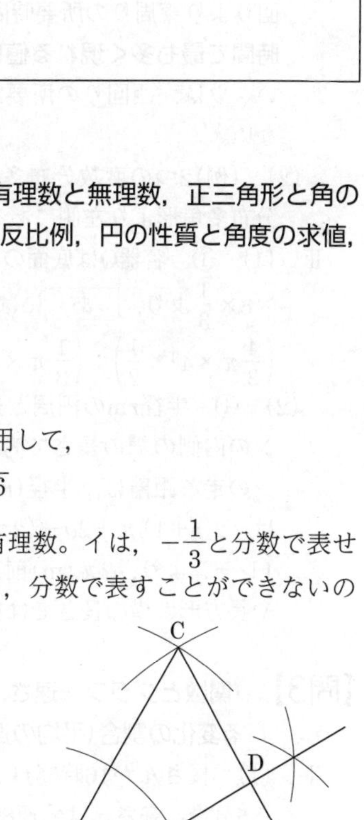

(6)　次の手順で作図すればよい。　①　点Aを中心として半径が線分ABの長さと同じである円を描く。　②　点Bを中心として半径が線分ABの長さと同じである円を描き，①との交点をCとする。　③　点Aを中心として適当な半径の円を描き，辺AB，ACとの交点をそれぞれP，Qとする。

④　点P，Qそれぞれを中心として，半径が同じ2つの円を描き，その交点をRとして，2点A，Rを直線でむすび，辺BCとの交点をDとする。

(7)　②である$3a-5=2b$の両辺に5を足すと，③である$3a=2b+5$となる。よって，イである。

(8)　$x-22$と$x+6$はあめの個数を表し，これを1人当たり配ったあめの個数で割った式を考えるので，それは子どもの人数を表す。

(9)　走る順番は，(春，桜，学)，(春，学，桜)，(桜，春，学)，(桜，学，春)，(学，春，桜)，(学，桜，春)の6通り考えられる。このうち，2番目が春さんで3番目が桜さんとなっているのは1通りしかないので，求める確率は$\frac{1}{6}$

(10)　$200\times5=xy$は変形すると，$y=\frac{1000}{x}$と表せ，**比例定数を1000とした反比例の式**となる。したがって，イのyはxに反比例するといえる。

(11)　$\angle x=(360-148)\div2=106°$

(12)　AD//BCなので，平行線の錯角は等しいことから，∠EAD＝∠ECBかつ∠EDA＝∠EBC　したがって，2組の角がそれぞれ等しいので，△EAD∽△ECB　対応する辺の比はすべて等しいので，ED：EB＝AD：CB＝4：8＝1：2　よって，$BE=BD\times\frac{2}{1+2}=12\times\frac{2}{3}=8$(cm)

【問2】　(資料の散らばり・代表値，円錐と球の体積，平面図形の周の長さと数学的思考)

Ⅰ　(1)　西周りの所要時間は，最大値が35，最小値が25でそのデータの範囲は35－25＝10　東周りの所要時間は，最大値が51，最小値が20でそのデータの範囲は51－20＝31　よって，西回りより東周りの所要時間の方が，散らばっているといえる。よってアが正しい。イは，**所要時間で最も多く現れる値は最頻値**となるので，西回りが29，東回りが24であり，28分ではない。ウは，西回りの所要時間は，中央値が28分であるので，28分を上回るバスは半数より少ない。

(2)　(例)2つの度数分布多角形が同じような形で，平日の度数分布多角形の方が，休日の度数分布多角形より左側にあるから，平日の所要時間の方が短い傾向にある。

Ⅱ　(1)　①　容器Qは底面の半径が4cm，高さが8cmの円すいなので，その体積Vは，$V=(\pi\times4^2)\times8\times\frac{1}{3}$より，[あ]には$\frac{1}{3}$が入る。　②　(理由の例)　PとQに入れた水の体積の比は，$\left(\frac{4}{3}\pi\times4^3\times\frac{1}{2}\right):\left(\frac{1}{3}\pi\times4^2\times8\right)=1:1$　となるから，水の体積は等しい。

(2)　①　半径rmの円周と長さamの線分2つの和なので，$2\pi r+2a$(m)　②　それぞれのレーンの内側の線の長さで考えるので，第1レーンの走る距離は①より，$2\pi r+2a$(m)　第2レーンの走る距離は，半径$(r+1)$mの円周と$2a$(m)の和となるので，$2(r+1)\pi+2a$(m)　その差は，$2(r+1)\pi+2a-(2\pi r+2a)=2\pi$(m)となる。よって，第2レーンのスタート位置は，第1レーンより，2π(m)前方にずらせばよい。　③　第2レーンのスタート位置は，半円の半径や長方形の横の長さではなく，レーンの幅によって決まるので，ウ

【問3】　(関数とグラフ―速さ，グラフの読み取り，一次方程式の応用，2乗に比例する関数における変化の割合(平均の速さ)，グラフの作成，二次方程式の応用)

Ⅰ　(1)　桜さんが16時5分に学校を出発しているので，これは守さんが16時に学校を出発してから5分後。守さんは分速80mで進んでいるので，5分で$80\times5=400$(m)進んでいる。

(2)　(例)守さんと桜さんの進むようすを表す2直線の交点のy座標が$0\leqq y\leqq600$にないから，桜さんは守さんに追いつけない。

(3)　16時5分の守さんの地点は，グラフ上では$(x,\ y)=(5,\ 400)$であり，これは桜さんが学校

を出発する時刻と同じである。したがって，守さんは分速100mで学校に戻り，桜さんは分速200mで学校から進むので，2人が出会うまでに2人で400m進めばよいことから，16時5分からt分後に出会うと考えると，$100t+200t=400$　これを解くと，$t=\frac{4}{3}$　よって，$\frac{4}{3}$分後＝1分20秒後に出会う。したがって，桜さんが守さんに出会う時刻は16時5分から1分20秒後の16時6分20秒

Ⅱ　(1)　電車について，$0≦x≦60$では，yはxの2乗に比例すると考えることができるので，その関係式は，$y=ax^2$とおくことができる。このグラフは点(20，100)を通るのでこれを代入すると，$100=a\times20^2$　$400a=100$　$a=\frac{1}{4}$　よって，$y=\frac{1}{4}x^2$と表せる。

(2)　(1)より，$y=\frac{1}{4}x^2$と表せるので，$x=10$のとき$y=25$，$x=20$のとき$y=100$なので，**求める平均の速さは(yの増加量)÷(xの増加量)**より，$(100-25)\div(20-10)=\frac{75}{10}=\frac{15}{2}$　よって，平均の速さは(秒速)$\frac{15}{2}$(m)

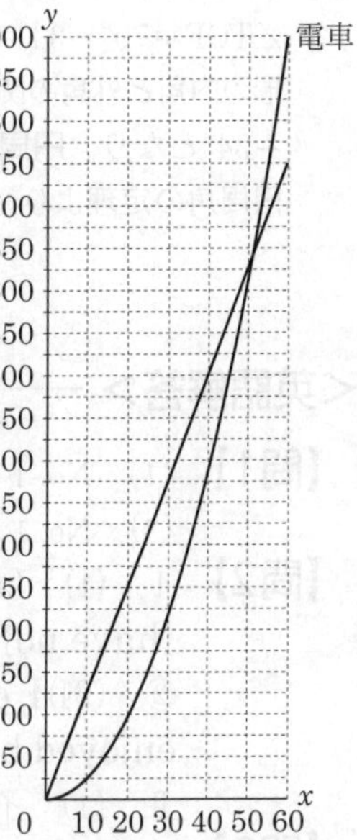

(3)　①　自動車は一定の速さで走っているものとし，時速45km＝時速45000mなので，分速に直すと，45000÷60＝750より分速750mである。さらに秒速に直すと，750÷60＝12.5より秒速12.5mとわかる。したがって，自動車について$y=12.5x$，すなわち，$y=\frac{25}{2}x$のグラフをかき込めばよいので，右図のようになる。

②　$\begin{cases} y=\frac{1}{4}x^2 \\ y=\frac{25}{2}x \end{cases}$　を解けばよい。yを消去すると，$\frac{1}{4}x^2=\frac{25}{2}x$

解いていくと，$x^2-50x=0$　$x(x-50)=0$　$0<x≦60$より，$x=50$

よって，50秒後

③　(例)電車と自動車の2つのグラフについて，yの値が750のときのxの値の差を求める。

【問4】　(平面図形)

Ⅰ　(1)　平行四辺形ABCDにおいて，平行四辺形の2組の向かい合う辺は，それぞれ等しいので，AD＝BCといえる。また，平行四辺形の2組の向かい合う辺は，それぞれ平行なので，AD//BCといえる。四角形AFCEが平行四辺形になるための条件は，**「1組の向かい合う辺が等しくて平行」**なので，①，②より，平行四辺形といえる。

(2)　△ABFと△CDEにおいて，BF＝DEかつAB＝CD　さらに，平行四辺形の対角は等しいことから，∠ABF＝∠CDE　以上より，2組の辺とその間の角がそれぞれ等しいことから，△ABF≡△CDEといえる。

Ⅱ　(1)　(例)四角形AFCEは平行四辺形なので，AF//ECより，平行線の同位角は等しいから，∠ARB＝∠QSR…②　また，対頂角が等しいから，∠QSR＝∠CSP…③　②，③より，∠ARB＝∠CSP…④　①，④から，2組の角が，それぞれ等しいので，△ABR∽△CPS

(2)　辺CDを4等分した点のうち，点Dに近い方の点をPとするので，CP：PD＝3：1　△ABR∽△CPSより対応する辺の比は等しいのでBR：PS＝AB：CP＝4：3　さらに，AF//CEより，△BFR∽△BCSなので，BF：BC＝BR：BS＝1：2　よって，BR：RS：PS＝4：4：3とわかる。したがって，PS：SB＝3：8となり，PSはSBの$\frac{3}{8}$倍といえる。

(3)　△BFR∽△BCSより，相似比がBF：BC＝1：2であることから，**面積比は相似比の2乗の比**となるので，△BFR：△BCS＝1^2：2^2＝1：4　よって，△BCS＝△BFR×4＝9×4＝36(cm^2)　(2)より，BS：SP＝8：3なので，△BCS：△CPS＝8：3とわかり，△CPS＝△BCS×$\frac{3}{8}$＝36×$\frac{3}{8}$＝$\frac{27}{2}$(cm^2)　よって，△BCP＝△BCS＋△CPS＝36＋$\frac{27}{2}$＝$\frac{99}{2}$(cm^2)　AB：CP＝4：3かつAB//CPより，△ABP：△BCP＝AB：CP＝4：3なので，△ABP＝△BCP×$\frac{4}{3}$＝$\frac{99}{2}$×$\frac{4}{3}$＝66(cm^2)　BR：RS：SP＝4：4：3より，△ABR＝66×$\frac{4}{4+4+3}$＝24(cm^2)　△ARP＝66×$\frac{4+3}{4+4+3}$＝42(cm^2)　さらに，AR//QSより△PSQ∽△PRAとなり，相似比がPS：PR＝3：7であるので，その**面積比は相似比の2乗の比**となることから，△PSQ：△PRA＝3^2：7^2＝9：49　したがって，(四角形ARSQ)：△ARP＝(49−9)：49＝40：49となり，(四角形ARSQ)＝△ARP×$\frac{40}{49}$＝42×$\frac{40}{49}$＝$\frac{240}{7}$(cm^2)

Ⅲ　AF//ECより平行線の同位角は等しいので，∠ECF＝∠AFB＝70°となり，∠ECA＝∠ECF−∠TCF＝70°−34°＝36°　AE//CFより平行線の錯角は等しいので，∠CAE＝∠ACF＝34°　三角形の内角と外角の関係から，∠AET＝∠ETC−∠EAT＝68°−34°＝34°　よって，∠AEB＝∠ACB＝34°となり，**円周角の定理の逆より，4点A，B，C，Eは同一円周上にある**といえる。ゆえに，円周角の定理より，∠ABE＝∠ACE＝36°　したがって，∠ABT＝∠ABE＝36°

＜英語解答＞

【問1】　(1)　No. 1　エ　　No. 2　ウ　　No. 3　エ　　(2)　No. 1　ウ　　No. 2　イ
(3)　No. 1　ア　　No. 2　ウ　　(4)　ア

【問2】　Ⅰ　(1)　(a)　ウ　　(b)　エ　　(2)　(a)　have been　　(b)　(例)do not have [have no]　　(3)　①　(例)It was cloudy[The weather was cloudy]
②　(例)I could not see any stars[There were no stars]　　③　(例)I enjoyed beautiful flowers[We enjoyed seeing beautiful flowers]
Ⅱ　(1)　イ　　(2)　(a)　ア，エ　　(b)　ウ

【問3】　(1)　ウ　　(2)　イ，ウ　　(3)　③　　(4)　②　　(5)　(a)　ア　　(b)　エ
(6)　(例)I think it is a big problem because we will not be able to see barn swallows in the future.

【問4】　(1)　イ　　(2)　ウ　　(3)　イ　　(4)　ア，オ　　(5)　(う)　イ　(え)　ア
(お)　エ　　(か)　ウ　　(き)　オ　　(6)　(c)lean drinking water　　(7)　エ

＜英語解説＞

【問1】　(リスニング)

放送台本の和訳は，59ページに掲載。

【問2】　(文法問題：絵・図・表・グラフなどを用いた問題，語句補充・選択，自由・条件英作文，語形変化，現在・過去・未来と進行形，現在完了，助動詞，分詞の形容詞的用法，間接疑問文，比較)

Ⅰ　(1)　(a)　マーク：夕方のニュースを見た？　テレビでぼくたちの学園祭をやっていた。／

ケン：見そこなった。その時は，お風呂に(入っていた)んだ。 take a bath で「風呂に入る」という意味になる。カッコの文では at the time「その時」と過去のことを言っているので過去形であるウが適当。 (b) マーク：9月にある信州市立高校の学校公開日に行ってみたいんだ。(どうしたら)そこに行くことができるかな？／エミ：市バスに乗ってはどう？ エミは「バスに乗れば？」と言っているので，「どのように学校まで行けばいいのか？」とマークは聞いていると思われるためエが適当。この how は「どのように」という方法を表している。

(2) (a) ケイト：彼女の歌を聞いて，とてもわくわくしている。／ハナ：彼女は素晴らしい！私は彼女のコンサートへ三回も(行ったことがある)の。／ケイト：わあ。あなたは彼女の音楽が本当に好きなのね。 カッコの文は「三回行った」と考えられる。カッコの単語は be なので，have been to～とすると「～へ行ったことがある」となって経験を表す**現在完了**になる。

(b) ジュディ：あなたはとても英語が上手ね。毎日勉強しているの？／ケン：ありがとう，けれども今は英語の勉強をするための時間が(ない)んだ。ぼくは英語をカナダで勉強した。だから，まだたくさんのことばを覚えている。 ジュディは「毎日勉強するのか？」と聞いて，ケンは「けれども今では」と答えているので，これに続くのは「時間がない」という意味の do not have time が適当だと考えられる。

(3) (夏休みの記録)私は7月20日に星を見るために，家族と一緒に高尾山へ行った。山の頂上は，①曇りだった。②私は星を見ることができなかった。翌日の朝，③私は美しい花を楽しんだ。メモによると，①は天気のことで cloudy(曇り)とあることから，解答は It was cloudy が適当。天気なので主語は it とする。②はメモによると「星を見ることができなかった」とあり，解答は I could not see any stars とする。「できなかった」と過去形なので can を could とする。③はメモに「beautiful flowers を楽しんだ」とあるので，動詞 enjoy(楽しむ)を使い過去形にして，解答は I enjoyed beautiful flowers が適当。

Ⅱ (1) (問題文訳)私の兄弟は絵を描くことが好きです。これは，私のお気に入りの一枚です。彼は，私，私の姉妹と私たちの犬のコロを描きました。帽子をかぶっている女の子が私です。私の姉妹は立っていて，馬を見ています。コロはいつも地面で寝ていることが好きですが，この絵でコロは木のまわりを走っています。 問題文の説明からイの絵が適当。問題文の中の the girl wearing a hat は，wearing hat が girl を説明している現在分詞の形容詞用法で，「帽子をかぶっている女の子」という意味になる。

(2) (a) ア 店は，火曜日には金曜日よりも早く閉まる。(〇) イ 店に彼女がどれぐらいの間滞在したのかがわかる。 ウ 彼女はアメリカの店へ行った。 エ 白いシャツは，かばんよりも安い。(〇) レシートによると，店は火曜日には 17:30 に閉まり，金曜日には 21:00 に閉まるのでアが適当。また，白いシャツは一枚 $19.99(二枚で $39.98)であり，かばんは一つ $24.99 なので，エが適当。選択肢イの文は，how long(どれぐらい長く)が文の中に入った間接疑問の形になっている。 (b) 彼女は2021年の(3月14日)に，買った服を返却することができる。 ア 1月14日 イ 2月14日 ウ 3月14日(〇) エ 4月14日 問題文のレシートの下にある説明書きによると，「返却は買ってから一カ月を過ぎないうちに」とあり，服を買った日は 2021年2月15日であることから，空欄はウの3月14日が適当。

【問3】 (メモ・手紙・要約文などを用いた問題：語句補充・選択，内容真偽，文の挿入，英問英答，関係代名詞，動名詞，不定詞，接続詞，受け身)

(問題本文訳) あなたは今年ツバメを見ましたか？ 1972年，石川県でツバメに関する調査が始まりました。ほぼ毎年，小学生がこの調査を実施します。小学生たちは，ツバメとツバメの巣を数えます。1972年に石川では33,332羽のツバメを観測しましたが，2010年には12,848羽しか観測されませんでした。／これには，多くの理由があります。そのうちの二つは，住居の環境と自然環境の変化です。ずいぶん前に，ツバメは人びとの家の内側や外側に巣を作っていましたが，最近では巣を作る十分な空間がありません。なぜなら人びとの家の構造が変わってしまったからです。もう一つの理由は，水田の数の減少です。ツバメは時として水田から食料を得ます，しかし，年を取った時に米の栽培をやめてしまう農家もあるので，今では食料を得ることが困難になっています。／毎年もっと多くのツバメをみるためには，人びとは何ができますか？／日奈：これは，①(ツバメの数の減少)についての記事だね。／ジャック：そうだね。ぼくたちのスピーチのために，この問題について考えようか。

(1)　ア　ツバメについて調査することをやめた人びと　イ　毎年多くのツバメを見る農家　ウ　ツバメの数の減少(○)　エ　水田から多くの食料を得るための方法　問題文の記事の内容からウが適当。選択肢のアとイの文で使われている who~は，その直前の語を説明する関係代名詞になっている。また，選択肢アのdoing は動名詞形で，stopped doing~は「~することをやめる」となる。

(問題文訳)　ジャック：日本のほとんどのツバメは，東南アジアから来ている。なぜ日本へ飛んでくるのかわからない。／広太：ツバメは，春に食料を得るために日本へ来るのだけれども，この記事からすると，ツバメにとって食料を得ることが困難だとわかる。ぼくの父は，昔はたくさんの水田を見たとよく言う。父が子供だったころ，水田で両親を手伝っていた。今はぼくの家族は水田を持っていない，なぜなら米の栽培をやめてしまったから。ぼくの家族のように，たくさんの農家が米の栽培をやめてしまった。／日奈：そうね。この記事から，ツバメが巣を作るのに必要な場所がないことがわかる。私のおばあさんは，若い時に家の内側でツバメの巣をよく見かけたと言っていた。おばあさんは*土間*のある家に住んでいたの。*土間*は，家の中の空間だけど，床は外の地面のようになっている。おばあさんは，「*土間*のドアは，昼間はいつも開いているから，ツバメが私たちの家へ飛んで入ってくることができる」と言っていた。今ではおばあさんは*土間*のある家には住んでいない。今週末におばあさんに会うことになっていて，*土間*のある古い家について聞いてみる。／広太：いいね。ぼくたちのスピーチが面白くなると思うよ。

(2)　ア　ジャックはほとんどの日本のツバメが，どこから来るのかを知らなかった。　イ　広太の父親が子供だったころ，水田で両親を手伝った。(○)　ウ　日奈は，*土間*のある古い家について，彼女のおばあさんに聞こうとしている。(○)　エ　日奈のおばあさんは今，*土間*のある古い家に住んでいる。　問題本文の2番目の光太の発話第3文 When he was~では，「広太の父親は水田で手伝った」とあるのでイが適当。また，問題文3番目の日奈の発話の最後の文 This weekend I'll~では「*土間*のある古い家についておばあさんに聞く」とあるのでウが適当。選択肢エの that has~はその前の語 house を説明する**関係代名詞**になっている。

(原稿訳)　1　私はみなさんに住居の環境についてお話しようと思います。私のおばあさんの両親は農家でした。おばあさんが子供だったころ，ツバメがおばあさんの家族の家の内側や外側に巣を作っていました。　2　ツバメは人びとが住んでいる家に巣を作ることを好んでいます。ツバメはいつも家の内側や外側は安全だと感じています。なぜならヘビや他の鳥のような敵は，人びとの近くにほとんど行かないからです。ツバメにとって人びとは，ボディーガードのようになります。もしツバメが人びとの近くに巣を作るのであれば，ツバメはまた水田の虫を食べることができます。それは，米を栽培している農家の助けになります。　3　1960 年ごろから，家にシャッターやアルミの窓枠を使い始める人たちがいました。だから，ツバメはその家に飛んで入ることが困難になりました。私の町の人びとの生活環境はまだ変わり続けています，そして私はツバメの生活環境も変わっているのだと思います。 4 先週私たちは，ツバメの巣を探しに町を歩きまわりました。私たちは，ツバメを何羽か，そしていくつかの場所にはツバメの巣を見かけました。私は，私たちの町の環境は，まだツバメにとって良いものだと考えています。 5 最後に，私たちがツバメについて調査した後，私たちが知らなかった多くのことを学びました。私たちは町で，何羽かのツバメを見かけることは楽しいことでした。けれども私たちはツバメの数が減っていることも学びました。②みなさんはこの問題を，どう思いますか？

(3) 原稿の3では，「1960 年ごろから，人びとが家にシャッターやアルミの窓枠を使い始め，ツバメはその家に飛んで入ることが困難になった」とあるので，この段落でツバメの巣作りが難しくなった理由を述べていると考えられる。

(4) (問題文訳)ツバメはまた，屋根の端の建物の外部に張り出た部分(eaves)の下は安全だと感じている。屋根の端の建物の外部に張り出た部分は，日本語で軒(のき)と言われる。もし家に軒があるのなら，人びとは雨の時でさえ窓を開けることができる。ツバメは軒の下に巣を作ることを好む，なぜならツバメは巣を湿らせたくないからだ。軒は人びととツバメの両方にとって良いものだ。 問題本文の各段落の流れから，2の後に入れるのが適当と考えられる。

(5) (a) 2段落では，日奈は人びととツバメは(ア)(お互いに助け合う)のだと言いたい。
ア お互いに助け合う(○) イ 水田の近くは安全だと感じる ウ 家にツバメの巣を作る エ 巣の外に住む 第2段落は，「人びとがツバメのボディーガードとなり，ツバメは水田の虫を食べて米の栽培を助ける」とあるのでアが適当。問題文の to say は，名詞の働きをする to 不定詞で，want to say を直訳すると「言うことをしたい」であり「言いたい」という意味になる。 (b) 3と4段落では，日奈は(エ)(彼女の町の生活環境は変化しているが，彼女は先週ツバメを見ることができた)と言いたい。 ア 先週彼女が見たすべての家には，シャッターとアルミの窓枠があった。 イ 彼女の町の生活環境は変わった。だから彼女はツバメも巣も見ることができない。 ウ 彼女はツバメの巣を見ることができなかった，なぜなら今すべての家にシャッターがついているからだ。 エ 彼女の町の生活環境が変わっている，しかし彼女は先週ツバメを見ることができた。(○) 第3段落では「町の生活環境が変化」とあり，第4段落では「町の中でツバメを見た」とあるので，エが適当。

(6) (解答例と解答例訳) I think it is a big problem because we will not be able to see barn swallows in the future. 私はそれが大きい問題だと思います。なぜなら私たちは将来ツバメを見ることができなくなるかもしれないからです。 問題文では「考えと考えた理由」を求めているので，解答例では「大きい問題」と考えを述べ，「ツバメを見ることができなくなる」と理由を述べている。理由を接続詞 because を使って述べると，理由だとわかりやすい。

【問4】 (長文読解：語句補充・選択，内容真偽，語句の解釈・指示語，動名詞，不定詞，関係代名詞，比較)

(全訳) 1 昨年の夏，私はオーストラリアで一週間のホームステイ・プログラムに参加しました。最初の晩に，ホスト・マザー(客をもてなす主人，ホームステイ先の母親)が私に「毎晩，だいたい5分ぐらいシャワーを使っていいですよ」と言いました。私はそれを聞いて，とても驚きました。私はいつも，家で10分以上シャワーを使っていました。「なぜですか？」と私はホスト・マザーにたずねました。ホスト・マザーは「私たちの町では，それほど多くの雨が降らないから，時々水を節約するように言われます。私たちは今，毎日使う水の量について，気にしなければなりません」と言いました。私は水を使うことについて気にし始めました，そしてこれを聞いたあと，私は多くの水はあ[使いませんでした]。 [2] 日本に戻ってきたあと，ある日歯を磨いている時に，①ホスト・マザーの言葉を思い出しました。私は日本と他の国の水の問題について，もっと知りたくなりました。だから，図書館から何冊かの本を借りました。私は二つの大切なことを学びました。一つ目は，世界の約30パーセントの人びとが，清潔な飲み水を得ることができないということです。私はこれを学び，とても悲しく感じました。二つ目は，清潔な飲み水を得ることができない人たちを，多くの人びとが一生懸命に支援していることです。 [3] 日本人医師である田中哲さんは，支援している人たちのうちの一人でした。彼は，清潔な飲み水が不足していることから，アフガニスタンの人たちが死んでいることを知りました。その結果，アフガニスタンの人たちの支援を得て，彼は井戸を作り用水路を建設することを決めました。彼は死ぬまで用水路を作り続けました。その後，アフガニスタンのより多くの人びとが清潔な水を使い，生活を改善することができました。アフガニスタンでは，田中さんの働きが原因で，水が薬よりも大切だと考える人たちがいます。

[4] 一方で，日本で私たちは，必要な時にはたいてい水を使うことができます。水はとても豊富にあるので，ある人びとにとっては水がない場所のことを考えられないかもしれません。実際，毎日の生活の中で多くの水をい[使っていた]ことを，私は忘れずにいます。もし私たちが歯を磨く時に水を1分間流したままにしておくと，約12リットルを無駄にすることになります。それは，約24本の500ミリリットルのボトルの水です！ 何と無駄なことでしょう！ [5] 今私は水が無限ではないことを理解しています。私は毎日の生活の中で水の使い方を変えるべきです。たとえば，②(私が歯を磨いている時，多くの水を使わないようにするべきです)。また私は，水の使い方を気にするように，いつも私の兄弟に言っています。兄弟は私の助言に従います。みなさんは，世界水の日について聞いたことがありますか？ 私はテレビの番組で世界水の日を知りました。それは，水について深く考えるというよい機会を私に与えてくれました。私たちは，私たち自身の問題として水の問題を考える必要があります。たとえ小さなことでも，私たちが水を節約するためにできることを，みなさんに考えてほしいのです。お聞きいただき，ありがとうございました。

(1) 空欄の[あ]と[い]には，選択肢によると「使った(used)」または「使わなかった(didn't use)」が入ることになる。問題本文の該当の空欄の前後から適当な語句を選択したい。イが適当。

(2) ア オーストラリアは清潔な水でとても有名だ。 イ オーストラリアに住む人びとは，多くの水を使う。 ウ 美穂が訪れた町に住む人びとには，多くの水はない。(○) エ 美穂が訪れた町に住む人びとは，水を見つけなければならない。 第1段落の第6文 She said, "Sometimes"～には，「雨が多くは降らないので水を節約する」とあることからウが適当。

(3) ア 私がお皿を洗う時，水を出しっぱなしにしておくべき。 イ 私は歯を磨く時，多くの水を使わないようにするべき。(○) ウ 私がお米を料理する時，多くの水でお米を洗うようにするべき。 エ 私が花の世話をする時，水をやるために雨水は使うべきではない。 空欄②の直前の文 I should change～では，「(節約のために)毎日の生活で水の使い方を変える」とあることから，この例(For example)を述べる文の空欄②には，イの文が適当。選択肢ウの try to wash は to 不定詞の名詞用法で「洗うことを試みる」となる。

(4) ア 美穂のホスト・マザーは，美穂に長い時間シャワーを使ってほしくなかった。(○) イ 中村さんは，アフガニスタンの人びとを支援する作家である。 ウ 日本の人よりもアフガニスタンの人びとのほうがより簡単に水を手に入れる。 エ 美穂の兄弟は，彼の姉妹の助言は好きではない。 オ 美穂はそれぞれの人に水の問題を考えるように求めた。(○) 問題本文の第 1段落第2文 On the fist～では，ホスト・マザーが美穂に「5分だけシャワーを使って」と言っているのでアが適当。また，問題本文の最後から1つ前の文 I want all～では，美穂はスピーチを聞いている人たちに「水を節約することについて考えて」と言っているのでオが適当。

選択肢イの whoは関係代名詞で，その前の語 writer を説明している。

(5)　ア　本から美穂が学んだ二つの大切なこと(え)　イ　去年の夏に美穂が経験したこと(う)　ウ　水に関していくらかの日本の人たちが持っている考え(か)　エ　人びとを助けるために働いた一人の日本の人(お)　オ　私たちそれぞれに考えてほしいと彼女が思っていること(き)　各段落の意味を簡単に表している選択肢を選びたい。選択肢オの which~は，その前の語 thing を説明する関係代名詞。

(6)　(問題文と正答の訳)　私は日本で毎日たくさんの水を使うことができます，だから私は世界の中で③清潔な飲み水が必要な多くの人びとがいることを知って驚きました。　下線部③の前 many people who need(多くの人びとが必要としている)とある。これと似たような意味は，問題本文の第2段落第5文 First, about thirty~で，「世界の約30パーセントの人びとが，清潔な飲み水(clean drinking water)を得ることができない」とある部分。つまり，約30パーセントの人びとに清潔な飲み水が必要だと言い換えることができる。この文の単語から空欄に埋めたい。

(7)　ア　水―水を得るための最良の方法　イ　水―人びとにぴったりの飲み物　ウ　水―将来多く水を使うこと　エ　水―水の使い方を考えることで水を節約すること(○)　問題本文全体を通して言いたいことは，「水を無駄にしないこと」だと考えられるのでエが適当。選択肢エの Saving は save(節約する)を ing 形にした動名詞で「節約すること」となる。

2021年度英語　リスニングテスト

〔放送台本〕

それでは，【問1】リスニングテストを行います。問題冊子を開きなさい。

問題は，(1)，(2)，(3)，(4)があります。どの問題も，英語を聞いて，質問の答えとして最も適切なものを，アからエの中から1つずつ選び，記号を書きなさい。英語は，(1)は1度，(2)，(3)，(4)は2度読みます。メモをとってもかまいません。

まず，(1)から始めます。(1)は，No.1 から No.3 のそれぞれの絵を見て答える問題です (1)は，英語は1度読みます。それでは、始めます。

No. 1　Look at No. 1. It is used for cutting paper. Which picture shows this ?

No. 2　Look at No. 2. We usually use this when we want to know what a word means. Which picture shows this ?

No. 3　Look at No. 3. The boy usually goes running before breakfast. But today, he didn't go out because the weather was bad. So, he had breakfast and then cleaned his room. Which picture shows what the boy did this morning?

これで(1)は終わります。

〔英文の訳〕

No. 1　1番を見てください。紙を切るために使われます。どの絵がこれを示していますか？
ア　消しゴム　イ　エンピツ　ウ　ホチキス　エ　はさみ(○)

No. 2　2番を見てください。私たちが言葉の意味を知りたい時，たいていこれを使います。どの絵がこれを示していますか？

ア　方位磁石　　イ　かなづち　　ウ　辞書(○)　　エ　望遠鏡

No. 3　3番を見てください。その男の子はたいてい朝食前にランニングへ行きます。しかし，今日は天気が悪かったので，彼は外には行きませんでした。だから，彼は朝食をとり，それから彼の部屋を掃除しました。その男の子が今朝何をしたのか，どの絵が示していますか？

ア　ランニング→朝食　　イ　掃除→朝食　　ウ　朝食→ランニング　　エ　朝食→掃除(○)

〔放送台本〕

次の(2)では，No.1 と No. 2 で，男の人と女の人が会話をしています。それぞれの会話の後，"Question"と言ってから、会話についての質問をします。(2)は，英語は2度読みます。それでは、始めます。

No. 1　A(m)：Hi, Amy. Did you hear about Taku?

B(f)：No. What happened?

A(m)：He has been in the hospital since last Friday.

B(f)：Oh, really?

A(m)：I'm going to go to the hospital to see him. Will you come with me?

Question(f)：What will the girl say next?

No. 2　A(m)：May I help you?

B(f)：I want to go to Sakura Stadium. But I don't know which bus I should take.

A(m)：Well, you can take the green one. That bus goes there.

B(f)：Thank you. How long will it take?

Question(m)：What will the man say next?

これで(2)は終わります。

〔英文の訳〕

No. 1　A(男)：こんにちは，アミー。タクのことを聞いた？　／B(女)：いいえ。どうかしたの？　／A(男)：彼は先週の金曜日から病院にいるんだ。／B(女)：ええ。本当？　／A(男)：彼に会いに，病院へ行くつもりなんだ。ぼくと一緒に来る？

問題(男)：次に女の人は何と言いますか？

ア　私は頭が痛くはありませんでした。　　イ　私はあなたがすぐに良くなると思います。

ウ　もちろん。私も彼に会いたい。(○)　　エ　わかりました。あなたは行ってください。

No. 2　A(男)：どうかしましたか？／B(女)：サクラ・スタジアムへ行きたいのですが。どのバスに乗ればいいのか，わからないのです。／A(男)：そうですね。緑色のバスに乗ればいいです。あのバスは，そこへ行きます。／B(女)：ありがとう。どれぐらい時間がかかりますか？

問題(男)：次に男の人は何と言いますか？

ア　300円。　　イ　だいたい 20 分。(○)　　ウ　5 時に。　　エ　7 番のバス。

〔放送台本〕

次の(3)では，図書委員のケビンが，自分のクラスで話をしています。内容に関する No.1 と No. 2 の質問と答えの選択肢を，今から 15 秒間で確認しなさい。(3)は，英語は2度読みます。それでは，始めます。

Look at this graph. This September, our class borrowed 60 books. We borrowed 80 books last September. I wanted you to borrow more books. So, I made some cards to show my favorite books to you. Some of you liked my idea and made cards, too. Thank you very much! This October, we borrowed more books than this September. This November, we borrowed more than 100 books. I'm very happy now because you have borrowed more books. I hope you will come to the library and find wonderful books.

これで(3)は終わります。

〔英文の訳〕

このグラフを見てください。今年の9月，私たちのクラスでは60冊の本を借りました。私たちは，昨年の9月には，80冊の本を借りていました。私は，みなさんにもっと本を借りてほしいのです。だから私は，みなさんに私のお気に入りの本を見せるために，何枚かのカードを作りました。私の考えを気に入ってくれた人たちも，カードを作ってくれました。ありがとうございます！ 今年の10月，私たちは今年の9月よりも多くの本を借りました。今年の11月，私たちは100冊以上の本を借りました。私は今とてもうれしいです。なぜなら，みなさんがより多くの本を借りたからです。私は，みなさんが図書室に来て，すばらしい本を見つけてほしいと思っています。

No.1 ケビンのスピーチには，どれが使われましたか？ アが適当。

No.2 なぜケビンはこのスピーチをしたのですか？

ア クラスメイトに，今年の10月に彼らが借りた本の数を知ってほしかった。

イ クラスメイトに，彼らのお気に入りの本を示すカードを作ってほしかった。

ウ クラスメイトに，図書室に来て，そしてすばらしい本を見つけてほしかった。(○)

エ クラスメイトに，彼のお気に入りの本を知ってほしかった。

〔放送台本〕

次の(4)では，太郎が，友人の有紀の誕生日パーティについて，テリーに電話をかけています。しかし，テリーは留守だったので，妹のルーシーと話をしています。内容に関する質問と答えの選択肢を，今から10秒間で確認しなさい。(4)は，英語は2度読みます。それでは、始めます。

Lucy：Hello.
Taro：Hello, this is Taro. May I talk to Terry, please?
Lucy：Hi, Taro. This is Lucy, speaking. I'm sorry, but he isn't here now.
Taro：Can I leave a message about Yuki's birthday party tomorrow?
Lucy：All right.
Taro：We wanted to begin the party at 3 p.m. But she has a piano lesson at that time, so we will start the party at 4 p.m.
Lucy：I see.
Taro：Please ask Terry to come to my house at 2 p.m. I want to go shopping for some food and juice with him before the party. I also want him to bring a card game. We will play it at the party.
Lucy：OK.
Taro：That's all, thank you very much.
Lucy：No problem. Bye.

Taro：Bye.

〔英文の訳〕

ルーシー：もしもし。／太郎：もしもし，太郎です。テリーと話ができますか？　／ルーシー：こんにちは，太郎。ルーシーです。ごめんなさい，テリーは今ここにはいません。／太郎：明日の有紀の誕生日パーティーについて，メッセージを残せますか？　／ルーシー：わかりました。／太郎：ぼくたちは，午後3時にパーティーを始めたかった。けれども，その時間は彼女がピアノの練習があって，だからぼくたちは午後4時からパーティーを始めることにします。／ルーシー：わかりました。／太郎：テリーに，ぼくの家へ午後2時に来るように頼んでください。ぼくは，パーティーの前に彼と一緒にいくらかの食べ物やジュースを買いに行きたいので。また，彼にトランプを持ってきてほしいのです。ぼくたちはパーティーでトランプをするつもりです。／ルーシー：わかりました。／太郎：これで全部です，ありがとう。／ルーシー：どういたしまして。さようなら。／太郎：さようなら。

ア　太郎からのメッセージ　－パーティーは午後4時に開始　－太郎の家に午後2時　－トランプを持ってゆく(○)

イ　太郎からのメッセージ　－パーティーは午後3時に開始　－太郎の家に午後2時　－食べ物をいくらか持ってゆく

ウ　太郎からのメッセージ　－パーティーは午後4時に開始　－太郎の家に午後3時　－ジュースを持ってゆく

エ　太郎からのメッセージ　－パーティーは午後3時に開始　－太郎の家に午後2時　－トランプを持ってゆく

＜理科解答＞

【問1】　Ⅰ　(1)　消化酵素[ペプシン，トリプシン]　(2)　イ，ウ　(3)　i　(例)常温の生のパイナップルのしぼり汁に砂糖を加えたものを，ゼラチンのゼリーが入った容器に，A～Cと同量入れる実験　ii　(例)ゼリーが液状になる　(4)　エ

Ⅱ　(1)　ア　(2)　対立形質　(3)　減数分裂　(4)　i　Rr[rR]　ii　100

【問2】　Ⅰ　(1)　ウ　(2)　i　右図　ii　0.032

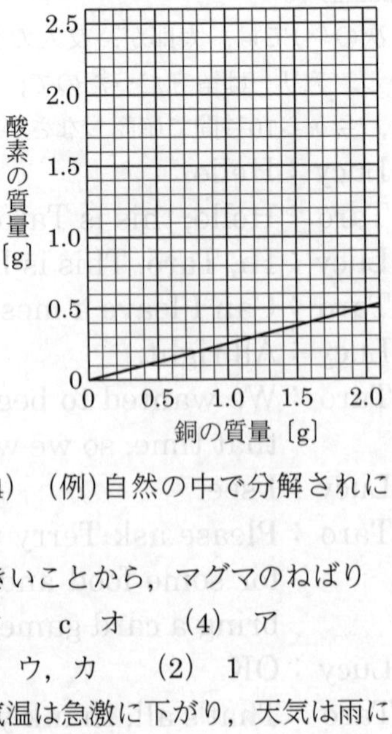

(3)　Cl_2　(4)　イ　(5)　え　BTB溶液　お　黄　Ⅱ　(1)　か　5　き　7　く　4　け　3　(2)　7.9　(3)　ウ，エ　(4)　(例)自然の中で分解されにくい性質[くさらない]

【問3】　Ⅰ　(1)　E　(2)　(例)無色鉱物のしめる割合が大きいことから，マグマのねばりけは強く，激しい噴火だった　(3)　a　キ　b　ウ　c　オ　(4)　ア　(5)　あ　(例)当時の環境　い　ウ　Ⅱ　(1)　イ，ウ，カ　(2)　1　(3)　(記号)　イ　(理由)　(例)3日目の3時頃から気温は急激に下がり，天気は雨に変化している。したがって，3日目の6時前にZ市を寒冷前線が通過したと考えられるか

ら。

【問4】 Ⅰ (1) イ (2) エ (3) (例)小さくなっていく
(4) (記号) ウ え 2.2 (5) (回路) X (抵抗器) 60
Ⅱ (1) エ (2) 3300 (3) イ

<理科解説>

【問1】 (生物分野総合)

Ⅰ (1) 口からとり入れた食物を，体内に吸収できる大きさにまで分解するはたらきをもつ物質をまとめて消化酵素という。

(2) タンパク質の消化には，胃液とすい液，小腸の壁の消化酵素が関わる。

(3) i AとBを比べることで加熱により消化酵素のはたらきが失われることがわかるが，AとCを比べると，消化酵素のはたらきが失われる原因に砂糖が関わっているのかが不明である。(消化酵素のはたらきがなくなったのは，加熱によるものであることはわかるが，砂糖も影響を及ぼしていたのかどうかが不明である。)よって，加熱をしていないパイナップルのしぼり汁に砂糖を加えて，ゼラチンのゼリーの上にのせて確かめる必要がある。 ii ゼリーが液状になれば，ゼラチンを分解するはたらきに砂糖は影響しないことがわかる。

(4) 実験1から，生のパイナップルのしぼり汁にタンパク質を分解するはたらきがあることがわかるが，このはたらきは，加熱により失われることがわかったので，生のパイナップルのしぼり汁を加熱せずに用いたものを選ぶ。

Ⅱ (1) 染色体は遺伝子がつながったものである。遺伝子の本体はDNA(デオキシリボ核酸)という物質である。

(2) 同時に現れることがない対をなす形質どうしを対立形質という。

(3) 減数分裂では，もとの細胞が対でもつ遺伝子が，2つに分かれて別々の生殖細胞に入る。

(4) i 孫の代の個体に白色の花を咲かせるものがあったことから，その親がどちらも「r」の遺伝子を持っていたことになる。よって，子の中には，赤色であっても「r」の遺伝子をもつ個体がいたことがわかる。子が「r」の遺伝子をもつということから，親の赤色の花のうちどちらかが「r」をもっていたことになるが，純系Yはこれを持たない。よって，Xから受け継いだと考えられる。Xは赤色の花を咲かせるので「R」の遺伝子をもち，潜性形質となる「r」の遺伝子ももっていたことがわかる。 ii 孫の代で白色の花が現れたことから，┌┐内の赤色の花は「r」の遺伝子を持っていたことがわかる。よって，┌┐内の赤色の花の遺伝子の組み合わせは「Rr」である。このうち，遺伝子rは，純系ではない赤色の花Xから受け継いだものである。よって，Rは親の純系Yから受け継いでいる。

【問2】 (化学分野総合)

Ⅰ (1) 2個の銅原子と1個の酸素分子が，2個の酸化銅となる。

(2) i 2.0gの銅が酸化すると2.5gの酸化銅に変化していることから，2.0gの銅は，2.5−2.0＝0.5〔g〕の酸素と反応する。よって，銅と酸素は，銅：酸素＝2.0：0.5＝4：1の質量の比で反応している。 ii とけた酸化銅の質量は，7.10−7.06＝0.04〔g〕 このうち，銅の質量をxとすると，銅の質量：酸化銅の質量＝4：(4＋1)＝x：0.04 x＝0.032〔g〕

(3) 塩酸の電気分解では，**塩化水素→塩素＋水素**の反応が起こる。陽極には塩素が発生する。

(4) 陰極に銅が付着したことから，水溶液中の銅イオンが陰極に引かれていったことが考えられる。

(5) 酸化銅をとかす液体は，すべて酸性の水溶液であることがわかる。水溶液の性質のうち，酸性であることを確かめることができる指示薬は，BTB溶液である。

Ⅱ (1) 金属はC～E，プラスチックはF～Jである。すべてで同じ結果になっているのは，5と7である。金属は熱を伝えやすいという共通の性質をもち，プラスチックは絶縁体として利用されることも多い。

(2) $1.0[\mathrm{L}]\times\dfrac{15.7[\mathrm{g}]}{2.0[\mathrm{g}]}=7.85[\mathrm{L}]\rightarrow7.9\mathrm{L}$

(3) F～Jのプラスチックを密度の順に並べると，次のようになる。

小さい ←		密度		→ 大きい
ポリプロピレン	ポリエチレン	ポリスチレン	ポリエチレンテレフタラート	ポリ塩化ビニル
0.90	0.95	1.06	1.39	1.40

液体よりも密度が小さい物質は液体に浮き，密度が大きい物質は液体に沈むことを利用すると，ポリスチレンよりも密度の大きい液体($1.21\mathrm{g/cm^3}$)を用いて，5つのプラスチックの中からポリプロピレンとポリエチレン，ポリスチレンを浮き上がらせる。次にポリスチレンよりも密度の小さな液体($1.00\mathrm{g/cm^3}$)を用いて，3つのプラスチックの中からポリスチレンだけを沈ませる。

(4) プラスチックは石油からつくられたものであり，自然の中では分解されない。

【問3】 (地学分野総合)

Ⅰ (1) 普通，地層は，下に堆積しているものほど古い。

(2) 火山灰にふくまれる鉱物のうち，80%近くが石英と長石などの無色鉱物でしめている。無色鉱物の割合が多くなるほど，マグマのねばりけは強くなる。

(3) 岩石は，気温やしみ込んだ水のはたらきなどによってしだいにもろくなり風化する。この岩石を水のはたらきでけずりとる(侵食)。

(4) 図3と同様の層が，上に積み重なる。

(5) れきは岸に近く，浅いところに堆積し，砂，泥と粒の大きさが小さくなるほど，水深が深くより沖合に堆積するようになる。よって，DからCが堆積したときは沈降し，CからAにかけてしだいに隆起したと考えられる。

Ⅱ (1) 気温は，直射日光の当たらない風通しのよい，地上1.5mの高さの温度を測定する。

(2) 風力は，天気図記号の矢羽根の数で表す。

(3) 3～6時にかけて急激な気温の低下や風向が北寄りに変化したこと，天気が雨に変化したことなどから，観測地点を寒冷前線が通過したことがわかる。

【問4】 (物理分野総合)

Ⅰ (1) 直列回路はいずれかの部分が切断されると，回路に電流が流れなくなる。

(2) Pは電球に並列に接続されていることから，電圧計である。また，Dは電源の＋極側に接続されているので，＋端子である。

(3) 直列に電球を増やすと，電源の電圧3.0Vがそれぞれの電球に分散して加わるため，1個の電球に加わる電圧は小さくなっていく。また，回路の全抵抗が大きくなるため，回路を流れる電流も小さくなる。電力は，電圧と電流の積で表すため，電球1個が消費する電力は，電球を増やすとともに小さくなる。

(4)　**消費する電力〔W〕＝電圧〔V〕×電流〔A〕**より，2個の豆電球をつないだとき，電源の電圧は3.0V，回路を流れる電流は0.40Aであることから，回路全体で消費する電力は，3.0〔V〕×0.40〔A〕＝1.20〔W〕　同様に，LEDの場合は，3.0〔V〕×0.18〔A〕＝0.54〔W〕　よって，1.20÷0.54＝2.22…〔倍〕→2.2倍

(5)　並列回路を用いると，LEDに3.0Vの電圧が加わる。Xの直列回路を用いると，抵抗器に加わる電圧が3.0－1.8＝1.2〔V〕となり，流れる電流が0.02Aとなることから，抵抗の大きさは，1.2〔V〕÷0.02〔A〕＝60〔Ω〕

Ⅱ　(1)　音は真空中は伝わらないが，気体，液体，固体中は伝わる。

(2)　音が進んだ距離は，1500〔m/秒〕×4.40〔s〕＝6600〔m〕　これは，海底までを往復した距離となるので，海底までの距離は，6600〔m〕÷2＝3300〔m〕

(3)　はね返った音を検知するまでにかかる時間が長いものほど，海底までの距離が長いことを示している。よって，深さの関係は，E＞F＝H＞I＞Gとなる。

＜社会解答＞

【問1】　Ⅰ　(1)　①　ア，イ，エ　②　二毛作　③　あ　ア　い　エ　う　オ　(2)　①　適地適作　②　ア　(3)　(例)小麦は多くを輸入に頼っていることから，海外から船で輸送しやすいように臨海部に立地している　(4)　①　(例)日本国民1人当たりの米の年間消費量が減少傾向にある　②　(例)米粉用米の需要量は増加傾向にあり，今後も栽培を推奨することで作付面積は増え，水田の有効活用につながることが期待できるから　Ⅱ　(1)　①　赤道　②　東南(アジア)　③　(例)気温が高くて変化が少なく　(2)　①　バイオエタノール[バイオ燃料]　②　(例)葉や茎等すべての部分を活用でき，でんぷんをとった後のかすからもアルコール燃料をつくることができるから　(3)　(例)キャッサバは，プラスチックごみによる環境問題に配慮した袋の原料となる農産物であるから

【問2】　(1)　①　エ　②　ウ　③　イ，エ　(2)　①　イ　②　千利休[千宗易]　③　ア，エ　(3)　①　ウ　②　え　カ　お　エ　か　ア　(4)　①　イ　②　エ→ア→ウ→イ　(5)　①　(例)低　②　(例)原料の綿花を輸入し，綿糸に加工して輸出する貿易に変化した　(6)　①　ア，ウ　②　イ

【問3】　(1)　クーリング・オフ[クーリングオフ]　(2)　文明開化　(3)　①　1928(年)　②　ア　(4)　イ，ウ，オ　(5)　①　(例)高齢化が進んでいるうえに，20代の投票率が低いため，若い世代の意見が政治に反映されにくくなるおそれがあるから
②　(例)世界で選挙権を得る年齢を18歳にしている国や地域が多いこと
(6)　(例)○根拠となる資料：5　・期待(されること)　インターネット利用率が，多くの年代で増えてきていることから，投票に利用する人が増え，投票率が上がることが期待される。　・心配(されること)　年代によってはインターネットを利用しない人の割合も高いことから，一部の年代の投票率しか上がらないことが心配される。
○根拠となる資料：6　・期待(されること)　インターネットを利用することで，時間や場所にとらわれることなく投票できるようになるので，投票率が上がることが期待される。　・心配(されること)　投票所までかかる時間が短くても投票に行かない

人はいるので，インターネットを用いても投票率は上がらないことが心配される。
○根拠となる資料：7　・期待(されること) セキュリティ対策が向上してきているので，安心してインターネット投票をする人が増え，投票率が上がることが期待される。　・心配(されること)　安全性や運用にまだ課題があることから，不安を感じ利用しない人がいると予想され，投票率は上がらないことが心配される。　○根拠となる資料：8　・期待(されること)　いつでもどこでも投票できるため，投票しにくい状況にある人が投票しやすくなり，投票率が上がることが期待される。　・心配(されること)　投票しにくい状況にある人たちが，インターネットを使える環境にいるとは限らないので，投票率は上がらないことが心配される。

＜社会解説＞

【問1】 (地理的分野－農業を切り口にした日本・世界に関する問題)

Ⅰ　(1)　①　資料2にある，福岡県・佐賀県・熊本県の位置を答えればよい。　②　通常，**夏場の表作として米を，冬場の裏作として麦を作る**ことが多い栽培方法である。**一年に同じ作物を二回栽培することは二期作**という。　③　資料2から小麦の作付面積・収穫量を調べると，愛知県は5390haで22800t，滋賀県は6990haで19900tであることが分かる。したがって，作付面積は愛知県の方が狭く，収穫量は多いことが分かる。1ha当たりの収穫量は，収穫量÷面積で求めることができるので，愛知県は約4.2t，滋賀県は約2.8tとなり，愛知県の方が多いことが分かる。

(2)　①　生育に適した気象条件や土壌条件で作物を栽培することで，作物の能力を十分発揮させ，品質や収量面で良い結果が得られ，余分な管理作業や過剰な農薬・化学肥料の投入を抑制することができるとされている農業の形態である。この実現により，利益の増大や，環境保全型農業の実現も可能とされている。　②　資料3から就業人口・穀物収穫量を調べると，アメリカ合衆国は241万人で35693万t，日本は125万人で1173万tであることが分かる。就業人口1人当たりの穀物収穫量は，穀物収穫量÷就業人口で求めることができるので，アメリカ合衆国は約148t，日本は約9tであることが分かる。したがって2国間の差は約140tとなる。

(3)　資料1から，小麦は自給率が低い，すなわち輸入に頼っていることが読み取れる。資料4から，大手製粉企業の工場が貿易港の近くに立地していることが読み取れる。これらを併せて説明すれば良い。

(4)　①　資料5から，年間消費量の傾向を調べると，米は減少，小麦は横ばいであることが読み取れることを説明すれば良い。　②　資料7から，政府は水田の維持・活用を目指していることが読み取れる。資料6・8から，米粉用米の作付面積が増加し，その需要量も増加していることが読み取れる。これらを併せて説明すれば良い。

Ⅱ　(1)　①　自転する天体の重心を通り，天体の自転軸に垂直な平面が天体表面を切断する理論上の線で，**緯度0度**のことである。　②　中国より南，インドより東のアジア地域のことである。　③　資料9・10を調べると，**熱帯は温帯である日本より気温が高く，年較差が小さい**ことが読み取れる。この内容を制限字数でまとめれば良い。

(2)　①　さとうきびやとうもろこしなどの植物を発酵させ，蒸留して生産されるエタノールのことである。**化石燃料に由来していない**ことから，**再生可能エネルギー**とされている。
②　資料11から，キャッサバのすべての部分が無駄なく使われていることが読み取れる。資料12から，キャッサバのいもについても無駄なく使われていることが読み取れる。これらを

併せて説明すれば良い。

(3) 資料13から，キャッサバでんぷんでつくられた袋は，自然への負荷がほとんどないことが読み取れる。資料14から，プラスチックごみが自然環境に悪影響を与えることが読み取れる。これらを併せて説明すれば良い。

【問2】 (歴史的分野－喫茶を切り口にした問題)

(1) ① **最澄が平安時代の僧**であることから，中国へ向かう使者は遣唐使であることが分かる。 ② **比叡山は，琵琶湖の西**に位置する，京都府と滋賀県の境にある山である。 ③ **平安時代が794年から1185年または1192年頃**であることから判断すれば良い。**平将門の乱は939年，平等院鳳凰堂の建立は1052年**である。東大寺・国分寺・国分尼寺の建立は，奈良時代の聖武天皇による鎮護国家の考えによるものであることから，アは誤りである。北条泰時が御成敗式目を定めたのは，鎌倉時代の1232年であることから，ウは誤りである。

(2) ① **栄西が開祖である臨済宗は禅宗**の宗派である。 ② 堺の商人で，豊臣秀吉の相談役も務めた人物である。 ③ **南蛮人**とは，**ポルトガル・スペインの人**たちのことである。対象の期間が，1501年から1700年であることから判断すれば良い。1543年にポルトガル人が種子島に伝えた鉄砲は，築城・戦術に大きな影響を与えている。また，平家物語は，1592年にローマ字で印刷されている。宋銭は鎌倉時代に輸入されたものであることから，イは誤りである。かな文字の誕生は平安時代であることから，ウは誤りである。

(3) ① 江戸時代の中ごろに長崎の出島で貿易を続けていたとあることから，**1641年に出島に商館を移したオランダ**であることが分かる。 ② 江戸時代の農村では，**干鰯**や**油かす**が肥料として用いられるようになった。**現金で購入することから金肥**と呼ばれたことから，「お」には現金が入ることが分かる。また，茶のように年貢の対象とならない作物は農民にとっては貴重な現金収入を得るための作物で，商品作物と呼ばれていたことから「え」には商品が入ることが分かる。各地で風土に合ったとあることから，「か」は特産物であると判断できる。

(4) ① 貿易の支払いに使っており，18世紀当時は銀本位制であったことから，[き]は銀であることが分かる。お金と交換するものは商品であることから，[く]は茶であることが分かる。支払うお金が不足したとあることから，[け]は赤字となることが分かる。 ② アは1842年，イは1858年，ウが1853年，エは1840年のことである。

(5) ① 資料4・5から，輸出品に占める緑茶の割合は，18%から5%に低下していることが読み取れることから判断すれば良い。 ② 資料6の**紡績工場は，綿花から綿糸を作る工場**である点に注目し，貿易品目の変化に触れれば良い。資料4の輸入品には入っていない綿花が，資料5では輸入品の1位になっていること，さらに，輸出品の2位に綿糸が入っていることから，原料を輸入して製品を輸出する加工貿易を行っていると判断できるはずである。

(6) ① 資料7から，日本の緑茶の輸出先の国地域は，2013年の49から2018年の71に増加していることが読み取れる。資料8からアメリカへの輸出量は2015年から2016年にかけて減少していることが読み取れる。資料8から，緑茶の輸出量は2013年の約3000万tから2018年の5000万tへ増加しているが，2倍にはなっていないことから，イは誤りである。ウの説明の内容から，エは誤りであると判断できるはずである。 ② **グローバル**は**世界的**という意味であることから判断すれば良い。アは，患者や家族が治療に関して，医師と十分に情報交換して理解を進めることである。ウは，誰にとっても使いやすいデザインのことである。エは，生活における様々な場面で障害となるものをなくしていくことである。

【問3】 (公民的分野・歴史的分野－成年年齢を切り口にした総合問題)

(1)　消費者保護の点から導入された制度である。ただし，全ての契約が対象になる訳ではなく，申込者が商人である場合，または契約が開業準備行為である場合には適用されない。

(2)　制度や習慣が大きく変化する中で，「西洋のものなら何でもよい」という極端な風潮も生まれ，廃仏毀釈などが行われたという側面もある。

(3)　①　1925年，加藤高明内閣の下で，25歳以上の男子に選挙権を与える普通選挙法が成立したことから判断すればよい。　②　普通選挙とは，年齢制限以外の制限がない状態で行われる選挙のことであることから判断すれば良い。

(4)　公職選挙法第10条の規定により，イは正しい。地方議会は法律の範囲内で条例を制定できるので，ウは正しい。政府が扱う歳入・歳出のことを財政ということから，政府による経済対策は財政政策と呼ばれる。地方公共団体間の財政格差をおさえるために配分されるのは地方交付税交付金であることから，アは誤りである。内閣総理大臣は国会が指名し，天皇が任命することから，エは誤りである。

(5)　①　資料2から，日本では高齢化が進んでいることが読み取れる。資料3から，特に20代の投票率が低いことが読み取れる。この点に触れながら，20代の考えが政治に反映されにくくなることを説明すれば良い。　②　資料4から世界の国々の90%近くが18歳で選挙権を得ていることが読み取れるはずである。

(6)　期待とは投票率が上昇すること，心配とはどの方法でも対応できない人が出てくることである。この点に注意しながら，条件1の内容に従って，資料から読み取れることを具体的に示しながらまとめれば良い。

＜国語解答＞

【問一】 (1)　①　お　②　よぎ　③　あんい　④　ずいじ　⑤　じゅうなん　⑥　いとな　(2)　ウ　(3)　a　即興的　b　設計図　(4)　エ
(5)　(例)「流れ」が無目的に走りだそうとすると，「構え」がストップをかけ，「構え」が「流れ」を無理に押さえつけようとすると，「流れ」が反発するように互いに争い続けること。　(6)　i　c　イ　ii　d　なぞらえ　e　選択を決めていく
(7)　(例)Aは表情やしぐさも使って思いを伝えることができる。Bは相手の受け止め方がわからず誤解が生じることがある。大切な思いを伝える場合は，相手に直接会って誤解なく伝えたいのでAを使いたい。

【問二】 (1)　ア，エ　(2)　食品ロスをゼロ　(3)　イ　(4)　(例)資源だということです
(5)　(例)一年間に六百十二万トンの食品ロスが発生しています。これは，一年間に国連が世界八十三カ国へ支援した食料の量三百八十万トンと比べ，はるかに多いことがわかりました。

【問三】 ①　誤　基　正　規　②　誤　善　正　全　③　誤　現　正　著

【問四】 (1)　①　いちどう　②　わざわい　(2)　ア　(3)　人に勝れりと
(4)　人としては　(5)　功被二天下一守レ之以レ讓　(6)　エ　(7)　オ

【問五】 (1)　①　切実　②　群[叢，簇]　(2)　(例)もうもうと舞い上がる土煙
(3)　ウ　(4)　俺は，まだ何に　(5)　i　A　(例)かわいている[乾いている，渇いている]　ii　B　何もさえぎるもののない空　iii　C　一滴も水分

(6) (例)周りを見ないようにしていつも下を向いていたが，まだ何にでもなれるということに気づき，少しずつ将来のことを考えていこうとする前向きな気持ち。

＜国語解説＞

【問一】 (論説文―大意・要旨，脱文・脱語補充，漢字の読み，作文，品詞・用法，)

(1) ① いろいろな観点から適切だと認めたものを勧めること。 ②「余儀ない」は，他に取って代わる方法がない。 ③ 大した骨折りもせずに済む様子。簡単。 ④ 気が向いたときや必要なときにいつでもその事をすることを表す。 ⑤ 固定観念にとらわれず，判断が自由自在にできる様子。 ⑥ 仕事や何かをすること。訓読みの際の送り仮名に注意したい。「いとな・み」である。

(2) 「ない」は，単独で文節を作れる場合は自立語の形容詞で，作れない場合は付属語の助動詞だ。それぞれ文節に区切ってみると傍線①は“書いて／いない”で区切れないから助動詞。アは“かぎり／ない”で区切れるから形容詞。イは“欲しく／ない”で区切れるから形容詞。ウは区切れないから助動詞。エは“ペンが／ない”で区切れるから形容詞。

(3) 「流れ」の説明が第一段落の最後に述べられた「その場の文脈に合わせて即興的に考えながら文を継ぎ足していくボトムアップ式の活動」から抜き出せる。「構え」は，「一方～」で始まる段落の最後に「そうしたトップダウン式の活動」とあるが，この「そうした」という指示語が指す内容をおさえればよい。同段落の内容から，アウトラインという名の文章構成の設計図を作り，それにしたがって文章を書く活動だとわかるので，沿うべきものは設計図だ。

(4) 林氏の文章の抜粋から読み解く。「近接した情報へ安易に移行しようとする力」は「つながろうとする力」であり「流れ」だ。したがって[A]には「つながろう」が入る。そして，そのつながろうとする力を制して「随時，必要がもたらす新情報が飛び込んで来る」のだが，その「新情報を迎えようとする力は，離れようとする力」であり，この「意図的に離れることは『構え』と」呼ばれる。ここから[B]には「新情報」，[C]には「意図的」，[D]には「離れよう」が入る。

(5) 両者の絶え間ない戦いについては，傍線②の前に述べられている。「『流れ』が無目的に走りだそうとすると，『構え』がそれにストップをかけます」とあり，「一方，『構え』が『流れ』を無理に押さえつけようとすると，『流れ』がそれに反発します」とあり，この二つの動きを争いとする。

(6) ⅰ 筆者は文章執筆について自分の意見を述べているが，説得力を持たせるために林氏の言葉を引用している。したがって，林氏の言葉は「筆者の考えを補強」する働きがあるといえる。
ⅱ 「文章を書くことを車の運転になぞらえてみましょう」とあるところから[d]を抜き出す。また，「設計図を参考にしながらも，現場の判断で選択を決めていくという文章を書く営み」とあるところから[e]を抜き出す。

(7) まずA・Bのどちらの手段をとるか決めたら，その選択した手段の長所を明らかにしよう。次に選ばなかった手段の短所を考えて，両者の比較し，なぜ一方を選んだかの理由を説明すればよい。

【問二】 (会話・議論・発表―内容吟味，脱文・脱語補充，文と文節)

(1) 構想メモは，発表の順序ややりかた，時間配分や構成などを含めたメモになっている。写真やアンケートなどの資料には触れていない。

(2)　青木さんは食品ロスの問題を解決したいという考えを持って発表しているが，解決できないと考える「食品ロスをゼロにすることが，無理だという人がいるかもしれません」を想定して意見を述べている。

(3)　山川さんは，青木さんの発表を○や△を用いて評価している。**資料などの表現方法の工夫や効果を受け手として客観的に評価**している。自分の考えと比較したり自分の思いを混ぜたりはしない。

(4)　波線の主部は「私がわかったことは」だ。従って，述部は「大切な資源だということです」となる。

(5)　日本の食品ロス量を示すのに続けて，世界の食糧支援量を提示するとよい。**両者を比較できると日本人が廃棄している量が食糧支援量の二倍近くに及ぶことがわかり**，日本の食品ロス量の多さが伝わる。

【問三】（漢字の書き取り，熟語）

①「規約」は，団体などが約束として協議して定めた規則。

②「保全」は，保護を加えて安全を確保(保障)すること。

③「あらわす」には，同音異義語がある。自分の研究・思想を世に広めるために本を書くのは「著す」。

【問四】（古文・漢文―主題・表題，内容吟味，文脈把握，表現技法・形式，仮名遣い）

【文章Ⅰ・現代語訳】

一つの専門の道に携わる人は，専門外の場に出席して，「ああ，自分の専門の道であったら，こんなに傍観しますまいのに。」と言って，心の中でいろいろ思うことがあるのは、よくあることだが，まことによくないと思われる。専門外のしらない道を羨ましく思うなら，「ああ，うらやましい。なぜ習わなかったのだろうか」と言ってみるのがよい。

自分が賢いことを見せつけて人と争うのは，角のある動物の角を曲げること，牙のある動物の牙を噛み出すようなものである。

人として善行を誇らず，人と争わないことを美徳とする。他者より勝っているところがあるのは，大きな短所である。家柄や身分であっても，芸事の才能に優れているということであっても，先祖の名誉であっても，他者より勝っていると思う人は，たとえ言葉に出して言わなくても，内心に多くの欠点がある。慎み深くなってこれを忘れるのがよい。馬鹿げたことに見え，人から非難され，不幸を招くのは，ただただこの慢心によるものだ。一つの専門の道に本当に優れた人は自ら明らかに自分の欠点を知っているがゆえに，向上心を常に満たすことはなく，最後まで人に自慢することはない。

【文章Ⅱ・現代語訳】

子路が進み出て言うことに，あえて伺いますが，満ちた状態を保つ方法がありましょうか，と。孔子が言うことに，賢く知恵がすぐれていると，そのことを守るために愚かな振りをし，功績が天下を覆い尽くすほどならば，そのことを守るために謙譲を行い，強い力が世の中を揺り動かすほどならば，そのことを守るために臆病な振りをし，豊かな財産が天下を保持するほどならば，そのことを守るために謙虚を心がける。これはつまり，満ちた状態を保つにはそれを抑えて，更に抑える方法である，と。

(1)　①「あう(―au)」は，「おう(―ou)」となるので，「いちだう(itid**au**)」は「いちどう(itid**ou**)」になる。　②　語中・語尾の「は・ひ・ふ・へ・ほ」は，現代仮名遣いで「ワ・イ・

ウ・エ・オ」になる。

(2)「あはれ，わが道ならましかば，かくよそに見侍らじものを」を現代語訳していくと，自分の専門分野でないので，**傍観するのみで誇れないことを悔しがっている**ことがわかる。

(3) どのように思っているか，というと「人に勝れりと思へる」とあるので，ここから抜き出す。

(4) 理想を述べている部分を探す。**「徳」という語**がヒントになって「人として善にほこらず，物と争はざるを徳とす」が見つかる。

(5)「被」は「天下」の**二字を返って読むので一二点**を用いる。また「之」が「守」の一字を返って読み，「以」が「譲」の**一字を返って読むので，ともにレ点**を用いる。

(6)「〜ば……以てす」のリズムが対になっているので，対句法だ。

(7) 文章Ⅰには「物に伐る事なし」とあり，文章Ⅱには「謙を以てす」「損をするの道なり」などとあり，**実力のある者はそれを見せびらかさない**ことが読み取れる。

【問五】（小説―情景・心情，内容吟味，文脈把握，段落・文章構成，脱文・脱語補充，漢字の書き取り）

(1) ① 身に染みて大事だと感じる様子。 ②「群」は，「郡」との書き間違いに注意する。

(2)「千々に乱れるおれの心をそのまま映すかのように，もうもうと土煙が舞い上がった」という比喩の描写から，**心をもうもうと舞い上がった土煙**に例えて表現している。

(3) 痛々しく感じたのは，**負けた痛みを知っているからで「共感」したこと**がわかる。また，まぶしく輝いて見えるものは，美しい。**地縛霊のように囚われている自分とちがう横川に美しさ**を感じ取ったのだ。

(4) このとき「俺」は空を見上げて，「俺は，まだ何にでもなれるんやということに，ようやく気がついた」とある。ここが答えだ。

(5) ⅰ [A] は，水を求める状況を考えればよく，**乾いている**ことがわかる内容を補う。

ⅱ「俺」の今後の可能性は，(4)で解答した「まだ何にでもなれるんや」ということだ。この事実に気がついたとき，「俺」は空を見上げている。その空は「何もさえぎるもののない空」だった。したがってこれが解答だ。 ⅲ 二重線は心中表現だ。同様の心中表現で，疑問形になっている文を探せばよい。**そこには心情の変化がうかがえるのだから，今までの問いで見てきたような自分の可能性に気がついた後の心中表現であるは**ずだ。文章の後半部を探そう。最後に「一滴も水分の残されていない俺の心の上に，いつか恵みの雨は降ってくるのだろうか」と問いかけの表現がある。

(6)「目深にかぶっていた」の時は，**いつも下を向いて周りを見ようとしていない「俺」**だったが，「まだ何にでもなれるんや」という**気づきがあって，将来について考え始めて見通しをもち始めた**。そして今は「帽子のつばを，人差し指の先でそっと押し上げた」ことから，**「俺」の視野は広がり，気持ちが前向きになってい**る。この変化していく気持ちを最終的には「前向き」にたどり着くようまとめればよい。

MEMO

大切なことはメモしておこうネ！

長野県公立高等学校

2020年度

★★★★★★★★★★★★★★★★★★★★★★

入　試　問　題

2020年度

●くわしい解説……55ページ

＜数学＞

時間　50分　　満点　100点

【注意】 分数で答えるときは，それ以上約分できない分数で答えなさい。
また，解答に$\sqrt{}$を含む場合は，$\sqrt{}$の中を最も小さい自然数にして答えなさい。

【問１】 各問いに答えなさい。

(1) $3-(-5)$ を計算しなさい。

(2) -4^2 はどのように計算するか，正しいものを次の**ア**～**エ**から１つ選び，記号を書きなさい。

ア　$(-4)\times 2$　　**イ**　$(-4)\times(-4)$　　**ウ**　$-(4\times 4)$　　**エ**　$-(4+4)$

(3) 一次方程式 $2(x-1)=-6$ を解きなさい。

(4) $\sqrt{75}-\dfrac{9}{\sqrt{3}}$ を計算しなさい。

(5) n を整数とするとき，いつでも奇数になる式として正しいものを，次の**ア**～**オ**からすべて選び，記号を書きなさい。

ア　$n+1$　　**イ**　$2n$　　**ウ**　$2n+1$　　**エ**　$2n+3$　　**オ**　$3n$

(6) 豊さんは，展開を利用して**ノート**のように 41×39 を計算した。**ノート**の計算の仕方を参考にして，698×702 を計算するとき，次の $\boxed{\text{あ}}$，$\boxed{\text{い}}$ に当てはまる適切な自然数をそれぞれ書きなさい。

〔**ノート**〕

$$41\times 39=(40+1)\times(40-1)$$
$$=40^2-1^2$$
$$=1599$$

$$698\times 702=(\boxed{\text{あ}}-\boxed{\text{い}})\times(\boxed{\text{あ}}+\boxed{\text{い}})$$
$$=\boxed{\text{あ}}^2-\boxed{\text{い}}^2$$
$$=489996$$

(7) **表**は，y が x に反比例する関係を表したものである。**表**の $\boxed{\text{う}}$ に当てはまる適切な数を書きなさい。

表

x	…	0	1	2	3	…
y	…	╳	-16	-8	$\boxed{\text{う}}$	…

(8)　図1は，関数 $y=2x^2$ のグラフである。この関数について，xの変域が $-1\leqq x\leqq 2$ のとき，yの変域として正しいものを，次のア～エから1つ選び，記号を書きなさい。

ア　$0\leqq y\leqq 8$　　**イ**　$0\leqq y\leqq 2$

ウ　$-2\leqq y\leqq 1$　　**エ**　$2\leqq y\leqq 8$

図1

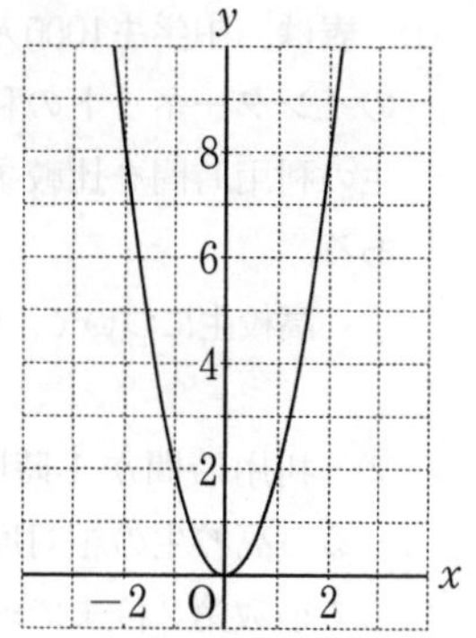

(9)　図2は，100円，50円，10円の3枚の硬貨を同時に投げるときの表と裏の出方について，表を○，裏を×として，すべての場合を表した樹形図である。このとき，表が出た硬貨の合計金額が，110円以上になる確率を求めなさい。ただし，どの硬貨も表と裏の出方は，同様に確からしいものとする。

図2

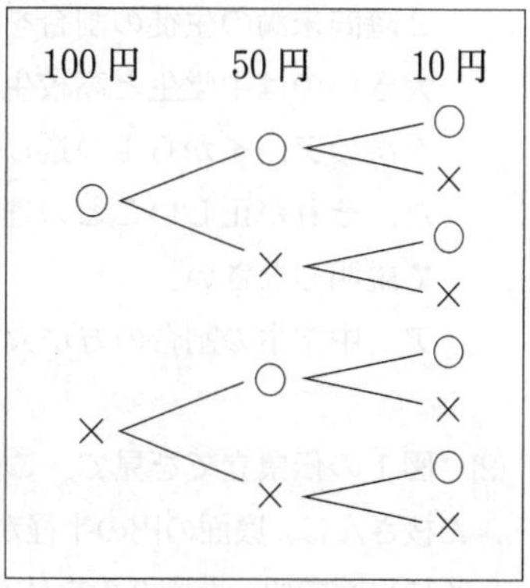

(10)　図3で，線分CDを直径とする半円は，ある直線ℓを対称の軸として，線分ABを直径とする半円を対称移動したものである。図3に，直線ℓを定規とコンパスを使って作図しなさい。ただし，直線を表す文字ℓも書き，作図に用いた線は消さないこと。

図3

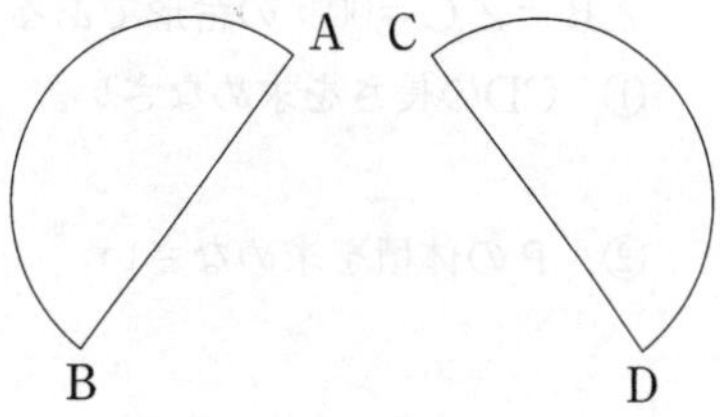

(11)　図4は，△ABCの辺AB，BCの中点を，それぞれM，Nとし，これらを直線で結んだものである。

①　∠A＝80° のとき，∠BMNの大きさを求めなさい。

②　点Cを通り，辺ABに平行な直線をひき，直線MNとの交点をPとし，四角形AMPCをつくる。

　AB＝8㎝，AC＝6㎝ のとき，四角形AMPCの周の長さを求めなさい。

図4

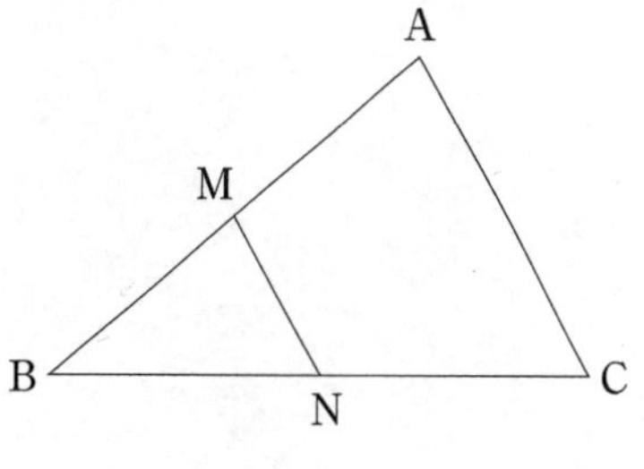

【問２】 各問いに答えなさい。

⑴ 表は，中学生1000人，高校生1500人について，平日のインターネットの利用時間を調査し，中学生と高校生の利用時間を比較するために整理した度数分布表である。

① 高校生について，度数が最も多い階級を書きなさい。

② 利用時間が１時間以上２時間未満の階級における，高校生の相対度数を，小数第３位を四捨五入して小数第２位まで求めなさい。

③ 中学生と高校生について，利用時間が１時間以上２時間未満の生徒の割合を比べたとき，その割合が大きいのは中学生と高校生のどちらか。正しいものを次のア，イから１つ選び，記号を書きなさい。また，それが正しいことの理由を，比較した値を示して説明しなさい。

ア 中学生の割合の方が大きい　　**イ** 高校生の割合の方が大きい

表

利用時間(時間)	中学生 度数(人)	高校生 度数(人)
以上　未満 0 ～ 1	401	182
1 ～ 2	262	340
2 ～ 3	178	374
3 ～ 4	68	264
4 ～ 5	41	115
5 ～ 6	50	225
計	1000	1500

⑵ 図１の伝票立てを見て，この形に興味をもった桜さんは，底面の円の半径が２㎝の円柱を，斜めに平面で切った図２の立体**P**について考えた。図３は**P**の投影図である。ただし，AD＝５㎝，AB＝BC であり，四角形ABCDは，∠B＝∠C＝90° の台形であるものとする。

① CDの長さを求めなさい。

② **P**の体積を求めなさい。

図１

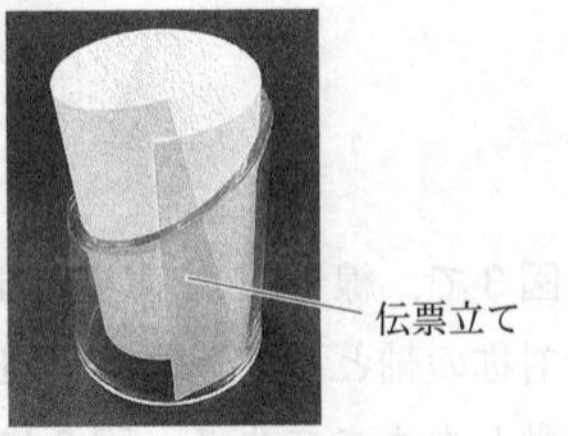

図２

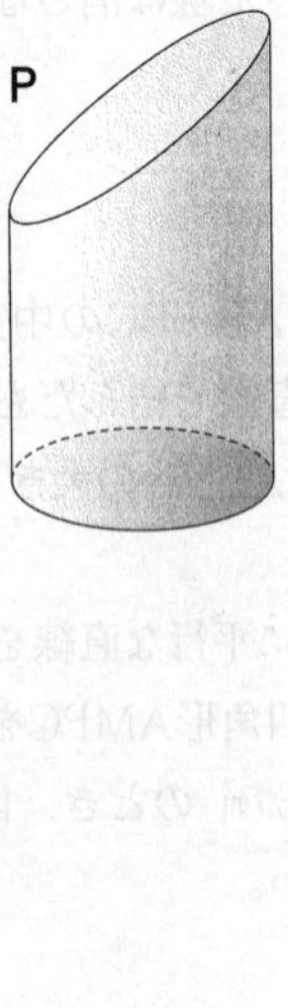

図３

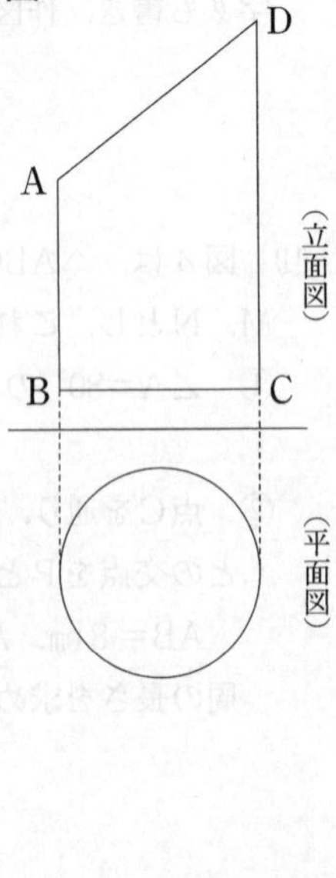

(3)「塵劫記」という江戸時代の書物には，日常生活で役立つ様々な計算が紹介されている。図４は，俵の数の求め方を紹介した「俵すぎざんの事」の一部である。学さんは，俵すぎざんに興味をもち，俵の数の求め方を，次のようにまとめた。

図４　「俵すぎざんの事」の一部

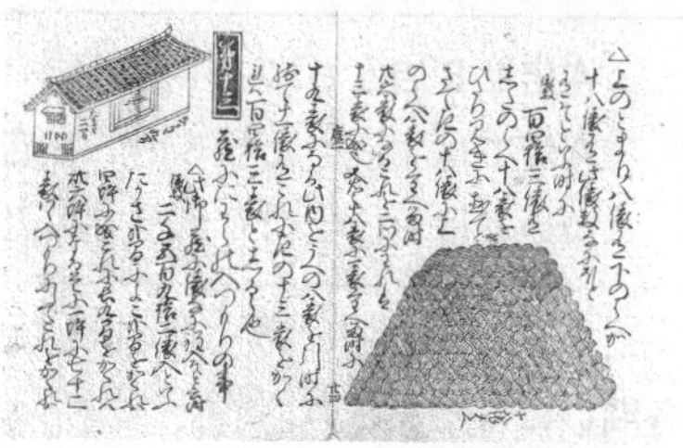

（阪本龍門文庫蔵）

〔学さんがまとめたこと〕

俵すぎざんでは，俵は１段上がるごとに１個ずつ減らして積まれている。

例えば，図５のように，一番下の俵の数が６個，一番上の俵の数が３個のとき，俵の数を数えると全部で18個とわかる。しかし，数えなくても，図６のように，同じものを逆向きに組み合わせると，全部の俵の数は

（１列の俵の数）×（段の数）÷２

で求めることができる。

まず，１列の俵の数は，６＋３＝９で９個となる。

次に，段の数は，図７のように，一番上の俵の数が１個になるまで積み上げたと考えると６段となり，上の２段をひいて，６－２＝４で４段となる。

だから，<u>９×４÷２</u>＝18となり，全部の俵の数は18個となる。

この考え方を使うと，一番下の俵の数と一番上の俵の数がわかれば，全部の俵の数を計算で求めることができる。

図５

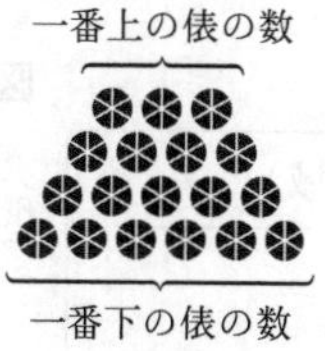

図６

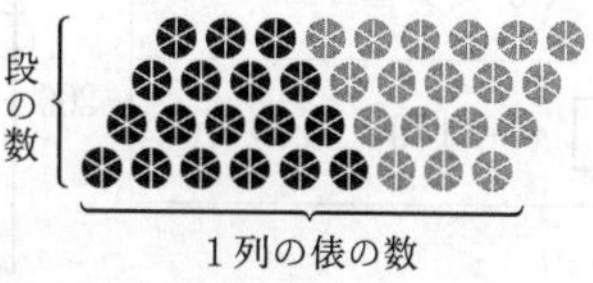

図７

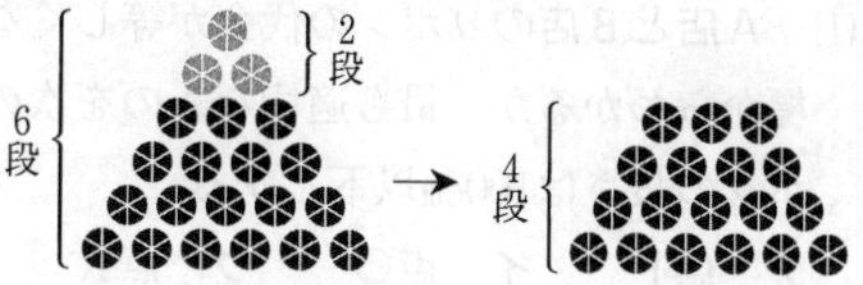

① 一番下の俵の数が８個で，１段上がるごとに１個ずつ減らして積み，一番上の俵の数が４個になるように積むとき，全部の俵の数を求めるための式を，**学さんがまとめたこと**の下線部の式の形で書きなさい。

② 60個の俵を，１段上がるごとに１個ずつ減らして積み，一番上の俵の数が４個になるように積むとき，一番下の俵の数は何個か。方程式をつくり，求めなさい。ただし，用いる文字が何を表すかを最初に示し，方程式と答えを求めるまでの過程を書くこと。

【問３】　Ａ店とＢ店では，それぞれ次のようにリボンが売られている。

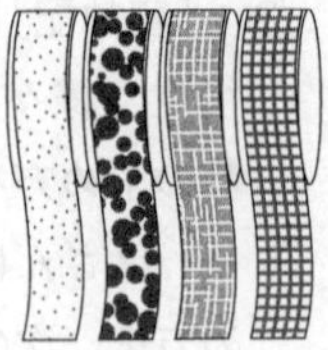

・Ａ店とＢ店ともに，１cm単位で必要な長さを切って販売している。
・Ａ店では１cm当たり５円，Ｂ店では70cmまで250円，70cmをこえた分については１cm当たり６円で販売している。

ただし，消費税については考えないものとし，店によってリボンの品質は変わらないものとする。各問いに答えなさい。

Ⅰ　どちらかの店でリボンをできるだけ安く買いたいと思っている香さんは，２店のリボンの長さと代金の関係について調べた。表は，それぞれの店で$x$cmのリボンを買うときの代金をy円とし，yをxの一次関数と考え，xの変域ごとに式に表したものである。図１は，表をもとに，それぞれの店のxとyの関係をグラフに表したものである。

表

店	式（xの変域）
Ａ店	$y = 5x$　$(x > 0)$
Ｂ店	$y = 250$　$(0 < x \leqq 70)$
	$y =$ あ $x - 170$　$(x > 70)$

図１

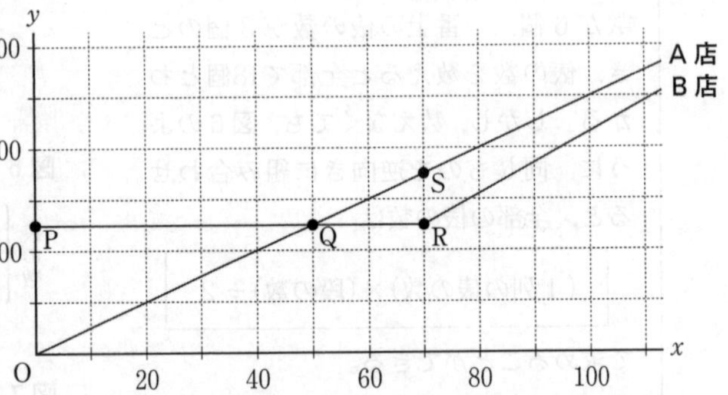

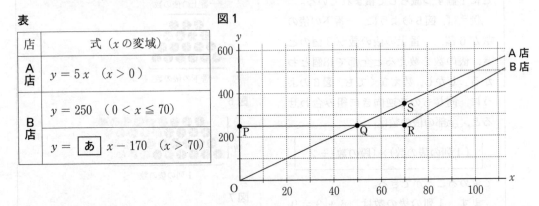

(1)　Ａ店とＢ店のリボンの代金が等しくなるときの長さは，図１におけるグラフ上のどの点の座標からわかるか，最も適切なものを次のア～エから１つ選び，記号を書きなさい。ただし，リボンの長さは100cm以下とする。

ア　点P　　イ　点Q　　ウ　点R　　エ　点S

(2)　30cmのリボンを買うとき，代金が安いのはＡ店とＢ店のどちらの店か，店名を書きなさい。また，いくら安いか，求めなさい。

(3)　表の あ に当てはまる適切な数を書きなさい。

(4)　メモは，香さんが，50cmより長いリボンを安く買える店についてまとめたものである。

メモ

$50 < x <$ い のとき，Ｂ店の方が安い。
$x =$ い のとき，２店の代金は等しい。
$x >$ い のとき，Ａ店の方が安い。

①　い に当てはまる数は，式を用いて求めることができる。その方法を説明しなさい。ただし，用いる式を示して書きなさい。

②　い に当てはまる適切な数を書きなさい。

Ⅱ　A店の店長は，リボンの売り上げを伸ばすために割引きセールの企画を考えた。そこで，A店とB店のリボンの値段や購入者数などを比較したところ，次のことがわかった。

〔わかったこと〕
- 販売するリボンの長さによってはB店の方がA店よりリボンの値段が安い。
- B店の方がA店よりリボンの購入者数が多い。
- A店とB店ともに，リボンの長さが100cm未満の購入者数は少ない。

(1)　A店の店長は，**わかったこと**を踏まえ，50cmより長いリボンの値段を変えて，100cmより長いリボンの値段をB店より安くする**企画案1**を考えた。[う]，[え] に当てはまる適切な数を，それぞれ書きなさい。ただし，[え] に当てはまる数は整数であるものとする。

〔企画案1〕
図2は，x cmのリボンの値段をy円とし，yをxの一次関数と考え，それぞれの店のxとyの関係をグラフに表し，点(50, 250)とB店のグラフ上の $x=100$ のときの点を通る直線ℓをひいたものである。このとき，直線ℓの傾きは [う] となる。そこで，B店より安い値段で，売り上げが伸びるように1cm当たりの値段が最も高い [え] 円にする。

図2

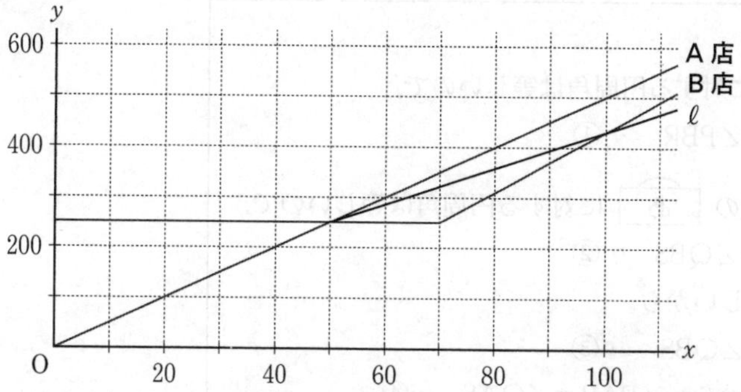

(2)　A店の店長は，**図2**を見て，**企画案1**のとき売れるリボンの長さが長くなるほど，割引きする前と後では値段の差が大きくなることに気づいた。そこで，A店の店長はB店のように，ある長さまでは値段が一定になる**企画案2**を考えた。[お] に当てはまる適切な数を書きなさい。

〔企画案2〕
- [お] cmまで200円で販売する。
- [お] cmをこえた分については，割引きセール前と同じ1cm当たり5円で販売する。
- 100cmのとき，A店の値段がB店の値段と等しくなるようにする。

【問４】 各問いに答えなさい。

Ⅰ 図１は，２点A，Bで交わる２つの円O，O′において，円O上を動く点Pをとり，直線PBと円O′の交点で点Bと異なる点をQとし，△APQをつくったものである。

図２は，図１の点Pを点Rの位置に動かし，それにともなって，点Qが点Sの位置に動いたものである。ただし，点P，Rは円O′の外部にある点であり，点Q，Sは円Oの外部にある点とする。

図１

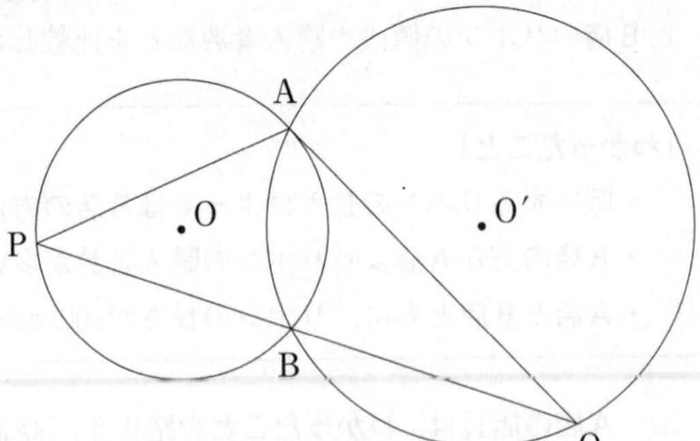

図２

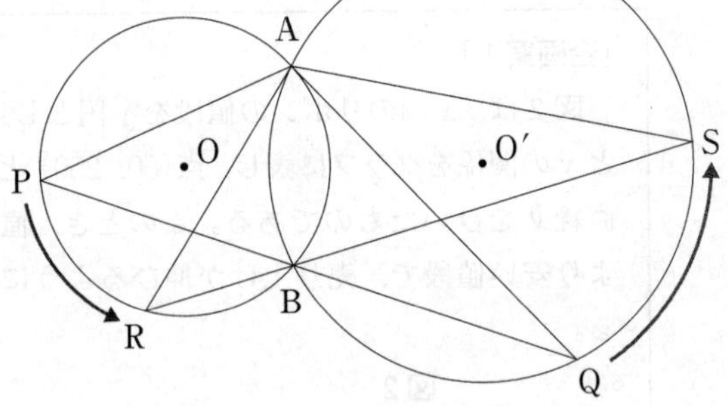

(1) 図２で，∠PAQ＝∠RAS は，次のように証明することができる。証明の あ には当てはまる最も適切な弧を，い には当てはまる最も適切な角を，それぞれ記号を用いて書きなさい。

〔証明〕
円Oの $\overset{\frown}{PR}$ に対する円周角は等しいので，
∠PAR＝∠PBR …①
また，円O′の $\overset{\frown}{\text{あ}}$ に対する円周角は等しいので，
∠QAS＝∠QBS …②
対頂角は等しいから，
∠PBR＝∠QBS …③
①，②，③から，∠PAR＝∠QAS …④
④より，∠PAR＋∠ い ＝∠QAS＋∠ い
したがって，∠PAQ＝∠RAS

(2) ∠PAQ＝∠RAS は，△PAQ∽△RAS を示すことでも証明することができる。△PAQ∽△RAS を示し，∠PAQ＝∠RAS を証明しなさい。

(3) (2)の証明の △PAQ∽△RAS から，∠PAQ＝∠RAS のほかにわかることとして正しいものを，次のア～ウから１つ選び，記号を書きなさい。

ア AP：AR＝PQ：AS　イ AP：AR＝AQ：AS
ウ AP：AR＝AS：AQ

Ⅱ　**図3**は，**図1**の２つの円O，O′のそれぞれの半径を変え，AB＝BP＝PA＝BQ＝４㎝ としたものである。

⑴　∠BAQの大きさを求めなさい。

⑵　円Oの半径を求めなさい。

⑶　**図4**は，**図3**において，点P以外に円O上の点Tをとり，直線TBと円O′との交点で点Bと異なる点をUとし，△ATUをつくったものである。点Tが円O上を動くと，△ATUの面積は変化する。△ATUの面積が最大になるとき，その面積を求めなさい。ただし，点Tは円O′の外部にあり，点Uは円Oの外部にある点とする。

⑷　⑶で求めた△ATUの面積は，△APQの面積の何倍か，求めなさい。

図3

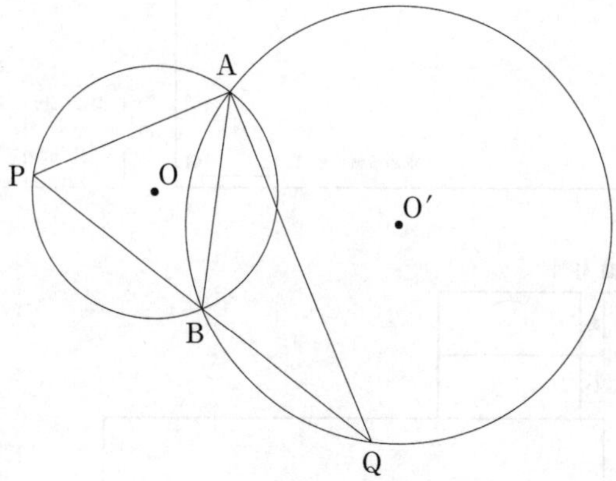

図4

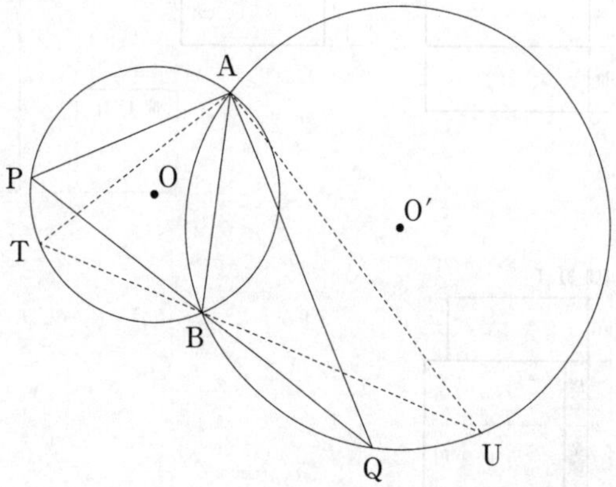

数学解答用紙

受検番号		志望校名	

2　数

【問 1】

(1)	
(2)	
(3)	$x=$
(4)	
(5)	
(6) あ	
(6) い	
(7)	
(8)	
(9)	
(10)	図 3
(11) ①	°
(11) ②	cm

図 3

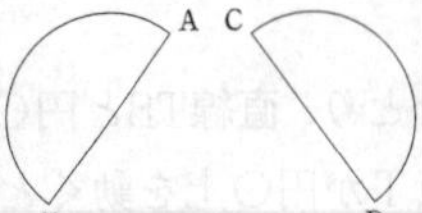

問 1 計

【問 2】

(1)	①	時間以上　時間未満の階級
(1)	②	
(1)	③	記号　理由
(2)	①	cm
(2)	②	cm^3
(3)	①	
(3)	②	よって，求める俵の数は，＿＿＿個

問 2 計

【問 3】 I

(1)		
(2)	店名	店
(2)	金額	円
(3)		
(4)	①	
(4)	②	

II

(1)	う	
(1)	え	円
(2)		cm

問 3 計

【問 4】 I

(1)	あ	⌒
(1)	い	∠
(2)		
(3)		

II

(1)	°
(2)	cm
(3)	cm^2
(4)	倍

問 4 計

得点合計

※この解答用紙は192％に拡大していただきますと，実物大になります。

＜英語＞

時間　50分　満点　100点

【問１】 リスニングテスト

(1) No. 1

No. 2

No. 3

(2)

～ メニュー A ～		～ メニュー B ～		～ メニュー C ～	
1 野菜天ぷら定食	¥1, 200	5 ギョウザ定食	¥ 900	9 チキンカレー	¥ 800
2 焼き魚定食	¥1, 300	6 酢豚定食	¥1, 000	10 サケのムニエル	¥ 750
3 親子丼	¥1, 000	7 チャーハン	¥ 700	11 ミックスピザ	¥ 950
4 ざるそば	¥ 800	8 白身魚の姿蒸し	¥1, 800	12 ハンバーガーセット	¥ 850

No. 1 Where is Nancy from?

ア America.　イ France.　ウ The U.K.　エ China.

No. 2 What will Nancy and Hiroshi get at the restaurant?

ア Nancy will get [9], and Hiroshi will get [8].

イ Nancy will get [3], and Hiroshi will get [2].
ウ Nancy will get [2], and Hiroshi will get [9].
エ Nancy will get [9], and Hiroshi will get [2].

⑶ No. 1 What is an idea from Takeshi's speech?
ア It is still very hot in fall.
イ We can't walk around in the mountains in fall.
ウ He is going to dance in his school festival.
エ He can't make food with fruits.

No. 2 What is an idea from Satomi's speech?
ア Spring is the only season that she likes.
イ Her family enjoys beautiful flowers in the park.
ウ It is too cold, so we can't enjoy *hanami* in spring.
エ It is easy for her to paint pictures of flowers.

No. 3 What do both Takeshi and Satomi talk about?
ア About fruits. イ About their families.
ウ About their friends. エ About pictures.

No. 4 What does only Takeshi or Satomi talk about?
ア Only Takeshi talks about desserts.
イ Only Takeshi talks about the seasons.
ウ Only Satomi talks about colors.
エ Only Satomi talks about walking outside.

【問2】

I 各問いに答えなさい。

⑴ ( ) に当てはまる最も適切な英語を，⒜，⒝それぞれについて下のア～エから1つ選び，記号を書きなさい。

⒜ If it is rainy tomorrow, I will watch a movie ( ) read books at home.
ア because イ but ウ when エ or

⒝ On the first day of ( ) in Japan, a lot of people visit shrines or temples to pray for a good year. Many people also receive New Year's cards in that month.
ア January イ March ウ August エ November

⑵ 由紀 (Yuki) と留学生のボブ (Bob) が，海中のマイクロプラスチック (microplastics in the ocean) とレジ袋 (plastic bags) について会話をしている。

Yuki: I watched the news on TV last night. It was about microplastics in the ocean. ①(know) about microplastics?

Bob: Yes, I do. I know that a lot of people in many countries use and *throw away plastics. I hear that much goes into the sea and becomes smaller. The pieces are so small that we can't find them all.

Yuki: Microplastics are very small, but some people have seen them even in *the Arctic Ocean.

Bob: Yes. Microplastics ②(find) all over the world. We can't take all of them out of the ocean. We must do something about the problem.

Yuki: ③(　　) We should *reduce the plastics we use, and recycle more plastics. Do you have any ideas, Bob?

Bob: I think ④ we can decrease the number of plastic bags we use.

Yuki: That sounds good.

*(注) throw away ～　～を捨てる　the Arctic Ocean　北極海　reduce　減らす

(a) 下線部①，②の（　）内の語を，必要があれば適切な形に変えたり，不足している語を補ったりなどして，話の流れに合わせて英文を完成させなさい。

(b) 話の流れに合うように，下線部③の（　）に当てはまる最も適切な英文を，次のア～エから1つ選び，記号を書きなさい。

ア You did it.　イ Are you OK?　ウ What's this?　エ You're right.

(c) 次の英文が，下線部④の具体例になるように，最も適切な英語を，次のア～エから1つ選び，記号を書きなさい。

When we buy something at the shop, we should say that

ア we want to use new plastic bags.
イ we won't need a plastic bag.
ウ we must get a new plastic bag.
エ we can't live without plastic bags.

(3) 信州市は，地域在住の外国人と交流する祭りを計画し，そのポスターを英語で作成した。

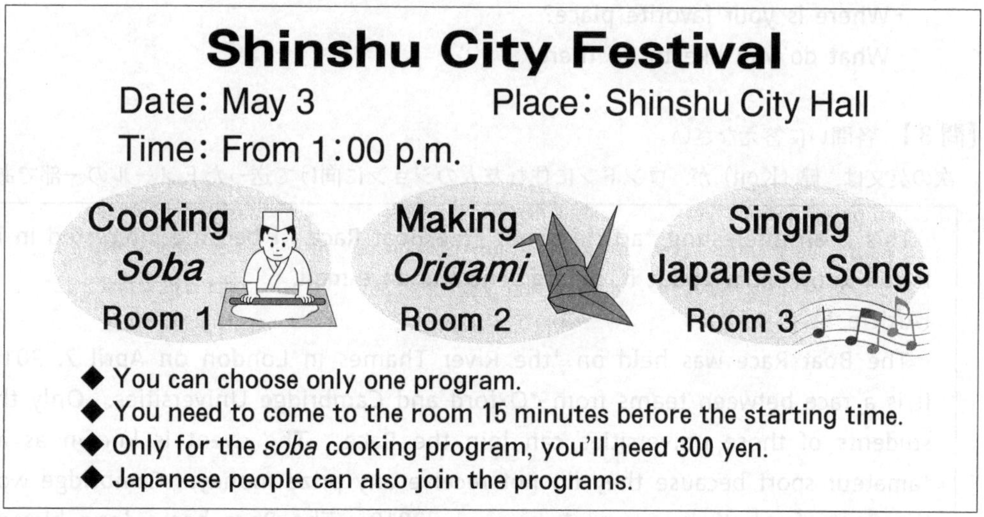

Shinshu City Festival
Date: May 3
Place: Shinshu City Hall
Time: From 1:00 p.m.
Cooking Soba
Room 1
Making Origami
Room 2
Singing Japanese Songs
Room 3
◆ You can choose only one program.
◆ You need to come to the room 15 minutes before the starting time.
◆ Only for the soba cooking program, you'll need 300 yen.
◆ Japanese people can also join the programs.

(a) 次の質問の答えとして最も適切な英文を，下のア～エから1つ選び，記号を書きなさい。

What time should you get to the room if you want to join a program?

ア At 12:45 p.m.　イ At 1:00 p.m.
ウ At 1:15 p.m.　エ At 1:30 p.m.

(b) ポスターの内容と合っている最も適切な英文を，次のア～エから１つ選び，記号を書きなさい。

ア You can enjoy both Cooking *Soba* and Making *Origami* in the same room.
イ Japanese people can't join the Shinshu City Festival on May third.
ウ People can choose one from the three kinds of programs about Japanese culture.
エ For all programs in the Shinshu City Festival, you don't have to bring any money.

Ⅱ 各問いの指示に従って，語の順番や使い方に注意して，内容が伝わるように正確な英文を書きなさい。ただし，英文の数は問わない。

⑴ 次の会話文を読んで，伝えたいことが伝わるように（ ）に当てはまる英文を書きなさい。

Tom: I am going to go to the zoo with my family this weekend. Why don't you come with us?
You: I am sorry, I can't. （ ）

〔伝えたいこと〕
(i)理由（自由に考えてよい） (ii)楽しんできてほしい

⑵ 英語の授業でALTが英作文の課題を出した。次のQuestionsについて２つの内容を関連させて答えなさい。ただし，答えは10語以上の英語で書きなさい。なお，コンマ，ピリオドなどの符号は語数に含めない。短縮形は１語と数えること。

【Questions】
・Where is your favorite place?
・What do you like to do there?

【問３】 各問いに答えなさい。

次の英文は，健 (Ken) が，ロンドンに住む友人のジョンに向けて送ったＥメールの一部である。

This is an interesting *article about *the Boat Race. I became interested in it. If you know more about it, please send me an e-mail.

〔Article 1〕

The Boat Race was held on *the River Thames in London on April 7, 2019. It is a race between teams from *Oxford and Cambridge Universities. Only the students of those universities can join the Race. The event is known as an *amateur sport because they do not receive any prize money. Cambridge won the Races for both men and *women in 2019. The Race has a long history. It started in 1829 for men, and in 1927 for women. The events were sometimes stopped, but they are usually held in spring every year. When people see the Race, many of them think that spring has come.

*(注)　article　記事　the Boat Race　オックスフォード大学とケンブリッジ大学の対抗ボートレース
the River Thames　テムズ川
Oxford and Cambridge Universities　オックスフォード大学とケンブリッジ大学
amateur　アマチュア　women ← woman　女性

(1)　健のＥメールについて，次の(a)，(b)の質問の答えとして最も適切な英文を，下のア～エからそれぞれ１つ選び，記号を書きなさい。

(a)　Why did Ken write this e-mail?
ア　To get prize money for the spring event.
イ　To learn more about the spring event.
ウ　To hold the Boat Race for 2019 in London.
エ　To win the Boat Race for 2019 in London.

(b)　What did Ken learn about the Boat Race?
ア　The Boat Race for men and women started in the same year.
イ　The Boat Race between Oxford and Cambridge Universities has not stopped since 1829.
ウ　The members of the Boat Race must be students of one of the two universities.
エ　In 2019, Cambridge won the Race for men, and Oxford won the Race for women.

後日，ジョンからＥメールで，次のような記事が送られてきた。

This is a good article to know about the Boat Race. Please read it.
〔Article 2〕
The rules are easy. For example, each team from both universities has nine members. One of them is a *cox. He or she gives the *directions. The other eight members *row the team's boat for about seven *kilometers on the River Thames. Each of them holds one *oar with both hands. The team that finishes faster than the other wins the Race. The Race is held even in bad weather.

To win the Boat Race, members *train hard, but having strong legs and arms is not enough. Good directions from the cox and *teamwork are also necessary. Only the cox can see the front. The other eight members look at, listen to, and follow the cox. Working together is very important.

The Race is very popular. Every spring about 250,000 people come to see the Race, and many other people watch it on TV. Why is the Race so popular? People respect the members because they do not receive any prize money for the Race. There is another reason. They train well and study very hard. They usually get up very early in the morning, practice, and have classes at their universities.

*(注)　cox　コックス(役割名)　direction(s)　指示　row　こぐ　kilometer(s)　キロメートル
oar　オール　train　トレーニングをする　teamwork　チームワーク

(2)　ボートの乗り方について，Article 2 で書かれている内容を最も適切に表している絵を，次のア～エから１つ選び，記号を書きなさい。

ア

イ

ウ

エ
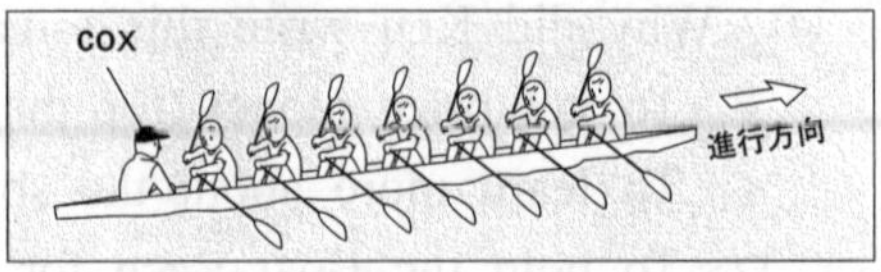

(3)　健は Article 1 と Article 2 を使って，英語の授業でボートレースについて，発表をすることにした。発表の始めに話の流れを示すスライドとして最も適切なものを，次のア～エから１つ選び，記号を書きなさい。ただし，Article 1 の次に Article 2 を使い，それぞれの記事の内容の順番は変えないこととする。

ア

The Boat Race in London
1. The history of the River Thames
2. The rules of the two universities
3. Necessary things to win the Race
4. The Race as a popular spring event

イ

The Boat Race in London
1. The history of the two universities
2. The rules of the Race
3. Necessary things for watching the Race
4. Popular newspapers in London

ウ

The Boat Race in London
1. The Race for 2019 and its history
2. The rules of the two universities
3. Necessary things for watching the Race
4. Popular places in London

エ

The Boat Race in London
1. The Race for 2019 and its history
2. The rules of the Race
3. Necessary things to win the Race
4. The Race as a popular spring event

(4)　たかし（Takashi）と沙紀（Saki）は，健の発表を聞いて，次のように会話をした。

Takashi: I didn't know that they usually have the Boat Race every spring. I understand that the teams need to have three things to win the Race. They are ①(　　)(　　)(　　)(　　), good directions from the cox, and teamwork.

Saki: That's true. I was also surprised to know that the Race is very popular. There are two reasons for that. First, the members do not get any money. Second, they train a lot for the Race and ②(　　)(　　)(　　) at their universities. I am happy to learn about this famous spring event in London.

(a)　下線部①の（　）に当てはまる最も適切な英語を連続する４語で，下線部②の（　）に当てはまる最も適切な英語を連続する３語で，Article 2 の中からそれぞれ抜き出して書きなさい。

(b) この会話の後，次のように沙紀からたずねられた。沙紀の質問に対するあなたの考えが伝わるように，語の順番や使い方に注意して，10語以上の正確な英語で書きなさい。ただし，英文の数は問わないが，たかしや沙紀が述べた英文を１文そのまま引用しないこと。なお，コンマ，ピリオドなどの符号は語数に含めない。短縮形は１語と数えること。

Saki: “What do you think about the two articles?”

【問４】 和歌山県紀の川市 (Kinokawa City) に住む香織 (Kaori) が，地元の医師華岡青洲(はなおかせいしゅう) (Hanaoka Seishu) を英語の授業で紹介した。その原稿を読んで，各問いに答えなさい。なお，[1]～[5]は段落の番号を表している。

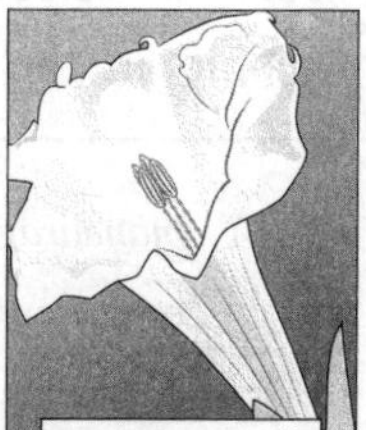

マンダラゲの花

[1] This white flower is called **mandarage*. There was a doctor who used this to help people. His name was Hanaoka Seishu. Last week, I heard a song about him when I was watching TV. I learned that he was the first doctor who *succeeded in doing an *operation on *breast cancer in the world by using a *general *anesthetic. I visited a ①(　　　) about him. There, I saw things he used when he did operations.

[2] Now, I am going to talk about him. He was born in Kinokawa about 260 years ago. He worked very hard as a doctor for his patients every day, but he often felt ②(　　　) because he couldn’t *cure a lot of patients with only medicine. He just had to lose them. He thought *cutting off *affected body parts was necessary to save patients, and decided to find a way to do operations.

[3] However, that was not easy. At that time, doctors could not do big operations like today. First, Seishu needed to make an anesthetic for operations. He knew that the *herb called *mandarage* was useful as an anesthetic, but he also needed other herbs to stop *pain. [　あ　] After his hard work, he got five other good herbs. He *mixed *mandarage* and the five herbs, *ground them, and *boiled them in water. In this way, he made an anesthetic. He spent about twenty years to find a way to make it. He also *devised good *surgical tools like *scalpels and *scissors. They were useful for cutting things. [　い　]

[4] Then, an old woman with breast cancer visited Seishu. She said to him, “I have been sick since last summer. My sister *died from breast cancer, so I know I will die if I don’t have an operation. Please do an operation.” Seishu understood how she felt. He wanted to save her, so in 1804 he did the first operation on breast cancer. The old woman drank the anesthetic and began to sleep a few hours later. Seishu cut off her breast cancer with

his scalpel and scissors. He succeeded in doing the operation. [う] He started to do operations on different *parts of his patients like their eyes, mouths, and legs.

5 Seishu always tried ③ to save people who needed help and he opened the door to do more operations. When he could not get things he needed, he devised or created ④ something new. He once thought, "It is important to make something everyone needs. As a doctor, I would like to cure *diseases we haven't cured." He died when he was 76, but even now people sing about and remember him. Just like Seishu, doctors today do operations, cut off affected body parts, and save people. I also would like to help people in the future.

*(注) *mandarage* マンダラゲ　succeeded in ~ ing ← succeed in ~ ing　~することに成功する
operation(s) (on ~) (~の)手術　breast cancer 乳がん　general 全身の
anesthetic(s) 麻酔薬　cure 治療する　cutting off ~ ← cut off ~　~を切り取る
affected body part(s) 患部　herb(s) 薬草　pain 痛み　mixed ← mix 混ぜる
ground ← grind 細かく砕く　boiled ← boil 煮る　devised ← devise 考案する
surgical tool(s) 手術道具　scalpel(s) メス　scissors はさみ
died from ~ ← die from ~　~で死ぬ　part(s) 部分　disease(s) 病気

⑴ 下線部①の（　）に当てはまる最も適切な英語を，次のア～エから１つ選び，記号を書きなさい。

ア post office　イ museum　ウ train station　エ hotel

⑵ 下線部②の（　）に当てはまる，アルファベットのｓで始まる適切な英語を，１語で書きなさい。

⑶ [あ] ～ [う] に当てはまる最も適切な英文を，次のア～オから１つずつ選び，記号を書きなさい。ただし，同じ記号を２回以上使わないこと。

ア After that operation, he was sure that he could do more.
イ He did not need to know how to make anesthetics.
ウ He often went out to the mountains and tried to find them.
エ Seishu was not happy when he thought about the surgical tools he devised.
オ Now, he was ready to do the first big operation with the anesthetic and surgical tools.

⑷ 下線部③の内容について，次の英文のように言いかえるとき，（　）に当てはまる最も適切な英語を連続する２語で，原稿の中から抜き出して書きなさい。

Seishu helped people like the (　　)(　　) who had breast cancer.

⑸ 下線部④はどのようなものを表しているか，適切な英語を次のア～エからすべて選び，記号を書きなさい。

ア *mandarage*　イ surgical tools　ウ breast cancer　エ anesthetics

⑹ 原稿の内容と合っている英文を，次のア～カから２つ選び，記号を書きなさい。

ア Seishu did operations on breast cancer, but never tried other kinds of operations.

イ It took more than thirty years for Seishu to make the anesthetic.

ウ Kaori heard the song about Seishu on the radio and learned about him.

エ The old woman knew about breast cancer because her sister had the same disease.

オ Seishu learned that mixing six herbs was useful for making an anesthetic.

カ Seishu knew about *mandarage*, so it was easy for him to make anesthetics.

(7) 原稿の内容について次の表をつくった。表の[え]～[き]に当てはまる最も適切な英文を，次のア～エから１つずつ選び，記号を書きなさい。

ア We learn how Seishu made a way to do operations.

イ We learn when and how Kaori heard about Seishu.

ウ We learn what Kaori thinks about Seishu and her future.

エ We learn why Seishu couldn't save many people.

表

段落	内容
[1]	[え]
[2]	[お]
[3] [4]	[か]
[5]	[き]

(8) 原稿につけるタイトルとして最も適切なものはどれか。次のア～エから１つ選び，記号を書きなさい。

Hanaoka Seishu — A Doctor Who

ア Succeeded in Doing Operations 400 Years Ago
イ Opened the Door to Big Operations
ウ Used No Surgical Tools to Cure His Patients
エ Needed Only Herbs to Help People

英語解答用紙

受検番号		志望校名	

2 英

【問 1】

	No. 1	No. 2	No. 3
(1)			

	No. 1	No. 2
(2)		

	No. 1	No. 2	No. 3	No. 4
(3)				

問 1 計

【問 2】

I

(1)	(a)		(b)	
(2)	(a) ①	about microplastics?		
	(a) ②	Microplastics all over the world.		
	(b)		(c)	
(3)	(a)		(b)	

問 2 計

II

(1)	
(2)	

【問 3】

(1)	(a)		(b)	
(2)		(3)		
(4)	(a) ①	( )( )( )( )		
	(a) ②	( )( )( )		
	(b)			

問 3 計

【問 4】

(1)		(2)				
(3)	あ		い		う	
(4)	Seishu helped people like the ( )( ) who had breast cancer.					
(5)						
(6)						
(7)	え	お	か	き		
(8)						

問 4 計

得点合計

※この解答用紙は185%に拡大していただきますと，実物大になります。

＜理科＞

時間　50分　満点　100点

【注意】 漢字で書くように指示されている場合は，漢字で書きなさい。そうでない場合は，漢字の部分をひらがなで書いてもかまいません。

【問１】 各問いに答えなさい。

Ⅰ　太郎さんは，近所の林の中に，シダ植物のオシダがたくさん生えていることに気づいた。そこで，林の中と外に生えている主な植物の種類を調べ，**図１**にまとめた。

太郎さんは，図１から林の中と外で生えている植物の種類がちがう理由は，光の当たり方が関係しているのではないかと考え，林の中のオシダと林の外のタンポポを用いて**実験１**を行った。

図１

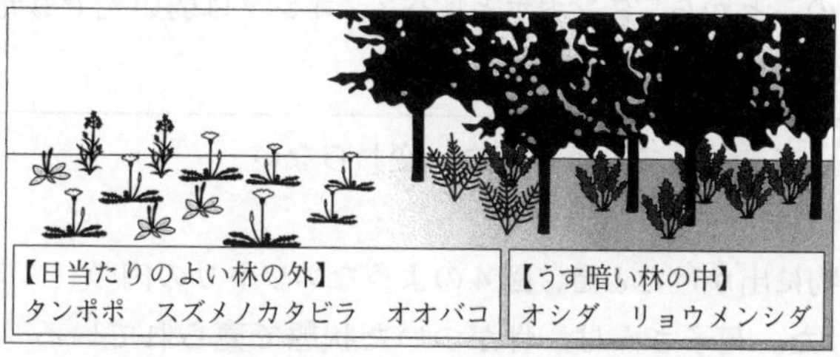

〔実験１〕

①　無色透明の同じポリエチレンの袋Ａ～Ｆを用意し，林の中のオシダの葉をＡとＤに，林の外のタンポポの葉をＢとＥに，それぞれ同じ質量を入れ，ＣとＦには葉を入れなかった。すべての袋に呼気をじゅうぶん吹き込んだ後，袋の中の気体全体に対する酸素の割合を気体検知管で調べ，袋を閉じた。

②　Ａ～Ｃには，図２のように，林の中と同程度の弱い光を，Ｄ～Ｆには，図３のように，Ａ～Ｃよりも強い光を当て続けた。

③　２時間後，すべての袋の中の気体全体に対する酸素の割合を気体検知管で調べ，実験の結果を**表**にまとめた。

図２

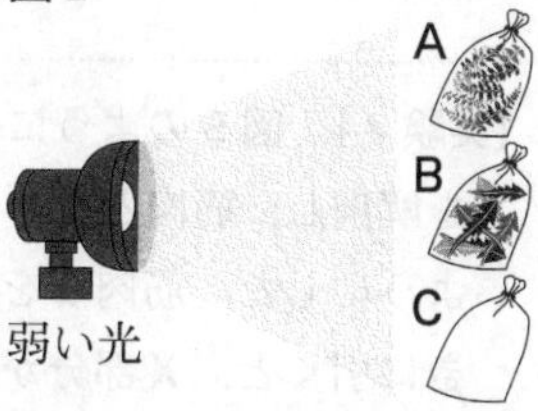

図３

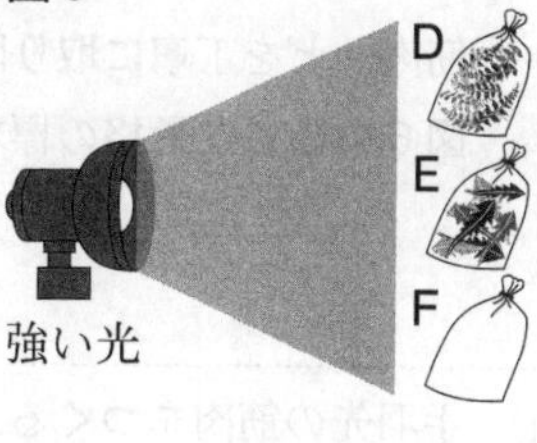

表

	Ａ	Ｂ	Ｃ	Ｄ	Ｅ	Ｆ
光を当てる直前の酸素の割合〔%〕	18.3	18.3	18.3	18.3	18.3	18.3
２時間後の酸素の割合〔%〕	19.0	15.9	18.3	19.2	19.4	18.3

(1)　オシダとタンポポの葉を顕微鏡で観察すると，葉緑体をふくんだ，たくさんの小さな部屋のようなものが見られた。この小さな部屋のようなものを何というか，書きなさい。

(2) **実験1**で，**C**を用意した理由として最も適切なものを，次の**ア**～**エ**から1つ選び，記号を書きなさい。

ア 光が酸素を二酸化炭素に変えていることを確かめるため。

イ 光がオシダとタンポポの蒸散のはたらきに影響をあたえないことを確かめるため。

ウ 葉緑体で光合成が行われていることを確かめるため。

エ 実験に用いた袋は，袋の中の酸素の割合に影響をあたえないことを確かめるため。

(3) 太郎さんは，**実験1**の結果をもとに次のように考えた。[あ]，[い] に当てはまる最も適切なものを，下の**ア**～**ウ**から1つずつ選び，記号を書きなさい。また，[う] に当てはまる適切な言葉を，光合成と呼吸により出入りする酸素の量にふれて書きなさい。

> A，D，Eでは酸素の割合が [あ] 。これは，オシダとタンポポが光合成をさかんに行ったためである。一方，Bでは酸素の割合が [い] 。これは，タンポポの [う] からである。このことから，タンポポと比べて，オシダは弱い光でも光合成ができるため，うす暗い林の中で生活できると考えられる。

ア 増えている　**イ** 減っている　**ウ** 変わらない

Ⅱ 花子さんは，買い物に出かけたとき，**図4**のようなニワトリの肉の部位の看板を見つけた。花子さんは，骨がついた状態で売られている手羽先(てばさき)という部位に興味をもち，動物の筋肉や骨格について調べた。

図4

［**実験2**］ **図5**のようにニワトリの手羽先を解剖し，筋肉と骨のつながりがわかるようにした。筋肉**a**を矢印（⟶）の向きに引くと，**X**部分が矢印（⇨）の向きに動くことが確かめられた。さらに，筋肉などを丁寧に取り除き，骨を並べて，**図6**のような骨格の標本をつくった。

図5

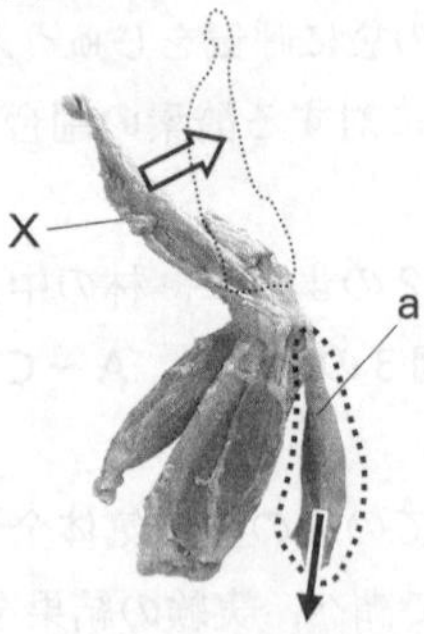

図6

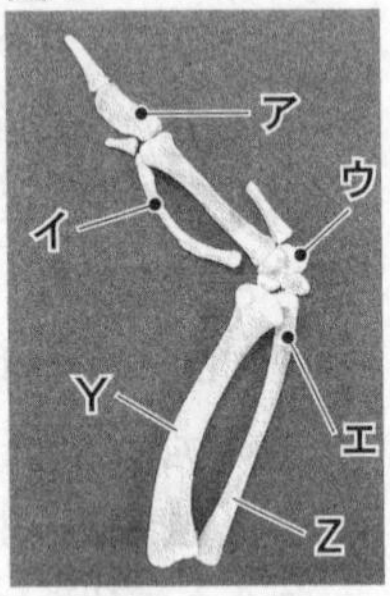

(1) 手羽先の筋肉をつくる，アミノ酸が結合してできた物質を何というか，書きなさい。

(2) 筋肉が骨につく部分を何というか，書きなさい。

(3) **実験2**から，**図5**の**a**が骨についている場所として最も適切なものを，**図6**の**ア**～**エ**から1つ選び，記号を書きなさい。

(4) 花子さんは，動物の骨格についてさらに調べると，セキツイ動物の前あしに，共通のつくりがあることに気づき，セキツイ動物の前あしの骨格のつくりを**図7**（次のページ）にまとめた。

ⅰ **図6**の**Y**または**Z**にあたる骨を，**図7**の**ア**～**シ**からすべて選び，記号を書きなさい。

ⅱ ハトとコウモリを分類すると，鳥類，ホニュウ類とグループは異なるが，前あしのはたらきに共通点がある。どのようなはたらきか，最も適切なものを次のア～エから１つ選び，記号を書きなさい。

ア　水をかく
イ　空をとぶ
ウ　地面を走る
エ　音をとらえる

iii　花子さんは，**図７**をもとに，次のようにセキツイ動物の前あしのはたらきやつくりについてまとめた。［え］に当てはまる適切な言葉を，**環境**という語句を使って簡潔に書きなさい。

> 長い年月をかけて鳥類もホニュウ類もそれぞれ進化してきたが，前あしのはたらきや基本的なつくりに共通点かあるのは，生息する［え］ように変化してきたからである。

図７

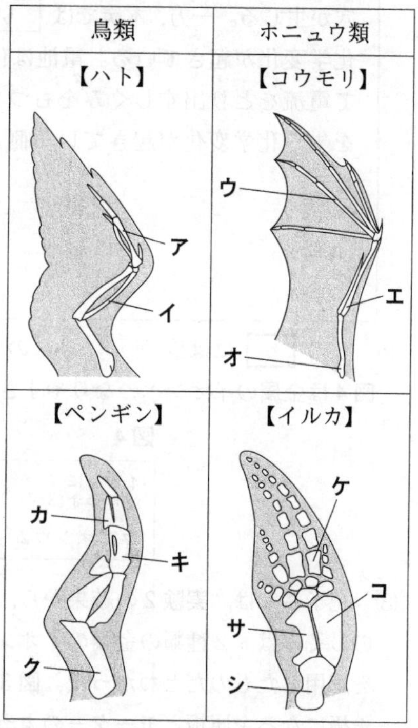

【問２】　各問いに答えなさい。

Ⅰ　花子さんは，木炭とアルミニウムはくと食塩水でつくることができる木炭電池について調べ，アルミニウムはく以外の金属でも木炭電池をつくることができるか確かめる実験を行った。

〔**実験１**〕　図１のようにつくった木炭電池で，モーターを約１時間回した後，アルミニウムはくをはがし，表面を観察したところ，図２のように多くの穴が見られた。

〔**実験２**〕　図１のアルミニウムはくを，５種類のうすい金属にかえて巻きつけ，モーターが回転するか調べ，結果を表にまとめた。

図１

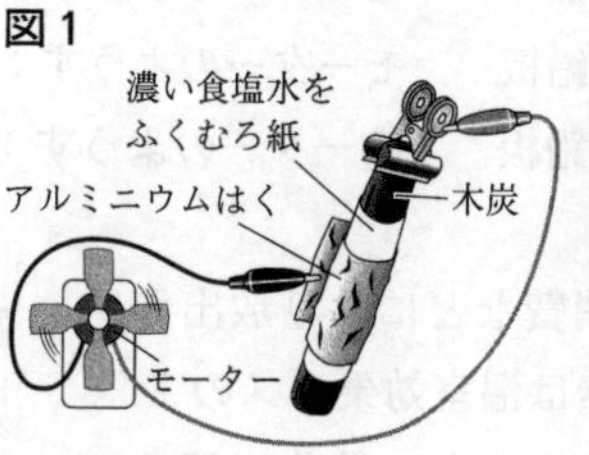

図２

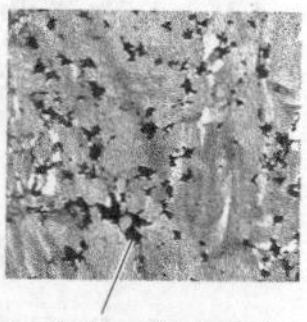

表

うすい金属	アルミニウム	銅	亜鉛	鉄	マグネシウム
モーターの回転	◎	×	○	△	

◎：よく回る，○：回る，△：わずかに回る，×：回らない

(1)　花子さんは，**実験１**，**実験２**について，次のようにまとめた。［あ］に当てはまるイオン式を書きなさい。また，［い］，［う］に当てはまる最も適切な語句を，それぞれ書きなさい。

> 図３（次のページ）のモデルのように，木炭電池のアルミニウムはくでは，
> Ａｌ → ［あ］ ＋⊖⊖⊖ という反応が起き，アルミニウム原子が［い］を失ってアル

ミニウムイオンとなるため，図2のように多くの穴が生じる。一方，木炭では [い] を受けとる化学変化が起きている。電池は化学変化によって電流をとり出すしくみをもつもので，[い] を失う化学変化が起きている側が [う] 極となる。

図3

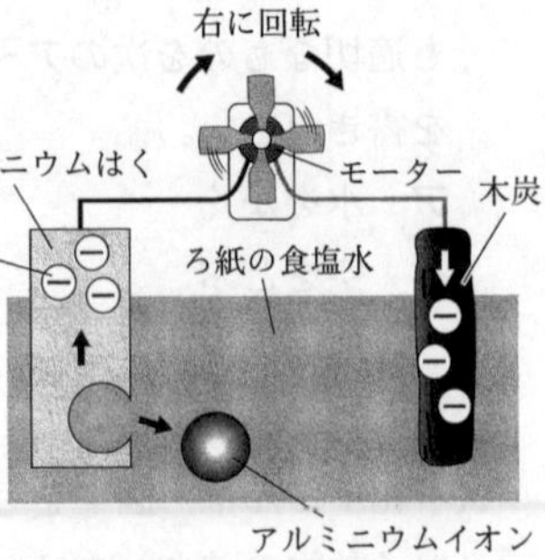

(2) 表の [　] には◎，○，△，×のいずれが当てはまるか，図4をもとに書きなさい。ただし，図4は金属のイオンへのなりやすさをまとめたものである。

図4

イオンになりやすい	イオンになりにくい
マグネシウム ＞ アルミニウム ＞ 亜鉛 ＞ 鉄 ＞ 銅	

(3) 花子さんは，**実験2**の結果から，授業で習った図5の電池のしくみは，2種類の金属のイオンへのなりやすさのちがいを応用したものだとわかった。図3，図4をもとに，図5で＋極になる金属板とモーターのようすの組み合わせとして最も適切なものを，次の**ア**～**エ**から1つ選び，記号を書きなさい。ただし，図5のモーターは図3と同じものであり，同じ方向から見たものとする。

図5

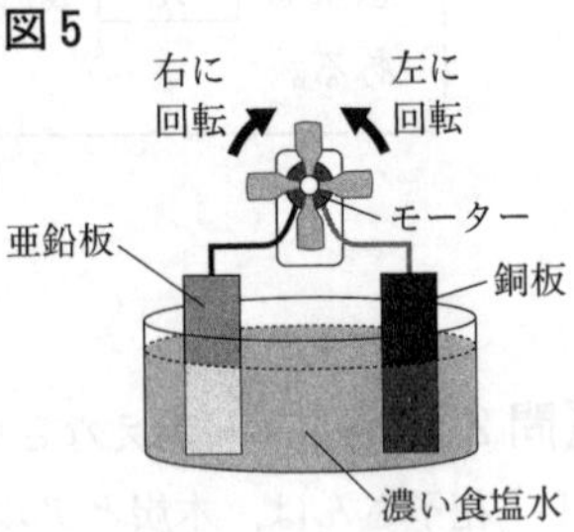

ア　＋極：銅板　　モーターのようす：右に回転
イ　＋極：銅板　　モーターのようす：左に回転
ウ　＋極：亜鉛板　モーターのようす：右に回転
エ　＋極：亜鉛板　モーターのようす：左に回転

Ⅱ　化石燃料の消費などにより放出される二酸化炭素は温室効果ガスの1つである。放出された二酸化炭素の一部は海洋にとけており，海洋は大気中の二酸化炭素の量に影響をあたえている。近年，地球温暖化により気温だけでなく，図6のように海面水温も上昇傾向にある。

太郎さんは，次の実験を行い，水温と海水にとける二酸化炭素の量の関係について調べ，地球温暖化について考えた。

図6

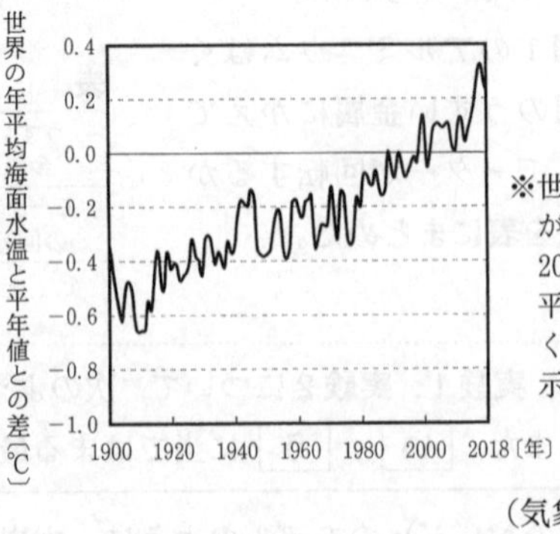

※世界の年平均海面水温が平年値（1981年～2010年の30年間の平均海面水温）と，どのくらい差があるかを示したもの

（気象庁資料より作成）

［実験３］
① 図７の方法で，二酸化炭素をじゅうぶんに集めたペットボトルを３本用意した。
② 図８のように，二酸化炭素を集めた３本のペットボトルに水温１℃，15℃，26℃の海水をそれぞれ100ｇ入れ，ふたをしてペットボトルをじゅうぶんにふると，図９のようになった。

図７

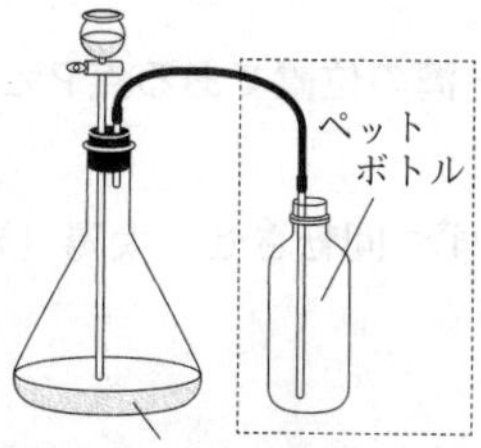

図８

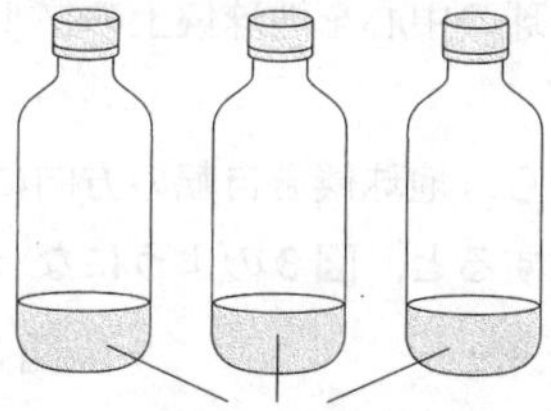

図９

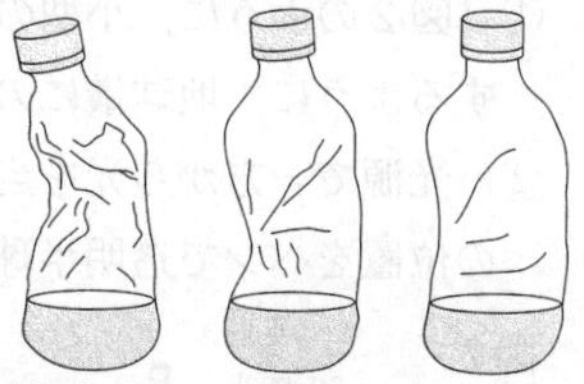

⑴ 二酸化炭素を発生させるために必要な試薬を，次のア～カから２つ選び，記号を書きなさい。
ア うすい過酸化水素水　イ 石灰石　ウ うすい水酸化ナトリウム水溶液
エ うすい塩酸　オ 二酸化マンガン　カ 塩化アンモニウム

⑵ 図７の［　］のようにして気体を集める方法を何というか，書きなさい。

⑶ ⑵の方法は，二酸化炭素のどのような性質を利用したものか。最も適切なものを，次のア～エから１つ選び，記号を書きなさい。
ア 無色　イ 石灰水を白くにごらせる　ウ 空気より密度が大きい　エ 無臭

⑷ 図８，図９より，水温と海水にとける二酸化炭素の量にはどのような関係があるといえるか，簡潔に書きなさい。

⑸ 太郎さんは，実験３をもとに，次のように地球温暖化について考えた。［え］に当てはまる最も適切なものを，下のア～ウから１つ選び，記号を書きなさい。

> 人間活動により大気中に放出された二酸化炭素の一部は，海洋にとけて吸収される。そのため，大気中の二酸化炭素の量の増加は，一定程度おさえられている。将来，大気中の二酸化炭素の量の増加などにより地球温暖化が進行して，気温だけでなく海面水温が上昇すると，海洋の二酸化炭素の吸収能力は変化し，その結果，気温は［え］と予想される。

ア ゆっくり下降する　イ ますます上昇する　ウ 変わらない

【問３】 各問いに答えなさい。

Ⅰ 北極圏では夏に１日じゅう太陽が沈まない白夜（びゃくや）という現象があると知った花子さんは，夏至の日に太陽がどのように動いて見えるか調べるため，次のような調査と実験を行った。

［調査］ ある年のアラスカの北緯70°のプルドー湾周辺で見られた，夏至の前日から夏至の日にかけて，２時間ごとの太陽の位置は図１（次のページ）のようであった。
［実験］ 図１の日の太陽の日周運動を，透明半球に記録する実験を行った。

図1

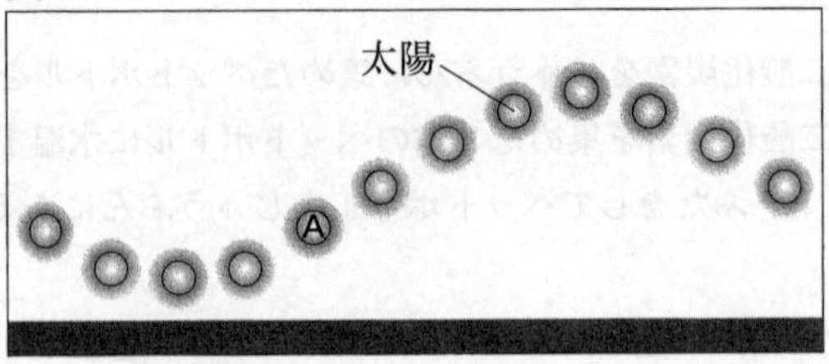

① 図2のように，小型の透明半球の中心を地球儀上のプルドー湾の位置である点Pと一致するように，地球儀にのせた。

② 光源で一方から光を当てながら，地球儀を自転の方向に30°ずつ回転させ，太陽（光源）の位置をペンで透明半球に記録すると，図3のようになった。

図2

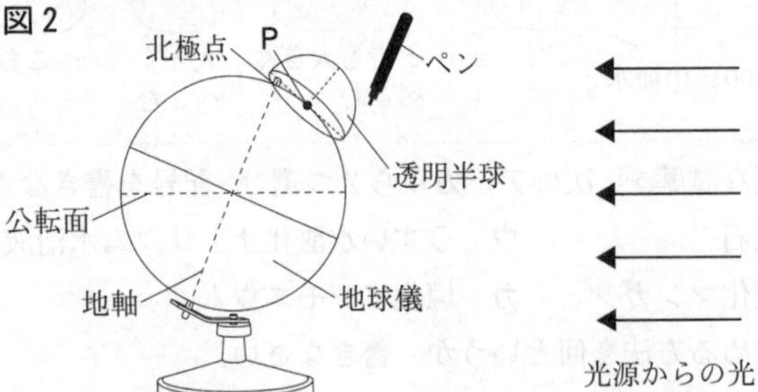

図3

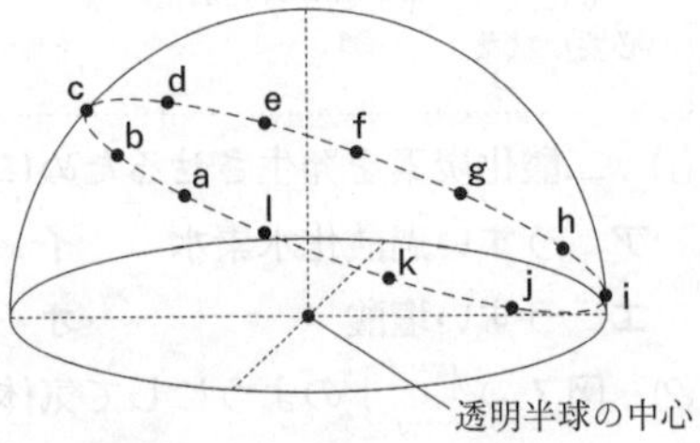

(1) ペンで透明半球に，太陽の位置を記録する方法を説明した次の文の［あ］に当てはまる適切な言葉を書きなさい。

ペンの先のかげが［　あ　］に重なるようにして，印をつける。

(2) 図1のAに対応する太陽の位置を記録したものとして，最も適切なものを，図3のa～lから1つ選び，記号を書きなさい。

(3) 花子さんは，北極圏において冬至の日は太陽の動きがどうなっているのかを確かめるため，図4のように地球儀に一方から光を当てた。地球儀を自転の方向に1回転させたとき，光源からの光が当たり続けた範囲を示したものとして最も適切なものを，次のア～エから1つ選び，記号を書きなさい。ただし，光が当たり続けた範囲を白く示している。

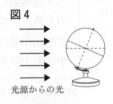

図4

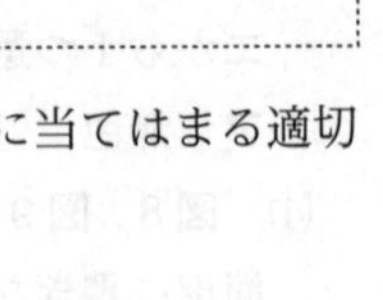

ア

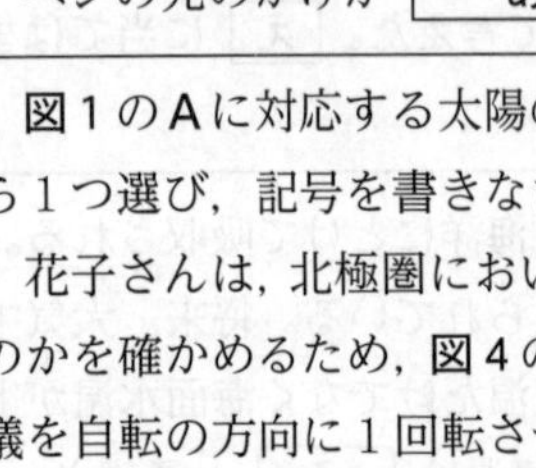

イ

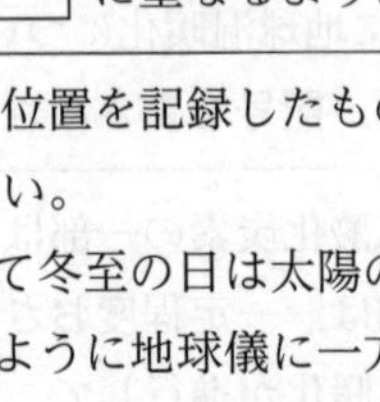

ウ

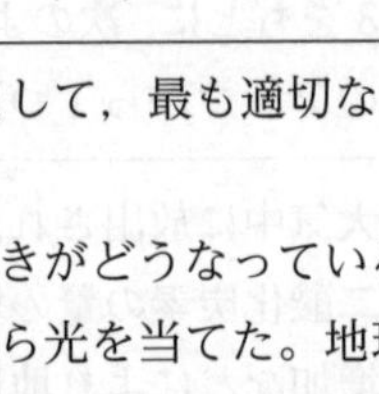

エ

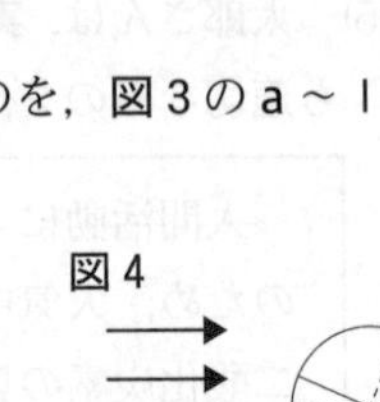

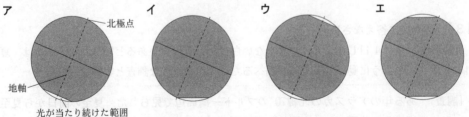

(4) 地球上に1日じゅう太陽の光が当たり続ける範囲ができるのはなぜか。地軸という語句を使って，簡潔に説明しなさい。

Ⅱ　冬のある日，太郎さんは，風呂上がりに脱衣所の鏡がくもったので，鏡のくもり止めヒーターのスイッチを入れると，くもりがとれた。太郎さんは，鏡のくもりがとれた理由を，**表1**をもとに調べた。

表1

気温〔℃〕	6	8	10	12	14	16	18	20	≀	28	30
飽和水蒸気量〔g/m^3〕	7.3	8.3	9.4	10.7	12.1	13.6	15.4	17.3	≀	27.2	30.4

〔観察〕

①　図5のように，鏡がくもっていたとき，鏡の表面温度は6℃，脱衣所の気温は20℃であった。

図5

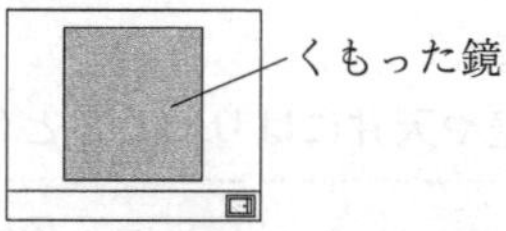

図6

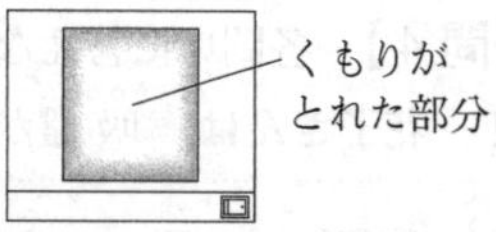

②　くもり止めヒーターのスイッチを入れると，鏡の中央部分があたたかくなり，**図6**のようにくもりがとれはじめた。そのときの鏡の中央部分の表面温度は12℃であった。

⑴　湿度について述べた次の文の，［い］に当てはまる最も適切な語句を書きなさい。また，［う］に当てはまる最も適切な値を，下の**ア**～**エ**から1つ選び，記号を書きなさい。ただし，鏡の表面付近の空気の温度は，鏡の表面温度と同じであるとする。

> 湿度とは，空気のしめりぐあいを数値で表したものであり，ある温度の1 m^3 の空気にふくまれる［い］の質量が，その温度での飽和水蒸気量に対してどれくらいの割合かを百分率で表したものである。例えば，**観察**における脱衣所の湿度は［う］である。

ア　約30%　　**イ**　約40%　　**ウ**　約50%　　**エ**　約60%

⑵　くもり止めヒーターのスイッチを入れてから，くもりがとれるまでの説明として適切な順になるように，次の**ア**～**エ**を左から並べて，記号を書きなさい。

ア　鏡の表面付近の空気の温度が上がる。　　**イ**　水滴が水蒸気に変化する。

ウ　鏡の表面付近の空気の飽和水蒸気量が大きくなる。　　**エ**　鏡の表面温度が上がる。

⑶　太郎さんは，夏はくもり止めヒーターを使う機会が少なかったことに気づき，冬の方が夏よりも鏡がくもりやすいのではないかと考えた。そこで，ある夏と冬の日における風呂上がりの脱衣所の状況を**表2**のように想定し，冬の方が夏よりもくもりやすい理由を考えた。次のページの文の［え］には当てはまる最も適切な語句を，［か］，［き］には適切な言葉を書きなさい。また，［お］に当てはまる値を，小数第2位を四捨五入して，小数第1位まで書きなさい。ただし，［か］，［き］の順序は問わない。

表2

	鏡の表面温度〔℃〕	脱衣所の気温〔℃〕	脱衣所の湿度〔%〕
夏	28	30	80
冬	8	20	50

鏡がくもりだすのは，脱衣所の空気が鏡の表面付近で冷やされ，空気中にふくむことができる水蒸気の質量が小さくなり，空気の温度が [え] に達するからである。表2の夏の日は，脱衣所の空気が鏡の表面付近で28℃になっても，1 m^3 の空気はあと [お] gの水蒸気をふくむことができ，[え] に達していない。一方で，表2の冬の日は，空気が鏡の表面付近で8℃になったときには，[え] に達している。
以上より，冬の方が夏よりも鏡がくもりやすいのは，[か] と [き] の差が大きくなりやすく，鏡の表面付近の空気が [え] に達しやすいためである。

【問4】 各問いに答えなさい。

Ⅰ 花子さんは，吸盤(きゅうばん)が壁や天井にはりつくことに興味をもち，次のような実験を行った。

〔実験1〕 図1のように，なめらかな板の表面に吸盤をはりつけ，おもりをつり下げた。おもりの質量と吸盤のようすとの関係を表1にまとめた。

図1

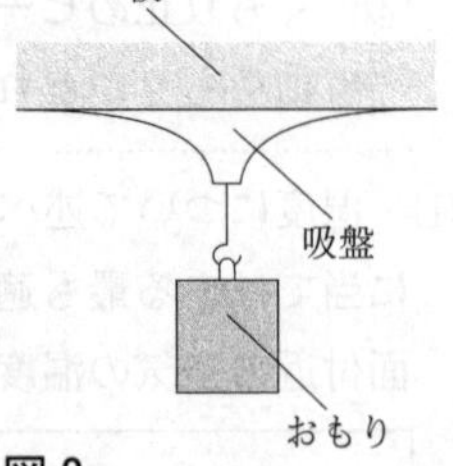

表1

おもりの質量〔g〕	2800	2900	3000	3100
吸盤のようす	はがれない	はがれない	はがれ落ちる	はがれ落ちる

〔実験2〕 図2のように，簡易真空容器のふたの内側のなめらかな面に実験1で用いた吸盤をはりつけ，おもりをつり下げた。容器内の空気を可能な限りぬいていったときの，おもりの質量と吸盤のようすとの関係を表2にまとめた。

図2

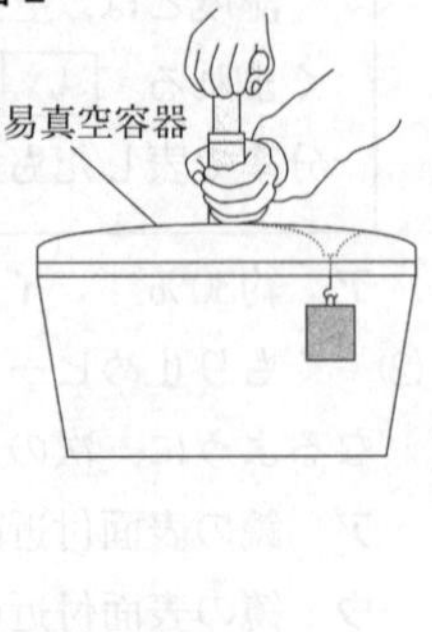

表2

おもりの質量〔g〕	500	600	700	800
吸盤のようす	はがれない	はがれない	はがれ落ちる	はがれ落ちる

(1) 実験1で，吸盤にはたらく大気圧を表しているものはどれか。最も適切なものを，次のア～エから1つ選び，記号を書きなさい。ただし，矢印は大気圧を表している。

ア

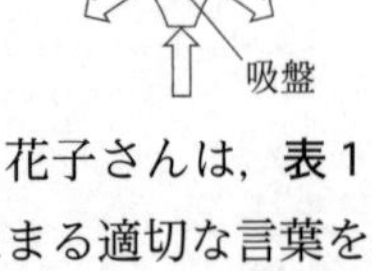

イ

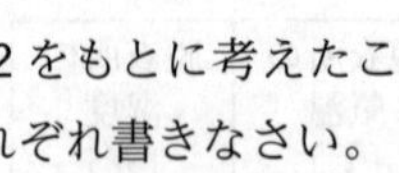

ウ

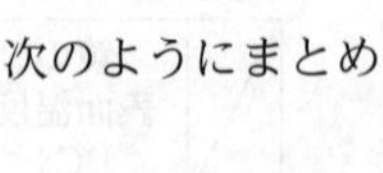

エ

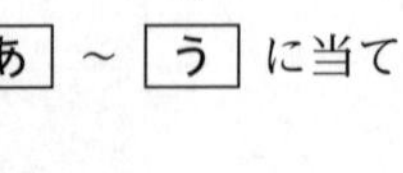

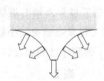

(2) 花子さんは，表1と表2をもとに考えたことを次のようにまとめた。[あ] ～ [う] に当てはまる適切な言葉を，それぞれ書きなさい。

実験2は実験1と比べて，吸盤がはがれ落ちるときのおもりの質量が [あ] い。これは，容器内の気圧が [い] くなり，吸盤を押しつける力が [う] くなったためである。

⑶　花子さんは，実験の結果から吸盤についてさらに考えた。

i　高度０mの地点で約5000ｇのおもりをつり下げたときにはがれ落ちる吸盤を用いて，高度2000mの山頂で，実験１のようにおもりの質量をかえて実験を行ったとする。この吸盤がはがれ落ちるおもりの質量は約何ｇか。高度による気圧の変化を示した図３をもとに，適切なものを，次のア～オからすべて選び，記号を書きなさい。

図３

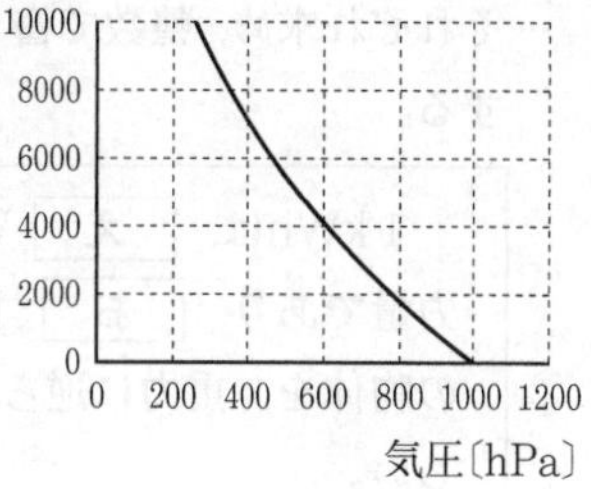

ア　約2000ｇ　イ　約3000ｇ　ウ　約4000ｇ　エ　約5000ｇ　オ　約6000ｇ

ii　吸着する面積が異なる２つの吸盤がなめらかな板にはりついている。面積の大きさ以外は同じ条件で，２つの吸盤につり下げるおもりの質量を増やしていく。このとき，吸盤がはがれ落ちるようすとして最も適切なものを，次のア～ウから１つ選び，記号を書きなさい。また，そのように判断した理由を，大気圧の大きさにふれて説明しなさい。

ア　面積の大きい吸盤が先に落ちる
イ　面積の小さい吸盤が先に落ちる
ウ　両方同時に落ちる

Ⅱ　冬のある日の19時30分に，太郎さんが1200Wのドライヤーを使ったところ，家の電気が一時的にしゃ断され，家全体が停電した。そこで，太郎さんは電気の使用状況を調べた。

〔調査１〕　自宅の電気料金請求書を手に入れた。図４はその一部である。

図４

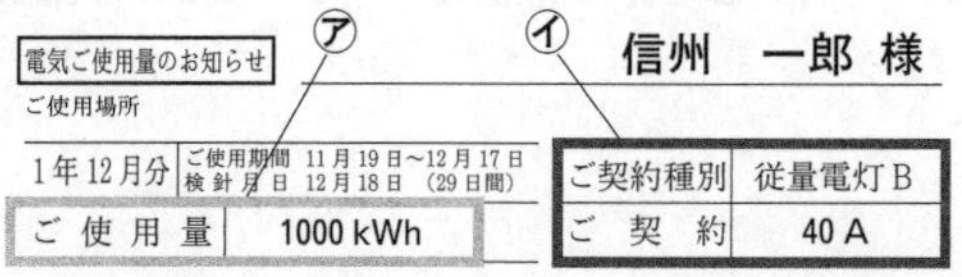

ア
イ
電気ご使用量のお知らせ
信州　一郎　様
ご使用場所
1年12月分
ご使用期間　11月19日～12月17日
検針月日　12月18日（29日間）
ご使用量
1000 kWh
ご契約種別
従量電灯B
ご契約
40 A

〔調査２〕　電気がしゃ断されたこの日の６時から22時の間に使われた主な電気製品について，100Vの交流電源につないだときの消費電力と使用していた時間を調べ，図５のようにまとめた。ただし，←→ は，電気製品を使用していた時間を示している。

図５

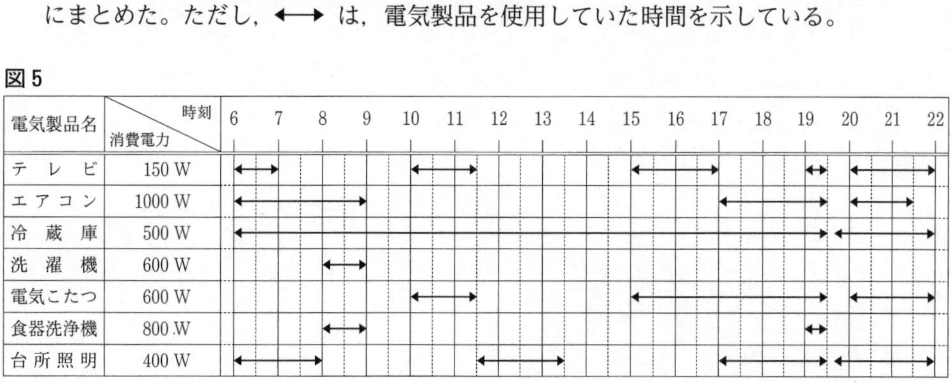

電気製品名
時刻
消費電力
6　7　8　9　10　11　12　13　14　15　16　17　18　19　20　21　22
テレビ　150 W
エアコン　1000 W
冷蔵庫　500 W
洗濯機　600 W
電気こたつ　600 W
食器洗浄機　800 W
台所照明　400 W

(1)　太郎さんは，図４の㋐について調べ，次のようにまとめた。 え ～ か に当てはまる値をそれぞれ求め，整数で書きなさい。ただし，質量100ｇの物体にはたらく重力の大きさを１Ｎとする。

> １kWhは， え Whである。また，１Whは，１Ｗの電力を１時間消費したときの電力量であり， お Ｊに等しい。1000kWhという電気エネルギーの大きさは，質量100kgの物体を，重力に逆らって10m持ち上げることを か 回行うときの仕事の大きさに等しい。

(2)　図４の㋑は，太郎さんの家庭で使用できる電流の最大の値が40Ａであることを示している。ただし，各電気製品を使用しているときの消費電力は一定であり，コンセントにさしたままで使用していないときの消費電力は考えないものとする。

ｉ　太郎さんは，図５を作成した後，電気がしゃ断された理由を次のようにまとめた。 き に当てはまる適切な言葉を書きなさい。また， く に当てはまる値を求め，小数第１位まで書きなさい。

> 家庭の電気配線は，つないだすべての電気製品に対して100Ｖの電圧が加わるように き 回路となっている。この日の19時30分に停電したのは，ドライヤーのスイッチを入れたとき，家に40Ａをこえる く Ａの電流が流れ込み，安全装置がはたらいて電気がしゃ断されたためだと考えられる。

ⅱ　太郎さんは，電気製品の買いかえについて，いくつか提案をした。電気製品の使用状況が図５のような場合，電気使用量の節約が最も期待できるものを，次のア～エから１つ選び，記号を書きなさい。

ア　800Ｗのエアコン　　イ　200Ｗの洗濯機　　ウ　400Ｗの冷蔵庫　　エ　100Ｗのテレビ

理科解答用紙

受検番号		志望校名	

2 理

【問 1】

I

(1)		
(2)		
(3)	あ	
	い	
	う	

II

(1)		
(2)		
(3)		
(4)	i	
	ii	
	iii	

問 1 計

【問 2】

I

(1)	あ	
	い	
	う	
(2)		
(3)		

II

(1)	
(2)	
(3)	
(4)	
(5)	

問 2 計

【問 3】

I

(1)	
(2)	
(3)	
(4)	

II

(1)	い	
	う	
(2)		→ → →
(3)	え	
	お	
(3)	か	
	き	

問 3 計

【問 4】

I

(1)			
(2)	あ		
	い		
	う		
(3)	i		
	ii	記号	
		理由	

II

(1)	え		
	お		
	か		
(2)	i	き	
		く	
	ii		

問 4 計

得点合計

※この解答用紙は182％に拡大していただきますと，実物大になります。

＜社会＞

時間 50分 満点 100点

【注意】 1 漢字で書くように指示されている場合は，漢字で書きなさい。そうでない場合は，漢字の部分をひらがなで書いてもかまいません。

2 字数を指定された解答については，句読点，カギ括弧（「 や『 ）なども１字に数え，指定された字数で答えなさい。

【問１】 春さんは，元号（年号）に「和」という漢字が多く使用されていることを知り，そのうちのいくつかをおもなできごととあわせて**カード１～４**に書き出し，各時代の政治について調べた。各問いに答えなさい。

カード１ 古代	「和銅（わどう）」… a <u>平城京</u>が造られ，b <u>律令</u>にもとづく政治が行われていた。 「長和（ちょうわ）」… c <u>藤原道長が摂関政治を行っていた</u>。

⑴ **カード１**の下線部 **a** にかかわって，次の①，②の位置として適切なものを，**地図**の**ア～エ**から１つずつ選び，記号を書きなさい。

① 平城京

② 平城京を造る際に手本にした都市

地図

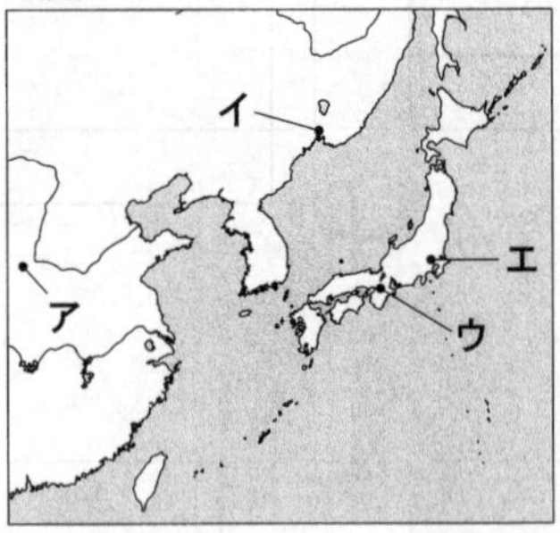

資料１ 律令のきまり

・戸籍は６年に１度つくれ。

・ あ を与えるについては，男には二*段（たん），女にはその三分の一を減らして与えよ。

＊段：面積の単位

（「令義解」より部分要約）

⑵ **カード１**の下線部 **b** にかかわって，**資料１**の あ に当てはまる適切な語句を，漢字３字で書きなさい。

⑶ **カード１**の下線部 **c** にかかわって，**図１**から読み取れることとして最も適切なものを，次の**ア～エ**から１つ選び，記号を書きなさい。

ア 道長には男女合わせて５人の子がいた。

イ 道長の４人の娘はすべて天皇の后（きさき）となった。

ウ 道長の娘の子はすべて天皇になった。

エ 道長と道長の息子はすべて摂政となった。

図１ 皇室と藤原氏との関係

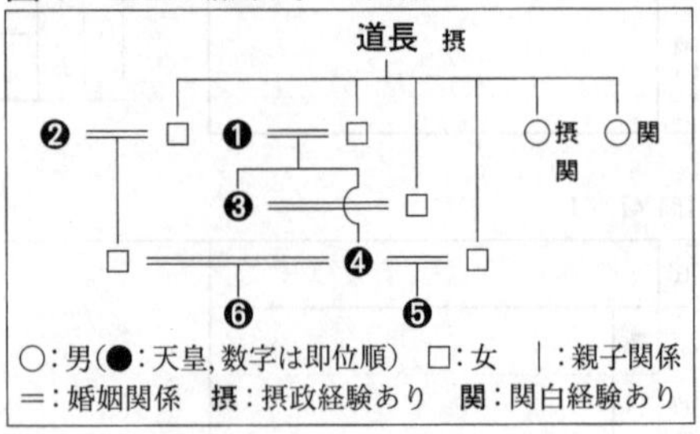

カード２ 中世	「正和（しょうわ）」… d <u>鎌倉時代の末期であり，将軍と御家人は御恩と奉公の関係で結ばれていた</u>。

⑷ **カード２**の下線部 **d** にかかわって調べた。

① 将軍からの御恩に当たるものとして最も適切なものを，次のページの**資料２**の下線部㋐～㋒から１つ選び，記号を書きなさい。

資料2　北条政子の言葉

> 亡き頼朝公が朝廷の敵をたおし，幕府を開いてから，㋐官位や土地などその恩は山よりも高く海よりも深い…名誉を大切にする者は，㋑京都に向かって出陣し，敵をうち取り㋒幕府を守りなさい。

（「吾妻鏡」より部分要約）

② **資料3**は何とよばれる法令か，漢字3字で書きなさい。

③ 春さんは，**資料3**がだされた理由について**ノート1**にまとめた。**ノート1**の［い］に当てはまる適切な言葉を，**図2**から読み取れることをもとに，**相続**という語を使って，簡潔に書きなさい。

資料3　元寇後にだされたきまり（1297年）

> 領地を質に入れたり売買したりすることは，御家人らの生活が苦しくなるもとである。今後は禁止する。

（「東寺百合文書」より部分要約）

図2　鎌倉時代の御家人が領地を相続するイメージ

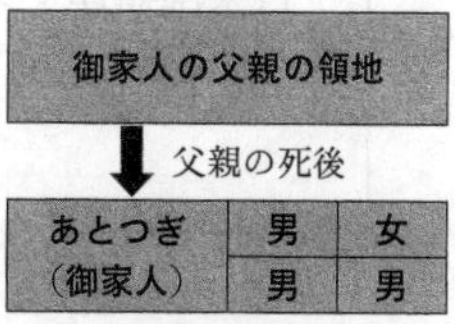
御家人の父親の領地
父親の死後
あとつぎ（御家人）
男
女
男
男

5人の兄弟で領地を分ける

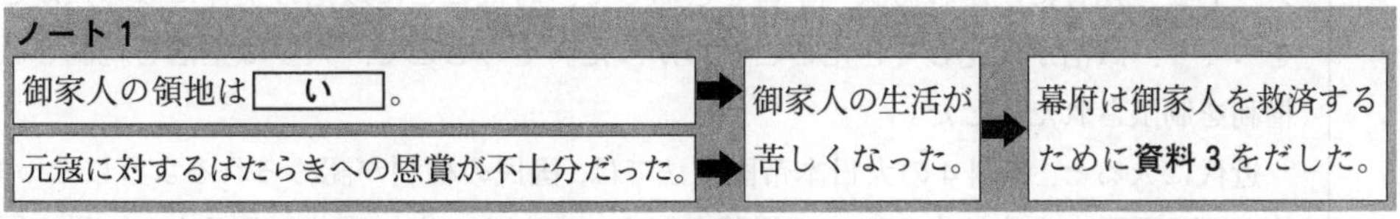
ノート1
御家人の領地は［い］。
元寇に対するはたらきへの恩賞が不十分だった。
御家人の生活が苦しくなった。
幕府は御家人を救済するために資料3をだした。

カード3 近世	「元和（げんな）」…徳川秀忠の時に初めて e <u>武家諸法度がだされ，以後，将軍の代がわりごとに示された</u>。 「天和（てんな）」…徳川綱吉が f <u>儒学</u>の教えを重んじた。

(5) **カード3**の下線部eにかかわって，次の**ア**～**エ**は近世にだされたきまりである。このうち，武家諸法度の条文の内容として適切なものを2つ選び，記号を書きなさい。

ア　この安土の町は楽市としたので，いろいろな座は廃止し，さまざまな税や労役は免除する。
イ　諸国の城は，修理をする場合であっても，必ず幕府に申し出ること。
ウ　大名が自分の領地と江戸とを交代で住むように定める。毎年4月に江戸へ参勤せよ。
エ　諸国の百姓が刀や脇差（わきざし）し，弓，槍（やり），鉄砲，その他の武具などをもつことは，かたく禁止する。

(6) **カード3**の下線部fにかかわって，儒学のうち，特に主従関係や身分秩序を重視し，寛政の改革のときに幕府の学校で教えることが認められた学問を何というか，最も適切なものを，次の**ア**～**エ**から1つ選び，記号を書きなさい。

ア　国学　　**イ**　蘭学
ウ　朱子学　　**エ**　陽明学

カード4 近代，現代	「昭和（しょうわ）」…g <u>第二次世界大戦後に日本国憲法が制定され，新しい法律もつくられた</u>。

(7) **カード4**の下線部**g**にかかわって，春さんは，**資料4**を読んで考えたことを**ノート2**にまとめた。

資料4 2つの憲法の条文の内容

大日本帝国憲法	第29条 日本臣民は法律の範囲内に於て言論著作＊印行集会及び結社の自由を有す。
日本国憲法	第11条 国民は，すべての基本的人権の享有を妨げられない。この憲法が国民に保障する基本的人権は，侵すことのできない永久の権利として，現在及び将来の国民に与えられる。 第21条 集会，結社及び言論，出版その他一切の表現の自由は，これを保障する。

＊印行：印刷して発行すること。（「法令全書」等より作成）

ノート2 元号にかかわる調べ学習をとおして，時代ごとに政治の主体になる人がきまりをつくり，政治が変化してきたことがわかった。そのもとで，人々は生活を統制されたり権利を制限されたりした。

近代に入ると，**資料4**の大日本帝国憲法では，国民の権利が認められるようになったが，例えば，言論の自由は，［う］で保障されるにとどまった。現代に入ると，**h**日本国憲法によって，国民の基本的人権は侵すことのできない権利として保障されるようになった。同時に，国を治める権利は国民がもつという［え］の考え方が規定された。

このようにして民主的な国がつくられ，国民一人ひとりが尊重される時代となった。「令和」の時代は，私たちが政治の担い手としてよりよい国をつくっていきたい。

① **ノート2**の［う］に当てはまる最も適切な言葉を，**資料4**から6字で抜き出して書きなさい。

② **ノート2**の下線部**h**について，日本国憲法の公布後，施行された法律の条文の内容として適切なものを，**資料4**の2つの憲法が規定する国民の権利が認められる条件の違いに着目し，次の**ア**～**エ**から2つ選び，記号を書きなさい。

ア 労働条件は，労働者が人たるに値する生活を営むための必要をみたすべきものでなければならない。

イ 政府は，戦争時に国家総動員上必要なときは，天皇の命令によって新聞紙その他の出版物の掲載について制限または禁止をすることができる。

ウ 次の者は政治上の結社に加入することができない。一 軍人 二 警察官 … 五 女子 …

エ すべて国民は，ひとしく，その能力に応ずる教育を受ける機会を与えられなければならない…

③ **ノート2**の［え］には，日本国憲法の三大原則のうちの1つが入る。［え］に当てはまる最も適切な語句を，漢字4字で書きなさい。

【問2】 各問いに答えなさい。

Ⅰ　長野県Ｚ市に住む夏さんは，学校帰りに，おもにりんごを選別する選果所で，レモンを選別しているようすを見かけた。「なぜ長野県でレモンの選別をしているのか」と疑問をもち，レモンについて調べた。

資料１　レモンの収穫量の都道府県別割合（2016 年）

広島	愛媛	その他
61.7％	20.8	17.5

（農林水産省特産果樹生産動態等調査より作成）

地図１

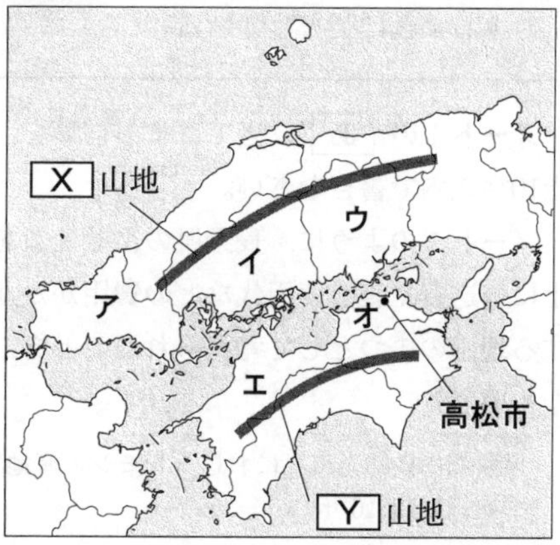

⑴　**資料１**の広島県と愛媛県の位置を，**地図１**の**ア**～**オ**から１つずつ選び，記号を書きなさい。

⑵　**地図１**の２つの山地にはさまれた瀬戸内とよばれる地域では，降水量が少なく温暖な気候を生かし，レモンやみかんなどのかんきつ類が栽培されている。 X ， Y に当てはまる山地名をそれぞれ書きなさい。また，**地図１**の**高松市**の気温と降水量を示す雨温図として最も適切なものを，次の**ア**～**エ**から１つ選び，記号を書きなさい。

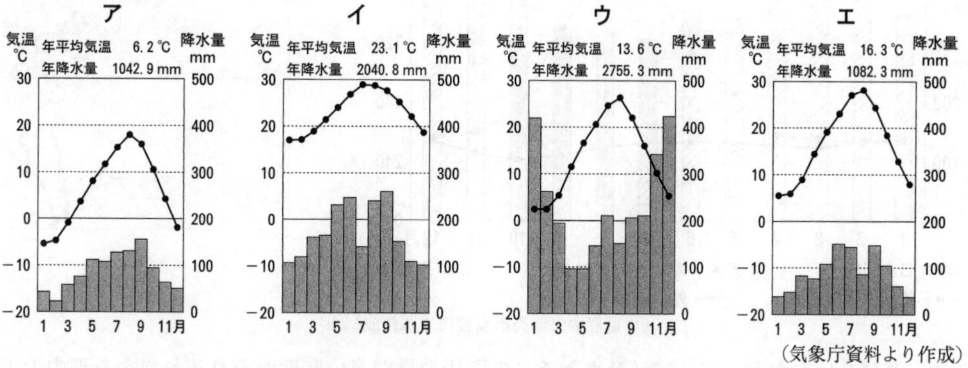

（気象庁資料より作成）

⑶　夏さんは，選果所でレモンについて取材したことを，**資料２**を使い，**ノート１**にまとめた。

資料２　広島県のレモンの出荷時期（おもに出荷している月に着色してある）

種類＼月	1	2	3	4	5	6	7	8	9	10	11	12
露地栽培	■	■	■	■	■					■	■	■
貯蔵						■	■	■				
ハウス栽培							■	■	■			

（広島県農林水産局農業経営発展課資料等より作成）

ノート１

○冬から春先に広島県で収穫された露地栽培のレモンの一部は，収穫後，長野県Ｚ市の冷蔵施設に運ばれ，貯蔵される。
○この冷蔵施設には，約100 t のレモンが貯蔵されている。冷蔵施設が使える理由は，りんごの貯蔵が終わり空になっている時期だからである。
○冷蔵施設に貯蔵されているレモンは，出荷時期が近づくと冷蔵施設に隣接する選果所で選別され，関東や関西，中京方面などに出荷されていく。
○広島県は，露地栽培だけでなく，冷蔵施設での貯蔵，ハウス栽培を行うことで，［ あ ］できるように工夫している。

① **ノート1**の［ あ ］に当てはまる言葉を，**資料2**をもとに，**出荷**という語を使って，5字以上10字以内で書きなさい。

② **ノート1**のように，長野県の冷蔵施設を使用して出荷すると，広島県から直接出荷する以上に輸送費や施設使用代などの費用がかかる。その費用を支払ってでも6月から8月に出荷する理由の1つとして考えられることを，**資料3**から価格に着目して読み取り，簡潔に書きなさい。

資料3 東京都中央卸売市場におけるレモンの産地別取扱数量と平均価格(2016年)

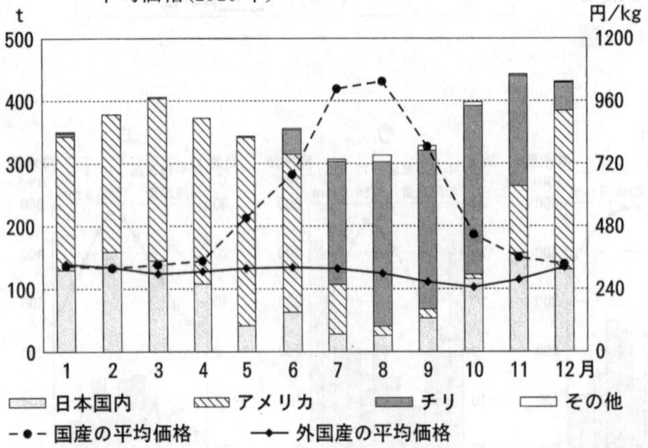

(東京都中央卸売市場資料より作成)

地図2

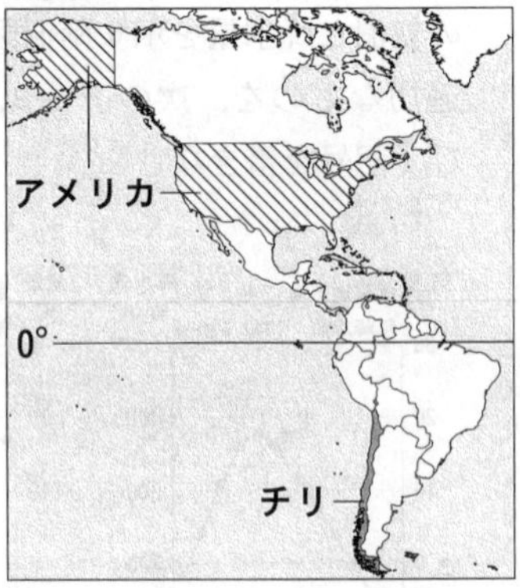

(4) **資料3**にかかわって，アメリカとチリの取扱数量が多い時期がそれぞれ異なる理由の1つとして考えられることを，**地図2**の両国の位置関係にふれて，簡潔に書きなさい。

(5) 夏さんは，広島県がレモンの栽培に力を入れている理由について，広島県の担当者に取材したり，調べたりした内容を**ノート2**にまとめた。

ノート2
○国産のレモンは，防かび剤を使用しないので，安全・安心であるとされ，生果として人気が高い。また，果汁を使ったお菓子や調味料なども数多く販売され，今後も企業や消費者のa<u>買おうとする量</u>が増えていくことが見込まれる。
○広島県は，就農者の減少や耕作放棄地の増加などによる栽培面積や生産量の減少に悩む果樹産地を活性化しようとしている。その取り組みの1つとして，b<u>果樹については，みかん中心の栽培からレモン中心に重点を移し</u>，それら以外のかんきつ類の栽培も含めた経営をすすめている。

① **ノート2**の下線部aと同じ意味を示す量を何というか，最も適切なものを，次の**ア**～**エ**から1つ選び，記号を書きなさい。

ア　供給量　　**イ**　流通量　　**ウ**　需要量　　**エ**　出荷量

② **ノート2**の下線部bのようにすることがすすめられている理由の1つとして考えられることを，**資料4**，**5**からそれぞれ読み取れることにふれて，簡潔に書きなさい。

資料4　東京都中央卸売市場における広島県産のかんきつ類の品目別平均価格(2016年)

品目名	平均価格(円/kg)
みかん	223
レモン	439
はっさく	200
不知火(しらぬい)(デコポン)	344

(東京都中央卸売市場資料より作成)

資料5　かんきつ類の品目別10a(アール)当たりの生産量及び労働時間のめやす(広島県)

品目名	10a当たりの生産量(kg)	10a当たりの労働時間(時間)
みかん	3200	199
レモン	3200	123
はっさく	3200	136
不知火(しらぬい)(デコポン)	2400	202

※栽培にかかわる土地条件，消毒に使う機械などは，いずれの品目についても同様とする。

(広島県「広島県果樹農業振興計画」(2016年)等より作成)

Ⅱ　夏さんは，スイスに旅行に行ってきた姉から，スイスのフランス国境近くにあるモントルーという町の**地形図**をおみやげにもらった。

地形図（縮尺25000分の1の地形図を見やすいように拡大してある）

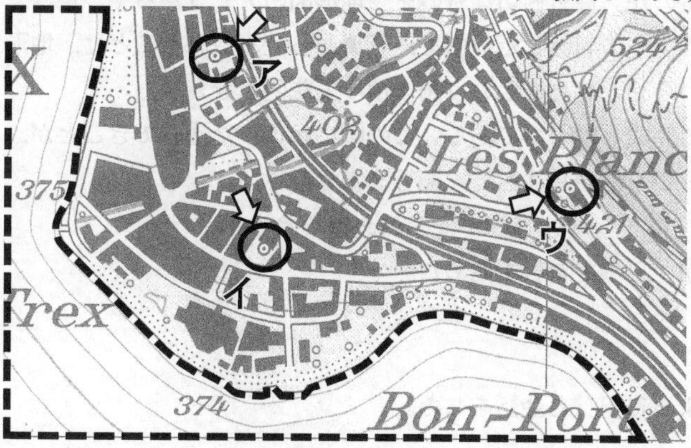

(Office fédéral de topographie swisstopo “MONTREUX 2012”より作成)

模式図

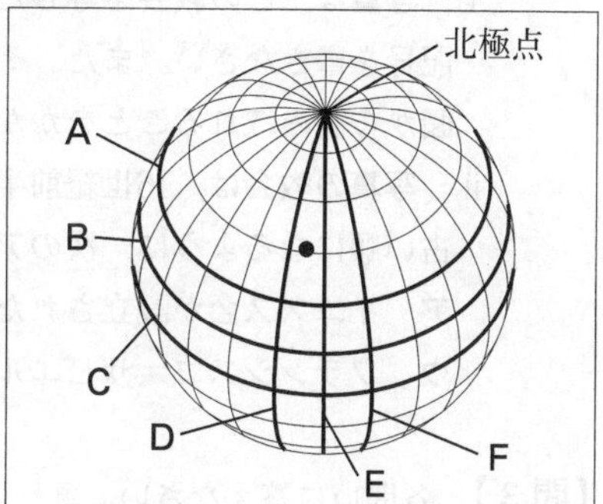

※**模式図**は地球を模式的に示したものであり，図中の線は，経線と緯線を示している。また，経線と緯線は，等間隔に引かれている。

(1)　世界の6つの州のうち，スイスやフランスが属する州の名称を書きなさい。

(2)　夏さんは，**地形図**に示されていたモントルーの経度と緯度をもとに，モントルーの地球上の位置について調べた。**模式図**におけるモントルーのおよその位置（東経7度，北緯46度）を●としたとき，本初子午線と赤道はそれぞれどれになるか。最も適切なものを，**模式図**の**A**～**F**から1つずつ選び，記号を書きなさい。

(3) 夏さんは，**地形図**について，次のように姉と会話をした。

会話文

夏：日本の地形図と違うのかな。
姉：等高線が引いてあることは，日本の地形図と同じだよ。(**地形図**の ■ や ＝ の地図記号の部分を指して）住宅などの建物や道路の表し方も，日本の地形図と似ているね。
夏：(**地形図**の ━━ で囲まれた部分を指して）等高線は，湖の中にも引いてあるんだね。
姉：この線から，湖の深さがわかるね。でも，この部分が海ではなくて湖だとよくわかったね。
夏：スイスは，［ い ］だから，この部分は海ではないと思ったんだ。
姉：そうだね。では，日本の地形図にはない，この地図記号（**地形図**の◯で囲まれた3か所の ■◎ ）は，何を示しているかな。ヒントは，人々の生活とかかわりの深い施設だよ。
夏：なんだろう，「教会」かな。予想が正しいかどうか，インターネットを使って確かめてみよう。

① **会話文**の［ い ］に当てはまる最も適切な語句を，次の**ア**～**エ**から1つ選び，記号を書きなさい。

ア 内陸国　**イ** 共和国　**ウ** 島国　**エ** 主権国家

写真

(MyMONTREUX. CHウェブサイトより)

② 夏さんは，**地形図**をインターネット上の地図などと比較して，■◎ が教会であることを確かめた。**写真**は，そのときの画像の一部であり，**地形図**の**ア**～**ウ**のいずれかの教会を写したものである。なお，**ア**～**ウ**の各教会に向けられている矢印は，その教会を写した向きを示している。

i **写真**は，どの教会を写したものか。最も適切なものを，**地形図**の**ア**～**ウ**から1つ選び，記号を書きなさい。また，そのように判断した理由を，**写真**から読み取れることと，**地形図**から読み取れることをかかわらせ，**等高線**という語を使って説明しなさい。

ii **写真**の教会は，16世紀前半に完成したものである。この頃に起こった次のできごとが，古い順になるように，次の**ア**～**ウ**を左から並べて，記号を書きなさい。

ア イエズス会が設立された。　**イ** ルターが宗教改革を始めた。
ウ フランシスコ＝ザビエルが，日本で布教を始めた。

【問3】 各問いに答えなさい。

Ⅰ 令さんは，祖父の家を訪れ，次のように祖父と会話をした。

会話文1

令：この前，学校の職場体験でデイサービスセンターに行って，利用者と仕事や趣味の話をしたよ。おじいちゃんはどこで働いていたのかな。
祖父：工場で働いていたよ。働き始めた頃は，日本はa高度経済成長の時期だったんだ。当時は終身雇用の会社が増えてきていてね，仲間と一緒に退職まで同じ会社で働いていたんだよ。
令：一緒に働いた人たちとは，今でも会っているのかな。
祖父：村に何人も住んでいるから時々会うよ。うちの村も子供や若者が少なくなり，b高齢者が多くなったけれど，これからもみんなと健康に過ごしたいな。
令：私もおじいちゃんに健康でいてほしいな。

(1)　令さんは，会話文１の下線部aにかかわって考えた。

①　この時期の日本のようすについて述べた文として，最も適切なものを，経済面については次のア～エから，生活・文化面については下のオ～クから１つずつ選び，記号を書きなさい。

【経済面】

ア　国民総生産が中国に次いで世界第２位となった。

イ　重化学工業から農業へ産業の中心が移った。

ウ　政府が所得倍増のスローガンをかかげ，経済成長を促進した。

エ　おもなエネルギー源が石油から石炭に変わった。

【生活・文化面】

オ　ラジオ放送が始まり，家庭などの情報源となった。

カ　東京の新橋と横浜間に鉄道が開通し，主要な港と都市が結ばれるようになった。

キ　電気洗濯機，電気冷蔵庫，テレビなどの家庭電化製品が普及した。

ク　短編小説などを書いた芥川龍之介が活躍した。

②　この時期に発生した公害の問題などがきっかけとなり主張されるようになった，きれいな空気や水，日当たりなどを求める新しい権利を何というか，書きなさい。

(2)　会話文１の下線部bにかかわって，令さんは，資料１，２などを使い，考えたことをノート１にまとめた。

ノート１　資料１から，東京圏，大阪圏，［あ］圏の三大都市圏には，高齢化率30％未満の都府県が多い。しかし，c資料２から，高齢者の増加は三大都市圏に含まれる都市にも大きくかかわることがわかる。日本の総人口が減少していくと予想される中，三大都市圏の都府県も含めて今以上に高齢化率が高くなることが考えられる。このような中，国や県ではどのような取り組みがあるか知りたい。

資料１　*高齢化率30％以上の都道府県（2018年）

＊高齢化率：各都道府県の総人口にしめる65歳以上人口の割合

（総務省統計局資料より作成）

資料２　都市規模別に見た65歳以上人口の今後の推計（2018年度推計）

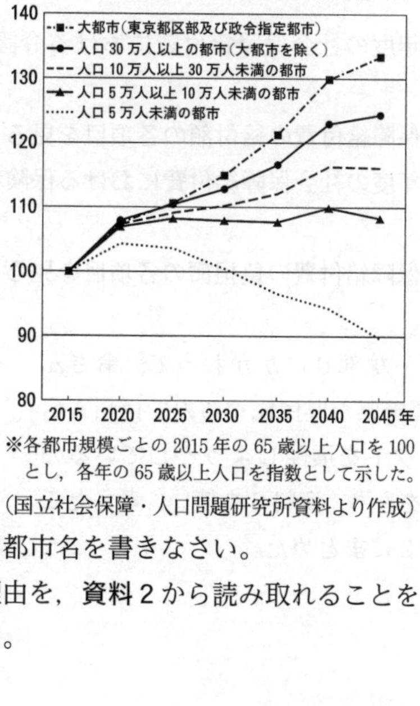

※各都市規模ごとの2015年の65歳以上人口を100とし，各年の65歳以上人口を指数として示した。

（国立社会保障・人口問題研究所資料より作成）

①　ノート１の［あ］に当てはまる適切な都市名を書きなさい。

②　ノート１の下線部cのように考えた理由を，資料２から読み取れることをもとに，都市規模という語を使って，簡潔に書きなさい。

Ⅱ　令さんは，国の社会保障制度や長野県の健康づくりへの取り組みについて調べた。

資料3　社会保障給付費の見通し(給付額)

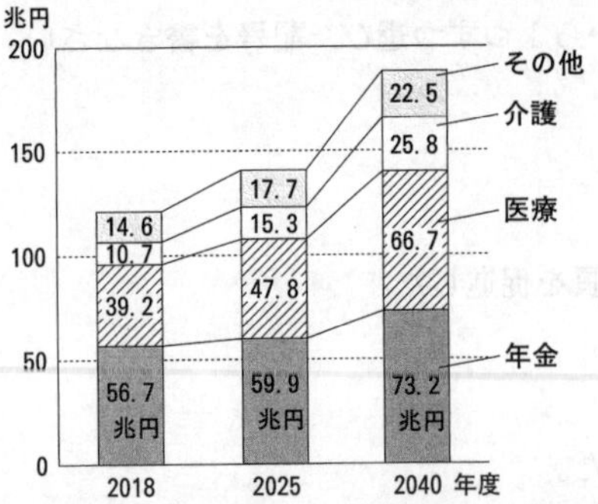

資料4　社会保障給付費の見通し(負担額)

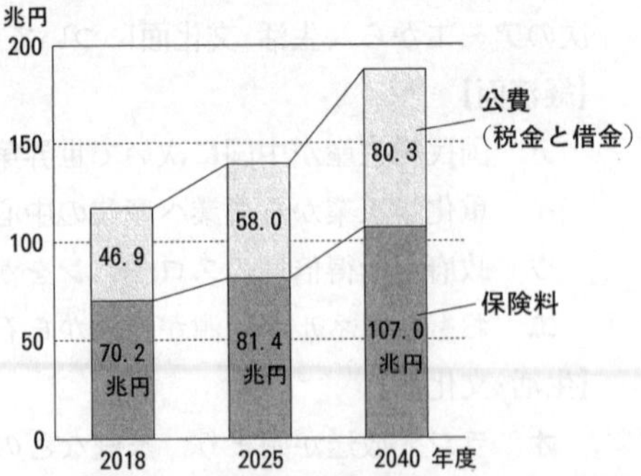

※資料3，4は2018年度の予算をもとにした推計値である。　(資料3，4は内閣官房・内閣府・財務省・厚生労働省資料等より作成)

資料5　信州ACE(エース)プロジェクトの概要

2014年：プロジェクト開始 ・長野県の先人が積み重ねてきた努力や，県民の高い意識を活かし，世界一の健康長寿県を目指す ・d<u>県民総ぐるみで取り組みを展開</u>	A(Action)…毎日続ける速歩と体操 C(Check)…家族そろって必ず健診 E(Eat)…減らそう塩分，増やそう野菜 の3つにかかわる活動を提案，紹介している

(長野県健康福祉部健康増進課資料等より作成)

(1)　**資料3，4**にかかわって調べた。

①　国の社会保障制度は，日本国憲法第25条に定められた「健康で文化的な最低限度の生活を営む権利」にもとづいている。社会権の中に含まれるこの権利を何というか，書きなさい。

②　**資料3**の年金には年金保険，医療には医療保険，介護には介護保険がそれぞれ含まれる。年金保険，医療保険，介護保険は，日本の社会保障制度の4つの柱のうちどれに当たるか，最も適切なものを，次の**ア～エ**から1つ選び，記号を書きなさい。

ア　公的扶助　　**イ**　社会保険　　**ウ**　公衆衛生　　**エ**　社会福祉

③　**資料3，4**について述べた文として適切なものを，次の**ア～エ**からすべて選び，記号を書きなさい。

ア　2040年度の社会保障給付費における介護の給付額は，2018年度と比べて2倍以上になる。

イ　社会保障給付費の給付額の各項目を見ると，いずれの年度も，年金の給付額が最も多い。

ウ　2040年度の社会保障給付費における保険料の負担額は，2018年度と比べて2倍以上になる。

エ　社会保障給付費の負担額の各項目を見ると，いずれの年度も，公費より保険料の負担額が多い。

(2)　**資料5**の下線部**d**にかかわって，令さんは，「なぜ長野県が県民総ぐるみで信州ACEプロジェクトを展開しようとしているのか」と疑問をもち，**資料6**を使い，考えたことを**ノート2**にまとめた。

資料6　平均寿命が高い都道府県

	男性			女性		
	1位	2位	3位	1位	2位	3位
2005年	長野	滋賀	神奈川	沖縄	島根	熊本
2010年	長野	滋賀	福井	長野	島根	沖縄
2015年	滋賀	長野	京都	長野	岡山	島根

(厚生労働省資料より作成)

ノート２　平均寿命が［い］年に男女ともに全国１位となった長野県は，世界一の健康長寿県を目指し，信州ＡＣＥプロジェクトを展開している。県民の生活スタイルに合わせた様々なＡ，Ｃ，Ｅの具体的な活動を提案し，高齢者だけでなく，県民総ぐるみで取り組めるように工夫している。

私も含め，県民みんながこの活動に取り組むことは，病気の予防につながると思う。また，e社会保障制度ともかかわってくるかもしれないと考えた。

① ノート２の［い］に当てはまる最も適切な数字を，資料６をもとに書きなさい。

② 令さんは，資料３をもとにノート２の下線部eのように考えた。その際に着目したのは，2040年度と2018年度の給付額を項目ごとに比べたときに，最も差が大きい項目である。その項目として最も適切なものを，次のア～ウから１つ選び，記号を書きなさい。

ア　年金　　イ　医療　　ウ　介護

Ⅲ　令さんは，高齢化社会と地域の将来像について，次のように友人と会話をした。

会話文２

令：私の祖父は，地域の子供たちに，ボランティアで百人一首を教えているよ。

勝：地域で積極的に活動しているんだね。f世界保健機関も，より長い間健康に過ごすために大切なことの１つとして，社会への参加をあげているよ。

花：全国の60歳以上の6000人を対象に調査した資料７の結果を見ると，自主的な活動に参加したことのある人は，ない人と比べて，［う］が高いことがわかるね。

勝：それに，資料８（次のページ）からは，高齢者の社会への参加が，地域の活性化につながっていることがわかるよ。高齢者本人だけでなく，地域のためになっているんだね。

花：高齢者を中心とした活動が地域に広がり，みんなで取り組むようになったところがいいね。

令：少子高齢化が一層進む中，g私たち中学生を含めた地域住民が，豊富な知識や経験，技能をもっている高齢者と力を合わせて，よりよい地域をつくっていくことが大切になるんだね。

資料７ ＊自主的な活動への参加と生きがいの感じ方の関係

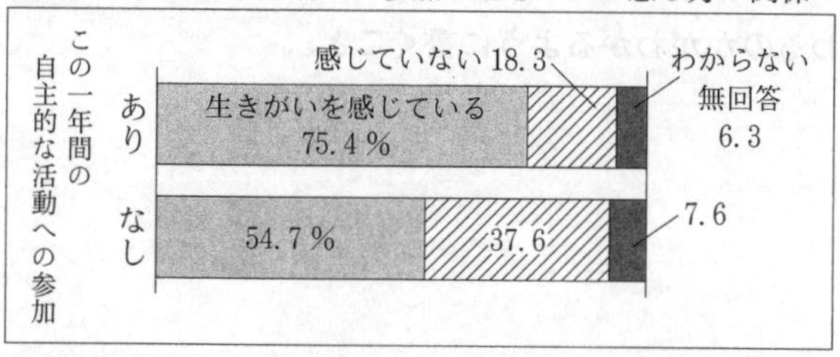

＊自主的な活動：この調査では，個人やグループなどで行う，就業やボランティア活動，趣味，スポーツ，地域行事などを指す。

※四捨五入の関係で合計値が合わない場合がある。

（内閣府「高齢者の日常生活に関する意識調査」(2014年)より作成）

資料８　徳島県神山(かみやま)町の事例

1995年，徳島県神山町に住む３人の高齢者が，町内に桜の木を植え始めた。町は過疎化や高齢化が進んでおり，農地や山林も荒廃していた。町に活気を戻したい。そんな願いだった。

活動に賛同する仲間は徐々に増え，2002年に，「神山さくら会」を結成。管理は難しいが見ばえのする「しだれ桜」の苗木を中心に育て，道路や公園，公共施設などに植えてきた。2007年には，社会貢献を目的に非営利で活動する［え］法人の認証を受けた。

この活動は，地域住民の，「自分たちの地域は自分で守ろう」という意識につながり，草刈りなどの作業に協力する人が年々増加。これまでに植えた桜は5000本を超えた。現在，神山町は，「しだれ桜の町」として，県内外から多くの観光客が訪れる町となっている。

（一般財団法人地方自治研究機構資料等より作成）

(1) 会話文２の下線部ｆは，ある国際組織に設置されている専門機関である。世界の安全と平和の維持を目的とし，2019年３月現在で世界の193か国が加盟している，この国際組織を何というか，漢字で書きなさい。

(2) 会話文２の［う］に当てはまる適切な言葉を書きなさい。

(3) 資料８の［え］に当てはまる最も適切な語を，次のア～エから１つ選び，記号を書きなさい。

ア　ＣＳＲ　　イ　ＴＰＰ　　ウ　ＰＫＯ　　エ　ＮＰＯ

(4) 会話文２の下線部ｇにかかわって，あなたの住むまち（地域）では，どのような活動が考えられるか。あなたの考えを，次の手順１～３に従って書きなさい。なお，数字の場合は，１字１マス使うこと。

手順１：あなたの目指すまちづくりの方向を，次のア，イから１つ選び，記号を書きなさい。
　ア　安心・安全に暮らせるまち　　イ　伝統や魅力を生かしたまち

手順２：手順１で選んだまちを目指していくうえで，あなたの住むまちで課題となることを，30字以上40字以内で書きなさい。

手順３：手順２で書いた課題の解決策となる，中学生と高齢者が力を合わせて行う活動を考え，60字以上70字以内で書きなさい。ただし，中学生と高齢者が，どのようにその活動にかかわるのかがわかるように書くこと。

社会解答用紙

受検番号		志望校名	

【問 1】

(1)	①	②
(2)		
(3)		
(4)	①	
(4)	②	
(4)	③	
(5)		
(6)		
(7)	①	
(7)	②	
(7)	③	

問 1 計

【問 2】 Ⅰ

(1)		広島県	愛媛県
(2)		X 山地	Y 山地
(2)	雨温図		
(3)	①	5 10	
(3)	②		
(4)			
(5)	①		
(5)	②		

【問 2】 Ⅱ

(1)		州	
(2)	本初子午線		
(2)	赤道		
(3)	①		
(3)	② i	記号	理由
(3)	② ii	→ →	

問 2 計

【問 3】 Ⅰ

(1)		経済面	生活・文化面
(1)	①		
(1)	②		
(2)	①	圏	
(2)	②		

Ⅱ

(1)	①	
(1)	②	
(1)	③	
(2)	①	年
(2)	②	

Ⅲ

(1)	
(2)	
(3)	

Ⅲ

(4)	手順1	
(4)	手順2	10 20 30 40
(4)	手順3	10 20 30 40 50 60 70

問 3 計

得点合計

※この解答用紙は192%に拡大していただきますと，実物大になります。

国語解答用紙

受検番号		志望校名	

2 国

【問一】 (1) ① ② ③ ④ ⑤ ⑥ (2) (3) (4) A B C (5) i ii E F (6)

【問二】 (1) (2) (3) (4) (5)

問一 計

問二 計

【問三】 ① ② ③

【問四】 (1) ① ② (2) (3) (4) i ii B C D E iii

【問五】 (1) ① ② (2) (3) (4) A B (5) (6)

問三 計

問四 計

問五 計

得点合計

※この解答用紙は185%に拡大していただきますと、実物大になります。

(5)　――線部③「にんまり」とあるが、佐藤さんが国語辞典で意味を調べたところ、「ひとり満足げに声を出さないでほほえむさまを表す語」とあった。この場合「ヒロシ」はどのようなことに満足したのか。前半の「先生」とのやり取りの場面を踏まえて説明しなさい。

(6)　佐藤さんは、――線部④に着目し、最後の一文に「ヒロシ」の気持ちが反映されていると考えた。あなたは、――線部④の中のどの言葉にどのような「ヒロシ」の気持ちが反映されていると考えるか。次の〈条件1〉～〈条件3〉に従って書きなさい。

〈条件1〉「ヒロシ」の気持ちが反映されている言葉を「　」で示すこと。

〈条件2〉示した言葉に反映されている気持ちを、話の展開を踏まえて書くこと。

〈条件3〉五十字以上七十字以内で書くこと。

第二位の作品も空の色は青だった。第三位も、第四位も……それより下の順位の絵も、すべて青空を描いていた。
くもり空の絵は、ヒロシの作品だけだった。
順位は最下位。
でも、絵の横に、シールが一枚貼ってあった。
くもり空をきれいだと思う人が、ヒロシ以外にももう一人いた。
人――たった一人でも、いた。
ヒロシは、しょんぼりと落ち込んでいるような、③にんまりと笑っているような、フクザツな表情になった。最下位に終わった悔しさと、シールがゼロではなかったうれしさが胸の中で入り交じる。
でも、たとえゼロだったとしても――。
絵を描き直さなくてよかった。
うん。やっぱり、絵対に、よかった。
そうだよな、と心の中でつぶやいて、自分が一番きれいだと信じている絵を、あらためて見つめた。
④細かく描き分けた灰色の空の隣で、ピンク色の桜の花がちょっとだけ遠慮がちに、春の訪れを告げていた。

（オスカー・ブルニフィエ「こども哲学　美と芸術って、なに?」所収
重松清（しげまつきよし）「おまけの話」による　問題作成上ふりがなをはずしたものがある）

(1) 文章中の～～～線部を漢字に直して、楷書で書きなさい。
① ウラ　② ケッカ

(2) この文章の表現上の特徴として、最も適切なものを、次のア～エから一つ選び、記号を書きなさい。
ア 擬人法が多く使われており、青空の美しさが印象深く表現されている。
イ 現在と過去の場面を交互に書くことで、物語に深みを出している。
ウ 「……」の使用により、歯切れのよいリズムが生まれ、心情が強調されている。
エ 登場人物の自分自身への語りかけがあり、気持ちがわかりやすく表されている。

(3) ――線部①「次の日から、ヒロシは一日に何度も空を見上げた」とあるが、その理由として最も適切なものを、次のア～エから一つ選び、記号を書きなさい。
ア 先生の言葉にプライドが傷つき、その傷ついた気持ちを和ませたかったから。
イ 絵を描き直すことを決心し、描きたい空を見つけたかったから。
ウ 自分が思うきれいな空を、再度自分の目で確認したかったから。
エ 朝日が昇る空の色合いをきれいに描くために、いろいろな時間帯の空と比べたかったから。

(4) ――線部②「机の上の画用紙は、まだ真っ白なままだった」とあるが、このときの「ヒロシ」の気持ちを次の□のようにまとめた。**A**に当てはまる最も適切な言葉を、本文中から指定された字数で抜き出して書きなさい。また、**B**に当てはまる最も適切な言葉を、次の**ア**～**エ**から一つ選び、記号を書きなさい。

> 勝ち目がないのに、**A(十六字)**のままの方がいいのか、ポスターに選ばれるような絵に描き直した方がいいのか**B**気持ちを表している。

ア いら立つ　**イ** 迷う　**ウ** あきらめる　**エ** 責める

先生はそう言って、「でも、これだと、ポスターには選ばれないと思うわよ」と続けた。「絵としては確かに上手だけど、みんなの投票の多数決で決めるんだから」

みんなはこの絵を選ばない――。

くもった空をきれいだとは思わない――。

ほんと――？

先生は画用紙のウラにスタンプをおした。

「とりあえず、これで受け付けにするけど、もしヒロシくんがやっぱり描き直したいと思ったら、いつでも遠慮なく言ってね。提出期限まであと一週間あるんだから」

ヒロシは黙って、首を小さく前に倒した。うなずいたのか、うなだれたのか、自分でもよくわからなかった。

①次の日から、ヒロシは一日に何度も空を見上げた。

晴れた日もあった。くもりの日もあった。雨の日もあった。もうじき終わる冬の名残(なごり)で、雪が舞う日もあった。

朝の空も見た。昼間の空も見た。夕方の空も見たし、夜の空も見た。夜中にトイレで起きたついでに窓のカーテンを開けて眺めた空は、月が出ていたので、想像していたよりずっと明るかった。お母さんに夜明け前に起こしてもらって、朝日が昇る空も見た。

いろいろな空がある。どれも、きれいだった。

でも、やっぱり、一番きれいなのは――。

机の上に広げた真っ白な画用紙を、ヒロシはじっと見つめる。

学校の友だちに「一番きれいな空って、どんな空？」と聞いてみると、ほとんど全員、青空だと答えた。

同じ晴れでも、雲一つない快晴が好きな人もいれば、雲がちょっとあるほうがいいと言う人もいる。ただ、とにかく晴れた空は圧倒的な人気だった。

夕焼けの空と満天の星空を挙げた人も、少ないけれど何人かいた。でも、くもり空はゼロ。先生の言うとおりだった。

勝ち目がないのに、このままでいいんだろうか。みんなが「これにしよう」と言ってくれそうな絵を描いたほうがいいんじゃないか。ポスターに選ばれれば、先生は喜んでくれるはずだし、お父さんやお母さんもほめてくれるだろう。なにより、自分だってやっぱり、絶対に、うれしい。どうしよう、どうしよう、どうしよう……。

②机の上の画用紙は、まだ真っ白なままだった。

二十点を超えた応募作品がキャスター付きの掲示板に貼られて、昼休みの渡り廊下に並んだ。

作品を応募した子を除く全校児童が、一人一枚ずつ桜の花のシールを持って絵を見て回り、「これがいい」と思う絵の回りに貼っていく仕組みだった。

昼休みが終わりかけた頃、「コンテストのケッカが出ました」という校内放送があった。

「応募した皆さんは集合してください」

ヒロシは胸をドキドキさせて渡り廊下に向かった。

掲示板に近づくと、何十枚ものシールに囲まれた作品が目に入った。第一位になって、ポスターに使われることになった作品だ。空の色は――予想どおり、青。

ア 売主の言葉を聞いて、力が強く丈夫な牛だと思ったから。

イ 自分の目で、実際に牛が田を耕す姿を見て、力が強く丈夫な牛だと思ったから。

ウ 売主の言葉を聞いて、佐奈田が使った牛だと思ったから。

エ 自分の目で、実際に牛が田を耕す姿を見て、佐奈田が使った牛だと思ったから。

(4) ——線部③「腹立ちて居る」とあるが、次の[ ]はこの内容について、三井さんたちがグループ内で話し合った様子である。

三井 どうして買主は、腹を立てているのかな。

吉川 売主が、「大坂陣では佐奈田ぢや」と言って買主に売った牛が、実際は「犂は一足もひかず、そのくせに人を見てはかけんとする」ような「[A（七字）]」ない牛だったからじゃないかな。

太田 そうだよね。でも売主は、「さればこそ佐奈田とは申しつれ」と言っているよ。これはどういうことなのかな。

山下 売主の言葉の、「佐奈田は、たびたびかけこそしたれ、一足もひいたことはなかった」の意味と、「佐奈田」を「牛」に言い換えたときの意味をそれぞれ考えるとどうだろう。

三井 佐奈田は、たびたび[B（三字）]ても、一歩も[C（三字）]たことはなかった、という意味と、牛は、たびたび角で人を[D（四字）]ようとはしても、一歩も犂を[E（四字）]ことはなかった、という意味になるね。

太田 わかった。売主は佐奈田と牛を説明する「かく」と「ひく」の言葉それぞれに、同じ[F]の別の意味を重ねているんだ。

三井 なるほど。言葉のしゃれと、売主のとんちが、この話のおもしろさなんだね。

i [A]に当てはまる最も適切な言葉を、Ⅰの本文中から指定された字数で抜き出して書きなさい。

ii [B]～[E]に当てはまる最も適切な言葉を、Ⅱ メモ 一～メモ 五の中の言葉を使って、それぞれ指定された字数で書きなさい。ただし、[ ]のあとの言葉につながるように、必要に応じて語形を変えて書くこと。

iii [F]に当てはまる最も適切な言葉を、次のア～エから一つ選び、記号を書きなさい。

ア 字数　イ 画数　ウ 発音　エ 音量

【問五】 次の文章を読んで、後の各問いに答えなさい。

ヒロシの通う第三小学校では、新入生を歓迎するポスターをつくることになった。キャッチコピーは〈大空にはばたく第三小!〉、これに合わせて、〈きれいな空の絵〉を募集していた。絵の好きなヒロシは、下書きから何日もかけて一番好きなくもり空の絵を描いた。色合いを細かく描き分けた自信作ができあがった。そして、応募しようと先生に提出した。

「まあ、ヒロシくんがどうしてもこの絵を出したいっていうんだったら、もちろんいいわよ」

Ⅰ

今はむかし、①ある人牛を売りけるに、買主いふやう、「この牛は、力も強く病気もなきか」といへば、ア売主答へていはく、「中＊〳〵力の強く、しかも息災な。大坂陣ではイ佐奈田ぢやと思へ」といふ。「さらば（それなら）」とて②買い取る。五月になりて、この牛に犂をかけて田をすかするに、一向（まったく）弱うて田をもすかず、犂は一足（一歩）もひかず。ややもすればウ人を見てはかけ出でて、角にて、かけん〳〵とするほどに、「何の役にも立たぬ牛なり。さて〳〵憎い事をいふて買はせた。大坂陣では佐奈田ぢやと申したほどに、さこそ強からうと思ふたれば、犂は一足もひかず、そのくせに人を見てはかけんとする」と③腹立ちて居る。ある時かの売主に逢ふて、「エ其方はとどかぬ（いい加減な）嘘をついて、人をばかけて、犂をばひかぬ牛を、佐奈田ぢやといふて売りつけられた」といへば、売主答へていはく、「さうであらう。犂は一足もひくまい。人を見てはかけんとする事は定（本当）であらう。さればこそ佐奈田とは申しつれ。大坂陣で佐奈田は、たび〳〵かけこそしたれ、一足もひいたことはなかった。その牛もひかぬによりて佐奈田ぢやといふた。

（本文は「新編　日本古典文学全集」による）

＊（注）〳〵＝同じ漢字または仮名を繰り返して書くときに使う符号

Ⅱ

メモ一

○「大坂陣」
・大阪の陣。江戸時代初期に起こった徳川氏と豊臣氏との戦い。

メモ二

○「佐奈田」
・真田幸村。大阪の陣で豊臣氏側の武将として戦った。

メモ三

○「犂」
・柄が曲がって刃が広いすき。牛馬で引いて田畑を耕す農具。

メモ四

○「かく」
・走る。
・引っかける。
・だます。
・付ける。
・進撃する。

メモ五

○「ひく」
・引っぱる。
・退却する。

(1) 文章中の〰〰線部の言葉を現代仮名遣いに直して、ひらがなで書きなさい。

①　いへば　　②　あらう

(2) ――線部①「ある人」と同じ人物を、‖線部ア～エからすべて選び、記号を書きなさい。

ア　売主　　イ　佐奈田　　ウ　人　　エ　其方

(3) ――線部②「買い取る」とあるが、買主が牛を買い取った理由として、最も適切なものを、次のア～エから一つ選び、記号を書きなさい。

横沢　私は小学校で花づくり委員会に入っていたので、花壇の手入れをしているという活動は同じだと思いました。中学校の園芸委員会では、他に活動していることはありますか。
河合　育てた花を地域のいろいろな場所に配る活動をしています。

(1) 河合さんが説明の中で、**Ⅱ　当日に配付した資料**の〈活動内容〉を見るように指示するとき、どこで指示するとよいか。最も適切なものを、**説明**のA～Dから一つ選び、記号を書きなさい。

(2) **説明**の中で、□に当てはまる適切な言葉を、**Ⅱ　当日に配付した資料**を踏まえて、十字以上十五字以内で書きなさい。

(3) **説明**の特徴として適切なものを、次の**ア**～**エ**から二つ選び、記号を書きなさい。

ア 他の委員会と比較することで、園芸委員会のよさを伝えようと話をしている。
イ 丁寧な言葉遣いをしたり問いかけたりして、親しみがもてるような話し方をしている。
ウ 園芸委員会のよさだけでなく、昨年度の課題を具体的に挙げながら話をしている。
エ 説明することを大まかに伝えた後、具体的な活動を説明している。

(4) 田中さんと横沢さんの質問の意図として、最も適切なものを、次の**ア**～**エ**から一つ選び、記号を書きなさい。

ア 田中さんは河合さんの説明の誤りを指摘するために質問し、横沢さんは事前にもっていた疑問を解決するために質問している。
イ 田中さんは河合さんの説明の要点を確かめるために質問し、横沢さんは河合さんの説明の内容を確認するために質問している。
ウ 田中さんは説明を聞いて生じた疑問を解決するために質問し、横沢さんは事前にもっていた疑問を解決するために質問している。
エ 田中さんは説明を聞いて生じた疑問を解決するために質問し、横沢さんは河合さんの説明の誤りを指摘するために質問している。

(5) 横沢さんの質問に対する河合さんの回答を受けて、あなたが河合さんに、さらに詳しく質問をするとしたら、どのような質問をするか。実際に話すように一つ書きなさい。

【問三】 次の①～③の――線部の漢字として最も適切なものを、それぞれあとの**ア**～**エ**から一つ選び、記号を書きなさい。

① 国民のシジを得る。
ア 時　**イ** 示　**ウ** 辞　**エ** 持

② 荷物の運搬に手をカす。
ア 貸　**イ** 兼　**ウ** 科　**エ** 借

③ 一日センシュウの思いで待つ。
ア 拾　**イ** 週　**ウ** 秋　**エ** 終

【問四】 Ⅰは、『浮世物語(うきよものがたり)』の一節「牛を売(う)るとて佐奈田(さなだ)にたとへし事」である。Ⅱは、Ⅰを理解するために、三井さんたちが調べたことを**メモ一**～**メモ五**にまとめたものである。ⅠとⅡを読んで、後の各問いに答えなさい。

Ⅰ　前日までの新入生の様子

田中　中学校は、いろいろな委員会があるんだね。どんな活動をしているのかな。横沢さんは、どの委員会に入ろうと思っているの。

横沢　私は小学校の時、花づくり委員会で花壇の手入れをがんばったから、園芸委員会に入ろうと思っているけれど、中学校ではその他にも活動をしていることはあるのかな。

Ⅱ　当日に配付した資料

園芸委員会

〈目標〉

花で学校を美しくしよう

〈活動内容〉

・花壇の手入れ（春～秋）（水やり・草取りなど）

・花壇の準備（秋～冬）（苗づくり・土づくりなど）

〈やりがい〉

・花壇がきれいな花でいっぱいになるうれしさ

・花の成長の実感

Ⅲ　説明と質疑応答の場面

【説明】

河合さん

園芸委員会の活動について説明します。最初に、こちらの写真をご覧ください。（写真をスクリーンに映す）A

これは、私たちが育てている学校花壇の写真です。園芸という言葉を知っていますか。園芸というのは、庭などで草花を育てることです。私たちは、「花で学校を美しくしよう」という目標を大切にして日々活動をしています。

私たちの学校には三つの花壇と多くのプランターがあります。B

私たち園芸委員会のおもな活動は二つあります。

一つ目は、春から秋にかけての活動です。この時期は花が咲いていますので、毎日水やりをして、草を取ります。他にも、時々肥料をあげたり、枯れてしまった花を取ったりと、花壇に花がきれいに咲くようにがんばっています。C

二つ目は、秋から冬の時期の活動です。この苗ポットで（苗ポットを見せる）苗を育てたり、花壇の土を耕したりして、次の季節の花壇の準備をしています。D

活動は、大変なこともありますが、花壇がきれいな花でいっぱいになると、うれしい気持ちになります。また、やりがいとして［　　　］という点もあります。ぜひ園芸委員会で一緒に活動してみませんか。

【質疑応答】

司会　それでは、園芸委員会の説明に対して、何か質問はありますか。

田中　先ほど、活動で大変なこともあると言っていましたが、具体的にはどんなことが大変ですか。

河合　忘れずに水をやることや、草がどんどん生えてくるので取ることです。また、花が咲く時期に合わせて、苗を育てていくことです。育てた花を、入学式や卒業式の会場で使うので、間に合うように気をつけて準備しています。

田中　わかりました。ありがとうございました。

司会　他に質問のある人は、いますか。

かを知ることができる。

ウ 読書によって知識が増えることは、例えるならフランス料理の食材で和食をつくることである。

エ 本を読むことは、自分なりに思考を深めていくきっかけを与えてくれる。

(4) **文章Ⅱ**の内容を次のように説明するとき、［A］～［C］に当てはまる最も適切な言葉を、**文章Ⅱ**の本文中からそれぞれ指定された字数で抜き出して書きなさい。

> ［A（二字）］とは、血肉となるような幅広い知識である。知識は豊富にあるが、総合的に使いこなせない人は単なる「物知り」である。一方で、「深い人」は、［B（七字）］を把握し、［A］が［C（二字）］や人生にまで生きている人である。深い人になるには読書が適している。読書によって知識を深め、思考を深め、［C］を深められるからである。

(5) 授業で**文章Ⅰ**と**文章Ⅱ**とを読み比べ、共通する論の展開の工夫と効果について、次のようにまとめた。あとのⅰ、ⅱに答えなさい。

> 最初に話題提示として、学生や一般の方からの質問を受けたという筆者の［D］を述べることで、読者の興味や注意を引いている。さらに、「フランス料理」や「血肉となる」という［E］を用いたり、歴史上の人物に関わる［F］を根拠として挙げたりすることで、説得力をもたせ、筆者の考えをわかりやすくする効果を生み出している。

ⅰ ［D］に当てはまる適切な言葉を書きなさい。

ⅱ ［E］、［F］に当てはまる最も適切な言葉を、次の**ア**～**カ**から一つずつ選び、記号を書きなさい。

ア 順序　**イ** 形式　**ウ** 比喩　**エ** 反論　**オ** 具体例　**カ** 抽象化

(6) ――線部について、自分の考えを書くことになった。あなたの考えを、次の〈条件1〉～〈条件3〉に従って書きなさい。

〈条件1〉 **思考**と**人生**の二つの言葉を使って書くこと。

〈条件2〉 あなたの考えの理由を明確にして書くこと。

〈条件3〉 八十字以上百字以内で書くこと。

※次の枠は、下書き用なので、使っても使わなくてもよい。
解答は、解答用紙に書きなさい。

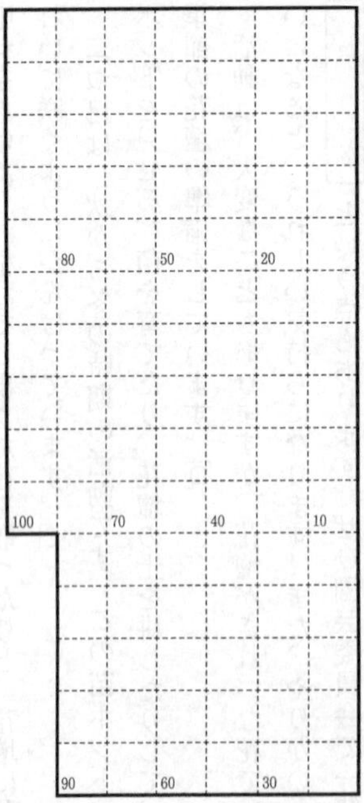

【問二】 園芸委員長の河合さんは、新入生の生徒会説明会で園芸委員会の説明を資料を用いて行うことになった。次は、**Ⅰ 前日までの新入生の様子**、**Ⅱ 当日に配付した資料**、**Ⅲ 説明と質疑応答の場面**である。これらを読んで、下の各問いに答えなさい。

（鎌田浩毅「読まずにすませる読書術　京大・鎌田流「超」理系的技法」）

＊（注）　追認＝過去にさかのぼって事実を認めること

文章Ⅱ

私は大学の講義のほか、一般向けの講演も行なっており、幅広く質問を受ける機会があります。メディアからの取材もあります。そこで、本質的なものに触れる深い質問ができる人、表面的な部分にとらわれた浅い質問しかできない人がいます。

浅い質問には、「それはこうです」と答えて、はいおしまい。簡単です。そこからさらに話が広がったり内容が深まったりすることはあまりありません。

深い質問の場合は、こちらの頭も回転させなければなりません。質問が刺激となって思考が深まります。その答えによって質問者の考えも深まるし、実りの多い時間となります。

（中略）

では、その浅い・深いはどこから来ているのでしょうか。

それは一言で言えば、教養です。

教養とは、雑学や豆知識のようなものではありません。自分の中に取り込んで統合し、血肉となるような幅広い知識です。

カギとなるのは、物事の「本質」を捉えて理解することです。バラバラとした知識がたくさんあっても、それを総合的に使いこなすことができないのでは意味がない。単なる「物知り」は「深い人」ではないのです。教養が人格や人生にまで生きている人が「深い人」です。

深い人になるには、読書ほど適したものはありません。本を読むことで知識を深め、思考を深め、人格を深めることができます。

たとえば西郷隆盛は「深い人」です。西郷が生きた幕末・明治時代から人格者として慕われ、ものすごく人望がありました。亡くなってからも多くの人が西郷に惹かれて研究し、時代ごとに評価されてきました。現代も人気は衰えていません。

それでは、生まれたときから人格者で、「深い人」だったのかというと、そういうわけではないでしょう。西郷は多くの本を読んでいました。とくに影響を受けたのは儒学者佐藤一斎の『言志四録』です。流された島でも、これを熟読し、とくに心に残った101の言葉を抜き出し、常に読み返していたと言います。座右の銘としていた「敬天愛人」もそこから生まれたものです。常に本を読み、自らを培っていったのです。

（齋藤孝「読書する人だけがたどり着ける場所」）

(1)　文章中の〰〰線部のよみがなを、ひらがなで書きなさい。

①　洞察　②　触　③　刺激

④　統合　⑤　衰　⑥　影響

(2)　――線部「世界はさらに広がっていきます」は、いくつの単語でできているか。単語数を書きなさい。

(3)　**文章Ⅰ**の内容として最も適切なものを、次の**ア**～**エ**から一つ選び、記号を書きなさい。

ア　読書で想像力や忍耐力という人間の内面を豊かにすることができる。

イ　本を通じて「何を学べばよいか」がわかると、何を知らないの

〈国語〉

時間　五〇分　　満点　一〇〇点

【注意】解答用紙にマスがある場合は、句読点、カギ括弧（かっこ）（「や『）なども それぞれ一字と数え、必ず一マスに一字ずつ書きなさい。なお、行の最後のマスには、文字や句読点などを一緒に書かず、句読点などは次の行の最初のマスに書きなさい。

【問一】次の文章Ⅰと文章Ⅱを読んで、後の各問いに答えなさい。

文章Ⅰ

読書が苦手な学生から「本は何のために読むのか？」と質問されることがあります。本質的な、よい問いです。インターネットがこれだけ発達した時代、必要な知識はほとんどのものがネットを通じて手に入れることができる。なのに本を読むことがなぜ大切なのかわからない、という疑問です。

そうしたときの私の回答は「本は自分の内面を豊かにし、生き方や人生を変えてくれるものだから」です。

本好きの皆さんならよくわかると思いますが、本を通じて知らなかったことを知ると喜びを感じ、自分が何を知らないかがわかることで「何を学べばよいか」が明らかになります。自分にとっての学びのプロセスがクリアになっていく点が、読書のすばらしさといってよいのです。

今から二五〇〇年前にギリシャのソクラテスは、自分は何を知らないかを知ることの重要性を「無知の知」という言葉で表しました。

読書とはすでに八割方知っていることの追体験（ついたいけん）と＊追認（ついにん）です。そうした認識もまた読む本が変われば追認することも変わります。追認であってもさまざまな本を読むことで世界はさらに広がっていきます。

本から学ぶことに関して、ソクラテスの弟子プラトンは、「学ぶとは自分が変わることだ」と説いています。つまり、読書で新しいことを知ったつもりでも、それが自分の人生を変えなければ読まなかったに等しい、と言っているのです。

非常に深い洞察ですが、そう簡単なことではありません。

読書によって知識は増えていきますが、それは例えるならフランス料理という構造の中で新しいレシピが増えているだけに過ぎません。本の学びを活かして自分を変える、もしくは人生が変わるということは、食材を次々と変えて新たなレシピでフランス料理をつくり続けることではありません。その食材でこれまでとはまったく異なる和食の世界をつくり出していく、というところにまでつながってゆくのです。

それまでの自分とはガラリと変わる。本からの学びはそこまでつながってはじめて本物になっていく、と言っていいかもしれません。私にとって、そういう意味で自分を変えてくれた古典がプラトンの『ソクラテスの弁明』（講談社学術文庫）と、「常識を疑え」と説いたデカルトの『方法序説』（ちくま学芸文庫）でした。

自分は何を知らないのかを知る、そして過去の定説や常識とされていることをまずは疑って、自分なりに思考を深めていく。そのきっかけを与えてくれるのが読書であり、そうした読み方を大切にすることで、この先の不確実な時代にも対応する力をつけていくことができるのではないかと思います。

2020年度

解答と解説

《2020年度の配点は解答用紙集に掲載してあります。》

＜数学解答＞

【問1】 (1)　8　(2)　ウ　(3)　(x=)－2　(4)　$2\sqrt{3}$　(5)　ウ，エ
(6) あ 700　い　2　(7)　$-\frac{16}{3}$　(8)　ア　(9)　$\frac{3}{8}$　(10)　解説参照
(11)　①　80(°)　②　20(cm)

【問2】 (1)　①　2(時間以上)3(時間未満の階級)　②　0.23　③　(記号)　ア
(理由)　解説参照　(2)　①　7(cm)　②　22π(cm^3)　(3)　①　(例)12×5÷2
②　11(個)(途中式は解説参照)

【問3】 Ⅰ　(1)　イ　(2)　(店名)　A(店)　(金額)　100(円)　(3)　6
(4)　①　解説参照　②　170　Ⅱ　(1)　う　$\frac{18}{5}$　え　3(円)　(2)　54(cm)

【問4】 Ⅰ　(1)　あ　$\overset{\frown}{\mathrm{QS}}$[$\overset{\frown}{\mathrm{SQ}}$]　い　(∠)RAQ　(2)　解説参照　(3)　イ
Ⅱ　(1)　30(°)　(2)　$\frac{4\sqrt{3}}{3}$(cm)　(3)　$\frac{32\sqrt{3}}{3}$(cm^2)　(4)　$\frac{4}{3}$(倍)

＜数学解説＞

【問1】 (小問群―数と式の計算，一次方程式，根号を含む計算，整数の性質，因数分解の利用，反比例，$y=ax^2$のグラフ，確率，作図，平行線と角度の求値，平行四辺形の周の長さ)

(1)　$3-(-5)=3+5=8$

(2)　2乗は4のみについているので，$-4^2=-(4\times4)$と考える。

(3)　$2(x-1)=-6$　両辺を2で割って，$x-1=-3$　両辺に1を加えて，$x=-2$

(4)　$\sqrt{75}-\frac{9}{\sqrt{3}}=\sqrt{5^2\times3}-\frac{9}{\sqrt{3}}\times\frac{\sqrt{3}}{\sqrt{3}}=5\sqrt{3}-3\sqrt{3}=2\sqrt{3}$

(5)　**$2n$はnがどのような整数であっても必ず2の倍数(偶数)となるので，いつでも奇数になる式**は，$2n+1$と$2n+3$　よって，ウとエを選ぶ。

(6)　**乗法公式$(a+b)(a-b)=a^2-b^2$を利用**する。$698\times702=(700-2)(700+2)=700^2-2^2=490000-4=489996$　となる。

(7)　$y=\frac{a}{x}$に$(x,\ y)=(1,\ -16)$を代入すると$a=-16$となるので，表の反比例の関係は，$y=-\frac{16}{x}$と表せる。したがって，これに$x=3$を代入すると，$y=-\frac{16}{3}$

図1

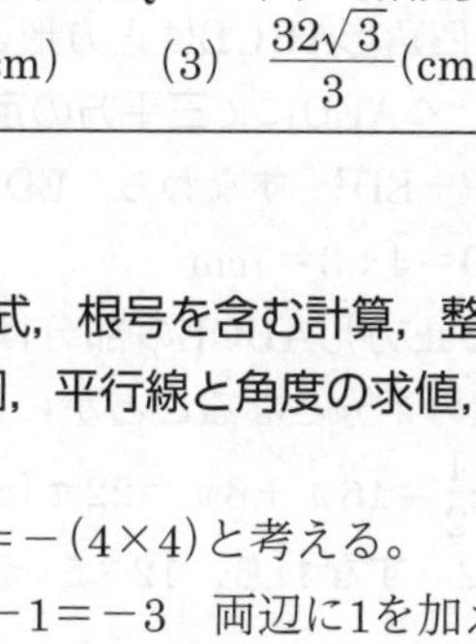

図2

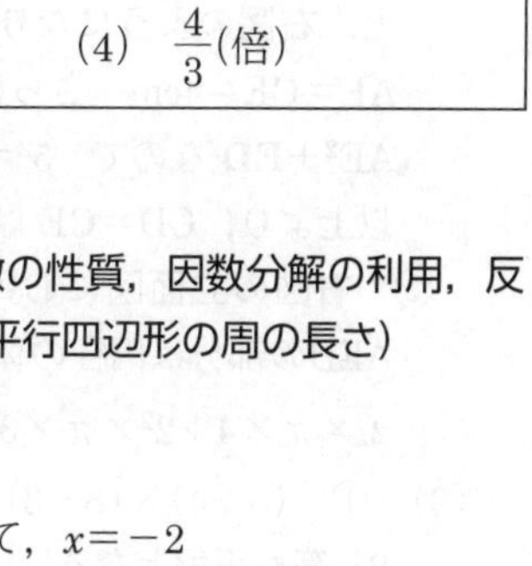

(8)　右図1の太線部分が$-1\leqq x\leqq2$のときのグラフとなるので，$0\leqq y\leqq8$

(9)　110円以上になるのは，(100円，50円，10円)＝(○，○，○)，(○，○，×)，(○，×，○)の3通りなので，求める確率は，$\frac{3}{8}$

(10)　右図2のように，線分BDもしく

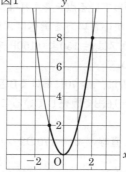

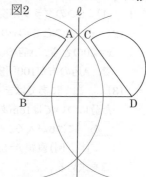

は線分ACの垂直二等分線をひけばよい。

(11) ① 2点M，Nはそれぞれ辺AB，BCの中点なので，中点連結定理より，AC//MN したがって，平行線の同位角は等しいので，∠BMN＝∠A＝80°

② 四角形AMPCはAC//MPかつAB//CPより，2組の辺が平行であることから，平行四辺形といえる。AB＝8cmより，AM＝4cmであり，またAC＝6cmなので，平行四辺形の対辺の長さは等しいことから，AM＝CP＝4cm，AC＝MP＝6cmとなり，四角形AMPCの周の長さは4×2＋6×2＝20cm

【問2】 (小問群―度数分布表，階級の読み取り，相対度数，三平方の定理と線分の長さの求値，円柱の切断と体積の求値，数学的思考と規則性の読み取り，二次方程式の応用)

(1) ① 高校生の度数が最も多い階級は374人である2時間以上3時間未満の階級である。

② 利用時間が1時間以上2時間未満の高校生の階級の度数は340人であり，高校生の度数は合計で1500人なので，$\frac{340}{1500}=\frac{17}{75}=0.226\cdots$となり，小数第3位を四捨五入して，0.23

③ (理由の例) 利用時間が1時間以上2時間未満の階級の相対度数は，中学生が0.26，高校生が0.23であり，0.26は0.23より大きいので，中学生の割合の方が大きい。

(2) ① AD＝5cmであり，線分BCは底面の円の直径なので，BC＝AB＝4cm よって，点Aから線分CDに垂線AEを引いたとすると，右図のようになり，四角形ABCEは正方形となることから，AE＝CE＝4cm さらに，△AEDにて**三平方の定理より，$AD^2=AE^2+ED^2$**なので，$5^2=4^2+ED^2$ すなわち，$ED=\sqrt{5^2-4^2}=3$cm 以上より，CD＝CE＋ED＝4＋3＝7cm

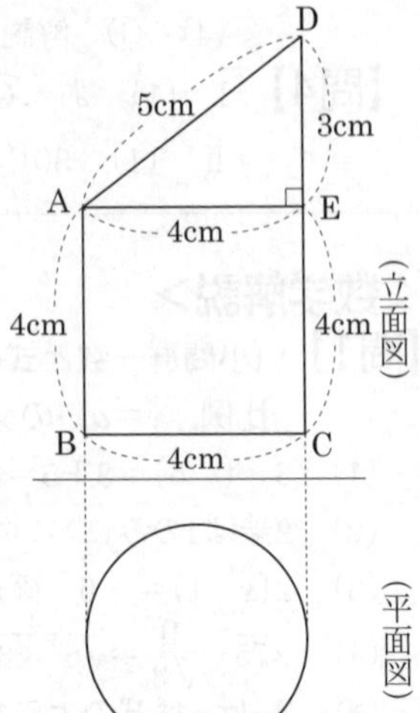

② 右図の立面図における正方形ABCEの部分は円柱であり，△AEDの部分は円柱の体積の半分となることから，Pの体積は，

$2^2\times\pi\times4+2^2\times\pi\times3\times\frac{1}{2}=16\pi+6\pi=22\pi\ (cm^3)$

(3) ① $(8+4)\times(8-3)\div2$ すなわち，$12\times5\div2$ 「$(8+4)\times5\div2$」等も正解となる。

② (例) 一番下の俵の数をx個とすると，$\frac{(x+4)(x-3)}{2}=60$

$x^2+x-132=0$ $(x+12)(x-11)=0$ $x=-12,\ 11$ xは正の数だから，$x=-12$は問題にあわない。$x=11$は問題にあっている。(よって，求める俵の数は，) 11(個)

【問3】 (関数とグラフ― 一次関数のグラフの読み取りと利用)

Ⅰ (1) 2つのグラフが交わっている点を考えればよいので，点Qとわかる。よって，イ

(2) $x=30$のときのyの値が小さい方を選べばよい。したがって，問題の図1よりA店。また，$x=30$のとき，A店のグラフは$y=150$より150円であり，B店のグラフは$y=250$より250円なので，A店の方が100円安い。

(3) [あ] にあてはまるのは，$x>70$におけるB店のグラフの傾きなので，B店では70cmを越えた分については1cmあたり6円で販売していることから，グラフの傾きは6とわかる。よって，[あ] には6が入る。

(4) ① (例)直線$y=5x$と直線$y=6x-170$の2つの式を連立方程式とみて，それを解いて，xの値を求める。

② ①より，2つの式からyを消去して，$5x=6x-170$　$x=170$　よって，[い]には，170が入る。

Ⅱ　(1)　B店のグラフ上の$x=100$のときの点は，$y=6x-170$に$x=100$を代入すると，$y=600-170=430$より，点(100, 430)　よって，直線ℓの傾きは，2点(50, 250)，(100, 430)を結ぶ直線の傾きを考えればよいことから，**(yの増加量)÷(xの増加量)**$=\frac{430-250}{100-50}=\frac{180}{50}=\frac{18}{5}$　したがって，[う]には$\frac{18}{5}$が入る。　また，よって，リボンの長さが100cm以上になると，B店よりA店の方が安くなるためには，A店の50cmより長いリボンの値段は$\frac{18}{5}$より小さい最大の整数である3円とすればよい。したがって，[え]には3が入る。

(2)　[お]cmをこえた分については，1cmあたり5円で販売し，100cmのときB店と同じ値段である430円にするためには，傾きが5で点(100, 430)を通る直線を考えればよい。したがって，$y=5x+b$とおき，$(x, y)=(100, 430)$を代入すると，$430=500+b$　$b=-70$より，その直線の式は$y=5x-70$　これに，$y=200$を代入すると，$200=5x-70$　$5x=270$　$x=54$　よって，54cmまで200円で販売すればよい　よって，[お]には54が入る。

【問4】 (平面図形—角が同じであることの証明，三角形が相似であることの証明，相似な図形の性質，角度の求値，三平方の定理の利用と正三角形，動点と面積の最大値，相似な図形の面積比)

Ⅰ　(1)　[あ]は，∠QAS＝∠QBSであることを言えればよいので，$\overset{\frown}{QS}$に対する円周角の定理を用いればよい。($\overset{\frown}{SQ}$でもよい。)　[い]は，④より∠PAR＝∠QASであることはわかっているので，∠PAQ＝∠RASになることを示したいことから，**共通角の部分である∠RAQ**を考えて，∠PAR＋∠RAQ＝∠QAS＋∠RAQであることを言えればよい。

(2)　(証明例)　△PAQと△RASについて，円Oの$\overset{\frown}{AB}$に対する円周角は等しいので，∠APQ＝∠ARS…①　円O′の$\overset{\frown}{AB}$に対する円周角は等しいので，∠AQP＝∠ASR…②　①，②より，2組の角が，それぞれ等しいので，△PAQ∽△RAS　相似な図形では，対応する角の大きさは等しいので，∠PAQ＝∠RAS

(3)　**相似な図形は対応する辺の比が等しい**ことから，AP：AR＝AQ：ASといえる。

Ⅱ　(1)　AB＝BP＝PAより三辺がすべて等しいことから△APBは正三角形である。よって，∠APB＝∠PAB＝60°　AB＝BQより，△ABQは**二等辺三角形なので，その底角は等しく**，∠BAQ＝∠BQA＝a°とおける。したがって，△APQの内角の和は180°なので，$60°+60°+a°+a°=180°$　これを解いて，$a=30°$　ゆえに，∠BAQ＝30°

(2)　(1)より，△APBは1辺が4cmの正三角形なので，右図のように点Aから辺PBに垂線AHを引くと，PH＝BH＝2cm　また，**∠APH＝60°，∠PAH＝30°より，△APHはPH：AP：AH＝1：2：$\sqrt{3}$ の3辺の比を持つ直角三角形**なので，AH＝$\sqrt{3}$ ×PH＝$2\sqrt{3}$ cm　ここで，円Oの半径をRcmとすると，AO＝OP＝Rcm，OH＝$2\sqrt{3}$ －R(cm)となり，△OPHも∠POH＝60°，∠OPH＝30°の直角三角形なので，OH：OP：PH＝1：2：$\sqrt{3}$ の3辺の比を持つ直角三角形なので，OH：OP＝1：2　すなわち，($2\sqrt{3}$ －R)：R＝1：2　これを解いていくと，R＝2($2\sqrt{3}$ －R)　R＝$4\sqrt{3}$ －2R

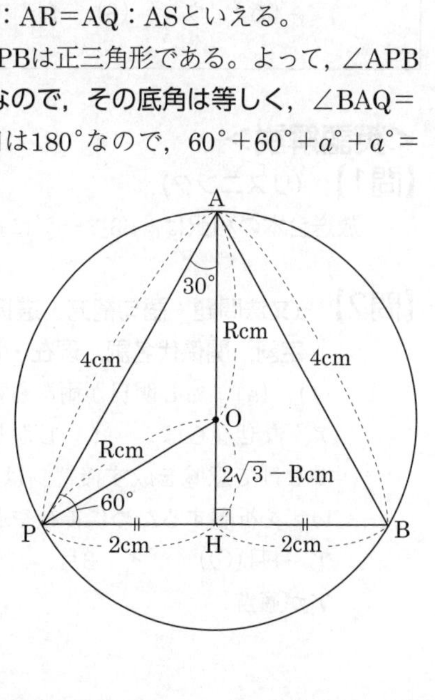

$3R=4\sqrt{3}$　$R=\frac{4\sqrt{3}}{3}$　よって，円Oの半径は$\frac{4\sqrt{3}}{3}$cmである。

(3)　△APQ∽△ATUより，△ATUの形は一定なので，△ATUの面積が最大となるのは，ATが最も大きくなるときを考えると，円Oの直径となるときとわかる。このとき，$AT=2R=2\times\frac{4\sqrt{3}}{3}=\frac{8\sqrt{3}}{3}$cm より，$AP:AT=4:\frac{8\sqrt{3}}{3}=3:2\sqrt{3}=\sqrt{3}:2$であることから，相似な図形の面積比はその相似比(線分の長さの比)の2乗の比なので，$\triangle APQ:\triangle ATU=AP^2:AT^2=(\sqrt{3})^2:2^2=3:4$…①　ここで，$\triangle APQ=PQ\times AH\times\frac{1}{2}=8\times2\sqrt{3}\times\frac{1}{2}=8\sqrt{3}$　より，$\triangle ATU=\triangle APQ\times\frac{4}{3}=8\sqrt{3}\times\frac{4}{3}=\frac{32\sqrt{3}}{3}$cm^2

(4)　(3)の①より，相似な図形の面積比は，その相似比の2乗の比なので，△APQ：△ATU＝3：4　よって，△ATUは△APQの面積の$\frac{4}{3}$倍

＜英語解答＞

【問1】 (1) No. 1 エ　No. 2 イ　No. 3 ウ　(2) No. 1 ウ　No. 2 エ
(3) No.1 ウ　No. 2 イ　No. 3 イ　No. 4 ア

【問2】 Ⅰ (1) (a) エ　(b) ア　(2) (a) ①　(例)Do you know
② (例)are found　(b) エ　(c) イ　(3) (a) ア　(b) ウ
Ⅱ (1) (例)I am going to watch a baseball game with my father. Have fun.　(2) (例)My favorite place is the library in my town. I like to read new books there.

【問3】 (1) (a) イ (b) ウ　(2) ア　(3) エ　(4) (a) ① strong legs and arms ② study very hard　(b) (例)The members of the Boat Race are great. I also want to do my best like them.

【問4】 (1) イ　(2) (例)sad　(3) あ ウ　い オ　う ア　(4) old woman
(5) イ，エ　(6) エ オ　(7) (え) イ　(お) エ　(か) ア
(き) ウ　(8) イ

＜英語解説＞

【問1】 (リスニング)

放送台本の和訳は，63ページに掲載。

【問2】 (文法問題：語句補充・選択，自由・条件英作文，内容真偽，接続詞，受け身，助動詞，不定詞，関係代名詞，現在・過去・未来と進行形)

Ⅰ (1) (a) もし明日が雨ならば，私は家で，映画をみるか，(または)本を読むだろう。
ア なぜならば　イ しかし　ウ ～するとき　エ または(○)　カッコの前後の文をつなげて意味を成す接続詞はエが適当。 (b) 日本の(1月)の最初の日に，多くの人々が良い年を祈願するために神社やお寺を訪れる。また，多くの人々がその月に年賀状を受け取る。
ア 1月(○)　イ 3月　ウ 8月　エ 11月　年賀状(New Year's card)とあるのでアが適当。

(2)　由紀(以下Y)：昨日の晩にテレビでニュースを見たの。海中のマイクロプラスチックについてだった。マイクロプラスチックについて，①(あなたは知っている)？／ボブ(以下B)：ああ。多くの国のたくさんの人々がプラスチックを使って，そして捨てていることを知っている。多くが海へ入っていき，そして，より小さくなると聞いているんだ。ぼくたちがすべては見つけられないほど，そのかけらは小さい。／Y：マイクロプラスチックはとても小さいけれども，北極海にさえそれらを見つけた人たちもいるの。／B：そうだね。マイクロプラスチックは，世界中で②(発見されている)。ぼくたちは，海からマイクロプラスチックを全部は取り除くことはできない。ぼくたちは，この問題について何かしなければならないね。／Y：③(その通り。)私たちは，使うプラスチックを減らすべき，そして，もっとプラスチックをリサイクルするべきね。何かアイデアはある，ボブ？／B：④ぼくたちが使うレジ袋の数を減らすことができると思う。／Y：それはいいね。

(a)　①　下線の文は？があり疑問文である。また，次のボブの発話は Yes, I do. となっていることから do を使った疑問文が適当。　②　Microplastics が主語となっていることから find (発見する)を受け身 are found として「マイクロプラスチックが発見される」が適当。Microplastics と複数形なので be 動詞は are とする。 (b)　ア　あなたはそれをやった。　イ　あなた，大丈夫？　ウ　これは何？　エ　その通り。(○)　下線部の前の文 We must do~では，「問題に対して何かやろう」と言っているので，これに対して同意する内容のエが適当。 (c)　私たちが店で何かを買う時，[ア　私たちは新しいレジ袋を使いたい　イ　私たちはレジ袋は必要とはしない(○)　ウ　私たちは新しいレジ袋を手に入れる必要がある　エ　私たちはレジ袋無しでは生活できない]と私たちは言うべきです。下線④の文では，「使うレジ袋の数を減らす」と言っているので，店で買い物する場合の会話ではイが適当。選択肢イの won't は will not の短縮形。

(3)

信州市祭り
日にち：5月3日　場所：信州市ホール
時間：午後 1:00 から
そば料理 部屋 1 　折り紙作り 部屋 2 　日本の歌をうたう 部屋 3 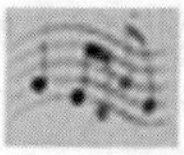

◆ 一つの催しだけ選ぶことができます。
◆ 開始時間の 15 分前に必ず部屋に来てください。
◆ そば料理の催しにだけ 300 円が必要になります。
◆ 日本人の方も参加できます。

(a)　(問題文)　もし催しに参加したいのであれば，あなたは何時にその部屋へ着くべきですか？　ア　午後12:45(○)　イ　午後1:00　ウ　午後1:15　エ　午後1:30　ポスターの二つ目の◆に「開始時間の15分前」とあるのでアが適当　(b)　ア　あなたは，同じ部屋でそば料理と折り紙作りの両方を楽しむことができる。　イ　日本人の人々は5月3日の信州市祭りに参加できない。　ウ　人々は，日本の文化についての三種類の催しから，一つを選ぶことができる。(○)　エ　信州市祭りのすべての催しには，お金を持っていく必要がない。ポスターの一つ目の◆に「催しを一つだけ選ぶことができる」とあるのでウが適当。選択肢エの have to は助動詞 must (～しなければならない)と同じ意味。

Ⅱ (1) (解答例)I am going to watch a baseball game with my father. Have fun. (会話文と解答例訳)Tom：今週末に私は，家族と一緒に動物園へ行くことになっています。私たちと一緒に来たらどうですか？ You：ごめんなさい，行くことができません。(私は父と一緒に野球の試合をみることになっています。楽しんできてください。) 解答例の be going to は，助動詞 will(～するつもり)と同じ意味。

(2) (解答例)My favorite place is the library in my town. I like to read new books there.(16語)(質問)あなたのお気に入りの場所はどこですか？ そこで何をやりたいですか？ (解答例訳)私のお気に入りの場所は，私の町の図書館です。私はそこで新しい本を読むことが好きです。 解答例文の to read は不定詞で「読むこと」となる。

【問3】 (メモ・手紙・要約文などを用いた問題：図を用いた問題，内容真偽，自由・条件英作文，語句補充・選択，英問英答，不定詞，現在完了，受け身，動名詞，比較級)

(全訳) これは，オックスフォード大学とケンブリッジ大学の対抗ボートレースに関するおもしろい記事です。私は，その記事に興味を持ちました。もし，そのボートレースについてさらに知っているのであれば，私にＥメールを送ってください。

［記事1］対抗ボートレースは，2019年4月7日にロンドンのテムズ川で開催された。オックスフォードとケンブリッジ大学のチームの間のレースだ。その二つの大学の学生たちだけが，対抗レースに参加することができる。そのイベントは，アマチュア・スポーツとして知られていて，なぜなら参加者たちはいかなる賞金も受け取ることがないからだ。2019年は男性と女性の対抗レースともにケンブリッジ大学が勝利した。対抗レースには長い歴史がある。男性の対抗レースは1829年に，そして女性の対抗レースは1927年に始まった。イベントは時々中止されたが，たいてい毎年春に開催された。人々が対抗レースをみる時，その多くの人々は春が来たのだと感じる。

(1) (a) (質問文)なぜ健はこのＥメールを書いたのですか？ ア 春のイベントで賞金を得るため。 イ 春のイベントについてさらに学ぶため。(○) ウ ロンドンで2019年の対抗ボートレースを開催するため。 エ ロンドンでの2019年の対抗ボートレースに勝つため。メールの第3文 If you know～には，「ボートレースについてさらに知りたい」とあるのでイが適当。選択肢イの the spring event (春のイベント)は，記事1の内容から，対抗ボートレースのことを意味していることがわかる。 (b) (質問文)対抗ボートレースについて，健は何を知りましたか？ ア 男性と女性の対抗ボートレースは，同じ年に始まった。 イ オックスフォードとケンブリッジ大学との間の対抗ボートレースは，1829 年から中断されていない。 ウ 対抗ボートレースのメンバーは，二つの大学のうちの一つの大学の学生でなければならない。(○) エ 2019年に，ケンブリッジ大学は男性のレースに勝ち，そして，オックスフォード大学は女性のレースに勝った。 記事1の第3文 Only the students～に，「それらの大学の学生たちだけが，レースに参加することができる」とあるのでウが適当。

(全訳) これは，対抗ボートレースについて知るためには良い記事です。読んでください。

［記事2］ルールは簡単だ。たとえば，両方の大学からの各チームには，9人のメンバーがいる。そのうちの1人はコックスだ。その彼または彼女は，指示を与える。他の8人のメンバーは，テムズ川の約7キロメートルの間チームのボートをこぐ。そのメンバーのそれぞれは両手で一本のオールを持つ。他のチームよりも早くゴールしたチームが，対抗レースに勝利する。レースは，悪天候の中でも開催される。

対抗ボートレースに勝つためには，メンバーは一生懸命にトレーニングする，しかし強い足や腕があるだけでは不十分だ。コックスからの的確な指示とチームワークも必要だ。コックスだけが前方を見ることができる。他の8人のメンバーは，見て，聞いて，そしてコックスに従う。一緒になって動くことは大切だ。

対抗レースはとても人気がある。毎春約 25 万人の人々が対抗レースを見に来て，そして他の多くの人たちは対抗レースをテレビでみる。なぜ対抗レースには人気があるのか？ 人々はメンバーを尊敬している，なぜなら，メンバーは対抗レースの賞金をいっさい手にしないからだ。別の理由もある。メンバーはよくトレーニングをして，とても一生懸命に勉強する。彼らはたいてい朝はとても早く起きて，練習して，彼らの大学で授業を受ける。

(2) 記事2の第1段落から，「コックスは 1 人，他のメンバーは8人。8人はそれぞれ一本のオールを両手で持つ」とあるのでアが適当。

(3) ア ロンドンでの対抗ボートレース 1. テムズ川の歴史 2. 二つの大学の規則 3. 対抗レースに勝つために必要なこと 4. 人気のある春のイベントとしての対抗レース イ ロンドンでの対抗ボートレース 1. 二つの大学の歴史 2. 対抗レースのルール 3. 対抗レースをみるために必要なこと 4. ロンドンの人気のある新聞 ウ ロンドンでの対抗ボートレース 1. 2019 年の対抗レースとその歴史 2. 二つの大学の規則 3. 対抗レースをみるために必要なこと 4. ロンドンの人気のある場所 エ ロンドンでの対抗ボートレース 1. 2019 年の対抗レースとその歴史 2. 対抗レースのルール 3. 対抗レースに勝つために必要なこと 4. 人気のある春のイベントとしての対抗レース (○) 記事1では，2019年の対抗ボートレースとその歴史を，記事2の第1段落ではボートの乗り方と対抗ボートレースのルールが，第2段落では対抗ボートレースに勝つためのことが，第3段落では対抗ボートレースが人気のある春のイベントである，と書いてあることからエが適当。選択肢アとエにある necessary things to win は **to 不定詞**(形容詞用法)を含み「勝つために必要なこと」となる。

(4) (問題文訳)たかし：だいたい毎年春に対抗ボートレースがあることは知らなかった。対抗ボートレースに勝つために，チームには三つのことが必要だとわかった。それは，①<u>強い足や腕</u>，コックスからの的確な指示，そしてチームワークだ。／沙紀：そうね。また私は対抗ボートレースがとても人気があることを知って驚いた。それには，二つの理由がある。一つ目は，メンバーはお金をまったくもらわない。二つ目は，メンバーは対抗ボートレースのためにたくさんトレーニングをして，そして彼らの大学で②<u>とても一生懸命に勉強する</u>。私は，ロンドンのこの人気のある春のイベントについて知ってうれしい。 ① チームが勝つためのことは，記事2の第2段落にあり，空欄は第1文 To win the~の内容が該当し，空欄には(strong)(legs)(and)(arms)が適当。 ② レースに人気がある理由は，記事2の第3段落にあり，空欄は第6文 They train well~が該当し，(study)(very)(hard)が適当。 (b) (解答例) The members of the Boat Race are great. I also want to do my best like them.(17語) (問題文訳)沙紀：「あなたは二つの記事についてどう考えますか？」(解答例訳)対抗ボートレースのメンバーはすばらしい。私も彼らのように努力したい。解答例の do my best は「努力する」。対抗ボートレースは問題文にある通り the Boat Race と書く。

【問4】 (長文読解：内容真偽，語句補充・選択，文の並べ替え，語句の解釈・指示語，関係代名詞，間接疑問文)

(全訳) 1 この白い花はマンダラゲと呼ばれています。人々を助けるためにこれを使った医師がいました。彼の名前は華岡青洲でした。先週，私はテレビをみている時に，彼についての歌を聞きました。全身の麻酔薬を使うことで，乳がんの手術をすることに成功した，世界で最初の医師が彼であることを学びました。私は彼に関する①<u>(博物館)</u>を訪れました。そこでは，彼が手術をする時に使ったものを見ました。

2 これから，彼についてお話します。彼は，およそ260年前に紀の川に生まれました。彼は毎日患者のために医師として一生懸命に働きました，しかし，彼はたびたび②(悲しく)感じました，なぜなら，多くの患者は薬だけでは治癒することができなかったからです。彼は，患者たちを失うしかありませんでした。患者を救うためには，患部を切り取ることが必要だと，彼は考えました，そして，手術の方法を見つけることを決心しました。

3 しかし，それは簡単なことではありませんでした。その当時，医師たちは今日のように大きな手術ができませんでした。まず初めに，青洲は手術のための麻酔薬を作ることが必要でした。彼は，マンダラゲと呼ばれる薬草は，麻酔薬として使用できると知りました，しかし，彼はまた痛みを止める別の薬草も必要でした。あ彼はよく山へと出ていき，それらを見つけようとしました。彼の努力の結果，五つの別の優れた薬草を得ました。彼はマンダラゲとその五つの薬草を混ぜて，それを細かく砕き，そしてそれを水で煮ました。この方法で，彼は麻酔薬を作りました。彼は，それを作るための方法を見つけるために，約20年も費やしました。彼はまた，メスやはさみのようなすばらしい手術道具も考案しました。それらはものを切るために便利でした。い今，彼は麻酔薬と手術道具で，初めての大きな手術をする準備が整いました。

4 それから，乳がんになった老いた女性が青洲を訪ねてきました。彼女は彼に言いました，「私は去年の夏から病気のままです。私の姉妹は乳がんで死にました，だから私は手術をしなければ死んでしまうことを知っています。手術をしてください」。青洲は彼女の気持ちがわかりました。彼は彼女を救いたかった，だから，1804年に彼は乳がんの最初の手術をしました。その老いた女性は麻酔薬を飲み，そして数時間後に眠り始めました。青洲はメスとはさみで，彼女の乳がんを切り取りました。彼は，手術をすることに成功しました。うその手術の後，彼はさらにできることを確信しました。目，口や足のような患者のさまざまな部分について，彼は手術を始めました。

5 いつも青洲は，③助けを必要とする人々を救うために努力しました，そして，彼はさらに多くの手術をするためのドアを開きました。彼は必要なものを得ることができない時，④新しい何かを考案したり作ったりしました。かつて彼は考えました，「みんなが必要としているものを作ることは大切なことだ。医師として，私たちが治癒できなかった病気を治癒したい」。彼は76才の時に亡くなりました，しかし，現代でさえも人々は彼についての歌をうたい，そして，彼を思い出します。まさに青洲のように，今日の医師は手術をします，患部を切り取ります，そして人々を救います。将来私も，人々を助けたい。

(1) ア 郵便局 イ 博物館(○) ウ 電車の駅 エ ホテル 下線部①のあとの文に「そこで彼が手術をする時に使ったものを見た」とあるので，イが適当。

(2) 下線部②の後 because 以下の「多くの患者を助けることができない」から，カッコで表されるように「感じた」と考えられる。たとえば，s で始まる単語(解答例)sad(悲しみ)などが考えられる。

(3) ア その手術の後，彼はさらにできることを確信しました。(う) イ 彼は，麻酔薬の作り方を知る必要がありませんでした。 ウ 彼はよく山へと出ていき，それらを見つけようとしました。(あ) エ 青洲は，彼が考案した手術道具について考える時，満足ではありませんでした。 オ 今，彼は麻酔薬と手術道具で，初めての大きな手術をする準備が整いました。(い) 空欄の前後の文と選択肢の文の意味を比較して，適当な文を選択したい。

(4) (解答文)Seishu helped people like the(old)(woman)who had breast cancer.
(解答文訳) 青洲は，乳がんになった(老いた女性)のような人々を助けた。文意は，「カッコ」のような人々を助けたい。「カッコ」はどのような人なのか，カッコの後 who(関係代名詞)以下で「乳がんになった人」と説明している。問題文4の最初の文 Then, an old~に「乳がんになった人」のことが書かれているので，この文から単語を選択してカッコに old woman と入れる。

(5) ア マンダラゲ イ 手術道具(○) ウ 乳がん エ 麻酔薬(○) 下線部分④の文は，「何か新しいものを考案したり作ったり」とある。問題文では3の第8文 In this way,~では「麻酔薬を作った」とあり，またその後の第10文 He also devised~では「手術道具を考案した」とあることから，イとエが適当。

(6) ア 青洲は，乳がんの手術を行った，しかし，別の種類の手術は決して行わなかった。イ 青洲は麻酔薬を作るために，30年以上もかかった。 ウ 香織はラジオで青洲の歌を聞いて，そして彼のことを学んだ。エ 年老いた女性は乳がんのことを知っていた，なぜなら，彼女の姉妹が同じ病気にかかったから。(○) オ 青洲は，麻酔薬を作るためには六つの薬草を混ぜることが有効だと学んだ。(○) カ 青洲はマンダラゲのことを知っていた，だから麻酔薬を作ることは彼にとって簡単だった。4の第2文 She said to~では年老いた女性が「自分の姉妹が乳がんで死んだので，同じことになるかもしれない」と言っているのでエが適当。また，3の第7文 He mixed mandarage~では「マンダラゲと他の五つの薬草を混ぜて麻酔薬を作った」とあるのでオが適当。選択肢アの never は「決して~ない，少しも~ない」という否定の意味を含む。

(7) ア 私たちは，どのように青洲が手術をする方法を作ったかを知る。(か) イ 私たちは，青洲のことについて香織がいつどのように聞いたのかを知る。(え) ウ 私たちは，青洲と香織の将来について香織が何を考えているのかを知る。(き) エ 私たちは，なぜ青洲が多くの人々を救うことができなかったのかを知る。(お) 問題文の各段落の要旨と選択肢の文の意味を比較して，適当な文を選択したい。

(8) (問題文と選択肢文訳) 華岡青洲ー[ア 400年前に手術をして成功させた イ 大きな手術へのドアを開いた(○) ウ 彼の患者へ治療のために何も手術道具を使わなかった エ 人々を助けるために薬草だけが必要だった]医師だった。選択肢ア，ウ，エは，問題文全体の内容からすると誤ったタイトルになってしまうので，イが適当。

2020年度英語 リスニングテスト

〔放送台本〕

それでは，【問1】リスニングテストを行います。問題冊子の2ページ，3ページを開きなさい。

問題は(1)，(2)，(3)があります。どの問題も英語を聞いて，質問の答えとして最も適切なものを，アからエの中から1つずつ選び，記号を書きなさい。英語は，それぞれ2度読まれます。メモをとってもかまいません。

まず，(1)から始めます。(1)は，No. 1からNo. 3のそれぞれの絵を見て答える問題です。それでは，始めます。

No. 1 Look at No. 1. People need this when they draw straight lines. Which picture show this?

No. 2 Look at No. 2. The girl is reading the textbook in class, and then she will talk about it with her friend. Which picture shows this?

No. 3　Look at No. 3. It's 10 on Sunday morning now. Kenta got up at 7, then had breakfast, and left his house one hour ago. What time did Kenta leave his house?

これで(1)は終わります。

〔英文の訳〕

No. 1　1番を見てください。人々は直線を引くときにこれが必要です。どの絵がこれを示していますか？

ア　のり　　イ　はさみ　　ウ　地球儀　　エ　ものさし(○)

No. 2　2番を見てください。女の子が教室で教科書を読んでいます，そしてそれから，彼女は彼女の友達にそれについて話をするつもりです。どの絵がこれを示していますか？

教科書を読んで，友達と話をするのでイが適当。

No. 3　3番を見てください。今は日曜日の朝の 10 時です。Kenta は7 時に起きて，それから朝食をとりました，そして1 時間前に彼の家を出ました。Kenta は何時に彼の家を出ましたか？

ア　午前 7:00　　イ　午前 8:00　　ウ　午前 9:00(○)　　エ　午前 10:00

〔放送台本〕

次の(2)では，宏と留学生のナンシーが，レストランでメニューを見ながら会話をしています。メニューと内容に関する質問と答えの選択肢を，今から10秒間で確認しなさい。それでは，始めます。

Hiroshi: Here's the menu, Nancy.

Nancy: Thank you, Hiroshi. Let's see. What's on Menu A?

Hiroshi: It has Japanese food. For example, No. 1 is tempura.

Nancy: I see. How about Menu B and Menu C?

Hiroshi: B has Chinese food, and C has food from other foreign countries like America, France, and the U.K.

Nancy: The U.K.? That's my country.

Hiroshi: What food do you like in your country?

Nancy: I like masala. It is a kind of curry. Chicken masala is very popular in the U.K.

Hiroshi: Oh! That's interesting. This restaurant has a dish like chicken masala on Menu C.

Nancy: Really? I will try it. What do you want, Hiroshi?

Hiroshi: I like fish, and there are three dishes with fish, but I will get the one from Menu A.

これで(2)は終わります。

〔英文の訳〕

宏(以下H)：メニューをどうぞ，ナンシー。／ナンシー(以下 N)：ありがとう，宏。ええと。メニュー A には何があるの？　／H：日本料理だよ。例えば，1 番は天ぷらだよ。／N：わかった。メニュー B とメニュー C はどうなの？　／H：B には中国料理があって，そして C はアメリカ，フランスや英国のような他の外国からの食べ物だよ。／N：英国？　私の国ね。／H：きみの国ではどんな料理が好きなの？　／N：私はマサラが好き。カレーのようなもの。チキン・マサラが英国ではとても人気があるの。／H：おお！　それはおもしろい。ここのレストランのメニューCにはチキン・マサラのような料理がある。／N：本当？　食べてみようなか。宏は何がほしいの？／H：ぼくは魚が好きなので，三つの魚料理があるけれども，メニューAから一つを選ぶことにするよ。

No.1 ナンシーはどこの出身ですか？

ア　アメリカ　　イ　フランス　　ウ　英国(○)　　エ　中国

No2. レストランで宏とナンシーは何を食べるつもりですか？

ア　ナンシーは[9]を食べ，宏は[8]を食べる。　イ　ナンシーは[3]を食べ，宏は[2]を食べる。

ウ　ナンシーは[2]を食べ，宏は[9]を食べる。　エ　ナンシーは[9]を食べ，宏は[2]を食べる。(○)

〔放送台本〕

次の(3)では，武と里美が，授業で好きな季節についてスピーチをしています。内容に関するNo. 1からNo. 4の質問と答えの選択肢を，今から20秒間で確認しなさい。それでは，始めます。

武のスピーチ

Hi, I'm Takeshi. I think each season has some nice things, but my favorite season is fall. In fall, it gets cooler, and we can see many colors in the mountains like red, yellow, and purple. I like walking in the mountains. There are also many kinds of delicious foods in fall. We can eat a lot of fruits. My family often makes apple pies together and eats them after dinner. Also, we have a school festival in October. I enjoy it every year. This year, I will dance with my friends in the festival. So, I like fall the best.

里美のスピーチ

Hello. I'm Satomi. I like all four seasons in Japan. However, I like spring the base. Spring is a warm season. People enjoy seeing beautiful flowers in many colors. We call this event *hanami*. Every spring, my family likes to walk in the park near my house and enjoys taking pictures of the beautiful flowers. Spring is also the time to start new things. Every April, I want to try something new. Last year, I started painting pictures of flowers. Painting is difficult for me, but it's a lot of jun. For these reasons, I like spring very much.

〔英文の訳〕

武のスピーチ

こんにちは，私は武です。それぞれの季節にはいくつもすばらしいことがあると思いますが，私の気に入っている季節は秋です。秋には，涼しくなり，そして私たちは赤，黄色や紫色のような多くの色を山に見ることができます。私は山歩きが好きです。また秋には，いろいろな種類のおいしい食べ物があります。私たちは多くの果物を食べることができます。私の家族はよく一緒にアップルパイを作ります，そして，夕食の後にそれを食べます。また，私たちは10月に学園祭があります。私は毎年学園祭を楽しんでいます。今年，私は学園祭で友達と一緒にダンスをするつもりです。だから，私は秋が一番好きです。

里美のスピーチ

こんにちは，私は里美です。私は日本の四季のすべてが好きです。けれども，私は春が一番好きです。春は暖かい季節です。人々は，さまざまな色の美しい花を見て楽しみます。私たちはこのイベントを*花見*と呼びます。毎春，私の家族は家の近くの公園を歩くことが気に入っていて，そして，きれいな花の写真を撮って楽しみます。春はまた，新しいことを始める時でもあります。毎年4月，私は何か新しいことに取り組みたくなります。去年，私は花の絵を描くことを始めました。絵を描くことは私にとって難しいことですが，とても楽しいことです。これらの季節では，私は春がとても気に入っています。

No.1　武のスピーチから何がわかりますか？
　ア　秋はまだとても暑い。　イ　私たちは，秋には山を歩きまわることができない。
　ウ　彼は，彼の学校の学園祭で，ダンスを踊ることになっている。(○)
　エ　彼は，果物で料理ができない。
No.2　里美のスピーチから，何がわかりますか？
　ア　春は彼女が好きな唯一の季節だ。　イ　彼女の家族は，公園で美しい花を楽しむ。(○)
　ウ　とても寒くて，私たちは春に*花見*を楽しむことができない。
　エ　彼女にとって花の絵を描くことは簡単だ。
No.3　武と里美の二人が話していることは何ですか？
　ア　果物について。　イ　二人の家族について。(○)
　ウ　二人の友達について。　エ　絵について。
No.4　武または里美のどちらかだけが話していることは何ですか？
　ア　武だけがデザートについて話をしている。(○)　イ　武だけが四季について話をしている。
　ウ　里美だけが色について話をしている　エ　里美だけが外歩きについて話をしている。

＜理科解答＞

【問1】 Ⅰ　(1)　細胞　(2)　エ　(3)　あ　ア　い　イ　う　(例)光合成によって放出された酸素の量が，呼吸によって吸収された酸素の量よりも少ない
Ⅱ　(1)　タンパク質　(2)　けん　(3)　ウ　(4)　i　イ，エ，コ，サ
ii　イ　iii　(例)環境に合う

【問2】 Ⅰ　(1)　あ　Al^{3+}　い　電子　う　－[負，マイナス]　(2)　◎　(3)　ア
Ⅱ　(1)　イ，エ　(2)　下方置換法[下方置換]　(3)　ウ　(4)　(例)水温が高いほど，とけにくくなる　(5)　イ

【問3】 Ⅰ　(1)　(例)透明半球の中心[P]　(2)　k　(3)　ア　(4)　(例)地球の公転面に対して，地軸が傾いているため[地軸が傾いている]　Ⅱ　(1)　い　水蒸気
う　エ　(2)　エ(→)ア(→)ウ(→)イ　(3)　え　露点　お　2.9
かき　(例)鏡の表面付近の空気の温度[鏡の表面温度]　(例)脱衣所の気温

【問4】 Ⅰ　(1)　エ　(2)　あ　(例)小さ　い　(例)低　う　(例)小さ
(3)　i　ウ，エ，オ　ii　(記号)　イ　(理由)　(例)大気圧の大きさは一定であるため，大気圧を受ける面積が小さいほど，吸盤が受ける力は小さくなるから
Ⅱ　(1)　え　1000　お　3600　か　360000[36万]　(2)　i　き　並列
く　46.5　ii　ウ

＜理科解説＞

【問1】 (生物分野総合)

Ⅰ (1) 生物の体はさまざまな細胞が集まってできている。

(2) C，Fは，植物が入っていない状態で行われている。実験の前後で結果が変化していないことから，実験に用いた袋は実験結果に影響しないことがわかる。

(3) 植物は呼吸を一日中行っているが，光が当たると呼吸と同時に光合成も行う。光合成を盛んに行った場合，**呼吸で吸収される酸素よりも，光合成で放出される酸素の量のほうが多くなる**ため，袋の中の酸素の濃度が上昇していく。

Ⅱ (1) アミノ酸が多数結合してできている物質はタンパク質で，体をつくるもとになる。

(2) 筋肉の両端は骨につながっている。この部分をけんという。

(3) 筋肉は，関節をまたいで2つの骨についている。

(4) ⅰ ホニュウ類の骨の基本的なつくりは似ていることが多い。 ⅱ ハト・コウモリの前あしは，いずれも翼となっている。 ⅲ ホニュウ類に分類される動物においては，基本的な骨格が似ているものが多いが，これらの動物は，生活環境により良く適応するように，長い年月をかけて体のはたらき等をそれぞれ変化させてきた。

【問2】 (化学分野総合)

Ⅰ (1) アルミニウム原子は，3個の電子を失ってアルミニウムイオン(Al^{3+})になる。木炭では，アルミニウムはくから移動してきた電子を受け取っている。電子の流れはアルミニウムはくから導線を通って木炭へ移動しているが，電子の動く向きと電流の流れる向きは逆になることから，アルミニウムはくのほうが－極となる。

(2) 表から，イオンになりやすい物質を使うほど，モーターがよく回転していることが読み取れる。マグネシウムは◎のアルミニウムよりもさらにイオンになりやすいため，モーターはよく回ると考えられる。

(3) －極になるのはイオンになりやすい金属が適している。一方，＋極にはイオンになりにくい金属を用いる。亜鉛と銅では，イオンになりにくい銅が＋極となる。また，－極とモーターと＋極の位置関係が図3と同じため，モーターは右に回転する。

Ⅱ (1) 石灰石にうすい塩酸を加えることで，**二酸化炭素**が発生する。

(2) 空気と気体を置き換えて気体を集める下方置換法である。

(3) 下方置換法を用いて集めることができる気体は，**空気に比べて密度が大きい**という性質をもつ。つまり，空気よりも重い気体である。

(4) 水温が低いほど，多くの気体がとけたため，ペットボトルが大きくへこんでいる。

(5) 地球温暖化により海面水温が上昇すると，多くの気体をとかすことができなくなるために，温室効果をもつ二酸化炭素が大気中で増加すると考えられる。

【問3】 (地学分野総合)

Ⅰ (1) ペン先のかげが透明半球の中心にきたときに，印をつける。

(2) Aは，太陽の高度が最も低くなってから4時間後の位置である。天球上では，太陽は日周運動によって**1時間に15°ずつ**東から南を通って西に動くため，4時間では，15°×4＝60°移動する。この条件に合う位置はkである。

(3) 冬至の日，北極圏は一日中太陽がのぼらないが，南極付近では，夏至のときの北極のように，一日中太陽が観察できるようになる。

(4) 地球は地軸が傾いたまま公転しているため，地軸が傾いている方向に太陽があると，その極付近では，1日中太陽の光が当たり続けるようになる。

Ⅱ (1) 湿度〔%〕$=\frac{\text{実際の空気中にふくまれる水蒸気量〔g/m}^3\text{〕}}{\text{その温度での飽和水蒸気量〔g/m}^3\text{〕}}\times 100$より，観察における脱衣所の湿度は，$\frac{10.7\text{〔g/m}^3\text{〕}}{17.3\text{〔g/m}^3\text{〕}}\times 100=61.8\cdots$〔%〕
(2) 鏡の温度が上昇すると，空気の温度も上がる。空気の温度が上昇することで飽和水蒸気量が大きくなると，水滴が水蒸気に変化できるようになる。
(3) え　空気中にふくみきれなくなった空気が水滴に変化するときの温度を露点という。
お (28℃での飽和水蒸気量)－(実際に空気中にふくまれている水蒸気量)＝27.2－(30.4×0.8)－2.88〔g/m^3〕　か・き　夏は，鏡の表面付近の空気の温度と脱衣所の気温の差は2℃，冬は12℃となり，冬のほうが差が大きくなっている。

【問4】 (物理分野総合)

Ⅰ (1) 大気圧はあらゆる向きにはたらき，物体の表面を垂直に押すようにはたらく。
(2) 容器内の気圧が低くなると，空気が吸盤を押す力が小さくなるため，吸盤が支えることができるおもりの質量が小さくなる。
(3) ⅰ　高度0mで吸盤が支えることができる力の大きさは，50N未満であることから，吸盤の面積xm^{2}は，100000〔Pa〕×x〔m^2〕＝50〔N〕　x＝0.0005〔m^2〕　高度2000mでは，約760hPaの大気圧がはたらいていることから，この地点で吸盤に加わる空気による力は，76000〔Pa〕×0.0005〔m^2〕＝38〔N〕　よって，質量が約3800g以上のおもりをつるすと，吸盤はすべてはがれ落ちる。　ⅱ　吸盤の面積が小さくなるほど，大気と吸盤がふれる面積が小さくなるため，大気が吸盤を押す力が小さくなる。
Ⅱ (1) 1時間＝60×60秒＝3600秒より，1Wh＝1W×(60×60)秒＝3600J　よって，1kWh＝1000Wh＝3600J×1000＝3600000J　1000kWh＝3600000J×1000＝3600000000J　仕事〔J〕＝物体の重さ〔N〕×力の向きに動かした距離〔m〕で，100kg＝1000Nだから，100kgの物体を10m持ち上げるときに行う仕事は，1000〔N〕×10〔m〕＝10000〔J〕　よって，3600000000〔J〕÷10000〔J〕＝360000〔回〕
(2) ⅰ　ドライヤーのスイッチを入れたときの電気製品の消費電力の合計を求める。テレビ150W＋エアコン1000W＋冷蔵庫500W＋電気こたつ600W＋食器洗浄機800W＋台所照明400W＋ドライヤー1200W＝4650W　電力〔W〕＝電流〔A〕×電圧〔V〕より，このとき回路に流れた電流の合計は，4650〔W〕÷100〔V〕＝46.5〔A〕　ⅱ　それぞれの電気製品について，1日に節約できる電力量を求めると，エアコン…(1000－800)〔W〕×7〔h〕＝1400〔Wh〕，洗濯機…(600－200)〔W〕×1〔h〕＝400〔Wh〕，冷蔵庫…(500－400)〔W〕×24〔h〕＝2400〔Wh〕，テレビ…(150－100)〔W〕×7〔h〕＝350〔Wh〕　よって，冷蔵庫である。

<社会解答>

【問1】 (1) ① ウ　② ア　(2) 口分田　(3) イ　(4) ① ㋐　② 徳政令
③ (例)相続によって小さくなっていった　(5) イ，ウ　(6) ウ
(7) ① 法律の範囲内　② ア，エ　③ 国民主権［主権在民］

【問2】 Ⅰ (1) 広島県 イ　愛媛県 エ　(2) X 中国(山地)　Y 四国(山地)
雨温図 エ　(3) ① (例)1年を通じて出荷(8字)　② (例)他の時期に比べて高値で出荷することができるため　(4) (例)アメリカは赤道より北側，チリは南側に

位置し，両国の季節は逆であるから　(5)　①　ウ　②　(例)レモンは，みかんに比べて，同じ量を生産するためにかかる労働時間が少なく，高値で取り引きされるため　Ⅱ　(1)　ヨーロッパ(州)[欧(州)]　(2)　本初子午線　D　赤道　C　(3)　①　ア　②　i　(記号)　ウ　(理由)　(例)写真では教会の後ろに急な斜面があり，地形図で矢印の先に急な斜面を示すせまい間隔の等高線が読み取れるのは，ウであるから　ii　イ(→)ア(→)ウ

【問3】　Ⅰ　(1)　①　経済面　ウ　生活・文化面　キ　②　環境権　(2)　①　名古屋(圏)　②　(例)都市規模が大きいほど，65歳以上人口が増えていくことが予想されるから　Ⅱ　(1)　①　生存権　②　イ　③　ア，イ，エ　(2)　①　2010(年)　②　イ　Ⅲ　(1)　国際連合[国連]　(2)　(例)生きがいを感じていると答えた人の割合　(3)　エ　(4)　(例1)手順1　ア　手順2　地域の道路の交通量が多くなり，登下校の際に十分な安全が確保できなくなること。　手順3　中学生は，小学生と一緒に通学路を歩いて，危険な場所や安全な歩き方を教える。特に事故の多い場所には，高齢者が登下校時に立ち，安全を見守る。　(例2)手順1　イ　手順2　地域の子どもが少なくなり，地域の伝統的な子供の行事が行われなくなっていること。手順3　中学生は，地域の高齢者から，行われなくなっている行事の由来や方法を教わり，小学生や高校生と共に地域の人たちと行事を復活させる。

＜社会解説＞

【問1】　(歴史的分野－各時代の政治に関する問題)

(1)　①　**平城京は奈良の都**であることから考えれば良い。　②　**平城京の手本**となった都が**唐の長安**であることから判断すれば良い。

(2)　律令制度において，民衆に一律に支給された田のことである。

(3)　系図の読み取りに消去法を活用すれば良い。道長の子は男2，女4であることが分かるので，アは誤りである。②との后となった娘の子は天皇に即位しておらず，③との后になった娘には子がいないことが分かるので，ウは誤りである。道長の息子の内一人は関白しか経験していないことが読み取れるので，エは誤りである。したがって，イが正しいことが分かる。

(4)　①　将軍が御家人に与えるものであることから判断すれば良い。**土地を与えることは，御恩の代表例**である。㋑・㋒は奉公のことである。　②　質入れを禁止，すなわち，借金ができないということが書かれている点に注目すれば良い。**元寇後の借金に関する決まりは，徳政令**である。　③　図2を見ると，御家人の父親の領地が相続によって，あとつぎに2分の1，残りの2分の1を4人で均等に分けているイメージで描かれていることから，領地が小さくなっていくことが読み取れるはずである。

(5)　消去法を活用すれば良い。アは安土の楽市とあることから，**織田信長の楽市楽座**であることが分かるので，誤りである。エは百姓から武器を取り上げると示されていることから，**豊臣秀吉の刀狩令**であることが分かるので，誤りである、イは元和令，ウは寛永令の内容である。

(6)　南宋の朱熹によって再構築された儒教の学問体系のことである。

(7)　①　大日本帝国憲法第29条を読み取ると，言論の自由に関する制限が書かれていることが分かるはずである。　②　日本国憲法では，基本的人権の尊重が三原則のひとつとして規定されていることに注目すれば良い。アは労働基準法第1条，エは2006年に改正された新教育基本法第4条の内容である。イは国家総動員法第20条，ウは治安警察法第5条の内容である。　③　国を治

める権利とは主権のことであることに注目すれば良い。**日本国憲法の三原則は，国民主権・平和主義・基本的人権の尊重**である。

【問2】 (地理的分野－レモン・スイスを切り口にした問題)

Ⅰ (1) 地図1において，アは山口県，イは広島県，ウは岡山県，エは愛媛県，オは香川県であることから判断すれば良い。 (2) Xは**中国地方を東西に貫くゆるやかな山々の連なりである中国山地**，Yは**四国地方を東西に貫く険しい山々の連なりである四国山地**である。**瀬戸内の気候は，温暖で降水量が少ない**ことから判断すれば良い。アは**冬の平均気温が0℃を大きく下回ることから北海道の気候**，イは**年較差が小さいことから南西諸島の気候**，ウは**冬の降水量が多いことから日本海側の気候**である。 (3) ① 資料2から，すべての月でレモンを出荷していることが分かるので，それをまとめれば良い。 ② 資料3から，レモンの価格は外国産のものは一年間を通して大きな変化は見られないが，国産は6~8月にかけて大幅に上昇していることが分かるので，それをまとめれば良い。 (4) 地図2から，アメリカは北半球，チリは南半球に位置していることが分かる。したがって，季節の巡り方が逆であることになるので，それをまとめれば良い。 (5) ① 需要とは，個人や企業などの経済主体が，市場において販売を目的として提供されている財やサービスを購入することであることから判断すれば良い。供給量は売る量，流通量は市場に出ている量，出荷量は生産者が市場に送り出す量のことである。 ② 資料4から，レモンの平均単価が最も高いことが分かる。資料5から，生産量に対する労働時間が少ないことが分かる。これらをまとめれば良い。

Ⅱ (1) **フランスはEU(ヨーロッパ連合)の中心国のひとつ**であることから考えれば良い。
(2) 経線と緯線は等間隔に引かれているとある点に注目すると，**経線は全部で24本引かれていることから，360度÷24＝15度となることから，経線・緯線は15度おきに引かれている**ことが分かる。モントルーの経度が東経7度であることから，経度0度である本初子午線は点のすぐ左手に位置するDとなることが分かる。モントルーの緯度が北緯46度であることから，緯度0度である赤道は点の3本下に位置するCとなることが分かる。 (3) ① **スイスは周囲をドイツ・フランス・イタリア・オーストリア・リヒテンシュタインに囲まれた国**であることから判断すれば良い。 ② ⅰ 地形図にある等高線が山を表していること，写真のすぐ後ろに山が見えていることから判断すれば良い。 ⅱ アは1534年，イは1517年，ウは1543年であることから判断すれば良い。

【問3】 (公民的分野－高齢化・社会保障制度などに関する問題)

Ⅰ (1) ① 経済面に関しては，**高度経済成長期は1960年の池田勇人首相による国民所得倍増計画によって始まった**ことから判断すれば良い。生活・文化面に関しては，**高度経済成長期に三種の神器が話題になった**ことから判断すれば良い。 ② **日本国憲法第25条の生存権や第13条の幸福追求の権利**などを根拠に主張されるようになった考え方である。 (2) ① **三大都市圏とは，東京圏・大阪圏・名古屋圏**のことである。 ② 資料2から，総人口が増えるほど65歳以上の人口も増えていることが読み取れるはずである。これをまとめれば良い。

Ⅱ (1) ① 人間にふさわしい生活の保障を国に要求する権利のことである。 ② 国民の生活を保障するための公的な保険制度で，民間企業が運営する生命保険などの個人保険との違いは，**一定の条件を満たす国民は社会保険に加入し保険料を納める義務がある**点である。 ③ 資料3から，介護の給付額は2018年度が10.7兆円，2040年度が25.8兆円と約2.4倍になっていることから，アは正しい。資料3から，いずれの年度も年金の支給額が最も多いことが読み取れるので，イは正しい。資料4から，いずれの年度も保険料の方が公費より多くなっていることが読み取れるので，エは正しい。資料4から，保険料は2040年度が107.0兆円，2018年度が70.2兆円と約1.5倍であることから，ウは誤りである。　(2)　①　資料6から，男性が1位になっているのは2005年・2010年，女性が1位になっているのは2010年・2015年であることが分かる。これらを併せて判断すれば良い。　②　資料3から，年金は13.3兆円の増加，医療は18.9兆円の増加，介護は10.5兆円の増加となっていることから判断すれば良い。

Ⅲ　(1)　世界保健機関(WHO)は国際連合の専門機関であることから判断すれば良い。　(2)　資料7から，自主的な活動に参加したことのある人の数値が高くなっている項目を読み取れば良い。　(3)　NPOとは，Nonprofit Organizationの略称であることから判断すれば良い。アは企業の社会的責任を表すCorporate Social Responsibility，イは環太平洋パートナーシップ協定を表すTrans－Pacific Partnership Agreement，ウは国連平和維持活動を表すUnited Nations Peacekeeping Operationsのことである。　(4)　会話文2では，中学生を含む地域住民の活動を問うているので，手順1のア・イのそれぞれに対して条件を満たす具体的な行動を条件2・3にしたがってまとめれば良い。

＜国語解答＞

【問一】　(1)　①　どうさつ　②　ふ　③　しげき　④　とうごう　⑤　おとろ　⑥　えいきょう　(2)　七　(3)　エ　(4)　A　教養　B　物事の「本質」　C　人格　(5)　i　(例)経験　ii　E　ウ　F　オ　(6)　(例)読書の目的は，思考を深め，人生を豊かにすることにあると思う。なぜなら，読書によって筆者の考え方や生き方を知り，自分の考えを深めたり，自分の生き方の参考にしたりすることができるからである。

【問二】　(1)　B　(2)　(例)花の成長を実感することができる　(3)　イ・エ　(4)　ウ　(5)　(例)いろいろな場所とは，具体的にどこですか。

【問三】　①　エ　②　ア　③　ウ

【問四】　(1)　①　いえば　②　あろう　(2)　ア・エ　(3)　ア　(4)　i　何の役にも立た　ii　B　進撃し　C　退却し　D　引っかけ　E　引っぱる　iii　ウ

【問五】　(1)　①　裏　②　結果　(2)　エ　(3)　ウ　(4)　A　自分が一番きれいだと信じている絵　B　イ　(5)　(例)先生にくもり空の絵は選ばれないと言われたが，一人でもくもり空の絵を選んでくれた人がいたことに満足した。
(6)　(例)「ピンク色の桜」に，くもり空をきれいだと思う人が自分以外にもいて，自分の感じ方を大切にしてきてよかったという気持ちが反映されている。

＜国語解説＞

【問一】　(論説文―大意・要旨，内容吟味，文脈把握，漢字の読み，作文，文と文節)

(1)　①　普通の人が見抜けない点まで，直観や優れた観察力で見抜くこと。　②「触」は，訓読みが「ふ・れる」「さわ・る」，音読みが「ショク」。　③　外部から働きかけて、何らかの変化を起こさせること(力)。　④　機能を高めるために，二つ以上のものを合わせて一つのまとまりあるものにすること。 ⑤「衰」は，訓読みが「おとろ・える」で送り仮名に注意，音読みが「スイ」。「衰退(すいたい)」・「衰弱(すいじゃく)」 ⑥「影」は，訓読みが「かげ」，音読みが「エイ」。

(2) 傍線部を単語に分けると，「世界」(名詞)・「は」(助詞)・「さらに」(副詞)・「広がっ」(動詞)・「て」(助詞)・「いき」(動詞)・「ます」(助動詞)となる。

(3) 最終段落に「自分は何を知らないのかを知る，そして……自分なりに思考を深めていく。そのきっかけを与えてくれるのが読書であり」という記述があり，ここから正解が導ける。

(4) A は，「教養とは」で始まる段落に「自分の中に取り込んで統合し，血肉となるような幅広い知識です。」と記述があるので「教養」が補える。C は，「深い人」がどのような人かを確認すればよい。すると「教養が人格や人生にまで生きている人が『深い人』です。」とあるので，「人格」が補える。最後に B だが，これは**教養が浅いか深いかの違いを生むポイントにもなること**だ。浅いか深いかの違いのポイントは「カギとなるのは，物事の『本質』を捉えて理解することです。」と述べられているので，この「物事の『本質』」を補う。

(5) i D には，「経験」・「実体験」などの語句を補えばよい。 ii 文章Ⅰで筆者は「フランス料理」という語句を用いたところで，「それは例えるならフランス料理という……」という表現をしている。「例える」のだから，E には「比喩」が適当だ。また文章Ⅱでは**「西郷隆盛」という例を挙げて詳しく説明している。これは具体的な説明になっている**ので，F には「具体例」を補う。

(6) 意見文なので，自分の考えを明確に示すことが肝心のポイントだ。本文を読んだ上で書くので，本文の内容に即する部分があって構わないが，すべて同意見にする必要はない。自分なりの「読書の目的」を見いだせればいいのだ。気を付けたいのは，本文を読んだ上での感想文になることである。筆者の意見に対して賛否を述べる内容になってはいけない。

【問二】 (会話・議論・発表―文脈把握，脱文・脱語補充)

(1) 「当日に配布した資料」の内容を話し始める直前が望ましいので B となる。A は写真を見るように促した直後なので，重ねて指示するのは不適切である。

(2) **Ⅱの資料でやりがいを確認すると二つ**ある。すでに一つ目は述べているので，**二つ目の「花の成長の実感」という内容**を，指定字数に合わせて補えばよい。

(3) 説明の内容は，園芸委員会の活動について詳しく述べられており，他の委員会との比較や年度ごとの違いなどについては述べられていない。

(4) 田中さんは「先ほど……言っていましたが」と，説明の内容で疑問を持ったことを質問している。河合さんの「他に活動していることはありますか」という質問は，**Ⅰ「前日までの新入生の様子」の河合さんの発言「中学校ではその他にも活動していることはあるのかな。」と同じ**だ。ここから前もって持っていた質問だとわかる。

(5) 河合さんは，「いろいろな場所に配る活動」をしていると回答した。**「いろいろな場所」というのが大まかでわかりにくいので，ここを詳しく質問する**のがよいだろう。

【問三】 (漢字の書き取り，熟語)

① 「支持」は，その人の意見・行動などに賛成して，後援すること。
② 「貸す」と「借りる」の，対義語に注意したい。
③ 「一日千秋」は，早く実現すればいいと，待ち遠しく思うたとえ。

【問四】 **(古文―内容吟味，文脈把握，表現技法・形式，仮名遣い)**

【現代語訳】 今となっては昔のことだが，ある人が牛を売っていたところ，買主が尋ねるに「この牛は，力が強くて病気もしないか」と言うと，売主が答えて言うことに「なかなか力が強くて，しかも丈夫です。大阪の陣の真田幸村だとお考えあれ。」と言う。「それなら」と言って買い取った。五月になって，この牛に犂をかけて田をすかせようとするが，まったく力が弱くて田をすかないし犂は一歩も引かない。そうかと思えば，人を見ては駆け出して，角で人を引っかけようとするので，「何の役にも立たない牛だ。さてさて憎らしいことを言って買わせたものだ。大阪の陣の真田幸村だと言っていたから，それほどに強いのだろうと思ったのに，犂は一歩も引かないし，そのくせ人を見たら駆け出していこうとする」と腹を立てていた。ある時，例の牛の売主に会って，「おまえはいいかげんな嘘をついて，人を馬鹿にして，犂を引かない牛を，真田幸村だと言って売りつけたな」と言ったところ，売主が答えて言うことに，「そうでしょうとも。犂は一歩も引かないでしょう。人を見て駆け出そうとすることは本当でしょう。だから真田幸村だと申し上げたのです。大阪の陣で真田幸村は，何度も進撃したけれど，一歩も退却したことはありませんでした。その牛も，引かないから真田幸村なのだ。」と言った。

(1) 語中・語尾の「は・ひ・ふ・へ・ほ」は，現代仮名遣いで「ワ・イ・ウ・エ・オ」になる。また「あう(―au)」は，「おう(―ou)」となるので，「あらう(ar**au**)」は「あろう(ar**ou**)」になる。

(2) 現代語訳を参照するとよい。傍線①**「ある人」とは，牛を売った人物**である。

(3) 買い取ったのは，売主の説明を聞いて納得したからだ。売主は「中ゝ力……思へ」と説明している。この内容をふまえて選択肢を選ぶ。

(4) ⅰ 実際の牛のことを買主が「何の役にも立たぬ牛なり」と言っている。ここから抜き出せよう。 ⅱ [B]・[C]は「佐奈田」のことなので，「真田幸村」の行動に関する語句が入る。従って，数ある意味の中から真田幸村が大阪の陣でどのような行動をとったかをふまえて選び出せばよい。戦なので，「進撃する」と「退却する」がそれぞれ適当だ。[D]・[E]は，役に立たない牛が何をするかをふまえれば解答できる。人を「引っかける」こと，犂を「引っぱる」ことをしないことが，役に立たないと言われる原因なのだ。 ⅲ 「引っかける」と「進撃する」は，ともに「かく」という音の語であるし，「引っぱる」と「退却する」も同じ「ひく」という音で，つまり同音異義語のような言葉遊びだ。従って「発音」が正解。

【問五】 **(小説―情景・心情，内容吟味，文脈把握，段落・文章構成，脱文・脱語補充，漢字の書き取り)**

(1) ①「裏」は十画目以降を「衣」にしない。総画数は十三画である。 ②「結果」は，簡単な漢字ではあるが，丁寧に書く。対義語は「原因」。

(2) この文章の特徴は，地の文に「みんなはこの絵を選ばない――」や「うん。やっぱり，絶対によかった。そうだよな。」など，**自分自身への語りかけの心中表現**が複数箇所で見られることだ。

(3) 傍線①以降，ヒロシはいろいろな空を見ている。**いろいろ見て，どんな空を自分はいちばんきれいだと思うか，を確認するため**である。そして「でも，やっぱり，一番きれいなのは――」と「くもった空」だと認めている。

(4) 「[A]のまま」という表記がされていて，「まま」という語句から，[A]は，**ヒロシが最初に提出した絵のこと**だとわかる。この最初に提出した絵のことを表現している語句で指定字数のものを探すと「自分が一番きれいだと信じている絵」が見つかる。[B]には，自分が信じた絵と先生の言ったような絵のどちらを選ぶかという，二者択一の状態を意味する語が入るので，「迷う」が適切だ。

(5)　自分と同じように，くもった空をきれいだと思ってくれる人がいたことがうれしいから「にんまり」としたのだ。自分がきれいだと思っている空をだれもきれいだと思わないかもしれないと考えていたヒロシにとっては大いなる喜びだった。「先生」とのやり取りでは，先生に「選ばれない」と言われていたのに，たった一人選んでくれた人がいたのだ。これが満足したことである。

(6)　「ピンク色の桜の花」は明るいイメージがある。ヒロシの明るい気持ちを反映したものだと考えられよう。具体的には自分がきれいだと思ったくもり空の絵を自分以外にもいいと思ってくれる人がいたので，描き直さないでよかった，と思った時の気持ちである。注意したいのは，ヒロシを明るい気持ちにしたのは，書き直さなかったことではなく，自分がきれいだと感じる気持ちを大切にしたことである。周りに流されず，自分の本当の気持ちを大切にできたことで，自信がうまれ前向きな明るい気持ちになったのである。

解答用紙集

○月×日 △曜日　天気(合格日和)

◆ご利用のみなさまへ

＊解答用紙の公表を行っていない学校につきましては、弊社の責任において、解答用紙を制作いたしました。

＊編集上の理由により一部縮小掲載した解答用紙がございます。

＊編集上の理由により一部実物と異なる形式の解答用紙がございます。

人間の最も偉大な力とは、その一番の弱点を克服したところから生まれてくるものである。──カール・ヒルティ──

東京学参株式会社

※ 179%に拡大していただくと，解答欄は実物大になります。

数学解答用紙

受検番号		志望校名	

6 数

【問 1】

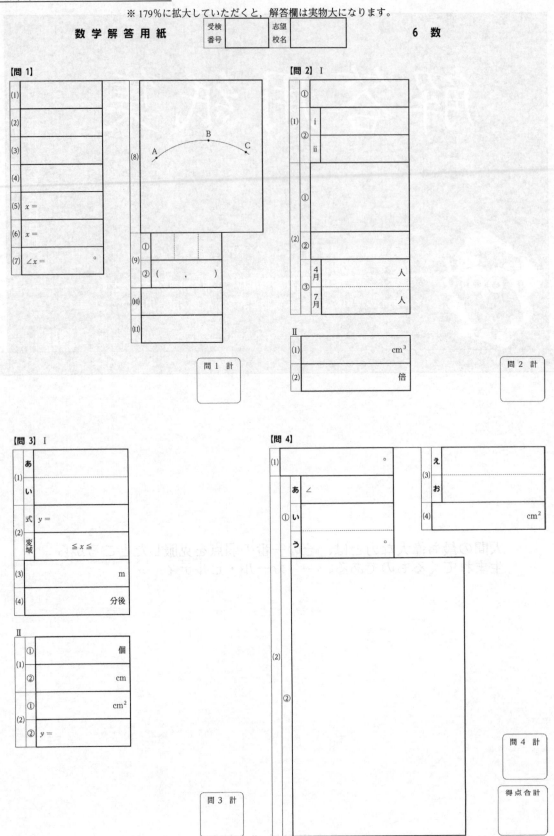

(1)	
(2)	
(3)	
(4)	
(5)	$x=$
(6)	$x=$
(7)	$\angle x=$ 。
(8)	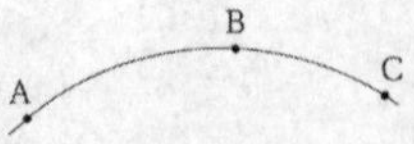
(9) ①	
(9) ②	（　　，　　）
(10)	
(11)	

問 1 計

【問 2】 I

(1)	①	
(1)	② i	
(1)	② ii	
(2)	①	
(2)	②	
(2)	③ 4月	人
(2)	③ 7月	人

II

(1)	cm^3
(2)	倍

問 2 計

【問 3】 I

(1)	あ	
(1)	い	
(2)	式	$y=$
(2)	変域	$\leqq x \leqq$
(3)		m
(4)		分後

II

(1)	①	個
(1)	②	cm
(2)	①	cm^2
(2)	②	$y=$

問 3 計

【問 4】

(1)			。
(2)	①	あ	∠
(2)	①	い	
(2)	①	う	。
(2)	②		

(3)	え	
(3)	お	
(4)		cm^2

問 4 計

得点合計

※ 182%に拡大していただくと，解答欄は実物大になります。

英語解答用紙

受検番号		志望校名	

6 英

【問 1】

	No. 1	No. 2	No. 3
(1)			

	No. 1	No. 2	No. 3
(2)			

	No. 1	No. 2
(3)		

(4)	

問 1 計

【問 2】

I

(1)	(a)	(b)
(2)	(a)	Well, (　　　) in Kyoto for four years.
	(b)	(　　　) English?
(3)	①	(　　　) to our English club last week.
	②	We (　　　) about school life in the U.K.

Ⅱ

(1)	
(2)	

問 2 計

【問 3】

(1)					
(2)	あ	い	う	(3)	
(4)	→	→		(5)	
(6)					

問 3 計

【問 4】

(1)		(2)	
(3)	あ	い	
(4)	う	え	
(5)	お	か	
(6)		(7)	

問 4 計

得 点 合 計

※ 182％に拡大していただくと，解答欄は実物大になります。

理科解答用紙

受検番号		志望校名	

6 理

【問 1】

Ⅰ

(1)		
(2)	i	
	ii	
(3)		
(4)	i	
	ii	

Ⅱ

(1)	
(2)	
(3)	

問 1 計

【問 2】

Ⅰ

(1)	
(2)	
(3)	%
(4)	
(5)	

Ⅱ

(1)	i	
	ii	
(2)	気体	
	体積	cm^3
(3)	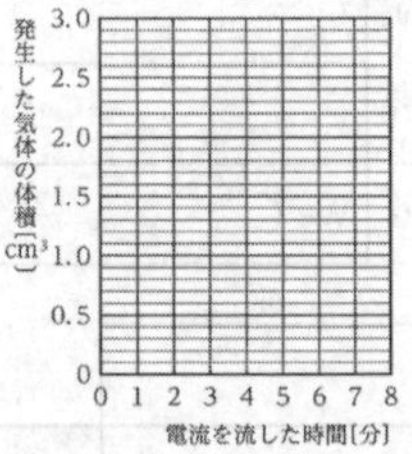	

問 2 計

【問 3】

Ⅰ

(1)	
(2)	
(3)	
(4)	
(5)	

Ⅱ

(1)		
(2)	記号	
	理由	
(3)		

問 3 計

【問 4】

Ⅰ

(1)	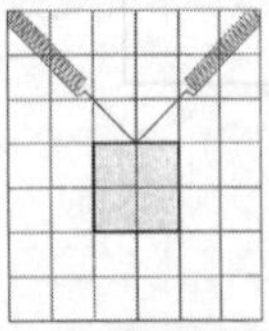	
(2)		N
(3)	i	
	ii	
(4)		

Ⅱ

(1)		。
(2)	あ	い
(3)	記号	
	理由	
(4)	約	秒後

問 4 計

得点合計

※ 179%に拡大していただくと，解答欄は実物大になります。

社会解答用紙

受検番号		志望校名	

6 社

【問 1】

(1)
(2) あ　位置
(3)
(4)
(5) 選択肢X　選択肢Y
(6)
(7)
(8)
(9)
(10) え　お　か

問 1 計

【問 2】 I

(1) ① 市　② い　う　③
(2)
(3) ①　② え　お
(3) ③ 長野県は　50　70

【問 2】 II

(1)
(2)
(3)
(4) き　く　け
(5) 5　10

問 2 計

【問 3】 I

(1) あ　い
(2) ①　②　③　④
(3) ①　② う　え　お
(4) ①　②
(4) ③

【問 3】 II

(1)
(2) 選んだ資料の番号　理由　10　20　30　40　50　60
選んだ資料の番号　課題　10　20　30　40　50　60

問 3 計

得 点 合 計

※ 179%に拡大していただくと，解答欄は実物大になります。

国語解答用紙

受検番号　　志望校名

6　国

【問一】
(1) ①　ん　②　れ　③　④　⑤　⑥
(2) A　B　品詞
(3)
(4)
(5)
(6) 10　20　30　40　50　60　70　80　90

問一　計

【問二】
(1)
(2)
(3) i　ii　iii 10　20　30　40　50　55　60　65

問二　計

【問三】
① 誤　正
② 誤　正
③ 誤　正

問三　計

【問四】
(1) ①　②
(2)
(3) i 10　20　30　40　ii　iii C　D
(4)

問四　計

【問五】
(1)
(2)
(3)
(4)
(5) 10　20　30
(6)
(7) 10　20　30　40　50　60

問五　計

得点合計

2024年度入試配点表(長野県)

数学	【問1】	【問2】	【問3】	【問4】	計
	各3点×12	Ⅰ(1)②i・(2)①　各2点×2 他　各3点×6	Ⅰ(1)・(2)式　各2点×2 Ⅰ(2)変域　1点 他　各3点×6 (Ⅰ(1)完答)	(2)①あ　2点 (2)②　5点 他　各3点×4 ((2)①い・う,(3)各完答)	100点

英語	【問1】	【問2】	【問3】	【問4】	計
	(3)No.2・(4)　各3点×2 他　各2点×7	Ⅰ(3)　各4点×2 他　各3点×7	(2)　4点 (6)　8点 他　各3点×4	(4)・(6)・(7)　各3点×5 他　各2点×6	100点

理科	【問1】	【問2】	【問3】	【問4】	計
	Ⅰ(1)・(4)i・ii　各2点×3 Ⅱ(3)　4点 他　各3点×5	Ⅰ(1)・(4)　各2点×2 他　各3点×7 (Ⅱ(2)完答)	Ⅰ(1)・(2)・(5)　各3点×3 Ⅰ(3),Ⅱ(1)　各2点×2 他　各4点×3 (Ⅱ(2)完答)	Ⅰ(4),Ⅱ(1)　各2点×2 他　各3点×7 (Ⅱ(2)・(3)各完答)	100点

社会	【問1】	【問2】	【問3】	計
	(1)　2点 他　各3点×9 ((2)・(5)・(10)各完答)	Ⅰ(1)①・(3)①・②,Ⅱ(1) 各2点×5　Ⅰ(3)③　4点 他　各3点×7 (Ⅰ(1)②,Ⅱ(4)各完答)	Ⅰ(2)①・(3)①・(4)②　各2点×3 Ⅱ(2)　6点 他　各3点×8(Ⅰ(1)・(3)②各完答)	100点

国語	【問一】	【問二】	【問三】	【問四】	【問五】	計
	(1)　各1点×6 (2)　各2点×3 (3)　3点　(6)　8点 他　各4点×2	(3)iii　6点 他　各3点×4	各3点×3 (誤のみ正答の場合は各1点)	(1)　各1点×2 (2)　2点 (3)i　5点 他　各3点×3	(1),(2)　各2点×2 (5)　5点 (7)　6点 他　各3点×3	100点

※ 182％に拡大していただくと，解答欄は実物大になります。

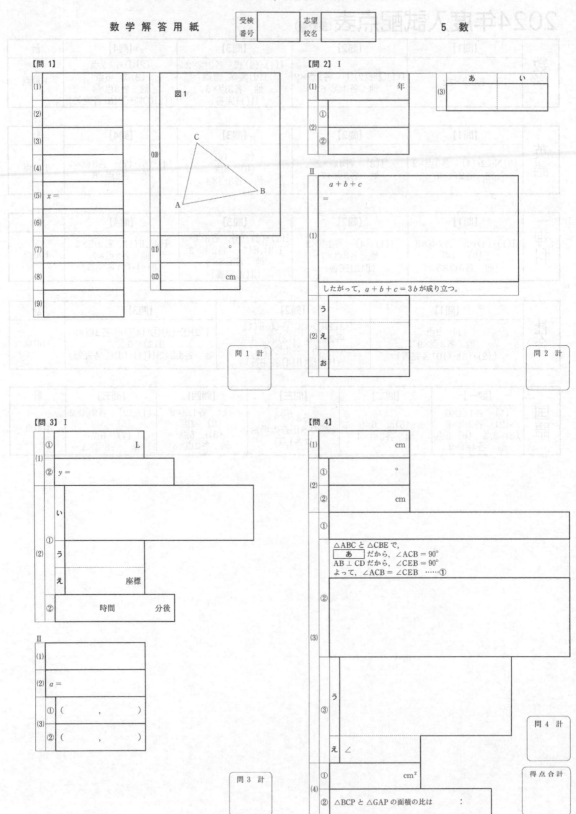

数学解答用紙

受検番号　　志望校名　　5　数

【問 1】

(1)
(2)
(3)
(4)
(5) $x=$
(6)
(7)
(8)
(9)
(10)
図1
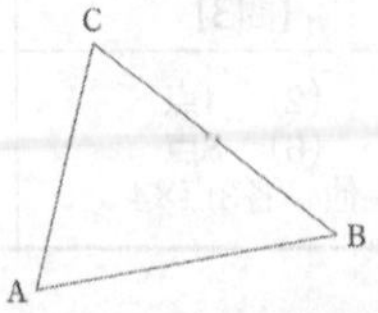

(11) °
(12) cm

問 1 計

【問 2】 I

(1) 年
(2) ①
②
(3) あ　い

II

(1) $a+b+c$

$=$

したがって，$a+b+c=3b$ が成り立つ。

(2) う
え
お

問 2 計

【問 3】 I

(1) ① L
② $y=$
(2) ① い
う
え 座標
② 時間 分後

II

(1)
(2) $a=$
(3) ① (　　,　　)
② (　　,　　)

問 3 計

【問 4】

(1) cm
(2) ① °
② cm
(3) ①
②
△ABC と △CBE で,
あ だから，∠ACB = 90°
AB ⊥ CD だから，∠CEB = 90°
よって，∠ACB = ∠CEB ……①

③ う
え ∠
(4) ① cm^2
② △BCP と △GAP の面積の比は　：

問 4 計

得点合計

※ 182%に拡大していただくと，解答欄は実物大になります。

英語解答用紙

受検番号		志望校名	

5 英

【問 1】

	No. 1	No. 2	No. 3
(1)			

	No. 1	No. 2	No. 3
(2)			

	No. 1	No. 2
(3)		

	No. 1	No. 2
(4)		

問 1 計

【問 2】

I

(1)	(a)	(b)
(2)	(a)	
	(b)	
(3)	①	
	②	the concert (　　　　　　) 10:30 a.m.
	③	Please (　　　　　　) you can come
	④	We (　　　　　　) three months.

II

(1)		(2)	(a) → → →	(b)	

問 2 計

【問 3】

(1)		(2)	
(3)		(4)	
(5)	→ → →		
(6)			
(7)			

問 3 計

【問 4】

(1)		(2)		(3)	
(4)	あ	い		(5)	
(6)					
(7)	⑥	(　　)(　　)(　　)(　　)			
	⑦	(　　)(　　)(　　)			

問 4 計

得点合計

※ 179％に拡大していただくと，解答欄は実物大になります。

理科解答用紙

受検番号　　志望校名

5 理

【問 1】 I

(1)
(2)
(3) あ　い
(4) i
ii う　え
iii
(1)
(2) i か　き　く　け
ii 秒
(3)

問 1 計

【問 2】 I

(1) i
ii
(2) i g
ii
(3) 濃度 %　%
理由

II

(1)
(2) 記号
化学反応式
(3)

問 2 計

【問 3】 I

(1) i
ii ℃
(2)
(3) 水蒸気量が多い場合 Aと
空気が冷やされる場合 Aと
(4)

II

(1)
(2) i
ii
(3) い
う

問 3 計

【問 4】 I

(1)
(2) i
ii 記号
理由
iii
(3) あ　い
う　え　お

II

(1) J
(2)
(3) 秒
(4) %

問 4 計

得点合計

※ 182%に拡大していただくと，解答欄は実物大になります。

社会解答用紙

受検番号		志望校名	

5 社

【問 1】

(1)		
(2)	選択肢A	選択肢B
(3)		
(4)		
(5)		
(6)		
(7)	記号	
	特徴	5 15
(8)		
(9)	時期	原因
(10)	→ → →	

問 1 計

【問 2】 Ⅰ

(1)	①	選択肢A / 選択肢B
	②	
	③	島名
		総称
(2)	①	
	②	
(3)	①	い う え お か
	②	i
		ii
		iii

【問 2】 Ⅱ

(1)	A	
	B	
(2)		
(3)	①	
	②	
(4)	10 15	

問 2 計

【問 3】 Ⅰ

(1)	①	あ
		い
		う
	②	
(2)	①	
	②	
(3)	①	
	②	
	③	え
		理由
(4)	①	お
		か
		き
	②	
(5)	①	
	②	

【問 3】 Ⅱ

(1)	
(2)	

(3)

理由：地熱発電は，（10 20 30 40 50）ため，地熱発電を増やすことがよい。

課題：地熱発電は，（10 20 30 40 50）ため，地熱発電を増やすことには課題がある。

問 3 計

得 点 合 計

※ 182％に拡大していただくと，解答欄は実物大になります。

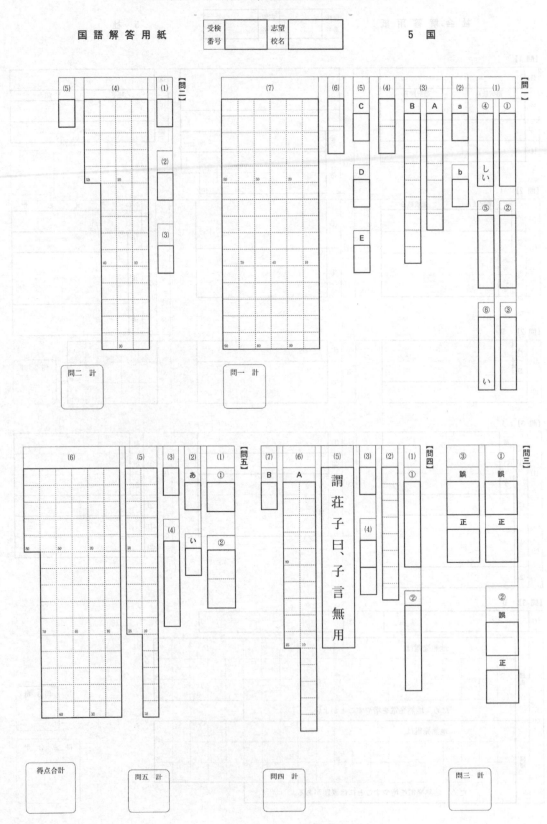

国語解答用紙

受検番号　志望校名

5 国

【問一】
(1) ① ② ③ ④ し ⑤ ⑥ い
(2) a b
(3) A B
(4)
(5) C D E
(6)
(7)

問一 計

【問二】
(1) (2) (3)
(4)
(5)

問二 計

【問三】
① 誤 正
② 誤 正
③ 誤 正

問三 計

【問四】
(1) ① ②
(2)
(3)
(4)
(5) 謂荘子曰、子言無用
(6) A
(7) B

問四 計

【問五】
(1) ① ②
(2) あ い
(3)
(4)
(5)
(6)

問五 計

得点合計

2023年度入試配点表(長野県)

数学	【問1】	【問2】	【問3】	【問4】	計
	各3点×12	Ⅰ(1)・(2)　各2点×3 Ⅱ(1)　4点 他　各3点×3 (Ⅰ(3)・Ⅱ(2)うえ各完答)	Ⅰ(1)・Ⅱ(1)・(3)① 各2点×4 他　各3点×5 (Ⅰ(2)①うえ完答)	(1)・(2)　各2点×2 他　各3点×6 ((3)③完答)	100点

英語	【問1】	【問2】	【問3】	【問4】	計
	各2点×10	(1)・(3)①　各2点×3 他　各3点×8	(1)・(4)　各2点×2 (5)　4点 他　各3点×5	(1)・(7)　各3点×3 (6)　8点 他　各2点×5	100点

理科	【問1】	【問2】	【問3】	【問4】	計
	Ⅰ(1)～(3),Ⅱ(1)・(2)i 各2点×5 他　各3点×5(Ⅰ(2)・(3)・(4)ii,Ⅱ(2)i各完答)	Ⅰ(1)・(2)ii・(3)濃度,Ⅱ(1) 各2点×5(Ⅰ(3)濃度完答) 他　各3点×5	Ⅰ(1)ii・(4),Ⅱ(3)う 各3点×3 他　各2点×8	Ⅰ(1)・(2)i・ii理由・(3),Ⅱ(1) 各2点×6(Ⅰ(3)あい・うえお各完答)　Ⅰ(2)ii記号　1点 他　各3点×4	100点

社会	【問1】	【問2】	【問3】	計
	(4),(6)　各2点×2 他　各3点×8 ((1)・(2)・(3)・(7)・(9)各完答)	Ⅰ(1)②・(2)②・(3)①・②i・Ⅱ(2)・(3)①・(4)　各2点×6(Ⅱ(2)完答) 他　各3点×8(Ⅰ(1)①・③・(3)①・Ⅱ(1)各完答)	Ⅰ(2)①・(3)③・(4)①　各3点×4 ((3)③・(4)①各完答) Ⅱ(3)　6点　他　各2点×9 (Ⅰ(1)①・(5)②各完答)	100点

国語	【問一】	【問二】	【問三】	【問四】	【問五】	計
	(1)・(2)　各1点×8 (5)　各2点×3 (7)　8点 他　各3点×4	(4)　6点 他　各3点×4	各2点×3	(1)　各1点×2 (5)　3点 (6)　4点 他　各2点×5	(1)　各2点×2 (2)　各1点×2 (3)　3点　(6)　6点 他　各4点×2	100点

※ 182%に拡大していただくと，解答欄は実物大になります。

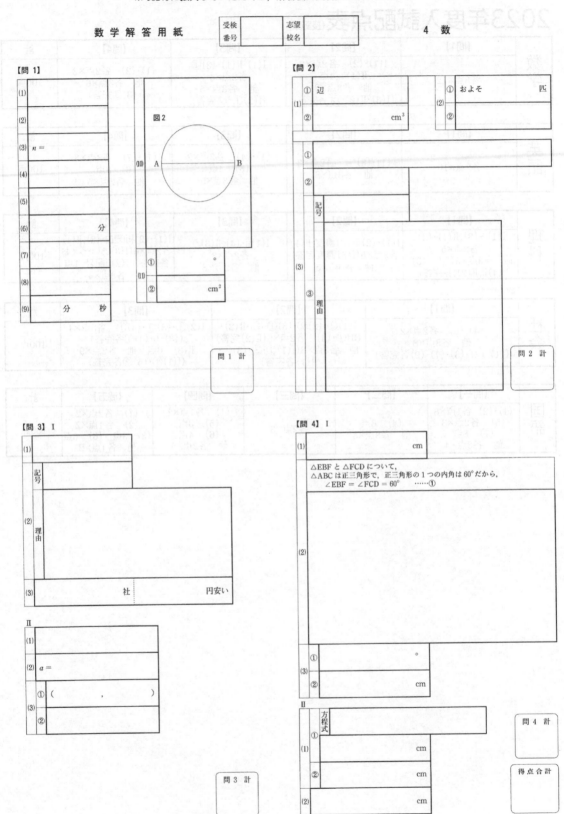

数学解答用紙

受検番号		志望校名	

4　数

【問 1】

(1)	
(2)	
(3)	n =
(4)	
(5)	
(6)	分
(7)	
(8)	
(9)	分　　秒

(10)

図2

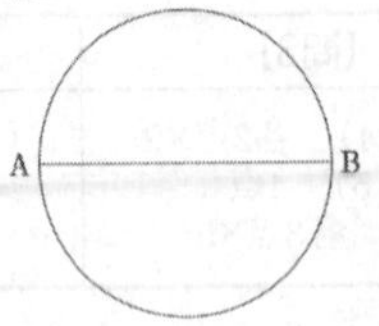

(11)	
①	°
②	cm^2

問 1 計

【問 2】

(1)	
①	辺
②	cm^3

(2)	
①	およそ　　匹
②	

(3)		
①		
②		
③	記号	
	理由	

問 2 計

【問 3】 I

(1)		
(2)	記号	
	理由	
(3)	社	円安い

II

(1)		
(2)	a =	
(3)	①	(　　　,　　　)
	②	

問 3 計

【問 4】 I

(1)	cm

(2)

△EBF と △FCD について，
△ABC は正三角形で，正三角形の 1 つの内角は 60° だから，
∠EBF = ∠FCD = 60°　……①

(3)	
①	°
②	cm

II

(1)	①	方程式	
			cm
	②		cm
(2)			cm

問 4 計

得点合計

※ 182%に拡大していただくと，解答欄は実物大になります。

英語解答用紙

受検番号		志望校名	

4 英

【問 1】

	No. 1	No. 2	No. 3
(1)			

	No. 1	No. 2	No. 3
(2)			

	No. 1	No. 2
(3)		

(4)	

問 1 計

【問 2】

I

(1)	(a)	(b)
(2)	(a)	
	(b)	
(3)	①	(　　) very fun.
	②	(　　) members in our tennis club.
	③	(　　) to go to the city tennis court on foot.

問 2 計

II

(1)		(2)	(a)		(b)

【問 3】

(1)		(2)	
(3)		(4)	
(5)	→ → → →		
(6)			
(7)			

問 3 計

【問 4】

(1)		(2)		(3)		(4)	→ →
(5)	あ (　　)(　　)			い (　　)(　　)			
(6)							
(7)							
(8)	④	⑤					

問 4 計

得点合計

※ 179%に拡大していただくと，解答欄は実物大になります。

理科解答用紙

受検番号		志望校名	

4 理

【問 1】 Ⅰ

(1)		
(2)	i	
	ii	
(3)		
(4)	あ	
	い	
(5)	う	え

Ⅱ

(1)		mL
(2)		%
(3)	植物名	
	理由	

問 1 計

【問 2】 Ⅰ

(1)	
(2)	g
(3)	
(4)	約　　%
(5)	
(6)	

Ⅱ

(1)	あ		
	い		
(2)			g
(3)	i	方法	
		理由	
	ii		

問 2 計

【問 3】 Ⅰ

(1)				
(2)	X	台	Y	台
(3)				
(4)	i	秒		
	ii	あ	い	う
		え	秒	

Ⅱ

(1)	お	か	き
(2)			
(3)			度

問 3 計

【問 4】 Ⅰ

(1)		N	
(2)	i		
	ii	N	
(3)		g	
(4)	i	あ	い
	ii	cm^2	

Ⅱ

(1)	磁界の向き	検流計の針
(2)		
(3)		分

問 4 計

得 点 合 計

※ 182%に拡大していただくと，解答欄は実物大になります。

社 会 解 答 用 紙

受検番号		志望校名		4 社

【問 1】

(1)

(2)

(3) 選択肢W　選択肢X

(4)

(5)

(6)

(7)

(8)

(9) え　お　か

(10) →　→　→　→

問 1 計

【問 2】 Ⅰ

(1)

(2)

(3) ①

(3) ②

(4)

(5) あ　い　う

(6) ①

(6) ②

(7) え　お　か

【問 2】 Ⅱ

(1) 教徒

(2) 高原

(3) ① く　け　こ

(3) ②

(3) ③

(3) ④

問 2 計

【問 3】 Ⅰ

(1)

(2)

(3) ① 先進国の主張

(3) ① 発展途上国の主張

(3) ②

(4)

(5)

(6) あ　い　う

【問 3】 Ⅱ

(1) エネルギー

(2) ①

(2) ② 番号

理由（10・20・30・40・50）　ため，二酸化炭素排出量が減る。

課題（10・20・30・40・50）　ため，取組がすすみにくい。

問 3 計

得 点 合 計

※ 182%に拡大していただくと，解答欄は実物大になります。

国語解答用紙

受検番号　志望校名

4　国

【問一】 (1) ① ② ③ ④ ⑤ ⑥ (2) (3) (4) A B C (5) ……ための鍵。 (6) (7)

問一 計

【問二】 (1) (2) (3) (4) (5)

問二 計

【問三】 ① 誤って使われている漢字 正しい漢字 ② 誤って使われている漢字 正しい漢字 ③ 誤って使われている漢字 正しい漢字

問三 計

【問四】 (1) ① ② (2) (3) (4) (5) i A ii B iii C

問四 計

【問五】 (1) ① ② (2) (3) (4) (5) i A B ii C (6) 「僕」は、……「頑張ります」と応じた。

問五 計

得点合計

※解答欄は実物大です。

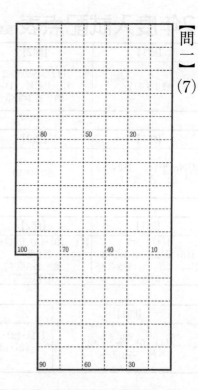

※下書き用の枠

【問二】(7)

（100字の解答枠）

【問五】(6)

「僕」は、

（70字の解答枠）

「頑張ります」と応じた。

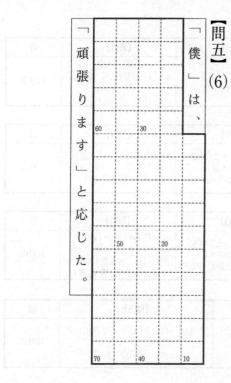

2022年度入試配点表(長野県)

	【問1】	【問2】	【問3】	【問4】	計
数学	各3点×12	(1) 各2点×2 (3)③記号 1点 他 各3点×5	Ⅰ(2)記号 1点 他 各3点×7	Ⅰ(2) 4点 Ⅱ(1)①方程式 2点, 答 1点 他 各3点×5	100点

	【問1】	【問2】	【問3】	【問4】	計
英語	(3)No. 2・(4) 各3点×2 他 各2点×7	各3点×10	(1)・(2) 各2点×2 (5) 4点 他 各3点×5	(4)・(6)・(8) 各3点×3 ((8)完答) (7) 8点 他 各2点×5	100点

	【問1】	【問2】	【問3】	【問4】	計
理科	Ⅰ(4) 5点 Ⅰ(5),Ⅱ(2) 各3点×2 Ⅱ(3) 4点 他 各2点×5 ((5)完答)	Ⅰ(1)・(3)・(5),Ⅱ(1)・(3)ⅱ 各2点×5 他 各3点×5 (Ⅱ(1)完答)	Ⅰ(1),Ⅱ(1) 各2点×2 他 各3点×7 (Ⅰ(2)・(4)ⅱあ～う,Ⅱ(1)各完答)	Ⅰ(1)・(2)ⅱ・(4)ⅰ 各2点×3 Ⅰ(4)ⅱ 4点 他 各3点×5 (Ⅰ(4)ⅰ,Ⅱ(1)各完答)	100点

	【問1】	【問2】	【問3】	計
社会	(1),(6) 各2点×2 他 各3点×8	Ⅰ(1)・(2)・(5)・(6)①・(7),Ⅱ(1)・ (2)・(3)①・② 各2点×9 他 各3点×6	Ⅰ(2)・(5),Ⅱ(1) 各2点×3 Ⅱ(2)② 6点 他 各3点×8	100点

	【問一】	【問二】	【問三】	【問四】	【問五】	計
国語	(1) 各1点×6 (2) 2点 (5) 4点 (7) 8点 他 各3点×5	(4)・(5) 各3点×2 他 各2点×3	各2点×3	(1) 各1点×2 (3) 2点 (5)ⅱ 4点 他 各3点×4	(1)・(3) 各2点×3 (6) 6点 他 各3点×5	100点

※ 189%に拡大していただくと，解答欄は実物大になります。

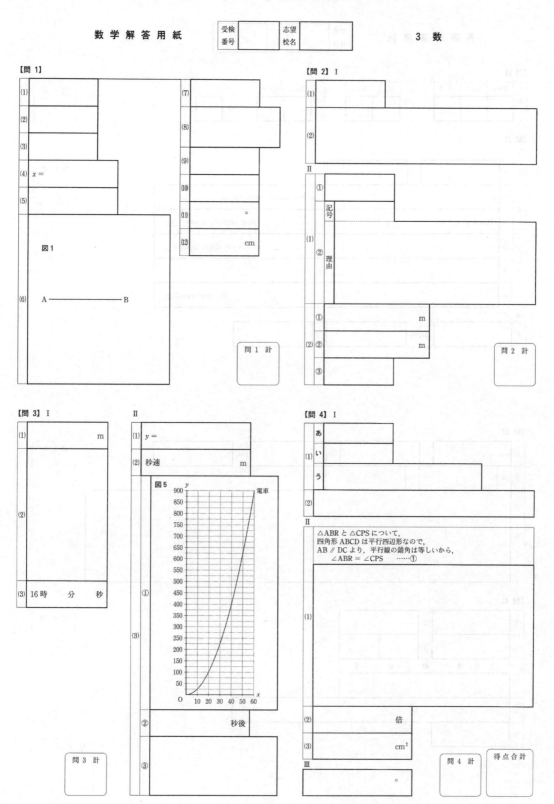

数学解答用紙

受検番号		志望校名	

【問 1】

(1)
(2)
(3)
(4) $x =$
(5)
(6)
図1

A ――――― B

(7)
(8)
(9)
(10)
(11) °
(12) cm

問 1 計

【問 2】 I

(1)
(2)

II

(1) ①
② 記号
理由

(2) ① m
② m
③

問 2 計

【問 3】 I

(1) m
(2)
(3) 16時　分　秒

II

(1) $y =$
(2) 秒速　m
(3) ①

図5

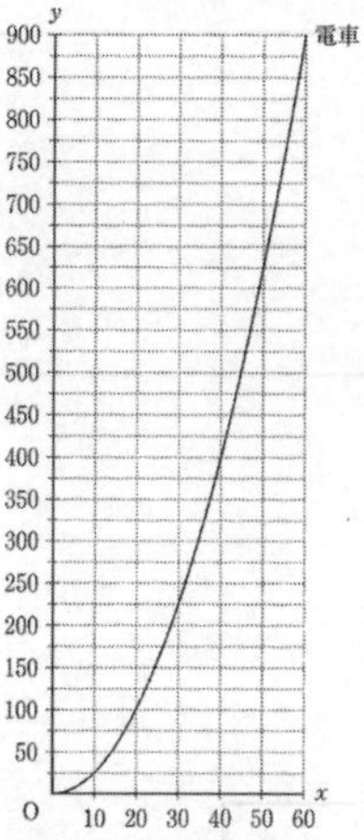

② 秒後
③

問 3 計

【問 4】 I

(1) あ
い
う
(2)

II

(1)
△ABR と △CPS について，
四角形 ABCD は平行四辺形なので，
AB ∥ DC より，平行線の錯角は等しいから，
∠ABR ＝ ∠CPS　……①

(2) 倍
(3) cm^2

III

°

問 4 計

得点合計

※ 185%に拡大していただくと，解答欄は実物大になります。

英 語 解 答 用 紙

受検番号		志望校名	

3 英

【問 1】

	No. 1	No. 2	No. 3
(1)			

	No. 1	No. 2
(2)		

	No. 1	No. 2
(3)		

(4)

問 1 計

【問 2】

I

(1)	(a)	(b)
(2)	(a)	I to her concert three times.
	(b)	Thank you, but I time to study it now.
(3)	①	on the top of the mountain.
	②	.
	③	the next morning.

II

(1)		(2) (a)	(b)

問 2 計

【問 3】

(1)	(2)	(3)	(4)
(5) (a)	(b)		
(6)			

問 3 計

【問 4】

(1)		(2)			
(3)		(4)			
(5)	う	え	お	か	き
(6)	(c	)(	)(	)	
(7)					

問 4 計

得 点 合 計

※185%に拡大していただくと，解答欄は実物大になります。

理科解答用紙

受検番号		志望校名	

3　理

【問 1】 Ⅰ

(1)		
(2)		
(3)	i	
	ii	
(4)		

Ⅱ

(1)		
(2)		
(3)		
(4)	i	
	ii	%

問 1 計

【問 2】 Ⅰ

(1)		
(2)	i	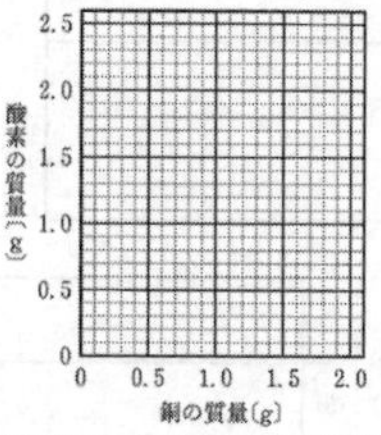
	ii	g

(3)		
(4)		
(5)	え	
	お	色

Ⅱ

(1)	か	き	く	け
(2)	L			
(3)				
(4)				

問 2 計

【問 3】 Ⅰ

(1)			
(2)			
(3)	a	b	c
(4)			
(5)	あ		
	い		

Ⅱ

(1)		
(2)		
(3)	記号	
	理由	

問 3 計

【問 4】 Ⅰ

(1)		
(2)		
(3)		
(4)	記号	
	え	倍
(5)	回路	
	抵抗器	Ω

Ⅱ

(1)	
(2)	m
(3)	

問 4 計

得点合計

※ 189%に拡大していただくと，解答欄は実物大になります。

社会解答用紙

受検番号　　志望校名

3 社

【問 1】 I

(1) ① ② ③ あ い う

(2) ① ② (3)

(4) ① ②

【問 1】 II

(1) ① ② アジア ③ 8 14

(2) ① ② (3)

問 1 計

【問 2】

(1) ① ②

(1) ③ (2) ①

(2) ② ③

【問 2】 つづき

(3) ① ② え お か

(4) ① ② → → →

(5) ① ②

(6) ① ②

問 2 計

【問 3】

(1) (2)

(3) ① 年 ②

(4)

(5) ① ②

(6) 期待 番号 10 20 30 40 50 60

心配 番号 10 20 30 40 50 60

問 3 計

得点合計

※ 182％に拡大していただくと，解答欄は実物大になります。

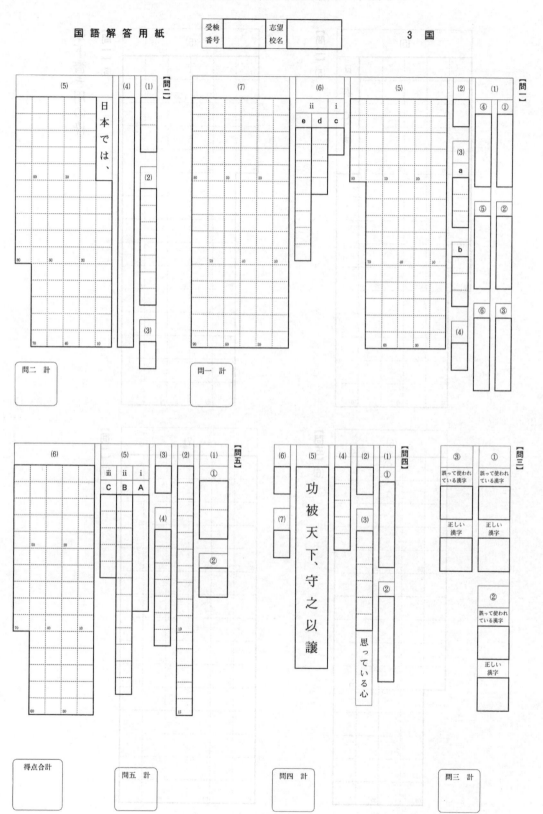

国語解答用紙

受検番号		志望校名	

3 国

【問一】
(1) ① ② ③ ④ ⑤ ⑥
(2)
(3) a b
(4)
(5)
(6) i c ii d e
(7)

問一 計

【問二】
(1)
(2)
(3)
(4)
(5) 日本では、

問二 計

【問三】
① 誤って使われている漢字 正しい漢字
② 誤って使われている漢字 正しい漢字
③ 誤って使われている漢字 正しい漢字

問三 計

【問四】
(1) ① ②
(2)
(3) 思っている心
(4)
(5) 功被天下、守之以譲
(6)
(7)

問四 計

【問五】
(1) ① ②
(2)
(3)
(4)
(5) i A ii B iii C
(6)

問五 計

得点合計

※ 122%に拡大していただくと，解答欄は実物大になります。

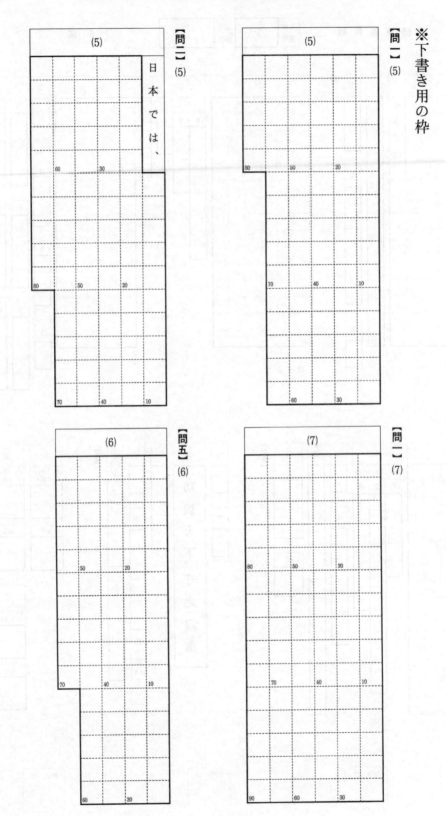

※下書き用の枠

【問二】(5)

(5)

日本では、

60　30

80　50　20

70　40　10

【問二】(5)

(5)

80　50　20

70　40　10

60　30

【問五】(6)

(6)

50　20

70　40　10

60　30

【問二】(7)

(7)

80　50　20

70　40　10

90　60　30

2021年度入試配点表(長野県)

数学	【問1】	【問2】	【問3】	【問4】	計
	各3点×12	I(1)・II(1)① 各2点×2 他　各3点×5	I(1)　2点 他　各3点×7	I(1)　各2点×3 II(1)　4点 他　各3点×4	100点

英語	【問1】	【問2】	【問3】	【問4】	計
	(1)・(3)No. 1　各2点×4 他　各3点×4	各3点×10	(6)　8点 他　各3点×6	各3点×8	100点

理科	【問1】	【問2】	【問3】	【問4】	計
	I(1)・(2)・(4),II(2)・(3) 各2点×5 他　各3点×5	I(1)・(3)~(5),II(4) 各2点×5 他　各3点×5	I(2)・(4)・(5)い 各3点×3 III(3)理由　4点 他　各2点×6	I(1)・(2),II(1) 各2点×3 I(5)　4点 他　各3点×5	100点

社会	【問1】	【問2】	【問3】	計
	I(1)②・(2)①・(4)①,II(1)①・②・(2)①　各2点×6 他　各3点×8	(1)①・②・(2)①・(5)①・(6)② 各2点×5 他　各3点×9	(6)　6点 他　各3点×7	100点

国語	【問一】	【問二】	【問三】	【問四】	【問五】	計
	(1)　各1点×6 (4)・(6)i　各3点×2 (5)　4点　(7)　8点 他　各2点×5	(1)・(4)　各3点×2 (5)　6点 他　各2点×2	各2点×3	(1)　各1点×2 (5)・(7)　各3点×2 他　各2点×4	(1)　各2点×2 (6)　6点 他　各3点×6	100点

数 学 解 答 用 紙

受検番号		志望校名	

2 数

【問 1】

(1)

(2)

(3) $x=$

(4)

(5)

(6) あ / い

(7)

(8)

(9)

(10)

図 3

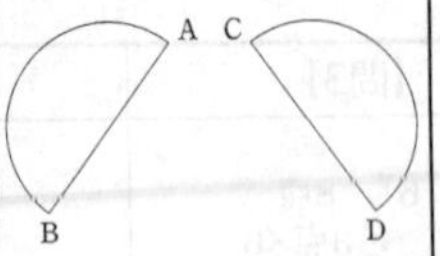

(11) ① ° ② cm

問 1 計

【問 2】

(1) ① 時間以上　時間未満の階級

②

③ 記号　理由

(2) ① cm ② cm^3

(3) ①

②

よって，求める俵の数は，＿＿個

問 2 計

【問 3】 Ⅰ

(1)

(2) 店名　店 / 金額　円

(3)

(4) ① / ②

Ⅱ

(1) う / え　円

(2) cm

問 3 計

【問 4】 Ⅰ

(1) あ ⌒ / い ∠

(2)

(3)

Ⅱ

(1) °

(2) cm

(3) cm^2

(4) 倍

問 4 計

得点合計

※この解答用紙は192％に拡大していただきますと，実物大になります。

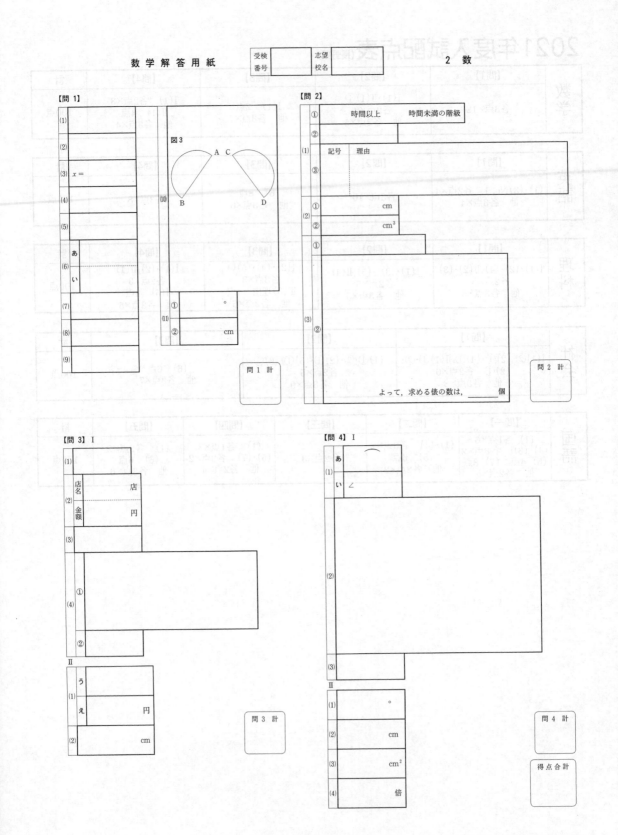

英 語 解 答 用 紙

受検番号		志望校名	

2 英

【問 1】

	No. 1	No. 2	No. 3
(1)			

	No. 1	No. 2
(2)		

	No. 1	No. 2	No. 3	No. 4
(3)				

問 1 計

【問 2】

I

(1)	(a)		(b)
(2)	(a)	①	about microplastics?
		②	Microplastics all over the world.
	(b)		(c)
(3)	(a)		(b)

問 2 計

II

(1)	
(2)	

【問 3】

(1)	(a)		(b)
(2)		(3)	
(4)	(a)	①	( )( )( )( )
		②	( )( )( )
	(b)		

問 3 計

【問 4】

(1)		(2)			
(3)	あ		い		う
(4)	Seishu helped people like the ( )( ) who had breast cancer.				
(5)					
(6)					
(7)	え	お	か	き	
(8)					

問 4 計

得 点 合 計

※この解答用紙は185%に拡大していただきますと，実物大になります。

理科解答用紙

受検番号		志望校名	

2 理

【問 1】 Ⅰ

(1)		
(2)		
(3)	あ	
	い	
	う	

Ⅱ

(1)		
(2)		
(3)		
(4)	i	
	ii	
	iii	

問 1 計

【問 2】 Ⅰ

(1)	あ	
	い	
	う	
(2)		
(3)		

Ⅱ

(1)		
(2)		
(3)		
(4)		
(5)		

問 2 計

【問 3】 Ⅰ

(1)	
(2)	
(3)	
(4)	

Ⅱ

(1)	い	
	う	
(2)		→ → →
(3)	え	
	お	
(3)	か	
	き	

問 3 計

【問 4】 Ⅰ

(1)			
(2)	あ		
	い		
	う		
(3)	i		
	ii	記号	
		理由	

Ⅱ

(1)	え		
	お		
	か		
(2)	i	き	
		く	
	ii		

問 4 計

得 点 合 計

※この解答用紙は182%に拡大していただきますと，実物大になります。

社会解答用紙

受検番号		志望校名	

2 社

【問 1】

		①	②
(1)			
(2)			
(3)			
(4)	①		
	②		
(4)	③		
(5)			
(6)			
(7)	①		
	②		
	③		

問 1 計

【問 2】 Ⅰ

		広島県	愛媛県
(1)			
(2)		X 山地	Y 山地
	雨温図		
(3)	①	5 / 10	
(3)	②		
(4)			
(5)	①		
	②		

【問 2】 Ⅱ

(1)		州
(2)	本初子午線	
	赤道	
(3)	①	

			記号	理由
(3)	②	i		
		ii	→ →	

問 2 計

【問 3】 Ⅰ

		経済面	生活・文化面
(1)	①		
	②		
(2)	①	圏	
	②		

Ⅱ

(1)	①	
	②	
	③	
(2)	①	年
	②	

Ⅲ

(1)	
(2)	
(3)	

Ⅲ

(4)	手順1	
	手順2	10 20 30 40
	手順3	10 20 30 40 50 60 70

問 3 計

得点合計

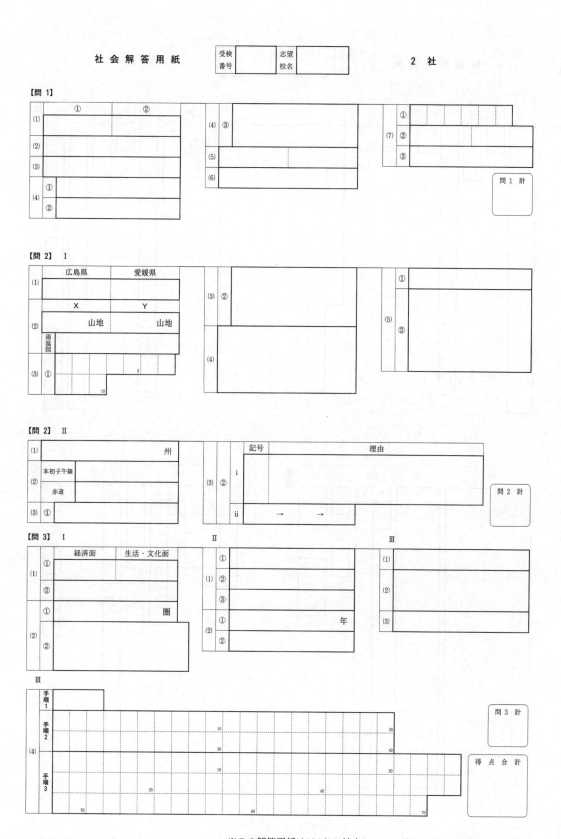

※この解答用紙は192％に拡大していただきますと，実物大になります。

国語解答用紙

受検番号　　志望校名

2 国

【問一】 (1) ① ② ③ ④ ⑤ ⑥ (2) (3) (4) A B C (5) i ii E F (6) 10 20 30 40 50 60 70 80 90 100

問一 計

【問二】 (1) (2) 10 15 (3) (4) (5)

問二 計

【問三】 ① ② ③

問三 計

【問四】 (1) ① ② (2) (3) (4) i ii B C D E iii

問四 計

【問五】 (1) ① ② (2) (3) (4) A B (5) (6) 10 20 30 40 50 60 70

問五 計

得点合計

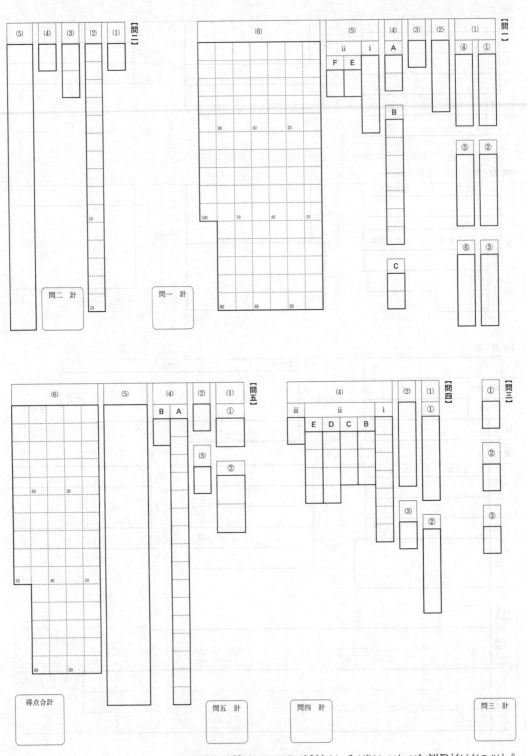

※この解答用紙は185%に拡大していただきますと、実物大になります。

2020年度入試配点表(長野県)

	【問1】	【問2】	【問3】	【問4】	計
数学	各3点×12 ((6)完答)	(1)①・② 各2点×2 (3)② 4点 他 各3点×4 ((1)③完答)	Ⅰ(1)～(3) 各2点×3 (Ⅰ(2)完答) 他 各3点×5	Ⅰ(1)あ・い,(3) 各2点×3 Ⅰ(2) 5点 他 各3点×4	100点

	【問1】	【問2】	【問3】	【問4】	計
英語	(3)No. 3, No. 4 各3点×2 他 各2点×7	Ⅰ(2)(b)・(c) 各3点×2 Ⅱ 各6点×2 他 各2点×6	(1)(a) 2点 (4)(b) 6点 他 各3点×5	(1)～(4) 各2点×6 他 各3点×5	100点

	【問1】	【問2】	【問3】	【問4】	計
理科	Ⅰ(1)・(3)あ・い, Ⅱ(2)・(3)・(4)ii 各2点×5((3)あ・い完答) 他 各3点×5	Ⅰ(1)あ・う,(3),Ⅱ(4)・(5) 各3点×5 他 各2点×5	Ⅰ(1),Ⅱ(1)い・う・(2)・(3)え 各2点×5 他 各3点×5	Ⅰ(1)・(2),Ⅱ(1)・(2)iき 各2点×6 Ⅰ(3)ii 4点 他 各3点×3 (Ⅰ(2)・(3)ii各完答)	100点

	【問1】	【問2】	【問3】	計
社会	各3点×11	Ⅰ(1)・(2)・(5)①,Ⅱ(1)・(2)・(3)① 各2点×8((2)X・Y完答) 他 各3点×6(Ⅱ(3)②i完答)	Ⅰ(1)①・(2)②,Ⅱ(1)③ 各3点×3 Ⅲ(4) 6点 他 各2点×9	100点

	【問一】	【問二】	【問三】	【問四】	【問五】	計
国語	(1) 各1点×6 (3)・(5)i 各3点×2 (6) 8点 他 各2点×6	(4) 2点 他 各3点×4	各2点×3	(1) 各1点×2 (3)・(4)iiB・iiC・iii 各2点×4 他 各3点×4	(1) 各2点×2 (5) 4点 (6) 6点 他 各3点×4	100点

MEMO

大切なことはメモしておこうネ！

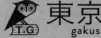

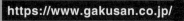

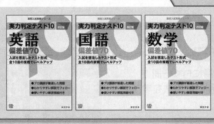

〈ダウンロードコンテンツについて〉

本問題集のダウンロードコンテンツ、弊社ホームページで配信しております。現在ご利用いただけるのは「2025年度受験用」に対応したもので、**2025年3月末日**までダウンロード可能です。弊社ホームページにアクセスの上、ご利用ください。
※配信期間が終了いたしますと、ご利用いただけませんのでご了承ください。

長野県公立高校　2025年度

ISBN978-4-8141-3270-6

[発行所] 東京学参株式会社
〒153-0043　東京都目黒区東山2-6-4

書籍の内容についてのお問い合わせは右のQRコードから ⇒

※書籍の内容についてのお電話でのお問い合わせ、本書の内容を超えたご質問には対応できませんのでご了承ください。

2024年6月7日　初版